경제발전의 이론

Theorie der wirtschaftlichen Entwicklung

요셉 슘페터 지음
(Dr. Joseph Schumpeter)

정선양 번역
(Dr. Sunyang Chung)

둔커 & 홈블로트 출판사
(Verlag von Duncker & Humblot)

라이프찌히
(Leipzig)

1911

목차

서문(Vorwort)

이 책은 1908년 동일한 출판사에서 출판된 「이론적 국민경제학의 본질과 주요내용(*Das Wesen und der Hauptinhalt der theoretischen Nationalökonomie*)」이라는 제목의 책과 연결되어 있다. 이 책은 내가 그 책에서 때로는 주로 비판적 논의를 약속하였던 것의 대부분을 완성할 것이다. 그러나 자료와 마찬가지로 다루는 방법이 본질적으로 다르기 때문에, 나는 이 책을 제2편 혹은 후속판으로 표시하지 않았으며, 이 책을 그 책과 독립적으로 읽을 수 있도록 하는 데 특별한 신경을 썼다. 나는 이 작업에 대해 단지 몇 마디 얘기하려고 한다.

이 책은 이론적 성격을 가지고 있다. 이는 일반적으로 서술할 수 있는 거대한 경제경험의 진행에 주안점을 두고 있다. 이 책은 목적과 방법에 있어서 통일적이며, 이는 단지 하나의 폐쇄된 사고과정을 설명한다. 그러나 그것은 최종결과이지만 처음부터 의도했던 것은 아니었다. 나는 구체적인 이론적 문제로부터, 무엇보다도 1905년의 위기문제로부터 출발하였다. 한걸음 한걸음 나는 점점 또 다른 이론적 문제의 독자적인 새로운 처리에 더욱 집중하였음을 느꼈으며, 궁극적으로 그것은 내가 몰두했던 하나의 동일한 근본사고였고, 이 근본사고는 한편으로는 이론의 전체영역에 적합하고 다른 한편으로는 경제발전 현상의 방향에 대한 이론적 이해의 경계선을 더욱 넘어서는 것이 명백해지는 지점까지 명료해졌다. 그렇지만 나는 이 책을 세부적 학문체계로 만들어 내는 것이 아니라, 오히려 지금까지 우리 시대의 이론에서 아직 마무리하지 않고 있는 이와 같은 학문체계에 대한 본질적 기초를 내가 할 수 있었던 것보다 짧고 정확하게 서술하는 것이 목적에 맞는다고 생각하였다. 첫 번째 장은 희망컨대 그 건조함이 극도로 불리하게 작용하지 않기를 바라는데, 이는 독자를 모든 더 이상의 것을 작업하는 데 필요한 이론적 해석에 이르게 할 것이며, 뒤따르는 여섯 개의 장은 특별히 중요한 것으로 인도할 것이다.

만약 나의 논의가 대체로 주목을 받는다면, 이는 확실히 두 개의 오해에 마주칠 것인데, 이들에 대하여 나는 기꺼이 방어하고자 한다. 첫째, 이 책을 통해 내가 많은 측면에서 위에서 인용된 다른 책을 거부한다는 의혹이 들 것이다. 두 책 간의 자료처리에서의 차이와 목표의 차이는 이 모습을 불러일으킬 수 있고 불러일으키지만, 보다 자세한 고찰은 모든 독자에게 정반대를 확신시킬 것이라는 점을 말하고자 한다. 둘째, 이 책의 결과는, 다시금 만약 이 결과가 주목받는다면, 확실히 사회적 정파를 옹호하거나 반대하기 위한 무기의 관점에서 많은 사람에 의해 간주되고 이에 따라 판단될 것이다. 나는 이 책을 그렇게 의도하지 않았으며, 나는 과학적 정신 속에서 사회적 사건의 과학적 서술에 접근할 수 있는 사람들이 있기를 희망하는 바이다.

내가 서술하고자 하는 사고과정은 확실히 그리고 특히 개별적인 것에서 오류가 없지는 않을 것이다. 만약 독자가 이 사고과정을 통하여 자극을 받았다고 느끼고 '진리는 사실에 관한 것'이라고 확신을 얻는다면 아주 충분하다. 경제이론은 가장 성실한 작업에 관하여 그리고 학문의 위치에 관한 가장 정확한 이해에 있어서 여기에서 제시된 사실과 논쟁을 지나쳐버려서는 안 될 것이다. 더 나아가 나는 이 책이 가능하면 빨리 추월되고 잊히는 것 이상의 희망은 없다.

1911년 7월
빈(비엔나)에서
슘페터(Schumpeter)

제 1 장

주어진 상황에 의해 제약받는 경제의 순환

제**1**장

주어진 상황에 의해 제약받는 경제의 순환[1)]

(Der Kreislauf der Wirtschaft in seiner Bedingtheit durch gegebene Verhältnisse)

사회적 사건은 하나의 통일된 현상이다. 연구자의 분류하는 손은 이의 거대한 조류로부터 경제적 사실을 힘들게 끄집어낸다. 사람들이 하나의 사실을 경제적이라고 표현하는 것 속에는 이미 하나의 추상(抽象)을 내포하고 있다. 그것은 현실의 정신적 표본에 대한 기술적 필요성이 우리에게 강요하는 많은 추상들 중에 첫 번째 추상이다. 하나의 사실은 이의 마지막까지 독점적으로나 혹은 '순수'경제적으로나 한 번도 존재하지 않으며, 그에 대해 항상 다른 측면이 — 종종 더 중요한 측면이 — 존재한다. 그럼에도 불구하고 우리는 학문에 있어서 경제적 사실을 마치 일상생활인 것처럼 동등한 정당성을 가지고 이야기한다. 비록 한 국민의 문학은 그 국민의 존재에 관한 다른 모든 요소와 분리할 수 없음에도 불구하고, 사람들은 마찬가지의 정당성을 가지고 문학의 역사를 서술할 수 있다.

사회적 사실은 적어도 직접적으로는 인간행위의 결과이며, 경제적 사실은 경제행위의 결과이다. 그리고 경제행위는 그 목적이 재화획득인 행위(Handeln)로 정의될 수 있다. 이 점에서 우리는 행위의 경제적 동기

1) 이 제목은 필리포비치(v. Philippovich)가 사용한 표현에 따라 선정하였다. 이에 관해서는 그의 책「개요(*Grundriß*)」 제2편의 도입 부분을 참조하라.

에 관해서도, 즉 사회생활과 개인생활 등에 있어서 경제적 요인에 관해서도 말하는 것이다. 그러나 우리는 교환 혹은 생산을 통한 재화획득을 지향하는 경제행위에만 관심이 있기 때문에, 우리는 경제행위의 개념을 이런 획득유형으로 제한할 것이다. 한편 우리는 경제적 동인과 경제적 요인의 개념에 대해서는 더욱 넓은 범위로 파악하려 한다. 그 이유는 이 두 개념은 우리가 얘기하려 하는 경제행위의 더욱 좁은 영역 밖에서도 필요하기 때문이다.

이에 따라, 경제적 사실의 영역은 우선적으로 경제행위(wirtschaftliches Handeln)의 개념에 의해 제한된다. 누구나 반드시, 적어도 **마찬가지로,** 경제적으로 행동하여야 하며, 누구나 '경제주체(Wirtschaftssubjekt)'가 되거나 혹은 경제주체에 종속되어야만 한다. 그러나 사회집단의 구성원이 한번 직업에 따라 전문화되자마자 우리는 주요활동이 경제, 즉 생업에 있는 사람들의 계급을 다른 계급, 즉 행위의 사실상 경제적 규칙이 다른 요인 뒤로 밀리는 다른 계급과 구분할 수 있다. 그렇다면 비록 사회 전체의 모든 다른 구성원들도 '경제적으로 행동'하여야 함에 불구하고, 경제생활은 특정한 인간집단에 의해 특징지어진다. 그렇다면 사람들은 이 집단의 행동에 대하여 그것이 경제생활을 결정한다고 순수하게 말할 수 있으며, 그렇다면 비록 이 경제생활이 국민의 모든 다른 생활표현과 모두 관련이 있음에도 불구하고 그 안에 더 이상의 추상은 존재하지 않는다고 말할 수 있다.

대체적으로 경제적 사실과 마찬가지로, 우리는 경제발전(wirtschaftliche Entwicklung)에 대하여도 그렇게 이야기한다. 여기에서 우리의 목표는 이에 관해 설명하는 것이다. 그러나 우리의 사고과정으로 접어들기 전에, 우리는 이 장(章)에서 필요한 기초를 확보하고 앞으로 우리가 필요하게 될 일정한 해석방식으로 자신감을 가질 것이다. 또한, 여기에서 이 후속되는 것도 말하자면 이론의 바퀴들 속에 짜 넣을 수 있을 '톱니바퀴'를 제공하여야만 한다. 나는 방법론적인 논의방법의 갑옷을 완전히 벗어버릴 것이다. 이와 관련하여 이 장(章)에서 다루는 것은 정말로 경제이론의 근간이지만 본질적으로 오늘날 특별한 정당성을 필요로 하는 것은 아무것도 독자로부터 요구하지 않는다는 점만을 지적할 수 있다. 더 나아가 우리의 목적을 위해서는 아주 적은 이론의 결과만을 필요하므로, 나는 내가 하여야 할 이야기를 가능하면 간단하고 비기술적(非技術的)으로 전달하도록 주어진 기회를 이용할 것이다. 그것은 완전한 정확성의 희생을 수반한다. 그러나 나는 보다 나은 명확한 서술의 장점이 우리에게 더 이상 중요하지 않으면 어디에서든 이처럼 할 결심을 하였다. 나는 이와 관련해서 나의 다른 책[2)]을 참조하려 한다.

우리가 이제 경세적 사안의 일반적 형태, 이의 규칙성, 혹은 이의 이해를 위한 핵심에 관해 탐구한다면, 이로써 우리는 이 순간 이들을 탐구할 수 있는 것, 추구할 것, '알지 못하는 것'으로 간주하고, 이들을 상대적으로 '알려진 것'으로 환원하려고 한다는 사실을 말한다. 그것은 모든 학문이 탐구대상을 가지고 그것을 행하는 것과 마찬가지이다. 우리가 두 현상 간의 명확한 인과관계의 발견에 성공한다면, 만약 이 인과관계에서 '원인' 역할을 하는 현상이 경제적이지 않다면, 우리의 과제는 해결된다. 그렇다면 우리는 국민경제학자로서 해당 사례에 있어서 우리가 할 수 있는 것을 완수한 것이며, 우리는 그 단어를 다른 학문분야에 넘겨주어야 한다. 그러나 '원인'이 그 자체로서 다시금 경제적 성격에 대해 작용한다면, 우리는 비(非)경제적 원인에 다다를 때까지 설명의 노력을 지속하여야만 한다. 그것은 일반이론은 물론 구체적인 사례에도 해당한다. 예를 들어, 내가 만약 지대라는 현상은 토지의 질적인 차이에

---

2) 1908년 라이프찌히(Leipzig)에서 출간된「이론적 국민경제학의 본질과 주요내용(*Das Wesen und der Hauptinhalt der theoretischen Nationalökonomie*)」. 앞으로는「본질(*Wesen*)」이라고 인용할 것이다.

기인하는 것이라고 말할 수 있다면, 이로써 **경제적** 설명은 충분할 것이다. 내가 만약 어떤 가격변동을 통상정책적 조치의 탓으로 돌릴 수 있다면, 나는 경제이론가로서 할 수 있는 것을 한 것이다. 왜냐하면, 통상정책적 조치는 교환 혹은 생산을 통한 직접적 재화획득을 겨냥하지 않고, 따라서 이는 우리의 순수한 경제적 사실의 개념에 해당되지 않기 때문이다. 우리에게는 항상 경제적 사실과 비(非)경제적 여건을 연결하는 인과관계적 연계의 일반 형태를 기술하는 것이 중요하다. 경험은 그것이 가능하다고 가르쳐준다. 경제적 사안은 모든 실무자가 알 수 있는 그리고 우리만이 의식적으로 정확하게 묘사하여야만 하는 그 나름의 논리가 있다. 일반적으로 우리는 여기에서 단순화를 위하여 고립된 국민경제를 고찰하려 한다. 즉, 이 책에서 중요한 것은 사안의 개요이며, 앞으로 우리는 이에 대해 논의를 할 것이다.

그리하여 우리는 경제활동의 사고의 틀에 대한 기본적 특징을 묘사하려 한다. 여기에서 우리는 우선 유통경제적으로 조직된 국민경제를 고려할 것인데, 그리하여 사유재산, 분업, 자유경쟁이 만연하는 경제를 고려할 것이다.

만약 이와 같은 국민경제를 이전에 보거나 들어보지 못한 사람이 한 농부가 먼 도시에서 누군가가 빵으로 사용하기 위한 곡물을 생산하는 것을 관찰하였다면, 그 소비자가 정말 빵이 필요했는지 — 바로 **그만큼**의 양을 — 필요로 했는지를 그 농부가 어디에서 알았는가에 관한 질문이 그에게 끈질기게 제기될 것이다. 그는 확실히 그 농부가 어디서 누가 빵을 소비할지 전혀 몰랐다는 사실을 알고는 무척 놀랄 것이다. 더욱이 그는 곡물이 최종적으로 소비자 행위에 이르기 전까지 곡물은 모든 사람의 손을 거쳐야 하지만 빵을 소비자에게 판매한 사람을 제외하고는 모든 다른 사람은 소비자를 전혀 알지 못한다는 점도 관찰할 수 있을 것이다. 그리고 그는 이 최종 판매자는 바로 이 소비자가 빵을 구매하리라는 것을 알기 이전에 원칙적으로 빵을 생산 혹은 판매를 하여야 한다는 점도 확실히 관찰할 수 있을 것이다. 그 농부는 그에게 제기된 질문에 대해 다음과 같이 쉽게 대답할 것이다. 즉, 오랫동안 부분적으로 물려받은 경험[3]이 그에게 가장 좋게 생산할 수 있는 양을 가르쳐 주었으며, 경험이 그가 계산하여야 하는 수요의 정도와 강도를 알 수 있게 가르쳐 주었다는 것이다. 그는 할 수 있는 한 이 수량을 지키며, 상황의 압력에 따라 단지 점진적으로 수량을 변화시킬 뿐이라는 것이다.

그러나 아주 동일한 것이 농부의 계산에 있는 다른 항목에도 적용된다. 농부는 위대한 산업가와 마찬가지로 완전하게 계산하든 혹은 절반은 무의식적이고 습관에 의해서든 자신의 의사결정의 원인에 도달한다. 그는 보통 그리고 어느 정도의 오류한계 속에서 그가 구입하여야 하는 물건의 가격을 알고 있으며, 자신이 제공하여야 하는 노동력의 양을 알고 있고 — 그가 이것을 순수한 경제원칙에 따라서 평가하든 혹은 그가 자신의 소유토지에 대한 노동을 다른 사람들과 아주 다르게 보든 —, 그는 모두 오랜 경험으로부터 경작방법을 알고 있다. 또한, 그가 판매하려고 노력하는 대상인 모든 사람도 경험으로부터 농부의 수요 크기와 강도를 알고 있다. 경제의 모든 리듬의 가장 두드러지는 경제기간의 순환은 상대적으로 매우 빠르게 진행되며 매 경제기간에는 근본적으로 동일한 일이 발생하기 때문에, 유통경제의 메커니즘은 대단한 정확성을 가지고 작동한다. 그러나 그것은 지나간 경제기간이 경제주체가 하여야 하는 것을 엄격하게 가르쳤기 때문만이 아니라 또 다른 이유에서 — 우리의 사례에서처럼 — 다가오는 매 경제기간 동안 경제주체의 행위를 지배한다. 매 경제기간 동안 우리의 농부는 이전 기간의 물리적 수확량에 직접적으로

3) 1887년 발간된 비저(v. Wieser)의 「자연가치(*Der natürliche Wert*)」를 참조하라. 여기에서 이 관점이 처음으로 상세히 설명되었고 그 의미가 명확해졌다.

의존하거나 혹은 이 수확량의 수익과 이로부터 그가 얻을 수 있는 무엇에 의존하여 살아야만 한다. 더욱이 모든 이전의 기간은 그가 쉽게 빠져나올 수 없는 사회적, 경제적 연계의 그물망 속에 그를 가두어 놓는다. 또한, 이 기간들은 농부에게 명확한 생산수단과 생산방법을 물려준다. 그리고 그 모든 것들은 자신들의 궤도의 쇠로 만들어진 족쇄 속에 그를 강력하게 잡아놓는다. 여기에서 한 요인이 우리에게 상당한 의미가 있고 우리는 곧 그것을 자세히 살펴볼 것이다. 이 단계에서 우리는 단지 앞으로의 분석에서 모든 사람은 이전 기간들에서 생산된 재화에 의존하여 모든 경제기간을 영위한다고 항상 가정을 할 것이라는 점을 정하려 한다. 그런데 이것은 만약 생산이 과거로 확장되거나 혹은 한 생산수단의 수익이 지속적으로 창출된다면 쉽게 가능한 일이다. 즉, 이 가정은 단지 설명의 단순화를 위한 것이다.

농부의 사례는 이제 일반화되고 어느 정도 상세히 설명되어야 한다. 여기에서 우리는 사안을 각자가 자신의 **모든** 생산물을 팔고, 그 스스로가 이를 소비할 수 있는 경우에는 자신의 고객이라고 생각한다. 그것은 의문의 여지가 없는데, 왜냐하면 확실히 이와 같은 자체소비에 대해서는 시장가격의 크기가 — 즉, 간접적으로 자체소비를 줄임으로써 얻을 수 있는 재화의 수량이 — 결정적이며 그리고 이와 반대로 자체소비의 크기도 시장가격에 영향을 미치기 때문이다. 양자는 마치 문제가 되는 수량이 실제로 시장에 나와 있는 것과 유사하다. 이에 따라, 모든 경제주체는 농부의 상황에 놓여 있다. 그들은 모두 구매자이며 — 그들의 생산과 그들의 소비를 위하여 — 동시에 판매자이다. 우리의 분석에 있어서 노동자들도 유사하게 인식될 수 있는데, 즉 이들의 노동력은 다른 판매 가능한 물건과 함께 하나의 범주에 포함될 수 있다. 농부와 아주 마찬가지로, 이제 이들 경제주체 각각이 자신을 위하여 자신의 경험을 바탕으로 자신의 생산물을 생산하고 자신의 구매자를 찾기 때문에, 동일한 것이 모든 것들에 대해 유효하고 당연히 여러 가지 이유에 의해 만들어질 방해를 제외하고 모든 생산물은 처분되어야 한다. 왜냐하면, 이 생산물은 단지 경험적으로 알려진 판매가능성을 참조하여 확실하게 생산될 뿐이기 때문이다.

좀 더 정밀하게 분석해 보자. 정육업자가 얼마나 많은 고기를 처분할 것인가는 그의 고객인 양복업자가 얼마나 많은 돈을 가지고 있고 어떤 가격에 사려 하는가에 달려 있다. 그러나 그것은 양복업자가 사업으로부터 얻는 수익이 얼마나 큰가에 달려 있으며, 이 수익은 다시금 그의 고객인 제화업자의 필요와 구매력에 달려 있고, 제화업자의 구매력은 다시금 그의 생산을 필요로 하는 사람들의 필요와 구매력에 달려 있고 등등인데, 이는 우리가 궁극적으로 누군가가 자신의 상품을 정육업자에게 판매함으로써 창출되는 소득을 가진 사람을 마주칠 때까지 이어진다. 우리는 항상 이로써 경제생활이 계산하는 수량의 이 연계와 상호 의존성을 알 수 있다. 항상 사람들은 나타나는 모든 실마리 중에서 그 관계의 실마리를 추적할 수 있다. 사람들이 항상 어디에서 시작하고, 시작하였던 지점으로부터 항상 어떤 방향으로 방향을 바꾸든 간에, 사람들은 항상 이 연계의 실마리를 따라서 대단히 큰 그러나 유한한 숫자의 걸음을 뗀 이후에 다시금 시작지점으로 돌아와야 한다. 거기에서 사람들은 자연적 종착점에 마주치는 것도 아니고, 물론 다른 것에 의해 결정되기보다는 다른 것을 더 많이 결정하는 요소인 '원인'에도 마주치지 않는다.

만약 우리가 '소비하는 것'에 대해 일상적인 것과 다르게 상상을 한다면, 우리의 묘사는 더욱 완전할 것이다. 예를 들어, 누구나 자기를 빵의 소비자라고 느끼지만 토지력, 노동력, 철강 등의 소비자로 느끼지는 않는다. 그러나 우리가 이 관점을 우리의 것으로 만든다면, 우리는 경제순환(wirtschaftlicher Kreislauf) 속에서 개별적 재화가 움직이는 길을 보다 명확하게 살펴보게 된다.[4] 이제 각각의 재화의 각각의 단위는 매년 이전의 경제기간에 동일한 생산자의 생산과정에서 그의 선행자가 지나갔던 길을 거쳐 동일한 소비자에게 나아가는 것이 아니라는 점은 아주 명확하다. 그러나 우리는 사안의 본질에 있어서 무언가를 변경하지 않고서도 그것이 발생한다고 가정할 수 있다. 우리는 매년 생산력의 영속적인 원천의 매번 반복되는 생산적 사용은 모두 동일한 소비자, 즉 유사한 소비행동을 지향한다는 것을 상상할 수 있다. 그 진행과정의 결과는 어찌되었든 그것이 발생된 때와 아주 똑같다. 이것으로부터 소위 수요는 국민경제의 어느 곳에서 소위 각각의 공급을 이미 기다리고 있고, 아울러 **그 점에서** 국민경제에 어느 곳에도 보충물이 없는 재화는 존재하지 않는다는 점이 도출된다. 여기에서 보충물은 사람들의 수중에 있는 경험을 통해 주어진 상황 속에서 동일한 재화를 교환하고자 하는 다른 재화를 의미한다. 그러나 이로부터 모든 재화가 자신의 판매를 발견한다는 것은 다시금 경제생활의 순환이 완료되는 것으로 이어진다. 다시 말해, 모든 재화의 판매자는 차기의 경제기간 동안 그들의 소비와 생산장비를 그동안의 수준으로 유지할 재화를 획득하기에 충분한 정도의 구매자로서 대두되며, 그 반대의 경우도 성립한다.

그리하여 경제주체는 경험적으로 주어진 여건과 마찬가지로 경험적으로 주어진 유형과 방식에 따라 행동한다. 그것은 그의 경제에 있어서 아무런 변화가 발생할 수 없다는 것은 당연히 아니다. 경제의 여건은 변할 수 있으며, 누구든 그것을 인지하자마자 이에 적응하려 할 것이다. 그러나 이 경우 누구나 전적으로 혁신(Neues)을 수행하는 것이 아니라, 가능한 한 최대로 자신의 습관화된 경제방식을 고수하고 단지 부득이한 경우에 상황의 압력에 굴복할 뿐일 것이다. 그리고 그는 이 '굴복'도 경

---

4) 마샬(A. Marshall) (그의 책 「원론 VI(*Principles VI*)」와 그의 연설 '경제학자의 구세대와 신세대(The Old Generation of Economists and the New)'를 참조하라. 그에게 있어서 이 해석은 일정한 역할을 담당하고 있다.

험의 규칙에 따라 실행할 것이다. 따라서 경제의 모습은 자의적으로 변하는 것이 아니라, 오히려 모든 순간 이전의 상태와 연결될 것이다. 사람들은 그것을 '비저의 연속성의 원칙(Wiesers Prinzip der Kontinuität)'[5]으로 명명할 수 있을 것이다.

만약 경제가 진정 '자체적으로' 변화하지 않는다면, 단순히 경제의 일정성(Konstanz)을 가정한다 해도 우리는 본질적인 **경제적** 진행과정을 간과하지는 않을 것이다. 그렇다면 이로써 우리는 단지 사실을 개념적 엄격함을 가지고 표현할 뿐이다. 그리고 우리가 움직임이 전혀 없는 경제를 묘사한다면, 우리는 아마도 추상에 착수하는 것이지만, 이는 단지 실제 발생하는 것의 진수를 나타내기 위한 목적에서일 뿐이다. 우리는 이제 그것을 잠정적으로 실행하려 한다. 이로써 우리는 시배석 이론과 대립하는 것은 아니며, 기껏해야 사안의 진수를 명확하게 표현하지 않는 통상적 표현형식에 대해 대립하는 데 불과하다.[6]

사람들은 동일한 결과에 대해 다음의 방식으로도 도달할 수 있을 것이다. 한 경제기간에 한 국민경제 내에서 생산되어 시장에서 판매되는 모든 것의 총합을 국민경제의 사회적 생산물(Sozialprodukt)이라고 부를 수 있다. 우리의 목적을 위하여 이 개념의 의미에 대하여 더욱 깊이 들어갈 필요는 없다.[7] 사회적 생산물은 그 자체로 존재할 수는 없다. 국민

---

5) 가장 최근에 서술된 것은 다시금 화폐가치의 문제에 관한 연구에서이다. 이에 관해서는 1909년 발간된 「사회정책학회지(*Schriften des Vereins für Sozialpolitik*)」 회의보고서를 참조하라.

6) 「본질(*Wesen*)」 제2편을 참조하라.

7) 이 점에 관해서는 특히 스미스(A. Smith)와 마샬(A. Marshall)을 참조하라. 이 개념은 거의 국민경제학만큼이나 오래되었으며, 잘 알려진 바와 같이 사람들이 조심스럽게 회피하여야 하는 복잡다단한 과거를 가지고 있다. 이와 인접한 개념으로는 피셔(Fisher)가 저술한 「자본과 소득(*Capital and Income*)」, 바그너(Wagner)가 저술한 「기초(*Grundlegung*)」를 참조하라. 마지막으로, 피구(Pigou)의 「특혜관세와 보호관세(*Preferential and Protective Tariffs*)」를 참조하는데, 여기에서는 '국가배당금(National Dividends)'이라는

경제가 그 자체로 통일된 계획에 따라 작동하는 '경제'가 아닌 것처럼 사회적 생산물도 누군가가 의식적으로 열망한 계획적 활동의 결과는 아니다. 그러나 그것은 유용한 추상(抽象)이다. 우리는 모든 경제주체가 생산한 모든 결과물이 경제기간이 끝난 후에 어디에서인가 함께 모여 쌓여 있고 이것이 특정한 원칙들에 따라 경제주체들에게 분배되는 것을 상상할 수 있다. 이 경우 우리는 사실에 대하여 아무것도 본질적인 변화를 추구하고 있지 않기 때문에, 이 가정은 충분히 허용 가능하다. 그러면 우리는 모든 경제주체는 이 거대한 국민경제적 저장소에 대해 공헌을 하고 나중에 이로부터 무엇을 받는다고 얘기할 수 있다. 투입물에 상응하여 국민경제의 어딘가에 다른 경제주체의 청구권이 존재한다. 각자의 몫이 어디엔가 이미 존재한다. 각자의 공헌은 수령의 전제조건과 보충물이며, 각 수령에 대하여 공헌이 일치한다. 그리고 모두가 경험으로부터 각각의 몫에 대하여 일정한 공헌을 하여야 한다는 조건의 고려하에 그들이 원하는 것을 얻기 위하여 무엇을 그리고 얼마만큼을 '공헌'하여야 하는가를 알고 있기 때문에, 여기에서도 경제의 순환은 완결되며 모든 '투입'과 모든 '배당'은 상쇄되어야만 한다. 그것은 어떤 원칙에 따라 분배가 이루어지든 항상 원칙이 될 것이다. 또한, 여기에서도 지켜져야만 할 전제조건은 모든 관련된 크기는 경험적으로 주어져 있다는 것이다.

이미 얘기했듯이, 우리는 이제 우리의 목적과 다음 장(章)들의 이해를 위해 필요한 만큼 경제의 이 모습을 보다 정확하게 묘사하려 한다. 우리가 얘기한 것처럼, 경험은 우리의 농부에게 자신의 생산물에 대하여 어느 정도의 수요와 어느 정도의 가격을 그가 기대하여야만 하는가, 그리고 생산수단과 소비재 그 자체에 대하여 어느 정도의 공급이 — 어떤 가

개념으로 대단히 많이 사용되었다.

격으로 — 그에게 제공될 것인가에 대하여 가르쳐 주었다. 우리는 잘 아는 방식으로 이 경험에 따른 일정성의 논리를 파악하기로 한다. 우리는 이와 같은 경험이 존재하지 않는다고 가정을 할 것이며, 그리하여 우리는 동일한 토지, 동일한 문화와 기술을 가진 동일한 사람들, 동일한 취향, 그동안과 동일한 재화재고를 가지고 있다고 가정한다. 그러나 이 사람들은 현실에서 그들의 행동을 만들어내는 가격, 수요, 공급에 대하여, 간략히 말해 모든 각 요소의 크기에 대하여 아무것도 알지 못하는 것으로 가정한다. 그다음 우리는 그들이 무엇을 할 것인가를 질문하며, 그다음 실제 존재하는 국민경제, 즉 각 경제주체의 상태를 필요한 만큼 재구성할 것이다. 잘 알려진 바와 같이 실제로는 이 이유에 대해 깊게 들어갈 필요는 없으며, 오히려 상당한 정도의 피상적인 미봉책으로 충분할 수 있으며,[8] 말하자면 처음부터[9] 우리는 실제로 이미 항상 존재하는 것을 눈앞에 재현**시키게** 된다. 만약 사람들이 매일 한 길을 걷는다면 그 길을 생각할 필요가 없는 것과 마찬가지로 실제의 경제주체는 경험에 의지하여 이른바 생략법적으로 생각한다. 그가 이 경험을 잃어버리면 그는 대단한 노력을 들여 이를 **더듬으면서**[10] 다시 찾아내려고 노력한다. 여기에서 우리는 단지 진행과정의 법칙이 어떤 유형인지, 우리 중 누가 현실에 있어서, 말하자면 습관 속에 화석화되어 마주칠 것인지를 보게 될 것이다. 또 다른 하나를 주목할 것이 있다. 그 속에서 우리는 경제과정을 우리 눈앞에 소생시킬 수 있을 것이나 경제발전에서의 무언가를 보려고 하지는 않을 것이다. 우리가 보고자 하는 것은 어떻게 경제과정

8) 비저(v. Wieser)는 그것을 비용계산의 사실과 관련하여 서술하였다. 이에 대해서는 그의 책 「자연가치(*Der natürliche Wert*)」를 참조하라.

9) 이에 대해서는 다음을 참조하라: 왈라스(L. Walras), 「순수정치경제학요소(*Élementes d'économie politique pure*)」, 제4판(1990년 발행).

10) 이를 왈라스(Walras)는 '시행착오를 통해서(par tâtonnement)'라고 말한다.

이 역사적으로 주어진 형태로 **발전**되었는가가 아니라, 오히려 어떻게 경제과정이 연년세세 **진행**되는가이다. 우리가 분석하려고 하는 것은 경제를 행하는 것이 어떻게 역사적으로 변화하는가가 아니라, 오히려 이것이 어떤 임의의 시점에 어떻게 나타나는가이다. 역사적 창조가 아니라 개념적 재구성이 중요하다. 이 양자의 극도로 다양한 것들의 혼동은 매우 자주 발생하는 오류이다.

그리하여 고려했던 사례 속에서 사람들이 어떻게 행동하여야 하는가를 **숙고**하여야 할 것이다. 그것은 그렇지 않았다면 실제로는 행동할 필요가 없는 것이다. 행동이 어떤 관계 속에서 **무엇을** 달성할 것인가? 명백하게 이 사람들의 그리고 이 사람들에게 속한 욕구를 충족시키기 위한 것이다. 이 시각에 따라 이들은 자신의 영역에서 이 목적을 만족하게 할 수 있는 수단을 바라본다. 이 수단이 재화(Güter)이다. 그리고 이와 같은 재화와 관련하여 어떤 '행동'이 중요할 수 있는가가 대두될 수 있고, 이와 관련하여 다음과 같은 것, 즉 실질적으로 무한한 정도로 존재하지 않는 것, 즉 경제재가 필요하다. 모든 재화는 — 경제재이든 자유재이든 — 경제주체의 욕구를 충족시킬 수 있는가의 정도에 따라 평가되며, 그리고 모든 개별적 수량단위는 그 속에서 욕구**창출**의 충족이 그것에 얼마나 의존하는가에 따라 평가될 수 있을 것이다. 여기에서 우선적으로 동일한 재화 및 그리고 나서 다른 재화의 다른 수량단위에 의한 교환가능성을 고려하여야 한다. 그리하여 이것이 의미하는 바는 자유재의 개별적 수량단위는 전혀 평가되지 않으며 주어진 욕구강도의 크기 하에서 한 경제주체가 이미 더 많이 가지고 있을수록 경제재의 개별적 수량단위는 더욱 작게 평가된다는 것이다. 이와 같은 평가 혹은 가치평가는 경제주체의 경제행동에 결정적인 영향을 미친다. 여기서 가치(Wert)는 일정한 재화의 일정한 수량의 일정한 주체에 대한, 그리고 이들 재화에 대한 이 주체의 행동에 대한 중요성 지표이다. 한 재화수량의 총가치 그리고 욕구강도의 크기, 즉 가치크기는 경제주체에게 거의 인식되지 않으며, 실제로 일상경제에서는 보통 단지 부분수량의 가치, 특히 '최종부분수량'의 가치, 한계가치, 한계효용[11]으로 느껴진다. 우리는 이제 모든 재화의 증가되는 양으로 인한 가치평가의 감소는 가장 좁은 의미에서 '포화' 혹은 '권태'의 심리적 현상에 의해 설명될 뿐만 아니라, 오히려 예를 들어 다른 사람들의 욕구충족을 위한 노력 역시 동일한 법칙을 따른다는 점을 부가하여야 한다.

우리가 의도적으로 재화의 범주에 포함하는 노동(Arbeit)에 있어서, 노동의 양은 각 시점에 있어서 다른 재화의 양에서와 같이 안정적으로 주어지지 않는다는 상황 속에서 어려움이 발생한다. 왜냐하면, 사람들은 더 많이 혹은 더 적게 일할 수 있기 때문이다. 그것이 다양한 사람들의 다양한 성향에 달려 있는 한, 그것에 관해 더 이상 할 말은 없다. 이 성향은 경제적으로 설명될 사실이 아니기 때문에, 우리는 이 성향이 주어진 것으로 간주한다. 그러나 어떤 동일한 사람은 다양한 상황 속에서 정말 다양하게 일을 한다. 그리하여 우리의 경제주체는 얼마나 많은 양의 노동을 수행하는가? 우리가 우선 다른 문제를 해결한다면, 이 질문에 대해서 가급적 명확하게 얘기할 수 있다. 그리하여 우리는 잠시 누구나 가지고 있는 노동의 양이 확고하게 주어져 있다고 가정하기로 하자.

그렇다면 사람들은 재화에 대한 자신들의 행동을 자신들의 재화소유에 의해 최대한 가능한 가치총액을 실현할 수 있는 방식으로 조절할 것이다. 이들은 자신들의 재화를 사용양식에 있어서의 변화를 통하여 주어진 상황하에서의 이 가치총액이 더 이상 증가할 수 없도록 사용하는 것을 추구할 것이다. 재화의 분배가 다양한 욕구범주에 대하여 이루어

11) 여기에서 나는 한계효용이론(Grenznutzentheorie)의 전체 문헌을 제시할 수 있다. 이와 같은 제시는 본문의 명제의 단축된 내용을 정당화할 것이다.

진다면, 이로써 이들 가치의 구체적인 크기도 결정된다. 그러면 경제주체들은 재화에 대하여 이의 상대적으로 최고의 사용방식으로 발생하는 욕구충족에 상응하는 가치평가를 인정할 것이다. 만약 새로운 사용방식이 문제가 되면, 경제주체들은 이들 가치를 가지고 동일한 가치평가도 수행할 것이다. 이와 같은 것은 우리가 곧 논의할 교환가능성에 관한 이야기이다. 그러나 우선 가치는 사용가치로서 대두된다. 가치는 소유자의 욕구충족을 위한 재화의 중요성에 대한 지표에 불과하며, 이는 척도의 크기에 따라 소유자의 수요와 현존하는 '충족'에 달려 있다. 궁극적으로 재화는 가지가지의 방식으로 서로 간에 관련성을 가지고 있기 때문에, 때로는 사용에 따라 '보충적'인 면이 있고 때로는 서로 간에 교환될 수 있어서, 이들 가치도 알려진 관련성을 가지게 된다. 이들 가치는 독립적인 크기가 아니라 오히려 하나의 **가치체계**를 구성하게 된다. 이 관계에 있어서 가장 중요한 것은 '생산친족성(Produktionsverwandtschaft)'에 의해 구축된다는 점이다. 우리는 재화가치 간의 이 관련성에 관하여 곧바로 돌아와 논의할 것이다.

우리는 가장 중요한 핵심명제를 위하여 '생산'에 관해 간략히 설명하고자 한다. 이에 대한 명확한 이해는 지나치지 않을 것이다. 생산과 분배의 엄격한 구분은 존 스튜어트 밀(John St. Mill)로부터 시작되었다.[12] 내가 이미 다른 곳에서 주장한 바와 같이[13] 나에게는 이 구분이 사람들이 오늘날 순수경제학의 시스템에 대해 주장할 수 있는 모든 요구를 충족시키지는 못하는 것으로 보인다. 그러나 이 구분은 우리의 목적에 실제적으로 적합하며 그래서 이를 당분간 받아들일 것이다. 밀(Mill)이 그

12) 「원론(*Principle*)」에 있는 그의 서문을 참조하라.

13) 「본질(*Wesen*)」 제2편을 참조하라.

분리에 대해 주장한 근거는 생산의 과정은 분배의 본질적으로 사회법칙적 과정보다 훨씬 더 '자연법칙'의 성격을 가지고 있다는 점이다. 여기서 사실 우리는 경제행위를 야기하는 물질적 필요성의 압력을 더욱 생생하게 받아들이며, 본질적으로 변경할 수 없는 자연의 진행과정과 대비할 것이다. 이 점에서 존 래(John Rae)[14] 역시 자연에 대응하는 인간의 경제행위에는 자연의 진행과정의 흐름을 통찰하고 가능한 한 이를 활용하는 것이 중요하다고 말한다. 허용된다면, 우리는 경제활동을 하는 인간의 입장을 지나가는 차가 원하는 방향으로 진행되기만 하면 시간적 이익과 힘 절약의 가능성을 이용하기 위해 이 차에 매달려 있는 불량한 젊은이의 묘사를 통해 명료하게 할 수 있다. 그러나 그렇다면 경제활동을 하는 인간은 그를 둘러싼 사안들의 '구성'을 부분적으로는 변화시킬 수 있을 것이다. 그러나 이것은 한편으로는 자연법칙의 한계와 다른 한

---

14) 그의 1834년에 발간된 저작은 1905년 믹스터(C. W. Mixter)에 의해 편집되었고「자본의 사회적 이론(*Sociological Theory of Capital*)」으로 이름이 바뀌었다. 새로운 제목은 목적 지향적이며 편집자에 의한 변경도 있었다. 사람들은 원전의 이태리어로의 번역을 Bibliotheca dell' Economista Bd. IX에서 찾을 수 있다. 래(Rae)에 관해서는 다음을 참조하라: 뵘-바베르크(v. Böhm-Bawerk)의「자본이자론의 역사와 비판(*Geschichte und Kritik der Kapitalzinstheorien*)」제2판, 375쪽, *Yale Review* 제5편의 피셔(Fisher), 1897년 및 1902년의「분기경제저널(*Quarterly Journal of Economics*)」의 믹스터(Mixter). 여기에서 우리는 자신의 시대로부터 그리고 이론의 익숙한 궤도로부터 완전히 벗어난 한 저작을 환영하고자 한다. 이것은 잘 눈에 띄지 않았으며, 이에 따라 우리 시대에 새롭게 발견되어야만 하였다. 얼마나 심도 있고 독창적인가! 단편이지만 얼마나 거대한 차원의 사고의 세계를 가지고 있는가! 이 저작은 잊혀 있다가 단지 새롭게 발견된 것이다. 그런데 당분간 이것은 책의 마법으로 남을 것이다. 즉, 간헐적인 표현은 매우 심도 있는 시사점을 제공한다. 색다른 사람과 진실한 사람은 이에 관해 얘기하였다. 확실히 그의 모국의 현대 찬사작성자들은 단지 과장을 통해 그리고 그로부터 뵘-바베르크(v. Böhm-Bawerk)의 이론을 추정하려는 쓸데없는 노력을 하여 그에게 해를 입혔다. 래(Rae)가 오늘날 우리에게 무엇을 줄 수 있는 것이 아니라, 오히려 그가 제공한 단편들이 전제로 하는 힘과 그가 아마도 행복하게 제공해 줄 수 있었을 것이 비통한 찬미의 가치가 있다.

편으로는 그의 기술적 능력에 의해 주어진 한계의 범위 내에서만 가능하다. 그것은 아마도 래(Rae)에게로 거슬러 올라가는 밀(Mill)의 명제와 일맥상통하는 것이다. 즉, "현실세계에서 노동은 항상 그리고 오직 대상을 움직이게 하는 데 사용되며, 사안의 특징이 중요하며, 자연법칙은 나머지를 처리한다." 유사한 방법으로 뵘-바베르크(v. Böhm-Bawerk) 역시 — **하나의** 문제해결의 역사적 관점을 가지기는 하지만 확실히 전체 경제과정의 분석을 서술하고 있는 자신의 저서 「자본의 실증이론(*Positive Theorie des Kapitals*)」에서 — 이와 같은 '자연법칙적' 여건에서 출발하고 있다.

그것은 생산과정의 한 측면이다. 그에 따라 물질적 대상과 노동력에 있어서의 통찰이 주어지고 기술이 주어졌을 때 생산과정은 물질적 대상과 노동력의 물리적 특성에 의해 제약을 받는다. 주어진 사회적 상황은 마찬가지의 특징을 가지고 있지 않다. 그러나 개별적 생산행위에 대해 이 주어진 사회적 상황은 자연적 상황과 마찬가지로 변경할 수 없는 여건이다. 이 상황의 변경은 경제이론의 영역 밖에 존재하기 때문에, 생산과정의 학문적 서술에 대해서도 마찬가지이다. 그리하여 우리는 '주어진 기술에서'라는 요건에 대하여 '그리고 사회적 조직에서'라는 말도 추가한다. 주지하는 바와 같이 이를 통하여 우리는 단지 지배적인 관습을 따르는 것이다.[15)]

사안의 다른 측면, 우리가 생산의 내부를 이의 '자연과학적' 측면과 사회적 측면보다 훨씬 더 깊게 들여다볼 수 있는 측면은 모든 생산의 구체적 목적이다. 만약 경제활동을 하는 인간이 생산하고 그 목적이 왜 생산으로 이어지는지를 설명한다면, 그가 추구하는 목적은 생산의 유형

---

15) 슈톨츠만(Stolzmann) 역시 그 속에 아무 주장이 없는 이 구성에 대해 아무런 반론을 제기할 수 없을 것이다. 그의 관점에 관해서는 그의 다음 작품들을 참조하라: 「사회적 범주(*Die soziale Kategorie*)」(1896년 발간)과 「국민경제의 목표(*Der Zweck in der Volkswirtschaft*)」(1910년 발간).

과 범위를 자신의 스탬프를 통하여 명백하게 만드는 것이다. 그것은 그가 부존자원에 대하여 그리고 생산의 '무엇'과 '어떻게'에 대하여 주어진 생산수단과 물질적 필요성의 틀 속에서 결정하여야만 한다는 것을 증명하기 위한 주장이 필요하다는 것은 물론 아니다. 이 목적은 단지 이용가능성과 소비대상의 창출일 수 있다. 이와 같은 자명성을 특별하게 언급하는 것은 아마도 과도할 수도 있으나 그것이 필요하다는 것이 나타날 것이다. 심지어 이 자명성을 보다 더 설명하는 것이 필요하다. 교환이 없는 경제에서는 무엇보다도 그 경제 내에서 소비를 위한 이용가능성만이 중요하다. 이 사례에서 모든 개별경제는 생산된 것을 소비하기 위해, 즉 개별경제의 욕구를 충족시키기 위해 생산을 한다. 그리고 이 생산하는 것에 대한 이 욕구의 유형과 강도는 실질적인 가능성 내에서 결정적이라는 점은 명백하다. 욕구는 동시에 경제주체의 경제행위의 근거와 기준이 되며, 이는 경제행위의 원동력을 나타내 준다. 그리하여 주어진 외부적 상황과 개별경제의 욕구는 경제과정에 상당한 영향을 미치며 경제과정의 결과에 대해 작용하는 두 개의 요소로 나타낼 수 있다. 그리하여 생산은 욕구를 따르고, 말하자면 이는 욕구에 의해 견인된다. 이와 아주 동일한 것이 유통경제에도 해당된다.

비로소 생산의 두 번째의 '측면'은 경제적 문제를 만들어낸다. 그것은 생산의 순수한 기술적 문제를 구분해 내는 것이다. 우리가 경제생활 속에서 아주 빈번히 기업의 기술적 지도층과 상업적 지도층 간의 인적 대립을 쉽게 발견할 수 있는 양자 간의 대립이 존재한다. 우리는 거기에서 생산공정에 있어서의 변화는 한편에서는 추천되고 다른 한편에서는 거절되는 것을 자주 볼 수 있다. 예를 들어, 엔지니어가 새로운 공정을 추천하면 상업적 책임자가 근거를 가지고 이를 거절하며, 그 공정은 수익을 창출하지 못할 수 있을 것이다. 이 사례는 그 자체적으로 우리에게 이해를 위한 단서를 제공한다. 그 엔지니어와 그 판매자는 양자 모두에게 기업의 목적지향적 업무가 그들의 목적이고 이 목적 적합성(Zweckmäßigkeit)의 인지로부터 그들의 판단이 도출된다는 자신들의 관점을 강조할 수 있다. 오해, 즉 사안에 대한 부족한 이해 등을 제외하면, 이들의 판단 차이는 이들 중 각각이 목적 적합성에 있어서 서로 다른 유형이 눈에 들어왔다는 점에서 비롯할 수 있다. 판매자가 목적 적합성을 얘기할 때 그가 의미하는 것은 매우 분명하다. 그는 상업적 이윤을 의미하고, 그 속에서 우리는 기계의 조달에 필요한 생산수단은 다른 곳에 더욱 유리하게 사용될 수 있을 것이라는 그의 의견을 표현할 수 있다. 그러나 기술자는 무엇을 의미하는가? 우리가 유통경제에서 아무런 사례를 고르지 않더라도 이 문제에 가까이 접근할 수 있다. 그리하여 폐쇄된 경제 속에서 경제적 지도자는 경제의 욕구충족이 생산공정의 변화를 통해 촉진되는 것이 아니라 그와 반대로 하락할 것이라는 점을 생각한다. 만약 그것이 사실이라면 기술자의 입장은 어떤 의미를 가지고 그는 어떤 목적 적합성을 의미하는 것일까? 우리는 이에 대한 대답을 다음의 방식으로 제시하려 한다. 즉, 만약 욕구충족이 모든 생산하는 것의 유일한 목적이라면, 이를 침해하는 조치를 채택하는 것은 아무런 경제적 의미가 없다. 경제 지도자의 이의제기가 실질적으로 타당하다면 엔지니어에게 따르지 않게 하는 그의 결정은 올바른 것이다. 우리는 여기에서 생산도구의 기술적 완수에 대한 절반의 심미안적 기쁨은 고려하지 않는다. 우리는 또한 실제 생활에 있어서 순수한 기술적 요인이 이와 충돌하는 경제적 요인 뒤에 위치하여야만 한다는 점을 사실적으로 살펴볼 것이다. 그러나 그것은 기술적 요인이 독립적인 존재와 독립적인 의미를 가지고 또한 엔지니어의 관점이 든든한 의미를 가지는 것을 방해하지 않는다. 왜냐하면, 비록 경제적 목적이 기술적 방법을 이의 실무적 활용 속에 억누름에도 불구하고, 만약 사람들이 이 방법의 내부적 논리를 이와 같은 제한에 대한 고려 없이 명확하게 한다면 그것은 나름 좋은 의미가 있다.

사람들은 최대한 하나의 사례를 본다. 증기기관은 경제적 목적 적합성의 모든 구성요소에 해당될 것이다. 증기기관은 이 경제적 목적 적합성에 따라 이용될 것이다. 사람들이 이 증기기관을 더 따뜻하게 하고 경험이 더 많은 사람을 통하여 서비스를 제공하고 이를 더욱 개선하는 등 실상에 있어서 이를 **더 많이** 활용하는 것은, '이것이 수익을 창출하지 못한다면' 아무런 의미가 없을 것이다. 다시 말해, 난방재료, 더욱 유능한 사람, 원자재의 개선 혹은 증가가 그들 모두가 가져오는 것보다 더 큰 비용이 들 것이 예상된다면, 아무런 의미가 없을 것이다. 그러나 어떠한 상황 속에서 기계가 더 많이 활용되고 얼마나 더 많은 성과를 창출할 수 있고, 현재 지식의 수준에 대하여 어떤 개선이 가능할 것인가 등에 관해 숙고하는 것은 아주 상당한 의미가 있다. 그렇다면 이들이 유리하게 되어야만 하는 그 사례에 대해 제공될 수 있는 이들 모든 조치는 이른바 완성되어 준비된다. 그리고 이 이상적인 모습이 항상 현실성과 대치되어 제시되는 것은 의미가 있다. 이에 의해, 사람들은 무지에 의해서가 아니라 잘 재단된 경제적 이유에 의해서만 이 가능성을 놓치게 된다. 짧게 말하면, 주어진 시점에서 활용할 수 있는 모든 생산방법은 경제적 목적 적합성을 위해 헌신한다. 그러나 이들 방법은 경제적 내용의 고려는 물론 이와 같은 자연과학적 내용의 고려로 구성된다. 이들 후자는 자신의 문제와 자신의 논리 그 자체를 가지며, 이를 지속해서 숙고하는 것은 — 우선 경제적 요인의 고려 없이, 마지막에는 항상 결정적 요인의 고려 없이 — 기술(技術)의 내용이다. 그리고 경제적 요인이 다르게 이용가능하지 않는 범위에서, 기술을 실질적으로 추구하는 것을 기술적 의미에서 생산하는 것이라고 말한다.

기술적 사실은 그 자체로는 우리의 흥미를 끌지 않는다. 기술적 사실의 특징은 우리에게 주어진 것이며, 우리는 개별적 생산공정의 실행을 더 이상 걱정하지 않는다. 그런데도 오로지 기술적 특징의 다양한 사실은 이론에서 활용되었다. 무엇보다도 우리는 생산수확체감의 법칙(Gesetz des abnehmenden Produktionsertrages)을 생각할 수 있는데, 이의 근원은 토지수확체감의 법칙에 있다. 후자의 표현으로 고전학파 경제학자들은 주지하는 바와 같이 농업에 있어서 항상 점점 증가하는 생산적 지출의 수익은 점점 더 감소할 수밖에 없다는 점을 주장하였다. 그 이유로는 첫째, 사람들은 우선 생산력이 높은 토지를 사용하고 이에 따라 이는 항상 비생산적인 토지로 변모되며, 둘째, 같은 토지에 대한 지속적 지출은 항상 점점 더 적은 양의 수확만을 가져온다는 것이 사실이기 때문이다. 이 사실은 동일한 전제조건, 특히 생산방법의 일정성의 전제조건하에서 농업생산과 다른 분야들에도 마찬가지로 유효하다.[16] 주지하는 바와 같이 이 법칙은 고전학파 경제이론의 기본적인 출발점이 되었다. 그러나 우리는 이 법칙이 필요하지 않다.

경제학을 위하여 순수한 기술적 사실을 확보할 수 있는 의미 있는 다른 사례는 우회생산의 법칙(Gesetz von den Produktionsumwegen)인데, 주지하는 바와 같이 이것은 뵘-바베르크(v. Böhm-Bawerk)에게 감사하여야 한다. 원하는 대상물을 가능한 한 직접적으로 처리하는 생산유형인 직접생산은 대체로 어느 정도의 성공을 가져오지만, 대부분은 아주 적은 성공만을 가져온다. 예를 들어, 우리가 각각의 더 이상의 도구 없이 고기를 잡으려고 한다면 물론 마침내 그리고 궁극적으로 성공을 할 수 있을 것이나 아주 의미 없는 정도일 것이다. 그러나 사람들이 원하는 생산의 성공에 대해 직접 매진하는 것을 포기하고, 우선 다른 재화를 생산하여 이의 도움을 받기 위한 우회로를 선택한다면 성공은 조금 늦어지지

---

16) 보다 일반적인 생산수확체감의 법칙으로의 토지수확체감의 법칙의 확장은 영국과 미국의 이론연구에서 서서히 그러나 꾸준히 이루어졌다. 여기에 관해서는 1907년 「슈몰러 연감(*Schmollers Jahrbuch*)」에 발간된 나의 논문 "분배론에 있어서의 수익원리(Das Rentenprinzip in der Verteilungslehre)"를 참조하라.

만 상상할 수 없을 정도로 더욱 크게 이루어진다. 동일한 사례에 머물기 위하여, 이 법칙에 따라 고기를 잡기 위한 그물의 생산이 이와 같은 우회생산을 나타낼 것이다. 그물의 도움을 받은 고기잡이의 결과는 이 법칙에 따라 그물의 생산에 소요된 경비와 비교하여 훨씬 더 크다. 경제이론에 있어서 이 기술적 사실이 어떠한 역할을 수행하는가는 잘 알려져 있다. 우리는 단지 이 기술적 사실은 물론 다른 기술적 사실도 우리의 사고과정에 있어서 이용되지 않을 것이라는 점을 일반적으로 알리고자 한다.

궁극적으로 목적 적합성이 기술적 생산은 물론 경제적 생산을 지배하고 이들 양자 간의 차이가 이 목적 적합성 성격의 상이함 속에 존재하는 바와 같이, 어떤 다른 유형의 사고과정도 우선 근본적 유사성을 보이고 그다음 동일한 차이를 보인다. 기술적으로는 물론 경제적으로 살펴보면 생산은 자연법칙적 의미에서는 아무것도 '창출'하지 않는다. 이 양자의 경우에서 생산은 단지 기존의 사물과 과정 — 혹은 '능력' — 에 영향을 미치며 이들을 통제할 수 있다. 그렇다면 우리는 이제 다음 논의를 위하여 하나의 개념이 필요한데, 그 개념은 '이용'과 '영향'을 파악하는 것이다. '이용'에는 재화의 많은 다양한 형태의 사용, 즉 사물에 대응하여 행동하는 많은 수의 방법이 존재한다. '영향'에는 지리적 변화, 기계적·화학적 공정 등의 모든 형태가 존재한다. 그러나 항상 중요한 것은 대략 우리의 욕구충족의 관점에서 우리가 발견한 것과 다른 것을 획득하는 것이다. 그리고 우리가 분리해 발견한 사물과 능력을 통합하기 위하여 이들 간의 상호작용적 관계를 변화시키고, 이들의 그동안의 관계로부터 사물과 능력을 분리해 내는 것이 항상 중요하다. 처음의 경우는 '결합한다'의 개념이 간단히 어울리며, 두 번째의 경우는 창출된 것을 우리의 노동과 결합하는 것이라고 말할 수 있고, 이는 확실히 대척점에 있는 재화를 주어진 우리의 욕구에 계산해 넣는 것이다. 그리하여 기술적으로는 물론 경제적으로 고려해볼 때 생산한다는 것은 우리의 영역에 존재하는 사물과 능력을 결합하는 것을 의미한다. 모든 각각의 생산방법은 이와 같은 일정한 결합을 의미한다. 다양한 생산방법은 결합하는 유형과 방식을 통하여, 즉 결합된 대상을 통하든 혹은 이의 수량 간의 관계를 통하여 구별될 뿐이다. 각각의 구체적 생산활동은 구체화되며 또한 이와 같은 결합**이다**. 또한, 운송 등에 대하여, 간단히 말해 가장 넓은 의미에서 생산인 모든 것에 대해 이 해석은 확장될 수 있다. 또한, 기업 그 자체와 전체 국민경제의 생산관계 속에서도 우리는 이와 같은 결합(Kombinationen)을 보게 될 것이다. 이 개념은 우리의 사고과정에 대단히 중요한 역할을 수행한다.

그러나 경제적 결합과 기술적 결합, 즉 기존의 욕구와 기존의 생산수단을 고려한 결합과 생산방법의 이념에 기초한 결합은 동시에 일어나지 않는다. 기술적 생산의 목표는 이른바 경제에 의해 기술에 제공되며, 기술은 요구된 재화를 위하여 생산방법만을 개발한다. 이른바 여기에서 경제의 기술은 원하는 생산방법을 제공한다. 그러나 경제현실은 경제의 기술을 모든 결과로 그리고 기술적으로 가장 완전한 방법으로 반드시 실행하는 것이 아니라, 이 실행을 경제적 관점에 종속시킨다. 경제적 상황을 고려하지 않는 기술적으로 이상적인 모습은 수정된다. 경제적 논리는 기술적 논리를 이긴다. 그리고 이 때문에 우리는 현실에 있어서 강철 띠 대신에 파손된 끈을, 전시회의 유형 대신에 오류가 많은 일 중독자를, 가장 완성된 기계들 대신에 원시적 수작업을, 수표의 교환 대신 어설픈 화폐경제 등등을 살펴보는 것이다. 이에 따라, 경제적으로 최적의 결합과 기술적으로 가장 완전한 결합은 사실 반드시 필요한 것은 아니지만 종종 서로 결합되는데, 이는 실제로는 무지와 무감각의 결과일 뿐만 아니라 올바르게 인식된 상황에 대한 경제의 적응 결과이다.

이 관계에 있어서 아주 중요한 요인은 생산계수(Produktionskoeffizienten)이다. 생산계수는 생산물 단위에 있어서 생산재의 양적 관계를 나타내며, 따라서 이는 '결합(Kombinationen)'의 본질적 특징이다. 여기에서 경제적 요인은 기술적 요인과 매우 첨예하게 대비된다. 여기에서 경제적 관점은 다양한 생산방법 간에 결정될 뿐만 아니라 이 계수에 대하여 일정하게 주어진 생산방법 속에서도 작동한다. 그 이유는 생산의 개별적 수단은 어느 수준까지는 서로 대체가 가능하기 때문이다. 즉, 한 생산수단에서의 손실은 다른 수단에서의 증가에 의해 보완될 수 있다. 예를 들면, 증기력의 감소는 수작업을 증대시키면 보완될 수 있으며, 이의 반대의 경우도 가능하다.[17)]

우리는 생산의 진행과정을 생산능력의 결합(Kombinationen der produck-tiven Kräfte)의 개념으로 이해하였다. 이 결합의 결과는 생산물(Produkte)이다. 이제 우리는 결합하여야 할 것이 정말 무엇인지에 관해 정확하게 묘사하려 한다. 그것은 그 자체적으로 사물과 '능력'의 모든 가능한 유형이다. 부분적으로 이들은 다시금 생산물이고 단지 자연에 의해 제공된 대상물의 일부이다. 또한, 물리적 의미에서 많은 '자연능력'은 생산물의 특성을 가지는데, 그 예로 생산된 전류의 산업적 사용을 들 수 있다. 그들은 부분적으로 물질적 대상물이고 부분적으로는 비물질적 대상물이다. 더 나아가 사람들이 한 재화를 생산물 혹은 생산수단으로 볼 것인가의 여부는 종종 해석의 문제이다. 예를 들어, 노동은 확실히 특별한 무리함이 없이 어느 정도는 노동자에 의해 소비되는 재화의 생산물로도 또는 본원적으로 주어진 생산수단으로도 파악될 수 있다. 사람들이 하나의 수단 혹은 다른 수단을 행함에 따라, 이들 생계수단은 생산수단과 소비수단의 관점하에 혹은 오로지 소비수단의 관점하에 발생한다. 우리

---

17) 이들의 '변이'는 매우 분명하고, 1904년에 발간된 카버(Carver)의 「부의 분배(*The Distribution of Wealth*)」에 아주 잘 나타나 있다.

는 후자의 대안을 따르기로 하고 이 관계에 대해서는 주안점을 두지 않으려 한다. 즉, 우리에게 노동은 생산물이 아니다. 주지하는 바와 같이 매우 종종 한 재화를 어떤 한 범주 혹은 다른 범주에 포함하는 것은 개별경제의 관점에 달려 있다. 그 결과 하나의 동일한 재화는 한 개인에게는 소비재이고 다른 개인에게는 생산수단이 된다. 그리고 마찬가지로 매우 종종 개별경제 내에서 하나의 동일한 재화의 성격은 종종 이것이 제공하는 사용에 달려 있다. 특히, 더욱 오래된 시대의 이론적 문헌에서는 이 문제에 관해 많은 논의가 이루어졌다. 우리는 이 언급만으로도 충분하다. 그러나 다음 사항은 훨씬 더 중요하다.

재화를 궁극적인 소비행위로부터의 거리에 따라 순서를 배치하는 것은 일반적이다.[18] 이에 따르면, 소비재는 제1순위의 재화이며, 이는 결합에 의해 직접 창출되는 재화이다. 제2순위의 재화 등등은 항상 '보다 높은' 혹은 '보다 먼' 순서에 따라 매길 수 있다. 여기에서 사람들은 소비자에게 소비될 준비가 되어 있는 재화만이 제1순위에 속한다는 점을 잊지 말아야 한다. 예를 들어, 제빵업자의 완성된 빵은 엄격히 말하여 배달인의 노동과 결합하여야만 제1순위 재화가 된다. 보다 낮은 순위의 재화는 자연에 의해 직접 제공되지 않는 한 항상 높은 순위의 재화와의 결합에 의해 탄생한다. 이른바 보다 낮은 순위의 모든 재화에 대한 근간은 다음으로 높은 순위의 재화에 존재한다. 다음으로 높은 순위 혹은 다른 순위의 재화는 다른 재화와의 결합을 통하여 다음 순위의 재화가 될 것이다. 사람들은 이 도식을 다르게 구성할 수 있고, 우리의 목적에는 모든 재화유형을 이 재화유형의 조각이 존재하는 순위들 중 가장 높은 순위에 정렬하는 것이 최선이다. 이에 따라, 예를 들어, 노동은 가장 높

18) 여기에 관해서는 멩거(K. Menger)의 「국민경제학원리(*Grundsätze der Volkswirtschaftslehre*)」와 뵘-바베르크(v. Böhm-Bawerk)의 「자본의 실증이론(*Positive Theorie des Kapitals*)」를 참조하라.

은 순위의 재화인데, 그 이유는 우리가 노동력을 모든 다른 순위들에서 볼 수 있음에도 불구하고 이미 모든 생산의 가장 처음 단계에 노동이 고려되기 때문이다. 그리하여 각각의 재화는 다음으로 높은 순위의 한 재화 혹은 여러 재화의 보다 더 높은 순위의 재화와의 결합으로 창출된다. 연속적 생산과정 혹은 결합에 있어서 각각의 재화는 보다 높은 혹은 보다 낮은 순위에 속한 다른 재화의 추가를 통하여 소비재로 성숙된다. 각 재화는 이와 같은 추가의 도움으로, 마치 개울물이 그곳으로 흐르는 수맥의 도움으로 바위를 통하여 땅 속 깊이 자신의 길을 만드는 것처럼, 소비자에게 도달하는 자신의 길을 만든다.

이제 무엇보다도, 우리가 순위를 아래로부터 위로 바라본다면, 재화는 점점 더 무정형이 되며 일반적으로 그 재화는 점점 더 특징적인 형태, 즉 특정한 사용을 위해 미리 예정하고 다른 사용은 제외하는 정확한 특징을 잃어버리게 된다고 인식하게 된다. 우리가 재화세계의 순서에서 위로 올라갈수록, 재화는 더 많이 특징과 일정한 목적을 위한 유효성을 잃어버리게 되며, 이를 위한 재화의 사용가능성이 더욱 확대되며, 이의 중요성은 점점 더 일반적으로 된다. 우리는 점점 더 재화의 구분되는 특징을 찾지 못하게 되며, 개별적 범주는 이에 따라 점점 더 포괄적으로 된다. 이것은 우리가 논리적 개념체계 내에서 올라가게 되면, 우리가 점점 더 숫자가 줄어들고 점점 더 적은 개념의 내용과 개념의 폭에 있어서 점점 더 풍부한 개념에 도달하는 것과 아주 유사하다. 재화의 계보는 점점 더 좁아지게 된다. 그것은 우리가 소비재로부터 우리의 관점을 점점 더 멀리 선택할수록 보다 높은 순위의 유사한 재화로부터 점점 더 많은 제1순위 재화를 창출한다는 것에 다름 아니다. 만약 어떤 재화가 전체적으로 혹은 부분적으로 유사한 생산수단의 결합으로부터 창출된다면, 우리는 이들이 생산친족성이 있다고 얘기한다. 그러므로 우리는 재화의 생산친족성은 그들의 순위에 따라 증가한다고 말할 수 있다.

이에 따라, 만약 재화 순위의 위로 올라갈수록 궁극적으로 우리는 우리의 목적을 위한 생산의 최종요소(letzte Element)에 되돌아가야만 한다. 이들 최종요소는 노동과 자연의 제공 혹은 '토지', 노동력과 토지력이라는 점은 더 이상의 논쟁의 여지가 없다.[19] 모든 다른 재화는 적어도 이 중 하나 혹은 대부분 이들 둘에 의해 구성되어 있다. 이로부터 우리는 이 점에서 모든 재화를 '노동과 토지'의 범주에 풀어 넣고 모든 재화를 노동력과 토지력의 묶음으로 파악할 수 있다는 결론에 도달한다. 이제 소비재는 이것이 전체 과정의 목표로서 발생할 수 있게 하는 소비능력에 있어서의 특별한 특징을 미리 가진다. 그러나 나머지 생산물, 즉 '생산된 생산수단(produzierte Produktionsmittel)'은 독립적인 것이 아니다. 이는 생산수단이 아니라 단지 '이미 수행된' 노동력과 토지력을 나타낸다. 그렇다면 이는 소비재의 표식과 더불어 그 밖의 스스로를 눈에 띄게 하는 표식을 가지지 않는데, 그 이유는 이는 미래의 소비재에 다름 아니기 때문이다. 그리하여 한편으로는 이는 두 개의 본원적 생산재의 구체화일 뿐이며, 다른 한편으로는 잠재적 소비재 혹은 잠재적 소비재의 더 나은 부분이다. 그 점까지는 아무런 근거가 존재하지 않으며, 이것의 속에서 독립된 생산요소를 보아야 할 아무런 근거가 없다는 점이 더욱 뚜렷할 것이다. 우리는 "이것을 노동과 토지 속에 풀어 넣는다." 우리는 또한 소비재도 풀어 넣을 수 있는데, 이는 본원적 생산요소도 부분적 소비재로서 이해하는 것이다. 그러나 **이 양자의 시각은** 생산된 생산수단에 대해서만 동시에 적합하며, **이들은** 그 자체만의 독립된 측면을 가지지

19) 이것은 에퍼츠(O. Effertz)에 의해 강력하게 강조되었다. 사람들이 고전학파 경제학자들이 얼마나 노동을 일방적으로 강조하였고 얼마나 긴밀하게 이것을 노동의 결과와 연계하였는지를 생각하고 진정으로 뵘-바베르크(v. Böhm-Bawerk) 혼자 이 관점에 관해 일관성을 유지하고 올바른 해석을 하였다는 점을 생각한다면, 사람들은 이 문제에 관한 에퍼츠(Effertz)의 강조가 정말로 중요한 공헌이라는 점을 인정해야 할 것이다.

못한다.

이제 문제가 되는 것은 두 개의 본원적 생산요소(ursprüngliche Produktionsfaktoren)가 상호간에 어떤 관계를 맺고 있는가이다. 우선권이 둘 중 어느 하나에 돌아가야 하는가 혹은 이들의 역할이 본질적으로 다른가? 우리는 이에 대하여 철학적, 현상학적, 혹은 어느 다른 일반적 관점으로는 답을 할 수 없고, 오직 경제적 관점에서만 답을 할 수 있다. 우리가 고찰하는 것은 이 양자의 관계가 경제의 목적을 어떻게 묘사하는가이다. 그러나 경제학의 영역에서 타당하여야 하는 그 대답도 일반적으로 타당한 것은 아니며, 경제과정의 일정한 해석방식과 관련해서만 타당한 것이다. 이 해석방식은 단지 이론적 구조의 일정한 기초하고만 관련을 맺을 수 있다. 이에 따라, 예를 들어, 중농학파 경제학자들은 이 첫 질문에 대해서는 긍정적으로 대답하였으며 결국 토지에 대해 매우 긍정적이었는데, 이는 그 자체로 매우 타당한 것이었다. 그들이 이로써 노동은 물질적인 것을 새롭게 창출할 수 없다는 사실 외에 다른 것을 표현할 의지가 없는 한, 그들의 해석에 대해 아무런 반대가 없다. 오직 문제가 되는 것은 이 해석이 얼마나 경제 분야에 대하여 생산적인가 혹은 아닌가를 어떻게 증명할 것인가이다. 예를 들어, 이 관점에 있어서 중농학파와의 의견일치는 이들의 추가적 서술에 대하여 우리의 갈채를 철회하는 것을 방해하지는 않는다. 아담 스미스(Adam Smith)도 동일한 질문에 대하여 긍정적으로 대답하였으나 노동에 대해서 보다 긍정적이었다. 우리의 권리가 있다면, 이 해석을 출발점으로 삼는 것도 그 자체로 잘못된 것은 아닐 것이다. 이 해석은 토지력의 사용은 우리에게 비효용(非效用)에 대한 희생을 요구하지 않는다는 사실을 제시하고, 이로부터 무엇인가가 얻어진다면 우리는 이 해석을 적절한 것으로 판단할 수 있다. 그러나 아담 스미스(Adam Smith)는 자연에 의해 창출된 생산능력을 소위 자유재로서 명확히 고려하고, 이것이 사실상 경제에 의해 자유재로 간주되지 않는 상황은 단지 이의 생산능력이 지주에 의해 점유되었기 때문이라는 점을 명확하게 생각하였다. 그리하여 그는 명확하게 토지소유권이 없는 국민경제에서는 노동만이 경제주체의 계산에 들어가는 생산요소를 형성할 것이라고 명확하게 생각하였다. 현재에는 이는 정말로 말도 안 되는 얘기이지만, 그의 출발점 그 자체는 받아들일 수 없는 것은 아니었다. 대부분의 고전학파 경제학자들은 노동요인을 최전방에 내세웠다. 누구보다도 리카도(Ricardo)가 그렇다. 그들은 지대론(地代論)을 통하여 토지와 토지가치 결정을 말하자면 배제할 수 있기 때문에 그것을 할 수 있었다. 이 지대론이 방어될 수 있다면 우리는 확실하게 이 해석에 대해 만족할 수 있을 것이다. 래(Rae)와 같이 그렇게 독립적인 사람도 정확히 이 지대론을 받아들였기 때문에 이에 대해 만족하였다. 마지막으로, 세 번째 집단의 저자들은 우리의 문제에 대한 부정적인 대답을 하였다. 우리는 이들의 의견에 동의한다. 우리에게는 이들 두 개의 본원적 생산요소는 동등하게 생산에 있어서 불가결한 요소이라는 점이 결정적이고, 더구나 같은 이유에서 그리고 같은 방식으로 결정적이다.

두 번째의 질문은 처음의 질문과 아주 독립적으로 다시금 다양하게 대답을 할 수 있다. 이에 따라, 예를 들어, 에퍼츠(Effertz)는 노동에 대해 적극적 역할을, 토지에 대해서는 소극적 역할을 부여하였다. 여기에서 그가 생각한 것은 아주 명료하다. 그는 토지를 노동이 지향하여야 할 대상으로 묘사한 데 비하여, 노동은 말하자면 생산의 촉진요인이라고 생각하였다. 거기에서 그는 맞는 얘기를 하였지만, 이 논의는 우리에게 새로운 인식을 제공하지는 못한다. 기술적 관계에서 에퍼츠(Effertz)의 해석은 어떤 무엇을 부가할 필요는 없지만, 사안에 대한 이 측면은 우리에게 결정적인 것은 아니다. 우리에게는 단지 경제적 고려와 경제주체의 경제행위에 있어서 이들 두 본원적 생산요소에 대하여 어떠한 의견이 부합되는지만 고려되며, 이 점에서 이들 두 요소는 아주 동등하게 묘사된다. 토지를 가지고는 물론 노동을 가지고도 경제활동은 이루어진다. 토지는 물론 노동도 평가되며, 경제원칙에 따라 사용되며, 양자 모두 같은 방식으로 경제적 배려를 받는다. 그리고 양자 중의 어느 하나를 가지고 바로 그것 외에 다른 것은 일어나지 않고, 양자 중의 어느 하나를 가지고 경제활동이 이루어지는 것 이외의 다른 것은 행하여지지 않는다. 그리고 우리의 목적을 위하여 두 본원적 생산요소에 의해 동일한 것이 발생하기 때문에, 우리는 양자가 동일한 자격을 가진다는 입장이다. 이 이해에 있어서 우리는 나머지 한계효용이론가들의 의견과 일치한다.

우리는 생산요소 '토지'에 대해서는 더 이상 논의할 필요가 없는데, 그 이유는 특히 우리가 경제학에 대하여 오랫동안 그렇게 중요시한 토지수확체감의 법칙을 우리의 논의에서 삭제하여야만 한다고 믿기 때문이다. 그러나 또 다른 생산요소인 노동에 대해서는 보다 세심하게 논의할 것을 추천한다. 우리는 생산적 노동과 비생삭적 노동의 구분을 무시할 것인데, 그 이유는 단지 이들 모두 잘 알려진 사안으로부터 우리의 목적에 필요로 한 것을 강조하는 것이 중요하기 때문이다. 비록 그 차이에 관한 논의가 경제활동에 있어서 확실히 보다 날카로운 통찰력을 제공해 줄 수 있음에도 불구하고, 우리는 생산에 직접적으로 사용되는 노동과 간접적으로 사용되는 노동 간의 차이를 마찬가지로 무시하고 관련이 없는 것으로 간주한다. 정신노동과 육체노동의 차이 역시 완전히 관련성이 없는데, 그 이유는 이의 기초가 되는 요인 그 자체가 하등의 경제적으로 중요한 차이에 기초하고 있지 않기 때문이다. 그리고 '숙련된 노동과 비숙련 노동'의 구분도 마찬가지이다. 만약 '숙련'을 선천적으로 물려받는다면, 숙련된 노동은 마치 개간된 경작지와 본원적 상태의 경작지와의 관계처럼 비숙련 노동과 관련이 있다. 숙련이 자연적인 요소라면, 숙련된 노동은 비숙련 노동에 대하여 마치 좋은 경작지와 나쁜 경작지와의 관계처럼 서로 관련이 있다. 전자의 경우에는 본원적 생산재는 전혀 중요하지 않고 오히려 생산물이 중요하며, 후자의 경우에는 단지 보다 좋은 본원적 생산재가 중요하다.

그러나 우리가 하나의 본질적 특징을 도출하는 데 이들에 기초할 수 있다는 점에서 다른 두 개의 구분이 우리에게 매우 중요하다. 그것은 능동적 노동과 수동적 노동, 그리고 독립적 노동과 임금노동이다. 능동적 노동과 수동적 노동을 구분하는 것은 첫눈에는 매우 본질적인 것처럼 보인다. 이 차이에는 대체적으로 두 가지 특징이 있다. 먼저, 능동적 노동은 수동적 노동에 대하여 상위의 관계적 위치에 서 있고, 생산의 위계에 있어서 보다 높은 위치에 있다. 실행하는 노동의 선도와 감시의 이 요인은 능동적 노동을 기타의 다른 노동의 틀에서 벗어나게 하는 것으로 보인다. 이 요인에 대하여 실행하는 노동은 단순히 토지력과 나란히 위치하고 경제적 관점에서 이들과 아주 동일한 기능을 가지고 있는 데 반하여, 능동적 노동은 실행하는 노동은 물론 토지력에 대하여 명백하게 지배적 위치로 대척점에 서 있다. 이는 말하자면 세 번째의 생산요소를 구성한다. 그리고 이 생산요소를 수동적 노동과 구분하는 다른 요인은 이의 자체적 본질에 기인하는 것으로 보인다. 이른바 능동적 노동은 무엇인가 창조적인 특징을 가지고 있고, 이는 특별한 목적을 추구하고, 특별한 기능을 수행한다. 마찬가지로 독립적 노동과 임금노동의 차이에 대해서도 능동적 노동과 수동적 노동의 차이와 유사하게 추적할 수 있다. 독립적 노동은 단지 노동을 통제하는 기능을 가지고 있는 한 특별한 것이며, 나머지의 사항은 임금노동과 다를 바가 없다. 그러므로 만약 독립된 경제주체가 자신 고유의 계산에 따라 생산을 하고 실행하는 노동을 제공한다면, 그는 소위 일상적 의미에서 두 개의 경제주체, 즉 하나의 지도자와 하나의 노동자의 역할로 나누어진다. 이제 우리는 이 요인들을 더욱 자세히 살펴보아야 한다.

우선 상위에 위치하는 것의 특징, 즉 감독기능의 특징 그 자체만이 본질적 차이를 구성하지 않는다는 점을 보는 것은 매우 쉽다. 산업조직에서 한 노동자가 다른 노동자의 상위에 위치해 있고 그에게 명령하고 그를 감독하는 단순한 상황은 그의 노동을 다르게 만드는 것은 아니다. 만약 이 점에서 지도자가 손가락 하나 움직이지 않거나 혹은 정신노동으로 생산에 직접적인 공헌을 한다면, 그는 여전히 통상적 의미에서의 간접적 노동을 하는 것이며, 정확히 말하면 파수꾼의 역할을 하는 것이다. 다른 요인, 즉 생산의 방향, 유형, 확장에 관한 의사결정이 훨씬 더 중요하다. 비록 사람들이 위에서 언급한 상위의 위치가 경제적으로 많은 것을 의미하지 않는다는 것을 인정한다 해도 — 사회적으로는 그렇다 해도 — 사람들은 의사결정의 이 기능에서 본질적이고 구별되는 특징을 여전히 보게 될 것이다.

이제 경제행위에 관한 모든 의사결정이 생산과정에 있어서 노동력의 이 입장에 기초할 수 없다는 것은 상당히 명확하다. 왜냐하면, 어떠한 형태의 의사결정이 어떤 노동에나 발생하기 때문이다. 어떠한 의사결정을 하지 않고 또한 아무리 작은 일이라도 문제에 대한 독립적인 의사결정을 하지 않고 구두를 수선할 수 있는 구두수선 수습공은 없다. '무엇'과 '어떻게'가 그를 가르치지만, 그것이 그로부터 어느 정도 독립의 필요성을 빼앗아가는 것은 아니다. 만약 전기회사의 한 노동자가 조명 시스템을 수선하기 위해 어느 집을 방문한다면, 그 사람조차도 '무엇'과 '어떻게'와 관련된 의사결정을 다소 하여야 한다. 대리인은 가격결정과 관련한 의사결정에 참여하여야 할 수도 있으며, 일정한 한계 속에서 그의 물품에 대한 가격결정은 그에게 부여될 수 있다. 그럼에도 불구하고 그는 '지도자'이지도 않고 '독립적'이지도 않다. 이제 한 기업의 지도자 혹은 독립적 소유자는 확실히 가장 많이 결정을 하여야 하며 가장 많은 의사결정을 하여야 한다. 그러나 '무엇'과 '어떻게'가 그를 가르친다. 그는 무엇보다도 '어떻게'를 알게 된다. 즉, 그는 기술적 생산은 물론 모든 고려될 경제적 여건을 배우게 된다. 무엇을 더 결정할 것이 있다는 것은 구두수선 수습공의 의사결정에 따라 단지 점진적으로 달라진다. 그리고 '무엇'은 그에게 욕구 혹은 수요를 규정한다. 그는 생산수단에 관해 탁월한 결정을 하는 것이 아니라, 오히려 상황의 규정을 실행에 옮긴다. 그는 자신의 목표를 추구하는 것이 아니라, 오히려 이를 발견하는 것이다. 확실히 그에게 주어진 상황은 변화하고, 그가 이에 대해 얼마나 빨리, 얼마나 성공적으로 대응하는가는 그의 지적 능력에 달려 있다. 그러나 이것은 각각의 노동을 **하는 데** 있어서도 적용된다. 그는 사안이 관통하는 상황에 기반하여 행동을 하는 것이라기보다, 오히려 그가 관찰하고 학습한 일정한 증후에 기반하여 행동을 한다. 포도 재배자는 자신의 행위를 맞추기 위하여 주류반대운동의 본질과 미래에 대해 생각을 하는 것이 아니라 — 아마도 정치가로서는 그렇겠지만, 적어도 경제주체로는 아님 — 그는 단지 자신의 고객의 수요에 직접적으로 나타난 추이만을 고려한다. 그는 이들 추이에 대해 점진적으로 양보하기 때문에, 그 결과 낮은 순위의 의미를 가진 요인은 그에게 알려질 수 없다. 그러나 이 이유로 인하여 경제주체들이 자신들의 행위에 있어서 알려진 상황으로부터의 결과만을 관련짓는 한 — 그리고 그것은 바로 우리가 여기에서 연구하려는 것이며 경제학이 항상 연구해 온 것인데 — 그들이 지도자인가 추종자인가의 문제는 그들의 노동의 본질에 대해서는 하등의 의미가 없다는 결론에 도달한다. 전자의 행동은 후자의 행동과 동일한 규칙의 지배를 받으며, 이 규칙성을 검증하는 것, 즉 외관상의 임의성을 사실상 확고하게 결정하는 것이 바로 경제이론의 본질적 과제이기도 하다.

그리하여 본래의 지도자는 우리의 전제조건하의 생산수단과 생산과정에 대립하지 않는다. 본래의 지도자는 소비자이다. 경제를 이끌어가는 사람은 누구나 욕구 내지 수요와 주어진 생산수단과 생산방법이 그에게 규정하는 바를 실행에 옮긴다. 개별적 경제주체는 그가 소비자일 경우에 한해서, 즉 그가 수요를 시현하는 범위 내에서 영향력을 가진다. 이 점에서 확실히 각각의 경제주체는 생산의 지도에 참여하는데, 그러나 한 기업의 지도자 역할을 하는 경제주체로서뿐만 아니라 특히 가장 좁은 의미에서의 노동자로서도 참여한다. 이 점에서 생산의 개인적 지도만이 존재하며, 여기에서 사람들은 이 생산지도에 대해 특별한 의사결정은 물론 특별한 노동력이 관련되어 있지 않다는 점을 손쉽게 파악할 수 있다. 다른 의미에서가 아니라 생산의 개인적 지도가 있으며, 모든 다른 의미에서 단지 말하자면 자동적 메커니즘만이 존재한다. 과거에 경제를 지배하였던 여건은 알려져 있으며, 그리고 만약 이 여건이 변화되지 않고 머물러 있다면, 경제는 동일한 방법으로 다시 진행될 것이다. 그 여건이 감당할 수 있는 변화는 모두 알려져 있지는 않으나 원론적으로 경제주체는 최대한 이에 대해 잘 따를 것이다. 소위 경제주체는 자동으로 변화시키지 않으며, 그는 상황이 이미 스스로 변화시키는 것만을 변화시키며, 그는 주어진 상황이 변화할 때에 발생하는 경제여건과 경제지도 간의 편차를 제거한다. 그리고 사람들은 동일한 방법으로 경제행위를 추진한다. 그리하여 그 경제행위는 그것이 사안의 필요성에 의존하는 한 나타난다. 각각의 경제주체는 확실히 우리의 고찰에서 전제하는 것과 달리 행동할 수 있으나, 그것은 바로 우리가 사안의 필요성 압력의 영향을 규정하는 범위까지, 즉 국민경제에서 모든 창조적 역할이 결핍되는 범위까지만 행동할 수 있다. 경제주체가 다르게 행동하면 근본적으로 다른 현상이 나타나게 된다. 그러나 여기에서 우리에게 중요한 것은 단지 경제적 사안에 내재된 논리를 설명하는 것이다. 사람들이 만약 사안의 필요성으로부터 결론을 완전하게 이끌어낸다면, 경제의 진행을 서술하는 것은 중요하다. 그리하여 이 경우에 비록 그 속에서 차별적인 특징이 존재하지 않음에도 불구하고, 노동은 적어도 기술적으로 적극적인 요인으로 발생할 것이다. 그 이유는 자연의 힘도 적극적으로 작용을 할 수도 있기 때문이다. 경제학에서 노동은 자연에 의해 주어진 대상처럼 수동적이다. 유일하게 능동적 요인은 욕구충족(Bedürfnisbefriedigung)에 대한 노력인데, 오로지 이 노력의 도구로서 노동과 토지가 발생한다.

이로써 노동의 양은 주어진 상황에 의해 결정될 수 있다는 결론에 도달한다. 여기에서 우리는 이전에 공개되었던 하나의 관점, 즉 그때그때에 존재하는 노동재고의 크기를 덧붙여 논의한다. 주어진 사람의 숫자 중 얼마가 일을 하는가는 당연히 사전적으로 정확하게 결정할 수 없다. 그것은 얼마나 이에 대해, 즉 이 노동에 의한 이들의 욕구충족에 대해 얼마나 기대할 수 있는가에 달려 있다. 그리하여 잠시 우리가 최적의 노동사용 가능성이 모든 경제주체들에게 알려져 있고 이와 같은 사용에 대한 아주 특정한 척도가 있다고 가정을 하면, 이 척도의 각 단계에 대하여 모든 구체적 노동의 소비에 의해 기대되는 효용을 이 노동 소비가 수반하는 비효용과 비교할 수 있다. 경제적 일상으로부터의 수천의 목소리는 노동이 매일매일의 빵을 둘러싼 사람들이 단지 떠맡아야만 할 무거운 짐이라고 웅변하고 있다. 그 이유는 사람들은 노동을 반드시 하여야 하며 그리고 가능하다면 사람들은 이를 포기하려 하기 때문이다. 이 요인으로부터 일목요연하게 각각의 노동자가 얼마의 노동을 제공하는가의 문제가 대두된다. 모든 일하는 날의 시작에는 이와 같은 비교가 당연히 계획된 노동에 유리하게 이루어진다. 우선 필수적 생활욕구를 충족시키는 것이 중요하며, 우선 사람들은 사용하지 않은 힘에 있어서 노동비효용의 요인을 전혀 느끼지 않는다. 그러나 사람들이 욕구충족에 있어서 더 많이 나아갈수록, 점점 더 노동에 대한 동기는 작아지며, 매번 이와 비교하게 되는 크기, 이른바 노동비효용의 크기는 증가한다. 그 결과 비교는 점점 더 노동의 추진에 불리하게 진행되어, 모든 노동자에 대하여 증가하는 효용과 증가하는 노동비효용이 균형을 이루는 순간에 다다르게 된다. 욕구발생의 강도와 노동비효용의 강도는 두 개의 독립되고 서로 영향을 주는 힘으로써 소비할 수 있는 노동의 양을 결정한다. 이 두 개의 요인은 추진력과 제동력의 역할을 행하며, 그 결과 주어진 상황 속에서 일정한 균형을 가져온다. 당연히 이들 두 요인의 강도는 개인적으로나 국가적으로 차이가 있다. 이 차이 속에 개인적, 국가적 운명의 창출에 관한 본질적 설명요인이 존재한다. 그러나 이론적 규칙의 본질은 이와 같은 차이에 의해 영향을 받지 않는다.[20)]

그리하여 노동력과 토지력은 동일한 방식으로 명실상부하게 생산능력(Produktivkraft)이다. 노동의 양을 측정하는 것은 확실히 상당한 어려움이 있으나 가능한 일이다. 마찬가지로 토지력에 대하여 어떠한 물리적 척도를 설정하는 것도 원칙적으로는 아무런 어려움이 없을 것이지만, 이 사안은 실제로는 복잡할 것이다. 이제 오로지 한 생산요소만 존재한다면, 예를 들어 노동만으로도 모든 재화를 만들어낼 수 있을 것이다. 그것은 사람들이 상상할 수 있는 일이고, 그 속에서 사람들은 자연의 모든 선물은 자유재라서 이와 관련한 경제행위는 문제가 될 것이 없다고 가정한다. 혹은 양자는 서로 분리되어 작용하며, 그 속에서 하나가 이 재화를, 다른 것이 저 재화를 단독으로 생산한다면 이와 같은 측정은 실제의 경제주체가 자신의 경제계획을 위하여 필요로 하는 모든 것일 것이다. 예를 들어, 일정한 가치를 가진 한 소비재의 생산이 세 개의 노동단위를 필요로 하고 동일한 가치를 가진 어떤 다른 재화가 두 개의 노동단위를 필요로 한다면, 이로써 그의 행위는 주어질 것이다. 그러나 그것은 현실에서는 존재할 수 없다. 생산요소들은 거의 항상 함께 작용한다. 이제

---

20) 이에 관한 자세한 내용은 「본질(*Wesen*)」 제1편과 제2편에 있다.

특정한 가치를 가진 한 재화의 생산을 위하여 세 단위의 '노동'과 두 단위의 '토지'를 필요로 하지만 다른 재화의 생산을 위하여 두 개의 노동단위와 세 개의 토지단위를 필요로 한다면, 경제주체는 어떠한 선택을 하여야 할 것인가? 명백하게 이들 두 결합을 비교하기 위하여 하나의 척도를 필요로 하며, 또한 비례수(比例數) 혹은 공통분모를 필요로 한다. 이와 같은 비례수에 관한 질문에 대해서는 페티의 문제(Petty's Problem)를 들 수가 있다.[21]

그의 해결책은 우리에게 귀속이론(Zurechnungstheorie)을 제시해 준다. 경제주체가 측정하려 하는 것은 자신의 경제에 대한 생산수단 양의 상대적 중요성이다. 그는 자신의 경제행위를 조절하는 데 도움을 줄 척도를 필요로 하며 자신의 경제행위가 지향할 수 있는 지표를 필요로 한다. 간단히 말해 그는 가치척도를 필요로 한다. 그러나 그는 이와 같은 가치척도를 단지 소비재에 대해서만 직접적으로 가진다. 왜냐하면, 이들만이 경제주체 속에서 욕구충족을 직접 발생시키기 때문이다. 그리고 이 충족의 강도는 바로 자신의 재화의 중요성에 대한 기초가 된다. 우선 노동력과 토지력에 대한 재고에 대하여 전혀 가치척도를 가지고 있지 않다. 우리가 이제 첨부하는 바와 같이, 마찬가지로 자신의 생산된 생산수단에 대하여도 가치척도를 가지고 있지 않다.

이들 재화도 경제주체에 대한 그들의 중요성이 단지 상황에 의존할 수 있고 이들은 마찬가지로 욕구충족을 지향하고 있음은 명백하다. 이들은 경제주체의 욕구충족에 공헌하며, 그 속에서 이들은 소비재의 형성에 공헌하게 된다. 이들 재화는 이 욕구충족으로부터 자신들의 가치를 확보하고, 소비재의 가치는 말하자면 욕구충족에 다시금 반영된다.

21) 주지하는 바와 같이 이전에도 많은 이론적 사고과정을 포함하고 있는 「정치대수학(*Politische Arithmetik*)」이라는 영역의 연구에서 페티(Petty)는 종종 이 문제를 제기하였다.

소비재의 가치는 이들 재화에 '귀속되며', 이 귀속된 가치에 근거하여 이들 재화는 모든 경제계획에 자신들의 자리를 잡게 된다. 생산수단에 대한 혹은 두 개의 본원적 생산수단 중 하나에 대한 재고의 전체가치에 대한 일정한 궁극적 표현은 그렇게 항상 제시될 수는 없는데, 그 이유는 이 전체가치는 아주 빈번히 무한정 커질 수 있기 때문이다. 그러나 실제적 경제주체와 그와 함께하는 이론도 그것을 필요로 하지 않으며, 오히려 만약 이 중 일정한 다른 부분수량이 경제주체에게 보장된다는 전제하에 우리가 각 재화의 부분수량의 가치를 진술할 수 있다면 그것으로 전적으로 충분하다. 확실히 한 경제주체에 대해서는 모든 생산가능성, 즉 존재가능성으로부터 분리하는 것이 중요한 것이 결코 아니고, 오히려 항상 어떠한 목적에 투입하기 위한 경제주체의 생산적 재고의 일정한 수량만이 중요하다. 두 개의 본원적 생산요소 중 한 요소가 없다면 전혀 생산을 하지 못하는, 즉 생존을 못하는 고립된 경제주체를 예를 들면, 이들 두 요소 중 한 요소에 대한 궁극적인 가치표명을 전혀 할 수 없을 것이다. 밀(Mill)이 노동과 토지의 성과는 결정할 수 없으며 계량할 수 없다고 주장하였다는 점에서 그의 주장은 — 애슐리(Ashley)가 편집한 「정치경제학원론(*Principles of Political Economy*)」 26쪽 참조 — 맞는 것이다. 그러나 그가 사람들이 개별적인 사례로도 한 생산물에 있어서 무엇이 '자연'의 몫이고 무엇이 노동의 몫인가를 전혀 진술할 수 없다고 주장한다면, 그는 틀린 것이다. 자연적으로는 이들 둘은 확실히 분리할 수 없으며, 그러나 그것은 경제의 목적을 위해서도 필요하지 않다. 모든 경제주체가 잘 아는 바와 같이 그것을 위하여 필요한 것은, 이른바 그가 어떤 충족증가를 각 생산수단의 관련된 부분수량의 덕분으로 돌릴 것인가이다. 그러나 우리는 여기에서 귀속이론의 문제점에 대해 깊게 들어가지는 않을 것이며, 오히려 우리는 모든 경제주체가 한 생산재의 모든 단위에 대해 일정한 가치를 귀속하는 것을 인정한다는 사실만으로도 충

분하다.[22)]

소비재의 사용가치에 대응하여 생산재의 사용가치는 수익가치, 혹은 사람들이 말할 수 있는 바와 같이, 생산성 가치이다. 전자의 사용한계효용에 대하여 후자의 생산성 한계효용이 해당되며 혹은 아주 진부하게 된 표현을 하자면 후자의 한계생산성이 해당된다. 즉, 노동력과 토지력의 개별적 단위의 중요성은 노동과 토지의 한계생산성을 통하여 주어진다. 이 한계생산성은 노동력과 토지력의 주어진 재고단위의 도움으로 창출되는 최소의 가치를 가지는 생산물 가치로 정의될 수 있다. 이 가치는 한 경제의 전체생산물 가치에 대한 각각의 개별적 노동력과 토지력의 몫을 나타내며, 이에 따라 명확한 의미에서 노동력과 토지력의 '생산물'로 부를 수 있다. 가치론의 사고과정에 대해 정통하지 않은 사람에게는 이들 간단한 명제가 말하여야 할 것 모두를 다 말해주는 것은 아니다. 그러나 나는 이 주제를 더 이상 다루지 않을 것이며, 독자에게 이에 관해 정확히 기술하고 상당한 시사점을 가지고 있는 클라크(J. B. Clark)의 「부의 분배(*Distribution of Wealth*)」를 참조할 것을 권한다.[23)] 나는 단지 그것이 순수경제적 고찰의 목표를 위하여 '노동생산물' 표현의 유일하고 정확한 의미라는 점만을 간단하게 지적한다. 그러나 이 의미에서 우리는 여기에서 이 표현을 사용하고자 한다. 이 의미에서 우리는 아울

---

22) 이에 관해서는 이 문제를 처음으로 충분한 문제의식을 가지고 다룬 멩거(K. Menger), 비저(v. Wieser), 뵘-바베르크(v. Böhm-Bawerk)를 참조하라. 또한 「본질(*Wesen*)」 제2편과 1909년의 「국민경제, 사회정책, 행정 논집(*Zeitschrift für Volkswirtschaft, Sozialpolitik und Verwaltung*)」에 수록된 "귀속문제에 관한 소견(Bemerkungen zum Zurechnungsproblem)"이라는 나의 논문을 참조하라.

23) 오해는 특히 한계개념(Grenzbegriff)의 불충분한 파악에서부터 발생할 수 있다. 여기에 대해서는 1904년 「분기경제저널(*Quarterly Journal of Economics*)」에 발간된 분배에 관한 에지워스(Edgeworth)의 논문을 참조하라. 특히 여기에서 그는 클라크(Clark)에 대한 홉슨(Hobson)의 이의제기에 대해 항변을 하고 있다.

러 유통경제에서의 토지력과 노동력의 가격, 즉 지대와 임금은 토지와 노동의 한계생산성에 의해 결정되며, 그리하여 이들 생산수단의 생산물을 지주와 노동자 간의 자유로운 경쟁에서 얻을 수 있다는 점을 말한다. 여기에서 현대이론에서는 전혀 논쟁이 없는 이 명제를 제시하고자 한다. 이에 관해서는 뒤의 상세한 논의에서 보다 명확하게 할 것이다.

또한, 다음의 관점이 우리에게 매우 중요하다. 현실에서 경제주체는 이들 가치가 이들에 대해 숙성되는 소비재가 경험에 의거 잘 알려져 있기 때문에 이와 같은 안전성을 가지고 생산수단의 이들 가치를 이용한다. 전자의 가치는 후자의 가치에 달려 있기 때문에, 지금과 다른 소비재가 창출되면 그는 행동을 바꾸어야만 할 것이다. 우리는 이 주어진 경험의 비율을 조사하기 위하여 여기에서 이들 다른 재화의 존재를 제외하고 주어진 경험을 우리의 시야에서 떠오르게 하려 하기 때문에, 우리는 경제주체가 기존의 소비가능성들 간의 선택에 관하여 아직 명확히 하지 못한다는 점에 기초를 두어야 할 것이다. 그러면 경제주체는 자신의 생산수단을 그의 가장 시급한 욕구를 만족시킬 수 있는 재화에 사용할 것이며, 그러고 나서 항상 보다 덜 시급하게 느끼는 욕구를 위한 생산으로 넘어갈 것이다. 여기에서 그는 모든 단계에 있어서 각각 선호된 욕구를 위해 생산재의 사용 결과 어떠한 다른 욕구발생을 분배받지 못하는가를 주시하게 될 것이다. 그리하여 모든 단계마다 선택과 아마도 포기가 포함된다. 만약 이를 통하여 보다 강력한 욕구발생의 충족이 불가능하지 않다면, 모든 단계는 경제적인 방법으로만 이루어지게 된다. 생산수단 역시 선택이 이루어지지 않는 한 어떤 일정한 가치를 가질 수 없다. 모든 전술한 소비가능성은 각 부분수량의 특별한 가치를 나타내줄 것이다. 그리고 이들 가치 중 어느 가치가 각 부분수량과 명확하게 연계가 되었는가는 이 선택이 이루어지고 증명되었을 때에만 나타난다. 한 욕구가 먼저의 욕구보다 더 강력한 욕구들이 충족되기 전에는 먼저 충족될 수 없다는 근본적 조건은 결과적으로 모든 재화는 그들의 서로 다른 가능한 사용에 배분되어야만 하고 모든 재화의 한계효용은 자신의 모든 사용에 있어서 동일하게 높다는 결론에 도달한다. 경제주체는 이 배분에 있어서 주어진 상황과 자신의 관점에서 가장 가능한 구성을 발견하였다. 이렇게 진행된다면 경제주체는 이 상황에서 자신의 능력에 따라 최고를 만들어 낸다고 말할 수 있다. 경제주체는 자신 재화의 이와 같은 배분에 노력을 하게 되며 모든 실행된 혹은 계획된 경제계획을 이 배분이 발견되기까지 오랫동안 변경할 것이다. 그에게 이와 같은 경험이 없다면, 그는 이 배분을 향하여 한걸음 한걸음 더듬어 찾아가야만 할 것이다. 이전의 경제기간들로부터 이와 같은 경험을 이미 가지고 있다면, 그는 동일한 길을 걷는 것을 시도할 것이다. 그리고 이의 표현이 이 경험인 상황이 변화되었다면, 경제주체는 새로운 상황의 압력에 굴복하고 자신의 행동과 자신의 가치평가를 이에 적응하게 될 것이다.

모든 경우에 있어서 각 재화의 일정한 사용방식이 발생하며, 이로부터 일정한 욕구충족이 발생하고, 이로부터 재화의 개별적 부분수량을 위하여 욕구충족의 표현을 가져오는 가치지표가 창출된다. 이 가치지표는 개별경제에 있어서 각각의 부분수량의 위치를 특징짓는다. 새로운 소비가능성이 문제가 되면, 이는 이 가치와 상호 연계되어야만 한다. 그러나 만약 우리가 경제주체가 착수하였고 그 결과가 가치지표인 개별적 '선택행위'로 되돌아오면, 우리는 모든 동일한 경우에 있어서 이 궁극적 가치가 아니라 각각 다른 가치가 결정적이라는 점을 알게 된다. 만약 내가 일정한 재화를 세 개의 소비가능성으로 나눈다면, 네 번째의 소비가능성에 대하여 앞의 세 개에서 획득된 충족상태에 따라 평가할 것이다. 그러나 이 가치는 이들 세 개의 소비가능성들 간의 배분에 결정적이지는 않은데, 왜냐하면 그 가치는 확실히 이 배분이 이루어져야 존재하게 되기 때문이다. **이를 위하여** 그때그때 제시된 소비가능성들의 각각에 있어서 실현할 수 있을 가치는 결정적이다. 이에 따라, 궁극적으로 아마도 모든 재화에 대하여 일정한 가치척도가 창출될 수 있으며, 그 속에서 재화의 모든 사용의 가치가 반영되며 모든 재화에 대해 일정한 한계효용이 제공된다. 이미 얘기하였듯이, 하나의 생산수단에 대하여 일정한 한계효용은 자신의 '생산물', 즉 비저(v. Wieser)의 표현에 따르면 자신의 '생산적 공헌'을 통하여 주어진다. 그러나 이 가치척도와 이 한계효용은 안정적인 진행과정에 존재하는 경제과정의 결과, 즉 명확한 선택행위의 결과이다. 항상 선택하여야 하는 상황이 존재하면, 그때그때에 다른 가치크기가 고려되며 생산재에 대해서는 특히 '한 단위의 협력에 종속된 가치에 대한 공헌'의 크기가 고려된다. 이 공헌은 모든 단위의 교체가능성의 결과로 인하여 대부분 생산적 공헌보다는 작다.

그리하여 모든 생산은 사용가능성들 간의 선택을 포함하고 항상 다른 재화의 생산에 대한 포기를 의미하기 때문에, 이는 경제주체에게 소위 항상 순전히 이윤만을 제공하는 것은 결코 아니다. 확실히 충족된 욕구는 뒤처진 욕구보다는 항상 더 절박하였을 것이고, 그렇지 않으면 선택은 바로 이의 유리함으로 이어지지 않을 것이다. 그러나 생산물의 전체 가치가 순이윤이 되는 것이 아니라, 단지 그렇지 않으면 그의 생산이 이루어졌을 수 있는 생산물의 가치를 상회하는 잉여가 순이윤일 뿐이다. 이 후자의 가치는 선택된 생산에 대한 반대이유를 나타내며, 동시에 이의 강점의 크기를 나타낸다. 여기에서 우리는 비용의 요인과 마주하게 된다. 비용은 가치현상이다. 한 재화의 생산이 생산자에게 최종적으로 비용을 들게 하는 것은 그렇지 않으면 동일한 생산수단으로 획득될 수 있고 선택된 생산의 결과로는 이제 생산될 수 없는 소비재이다. 이에 따라, 생산수단의 소비는 스스로 희생물을 가져온다. 그것은 노동의 소비에 있어서도 그러하다. 사람들이 노동의 일정한 양을 일정한 목적을 위하여 사용한다고 가정한다면, 여기에서 사람들은 동일한 노동의 양으로 다른 무엇을 할 수 있을 것인가를 우선적으로 고민하게 된다. 노동이 고려대상에 있는 사용에서 창출하는 재화가 모든 다른 가능한 재화들이 가져오는 것보다 더 높은 가치를 가질 경우에만 사람들은 고려대상인 사용을 결정한다. 대체로 사람들은 다른 재화들을 가지고 행동하는 것과 마찬가지로 노동을 가지고 행동한다. 다만 노동에 있어서 항상 달성되어야 할 또 하나의 조건이 필요하다. 그것은 우리가 이미 언급한 것으로, 이른바 문제가 되는 모든 사용은 적어도 노동의 소비와 관련된 비효용을 상쇄하는 효용을 창출하여야 한다는 것이다. 그러나 그것은 이 조건의 한계 내에서 경제주체는 다른 재화의 소비에 대해 행동하는 것과 마찬가지로 노동의 소비에 대해 똑같이 행동한다는 점에 대하여 아무것도 바꾸지 않는다.

그러므로 미충족된 욕구는 경제에 있어서 결코 의미가 없는 것은 아니다. 이들의 압력은 도처에서 인지될 수 있고 모든 생산수단은 이들 욕구와의 전쟁에서 살아남아야만 한다. 그리고 경제주체가 한 생산의 방향에 따라 돌진하면 할수록, 일정한 재화를 더 많이 생산하면 할수록, 이 전쟁은 더욱 심화될 것이다. 이른바 일정한 욕구범주가 더 많이 충족되면 될수록 해당되는 욕구발생의 강도는 점점 줄어들며, 따라서 목표한 더 이상의 생산에 의한 가치증대는 더욱 줄어든다. 그러나 동시에 소비와 한 방향으로 연계된 희생물은 증가한다. 왜냐하면, 점점 더 강력하게 느끼는 욕구발생과 점점 더 중요해진 욕구범주로부터 그 하나의 생산물을 위하여 생산수단을 빼내야 하기 때문이다. 이에 따라, 가치이윤은 그 하나의 생산물의 생산에 있어서 점점 줄어들게 된다. 그 결과 가치이윤은 궁극적으로 사라지게 된다. 그것이 발생하게 되면, 각각의 구체적 생산은 끝이 나게 된다. 이에 따라, 우리는 여기에서 생산수익체감의 법칙(Gesetz der Abnahme des Produktionsertrag)을 이야기할 수 있다. 그러나 그것은 앞에서 언급한 — 그리고 제외하였던 — 물리적 생산수익체감의 법칙과는 전혀 다른 의미를 갖는다. 여기에서는 심리적 크기로의 효용이윤의 감소가 중요하며, 이에 따라 전혀 다른 것이 중요한 것이다. 그러나 더 나아가 이 경제심리학적 명제의 유효성도 앞의 물질적 체감법칙과는 독립적이다.[24] 후자는 단지 한 생산재 내에 존재하는 물질적 생산력의 단위는 바로 쉽게 접근할 수 없으며 오히려 이의 획득의 어려움은 점점 더 증가한다는 점을 나타내줄 뿐이다. 그것은 모든 다른 기술적 사실과 마찬가지로 당연히 실무적으로는 중요하지만, 사람들은 만약 물질적 법칙이 유효하지 않거나 심지어 만약 그 반대가 유효하다면 원가상승의 경제법칙은 궁극적으로 관철될 수 있다는 점을 쉽게 인정할 수 있다. 왜나하면, 행하여야 할 소비의 가치는 궁극적으로는 증가하게 될 것이며, 그 결과 만약 이들 소비의 물질적 크기가 점점 더 줄어든다면 생산을 통해 만들어지는 효용이윤은 궁극적으로 한번에 사라져야만 할 것이다. 이 경우가 사실이라면, 자연히 각각의 경제의 충족상태 수준은 더 높아질 것이지만, 만약 단지 이 사실이 경험적으로 알려져 있다면 경제의 본질적 진행과정은 이로 인하여 바뀌지는 않을 것이다. 이것이 갑자기 발생하면, 물론 경제에 대한 많은 것이 변경되게 된다. 그러나 우리는 지금 이 경우를 고려하지 않을 것이다.

그리하여 경제주체가 생산비용의 요인을 사실상 받아들인다는 고려는 생산재의 다른 소비가능성에 대한 고려와 전혀 다르지 않다. 이 고려는 모든 생산적 소비의 멈춤장치 그리고 모든 경제주체가 지향하여야

---

24) 여기에서 우리는 물질적 체감법칙을 회피하고 고전학파 경제학자들의 시스템으로부터 벗어나는 결정적인 걸음을 걷는 것이다. 여기에 관해서는 「슈몰러 연감(*Schmollers Jahrbuch*)」 1906년과 1907년 판에 게재된 나의 논문 "분배론에 있어서의 수익원리(Das Rentenprinzip in der Verteilungslehre)"를 참조하라. 「사회과학회지(*Archiv f. Sozialwissenschaft*)」 1910년 판에 있는 에슬렌(Esslen)의 반론은 나의 설명의 핵심을 언급하지 않았다.

할 입문서를 구성한다. 그러나 실무에서 습관은 이 고려행위를 곧바로 모든 경제주체가 그 표현 없이 매번 새롭게 구축하려고 하는 짧고 사용하기 쉬운 표현으로 명확하게 한다. 이 짧은 표현은 비용가치 속에서 주어진다. 경제주체는 그때그때 자신에게 확정되어 있고 변화하는 상황에 적응하는 이 가치를 가지고 행동을 한다. 대체로 무의식적으로 이 가치 속에서 욕구와 현존하는 수단 간의 모든 관계가 표현되며, 그의 모든 생활상황 그리고 그의 경제적 시야는 그 속에 투영된다.

실현되지 않은 소비의 가치표현으로서 비용은 경제계정의 부채항목을 구성한다. 이것은 가장 심층적 의미로서 비용현상이다. 이 가치표현으로부터 비용재(費用財)의 가치를 구분해 낼 수 있다. 왜냐하면, 이 가치는 실제 생산된 생산물의 전제조건에 근거한 보다 높은 총가치를 포함하고 있기 때문이다. 그러나 비용은 생산물의 한계효용의 크기, 따라서 관련된 생산수단 혼합의 크기까지 상승하기 때문에, 생산의 한계에 대하여 양자의 크기는 이미 알려진 바와 같이 서로 간 동일하다. 이 점에 대하여 사람들이 경제적 균형이라고 부르곤 하는 상대적으로 최고의 상태가 이루어지며,[25] 전제조건이 유지되는 한, 이 상태는 명백하게 매 경제기간에 있어서 반복하려고 노력한다.

그것은 아주 주의할 만한 결과를 가진다. 우선 그로부터 모든 생산물의 최종 부분수량은 비용 이상의 효용이윤 없이 생산되게 된다는 결론에 도달한다. 물론 그것은 단지 자명하게 올바르게 이해된다. 그러나 더 나아가 생산에 있어서 비용재의 가치 이상의 가치잉여(Wertüberschuß)는 전혀 달성될 수 없다는 결론에 도달한다. 생산은 단지 이전에 생산수단의 가치 속에 이미 잠재적으로 내재되어 있는 경제계획 속에 예정된 가치를 실현할 뿐이다. 아울러 이 계획 속에서, 앞에서 언급한 물리적 의

---

25) 「본질(*Wesen*)」 제2편을 참조하라.

미에서만은 아니게 생산은 하등의 가치를 ‘창출’하지 않는다. 다시 말해, 생산과정의 진행에 있어서 하등의 가치상승이 발생하지 않는다. 그것은 사실 아주 명확한 것이다. 생산이 자신의 작업을 수행하기 이전에, 미래의 욕구충족은 향후 생산물의 소유에 대한 의존과 마찬가지로 관련 생산수단의 소유에 의존한다. 경제주체는 후자의 위험과 마찬가지로 전자의 위험에 대해 정확히 아주 강력하게 저항하고, 후자에 대해 단념하는 것과 마찬가지로 단지 동일한 보상에 대응하여 전자를 단념한다.

그러나 이제 귀속과정은 생산의 최종요소, 즉 노동력과 토지력까지 거슬러 올라가야 한다. 이 과정은 생산된 생산재에 있어서 중단할 수 없는데, 그 이유는 각각의 생산재에 대하여 동일한 사고과정이 반복되기 때문이다. 이로써 우리의 결과는 이제야 올바른 방향으로 이동하게 된다. 이는 대체로 어떤 생산물도 자신에게 내포된 노동력과 토지력 이상의 가치잉여를 창출하지 못한다는 점을 나타내 준다. 우리가 생산된 생산수단을 사전에 노동과 토지에 투영하였고 이들이 물질적 생산과정에서 경제적 관찰을 위해 핵심적일 수 있는 독자적 역할을 전혀 수행하지 못하는 것으로 확인하였다면, 우리는 이제 이들이 가치평가과정에서 단지 과도적 항목에 불과하다는 것을 알 수 있다.

그리하여 유통경제(Verkehrswirtschaft)에서 — 여기에서 우리는 잠시 아주 조금 앞서 말하려 하는데 — 모든 생산물의 가격은 자유경쟁하에서 이들 속에 내재된 노동력과 자연능력의 가격과 동일하여야만 한다. 최종 생산물은 물론 중간 생산물도 최소한의 수익을 포함할 수 없다. 왜냐하면, 생산 이후 생산물에 대하여 확보하게 되는 그 가격은, 바로 생산물에 의존하는 만큼 똑같이 생산수단에 의존하기 때문에, 필요한 생산수단의 복합체에 대하여 사전에 똑같이 획득될 수 있어야만 할 것이기 때문이다. 각각의 생산자는 그에게 생산수단을 제공한 사람에게 자신의 수익금 전체를 반환하여야 한다. 그리고 그가 다시금 어떠한 생산물의 생산자가 되었다면, 이들 역시 궁극적으로 모든 본원적 가격합계가 노동력과 자연능력의 공급자에게 배분될 때까지 자신들의 수익을 넘겨주어야 한다. 이는 더욱더 설명될 것이다.

여기에서 우리는 두 번째 비용개념, 즉 유통경제적 비용개념과 마주치게 된다. 사업가는 자신의 비용을 그가 자신의 상품 혹은 이의 생산수단을 손에 넣기 위하여 다른 경제주체에게 지불하여야 하는 화폐금액, 즉 자신의 생산비용 또는 조달비용으로 묘사한다. 우리는 그의 고찰방식을 보충하는데, 그 속에서 우리는 그의 개인적 노동력의 화폐가치를 비용으로 계산한다.[26] 그러면 비용은 본질적으로 노동력과 자연능력의 가격합계이다. 그리고 이 가격합계는 국민경제에 있어서 어디에서나 생산물에 대해 획득된 매출액과 동일하여야 한다. 즉, 이 점에서 생산은 근본적으로 수익 없이 진행되어야 한다고 가정한다. 유사한 방식으로 순이윤의 개념은 비용의 개념과 마찬가지로 이중적 성격을 가지고 있다. 개별경제 내에서는 순이윤은 이를 통하여 주어진 상황 속에서 최상의 사용과 이의 선택의 결과 포기하여야만 하는 차상의 사용의 가치크기 차이이다. 생산한계에 대하여 이와 같은 잉여는 존재하지 않으며, 그것은 오히려 자신의 성격상 한계범위 내에 존재한다. 그럼에도 불구하고 유통경제에 있어서 순이윤은 비용액과 수익금 간의 차이이다. 그리고 이 차이는 국민경제의 균형상태 속에서는 바로 영(零)이다. 개별경제에서 가치이윤의 소멸은 모든 가능한 수익이 실현되는 것과 다름이 없음을 의미하는 데 비하여, 유통경제에 있어서 순이윤이 존재하지 않다는 것은 생산물의 가치가 생산수단의 가치보다 전혀 크지 않다는 것을 의

26) 시거(Seager)가 적절하게 말했듯이, 개인적 노동력은 말하자면 '잠재적 비용'이다. 여기에 관해서는 그의 「서론(*Introduction*)」 55쪽을 참조하라. 농업을 예외로 하고, 계산을 아주 정확히 하는 모든 사업가는 자기 토지의 지대를 이미 자신의 비용에 이미 포함시킨다.

미한다. 우리에게 오직 합리적인 의미에서의 이 후자에서의 순이윤은 폐쇄경제에서도 존재하지 않는다. 그 이유는 모든 생산물 가치는 궁극적으로 본원적 생산수단에 귀속되기 때문이다.

국민경제가 바로 가장 완전한 상태 속에서 수익 없이 작동되어야 한다는 것은 하나의 모순이다. 우리의 명제들의 의미를 생생하게 기억해내면 이 모순은 확실히 부분적으로는 사라진다. 당연히 우리의 주장은 국민경제가, 만약 가장 완벽하게 균형을 맞춘다면, 결과 없이 생산한다는 것이 아니라, 오히려 결과는 완전히 본원적 생산요소에 흘러들어가야 한다는 것이다. 가치(Wert)가 우리의 결핍의 증상인 것과 마찬가지 방식으로, 이윤(Gewinn)은 불완전성의 증상이다. 그러나 이 모순은 다른 부분에도 존재한다. 그렇다면 잉여는 바로 자연적 우위에서 비롯하고 자연의 선물에 — 토지 등의 상태 등에 — 귀속이 가능하다는 점을 명확히 하는 것이 매우 중요하다. 나는 이에 대하여 지적을 하여야만 하는데, 이를 통하여 차별적 지대의 사실이 혹시 생생한 이의제기로 나타나지 않을 것이다. 아울러 우리는 다른 가능한 오해에 대비하려 한다. 생산자는 한계비용이 한계수익과 동일해지는 정도의 생산물의 양을 생산한다. 그렇다면 그는 거기에서 한계 내 수익을 창출하지 않는가? 마지막에 생산된 부분수량은 그에게 하등의 수익을 가져오지 않지만, 그것은 보다 낮은 비용으로 생산하고 보다 높은 가격으로 판매한 이전의 부분수량에게는 적용되지 않는가? 아니다. 왜냐하면, 이 고찰방법은 우리에게 생산의 크기를 이해하게 가르칠 뿐이기 때문이다. 그러나 그것은 생산자가 자신의 생산물을 차례로 생산 · 판매할 것이라는 의미가 있는 것은 아니다. 그는 자신의 모든 생산물 단위를 한계비용까지 생산하고 모두에 대하여 단지 한계가격으로 판매한다.

궁극적으로 국민경제에 일반적 순이윤율이 존재할 수 없을까? 경쟁은 한 산업부문의 개별적이고도 구체적인 순이윤을 휩쓸어가버리기는 하지만 순이윤이 모든 생산부문에 존재한다면 경쟁은 중단되어야만 할 것이다. 왜냐하면, 이 경우에는 생산자에게는 더 이상 서로 간 경쟁을 하여야 할 이유가 없기 때문이다. 이에 비하여 노동자와 지주는 서로 간에 경쟁을 하지만 생산물 시장에서 생산자와는 경쟁을 할 수 없다. 그러나 그것은 경쟁의 본질을 철저하게 오해함을 의미한다. 생산자가 이와 같은 이윤을 창출했다고 가정을 해보자. 그러면 그는 이윤을 창출하는 생산수단에 대해 상응하는 평가를 하여야 할 것이다. 한편 그것이 이제 본원적인 생산수단이면 — 이른바 생산자의 개인적 능력 혹은 자연의 선물 —, 그렇다면 우리는 앞에서 머물렀던 동일한 지점에 다다른다. 혹은 그것이 생산된 생산수단이면, 그렇다면 그것은 그에 합당하게, 다시 말해 이에 투입된 노동력과 토지력은 다른 노동력과 토지력에 비하여 높게 평가되어야만 한다. 그러나 그것은 이들 '이미 투입된' 노동의 양과 토지의 양을 가지고 노동자와 지주가 아주 잘 경쟁을 하고 있기 때문에 불가능하다. 즉, 여기에는 순이윤이라는 것은 존재하지 않는다. 폐쇄경제에서처럼 특정한 생산물을 고려하여 생산이 이루어진다면, 이의 가치는 이미 본원적 생산능력의 가치 속에서 기대되어야만 하고, 설사 많은 중간생산물이 발생하게 된다고 해도, 가치크기는 동일하게 유지되어야만 하며, 이는 유통경제에서도 또한 마찬가지여야 한다. 비록 생산과정이 아주 많은 독립적 활동으로 잘게 나누어진다면, 본원적 생산능력의 가치와 가격은 생산물의 가치와 가격에 흡수된다. 왜냐하면, 각각의 경제주체는 자신이 떠맡은 생산수단을 이의 생산적 성과에 따라 평가하고, 이 평가를 바탕으로 생산수단의 생산과 — 만약 생산이 이루어진다면 — 가격이 이미 조정되어 있기 때문이다. 이에 따라, 일반적인 잉여 혹은 순이윤은 불가능하다. 나는 독자를 피로하게 하고 싶지 않으며 이에 대해서는 뒤에서 다른 적절한 분석을 통해 제시할 것이다.[27)]

이 인식은 일상생활에서 멀리 떨어져 있다. 그러나 이론은 사람들이 생각하는 만큼 멀리 있지 않다. 고전학파 경제학자들의 기본사고가 보다 견고해진 형태를 확보한 이래로, 즉 늦어도 리카도(Ricardo) 이래로, 대부분의 저자는 이 인식을 인정하여야만 했다. 왜냐하면, 노동에 있어서 비용의 해결과 함께하는 비용이론은 반드시 이 인식으로 이어지기 때문이다. 우리는 이 사안을 단지 곰곰이 생각하는 것이 필요하다. 사실상 이로부터 모든 가능한 수익을 노동임금으로, 심지어 때로는 이자로 파악하는 경향이 설명된다. 그런데도 우리의 결과가 명확하게 설명되지 못한다면,[28] 그것은 첫 번째로, 오래된 국민경제학자들이 근본원칙의 필연적 결과의 인정에 있어서 아주 엄격하지 못하였기 때문이고, 두 번째로 우리의 결과는 실제에 대해 과도하게 모순되는 것처럼 보이기 때문이라는 결론에 도달한다. 그럼에도 불구하고 그것은 어쩔 수 없다. 그것은 귀속이론을 통하여 새로운 검증을 경험하며, 그렇다면 뵘-바베르크(v. Böhm-Bawerk)는, 만약 생산과정이 이상적인 완전한 상태로 진행된다면, 전체 생산물 가치는 원론적으로는 노동과 토지로 나누어야만 한다고 명확하게 주장한 최초의 학자였다. 이 완전한 상태에서는 전체 국민경제는 계획된 생산에 대하여 정확히 조정되어 모든 가치는 이에 상응하여 결정되었고, 모든 경제계획은 상호 긴밀히 연계되고 이의 실행은 그 어떤 것에도 방해받지 않는다는 점이 속한다. 그러나 그것은 국민경제가 이의 모든 내용이 오랜 경험에 의해 신뢰를 받게 된 궤도에서 작동되어야만 점점 더 그 경우가 될 것이다.

---

27) 제4장과 특히 제5장을 참조하라.

28) 이것은 예를 들어 로츠(B. Lotz)가 다루었는데, 그는 이에 관한 인식으로부터 아주 약간 방향을 바꾸었다. 이는 1821년 발간된 「국가경제학 핸드북(*Handbuch der Staatswirtschaftslehre*)」을 참조하라. 이에 관한 아주 명확한 유사성은 스미스(Smith)에게서 볼 수 있다.

뵘-바베르크(v. Böhm-Bawerk)의 주장을 계속 따르면, 두 개의 상황이 생산물 가치와 생산수단 가치의 이 균형이 줄곧 방해받을 수 있다는 점을 초래한다. 하나는 마찰저항(Reibungswiderstand)의 이름으로 알려져 있다. 국민경제의 대형 유기체는 수천 가지의 이유로 아주 신속하게 기능하지 못한다. 오류, 불행, 무관심 등이 이미 알려진 방식으로 손실 그러나 때로는 수익의 지속적인 원천이 된다.[29)]

우리는 여기서 뵘-바베르크(v. Böhm-Bawerk)가 선구적으로 작업한 두 번째의 상황으로 넘어가기 전에 중요한 의미를 갖는 두 개의 요인에 관한 몇 마디 하려 한다. 첫 번째는 위험요인이다. 경제에서는 두 가지 유형의 위험이 고려되는데, 우리가 천재지변을 통한 재화손실의 위험을 포함할 수 있는 생산의 기술적 실패의 위험, 그리고 나머지는 상업적 실패의 위험이다. 이들 위험을 사전적으로 예측할 수 있는 한, 이는 경제계획에 직접 반영된다. 경제주체들은 그들의 비용계산에 있어서 위험프리미엄을 설정하거나 혹은 어떤 위험을 방지하기 위하여 지출하게 될 것이다. 아니면 궁극적으로 그들은 이를 통하여 생산부문의 위험차이를 고려할 것이며 — 그리고 평활화할 것이며 —, 그들은 위험한 생산부문으로부터 멀리 거리를 두는데, 이를 통하여 이들 부문의 상승된 수익이 보상을 제공하는 선까지 거리를 둘 것이다.[30)] 이들 유형 중 어느 하나도 경제적 위험을 회피할 수 없기 때문에 원론적으로 수익이 만들어진다. 어떠한 조치를 통해 — 방파제 건설, 기계에 대한 보험 등 — 위험에 사전에

---

29) 이에 관해서는 뵘-바베르크(v. Böhm-Bawerk)의 「자본이자의 실증이론(*Positive Theorie des Kapitalzinses*)」 260쪽을 참조하라.

30) 여기에 관해서는 나의 다음 논문에 인용된 에머리(Emery)를 참조하라: 1910년 「슈몰러 연감(*Schmollers Jahrbuch*)」에 발표된 "미국의 새로운 경제이론(Die neue Wirtschaftstheorie in der Vereinigten Staaten)", 그리고 1906년 발간된 피셔(Fisher)의 「자본과 소득(*Capital and Income*)」.

대비하려는 사람은 자신의 생산수익을 보장받는 장점은 있지만 이를 통하여 생산수익을 높이지는 못한다. 위험 프리미엄은 **생산자에게도** 이윤의 원천이 되지는 않는데 — 오히려 기껏해야 주로 많은 위험의 결합을 통하여 중간이익을 만들 수 있는 보험회사에게는 원천이 될 수는 있음 —, 왜냐하면 이는 시간의 흐름에 따라 발생하는 필요사례를 요구하게 될 것이기 때문이다. 그리고 보다 높은 위험에 대한 보상은 단지 보다 높은 수익으로 보인다. 즉, 보다 높은 수익은 확률계수에 의해 곱해지며, 이를 통하여 그것의 실질적 가치가 — 결국 정확히 잉여의 금액이 — 다시금 인하된다. 이 잉여를 단순히 소비하려는 사람은 사안이 진행됨에 따라 보상을 받을 것이다. 이에 따라, 그것은 사람들이 종종 경제에서 위험요인에 대하여 생각하는 독립적 역할과 아무런 관련이 없고, 사람들이 때때로 연계하는 독립적 수익과도 관련이 없다. 그리고 그것은 현재 점점 더 잘 인정되고 있다. 위험을 예측할 수 없다면 혹은 어찌 되었든 경제계획에 고려되지 않는다면 사안은 다르다. 그렇다면 위험은 한편으로는 손실의 원천이 되고, 다른 한편으로는 만약 한 경제주체에 대한 가능한 손실이 나타나지 않는 이 한 번만 수익의 원천이 된다. 더 나아가 **다른** 경제주체들에게도, 만약 관련자들의 일시적 혹은 지속적 배제에 의한 불행으로 인하여 공급이 — 항상 단지 **일시적임** — 종래의 가격에 대한 수요에 미달한다면, 수익의 원천이 된다.

수익과 손실의 가장 풍부한 원천은 — 그리고 그것은 내가 여기에서 언급하고 싶은 두 번째의 요인임 — 경제주체들이 이들을 통하여 계산하는 것이 익숙한 여건에 있어서의 자발적 변화이다. 이는 적응시간을 필요로 하는 새로운 상황을 창출한다. 그리고 그것이 발생하기 이전에, 국민경제에는 비용과 수익 간의 일정한 양의 긍정적 혹은 부정적 편차가 존재한다. 항상 이에 대한 적응은 어렵다. 변화하는 사안의 단순한 인식은 대체로 바람직한 신속함으로 미리 나타나지 않는다. 이 인식으로부터 결과를 확보하려는 것은 다시금 하나의 큰 걸음이며, 여기에서 부족한 능력과 수단 등의 많은 장애를 만나게 된다. 그러나 일찍이 존재하는 재화와 관련하여 특히 자연적으로 특별히 보다 긴 수명의 재화에 있어서 완전한 적응은 불가능하다. 재화의 완전한 활용까지 지나가버려야 하는 시간 동안 이와 같은 변화는 불가피하게 발생하며, 그리고 그것은 이미 리카도(Ricardo)가 자신의 첫 번째 장의 제4부에서 다룬 바 있는 이의 가치구축에 있어서의 특별성을 야기한다. 이 변화의 수익은 이의 비용과의 생생한 연계를 잃어버리고, 이의 가치는 따라서 이에 상응하는 공급을 수정하지 않아도 상응하여 변화하게 된다는 점을 받아들여야만 한다. 따라서 이 변화는 어떤 의미에서 특별한 유형의 수익이 되며 이에 내포된 노동력과 토지력의 가격합계 이상으로 증가될 수 있고 또한 그 아래로 떨어질 수 있다. 이는 유사한 관점 속에 있는 경제주체에게는 제한된 수명을 가진 자연의 능력과 같아 보인다. 우리는 이를 마샬(A. Marshall)에 이어서 '준(準)지대'라고 명명한다.

그러나 뵘-바베르크(v. Böhm-Bawerk)는 귀속의 결과는 달라지며 생산물 가치의 일부분은 노동력과 자연의 능력에 투영할 수 없다는 두 번째의 상황을 지적한다. 주지하는 바와 같이 그것은 원시적 식량채취와 같은 즉시적 생산을 제외하고는 모든 생산이 자체적으로 수반하는 시간흐름(Zeitablauf)이다.[31] 그에 따르면 생산수단은 단순히 잠재적 소비재일 뿐만 아니라, 또한 이는 새롭고 중요한 특징을 통하여 소비재와 구분된

31) 경제활동에 있어서 시간요인에 관해서는 뵘-바베르크(v. Böhm-Bawerk)가 가장 중요한 권위자이며, 제본스(W. St. Jevons)와 존 래(John Rae)가 그 다음으로의 권위자이다. 특별히 '시간선호(Time-Preference)'의 요인에 관한 심층적인 분석은 특히 피셔(Fisher)의 「이자율(*Rate of Interest*)」이 참조된다. 또한, 시간 요인에 관한 논문은 마샬(A. Marshall)을 참조하라.

다. 그렇다면 이를 소비할 수 있는 재화와 시간적으로 분리하는 것이 중요할 것이다. 왜냐하면, 사람들은 현재의 재화를 미래의 재화보다 더 높게 평가하기 때문이다. 생산수단은 미래의 소비재일 것이며, 그 자체로 현재의 소비재보다 낮은 가치를 지닌다. 이의 가치는 생산물의 가치를 소진하지 않을 것이다.

우리는 여기에서 아주 까다로운 문제를 만나게 된다. 확실히 의심의 여지없이 현존하는 사실의 기초는 물론 이로써 이론에서 도입되었던 현상의 경제적 파급효과도 아주 세심한 분석이 필요하다. 일정한 양의 영향력이 이 분석 속에 교차하며 이를 분리해 내기는 대단히 어렵다. 우리는 이 중 많은 것을 나중에 다루게 될 것이다. 우리는 이 문제가 방어적 의미만을 가지고 있는 이 책의 소재를 사고과정의 근본적 특징의 명확성을 이유로 모두 사용해버릴 수는 없다. 여기에서 우리는 다음 질문만을 제기하고자 한다. 즉, 생산과정이 연년세세 동일한 길을 반복하고 모든 여건이 연년세세 동일하게 유지되는 한 국민경제의 정상적 순환 속에서 생산물에 대하여 생산수단의 체계적인 과소평가가 존재하는가? 이 질문은 다음 두 개의 다른 질문으로 나누어진다. 즉, 이와 같은 국민경제에서 물질적·인적 위험계수를 제외하고 미래의 욕구충족을 체계적으로 그리고 일반적으로 현재의 욕구충족보다 낮게 평가할 수 있는가? 그리고 이와 같은 국민경제의 순환 속에서 시간의 흐름에 따라 발생하는 시간흐름 자체의 가치평가에 대한 이 영향력을 완전히 배제하고 그 가치차이의 기초를 제공할 수 있을까?

첫 번째 질문에 대해서 긍정적 대답이 충분히 가능할 것으로 보인다. 나에게 주어진 귀중한 재질의 약속을 즉시에 실행하는 것은 미래에 실행하는 것보다 훨씬 선호되는 것은 확실하다.[32] 그러나 여기에서 그와

---

32) 그럼에도 불구하고 그것은 이 사안 역시 명확하지도 단순하지도 않으며, 오히려 향후

같은 것은 중요한 것이 아니며, 오히려 한결같고 규칙적인 수익요소의 평가가 중요하다. 만약 가능하다면, 사람들은 누군가가 종신연금을 향유하는 사례를 생각할 수 있다. 그의 욕구는 자신의 전체인생을 통하여 그 유형과 강도에 있어서 절대적으로 동일하다. 연금은 특별한 경우와 손실의 가능성에 대한 유보자금의 축적 필요성을 없애주기 위하여 크고 충분히 안전할 것으로 가정한다. 그는 다른 사람들에 대한 돌발적 의무 혹은 이상한 희망에 대하여 자신이 안전하다는 것을 알고 있다고 가정한다. 절약한 금액에 대하여 이자가 붙을 가능성은 없다고 가정한다. 왜냐하면, 우리가 이것을 허락하면, 오히려 우리는 이자요인을 미리 전제로 해야 하고 일종의 순환과정의 위험한 범주에 들어가기 때문이다. 이제 이와 같은 상황 속의 이와 같은 사람이 자신의 연금의 미래 배당금을 시간적으로 더 가까운 배당금보다 적게 평가할 것인가? 그는 — 항상 생존의 개인적 위험을 제외하고 — 미래의 배당금을 현재의 배당금보다 더욱 쉽게 포기할 수 있을까? 확실히 아니다. 왜냐하면, 그가 그렇게 가치평가를 하고 그에 따라 행동한다면, 즉 미래의 보상금을 시간적으로 보다 가까운 배당금보다 더 작게 보상한다는 이유로 포기한다면 그는 시간의 흐름에 따라 그가 획득할 수 있었던 것보다 작은 충족금액을 획득하였음을 알게 될 것이다. 따라서 이 과정은 그에게 손해를 가져다 줄 것이며, 그것은 경제적이지 않을 것이다. 그럼에도 불구하고 이와 같은 과정은 다른 법률위반과 마찬가지로 발생할 수 있으며 — 그리고 의식적으로 — 목적 적합성(Zweckmäßigkeit)의 원칙에 반하여 발생할 수 있다. 그러나 그것은 우리가 여기에서 분석하는 이 목적 적합성의 원칙 자체의 요소는 아니다.[33] 그러나 우리가 실생활에서 만나는 대부분의 이탈은 '법

짧게 표현될 수 있는 이들의 분석근거를 필요로 하다는 것을 동시에 말해줄 수 있을 것이다.

33) 나는 피셔(Fisher) 교수가 시간흐름 요인의 중요성을, 그가 이에 대해 — 1911년 발간된

률위반'이 아니라, 그를 통해 우리의 전제조건들이 실현되지 않는다는 점을 설명하기 위한 것이다. 그러나 특히 어린아이와 미개인에게서와 같이 우리가 현재 소비의 아주 충동적 과대평가를 발견하는 곳에서는, 대체적으로 해결되어야 하는 경제적 과제와 경제주체의 경제적 시야 간의 편차는 존재할 수 있을 것이다. 즉, 어린아이와 자연인은 예를 들어 즉시적 생산만을 알고 그들에게 표현되고 그들에 대하여 펼쳐진 현재를 위한 배려만을 알 뿐이다. 미래의 욕구가 그들에게 보다 작은 것이 아니라, 오히려 그들은 이들을 전혀 보지 못하는 것이다. 그렇다면 그들은 이에 대한 고려를 필요로 하는 의사결정에 있어서 능력을 보여주지 못할 것이다. 그것은 당연하지만, 이들은 이와 같은 의사결정을 일반적으로 내려야만 하지는 않는다. 누가 욕구와 충족수단의 두 가지의 리듬을 가지고 있다면, 그는 두 요소의 한쪽으로의 위치이동이 단지 손해라는 점에서 창출된 결과를 아마도 아주 구체적인 사례에서는 경시할 수 있지만 원칙적으로는 거절할 수는 없을 것이다.

우리의 사례는 우리가 현재 이를 눈앞에 보이는 것처럼 한 국민경제에서 경제주체의 위치를 아주 엄격하게 파악한 유형일 뿐이다. 여기에서는 경제기간이 지속적 순환 속에서 항상 원칙적으로 동일하게 유지되는 수익을 가지고 교대된다. 미래 욕구의 정신적으로 적게 보임은 모든 경제주체에 대하여 앙갚음을 하여야만 할 것이다. 그러나 여기에 더하여 현재가치와 미래가치 간의 비교를 위한 동기는 일반적으로 존재하지 않는다는 점을 덧붙인다. 왜냐하면, 경제는 자신의 정해진 길을 간다. 경제는 일정한 생산을 위해 이미 준비된다. 현재 운영되는 생산과정은 어떤 경우에도 종료단계에 도달해야만 한다. 현재 욕구의 과대평가는 도

「*Scientia*」에서 — 가장 최신의 간결한 표현을 통하여 결정적인 비판을 가한 것에 대해 매우 걱정한다. 그는 이 중요성을 경제주체의 성급함에서 보고 있다. 이 간결한 표현은 진지한 반론인데, 왜냐하면 성급함은 생산과정의 요소가 아니기 때문이다.

움이 되지 않는다. 그리고 그것이 발생하면 미래의 욕구는 현재의 욕구로 변환된다. 경제주체는 현재와 미래 간의 선택권을 전혀 가지고 있지 않다. 그것은 더욱더 분명해질 것이다.

그러나 우리의 두 번째 질문은 어떻게 되는가? 생산과정이 우리의 전형적 사례의 전제조건에 적합하지 않은 형태로 진행될 수는 없는가? 지속적인 재화의 흐름이 때로는 더 약해지고 때로는 더 강하게 흐를 수는 없는가? 그러나 특히, 보다 수확량이 많은 생산방법이 더 많은 시간을 요구하는 상황이 이의 선택을 혼자 가능하게 하는 현재의 재화재고의 가치에 영향을 미치고, 시간을 경제순환의 하나의 요인으로 만들어야만 하는 것이 아닐까? 우리가 이 질문에 대해 제시하는 부정적인 답은 쉽게 오해를 살 수 있고 나중에야 충분한 의미를 획득하게 될 것이다. 경제에 있어서 시간흐름의 사실상의 역할은 부정되지 않는다. 단지 이는 다르게 설명되어야 한다. 여기에서 보다 수확량은 많지만 보다 시간이 많이 걸리는 생산과정의 **도입**은 다시금 어느 정도 다른 것이고 **여기에서** 시간요인이 어떻게 영향을 미칠 것인가의 질문은 특별히 논의되어야 한다는 점이 이미 특별히 주장되었어야 한다. 그러나 그것은 이제 중요하지 않다. 우리는 새로운 과정의 도입을 얘기하는 것이 아니라, 주어진 그리고 실제 작동 중인 과정과 함께 운용되는 국민경제의 순환에 관해 얘기하는 것이다. 거기에서는 항상 단지 이전에 투입된 보다 수확량이 많은 생산방법이 문제가 되는데, 그 이유는 사람들이 곧 보게 되듯이 **이는 현재에도 보다 적게 수확량을 내는 생산방법보다 많은 생산물을 제공하기 때문이다**. 여기에서 한 생산과정이 '보다 수확량이 많다'는 것은 만약 그것이 동일한 시간에 실행될 수 있는 보다 적은 수확량을 제공하는 생산과정 모두보다 더 많은 생산물을 제공할 때에만 당연히 언급된다. 생산수단에 대한 필요한 수량이 **이전에** 존재한다면, 각각의 선택이 없이도 이들 방법은 줄곧 실행된다. 우리의 고찰방식에 따르면 이들은 생산물을 연속적으로 제공한다. 그러나 설사 이 경우가 아니더라도 미래 생산물에 대한 과소평가는 존재하지 않을 것이다. 우리의 전제조건으로 볼 때 이들은 생산물의 주기적 순환에 대해서 아무런 의미가 없으며,[34] 오히려 **아무튼** 시간에 따른 소비의 동일한 배분이 창출될 것이다. 만약 현재의 재화에 대한 점유가 내게 지금까지보다 더 많은 재화를 미래에 대해 보장한다면, 아마도 나는 현재의 재화를 보다 높게 평가할 것이다. 그러나 내가 그것을 더 이상 하지 않고, 만약 내가 보다 수확량이 높은 재화흐름에 대해 확신을 하고 나의 경제가 이를 준비하였다면, 현재와 미래에 대한 나의 평가는 균형화될 것이다. 그렇다면 현재 재화의 점유에 미래의 '보다 많은' 재화가 반드시 종속되지는 않는다. 우리의 연금생활자의 사례를 이 경우에도 확장할 수 있다. 그가 지금까지 매월 천 크로네(Krone)의 연금을 수령하였다고 가정하자. 이제 사람들은 그에게 그 대신 연말에 매번 2만 크로네의 연금을 제공한다고 가정하자. 이제 첫 번째의 연간 지불액의 만기까지 시간흐름의 요인이 아주 불편하게 주목을 끌 수 있다. 그러나 이 만기로부터 그는 자신의 위치가 개선되었다고 볼 것이며, 결국 그는 연간 8천 크로네의 전체 잉여에 의해 이 개선이 이루어질 것으로 예측하지 결코 이 금액의 일부분에 의해 이루어질 것으로 예측하지 않을 것이다.

부분적으로는 절제(Abstinenz)[35]의 요인, 기다려야 함(Wartenmüssen)의

34) 수확 후 곡물은 확실히 나중에 보다 싸다. 그러나 이 사실은 보관비용에 의해서, 이자의 사실상 존재에 의해서, 그리고 다른 상황에 의해 설명되며, 이 모든 것은 우리의 원칙에 대해 아무것도 바꾸지 않는다.

35) 주요 저자는 시니어(Senior)와 — 다른 측면에서 — 자본이자론의 역사와 비판에 있어서의 뵘-바베르크(v. Böhm-Bawerk)이다. 가장 새로운 학자로는 특히 미국의 맥베인(McVane)을 들 수 있다. '절제(abstinence)'에 관한 논문은 「팔그레이브 사전(*Palgraves Dictionary*)」과 거기에 제시된 문헌을 참조하라. 사람들이 종종 이 요인으로 함부로 다루는 경솔함에 관해서는 카셀(Cassel)의 「이자율의 성격과 필요성(*Nature and*

요인에 관해 유사하게 말할 수 있다. 그리고 무엇보다도 나는 여기에서 독자에게 뵘-바베르크(v. Böhm-Bawerk)의 논의를 참조하도록 할 것이다. 우리에게는 이에 관한 우리의 입장을 명확히 하는 것만이 중요하다. 아울러 이 현상은 단순히 부인해버릴 수 없다. 그러나 그것은 보이는 것보다 아주 복잡한데, 그래서 그의 속성과 그의 현상유형은 아직 날카로운 분석을 발견하지 못하였다는 점을 언급할 필요가 있다. 아울러 여기에서 사람들은 생산의 전제조건의 전례 없는 공급과 이의 정기적 진행을 구분하여야 한다. 항상 절제의 역할은 전자에 있을 것이며 — 이에 관해서 우리는 나중에 다시 논의할 것이며 우선은 다음 장(章)에서 얘기하여야 하는 저축에 관한 논의에서 할 것임 — 후자에 있어서는 매번 다시 기다려야 함이 확실히 있는 것은 아니다. 사람들은 정기적 수익에 대하여 단순히 '기다려야' 하지 않는데, 그 이유는 사람들이 이를 필요로 한다면 이를 정확히 확보할 수 있기 때문이다. 사람들은 경제의 정상적 순환 속에서 즉시적 생산의 시도에 대하여 정기적으로 저항해서는 안 된다. 왜냐하면, 사람들은 이에 대하여 아주 직접적으로 더욱 서툴게 추진하기 때문이다. 따라서 수익원천의 미소비의 의미에서의 절제는 논의의 대상이 아니다. 왜냐하면, 우리의 전제조건 속에서는 노동과 토지 외의 수익원천은 존재하지 않기 때문이다. 그러나 만약 궁극적으로 절제의 요인이 그에 의해 경제의 정상적 순환 속에 포함되어 역할을 할 수 없다면, 절제의 요인은 정상적 순환의 전제조건의 전례 없는 조달을 위하여 정기적 생산수익으로부터 지불되어야만 하는가? 첫 번째로, 우리 분석의 진행 속에서, 이는 전제조건의 준비에 있어서도 아주 완전한 2차적인 역할을 수행하며, 구체적으로 말해 새로운 생산방법의 도입이 하등의 선행

Necessity of the Rate of Interest)」이 대표적으로 논의하였다. 우리의 입장은 비저(v. Wieser)의 「자연가치(*Natürlicher Wert*)」와 클라크(John B. Clark)의 「부의 분배(*Distribution of Wealth*)」와 아주 가깝다. 아울러 「본질(*Wesen*)」 제3편도 참조하라.

적 재화축적을 필요로 하지 않는다는 점을 보여준다. 그리고 두 번째로, 뵘-바베르크(v. Böhm-Bawerk)가 보여준 바처럼, 절제 요소의 독립적 평가 속에서 이 경우에는 하나의 동일한 항목의 중복계산이 존재할 수 있다.[36] 항상 기다려야 함의 요인이 무엇이건 간에, 그것이 우리가 여기에서 고려하는 경제과정의 요소가 아니라는 것은 확실하다.

경제의 변함없이 유지되는 순환 그 자체는 본질상 소비와 욕구충족 간의 하등의 틈이 벌어져 있지 않다는 점을 가져온다. 클라크(Clark) 교수의 적절한 표현에 따르면 이 양자는 자동적으로 '동시에 발생'한다.[37] 그 이론은 바로 — 이 관계에서 이자의 설명에 대한 이들의 노력에 있어서 — 단지 이자의 사실을 통하여 나타나는 명확한 실정을 왜곡하였다. 우리가 이제 이에 대해 상상하는 것처럼 경제과정을 도식화한다면, 우리의 논의는 올바른 방향으로 이동하게 될 것이다. 그러나 그 이동이 이루어지기 전에 몇 가지 다른 내용을 언급할 필요가 있다.

귀속문제의 해결로 경제 내의 모든 개별적 재화가치의 구축은 명확해졌다. 이제는 개별적 가치들이 관련성 없이 함께 있는 것이 아니라 서로 의존하고 있다는 점을 추가할 필요가 있다. 이 법칙의 하나의 예외는 다른 재화에 의해 대체될 수 없는 재화가, 마찬가지로 대체 불가능하고 그 외에도 다른 곳에 사용 가능하지 않은 생산수단을 가지는 경우에만 발생한다. 이와 같은 사례는 예를 들어 자연에 의해 주어진 소비재들에서

36) 피셔(Fisher)의 「이자율(*Rate of Interest*)」 43~51쪽에서 이 동일한 주제의 취급은 시간할인을 끌어들임으로써 왜곡된다. 그는 시간할인을 매우 부주의하게 단순히 자명한 것으로 간주한다.

37) 확실히 클라크(Clark)는 이 '동시발생(Synchronisierung)'을 가져오는 공로를 자본으로 돌린다. 사람들이 보게 되듯이, 우리는 이를 따르지 않는다. 나는 여기에서 다시 강조하는데, 지출과 성과는 촉진하는 그리고 방해하는 이윤과 손실의 압력 속에서 스스로 동시발생을 한다.

직접 발생한다. 그러나 이들은 사라지는 예외를 구성한다. 다른 모든 재화 수량과 이들의 가치는 긴밀한 상호관계를 가진다. 이 상호관계는 다른 사용가능성의 관계에 의하여, 대체가능성의 관계에 의하여, 그리고 마지막이지만 무엇보다도 생산친족성의 관계에 의하여 주어진다. 만약 두 개의 재화가 하나의 유일한 생산수단을 공동으로 가진다면 그리고 다른 생산수단을 가지고 있지 않다면, 이들의 가치는 당연히 연계되어 있다. 왜냐하면, 이 하나의 생산수단의 배분은 그 관계를 창출하기 때문이다. 이 하나의 생산수단의 상호작용은 이들 두 재화의 수량에 달려 있고, 따라서 이들의 가치와 이들의 배분은 양자의 사용에 있어서 생산수단의 한계효용균등의 법칙을 따른다. 특히 생산요소 노동에 의해 조정된 생산친족성이 다른 재화들과 마찬가지로 잘 포괄한다는 지적은 전혀 필요하지 않다. 그리하여 각 재화의 수량과 이의 가치 결정은 각각의 재화에 대하여 다른 모든 나머지 재화들 가치의 압력 아래 있으며 이들에 대한 고려에 의해서만 완전히 설명된다. 이에 따라, 우리는 모든 경제주체에 대하여 개별적 재화가치는 이의 개별적 요소가 서로 상대적 종속관계를 가지는 재화체계를 구성한다고 얘기할 수 있다. 그리하여 이 가치체계 속에서 개인의 전체경제는 자신의 생활양식, 자신의 시계, 자신의 생산방법, 자신의 욕구, 자신의 경제적 결합 모두를 표현한다. 일반적으로 이 가치체계는 개별 경제주체에게 자신의 모든 부분에서 한 번도 곧바로 생생하게 인지되는 것은 아니고, 오히려 이의 보다 큰 부분이 매순간 의식의 임계치 아래에 존재한다. 설사 그의 경제행위에 관한 의사결정이 이루어진다 해도, 이 가치체계 속에 표현된 모든 사안의 총합이 중요한 것이 아니라 확실히 현재 준비된 기회가 중요하다. 일반적으로 그것은 습관 및 경험에 따라서 바로 경제적 일상 속에서도 중요하고 일정한 재화의 모든 사용에 있어서 그에게 경험에 의해 주어진 가치에 연결된다. 그러나 이 경험의 구조와 비율은 확실히 가치체계 속에 주어져 있다. 이 가치체계 속에 반영된 가치는 경제주체에 의해 연년세세 실현된다. 이미 언급한 바와 같이, 이제 이 가치체계는 아주 언급할 만한 가치가 있는 일정성(Konstanz)을 보인다. 매 경제기간에 언젠가 경험한 궤도를 다시 돌고 다시 동일한 가치를 실현하려는 경향이 존재한다. 그리고 이 일정성이 깨어지는 곳에도 연속성(Kontinuität)이 계속 유지된다. 왜냐하면, 만약 외부상황이 변하면, 완전히 새로운 것을 행하는 것은 한 번도 중요하지 않고 오히려 지금까지 행해진 것을 새로운 상황에 적응하는 것이 중요하다. 그동안 구축된 가치체계와 그동안 주어진 결합은 항상 모든 새로운 경제기간의 출발점이 되고 소위 그 자체로 하나의 가정을 가지고 있다. 이 일정성 혹은 연속성이 도대체 어디에서 왔는가를 다시금 강조하는 것은 과도하지 않다. 이는 사실이고 이는 경제주체들의 경제행위에 없어서는 안 된다. 실무에서는 이들 경제주체들은 단연코 대부분의 경우에 있어서 경험의 새로운 창출에 필요한 정신노동을 수행하지 못한다. 또한, 우리는 지나간 경제기간의 재화의 양과 가치가 다음 기간의 재화의 양과 가치를 준비하는 것을 실제로 보지만, 그것으로만 일정성에 대한 근거가 주어지지 않는다. 오히려 이 근거는 경험은 진가를 보이고 경제주체는 이들 경험을 반복하는 것보다 더 잘할 수는 없다는 시각을 가지고 있다는 점에 명백히 존재한다. 그리고 가치체계에 대한 우리의 분석, 말하자면 이 경험의 산에 관한 지리학도, 사실상 재화의 요인과 가치는 개인의 욕구와 시계의 고려하에 환경의 주어진 상황으로부터의 논리적 결과라고 설명하는 것을 보여준다. 그리하여 개인의 경험에 의거한 행동은 우연이 아니라 오히려 합리적인 근거를 가지고 있다. 주어진 상황 속에서 기존의 수단과 충족시켜야 하는 욕구 간의 균형을 가능한 것보다 잘 창출하는 경제적 행위의 한 유형이 있다. 우리가 서술한 가치체계는 하나의 경제적 균형상태에 해당되는데, 만약 모든 여건이 이 상태에 유지된다면, 개인이 이에 대하여 예전보다 더 나쁜 경험을 하지 않고는 가치체계의 개별적 요소는 변화될 수 없다. 그리하여 그 점에서 경제에서 상황에 적응하고 객관적 필요성에 대해 변경하지 않고 단순히 맞추려 하는 것이 중요하며, 그 점에서 사실상 개인에게 한 개, 단지 한 개의 일정한 행동을 추천하며, 그리고 주어진 상황이 동일하게 유지되는 한 이 행위의 결과는 동일하게 유지될 것이다.

우리는 우리의 분석에서 우선 단지 하나의 개별경제만을 고려하였으며, 이제는 그 결과를 국민경제(Volkswirtschaft)로 확장하여야만 한다. 우리가 쉽게 볼 수 있듯이 그것은 여러 많은 관점에서 손쉽게 가능하며, 특별히 유통경제에 대하여 특별한 설명을 필요로 하는 관점은 비교적 아주 적다. 여기에서는 우선 모든 경제단위에 대하여 교환가능성이 발생한다. 일단 교환의 세부이론을 개발하는 것이 중요한 것이 아니며, 이에 따라 단지 이의 근본법칙에 대해서 얘기할 수 있는 것으로도 충분하다.[38] 하나의 교환이 이루어지는 것은 당연히 두 교환하는 당사자가 서로에 대하여 교환하여 보내려는 재화보다 교환하여 받으려는 재화를 보다 높게 평가하는 것과 연결되어 있다. 만약 이 조건이 양 경제주체에게 주어지면, 그 결과 이들 중 한 주체가 다른 주체가 가지고 있는 재화를 자신이 가지고 있는 재화보다 더 열망한다면, 한편 거꾸로 다른 경제주체가 후자의 재화를 전자의 재화보다 더 선호한다면, 교환은 이루어진다. 그리고 그 교환은 오랫동안 진행되는데, 다시 말해, 이는 양 경제주체의 관련된 구성을 허락하는 것보다 큰 수량에 이르기까지 계속된다.

---

38) 당연히 이 작업을 이해하기 위해 경제적 교환이론(Katallaktik)의 기초가 필요함에도 불구하고 나는 이 정도에 한정하고 싶다. 이론적 분석에서 매번 학문의 모든 요소를 분석한다는 것은 정말로 불가능한 일이다. 지금은 이 정도로도 이미 충분하다. 나는 독자에게 특히 「자본론(*Kapital*)」 제2편에 있는 뵘-바베르크(v. Böhm-Bawerk)의 「가격론(*Preislehre*)」을 참조하게 하고 싶다. 여기에서 독자는 혹시 필요한 것을 발견할 것이다. 또한, 나는 가격결정의 근본법칙을 「본질(*Wesen*)」 제2편에 상세하게 다루었다.

우선 일정한 교환관계는 주어지지 않는다. 그 교환관계는 주로 운명에, 경제적 힘에, 교환당사자의 위치 안정성 등에 의존하나, 교환이 중단되어야 한다면 어떤 일이 있어도 조건이 제시된다. 그렇다면 이른바 서로 교환하려고 하는 재화의 수량단위처럼, 교환해 내보내려는 재화의 경제주체에게 남아있는 수량의 한계효용은 모든 경제주체를 위하여 교환해 가져오려는 재화의 한계효용에 대하여 반대로 행동하여야 한다. 그러나 교환은 두 경제주체 상호간에만 이루어지는 것은 아니며, 양 측에서 더 많은 교환참가자에 의해서도 이루어지며, 그 결과 교환의 결과는 명료하게 결정된다. 양측 당사자들은 이른바 상대방에 대한 과도제공 및 과소제공에 의해 이미 처음부터 교환관계를 제한받게 되는데, 이는 조건을 충족시키는 것이다. 사실 이것은 중요한 일이 아니나. 여기에서 중요한 것은 지금까지 고립되었던 경제의 가치체계가 이 교환가능성을 통하여 경험하는 변화일 뿐이다. 이 가능성을 통해 전체 경제계획은 근본부터 바뀌고, 아주 다른 결합이 제안되고, 특히 활발한 유통에 있어서 경제의 전체 모습이 다르게 바뀌는 것은 명확하다. 특히 생산에 있어서 보다 큰 전문화가 발생하며, 자체소비가 아닌 매출을 위한 생산이 점점 더 늘어날 것이다. 이 모든 것이 이미 자주 분석되었으며, 이제 우리에게는 재화의 이 새로운 사용가능성이 이의 가치척도를 그만큼 변화시키고 대체로 가치체계에 통합된다는 이 한 가지가 중요하다. 이 새로운 사용방식에 대해 하등의 경험이 없는 개별적 경제주체는 자신의 관점에서 최적의 결과를 제공해 주는 상황에 궁극적으로 도달할 때까지 오랫동안 다양한 교환가능성을 시험하게 될 것이다. 이것은 구체적인 사례에 있어서 다를 수 있지만, 원론적으로 이것이 보다 안전한 방법이다. 그렇다면 그의 경제는 이들에 따라 정렬되고 항상 이들 교환가능성을 찾아내려 노력하게 된다. 이 교환을 위해 생산된 재화는 그에게 자신이 소비하는 사용가치의 관점에서가 아니라 오직 보유할 수 있는 교환가치의 관점에서 나타날 것이다.[39] 자신의 생산물에 대한 자신의 가치척도 그리고 따라서 자신의 생산수단에 대한 가치척도는 교환되어 오는 재화의 사용가치 척도로 구성되어 있다. 자신의 생산능력의 이 사용방식의 가장 가능성이 높은 활용이 일단 발견된다면, 그 경제주체는 이 최고의 사용방식에 따라 생산능력을 평가할 것이다. 그리하여 아주 특정한 교환관계에 대한 아주 특정한 교환행위는 지금부터는 자신 경제의 경험에 기반한 여건에 속하게 된다. 그의 가치체계는 이들 교환행위, 이들 교환관계, 이들 모두로 이르게 되는 욕구충족에 맞추어진다. 이제 다른 특정한 경제주체들과의 교환도 각각의 개별적 시점에 각각의 경제주체의 가치체계 속에 반영되는 생산적 결합에 속한다. 이로써 우리는 우리의 전체 분석의 출발점, 이른바 각각의 상인, 즉 각각의 생산자는 하나의 특정한 익숙한 경제상황의 기초 위에 행동하고 오직 상황이 강요하는 변화만이 그의 행동 속에서 발생한다는 사실에 접근하게 된다. 이 새로운 가정하에서도 일정한 균형상태가 존재한다는 것에 관해서 당연히 특별한 분석이 필요하지는 않다.

우리가 매 경제기간의 유통경제 속에서 관찰할 수 있는 수많은 모든 교환행위는 그 전체로서 경제생활의 순환 속에 흘러들어가는 외형을 구성한다. 교환의 법칙은 어떻게 이 순환이 주어진 상황으로부터 명료하게 설명될 수 있을까를 보여주며, 이 상황이 동일하게 유지되는 한, 이 순환이 변화하지 않음과 왜 변화하지 않는지, 그리고 이 순환이 상황의 변화에 스스로 적응하여 변함을 그리고 왜 변화하는지를 가르쳐 준다. 매 경제기간 동안 항상 동일한 일이 발생한다. 즉, 항상 소비재와 생산재가 생산되며 그리고 교환경제에 있어서 이들은 판매되고 항상 소비재

---

39) 사람들이 말할 수 있는 바와 같이, 재화는 이들의 '주관적 교환가치'에 따라 평가될 것이다.

는 소비되고 생산재는 사용된다. 일정한 상황의 전제 아래 항상 동일한 재화가 존재할 것이며, 항상 동일한 생산방법이 사용될 것이다.

그러나 이 요인은 경제기간과 상호 연계되어 있을 뿐만 아니라, 이 요인은 현실에서는 실증된 경험에 대한 연계의 관점하에 그리고 이론에서는 기존 수단의 주어진 상황하의 최적결합의 인식의 결과로서 나타난다. 여기에 덧붙여 매 경제기간은 사전에 준비되어 있는 재화에 의해 작동하며, 매 경제기간 속에서 재화는 다음 기간을 위하여 동일한 방식으로 생산되며, 그리하여 다음 경제기간의 경제과정이 준비된다는 것이 더욱 중요한 사실이다. 이제 서술의 단순화를 위하여 우리는 이 사실을 매 경제기간에 있어서 이전의 경제기간에 생산된 생산물**만** — 소비재이든 생산재이든 — 소비되고 다가오는 경세기간에 — 소비재이든 생산재이든 — 사용될 생산물**만** 생산된다는 가정 속에서 파악한다. 경제기간의 이 '상호 연계'는 사람들이 쉽게 설득될 수 있는 바와 같이 사안의 본질에 대하여 아무것도 변화시키지 않는다. 그에 따라 모든 소비재는 그 완성을 위하여 많지도 적지도 않게 두 개의 경제기간을 필요로 한다. 경제기간은 모든 경제주체에 대하여 동일하게 길어야 한다.

그리하여 매 경제기간에 대한 이 결정에 따라 어떠한 교환행위를 수행하여야 할 것인가? 우리는 이 교환행위를 일정한 범주로 이해할 수 있을 것인가? 이제 무엇보다 우리는 다만 교환받은 것을 바로 다시 교환해 내보내기 위해 이루어진 교환행위를 분리할 것이다. 이론은 모든 유통경제에서 이와 같은 교환행위는 대단히 많이 주어져야 한다는 것을 알려주지만, 단지 시장기술적으로 필요한 이들 과정은 여기에서 우리에게 흥미를 주지 못한다.[40] 그리하여 우리가 이들을 제외하면, 무엇보다도 노동력과 토지력의 교환은 눈에 보이는 소비재에 대해 이루어지며, 이

---

40) 여기에 관해서는 「본질(*Wesen*)」 제2편을 참조하라.

교환은 모든 유통경제에서 발생한다. 이 교환은 의심할 것 없이 국민경제 재화흐름의 대부분을 지배하며 그 원천과 그 합류점을 연계한다. 경제주체가 노동력과 토지력을 제공하는 경제는 소비재의 유입을 경험하고, 이로부터 국민경제의 새로운 소비재가 유입된다. 단지 우리는 그것을 우리 도식의 의미 속에서 더욱 정교하게 설명하여야만 한다. 거기에서 어떠한 노동력과 토지력 그리고 어떠한 소비재가 중요한가? 그들은 동일한 경제기간의 재화들인가? 당연히 아니다. 노동자와 지주는 매 경제기간이 **종료되어야**만 이미 **존재하는** 소비재에 대하여 그들의 생산물이 제공하는 생산력을 그때그때에 판매한다. 물론 **생산재**도 생산되는 데 비하여, 더 나아가 그들은 **소비재**에 대하여 그들의 생산능력을 판매한다. 우리의 도식에 따르면 사안은 오히려 다음과 같다. 즉, 매 경제기간 동안 '생생한' 노동력과 토지력, 즉 바로 이 경제기간 동안에 사용되어야 하는 이미 생산수단 속에 포함되지 않은 노동력과 토지력은 선행하는 경제기간에 완성되었던 소비재에 대하여 교환된다. 이 주장에 대하여 단순한 사실의 관찰이 아닌 것은 단지 서술의 단순화를 위해 제공하기 위한 것이며 원칙에 영향을 주지 않는다. 이 교환 이전에 어떠한 손들 속에 노동력과 토지력이 존재하는가는 명확하다. 그러나 소비재의 소유자들과 대립하여 위치해 있고 그들에게 지불되어야 할 소비재를 교환 이전에 손에 가지고 있는 사람은 누구인가? 그들은 단순히 이 기간 동안에 노동력과 토지력을 필요로 하는 사람들이다. 즉, 이들은 이전의 기간들 동안에 생산된 생산수단을 또 다른 노동력과 토지력의 투입을 통하여 소비재로 변환하고 — 이를 통하여 우리가 중간상인 등으로 파악할 수도 있음 — 혹은 새로운 생산수단을 생산하려는 사람들이다. 단순화를 위하여, 분업에 기초한 유통경제의 원칙에 확실히 일치하는 것처럼, 두 개의 범주가 모든 고찰하여야 할 경제기간 동안 동일한 일을 수행한다고, 즉 항상 다시금 소비재 혹은 생산재를 창출한다고 가정하자. 그렇다면 우리는 선행의 기간 동안에 소비재를 생산한 경제주체는 현재의 기간에 동일한 재화의 일부분을 노동자와 지주에게 건네준다고 말할 수 있다. 경제주체는 자신의 생산력을 다가오는 경제기간에서 새로운 소비재의 생산을 위해 필요로 한다. 이전의 경제기간 동안에 생산재를 생산했고 현재의 기간에 미래의 기간을 위해 동일한 재화를 생산하려고 하는 경제주체는 소비재의 생산자에게 이들 생산재를 제공할 것이며, 자세히 말하면 그들이 새로운 생산능력의 교환에 필요로 하는 소비재에 대응하여 제공할 것이다.

그리하여 노동자와 지주는 그들의 생산능력(produktive Leistungen)을 항상 현재의 소비재에 대응하여 교환하며, 이들 생산능력은 이제 직접적으로 혹은 오로지 간접적으로 소비재의 생산을 위하여 사용될 수도 있다. 우리는 이 방식으로 이들이 자신들의 노동력과 토지력을 미래의 재화에 대응하여 교환하거나 혹은 미래의 소비재에 대한 약속 혹은 선불금에 대응하여 교환한다는 가정을 필요로 하지 않는다. 중요한 것은 단지 교환이지 신용거래가 아니다. 여기에서 시간의 요인은 하등의 역할을 하지 않는다. 모든 생산물은 **단지** 생산물이지 그 이상이 아니다. 개별적 경제주체가 생산수단을 생산하든 소비재를 생산하든 그것은 개별적 경제주체에게는 완전히 동일하다. 양자의 경우에 있어서 생산물은 즉시에 그리고 완전한 가치로 지불된다. 개별적 경제주체는, 비록 항상 다음의 경제기간을 위해 일하지만, 현재 진행 중인 경제기간을 넘어서 살펴볼 필요는 없다. 개별 경제주체는 단순히 수요의 요구에 따르고, 경제과정의 메커니즘은 그 자체적으로 여기에서 미래를 동시에 염려한다. 그는 자신의 생산물에 무엇이 더 이상 발생하는가는 걱정할 필요가 없다. 만약 생산과정이 그를 마지막에 이르게 한다면 생산과정이 시작되지도 못할 수도 있다. 특히 소비재도 소비자에 대한 판매로서 발생하는 것 외에는 아무것도 일어나지 않는 생산물이다. 이들 소비재는 누구의 손에도 노동자 등을 유지하기 위한 준비금을 형성하지 않으며, 이들은 직접적이든 혹은 간접적으로 추가적인 생산목표에 사용되지 않는다. 이에 따라, 이와 같은 재고의 축적에 관한 질문이 대두된다. 질문 그 자체는 한번 설치되면 지속적으로 유지되는 이 메커니즘의 설치가 얼마나 확실할 것인가이다. 우리는 이에 대한 대답을 찾으려 노력할 것이다. 그러나 이의 본질 그 자체에서는 정답이 없다. 아주 먼 과거에 정답의 원천이 있다. 그 메커니즘이 어떻게 발전하였는가는 그것이 어떻게 작동하는가와 다른 문제이다.

이제 이 관점으로부터 다시금 도처에서 그리고 유통경제에 있어서도 생산된 생산수단들에 대하여 중간적 항목, 즉 과도적 항목의 역할 외의 다른 역할은 부여할 수는 없다는 결론에 도달한다. 우리는 아무 곳에서도 생산수단들 중 특별한 기능을 가지고 있을 재고를 발견하지 못한다. 이들로부터 최종적으로는 국민생산물에 대한 어떠한 요구도 제시되지 않는다. 궁극적으로는 하등의 소득흐름도 이들에게 흘러가지 않는다. 이들로부터 하등의 독립적 수요도 창출되지 않는다. 오히려 매 경제기간 속에서 모든 기존의, 즉 우리의 의미에서는 이전에 생산된, 소비재가 이 기간에 사용될 노동력과 토지력에게 귀속되며, 따라서 모든 소득은 임금 혹은 지대의 항목 아래 소모된다.[41] 이에 따라, 우리는 한편으로는 노동과 토지 간의 교환운동과 다른 한편으로 소비재들 간의 교환운동은 경제활동의 흐름의 가장 핵심방향일 뿐만 아니라 근본적으로 유일한 핵심방향이라는 결론에 도달한다. 모든 생산수익은 노동력과 자연력을 제공하여야 하는 사람들에게 귀속된다. 노동과 토지는 생산수익을 나누고, 소비재는 이의 효과적 수요를 충족시키기에 정확히 충분한 만큼 그러나 필요한 이상보다는 많지 않게 존재한다. 그리고 그것은 욕구와 이를 충족하기 위한 수단이라는 경제학의 최종적 사실의 짝에 해당된다. 경제

41) 이 명제에는 분배론(Verteilungslehre)의 첫 번째 근본정리가 존재한다.

학이 지금까지 제시된 요인에 근거하고 있는 한, 그것은 아울러 현실의 진실한 모습이다. 경제학은 이론에 의해 왜곡되었으며, 이에 의해 가공적으로나마 일정한 양의 허구와 유사문제가 — 즉 어떤, 누구의 '자금'에서 노동력과 토지력이 지불될 것인가의 문제가 — 창출되었다.

그리하여 유통경제조직은 다음과 같은 방식으로 묘사된다. 즉, 개별경제는 이제 다른 사람의 필요를 위한 생산장소의 관점으로 나타나며 한 국민의 총생산의 수익은 이들 단위에게 우선적으로 배분된다. 이들 생산장소 속에서는 두 개의 본원적 생산요소의 결합 이외의 다른 기능은 존재하지 않으며, 이 기능은 매 경제기간 속에서 말하자면 기계적으로, 말하자면 스스로, 즉 감독과 그와 같은 여러 요인일 수 있는 개인적 요인을 필요로 하지 않고, 관철된다. 그리하여 우리가 사적으로 점유된 토지력이 있다고 가정을 하면, 각각의 경제단위 속에서 독점업자를 제외하고는 어떤 형태의 노동을 제공하거나 토지력을 생산에 제공하는 사람으로서 경제의 수익과 관련하여 주장할 자격이 있는 사람은 아무도 없다. 이 상황 속에서 국민경제에는 다른 부류의 사람들이 존재하지 않는다. 특히 생산된 생산수단 혹은 소비재를 소유하는 특징을 가지고 있을 부류는 존재하지 않는다. 어디엔가 이와 같은 재화의 축적된 재고가 존재할 수 있다는 생각은 절대적으로 틀리다는 점을 우리는 이미 보았다. 이 가정은 대체로 대단히 많은 생산된 생산수단이 일련의 경제기간 동안 오래 유지된다는 사실에 의하여 이루어진다. 그러나 그 속에는 하등의 본질적 요인이 존재하지는 않으며, 만약 우리가 이와 같은 생산수단의 사용가능성을 하나의 경제기간에 제한한다면, 우리는 이 사안의 본질에 대하여 아무것도 변경하지 않는다. 소비재 재고에 관한 생각은 그동안 이 지지를 받지 않았으며, 오히려 대체로 소비재는 이들이 당장의 소비에 필요한 것처럼 그 양에 있어서 소비자의 손에만 존재한다. 덧붙여서 우리는 국민경제 속에 다양한 형태의 다양한 생산단계를 가진 아주 충분한 소비재만을 발견한다. 우리는 재화의 꾸준한 흐름과 꾸준히 작동하는 경제의 과정을 발견하지만, 구성요소가 일정할 수 있고 혹은 일정하게 대체될 수 있는 재고는 발견하지 않는다. 소비재를 생산하든 생산재를 생산하든 한 경제단위에 있어서 아무런 차이가 없다. 양자의 경우에 있어서 이 경제단위는 자신의 생산물을 동일한 방식으로 판매하며, 그는 완전자유경쟁의 조건하에 그의 토지력과 노동력의 가치에 상응하는 보수를 받으며, 다른 것은 없다. 만약 사람들이 한 기업의 경영자 혹은 소유자를 기업가(Unternehmer)로 부르고 싶다면, 그는 특정한 기능과 특정한 소득 없이 이익이나 손실도 입지 않는 한 기업가일 것이다. 사람들이 생산력 있는 생산수단의 소유자를 '자본가(Kapitalisten)'로 부르고 싶다면, 그는 다른 생산자와 아무것도 차이가 있지 않고 다른 생산자와 마찬가지로 자신의 생산물을 임금과 지대 총액에 의해 주어진 비용금액 이상으로 판매할 수 없는 생산자이어야 할 것이다.

그리하여 이 해석의 관점에서 보면 우리는 재화의 끊임없이 새로운 흐름을 발견한다.[42] 단지 개별적인 순간에 대하여만 개별적인 특정한 재화로 구성되어 있는 재고와 같은 것이 있다. 그러나 사람들은 이에 덧붙여 '재고'에 대하여 사실상 단지 추상적인 의미에 관해서만, 다시 말해 생산과 교환의 메커니즘을 통해서 내내 항상 일정한 유형과 수량의 재화가 국민경제의 일정한 장소에 나타난다는 의미에서 얘기할 수 있다. 즉, 이 의미에서의 재고는 물이라기보다 물을 흐르게 하는 강바닥과 같다.

42) 재화의 '자금(Funds)'과 '흐름(Flows)'은 엄격하게 나누어지며 이 구분이 생산적으로 이루어져야 한다는 것은 가치가 너무 적게 인정된 뉴컴(S. Newcomb)의 책 『정치경제학원론(*Principles of Political Economy*)』(1888년 발간)의 공헌 중의 하나이다. 동시대의 문헌 중에서 이 관점은 피셔(Fisher)가 특히 강조하였다. 화폐의 순환에 관해서는 뉴컴(Newcomb)의 책(316쪽)만큼 더 명확하게 설명한 것은 없다.

이 흐름은 노동력과 토지의 지속적으로 흐르는 원천으로부터 뿜어 나오며, 매 경제기간 동안에 우리가 소득(Einkommen)이라고 명명하는 저수지에 그곳에서 욕구충족으로 전환되기 위해 흘러들어간다. 우리는 거기에 머물러 있지 않고, 오히려 이로써 우리가 일정한 소득개념, 이른바 페터(Fetter)의 개념을 받아들인다는 점을 간단히 언급하고, 계획적이고 사실상 소비되지 않는 모든 재화를 그 개념의 영역에서 떼어내려 한다. 어느 의미에서는 경제의 순환은 이 지점에서 파괴된다. 그러나 다른 의미에서는 파괴되지 않는데, 그 이유는 소비는 반복을 통해서 희망을 창출하며 아울러 이 희망은 다시금 경제행위를 창출하기 때문이다. 우리가 이 관계에 있어서 준지대(準地代)에 관해 반복하여 얘기하지 않았다 해도 사람들은 용서할 것이다. 첫눈에 보다 심각한 것은 저축에 대한 모든 고려의 부재로 보인다. 그러나 이 점 또한 자신의 설명을 발견할 것이다. 항상 변함없이 지속되는 국민경제에서는 저축도 정말로 큰 역할을 행하지 못할 것이다.

이제 우리는 좀 더 나아가기로 한다. 모든 경제주체에 대하여 모든 재화수량의 교환가치는 이것으로 창출할 수 있고 사실상 창출할 수 있다고 생각하는 재화의 가치에 달려 있다. 경제주체가 그에 대해서 아직 결정하지 못하는 한, 이 교환가치는 역시 주어진 가능성에 따라 그때그때 흔들리며, 만약 그 경제주체가 자신의 수요의 방향을 변경하면 이 역시 변화한다. 그러나 만약 모든 재화에 대하여 최고의 교환사용이 발견된다면 교환가치는 하나의 그리고 오직 하나의 일정한 크기에 대한 상황의 일정성에 머무른다. 당연히 이 점에서 다양한 경제주체를 위한 하나의 그리고 동일한 재화 각 단위의 교환가치는 다양하다는 점이 받아들여진다. 자세히 말하면, 첫째 이들의 기호성향과 둘째 이들의 경제적 전체상황의 다양성의 결과뿐만 아니라, 셋째 이 관점과 아주 독립적인 개별 경제주체가 교환하는 재화의 다양성의 결과로 인해 받아들여진다.[43)]

그러나 시장에서 동일한 재화에 대해 교환되는 두 짝의 재화 수량의 관계 혹은 이 관계의 상대적 가치, 즉 각 재화의 가격은, 앞에서 말한 바와 같이, 부유하건 가난하건 모든 경제주체에 대하여 동일하다. 그러나 각 재화의 가격 모두가 다른 재화들 모두와 서로 연계를 맺고 있다는 점은, 우리가 이들 모두를 동일한 분모에 포함시키고 나면, 아주 분명하다. 우리는 그것을 할 것이며, 그 속에서 우리는 시장에서 바로 고려한 재화의 단위에 대해 가져야 했을 이 모든 다른 재화의 수량을 사람들이 이 다른 재화수량 각각에 대하여 받을 수 있는 재화의 수량으로 대체한다. 그것은 분모의 역할을 위해 선정된 재화의 수량은 서로 간 동일하다는 결과에 도달한다. 왜냐하면, 이것이 사실이 아닐 경우, 사람들은 확실히 고려한 재화에 대한 자신의 소유로 유리한 위치에 머물 수 있을 것이다. 그 속에서 사람들은 필요로 하고 이 방식으로 보다 싸게 확보하는 재화와 교환하기 위하여 아마도 필요치 않은 그러나 분모재화의 보다 적은 수량을 가질 수 있는 재화를 우선적으로 교환한다. 그러나 이 이윤의 자살적 자극은 항상 사라질 것이다.[44)]

이제 우리가 가격척도와 교환수단을 우리의 관찰에 포함시키고 바로 '화폐재(貨幣財)'로서의 이 역할을 위해 금을 선택하기로 한다. 우리가 우리의 목표를 위하여 확실히 충분하게 알려진 교환이론으로부터 아주 약간을 필요로 하고 따라서 이를 아주 짧게 다룰 수 있었는 데 비하여, 우리는 화폐이론에 약간 더 깊이 들어가야만 한다. 그러나 여기에서도 우리는 나중에 우리에게 중요한 의미를 가질 수 있는 관점에 한정할 것이며, 동시에 우리는 이 뒷부분을 위하여 필요로 하고 충분한 정도까지

---

43) 내가 의미하는 것은, 기호성향과 경제적 전체상황의 다양성의 결과로 모든 경제주체는 다른 경제주체가 마찬가지로 교환하는 **동일한** 재화를 다르게 평가한다는 점이다. 그러나 이들 경제주체도 역시 다양한 재화를 교환한다.

44) 「본질(*Wesen*)」 제2편을 참조하라.

만 나아갈 것이다. 그리하여 우리가 이 책에서 더 이상 마주치지 않을 문제는 도외시할 수 있는데, 예를 들어, 금·은 양본위제의 문제 혹은 국제통화가치의 문제 등이다. 그리고 만약 이 이론들이 동일한 것을 제공해 준다면 우리는 추적할 기회가 없었던 방향에 있어서 장점이 있는 이론을 보다 간단하고 혹은 보다 잘 알려진 이론으로 주저 없이 바꾸었을 것이다 그렇지 않았다면 이 이론은 아주 더욱 불완전한 것으로 존재하였을 것이다.

모든 경제주체는 자신의 화폐소유를 경험이 가르쳐준 대로 평가한다. 시장에서는 이들 개별적 가치평가는 화폐단위와 다른 모든 재화의 양 사이에 일정한 교환관계를 규명하는 것에 다다르는데, 원칙적으로 그것은 우리가 다른 재화에 대해 앞에서 주장한 것과 아주 마찬가지이다. 이 교환관계는 경제주체와 사용가능성의 경쟁을 통하여 주어진 상황하에서 화폐의 일정한 가격을 형성한다. 여기에서 그 생각을 다시금 자세히 설명함 없이, 나는 만약 사람들이 임의의 재화에 대해 우리가 했던 것처럼 임의의 가격척도를 도구로 하여 화폐와 다른 재화 간의 교환관계 모두를 표현한다면, 그리하여 만약 사람들이 말하자면 잠시 다른 통화를 무시한다면, 사람들이 이에 대해 쉽게 설득될 수 있음을 지적한다.

화폐의 가격은 — 이는 지난 명제에서 완전하게 정의되었고 앞으로 이를 더 자주 활용할 예정인 표현임 — 다른 모든 가격과 마찬가지로 개별적인 가치평가에 의존한다. 그러나 이는 어디에 근거하는가? 여기에서 모든 다른 재화에 있어서 이의 소비를 개별 경제주체의 손에 넣게 하는 욕구충족에 있는 간단한 설명이 빠져 있기 때문에 이 질문은 화폐에 있어서 끈질기게 제기된다. 물질재(物質財)의 사용가치는 틀림없이 이를 바탕으로 화폐가 다른 재화에 대한 일정한 교환관계를 얻게 되는 역사적 기초를 제공하는데, 그러나 그렇다면 모든 경제주체에 대한 그의 가치와 시장에서 그의 가격은 이 기초로부터 멀어질 수 있고 실제로 멀어진다는 점에서 우리는 비저(v. Wieser)[45]에 대한 질문에 대답한다. 그러나 무엇보다도 화폐로서 금의 개인적 한계효용은 물론 가격도 소비재로서의 이의 개인적 한계효용과 시장가격에서 멀어질 수 없다는 것은 당연한 것으로 보인다. 왜냐하면, 그것이 발생하면, 항상 '사용된 금'으로부터의 화폐주조 혹은 금동전의 녹임을 통해 차이를 제거할 수 있는 경향이 항상 존재할 것이다. 그것은 맞다. 단지 그것은 아무것도 증명하지 않는다. 한 재화가 두 개의 서로 다른 사용으로부터 동일한 가격을 얻을 수 있다는 점으로부터 우리는 이 하나의 사용이 가격을 정하고 그러나 다른 사용이 오로지 이에 맞춘다고 결론지을 수는 없다. 오히려 두 개의 사용은 공동으로 그 재화의 가치척도를 형성하고, 이 하나가 사라진다면, 그 재화의 가격은 다른 재화의 가격이 될 것이라는 것이 명확하다. 화폐재가 이 경우에 해당된다. 이 재화는 두 개의 다른 사용가능성을 제공하고 확실히 양자에 있어서 한계효용과 가격이 동일한 크기에 위치해야만 함에도 불구하고, 만약 그 재화가 하나의 사용가능성에서 다른 가능성으로 자유롭게 움직일 수 있다면, 이의 가치는 소비사용만으로는 한 번도 설명되지 않는다. 화폐재의 모든 재고가 화폐로 주조되고, 이것이 확실히 가능하다고 우리가 상상한다면, 우리는 그것을 특별히 의미 있게 본다. 그러면 화폐는 항상 가치와 가격을 갖게 되는데, 그러나 그 설명은 명백히 불가능할 것이다. 마찬가지로 한편으로 주조의 도입과 다른 한편으로 용해의 금지는 화폐가치의 독립적 성격에 대한 경험으로부터의 사례를 우리에게 제공해 준다.

그리하여 화폐로서의 화폐가치를 그를 구성하는 재화의 물질가치로부터 개념적으로 완전히 분리할 수 있다. 모든 흐름이 어떠한 원천으로부터 시작되듯이, 확실히 후자는 전자의 역사적 원천이다. 그러나 사람

45) 「사회정책학회지(*Schriften des Vereins für Sozialpolitik*)」, 회의보고서, 1909년.

들은 원론적으로, 마치 사람들이 큰 흐름의 하류를 고찰할 때 이의 대량의 물이 그 원천으로부터 왔기 때문에 지류를 도외시하는 것처럼, 구체적인 화폐가치를 설명하는 데 있어서 물질가치를 도외시할 수 있다. 우리는 경제주체들이 그들의 재화소유 상황에 따라, 보다 정확하게는 이의 가격으로의 표현에 따라 어떤 교환수단의 단위를 사용가치 없이 할당되어 받을 수 있다고 상상한다. 그에 대응하여 모든 재화는 매 경제기간에 판매되어야만 한다. 그렇다면 이 교환수단은 단지 교환수단으로 평가되게 된다. 교환수단의 가치는 가설에 의하여 단지 교환가치만 존재할 수 있다.[46] 모든 경제주체는, 우리가 앞에서 시장을 위해 생산된 모든 재화에 대해 강조한 것처럼, 이 교환수단을 그것이 얻을 수 있는 재화가 그에 대해 가지고 있는 가치에 따라 평가할 것이다. 이에 따라, 각 경제주체는 자신의 화폐소유를 다르게 평가하고, 각 경제주체가 자신의 나머지 재화의 가치평가를 화폐로 표현함에도 불구하고, 이는 계산상으로 동일하지만 이것이 우연하게 발생할 수 있다면, 이 평가는 개인별로 서로 다른 의미를 갖는다. 확실히 시장에서는 각 재화는 화폐로서 단 하나의 가격을 가질 것이며 또한 시장에서 화폐의 가격은 매 순간 오직 균일한 가격으로 존재할 수 있다. 모든 경제주체는 이 가격으로 계산하고 이 관점에서 서로 동일한 토대에서 만난다. 그러나 이것은 단지 피상적인데, 왜냐하면 모든 동일한 가격은 각자에게 아주 다양한 것을 말하며 이는 각자에게 재화획득의 다른 한계를 의미하기 때문이다.

그리하여 화폐의 이 개인적 교환가치가 어떻게 구성되는가? 이 자리에서 우리는 화폐이론을 경제과정의 흐름에 관해 우리가 방금 말한 것

46) 화폐는 자신의 교환기능에 따라 평가된다. 그리고 이 기능은 생산수단의 기능과 명백한 유사성을 가진다. 이 점에서 마치 많은 이탈리아 사람처럼 사람들이 화폐 그 자체를 순순히 수단재(bene instrumentale)로 파악한다면 사람들은 사안을 보다 명확히 할 수 있다.

과 연계한다. 우리는 당장 우리의 도식에 따르면 개인적 교환가치는 비용재에 있어서 아주 뒤로 물려야 함을 본다. 우리는 비용재가 일시적 항목을 구성하고 유통경제에서는 이에 대한 하등의 독립적 가치형성이 연계되지 않는다고 말하였다. 우리는 또한 이의 그때그때의 소유자에게 하등의 소득흐름이 흘러들어가지 않는다는 점도 얘기하였다. 이에 따라, 여기에서 화폐의 독립적인 개인적 교환가치를 형성할 이유가 없다. 경제과정에서와 마찬가지로, 화폐로 표시되는 사업가의 계산에서 역시 생산된 생산수단은 우리의 전제조건 속에서는 일시적 항목을 형성한다. 이들 경제주체는 화폐를 개인적 교환가치에 따라 평가하지 않는다. 왜냐하면, 그들은 확실히 이를 가지고 자신들의 소비를 위하여 하등의 재화를 얻지 못하며 단순히 화폐를 다른 사람들에게 건네주기 때문이다. 그리하여 여기에서 우리는 화폐의 개인적 교환가치의 구성을 추구하지 않을 수 있으며, 오히려 이 거래에서 반영되는 교환가치는 다른 곳에서 **창출**되어야만 한다. 생산수단의 판매와 새로운 창조로 묘사되는 경제의 2차적 순환에 있어서 해당 경제주체의 욕구충족과 관련된 새로운 아무것도 일어나지 않는다. 그리하여 단지 1차적 재화의 흐름, 즉 한편으로는 노동력과 토지력, 다른 한편으로는 소비재들 간의 교환만 남아있게 된다. 사람들은 단지 자신의 화폐에 대하여 얻을 수 있는 소비재의 가치에 따라 자신의 화폐재고를 평가한다. 이에 따라, 화폐소득과 실질소득 간의 교환은 새롭게 대두되는 논점이며, 개인적 교환가치와 이에 따라 화폐의 가격이 형성되는 경제과정에서의 입장이 묘사된다. 이제 결과는 단순히 말할 수 있다. 즉, 모든 경제주체에 대한 화폐의 교환가치는 이것이 자신의 소득을 위하여 얻을 수 있는 소비재의 사용가치에 달려 있다. 한 경제기간에 있어서 한 경제의 재화 총수요는 이 경제과정에서 준비된 화폐재고에 대한 가치척도를 제공한다. 그리하여 모든 경제주체에 대하여 이러한 주어진 상황하에 일목요연하게 결정된 가치척도와 그의 화폐재고의 일정한 한계효용이 존재한다. 국민경제에서 이 화폐재고의 절대규모는 무관하다. 그것이 더 크거나 혹은 더 작은가에 따라 화폐단위의 교환가치는 변화하며, 그 결과 원칙적으로 보다 큰 합계와 마찬가지로 보다 작은 합계가 동일한 서비스를 제공한다. 우리가 현존하는 화폐의 양이 일정하다고 가정한다면, 연년세세 화폐에 대한 동일한 수요가 나타날 것이며 모든 경제주체에 대하여 화폐의 동일한 가치가 실현될 것이다. 화폐는 국민경제에서 이렇게 배분되어 통일된 화폐가격이 창출될 것이다. 그것은 모든 소비재가 판매되고 모든 노동력과 토지력이 지불되는 경우이다. 한편으로 노동력 및 토지력과 다른 한편으로 소비재들 간의 교환운동은 두 개로 나누어 볼 수 있다. 즉, 노동력 및 토지력과 회폐와의 교환운동, 그리고 화폐와 소비재와의 교환운동이다. 그러나 한편으로 화폐의 가치와 가격은 소비재의 가치와 가격과, 다른 한편으로는 노동력과 토지력의 가치와 가격과 동일해야 하므로,[47] 그리하여 사람들은 이 중간항목의 삽입을 통하여 우리 묘사의 중요한 진행이 변하지 않을 것이며 화폐는 단지 기계적인 보조기능을 수행하지만 현상에 대한 새로운 무언가를 추가하지 않는다는 점을 명확히 볼 수 있다. 상투적인 표현을 사용한다면, 우리는 사람들이 이를 도외시한다면 화폐는 **거기까지는** 경제적 사안의 베일을 나타내고 본질적인 사항은 하나도 간과하지 않는다고 말할 수 있다.

화폐는 첫눈에는 오직 임의의 재화의 다양한 수량에 대한 일반적 지급위탁으로 묘사되며, 혹은 우리가 말할 수 있는 바와 같이, 일반적 구매력(allgemeine Kaufkraft)으로 표현된다. 모든 경제주체는 우선 화폐에

---

47) 여기에서 우리는 단순화를 위하여, 내가 반복하는 바와 같이, 고립된 국민경제를 살펴본다. 왜냐하면, 국제관계를 포함시키면 본질적 사항은 제공해 주지 못하면서 논의를 복잡하게 만들기 때문이다. 동시에 우리는 모든 경제주체가 완벽한 방식으로 화폐로 계산하고 서로 연계된 국민경제를 고찰한다.

서 대체로 재화를 손에 넣기 위한 수단을 본다. 즉, 그가 자신의 노동력 및 토지력을 판매한다면, 그는 이들을 특정한 재화에 대해 판매하는 것이 아니라, 오히려 소위 재화에 대하여 일반적으로 판매한다. 즉, 그는 다른 재화에 대한 지불수단, 즉 일반적 구매력에 대한 수요를 펼친다. 좀 더 세심하게 살펴보면, 이 사안은 다르게 묘사된다. 각각의 경제주체는 화폐를 어떠한 불특정 재화가 아니라 확실히 이에 대하여 **사실상** 손에 넣을 수 있는 재화에 대하여 평가한다. 경제주체가 화폐가치에 대해서 말한다면, 그가 보통 향하는 재화의 범위는 다소간 그에게 의미 있게 아른거린다. 그리고 사실 일정한 화폐가격은 경제주체들이 전체 경제과정이 그들의 판매를 준비하는 바로 그 재화를 그들의 화폐로 구입할 때에만 가능하다. 이들 재화에 대해서는 화폐가치가 없어도 되며, 이들 재화에 대해서는 또한 생산수단의 가치 역시, 그리고 따라서 모든 화폐소득의 규모 역시 화폐가치가 없어도 된다. 모든 계급의 구매자가 갑자기 자신의 소득 사용을 갑자기 변경하면, 화폐가치 그리고 화폐의 개인적 교환가치 역시 변화한다. 그러나 그것은 보통 발생하지 않는다. 일반적으로 경제주체의 지출의 일정한 방향은 최적의 방향으로 설명되며, 이는 갑자기 그리고 빨리 변화하지 않는다. 그것은 실제 생활에서 각자는 근본적으로 일정한 화폐가치와 화폐가격으로 계산할 수 있으며, 그는 변경된 상황에 대하여 단지 천천히 적응할 필요가 있다는 사실을 설명해 준다. 이에 따라, 우리는 또한 화폐에 대하여 우리가 이전에 모든 다른 재화에 관하여 얘기하였던 것을 말할 수 있다. 즉, 말하자면 현존하는 구매력의 모든 부분에 대하여 국민경제에 있어서 어디에서든 그것에 대한 수요와 그것에 대한 재화의 공급이 준비되어 있으며, 생산수단과 소비재의 양과 아주 마찬가지로 화폐의 양은 연년세세 동일한 길을 간다. 그리고 여기에서 또한 우리는, 만약 우리가 매 경제기간에 매 개별적 화폐조각이 정확히 동일한 길을 나아간다고 가정을 한다면, 경제의 진행과정에 대한 본질적인 것은 아무것도 변화하지 않는다고 주장할 수 있다.

실질소득과 화폐소득의 이 관계는 화폐가치의 변화도 결정한다.[48] 화폐소득은 국민경제에서 최대한 다양한 원인들, 예를 들면 현존하는 금의 양 증가 등에 의해 증가할 수 있으며, 그렇다면 모든 경제주체는 화폐에 대한 자신의 가치척도에 따라 모든 자신의 개별적 화폐단위를 보다 작게 평가할 것이다. 그러면 모든 경제주체에 대하여 높아진 수요가 펼쳐질 것이며 그 결과로 발생한 재화가격의 상승을 통하여 새로운 경제적 균형이 다시금 창출될 것이다. 그렇다면 화폐가치와 화폐가격은 떨어지게 된다. 그러나 대체로 전체 가격체계는 화폐수량의 증가가 모든 경제에 동시에 이루어지지 않는다는 점을 이미 고려하여 움직이게 된다. 만약 이것이 스스로 발생하였다면, 개별경제는 이 증가에 대해 서로 다르게 계획하였을 것이다.

우리의 전체 고찰방식에서 우리는 화폐를 단지 유통수단으로 보아왔다. 우리는 가치형성을 단지 사실상 대량의 상품의 움직임을 위해 매년 사용되는 화폐의 수량으로 보아왔다. 잘 알려진 이유로 인하여 당연히 모든 국민경제에는 유통되지 않는 화폐의 수량이 있으며, 이의 가치형성은 이미 말한 바에 의해 손쉽게 설명되지 않는다. 왜냐하면, 우리는 경제주체들에게 이들의 지속적 구매를 지불할 능력을 부여하는 모든 수량을 넘어 화폐의 축적을 필요하게 하는 화폐의 사용에 대해 인지하지 않았기 때문이다. 우리는 어차피 나중에 다시 다루어야 하는 이 관점에 대해 여기에서는 깊이 들어가지는 않을 것이며, 우리는 묘사된 교환흐름의 주요 움직임에 상응하는 화폐수량의 유통과 가치형성만을 설명한다는 사실만으로 만족한다. 어찌 되었든 우리가 여기에서 살펴보는 경

48) 비저(v. Wieser)의 상기 인용문헌을 참조하라.

제과정의 정상적인 순환 속에서 막대한 화폐재고의 유지는 필요하지 않을 것이다.

우리는 또 하나의 다른 요인을 도외시하였다. 구매력은 소비재를 노동력과 토지력과 교환하기 위하여 사용될 뿐만 아니라 소유토지 자체에 대한 소유를 이전하기 위해서도 사용되며, 더 나아가 구매력 자체도 이전된다. 이들 모든 요인에 대해 우리는 쉽게 살펴볼 수 있다. 그러나 이들은 우리가 우리의 현재 사고방식의 틀 속에서 상호 연계할 수 있는 것과는 본질적으로 다른 의미를 가진다. 이 끊임없이 반복되는 경제과정은, 우리가 이에 대해 대체로 묘사해 온 것처럼, 이들 사안에 대해 충분한 공간을 제공하지 않는다는 점을 간단히 지적할 수 있다. 구매력 자체의 이전은 이 과정의 전개에 필요하지 않다. 말하자면 경제과정은 오히려 스스로 진행되며 그 본질에 있어서 하등의 신용업무를 필요로 하지 않는다. 이미 우리는 노동자와 지주에게 하등의 선불금이 제공되지 않고, 오히려 그들로부터 생산수단이 전적으로 사들여져야 한다는 점을 지적하였다. 그것은 화폐의 중간삽입을 통하여 변화하지 않으며, 화폐에 대한 선행조치는 소비재 혹은 생산수단에 대한 선행조치와 마찬가지로 필요하지 않다. 당연히 우리는 많은 경제주체는 다른 사람들로부터 구매력을 얻으며 이를 위하여 자신들의 본원적 생산력, 예를 들어 토지에 대한 생산력의 일부분을 그들에게 양보하는 사례를 제외할 필요는 없다. 그것은 특별한 관심사가 아닌 소비목적을 위한 채무조달의 경우이다. 우리가 나중에 살펴볼 것이지만, 유사한 것이 소유토지의 이전과 관련해서도 대체로 해당된다. 이에 따라, 우리는 우리의 전제조건하에서는 화폐에 대하여 상품의 순환을 용이하게 하는 것 이외의 다른 역할은 정말로 부여할 수 없다고 말할 수 있다.

우리가 유사한 이유로 인하여 신용지불수단에 관해 더 이상 말하지 않은 이유를 더 추가할 수 있다. 확실히 한 부문뿐만 아니라 전체 국민경제적 교환과정도 이와 같은 신용지불수단에 의해 해결될 수 있다. 게다가 현실의 금속화폐 대신 순전히 이와 같은 기명식 어음만을 기반으로 유통할 수 있을 것이라는 사안을 상상하는 것은 흥미가 없는 것이 아니다. 여기에서 사람들은 이른바 화폐의 물질가치의 본원적 필요성에 관한 명제가 사실상 관련 화폐재를 유통해야만 하는 것을 의미하는 것은 아니라는 점을 살펴보아야 한다. 그로써 화폐는 나머지 재화의 가치와 확고한 관계를 구축할 수 있기 때문에, 어떤 일정한 가치를 가진 것에 대한 상상이 이와 연계되는 것 말고는 다른 것은 정말 필요 없다. 그러나 이 가치를 갖는 것이 사실상 유통되는 것은 정말 필요하지 않다. 그리하여 모든 중간에 금속화폐의 끼어들기 없이도 경제과정은 잘 운영될 것이다. 노동력과 토지력을 제공하는 각각의 사람은 이와 같은 어음을 받게 될 것이며, 이를 가지고, 만약 우리가 화폐는 매년 진행하는 길이 동일하다는 가정을 유지한다면, 다음 기간 중에 동일한 어음을 다시 받기 위하여 소비재를 구입하게 될 것이다. 그것은 우리에게 매우 흥미로운 고찰방식이라는 점에서 다음의 논점이 창출된다. 즉, 이들 소개된 어음은 이들의 매끄러운 기능과 일반적 가정을 전제로 하면 화폐의 역할을 완벽하게 수행하며, 그것을 수행하기 때문에 이들은 개별 경제주체에 의해 금속화폐와 아주 동일하게 평가된다. 이것은 다시 말해 이 어음통화의 모든 단위에 대하여 일정한 가격이 형성되며, 결국 재화의 단위에 대하여 이들 어음이 그러한 것과 마찬가지로 아주 동일한 가격이 형성된다. 그렇다면 그리고 정말로, 어음의 상환의 문제는 전혀 아니고 오히려 어음은 각각의 개별적인 경우에 있어서 이에 대응하는 청구권에 의하여 효력을 잃어버린다는 점이 맞는다. 그리하여, 이 어음통화에 대한 수요가 존재하며 우리의 전제조건 속에서 이에 정확히 상응하는 공급이 주어질 것이다. 우리는 금속화폐단위의 가격이 단순히 소비재의 가격을 그리고 이로써 생산재의 가격도 반영한다고 보았기 때문에, 이로 인하여 어음의 가격도 이를 행할 것이라는 결론에 도달하며, 더 나아가서 이들 어음이 충분한 액면가치로 거래된다는 결론에 도달한다. 또한, 액면가치는 항상 액면가격을 유지하며 이들의 액면가치로부터 할인을 공제할 아무런 이유가 없다. 이 사고과정은 우리에게 이전에 이미 해왔던 것보다 더욱 실무적인 방식으로 우리에게 우리의 전제조건하에서는 국민경제에서 하등의 이자가 나타나지 않을 것이며 아울러 경제적 사안의 논리 역시, 우리가 이를 여기에 묘사하는 것처럼, 이자현상을 설명하지 못한다는 점을 가르쳐준다.

그러나 이를 제외하면 우리에게는 이 지점에서 신용지불수단을 더 이상 다룰 이유가 없다. 만약 신용지불수단이 오로지 어디엔가 이미 존재하는 금속화폐의 자리를 대신한다 해도, 이는 마땅히 독립적 역할을 가지지 않는다. 만약 일정한 교환행위가 연년세세 이와 같은 신용지불수단을 수단으로 하여 해결된다면, 우리가 앞에서 방금 본 것처럼, 해당 신용지불수단은 금속화폐의 역할을 잘 수행할 것이며, 국민경제적 흐름 속에서 갑작스러운 신용지불수단의 새로운 대두에 대하여 반드시 고려하여야 할 이유는 없다. 예를 들어, 국가의 지폐발행은 자연스럽게 확실히 잘 알려진 영향력을 가지지만, 이는 우리에게 더 이상의 흥미를 주지 못한다. 덧붙여서 경제에 대한 우리의 묘사는 새로운 신용지불수단의 대두에 대해 어떤 의미가 있는가에 관해 아무것도 포함하고 있지 않다. 그러나 또한 신용지불수단의 요인은 우리에게 실제로 큰 역할을 할 것이고, 우리는 여기에서 서술한 화폐의 기능으로부터 이 역할을 보다 기꺼이 정교하게 설명하고 싶은 이유로부터 우리의 화폐의 순환이 대체로 단지 금속화폐[49]로 구성되어 있고 더구나 단순화의 이유로 금화로 구성

49) '금속화폐'의 수량은 이와 같은 모든 국민경제에서 일정한 가격수준을 나타낼 뿐만 아니라, 화폐의 일정한 순환속도도 나타낸다. 만약 모든 소득이 매년 지불된다면, 당연히 보다 큰 화폐금액이 필요하거나 혹은 모든 가격은 마치 그것이 매주 일어나는 것처럼

되어 있다고 가정하려 한다. 이들 두 요인을 서로 연계하기 위하여, 우리는 일반적 화폐에 있어서 단지 금속화폐만을 이해하려 한다고 정하기로 한다. 그리고 지불수단의 개념 아래서 우리는 이 개념을 어느 곳에서 준비된 화폐수량을 단순히 대신하지 않는 이와 같은 신용지불수단의 개념과 통합하게 된다. 여기에는 실리주의적 주장은 존재하지 않는다. 오히려 우리는 신용지불수단이 '화폐'인지 여부의 **문제**를 뒤에서 가볍게 다룰 것이다.

구매력의 개념은 우리에게 상당한 의미가 있으며, 이에 따라 보다 자세히 다루어져야 한다. 사람들은 화폐의 구매력을 얘기하면서, 이것을 우리가 화폐의 가격으로 부르는 것으로 의미하고 있다. 왜냐하면, 사람들이 예를 들이 화폐의 구매력이 줄어든나고 얘기하면, 사람들은 이것은 하나의 화폐단위에 대하여 일정한 재화를 이전보다 적은 수량을 확보할 수 있다는 것을 의미하고 그리하여 이들 재화와 화폐 간의 교환관계가 화폐에게 불리하게 이루어지는 것을 의미한다. 우리는 그것을 구매력하에서 이해하지 않는다. 사람들은 그렇다면 개인의 구매력 혹은 구매자 계급의 구매력을 이야기한다. 이들과 비슷한 변화를 가지고 사람들은 이 사안에 대하여 화폐의 개인적 교환가치는 바로 다양한 경제주체에 대하여 다양한 크기이며, 그리하여 동일한 지불은 다양한 경제주체에 대하여 다양한 희생을 가져오며, 모든 국민경제에는 실무적으로 충분하게 다양하게 만들 수 있는 경제주체의 집단이 존재한다는 사실을

보다 낮아져야 할 것이다. 우리는 순환속도를 일정하다고 가정하는데, 왜냐하면 우리는 **이 사고과정의 틀 속에서** 비저(v. Wieser)에게 전적으로 동의하기 때문이다. 즉, 그는 — 전술한 책 522쪽 이하에서 — 순환속도의 변화는 신용지불수단의 양과 마찬가지로 가격수준 변화의 독립적 원인이 아니라고 말하였기 때문이다. 왜냐하면, 이 순환속도는 — 우리의 관점에서는 '순환속도의 경우에는'이라고 말하는 것이 적절함 — 상품의 이동에서 비롯되기 때문이다. 여기에 관해서는 다음 문헌도 참조하라: Aupetit, *Theorie de la monnaie, Del Vecchio Teoria della moneta, Giornale degli Economisti*, 1909.

표현하게 된다. 이 국민경제 내부에서는 화폐가치가 현저하게 획일적이다. 그렇지 않으면 중요한 이 사실은 우리에게 흥미를 주지는 못한다. 우리는 구매력을 구매를 할 수 있는 능력이 아니라 보다 구체적으로 사람들이 이를 가지고 구매하고 사람들이 이를 가지고 그것 외에는 다른 것은 할 수 없는 것으로 이해한다. 그 안에서 경제주체들은 화폐를 확보하려고 노력하고, 구매력을 확보하려 노력하며, 이들은 화폐가 구매력이라는 점에서 화폐를 원하게 된다. 경제순환을 가져오는 국민경제에서 구매력은, 우리가 묘사해 온 바와 같이, 엄격한 의미에서 '화폐'에 의해서만 나타난다. 그럼에도 불구하고 그곳에서 구매력의 개념은 화폐 혹은 지불수단의 개념과 그 내용에 있어서 겹치지 않는다. 예를 들어, 만약 금의 발견으로 인해 화폐의 양이 증가하면, 그럼에도 불구하고 만약 아무도 지금보다도 더 많이 구매를 할 수 없다면 구매력은 일정하게 유지된다. 모든 순간에 구매력은 확실히 현존하는 지불수단에 의해 측정되지만, 그 본질은 단순히 지불수단에 존재하지는 않는다. 오히려 사람들은 지불수단을 현존하는 지불수단으로부터의 생산물과 화폐의 가격 혹은 '객관적 교환가치'와 동일시할 수 있다. 나는 그 개념을 가지고 지불수단 금액의 의미를 혹은 보다 적절하게 말해 주어진 상황 속에서 이의 의미를 고려한 금액을 파악하려 한다. 금액의 절대적 크기 자체는 아무것도 얘기해 주지 않지만, 생산물의 표현 속에서 주어진 상황이 함께 발생한다. 이 점에서 우리는 구매력을 재화에 관한 추상적인 힘으로 — 즉, 구체적 재화로 확증하지 않고 — 일반적으로 정의할 수 있다. 그러나 우리가 구매력을 영어 문헌에서 '일반구매력(general purchasing power)'으로 부르는 것으로 이해하려 한다는 보고는 전문가들에게는 모든 정의보다 더 많은 것을 말해준다.[50] 구매력은 국민경제의 하나의 현상이지만, 그

50) 여기에 관해서는 무엇보다도 1908년 발간된 데븐포트(Davenport)의 「가치와 분배

속에서 전체가 전달될 수 없는 핵심적인 민간경제적 개념이 존재한다. 우리는 그동안 화폐에 대해 하였던 것과 동일한 의미로서 구매력에 대한 공급과 수요에 관해 이야기할 것이다. 또한, 우리는 동일한 의미에서 현재 고려된 경제의 정상적 순환 속에서 구매력은 액면가격으로 존재하여야만 할 것이라는 점을 이야기할 것이다. 즉, 사람들은 구매력 단위에 대하여 다시금 단위를 많지도 적지도 않게 교환할 수 있을 뿐이다. 즉, 화폐에 있어서 구매력의 가격은 여기에서 근본적으로 아주 동일하게 같을 것이다. 자연히 우리의 현재 전제조건 속에 그와 같은 거래는 의미가 없을 것이다.

그리하여 화폐흐름은 재화흐름과 상응하며, 그 흐름의 방향은 재화흐름의 방향과 반대이며, 그의 움직임은, 화폐흐름의 강력함에 있어서 하등의 금 유입과 다른 일방적 변화가 발생하지 않는다는 전제조건하에서, 재화 움직임의 반영일 뿐이다. 이로써 우리는 경제순환에 관한 설명을 끝을 맺는다. 전체로서 유통경제에 대해서도 폐쇄경제에서와 같은 동일한 연속성이 발생하고, 동일한 가정 속에서는 일정성이 발생한다. 진행과정의 연속성과 일정성뿐만 아니라 가치의 연속성과 일정성도 발생한다. 이른바 사회적 가치를 얘기하는 사실의 왜곡이 있을 수 있다. 가치는 그 난어가 대체로 의미를 가져야 한다면 의식 속에 존재하여야 하며, 이에 따라 그 성격상 개별적이어야 한다. 우리가 여기에서 연계하려고 하는 가치는 근본적으로 개별적이며, 전체 국민경제의 관점과 연계된 것이 아니라 단지 민간경제의 관점과 연계되어 있다. 여기에서 사회적 사실은 모든 평가에서와 마찬가지로 개별적 가치가 서로 간 연계되고 다른 주변 가치와 독립적이지 않은 곳에 존재한다. 경제적 관계의 풍부

(*Value and Distribution*)」를 참조하라.

함은, 마치 사회적 관계의 풍부함이 사회를 결정하듯이, 국민경제를 결정한다. 사람들이 사회적 가치에 관해 얘기할 수 없다면, 그럼에도 불구하고 사회적 **가치체계**, 즉 개인적 가치의 사회적 체계가 존재한다. 이들 개인적 가치는 개별경제 내의 가치와 같이 서로 간의 비슷한 관계 속에 위치한다. 이들은 교환관계에 의하여 계속 서로 간에 영향을 주며, 그 결과 이들은 다른 경제주체의 모든 가치에 영향을 미치며 또한 이들로부터 영향을 받는다.[51] 이 사회적 가치체계 속에 국민의 모든 생활환경이 반영되며, 특히 모든 '결합(Kombinationen)'이 그 속에서 표현된다. 생산결합은 실제로 사회적 사실이다. 왜냐하면, 비록 국민경제 그 자체가 이를 결정하는 것이 아니라 해도 개별 경제주체의 시계 아주 밖에 존재하는 많은 것이 역시 국민경제의 관점에서는 계획적인 것으로 보이기 때문이다. 그러면 사회적 가치체계의 침전물이 가격체계이다. 그것은 동일한 의미에서 하나의 통일체이다. 그러나 가격은 한 재화의 사회적 가치평가의 유형을 나타내지는 않는다. 이는 확실히 일정한 가치의 직접적 표현이 결코 아니며, 단지 많은 개인적 가치평가의 압력 속에서 작동하는 진행과정의 결과이다.

사회적 가치체계 및 가격체계는 일정한 상태, 즉 개별 경제주체에게 있는 모든 재화의 일정한 수량상황을 중심으로 배열된다. 개별적 균형상태와 사회적 균형상태와의 관계는 개인적 가치체계와 사회적 가치체계와의 관계와 같은 상태에 있다. 이 사회적 균형은 이상적인 상태인데, 그 속에서 국민경제의 중요한 경향이 대체로 가장 순수하고 완전한 표현에 도달한다. 일정한 물리적 · 사회적 환경과 관련 있는 욕구는 그 속에서 균형을 유지하며, 사람들은 이 균형의 변화에 대하여 이것이 대체

---

51) 이들 간에는 일반적 의존성이 존재한다. 이 점에 대한 자세한 내용은 「본질(*Wesen*)」 제2편을 참조하라.

로 묘사한 순환의 알파와 오메가라는 점을 가장 명확하게 인지한다. 우리가 보는 것처럼, 이들 변화로부터 사람들은 이를 바탕으로 경제주체가 행동을 하는 순환의 본질적 내용과 경제적 경험의 구조를 단순하고 통일된 인과론적 틀로 관통하여 파악할 수 있다.

경제에 대한 이 해석은 개별적 문화양식 및 삶의 양식의 차이와는 상당히 독립적이라는 점을 부수적으로 말할 수 있다. 소비재와 생산재 가치형성의 근본사실, 즉 생산에 관한 근본사실은 유통경제적으로 조직된 국가에서와 마찬가지로 사회주의국가에도 동일하다. 더 나아가 그렇다면 고립된 경제주체 혹은 공산주의식으로 조직된 공동체의 교환 없는 경제는 아마도 유통경제에서의 과정과 근본적인 차이가 있다. 여기에서 유통경제의 진행과정은 단지 가격론을 통하여 파악될 수 있으며, 공산주의경제에서는 이에 대한 유례가 없다. 그러나 유통경제에 관한 한, 이 유통경제가 사냥꾼과 어부 간의 아주 원시적 교환이건 혹은 이것이 우리가 현재 관찰할 수 있는 것처럼 복잡한 유기체 속에 구성되어 있건, 그것은 이론의 개요에 대하여 하등의 의미가 없다. 개요, 즉 사안의 윤곽은 아주 동일하며, **그것은** 국민경제적 정산이 화폐경제적으로 혹은 비화폐경제적으로 진행되는지에 대하여 아무것도 변화시키지 않는다. 왜냐하면, 우리는 이와 같은 경제에서 화폐의 유통은 사안의 본질에서 아무것도 달라지지 않는 단지 기술적 보조수단이라는 것을 확실히 보았기 때문이다. 현대경제는 아주 점진적으로 원시경제와 구분될 수 있지만, 대체로 두 경제에는 본질적으로 동일한 일이 발생한다. 그것은 또한 더 이상 놀랄 일이 아니다. 경제적 요인은 본질적으로 모든 국민에 있어서 그리고 모든 시간에 있어서 동일한 현상이며 본질적으로 동일한 방식으로 나타난다는 것은 이해하기 쉽다. 또한, 여기에서 이들 현상의 구체적 결과는 확실히 사안의 상황에 따라 매우 다양할 수 있다.

이제 우리가 뒤에 놓였던 길을 개관하면, 우리는 경제기간의 순환(Kreislauf)이 대체로 스스로로부터의 발전가능성을 시사하는 것을 아무것도 포함하고 있지 않다는 것을 알게 된다. 순환은 어느 정도의 필요성에 의하여 지배를 받고 이들 필요성이 변화하지 않는 것처럼 오랫동안 동일하게 유지된다. 이론은 경제주체가 주어진 조건에 대해 어떻게 대응할 것인가에 대한 유형과 방식을 묘사하며 이 유형과 방식을 일목요연하게 결정되는 것을 증명한다. 이들 조건이 스스로 발생하듯이, 우리는 그것을 분석하지 않으며 그에 관하여 우리는 당분간은 알지 못한다. 이들 조건은 어떠한 상황 속에서도, 이들이 변화하든 혹은 변화하지 않든, 우리에게는 경제주체가 바로 지향을 하여야 하는 여건이기 때문에, 우리는 이 조건을 당연히 그 자체로서 일정하다고 가정할 수 있다. 설사 이들이 변화할지라도, 우리에게는 본질적으로 새로운 것이 발생하지 않으며 오히려 경제주체는 새로운 여건을 지향한다. 우리가 그것을 한다면, 그리하여 경제의 모습은, 지금까지 다루었던 요인이 경제의 추동력인 한, 연년세세 같게 된다. 주어진 상황을 바탕으로 최고로 가능한 욕구충족에 대한 항상 동일한 경제행위, 그것이 우리의 모습을 그려낸다. 그러므로 우리는 고요하고, 수동적이며, 상황에 의존된, 변동이 없는, **정태적** 경제에 관해 이야기한다. '정태적(statisch)'이라는 표현은 효과적이지 않은데, 이는 오히려 역학(力學)에 대한 사실상 전혀 존재하지 않는 준거에 대한 추측을 불러일으킨다. 그러나 나머지 표현도 부족함이 있으며, 게다가 그렇게 단순히 경고할 수 없는 것이다. 정태적인 경제는 '정지하고' 있지 않으며, 경제생활의 순환은 확실히 진행되고 있다. 이는 절대로 '수동적'이지 않고 오히려 일정한 의미에서만 수동적이다. 이는 경제주체가 확실히 다르게 행동**할 수 있는** 상황에 의해 절대적으로 '제약'되지 않는다. 마지막으로 이는 단순히 '정태적'이지 않으며, 오히려 우리가 나중에 살펴보겠지만 예를 들어 인구가 지속적으로 증가한다면 이 사안의 본질은 변화하지 않을 것이다. 그리하여 우리는 잘 정의되고 통상적인 '정태적'이라는 표현에 머무를 것이며, 이상의 언급에 따라 누구도 이에 대하여 반대할 수 없을 것이다.[52] 동일한 의미에서 우리는 정태적 가치, 가격, 가치체계, 가격체계 등도 논의할 것이다.

그러나 그럼에도 불구하고 우리는 경제활동의 **전체** 영역을 변환할 것으로 여겨지는 사실로부터 출발한다. 이론의 기초를 구성하는 것은 경제주체의 그때그때 존재하는 욕구(Bedürfnisse)였다. 확실히 이들 욕구는 재화획득에 대한 희망의 기초가 된다. 이것이 경제행위의 정도와 규칙도 되어야 하는 것은 아닌가? 우리는 이에 대해서 지리적 환경, 사회적 환경, 즉 진정으로 바꿀 수 없거나 혹은 경제외적인 여건을 대응할 것이다. 여기에 대해서 주어진 기술적 지식을 — 명백히 경제외적 요인이기도 함 — 가져왔다. 결론적으로 이전의 경제기간으로부터 인수받은 재화의 재고가 확실히 여건 속에 존재할 것이다. 그러나 우리는 이에 대하여 경제적으로 설명하여야 할 것이다. 그러나 우리가 사람들이 경제행위를 하는 것을 보는 곳에서는 항상 이들은 매 경제기간 속에 이미 존재하는 어떤 재화의 수량을 가지고 시작하며 재화의 유형과 수량은 사람들의 경제행위에 매우 결정적이다. 그러나 이들이 어떠한 방식으로 이 재화수량에 도달하는가에 대해서는 그동안 설명하였던 것을 토대로 더 이상 얘기하지 않을 수 있다. 아마도 우리가 이 재화수량을 노동과 토지에 풀어 넣을 수 있지만, 어떻게 이 노동력과 토지력이 '축적'되는가의 문제는 남아 있다. 경제주체들이 이 재고를, 만약 이들이 아직 가지고 있지 않다면, 이제 바로 모을 수 있을 것이라는 점은 절대로 확실하지 않다. 이에 반하여, 우리는 그 재고는 자신의 그때그때의 크기까지 지속적으

52) 나는 나의 해석의 다른 표현을 단순하게 선택하는 것이 가정을 쉽게 할 것이라는 점을 안다. 그러나 표현에 매달리는 상대방에게 양보하는 것은 나에게 맞지 않는다.

로 그리고 계획적으로 성장한다고 단순히 가정하지 않는다는 것은 확실하다. 왜냐하면, 그것은 적어도 우리가 경제발전의 유형에 관하여 어느 정도 알고 있을 것이라는 점을 전제로 하는 것이며, 다른 경우에는 그 가정은 모두 허공에 뜨게 되기 때문이다. 우리는 이제 우리의 경제주체들이 벌써부터 재화를 소유하고 있는 것을 발견하기 때문에, 이미 언급한 내용이 경제발전에 관한 주장을 말할 하등의 수단을 손에 제공하지 않음에도, 하나의 여건으로서 그때그때 존재한 최초의 재화재고를 받아들이는 것 이외에는 아무것도 남아있지 않게 된다. 이 여건은 우리가 경제기간들의 '상호연계'를 통해 생기게 된 것이다.

그러나 우리는 현실의 사실에 근거하였을 뿐만 아니라 마찬가지로 의심할 여지가 없는 현실의 진행과정을 설명하였다. 현실의 모든 시각은 우리의 출발점에 대해서뿐만 아니라 우리의 결과 및 우리 사고방식의 모든 단계에 대하여 수많은 증명을 제공한다. 도처에서 욕구가 — 수요를 통하여 내내 그리고 주어진 상황을 지향하여 — 생산을 지배하지 않을까? 모든 순간 경제주체에게 그의 경제계획의 개별적 항목이 주어져 있어야만 하는 것은 아닐까? 우리가 도처에서 일정한 목표를 지향하는 논리가 작동하고 있는 것을 보는 것은 아닐까?

그러나 우리의 묘사는 처음의 시각에서는 어느 정도 놀라게 하는 것처럼 보인다. 모든 개념적 날카로움과 모든 이론적 엄중함 속에서 그것은 스스로의 경직된 일정성, 스스로의 비마찰성, 항상 동일하게 유지되는 인간, 항상 동일한 방식으로 새로워지는 재화수량에 의해 너무나 현실과 동떨어져 있는 듯하다. 확실히 그것은 하나의 도식(圖式)에 불과하다. 그러나 그것은 폐쇄된 분석의 사슬을 통해 현실과 연계하고, 이것으로부터 경제과정의 본질에 속하는 것을 찾아내며, 그리고 추동력이 없고 진행과정의 본질에 내재되지 않은 하나의 도식이다. 그러므로 우리는 아마도 경제생활의 모든 본질적 진행을 우리에게 돌려준다는 것을 기대할 수 있을 것이다. 우리는 순수한 경제적 진행과정의 총체성을 충족시키는 "주어진 상황 속에서 인간은 어떻게 행동을 할까?"의 질문으로 표현되는 해석을 기대할 수 있는 권리가 있을 것이다. 또한, 우리는 주어진 상황에 바탕을 두고 행동할 수 있는 일정한 유형이 경제생활의 설명원칙을 정말로 포함할 수 있다는 점을 기대할 수 있는 권리가 있을 것이다.

그러나 독자는 우리의 사고과정에 발전과는 다른 사안도 빠져있음을 깨닫는다. 무엇보다도 우리는 일상생활에서 인지하는 경제활동을 하는 인간의 유형 모두를 포함하지 않는다. 우리는 단지 노동자와 토지소유자만을 가진다. 특히 기업가(Unternehmer)가 빠져 있다. 그러나 사람들이 기업가의 경우에 있어서도 그를 바로 노동자로 파악하고 설명되는 것으로 위로를 받을 수 있다면, 자본가에게는 이와 같은 위로가 없다. 자본가는 빠져 있으며, 그는 우리의 묘사에 적합할 경제에서는 존재하지 않을 것이다. 그러나 그렇다면 우리는 다른 것들도 빠뜨리고 있다. 무엇보다도 경제주체들의 두 개의 유형의 부재에 따라서, 그들의 특징적인 소득부문, 이른바 기업가 이윤과 이자가 빠져 있다. 이미 언급한 바와 같이 기업가는 ― 우리는 이 개념을 우리의 정태적 사업주(事業主)에 대해 사용하지 않기로 결정함 ― 이익이나 손실을 입지 않는 한 기업가일 것이며,[53] 그의 소득은 노동임금일 것이며, 그는 단지 '자신의 비용을 메울' 뿐이며, 나머지는 최대한으로 말해 우연한 이윤을 만드는 것이다. 그러나 이자(Zins)에 대해서는, 내가 증명하고자 노력했던 바와 같이, 그 자체로 기초가 결핍되어 있다. 우리의 묘사에서는 이자가 그로부터 창출될 수 있는 가치잉여는 없으며, 지불로 보일 수 있는 것 이외에는 다른 기능도

---

53) 이와 같은 해석의 가장 엄격한 실행의 대표적 사례는 앞에서 전술한 왈라스(Walras)를 참조하라.

없다. 여기에서 우리는 비용법칙을 엄격히 적용하며, 비용재로서 오직 노동력과 토지력만 나타난다. 그러나 궁극적으로 그렇게 구축된 국민경제에서는 하등의 위기가 존재할 수 없다. 왜냐하면, 모든 걸음은 경험에 따라 알려진 기초를 바탕으로 발생하며, 특히 모든 재화의 생산에 있어서의 모든 걸음은 그 자체로서 다시금 주어진 욕구와 수단에 직접적으로 근거한 기존 수요의 직접적인 영향하에 발생한다. 이들 모든 사안 혹은 많은 동일한 것이 외부의 원인에 의해 혹은 '마찰저항'과 우연에 의해 설명할 수 있다는 항변에 근거하여, 내가 생각하는 바와 같이, 다음 장(章)들의 설명이 그 총체로서 충분한 대답을 줄 것이다. 덧붙여서 우리는 또한 이 문제에 대하여 특별히 자주 되돌아 언급할 것이다.

나는 여기에서 정태적 경제라고 언급한 이 해석이 내가 만들어낸 것도 아니고 우리만의 서술이 아니라는 점을 다시금 강조한다. 모든 이론가는 이에 대해 오히려 명시적으로 혹은 묵시적으로 인식하고 있고, 모든 이론가에게서 사람들은 경제순환의 묘사를 이 순환이 어떻게 변화하는가의 문제와 구분할 수 있다. 이론경제학의 발전에 관한 대략적인 개관이 그것을 충분히 의미 있게 보여준다.

18세기 이전에는 계속적이고 전문적인 노동을 확보하기 위한 학문적 관심사가 경제행위의 문제에 대하여 그 지향이 충분히 강력하게 이루어지지 않았다. 자세히 말하면, 우선 체계적 논의로 이어졌던 것은 주지하는 바와 같이 그 시기의 실질적 문제였다. 봉건적 연합의 파괴, 경제적 요인이 항상 결정적이었던 국가적 존재와 강대국으로서의 지위를 위한 전쟁은 이 논의를 대단히 자극하였다. 이에 따라, 그 논의는 무엇보다도 화폐제도, 조세정책 및 무역정책의 문제였으며, 이들에 대해 새로운 관심이 추구되었다. 항상 사람들은 한 학문의 시작에 있어서 문외한의 눈에 띄고 문제가 있는 것처럼 보이는 문제를 우선적으로 다루었으며, 경제학의 시작에서도 그리하였다. 사람들은 어떤 개별적 문제에 있어서 하나의 관점을 추구하였으며 이곳저곳에 있는 간단한 인과관계에 대해 깊은 관계를 묘사함 없이 다루었다. 그때에는 아직 경제학의 통일된 문제가 없었으며, 그때에 관해 우리는 거대한 개관을 추구할 수 없다. 특히 중상주의는, 독자가 아는 바와 같이, 실무적 정책으로서 그다지 학문적 지향을 하지 않았으며, 이것이 창출한 문헌은 — 결과 간행물 및 중간 간행물로 발간됨 — 최대한 살펴보아도 시작단계에 불과하였다.

좀 더 가게 되면, 사람들은 바로 정태적 해석의 궤도에 접어들게 된다. 그것은 무엇보다도 — 만약 내가 이것을 단지 일정한 목표를 추구하는 언급 속에서 충분히 교리역사적인 정확성에 전념하는 것을 포기해도 희망컨대 독자는 나를 용서할 것임 — 중농학파 학자들이 하였던 것이다. 이들은 경제순환의 거대한 실체를 직접적이고 비매개적으로 파악했다. 경제순환을 묘사하는 것, 즉 순환의 바퀴와 이들의 맞물림을 묘사하는 것이 이들 중농학파 학자들의 최고의 그리고 유일한 순수학문적 목표였다. 이들에게서 아주 기괴한 의미를 가지고 순환이라는 개념이 그의 해부학과 생리학을 제공하기 위해 나타났다. 그러나 그 사실 때문에 정태적 경제를 서술하는 것은 순환을 묘사하는 것이다. 그것은 어떤 그러나 항상 주어진 생산력이 이의 결정에 따라 어떻게 익숙한 길로 나아가는가와 여기에 있어서 관찰하여야 할 어떠한 현상이 있는가를 서술하는 것이다. 그리고 그것은 오늘날까지 순수경제학의 목적으로 머물러 있다. 항상 경제활동의 규칙적인 흐름을 주어진 상황의 기초 위에 설명하는 것이 순수경제학의 목적으로 머물러 있다. 발전의 문제가 완전히 빠져 있는 것은 확실히 아니다. 그러나 이 문제는 활발하게 발견되지 않았으며 다소간 피상적으로 다루어졌다.

그것은 아담 스미스(A. Smith)에 있어서는 모두 그런 것은 아니다. 그는 모든 주어진 것을 요약하였으며 개방된 정치에 대응하는 사실과 같은 사고를 따랐다. 그는 종합하였고, 정리하였고, 연계하였으나 그는 강력한 분석을 하는 사람은 아니었다. 바로 그리하여 그의 작품들은 생명력을 확보하였는데, 그 이유는 강력한 분석의 시기가 아직 도래하지 않았기 때문이다. 그리하여 그는 발전현상에 관해 상당한 양을 얘기하였다. 그러나 그의 사고방식이 강력한 구성을 보이고 있는 도처에서 그의 접근방식은 근본적으로 정태적이다. 특히 그의 첫 번째 장(章)이 그 경우에 해당되며 — 발전현상은 적어도 '노동의 생산력에 있어서 개선의 원인' 등의 표제를 달 수 있었음 —, 그것은 특히 사안의 중심인 가격론과 분배론이 그렇다. 사람들이 비용원리를 근본으로 삼는다면, 그것은 다른 것일 수는 전혀 없다. 비용원리는 다음과 같은 방식으로 진행될 수 있다. 즉, 우리가 국민경제에서 모든 다른 것들이 상당히 의존하는 재화의 교환가치를 무엇이 결정하는가, 그 몫은 어디에 의존하는가, 모든 경제주체가 국민생산물에 대해서 궁극적으로 무엇을 획득하는가에 관해 물어본다면, 모든 경제주체는 자신의 소비에 들어간 만큼 자신의 소비로부터 획득하여야 함이 바로 우리들의 눈에 들어온다. 왜냐하면, 일반적으로 경제적 기업은 재화의 방출이 재화의 유입보다 크지 않을 때에만 유지될 수 있기 때문이다. 이 마지막의 경우가 발생하는 곳에서는 스스로 위임된 경제는 파괴되어야만 한다. 이에 따라, 각각의 생산물의 가격은 이의 원가보다 작을 수 없다. 마찬가지로 자유경쟁이 지배적인 한 국민경제에서 한 재화의 가격은 오랫동안 자신의 원가 이상으로 증가하지 않는데, 그 이유는 그를 통해 얻어진 이윤이 경제주체의 활동을 이 영역으로 이끌어야만 하며, 이를 통하여 공급이 증가하며 가격이 다시금 원가금액까지 내려가게 된다. 독점의 경우에는 고전학파 경제학자들이 이미 인정한 예외를 구성한다. 사람들이 규칙이 없는 현상의 충만함 속에서 말하자면 상대적으로 견고한 관점을 구성하는 원가금액을 좀 더 자세히 분석하면, 이 원가금액은 특정한 재화의 소비에 녹여들 수 있다는 점을 알게 된다. 이에 따라, 경제적 추동력의 이 이상적 중심은 이 소비의 가치와 가격이 주어지고 변화하지 않는다는 조건하에서만 이루어질 수 있다는 점을 어렵지 않게 볼 수 있다. 이와 반대의 경우에는 스미스(Smith)가 자신의 장(章) '자연가격과 시장가격에 관하여'에서 살펴본 바로 동요(動搖)가 발생한다. 그러나 생산적 소비의 가격은 경제활동의 일반적 여건이 동일하게 유지되어야만 변하지 않는다. 당연히 그것은 경제가 자신의 수준으로부터 한번도 멀어질 수 없다는 점을 의미하는 것은 아니고, 오히려 그것은 경제의 이론이 경제생활이 이제 일정한 혹은 변화하는 상황에 적응하는 유형과 방식 이외에는 다른 것은 나타내지 않는다는 결과를 가져온다. 이에 따라, 우리가 경제생활 조건의 일정성에 관하여 얘기하면, 우리는 이로써 현대적 시스템에서와 마찬가지로 고전적 시스템 속에서도 경제학이 이 조건의 실현에 관해 아무것도 얘기하지 않는다는 점을 의미하는 것이다. 그리고 우리는 고전적 시스템은 물론 현대적 시스템에서 각각의 주어진 시점에서 모든 재화에 대하여 자연가격, 즉 균형가격이 존재한다는 점을 얘기하며, 이로써 주어진 조건에 대해 하나의 그리고 단 하나의 이와 같은 가격이 상응하며, 이로써 모든 소득의 명확히 일정한 크기만이 상응한다는 것을 의미한다. 아울러 우리는 경제학이 만약 사람들이 이들 조건이 변화한다고 가정하면 아무것에도 도달하지 못하는데 그 이유는 경제는 항상 동일한 조건에 대해 스스로 적응하기 때문이라는 점을 의미한다. 경제의 균형에 있어서 어떠한 변화는 스미스(Smith)를 균형의 조건에서 비롯한 장애물로 끊임없이 인도한다. 자연가치와 자연가격은 정태적 가치와 가격이며, 사실 우리가 오늘날 정의하는 것과는 다르지만 본질은 같다. 스미스(Smith)가 항상 진보에 관해 말한다면, 그는 항상 이를 경제적 진행과정으로부터 설명하는 것이 아니라 여건에 있어서의 규칙적으로 기대되는 일정한 변화의 도움에 의해서만 설명한다. 그것은 인구증가와 관련해서는 아주 명확하지만, 자본 등의 증가와 관련해서는 덜 명확하다. 그러나 사람들은 이와 같은 대상에 대한 상세한 이론이 아직 존재하지 않으며 스미스(Smith)가 이 진행과정의 메커니즘에 관해 더 이상 파악하지 않고 이의 원인이 어디에 귀착하는지에 대한 그의 시각을 단지 짧게 표현하였다는 점에 쉽게 설득된다. 그리하여 자본축적은 저축에서 비롯된다는 사례 등을 들 수 있다.

이에 따라, 우리가 아담 스미스(Adam Smith)의 사고과정을 분석한다면, 우리는 그 속에서 경제적 진실에 관하여 본질적으로 정태적 성격의 이와 같은 것들만을 발견한다. 무엇보다도 그는 우리에게 후속되는 교환이론과 이에 근거한 사고과정에 기초를 제공하기 위해 분업의 사회적 사실을 설명한다. 그리고 그는 유통경제적 조직 속에서 그리고 주어진 상황 속에서 경제과정이 어떻게 구축되는가를 분석하기 위하여 이들 후자의 주제들을 지향한다. 그러나 그는 「국부론」 제3편에서 우리를 다른 대상들로 인도하지만, 그는 동시에 순수한 이론으로부터 멀어진다.

그러나 그 이후의 저자들에 있어서는 많은 것이 더욱 분명해지고, 이론의 핵심은 경제의 정태이론(Statik)이라는 점을 강조하는데, 누구보다도 리카도(Ricardo)를 들 수 있다. 스미스(Smith)는 이론의 범주를 넓게 잡았고 풍부한 실증자료로 가득 채웠다. 이제 더 이상의 발전은 기본원리의 통일체계를 추출하기 위해 그리고 이 체계 밖에 있는 모든 것을 특별한 학문분야에, 특히 이와 같은 역사적 본성에 배분하기 위하여, 혹은 보다 정확하게 말하여, 단순히 무시하기 위해, 그것이 궁극적으로 다른 유형과 방향의 학자에 의해 받아들여질 때까지 진행된다. 확실한 원리의 이 개념적 진술에 리카도(Ricardo)의 업적이 존재한다. 한계효용이론의 대두까지 모든 후속 이론가들이 사실상 학생들인 데 비하여, 그의 업적은 학생의 업적이 아니라 대가의 업적이다. 리카도(Ricardo)는 자신의 작품으로 이어진 일련의 연구들 속에서 의심할 여지없이 정태이론의 개요, 즉 경제순환 논리의 구성요소와 다름없는 것의 밑그림을 그렸다.

내가 이를 강조한다면 나는 불필요한 짓을 하는 것이 될 것이다. 일반적으로 표현하면, 재화에 포함된 노동의 양은 경쟁경제의 균형상태 속에서만 이의 교환가치를 결정할 수 있고 리카도(Ricardo)의 모든 관찰방식은 이 상태에 대한 이해에 초점을 맞추고 있다. 그는 단지 여건의 변화를 통해서만 방해를 받으며, 단지 여건의 변화에 대한 그의 반응은 '진보(progress)'라는 개념으로 파악된다. 생산능력의 기본적인 구성은 어떻게든 성사된 것으로 전제가 되어 있으며, 주어진 기본유형 속에서 그의 변형만이 서술된다. 사례로서 다음의 문장을 제시할 수 있다: "다른 품질의 노동이 주어진다는 추정은 곧 모든 실질적인 목적을 위하여 충분한 정확성을 가지고 시장에 조정된다. …… 일단 형성되면, 규모는 거의 변화하지 않는다"(맥컬록(McCulloch)이 1881년에 편집한 책의 15쪽). 여기에서는 내가 주장하였던 것보다 날카로운 정태적 해석이 대두된다. 만약 리카도(Ricardo)가 더 나아가서 자신의 의미 속에서 중간개입이 자신의 교환의 근본법칙에 대해 아무것도 변경하지는 않는다는 것을 보이고자 생산된 생산수단 재고의 '중간개입'이 경제의 진행에 대하여 미치는 영향을 묘사한다면, 그는 우리에게 이 재고의 형성과 사용이 이루어질 수 있기 이전에 어떻게 격변이 발생하고, 기술, 경제방식, 그리고 일반문화에 있어서의 격변이 어떻게 발생하여야만 하는지를 보여주는 것이 아니라, 오히려 그는 이 변화와 동시에 시작한다. 즉, **만약** 이와 같은 생산수단이 존재한다면, 어떻게 경제과정이 형성되는가? 그는 생산수단의 존재를 단순히 가정하고 강력히 정태이론의 틀 속에 머무른다. 그렇지 않더라도 그는 그것을 한다. 조세의 영향에 관한 학문과 국제적 가치에 관한 학문에 있어서 그의 이론적 원칙의 가장 중요한 활용에 그의 체계의 이 도입은 보다 정확하고 보다 간편한 결과의 형성으로 결실을 맺는다. 왜냐하면, 그는 어떻게 국민경제가 변화된 상황에 적응하고, 어떻게 그것이 경제주체의 개별적인 범주에 대해 영향을 미치는가를 보여주기 때문이다. 항상 전제조건은 경제방식과 대체로 모든 여건의 총합이 동일하게 유지된다는 것이다. 동일한 상황에 관한 마지막의 사례가 기계의 도입이 관련 요인에 미치는 영향에 관한 그의 장(章)이다. 그가 이의 도입유형을 좀 더 자세히 분석하지 않았다는 것은 알려져 있다. 좀 더 자세히 말하면, 그것은 아마도 그가 기계 도입의 이유는 명백하고 생산자의 이해 속에서 생산의 진보는 충분한 설명력을 발견한다고 가정하였기 때문이다. 그의 분석영역은 기계의 도입이 고용과 노동자의 임금에 어떻게 영향을 미칠 것인가에 관한 질문에만 국한되어 있다. 그는 한 번도 생산공정의 이와 같은 재조직의 자본주의적 전제조건, 내가 의미하는 바로는 재정적 전제조건에 대하여 관심을 가지지 않았다. 그것은 그의 추종자들에게도 지속되었다. 확실히 단체의 사회적 그리고 경제적 변형에 관한 가끔의 설명은 주어졌지만, 항상 이들은 이론의 장 밖에 떨어져 있었다. 그것은 대부분 간헐적인 설명들이고, 다른 부분은 다시금 경제가 사회적 생활의 일반적 확장에 대하여 어떻게 대응할 것인가에 관한 문제의 분석뿐이다.[54] 당연히 우리는 사회학적 발전이론을 충분히 가지고 있으나, 이는 여기에서는 의미하는 것은 아니다.

발전문제에 대해 유일하게 보다 거대한 시도를 한 것은 칼 마르크스(Karl Marx)이다. 여기에서 우리는 역사적 해석을 의미하는 것은 아닌데,

---

54) 어떻게 고전경제학(klassische Ökonomie)이 완전히 정태적으로 파악될 수 있을 것인가에 관해서는, '진보(Fortschritt)'를 논의한 밀(Mill)의 네 번째 책만큼 명료하게 다룬 것은 없다. 밀(Mill)은 이미 '정태이론(Statik)'이라는 표현을 사용하였고, 원론적으로 그는 우리의 설명은 물론 모든 이론은 그 본질에 있어서 지금까지 정태적이었다는 주장에 대해 동의하였을 것이다. 그는 단지 만족할 만한 발전이론(Entwicklungstheorie)이 손쉽게 제시하는 내용에 대해 반박을 하였을 것이다. 인구와 자본의 증가 요인에 근거한 발전이론이 충분하지 않다는 점은 가장 마지막 장(章)에서 보여줄 것이다. 그렇다 해도 밀(Mill)은 부(wealth)의 확실히 설명 가능한 진보를 받아들이며 이의 영향에 관해서만 분석하였다.

왜냐하면 이 해석은 그의 정확한 이론과 관련이 없기 때문이다. 오히려 그의 이론은 다른 이론들과 마찬가지로 역사철학적 구성이다. 만약 사람들이 그 사안에 대해 조금 생각을 한다면, 우리가 마르크스(Marx)가 시도한 것처럼 역사의 경제학적 설명은 좁은 의미에서는 경제학에 속하지 않는다고 말해도 모순되지 않는다. 왜냐하면, 경제학에서는 이와 같은 사고과정에 있어서 사회적 사건을 일으킬 수 있는 요인은 근본적으로 경제적 성격을 가지고 있을 것이라고 주장하는 것과 다름없기 때문이다. 그러나 그것은 경제적 사고과정이 아니며, 그는 경제적 방법, 주제, 개념을 가지고 더 이상의 작업을 하지 않으며, 그리하여 그는 경제적 현상 자체의 설명에 부적합하다. 그러나 마르크스(Marx)는 오직 이 작업을 제외하고 '발전'과 관련하여 다른 것을 제시하여야만 했다. 그는 경제생활의 발전 자체를 경제이론과 함께 다루려고 시도하였다. 그의 축적이론, 그의 빈곤이론, 그의 붕괴이론은 순수하게 경제적 사고과정에서 비롯된 것이며, 항상 그의 시각은 경제생활의 전개 그 자체의 목적을 지향하였고 단지 일정한 시점에 있어서 경제생활의 순환에 대해 사상적으로 밀고 나가지 않았다. 그러나 그의 이론의 기초는 그럼에도 불구하고 전체적으로 정태적 성격을 가지고 있는데, 이것은 역시 고전학파 경제학자들의 기초이기도 하다. 그리고 그의 기조가 발전을 만끽하고 묘사적으로 정태이론의 요인으로 후퇴하였음에도 불구하고, 그의 손에는 본성에 따른 고전적 구조도 유지되어 있다.

리카도(Ricardo)의 후계자들인 제임스 밀(James Mill)에서부터 카이네스(Cairnes)와 니콜슨(Nicholson)도 그로부터 물려받은 원칙, 즉 경제적 정태이론의 완성에 있어서 자신들의 작업영역을 발견하였다. 그것이 우리가 정의하였던 정태적 영역보다 더 넓고 더 광범위하게 보이는 것은, 이미 말한 바와 같이, 많은 사안이 — 그리고 무엇보다도 이자론이 — 하나로 녹여들게 되었기 때문에 비롯한다. 그러나 그것은 사람들이 기본원칙을 시종일관 끝까지 생각한다면 정태적 영역에 나타나지 않는다. 그리하여 각각의 저자는 발전에 관하여 — 그러나 오직 현존하는 발전이 정태적 경제에 미치는 **영향**에 대해서만 — 다소간 논의하였다. 이 노력에 있어서 경제적 학문구성의 정태적 특징에 대한 인식이 항상 보다 의도적으로 창출되었다. 우리가 여기에서 서술하고 방어하려 노력하는 해석에 대해 밀(J. St. Mill)이 가장 큰 공헌을 하였다. 그는 다음의 결정적인 문장을 제시하고 있다.[55] "앞의 세 가지 요소들은 세부적으로 우리의 한계가 허용하는 하나의 관점을 포함하며, 그들 중 …… 주제의 정태이론(Statics)으로 불리어왔다. 우리는 경제적 사실의 영역들을 조사해 왔고 이들이 상호 인과관계로서 서로 어떠한 연관관계를 맺고 있는가를 검토해 왔다. …… 이에 따라, 우리는 동시에 존재하는 것으로의 경제적 현상에 관한 집합적 관점을 얻었다. 우리는 이들 간의 상호의존성의 원칙을 확증하였고, 그리고 이들 요소의 일부 상태가 알려져 있을 때 우리는 이제 …… 다른 요소들 대부분의 동시 존재의 상태를 추정할 수 있었다. 그러나 이 모두는 우리를 정태적 그리고 변화 없는 사회의 경제법칙의 영역에 포함시킬 뿐이었다. 우리는 아직 변화할 수 있는 것으로서 인간의 경제적 조건을 고려하여야만 하며 …… 그리하여 우리의 균형이론(theory of equilibrium)에 덧붙여 운동이론(theory of motion) — 이른바 정태이론에 대한 정치경제학의 동태이론(Dynamics)을 추가하여야 한다." 그리하여 확실한 것은 그 본질이 낯선 고전학파 경제이론에 연계한 것이 내가 처음이 아니라는 점이다. 나는 정태적 상태가 모든 경제적 근본현상을 포함하고 있지 않고 오히려 정태적 국민경제의 활동이 본질적으로 비정태

---

55) 그의 저서 「원론(*Priniciples*)」 제4편 제1장을 참조하라. 그러나 그는 발전이론 그 자체를 위하여 그것을 가져오지 않았으며, 즉 발전 자체의 원인과 과정을 설명하는 발전이론을 위하여 가져오지 않았으며, 그는 이에 대해 몇 개의 피상적 관찰 이상의 더 많은 설명을 하고 있다. 여기에 대해서는 앞의 주석을 참조하라.

적 활동과 이의 근본원칙과 차이가 있음을 증명할 수 있다고 믿는다는 점에서만 밀(Mill)과 차이가 있다.

주관적 가치론을 통한 이론의 거대한 개혁은 학문구성의 정태적 특징을 다루지 않을 수 있게 할 것이다. 우리는 그것을 확실히 — 이 책 전체가 그러하듯이 — 이 개혁의 기초를 구성하는 이 장(章)의 서술에서 직접 본다. 확실히 이론의 정태적 특징은 새로운 분석을 통하여 엄격함과 명확성을 충분히 확보하였다. 레온 왈라스(Léon Walras)의 표현보다 '정태적'으로 서술한 표현은 없는데, 그의 손에서 우리 학문의 시작 이래로 이론의 근본원칙이 가장 엄격한 형태로 정화되었다. 오스트리아학파의 저자들은 우리가 이론의 정태적 특징이라고 명명하는 것에 대해 공식적으로 전혀 무게를 두지 않았으나, 당연히 이들은 경제의 순환 외에는 아무것도 묘사하지 않았다. 클라크(J. B. Clark) 교수의 선례에 따르면[56] 미국에서는 공식적으로 이것에 상당한 무게를 두었다. 이 저자는 앞에서 언급한 밀(Mill)의 관점에 대하여 중요한 진보를 이루었고, 정태적 상태를 아수 세심하게 정의하였으며, 이의 출현조건을 분석하였으며, 그 결과 사람들은 정태이론과 동태이론의 의식적 구분에 있어서 무엇보다도 그의 이름을 연계하여야만 하게 되었다. 그로부터 '동태이론(Dynamik)'의 특정한 이론의 공리(公理)가 강력히 대두되었다. 우리는 제7장에서도 그것을 실현하려는 그의 시도에 대하여 다룰 것이다.

이 개관은 독자에게 우리의 해석이 정도에서 그다지 벗어나 있는 것이 전혀 아니라는 점을 보여주고 오히려 교리적 발전의 진행이 기존의 이론적 학문구성의 정태적 특징의 인지에 대해 애매하지 않게 이루어지고 있음을 보여줄 수 있다. 정태이론의 한계와 개별적 특징에 관해서만

---

56) 그의 책 「부의 분배(*Distribution of Wealth*)」와 「경제이론의 본질(*Essentials of Economic Theory*)」을 참조하라. 더 나아가 1910년에 발간된 「슈몰러 연감(*Smollers Jahrbuch*)」에 게재된 미국의 새로운 경제이론에 관한 나의 논문을 참조하라.

오늘날 아직 진지한 의심이 존재할 수 있다. 이에 대한 우리의 한정(限定)은 클라크(Clark) 교수의 한정에 의해서나 혹은 어떤 다른 저자의 한정에 의해서도 완전하게 다루어지지 않는다. 이에 따라, 독자는 여기에서 내가 준거하는 것과 정태이론의 본질에 관하여 내가 견지하여 작업하는 것에 관하여 진지하게 주의를 기울여야 할 것이다. 또한, 여기에서 사용되는 것과 같이 이 개념은 주어진 의미로만 이해하여야 하며 다른 저자들에서의 같은 이름의 개념과 동일시하지 말아야 하는 데에도 주의를 기울여야 한다. 사실 당연히 나는 이미 국민경제학의 근원으로부터 근본적 문제의 두 개의 구분에 대해 밀어붙이고 있는 장기적 발전이 궁극적으로 정태이론에 대한 나의 개념 속에 흘러들어가야만 하며 혹은 이 개념을 통하여 지나가야만 한다고 믿는다. 그러나 오늘날 여기에 놓여있는 모든 문제는 마치 사람들이 일찍이 정태이론에 관해 단어가 의미하는 것을 정확히 생생하게 그려내지 않고 얘기하거나 읽을 수 있는 것처럼 아직 너무나 불분명하다.

이론경제학은 탄생 이래로 지속적으로 되돌아오고 동일하게 유지되는 경제활동의 흐름을 묘사한다. 우리는 이 핵심을 예외적인 날카로움으로 묘사하였다.[57)] 우리에게는 그것을 강조하는 것은 의미가 없기 때문에, 우리는 굳이 엄격하게 고집하지 않고 더 많은 여유를 허락할 것이다. 그러면 우리의 묘사에 더 많은 사실을 추가할 수 있을 것이다. 빠져있는 그것이 '마찰저항'의 근간에 관한 것이라면, 이 경고는 아주 제 위치를 차지할 것이다. 그러나 바로 그런 경우는 없다. 무엇인가가 확실하다면,

---

57) 그것에 관한 보다 포괄적인 논의는 나의 책 「이론적 국민경제학의 본질과 주요내용(*Das Wesen und der Hauptinhalt der theoretischen Nationalökonomie*)」에 다루어져 있다. 그곳에는 이 주장에 대한 엄격한 증명이 제시되어 있으며, 여기에서 나는 점차 싹트기 시작한 논의에 관해서도 이 주장을 고수하였다.

그것은 우리가 출발점으로부터 창출된 모든 본질적인 것을 완전하게 파악하고 있고 마찰저항과 경제외적 요인은 단지 우리 묘사의 현실로부터의 괴리의 **하나의** 부류에 관해 설명하는 데에서 비롯한 결과이다. 이 결과는 다른 경제학자들이 획득한 성공에 의하여 검증된다. 이들 경제학자는 그 경고에 대하여 참으로 성실하게 복종하였다. 그리고 이들은 정말로 더 많은 현상을 다루었다. 그러나 그것은 이론적 엄격함에 대한 손실의 대가일 뿐만 아니라 실패의 대가이기도 하다. 이에 따라, 각각 반복되고 아무도 진지하게 받아들이지 않는 국민경제학에서의 이론들 모두가 대두된다. 그리하여 나는 진정한 실태를 희미한 문구로 감출 수 있는 좋은 조언에 대해 감사한다. 우리는 지금까지 발생한 현상을 서로 연계하려고 노력하는 인과적 굴레를 뿌리쳤는네, 그것은 우리가 감당할 수 없는 것이다. 우리는, 비록 우리의 묘사가 사실로부터 비롯하였고 경제학이 항상 서술해 왔고 내부적으로 폐쇄되어 있는 동일한 묘사라고 하더라도, 우리의 경험과 주어진 제약의 묘사가 본질적이고 거대하고 순수한 경제적 문제들을 거부한다는 결과를 받아들인다.[58] 그러나 우리는 정태이론(Statik)에 대하여 이의 명료성이 아니라 사실상 이의 모든 가치를 받아들이려 하며, 발전에 대하여 이의 무게와 이의 생명력을 받아들이려 한다. 이를 통하여 우리는 모든 순수경제적 현상을 정태이론 속에 구겨 넣으려 한다. 우리는 이의 도움으로 많은 중요한 것들을 설명하여 왔다는 점을 확인하는 것으로도 만족한다. 이제 우리는 다른 문제에 대해 다룰 것이다.

---

58) 사람들은 이론경제학에 대하여 많은 것을 비판해 왔다. 즉, 선험적 추론, 자유무역주의, 윤리적 요인의 경시 등이 그것이다. 이들 비난에 대하여 비교적 쉽게 응답할 수 있다. 그러나 이론경제학이 자신의 가장 고유한 과업을 부분적으로만 해결하고 근본적인 문제에 있어서 본질적으로 문제가 많다는 점에 대해 사람들은 진정으로 **이를** 비판할 수 있을 것이다.

제 2 장

경제발전의 근본현상

제**2**장

경제발전의 근본현상

(Das Grundphänomen der wirtschaftlichen Entwicklung)

첫 번째 장(章)에서 준비한 상세한 논의를 바탕으로 우리는 이제 경제발전(wirtschaftliche Entwicklung)의 문제에 대해 접근한다. 여기에서 '발전(Entwicklung)'은 경제생활의 순환에 있어서의 변화로 이해하여야 한다. 이와 같은 변화는 경제가 스스로 외부로부터 추진한 것이 아닌 '스스로 위임하는' 국민경제의 혹시 일어날 수 있는 변화로만 이해된다. 이와 같은 경제적 영역에 스스로 발생하는 변화의 원인이 존재하지 않고 우리가 실제로 경제발전이라고 명명하는 현상이 오직 여건이 변하고 경제가 이들 여건에 전진하여 적응하는 것에 기초하고 있다면, 우리는 경제발전이 전혀 **존재하지 않는다**고 얘기할 수 있을 것이다. 이로써 우리는 국민경제의 발전은 그 가장 깊은 본질 속까지 **경제적으로 설명 가능한** 현상이 아니라 오히려 경제는 발전 없이 이의 환경의 변화에 말하자면 연계되어 있고 발전의 원인과 그리하여 설명을 경제이론을 통하여 원칙적으로 서술되는 **그** 사실집단의 밖에서 찾아야 한다는 것을 의미할 것이다. 그것은 발전개념의 첫 소개로서는 충분하다. 이하에서는 이 개념의 내용을 지속적으로 구성할 것이며, 우리는 또한 마지막 장(章)에서 다시금 경제발전을 총체적으로 살펴볼 것이다.

우리의 의미 속에서는 인구의 증가 및 부의 증가 속에 서술되는 것과 같은 경제의 순수한 성장도 여기에서 발전과정으로서 묘사되지 않는다.

왜냐하면, 이들 증가는 새로운 현상을 창출하는 것이 아니라 자연적 여건의 변화와 같이 동일한 유형의 적응과정만을 나타내기 때문이다. 우리는 다른 과정으로 시야를 돌리려 하기 때문에 이와 같은 증가는 여건의 변화로 계산한다. 당연히 그것은 정당화가 필요하다. 이들은 좀 더 자세히 추적될 것이다. 잠정적으로 나는 독자에게 이 결정을 단지 이해하고 자신의 판단을 늦은 시점까지 보류할 것을 요청하는 바이다.

그리하여 그동안 우리는 경제과정을 주어진 상황에 의한 제약 속에서 묘사하였다. 다시 말해, 만약 인간 욕구의 최대로 가능한 충족의 관점 하의 주어진 상황으로부터 사람들이 결과를 연계한다면, 이는 우리가 인간의 경제행위가 어떤 모습을 가지는가를 명확하게 해주었다는 것을 의미한다. 이에 따르면, 경제는 이의 여건이 일정하다고 가정한다면 일정할 것이다. 이제 나는 경제행위의 두 번째 유형을 보여줄 것인데, 이는 국민경제에 있어서 새롭고 독립적인 원동력, 이른바 경제영역에서는 창조적 구성(schöpferisches Gestalten)으로 묘사된다. 앞에서 설명한 수동적인 '결과연계'는 유일하게 가능한 경제행위가 아니다. 왜냐하면, 사람들은 주어진 상황을 변화시키려 노력할 수 있기 때문이다. 사람들이 그것을 행한다면, 사람들은 우리의 현실묘사 속에 아직 포함되지 않는 무엇인가를, 즉 특별한 현상을 초래하여야 하는 무엇인가를 행하는 것이다. 그러나 욕구충족을 향한 그 노력은 — 그것을 바로 얘기한다면 — 경제행위의 유일한 조준점이 아니며 유일한 동기도 아니다. 그리고 하나 더 있다. 그리고 그것이 사실이라면, 그 현상도 우리의 묘사 속에 아직 빠져 있는 결과를 창출하여야 한다. 우리는 경제행위의 한 유형 속의 두 개의 요인이 통합되고 이 유형의 분석이 우리의 묘사 속에서 간과한 바로 그 현상의 설명을 제공해준다는 것을 보게 될 것이다.

여기에서 우리는 근본적인 논의에 직면해 있다. 우리가 이 논의를 쉽게 하고 우리에게 문제가 되는 것을 분명하고 날카롭게 보기 위해서 우리는 모든 다른 것들과 관련하여 정태적 가정을 고수하려 한다. 우리는 대체로 정태적 국민경제(statische Volkswirtschaft)에서 출발할 것이며 우리의 새로운 원동력을 이에 투입할 것이며, 이로써 이 원동력을 모든 형태 속에서 상응하여 드러낼 것이다. 그리하여 인구, 정치조직, 사회조직 등의 일정성, 그리하여 일반적으로 말해 우리가 언제나 얘기하는 것의 가정과 함께 모든 변화의 부존재(不存在)는 받아들여져야 한다. 우리는 이들 변화에 대해서는 마지막 부분에 가서야 진지하게 다룰 것이다. 우리가 다른 길로 가려 한다면, 우리는 논의를 아주 의미없이 곤란하게 할 것이다. 그리하여 우선 우리는 우리의 의미 속의 경제외적 요인은 고려대상에서 제외할 것이다. 그리고 이들 가정은 이 목적에 기여할 것이다.

아울러 우리에게 의미가 있는 다른 관점도, 비록 이것이 나중이 되어서야 올바른 조명으로 이어질 수 있겠지만, 바로 여기에서 바로 강조되어야 한다. 사회적 세계에서 각각의 사건은 다양한 방향으로 영향을 미친다. 그것은 사회생활의 모든 요소에 대하여, 비록 하나에는 보다 강력하게 또 다른 하나에는 보다 약하게 효과를 미치기는 하지만, 영향을 미친다. 예를 들어, 전쟁은 모든 사회적 · 경제적 상황에 흔적을 남긴다. 우리의 시각을 경제활동의 영역에 제한한다 해도 그것은 마찬가지이다. **한** 가격의 변화는 원칙적으로 **모든** 가격의 변화를 가져오며, 비록 후자들의 많은 것에는 의미가 없을 것이라서 우리는 이를 실제로는 증명할 수는 없다. 그리고 이들 모든 변화는 이들의 관점에서는 전자로부터 이들 모든 변화의 계기가 된 전자의 변화와 동일한 영향을 다시금 미치며, 궁극적으로는 이들 모든 변화에 영향을 되미친다. 사회과학에서 우리는 그것을 항상 영향의 이와 같은 엉킴, 즉 상호작용과 반작용과 관련이 있으며, 우리는 그 속에서 원인으로부터 결과로 유도하는 실마리를 쉽게 잃어버릴 수 있다. 그리하여 우리는 보다 큰 정확성을 위하여 이제 언제나 적용될 수 있는 한 가지를 결정한다. 즉, 우리는 역방향으로의 인과

관계가 존재하지 않는 것에 대해서만 원인과 결과에 관해 얘기할 것이다. 이 점에서 우리는 사용가치는 재화의 교환가치의 근거라는 점을 이야기한다. 이와 반대로 우리는 두 개의 사실집단 간 상호작용의 관계가 존재하는 경우, 예를 들어 계급형성과 자산분배 간의 경우에는 원인과 결과에 관해 얘기하지 **않는다**. 구체적인 경우에 있어서 어떤 사람의 자산이 일정한 계급에 대한 그의 소속성의 '근거'가 될 수도 있다 하더라도, 우리의 결정에 따르면 그것은 충분하지 않다. 그것은 만약 누군가를 위하여 특정한 경우에 있어서 한 재화의 교환가치 변화는 이의 사용가치의 변화를 야기한다는 것은, 이것은 확실히 발생할 수 있는 일인데, 마찬가지로 충분하지 않다는 것과 같다. 사람들은 내가 의미하는 것을 알 수 있다. 즉, 한 경제현상에 대한 원인으로서 이의 설명원칙만이 묘사되어야만 하며, 그것은 우리에게 경제현상의 본질로 이해될 수 있는 요인이다. 더 나아가 우리는 한 요인의 작용과 반작용을 원칙적으로 구분할 것이다. 이로써 우리는 경제의 발전에 관한 일정한 설명원칙을 제시할 것이다. 우리는 원칙의 요체로부터 스스로 창출된 결과를 '발전의 작용'이라고 명명한다. 이 원칙으로부터 직접적으로 창출되지 않고 단지 규칙적으로 원칙의 결과로 창출되는 다른 현상은, 즉 다른 설명원칙들에 근거하여 이해될 수 있는 현상은, 비록 궁극적으로는 이의 존재에 발전이 도움을 받음에도 불구하고, 우리는 이를 '발전의 반작용'이라고 부를 것이다. 보이는 것처럼, 발전현상에 대한 두 개의 부류들로의 이 구분은 대단한 중요성을 가진다. 그렇지 않으면 사람들은 이 현상을 동등하게 고려하곤 한다. 그러나 우리는 이들이 성격에 따라 1차적인, 2차적인 것으로 나누어지며 사람들이 그것을 인식하는 속에서 발전현상의 본질에 보다 가깝게 접근하는 것을 보게 될 것이다.

나중에 자명하게 될 이 점에 대해서 보다 상세하게 설명하려고 하는 것은 의미가 없을 것이다. 나는 또 다른 것을 지적하고 싶다. 각각의 구체적인 발전과정은 이전의 발전에 근거하고 있다. 그러나 사안의 본질을 아주 날카롭게 살펴보기 위하여, 우리는 이에 관해 추상화를 할 것이며 발전을 발전이 없는 상태로부터 발생하는 것으로 파악할 것이다. 모든 발전과정은 후속 과정들에 대한 전제조건을 창출한다. 이를 통하여 후속 과정들의 양식도 변화되며, 만약 모든 구체적인 발전단계가 이의 조건을 우선적으로 창출하여야만 한다면, 사안은 원래 기대했던 경로와는 달리 진행된다. 그러나 이 사안의 본질을 파악하려 한다면, 우리는 우리의 설명 속에 설명대상의 요소를 받아들일 수 없다. 우리도 그것을 행하지는 않으려 하지만, 그 속에서 우리는 그것을 행하지 않으며 우리는 독자가 극복하는 데 대단한 어려움을 창출할 수 있을 사실과 이론 사이의 외관상 괴리를 창출할 것이다. 이들 두 가지의 관점은 우리의 논의에 있어서 근본적인 의미가 있다. 이에 따라, 우리는 이들에 대해 계속 지적할 것이다. 나는 이 지점에서 단지 이미 존재하는 혹은 이전의 발전 결과인 것을 발전의 원인으로 생각하지 말라는 일반적인 경고를 할 수 있다.

우리는 작업에 착수하기로 한다. 우리가 현실의 우리 묘사 속에 여건의 일정성과 특히 전체 경제방식의 일정성을 단순하게 받아들였다는 점을 생각한다면, 우리는 대체로 이들의 변화에 대해 특별한 것을 얘기할 게 없음을 알기 때문에, 사람들은 우리의 묘사가 사실에 대해서 상당히 나쁘지 않게 일치한다는 점을 기대할 수 있을 것이다. 그러나 이는 그렇지 않다. 실제로 정태이론(Statik)은 정말로 이것이 해야 하는 넓은 정도로 작동된다. 일정성은 — 우리가 이를 우리의 이론에서 제기하였던 것으로서 — 가정일 뿐만 아니라, 부분적으로 실재하는 사실이다. 이 마지막 주장은 아직 우리의 이론 속에서는 존재하지 않는데, 그 이유는 이것은 변화에 대해 아무것도 말해주지 않기 때문이다. 그러나 이것은 당연히 이와 같은 경우가 발생하지 않는다는 것을 주장하는 것은 아니다. 정태이론은 대체로 단지 변화가 경제의 본질로부터 스스로 발생하지는 않는다는 점을 강조하는 것이다.[1] 그러나 우리가 이를 방금 만든 것처럼, 사실상의 일정성의 가정도 그다지 나쁜 것은 아니며 사안의 본성에 적합할 것이라는 점을 이제 보일 것이다. 사실 사람들은 현실의 정태적 묘사에 대해 오류를 제기함 없이 오랫동안 현실을 주시할 수 있다.

우리가 사실에 얼마나 충실한가는, 만약 우리가 경제의 일정성에 대단한 무게를 둔다면, 만약 우리가 분석을 발전이 없는 경제에 기초한다면, 그리고 만약 우리가 경제발전을 무엇인가 당연한 것으로, 즉 연륜에 따라 주어진 경제방식처럼 '자발적'으로 진행되는 것으로 보는 것이 아니라 오히려 보다 세심한 분석이 필요한 특정한 문제로 파악한다면, 그것은 경제의 세계사에 관한 조망을 가르쳐 준다. 이 세계사에 대하여 시간적으로 그리고 장소적으로 아주 최소의 일부분만이 생생한 발전에 의해 달성될 수 있다. 확실히 우리는 이 일부분 속에 살고 있으며, 이에 따라 이 일부분은 실제보다 우리에게 더 크고 더 중요하게 보이며, 이에 따라 우리는 발전에 매우 익숙하여 항상 이 사안에 대해 이것이 한 번도 그리고 어디에서도 다르게 존재하지 않을 것처럼 관찰하여야 한다. 이에 따라, 독자는 발전의 개념에 있어서 이 생각을 버리는 것이 무조건 필요하다. 나는 항상 독자가 이 점에 있어서 생각을 바꿀 것을 다시금 강조한다. 그러나 이미 우리의 일부분 속에는 정태적 현실묘사의 타당성은 빠져 있다. 가장 현대적인 기업은 변화에 대하여 완강한 저항을 한

---

1) 여기에 대한 반론은 쉽게 발견될 수 있다. 정태적 순환이 정말로 그 본질에 따라 발전이 없다는 증명은 제7장에서 완전하게 논의될 것이며, 이미 이 장에서 하나의 관점 속에서 논의될 것이다. 제1장에서 말한 것은 이미 언급된 밀(Mill)의 네 번째 책에서 증명하였듯이 완전히 충분하지는 않은데, 그 책 속에서 저자는 완전한 정태적 기초에 기반하여 발전의 설명 혹은 논의를 진행하고 있다.

다. 만약 카네기(Carnegie)와 같은 사람이 보다 목표지향적인 생산기구로 설치되어 있던 완전히 새로운 생산기구를 한순간에 고철로 매각한다면 이 가장 현대적인 산업센터 속에는 놀라움이 발생할 것이다. 그리고 산업적 기업의 모두 전진하는 계층 속에서만 이와 같은 경우가 발생할 것이다. 이로부터 밖으로 나오면, 사람들은 놀랍게도 빠르게 본질적으로 정태적 생산방식의 한 가운데에 와 있게 된다. 과학적으로 이끌어지는 범주 밖에서는 과학적 사고와 과학적 이해가 즉각적으로 급격히 약해지듯이, 즉 문화적 작업의 아주 좁은 범주의 밖에서는 사람들이 일반적으로 생각하는 것보다 대단히 깊은 수준으로 거의 갑자기 약해지듯이 — 왜냐하면 많은 상황이 이와 같은 사정을 감추는 데 공헌하기 때문에 —, 발전 없는 경제는 없을 것이라는 느낌을 가지게 하는 **그** 경제행위의 강도 역시 영(零) 이하로 매우 빠르게 떨어진다. 우리가 이제 시골에는 전혀 산적이 없고 집들의 연결이 중단되는 것을 비정상으로 생각하는 도시아이의 생각과 완전히 유사한 생각을 하면, 우리는 일상 속에서 경제활동을 하는 것은 정태적 근본원칙에 따라 규칙을 자체적으로 형성한다는 것을 보게 된다. 이미 산업의 하층 속, 중소공장의 계층 속에서 우리는 다양한 노후화된 기계를 가지고, 노후화된 상업적 결합을 가지고, 그리고 많은 결단이 없이 작업이 이루어지는 것을 발견한다. 새로운 기계와 새로운 상업적 결합은 이들이 외부로부터 제공되어야만 **단지** 그리고 **처음으로** 도입된다. 즉, 전자는 대리점에 의해 제공되고, 후자는 '제조업자'에 대한 주문과 조달을 통하여 말하자면 제공된다. 만약 제조업자가 종종 마음이 내키지 않으면, 그 속에서 그는, 그가 생소한 시장과의 관계를 전혀 거부하지 않는다면, 예를 들어 특별한 보증, 가격의 선불 혹은 보증, 신용인가 등을 요구한다. 이와 같은 경제주체를 고려하면 사람들은 쉽게 경제에 있어서 개인의 계획은 큰 역할을 하지 못한다는 결론에 도달한다.[2)] 그것은 많은 이론가가 모든 비정태적 활동을 조심스럽게 구분하려고 노력하는 기업가 이윤(Unternehmergewinn)이라는 학문분야에서 특별히 나타난다.[3] 기업가의 이론적 묘사가 아주 다양하게 주목받고, 그 묘사가 이론가의 관점에 따라 기업 운영자의 다양한 계급에 주어진다는 것을 확인한다는 것은 아주 흥미롭다. 그것은 단지 부수적인 것이다.

그러나 '산업' 밖에서 현실은 우리에게 경제활동의 정태적 파악을 오늘날에도 그대로 지속할 것을 강요한다. 수공업적인 기업에 있어서 경제주체는 본질적으로 그가 학습한 것, 즉 그의 전임자들이 하였던 것만을 실질적으로 수행한다. 그것은 적응의 정태적 이론에 해당하는 기능에 대하여도 대부분 성장하지 않는 것으로 증명된다. 단지 무조건적 필요성만, 즉 단지 사실로서 경제주체에게 부닥쳐 있고 그를 침몰과 적응간의 선택에 서 있게 하는 상황으로 이르게 하는 이와 같은 경향만이 발생한다. 그러나 동시에 필요한 적응의 유형에 관해서는 하등 의심의 여지가 없다. 수공업자는 편견을 가지고 소비자의 진술된 그리고 지불 가능한 수요에 의해 지탱되는 욕망마저 무시한다. 만약 소비자가 그에게 익숙하지 않은 것을 요구한다 해도, 그가 이를 회피할 수만 있다면, 그는 자신의 기업에 가장 작은 개혁도 스스로 추진하지 않는다. 명료한 장점의 개선과 미미한 비용이 수공업자에게 직업학교, 다른 방식의 교육, 특별한 할증금 등을 통하여 강요되어야만 한다는 것을, 즉 밖으로부터 그의 경제 안으로 들어와야 한다는 점을 누가 모르는가? 모든 조언이 자신에 대해 흔적없이 지나가버리고, 그가 그에게 절반 정도 — 그리고 종종 절반 이상 — 제공되는 개선을, — 예를 들어 정부와 수공업자조직이 서로 도와야 달성되는 보일러 시설을 — 다시금 포기하거나 혹은 유지할 수 있다는 것을 누가 모르는가? 종종 사람들은 다양한 이유에서 이 사실을

---

2) 예를 들어, 슈타이니처(B. Steinitzer)처럼.

3) 예를 들어, 마타야(B. Mataja)처럼.

억누르거나 혹은 변명하려 노력하며, 종종 사람들은 이 사실 속에서 개별적 개인의 특별한 무능력의 표출을 눈여겨본다. 그러나 우리는 여기에서 인류의 역사에 있어서 규칙이었던 하나의 행동에 직면한다. 사람들은 수공업자의 행동을 종종 문제로 인식하며, 그 수공업자가 이윤의 관점이 아니라 사회적 의무이행의 관점, 즉 중세처럼 '시민의 식량'의 획득의 관점에서 경제활동을 할 것이라는 점에 원인을 돌린다. 내가 여기에서 최대한 짧게 표현하려고 노력한 해석은 독자에게 확실히 알려져 있다. 그러나 거기에 대하여 우리의 관점에서 두 개의 이의제기를 할 수 있다. 이미 얘기한 바와 같이, 수공업자의 행동은 그에게 고유하고 특정한 시간으로부터 유래하는 것이 아닐 것이다. 만약 사람들이 현대의 경제발전으로부터 성취하려 하는 경우에만 그 행동은 그래 보인다. 그러나 그렇다면 이 해석은 아주 올바른 것이지만 우리의 목적을 위해 결정적이지 않은 요인을 강조한다. 확실히 수공업자는 중세시대처럼 생각하고 느낀다. 단지 오래된 법뿐만 아니라 오래된 사회적 상태가 국민의식 속에 명맥을 유지하고 있고 현대의 생활 속에는 유령처럼 돌출해 있다. 이들은 현실과 이상 간의 괴리의 많은 부분을 설명한다. 그러나 그것은 경제의 본질을 다루지는 않는다. 수공업자는 '증권경제학'의 규칙에 전적으로 따라 익숙한 궤도 속에서 경제활동을 한다. 그는 생산물의 최고 가격과 생산수단의 최소 가격에 노력한다. 그는 **각각의** 경제주체가 하는 바와 같이 자신의 빛을 따라 다름없이 행동한다. 그는 단지 어떤 과업, 이른바 경험상 주어진 궤도 밖에 있는 과업에 대해서만 거절을 한다. 우리가 여기에서 제시한 수공업자의 묘사는 독립적 수공업자들이 보다 많은 수가 존재하는 곳에 일반적으로 적합하다. 물론 이 경우가 아닌 경우에는 이와 같은 적합성을 기대할 수 없는데, 그 이유는 수공업자는 그 적합성을 주어진 방식대로 좁혀가는 것을 허락하지 않는 환경과 연결하여야 하기 때문이다.

내가 동일한 것이 농민경제에도 매우 높은 정도로 적용 가능하다고 주장한다면 나는 거의 어리석은 짓을 하는 것일 수도 있다. 중부유럽의 농민경제는 토지에 대한 오랫동안의 식민 이래 외부로부터의 압력이 불가피하게 만들 정도만큼만 변화해 왔다. 거기에서도 다시금 농부들이 현대적 발전과 직접적인 접촉이 있었고 일정한 정도까지는 발전의 흐름에 관련이 지어지는 곳에서는 예외가 존재한다. 즉, 이와 같은 곳은 덴마크, 교통량이 풍부한 해안 및 강 지역, 도시의 주변지역, 산업지역 등을 들 수 있다. 그러나 이들 변화는 정태이론의 도식에 정확히 해당되는데, 그 이유는 이 변화는 오직 변화된 상황에 대한 적응만을 나타내며 이 상황에 이미 주어진 수요의 지배하에 발생하기 때문이다. 그 사안은 수천 년을 통하여 지불능력이 있는 수요가 농민경제의 문을 두드렸다고 생각할 수 있게 하고 — 물론 이는 비유적으로 의미하는 것임 —, 농부들은 자신들의 생산물의 많은 것으로 다른 것으로 하는 것보다 나은 사업을 할 수 있다는 점을 발견하였다. 이에 따라, 이들은 전자로부터 보다 많이 그리고 후자로부터 보다 적게 생산하려고 노력하며, 이 노력의 영향하에 그들의 경제방식이 한걸음 한걸음 변화되었으며 아울러 이와 함께 이들의 '소비결합'도 변화하였다. 그 속에서 이들은 저절로 사용될 것으로 보이는 재화에 대한 수요를 펼치기 시작하였다.

그러나 이를 제외하면 농업경제는 단지 힘을 통하여, 즉 외부의 농업정책적 개입 등을 통하여, — 이들 개입이 순수한 희망보다 더 많이 원하고 한 장의 종이의 인쇄와는 다른 결과를 가지려고 한다면, 매우 강제적이어야 함 — 요컨대 외부의 사건을 통해서만 변화한다. 만약 농부가 스스로 양보하여 지금도 중세와 정확하게 같게 경제활동을 할 수 있을 것이며, 만약 그가 알려진 방식으로 자신의 자유를 잃지 않고 주인에게 순응을 하여야 했다면, 그는 중세의 전체의 기간에 정착의 초기 시대와 아주 마찬가지의 경제행위를 해왔을 것이다. 만약 변화를 제공하여야만 한다면, 어떻게 기술혁신과 상업적 혁신에 대한 작은 경향이 농민들에게 유행하는지 그리고 어떻게 외부로부터의 모든 자극이 와야만 하는지는 — 그리고 권위와 함께 와야만 하는지는 — 확실히 잘 알려져 있다. 옛날 우화는 어떻게 클레(Klee)(역자 주: 스위스 추상화가)의 '석고상(Gipsen)'이 농부들을 가르칠 수 있었는가를 설명한다. 유사한 것은 항상 존재하였다. 그리고 여기에서 사람들은 농부가 비경제적으로 경제행위를 하였다고 말할 수는 없다. 이와 같은 주장 속에는 항상 '경제적으로 행동하는 것'과 '최고의 통찰력을 가지고 행동하는 것' 간의 교환이 존재한다. 농부는 계산하지 않을 것이라는 주장에서도 마찬가지이다. 그는 책을 가지고 있지 않으며, 항상 화폐로 계산을 하지는 않지만, 그는 이들을 고려하지 않으면서도 아주 정확히 계산한다. 그는 그에게 익숙한 경제방식 속에서 자신의 장점을 인지하며, 누구보다도 더 많은 에너지와 무모함으로 장점에 매달린다. 그는 단지 새로움, 익숙하지 못함에 대해서는 일반적으로 거절한다. 물론 항상 그런 것은 아니다. 예전부터의 한 사례는 주인이 없는 숲 혹은 주인이 있는 숲의 개간이 있다. 사람들은 현재로부터의 사례들을 특히 자신의 농민경제의 어떠한 생업(시골 양조장, 가축거래, 숙박업소 등)과 연계를 통하여 소극적인 태도를 이겨내는 마을 권력자들에서 발견한다. 이들은 수치로는 사라져가는 소수이며, 그러나 이들은 우리의 묘사에서는 벗어난다. 이들은 우리가 목표로 서술하는 유형에 속한다. 당연히 동일한 유형이 수공업자에게도 나타난다. 그러나 우리는 많은 훌륭함을 제공하는 유형의 별로 중요하지 않은 이들 활동유형에 대해서는 다시 돌아오지 않을 것이다.

그러나 더 나아가 현대에는 아주 정태적 문화국민도 존재한다. 여기에는 중국과 인도의 국민이 속한다. 이들 경제가 완전하게 정태적인 유형에 합당하지 않는 범위에서는, 그것은 단지 유럽적 에너지를 이들 속에 섞어놓는 데 원인이 있다. 그러나 이를 제외하고는 이들은 우리에게 발전 없는 경제는 허구가 아니고 발전은 피상적 문제가 아니라는 의미 있는 증거를 제시해 준다. 사람들은 놀라움을 가지고 종종 이들 국민에게 경제발전이 결핍된 원인에 관해 물어보곤 한다. **우리는** 이들 경제의 항상 변함이 없는 순환에 대해 바로 설명할 수 있다. 거꾸로 **우리는** 놀라움을 가지고 이 사안이 다르게 제시되고 있는 필연적으로 발생하는 원인에 관해 물어본다. 그런데 이들 경우에도 우리는 아주 작은 정도만이라도 경제발전이 있다고 어쨌든 인정하여야 한다. 그러나 대체로 우리는 정태적 경제를 계획하며, 이의 변화는 외부적이고 비경제적 요인, 특히 인종적 이동, 지역적 전쟁, 정치적 변화 등의 탓으로 돌릴 수 있다. 그러나 이 경제에 대하여 인구의 광범위한 수량은 상황적으로 보아 적게 영향을 미치는 것으로 보이기에, 우리는 이들 국민경제는 우리의 이론적 묘사보다도 더 정태적일 것이라고 단도직입적으로 얘기할 수 있다.

요즘도 존재하는 '자연인'을 우리의 조상과 동일시하고 전자의 생활상황을 후자의 생활상황과 연계시키는 것은 주지하는 바와 같이 허용될 수 없다. 그러나 이와 관련 여기에서 양자가 고려되는 한 가지 관점과 관련하여, 우리가 이들을 동시에 언급한다 해도 어떤 이의제기를 받지 않을 수 있을 것이다. 자연인의 경제에 있어서, 우리가 유럽인의 영향 탓으로 돌릴 수 있는 변화를 제외한다면, 발전은 존재하지 않는 것으로 보인다. 이와 같은 변화가 존재한다면, 내가 아는 바로는 풍속학에서 이를 보고하지 않기 때문에 이를 감지할 수 없어야만 한다. 물론 그것은 종종 순간적인 관찰만을 가능하게 하는 풍속학적 보고서 준비의 속성과 관련이 있을 수 있다. 그러나 그만큼 **전쟁 등과 같은 '외부의' 사건에 의해 유발된 변화 외에** 자연인의 경제는 장기간에 걸쳐 정태적인 것처럼 보이는 것은 확실하다. 우리는 확실히 발전의 결과를 다양한 요인으로 살펴보는데, 그리하여, 우리는 예를 들어 공구의 분류학 유형을 활용하고 이로부터 개별적인 사례에서 공구의 상태에 따라 지나간 발전과 연계할 수 있다. 그러나 이 발전의 유형은 문제가 있다. 우리가 **살펴보는 것은** 정지된 경제이다.

동일한 것이 정착의 시대 이전의 우리 선조의 경제에도 해당된다. 그것은 무엇보다도 '원시적 먹거리 채집' 속에 존재한 경제가 이루어진 천년의 세월에 해당된다. 왜냐하면, 그것은 그 길이를 가늠할 수 없는 기간을 통하여 경제발전의 자취를 제공해 오지 않을 수 있기 때문이다. 한편 정태적 경제의 규칙은 원칙적으로 원시인에게도 해당된다. 원시인이 경제활동을 하지 않았다는 주장 속에서 '경제활동을 하다'라는 단어는 여기에서와 다른 의미를 가진다. 앞에서 언급한 것은 생생한 발전이 절대로 자명한 것이 아니라는 점을 보여준다는 것만으로도 충분할 것이다.

그러나 이제 경제적 사실의 이 광범위한 일정성(Konstanz)이 설명되어야만 한다. 왜냐하면, 우리 이론의 초석인 주어진 욕구를 충족하려는 노력은 이에 대하여 설명을 아직 포함하고 있지 않기 때문이다. 확실히 우리는 각 경제주체의 경제적 경험의 구조를 이른바 그것이 없는 것으로 생각하고 이에 따라 우리 눈앞의 합리성 원칙에 따라 부활할 수 있다는 방식으로 분석해 왔다. 그러면 주어진 상황 속에서 매 경제기간마다 반복될 수 있는 개인들의 아주 분명한 행동은, 그 주어진 상황이 동일하게 유지된다면, 틀림없이 반복되었을 것이기 때문이다. 그것은 자세히 말하면 매 경제주체를 위한 상대적으로 최적의 결과가 창출된다는 이유에서 이기도 한다. 그러나 경제의 여건은 정말로 불가변적이지 않기 때문에, 이는 부분적으로는 경제주체들 스스로의 작품이다. 이들 동일한 경제주체들이 이 여건에 만족하고 여건을 '수동적으로 받아들이면' 어떻게 될까? 그러면 여기에 우리가 인간의 작품인 여건을, 만약 이것이 한 번만 주어진다면, 이와 관련하여 창출된 행위처럼 합리적으로 설명할 수 있을 것인가의 질문이 제기된다. 우리가 그것을 할 수 있을 것인가?

우리는 '주어진 상황'을 세 가지 집단으로 세분화할 수 있다. 첫 번째 집단은 학문적으로 다룰 수 없는 주어진 자연적 사실을 통해 구성된다. 여기에는 지리적 · 기후적 상황 등이 속한다. 얘기하였듯이, 우리는 인구의 수와 노동력도 여기에 계산해 넣을 수 있다. 왜냐하면, 우리는 이들의 변화에 대해 하등의 무게를 두지 않으며, 이 요인에 대해서는 마지막 장에서나 분석할 것이기 때문이다. 두 번째 여건의 집단은 사회적이지만 비경제적인 사실, 즉 사회공동체의 총체적 사회조직으로 구성된다. 이 집단에 대해서도 우리는 경제적으로 설명할 수 없을 것이다. 세 번째 그리고 마지막 집단은 경제적 사실에 속하는데, 특히 재화재고의 유형과 크기 그리고 생산방법의 유형을 들 수 있다. 부분적으로 이제 이들 여건은 사실상 모든 순간 주어지지만 학문적으로 다룰 수 없는 것은 아니며, 적어도 절대적이지 않고, 다른 부분에 있어서는 이들은 행위를 단순히 변경할 수 있는 개인의 행위와 직접 관련을 맺고 있다. 그리하여 이들의 설명은 어떻게 되어가고 있는가?

이제 우리는 주어진 상황을 의심 없이 합리적인 방법으로 확보할 수 없다. 왜냐하면, 그것은 우리가 어떤 의미에서는 주어진 상황을 '최고'로 보증할 수 있다는 것을 전제로 할 수 있기 때문이다. 단지 만약에 그리고 단지 경제주체들의 행위의 이 결과가 — 왜냐하면 그것은 확실히 재화재고와 생산방법이기 때문임 — '최고로 가능'한 한에 있어서 주어진 상황은 안정적인 여건이 되며, 다른 경우에는 이들은 변화하게 된다. 그리고 이들 여건은 최대한 주어진 순간에만 그렇게 존재하지만, 장기간에 걸쳐서는 이는 한 번도 존재하지 않는다. 왜냐하면, 개선 가능성이 항상 발생하며 완전성은 여기에 존재할 수 없기 때문이다. 그리하여 경제주체들은 주어진 경제방식에 있어서 다른 무언가를 유지하여야만 하며, 욕구충족에 대한 노력은 그 자체로서 지속적 변화의 대척점에 위치하게 될 것이다. 그리하여 정태적 경제의 순환의 움직이는 힘은 이들 여건에 대해 거의 느낄 수 없게 맥박을 뛰는 것으로 보이며, 거기에서 합리적 경제활동의 원칙은 어떤 다른 이유로 인하여 거부될 것으로 보인다. 이에 따라, 우리는 사실상 주시하여야 할 일정성의 다른 원인에 관해 연구하여야 한다.

우리는 이미 이들 원인에 대해 제1장에서 암시하였다. 이들 원인은, 만약 경제행위를 익숙한 궤도 밖에서 운영하려고 하면, 경제행위에 항상 마주치는 어느 정도의 저항 속에 존재한다. 우리가 이 궤도를 강조하여 구축하기 전에 당연한 반론에 부닥치게 된다. 정태적 시스템은 정말 엄밀히 말하면 단지 순간에 대해서만 유효하며 — 이는 경제가 매 순간 아주 분명한 상태에 대해 노력한다는 점을 발생시키는 표현의 경향을 가져옴 — 이는 자신의 여건에 의해 변화된다. 이 여건 자체가 나시금 경제행위에 달린 한에는 이는 사실상 매 순간에 '최고로 가능한' 상황에 존재할 것이며, 만약 이 여건이 최고의 상황에 존재하는 것이 중단된다면 변화하게 된다. 이에 따라, 만약 인간의 경제가 때때로 수백 년을 통하여 일정하게 유지된다면, 이는 하나의 동일한 생산방식이 수백 년 동안 최고로 가능하게 유지되어 온 데서만 비롯하는 것이다. 그리고 원시적인 문화의 단계에서는 실제로 이용 가능한 개선가능성은 단지 아주 드물게 제시된다는 것은 사실상 간단히 이해할 수 있다. 이 이의제기는 확실하지는 않다. 왜냐하면, 우리는 여건의 우리의 세 번째 집단이, 만약 사람들이 변화를 여건에 대하여 아주 명확하게 살펴본다면, 그다지 쉽게 변화하지 않을 것이라고 간단히 주장하고 동시에 바로 증명하려 하기 때문이다. 이에 따라, 경제의 사실상의 일정성은 경제주체들이 무엇이 또한 뒤따르는지를 볼 수 없다는 점과 거꾸로 우리가 사실상의 발전이 오로지 새로운 가능성의 인지로부터 오로지 창출될 수 없다는 점을 통하여 설명될 수 없다.

우리는 이미 존재하는 수단의 제한성이 새로운 궤도의 도입을 방해하는 저항에 관해서는 얘기하지 않았다. 이는 아주 명확하고 이론에서도 다루어진다. 사람들은 아무런 관련이 없는 다른 시장의 발견이 이로울 것이라고 진지하게 생각하지만, 우리가 이에 대해 필요한 수단을 가지고 있지 못하다면, 우리는 이 시장을 찾을 수 없다. 그리하여 이 요인은 많은 새로운 가능성을 단순히 제외시키며, 증가하는 비용의 원칙에 따라 다른 가능성의 활용을 단지 부분적으로 허락한다. 그러나 두 개의 다른 저항집단은 점점 더 흥미로우며 우리는 이들에 대해 좀 더 자세히 살펴보려 한다.

하나의 저항집단은 이로써 사회적 환경(soziales Milieu)이 이의 경제행동을 변화시키려 하는 것과 마주치는 반대의 힘 속에 존재한다. 우리는 여기에서 법적 · 정치적 조직이 개인행동에 부과하는 제약을 의미하는 것은 전혀 아니다. 이들은 이미 얘기한 것처럼 경제 밖에 존재하며 여기에서는 더 이상 고려되지 않을 것이다. 우리는 조금 다른 것을 의미한다. 사회적 공동체 일원의 모든 일탈된 행동은 다른 일원들의 비난을 받는다. 이 사실은 사회학에서 아주 잘 알려져 있으며 일상의 경험에서도 쉽게 증명된다. 만약 사람들이 동일한 사회 혹은 동일한 사회범주의 그 밖의 다른 사람들과 다르게 옷을 입고 있다면 그리고 만약 한 사람이 행동과 생활습관에 있어서 이들과 차이가 난다면 다른 사람들은 이에 반대하여 대응한다. 이 반응은 매우 다른 유형과 강도로 나타날 수 있다. 이는 발전된 문화단계보다 원시적인 문화단계에 더욱 강력하지만, 이 반응이 없었던 적은 없다. 이미 이 일탈에 대한 순수한 놀람, 이미 동일한 것의 순수한 확인은 이와 같은 반응을 나타내며 해당 개인에게 압력으로 작용한다. 행동과 단어에 있어서 비난의 제시는 이 반응의 높은 정도를 나타내며 이미 인지할 만한 결과를 이끌어낼 수 있다. 더 나아가 그것은 사회적 거절과 관련자의 회피로 이어질 수 있으며, 그의 전체 직업활동 및 전체 인생에 매우 심각한 피해를 초래할 수도 있다. 때로는 이 반응이 개인의 업무에 있어서 정신적 장애 그리고 동일한 사항에 대한 직접적 공격으로까지 상승할 수 있다. 물론 이 공격은 문화적 단계에 따라 당연히 다르게 될 것이다. 이 요인의 진행되는 차별화가 약해지고 있다는 사실은 이의 원론적 중요성에 있어서 이 차별화보다 그만큼 적게 변화하며, 우리의 이에 대한 익숙함은 이제 설명하려고 하는 발전의 결과이다. 아울러 이와 같은 반응의 보다 약한 정도는 많은 개인에게 자극적으로 영향을 미치고 이들이 바로 이것 때문에 차별적으로 행동한다는 사실도 우리의 주장에 대해 아무런 변화를 주지 못한다. 왜냐하면, 이와 같은 유형의 구성은 개인들의 특별한 유형에만 적합하기 때문이며, 우리는 언급한 사항에 적합한 나머지 것들을 나중에 대조하려 한다.

그것은 도처에서 그런 바와 같이 경제의 영역에도 적합하다. 원시적인 문화단계에 있어서 개인이 다른 사람들을 방해함이 없이 자신의 행동을 변화할 수 없다는 점을 제외하면 — 지주의 산재(散在)농지를 생각하라! —, 만약 그가 자신의 경제방식을 변화하였다면, 그것은 자주 매우 뼈아픈 주의의 대상이 될 것이며 원칙적으로 그것은 그 상태에 머물러 있지 못할 것이다. 나는 이 요인에 오래 머물려고 하지 않으면서 사람들이 자신들의 의미를 보여줄 수 있는 두 개의 보조수단을 지적하고자 한다. 첫 번째로 사람들은 한 농부가 세상에서 단절된 마을에서 그가 자신의 경제방식 변화를 시도할 때 어떤 사회적 어려움에 부닥치게 될 것인가를 생생하게 묘사한다. 둘째로 사람들은 자신들의 직업활동에 있어서 갑자기 매일같이 접촉하는 동료들과 다르게 행동을 한다고 상상을 할 수 있다. 그러면 우리는 여기에 개별적으로 묘사된 것을 보다 더 진척시킬 수 있는 모든 반대흐름에 대하여 명확하게 묘사할 수 있을 것이다. 그리고 이 압력은 대중에게는 반드시 강제적이다. 특히 우리의 문화적 환경 속에서 그리고 여기에 다시금 '자유로운' 직업을 가진 개인은 이 압력으로부터 벗어날 수 있다. 경제주체들의 대다수는 이 압력을 무시할 수 없다.

두 번째 저항집단은 누구나가 자신의 가슴 속에서 발견한다. 이것은 새로운 길을 나아가는 것보다는 아슬아슬하게 이탈된 궤도를 걸어가는 것이 한없이 더 쉬운 정신적 사실이다. 그것이 사람이든 수단이든, 부분적으로 그것은 확실히 외부적인 저항 탓이다. 그러나 사람들이 그동안 하지 않았던 것을 한다는 것은 정신적으로도 어렵다. 그것은 누구나가 다 할 수 없는 새로운 혹은 다르게 만들어진 의지의 사용을 필요로 하며, 이것은 항상 다른 아주 새로운 위험을 수반한다. 우리의 일상생활의 내적 지각은 여기에서 우리가 목표로 하는 현상의 기초를 보여준다. 우리는 육체적으로 그리고 정신적으로 일정한 생활양식과 일정한 행동양식에 맞추어져 있다. 우리는 해결하여야만 하는 과제와 여기에서 마주치는 사람들을 인식한다. 우리는 매일같이 하여야 하는 막대한 양의 작은 일들을 특별한 고민 없이 특별한 의사결정의 필요 없이 수행한다. 우리가 정신적으로 육체적으로 수행하여야 하는 업무의 대부분은 상황적으로 보아 마찰 없이 진행되며 아주 적은 에너지만 필요로 한다. 더 나아가 이는 매우 확실하게 처리되며, 우리는 갑자기 대두된 저항에 대하여, 우리가 그동안 고려한 모든 요인을 정확히 인지하지 못한다면, 우리에게 없었던 결심을 가지고 대응하게 된다. 우리는 매일 이 익숙한 궤도에 스스로를 조정하며, 이에 따라 아주 의미 없는 변화는 긴장된 의지를 필요로 하며, 혐오를 불러일으키며, 무언가 생소한 것, 낯선 것으로 간주하게 된다. 이들에 대해 더 이상 들어가는 것은 과도한 일일 것이다. 우리가 의미하는 현상은 이로써 충분히 설명된다.

이 현상의 작용은 다소간 사회생활의 모든 영역에 두드러지게 나타나며, 만약 사람들이 언젠가 어떤 혁신(etwas Neues), 즉 익숙하지 않은 것을 행하려고 한다면, 외부의 보다 큰 저항뿐만 아니라 자신들 내부의 이와 같은 저항을 극복하여야 한다. 이제 경제의 영역에 있어서 이들 모든 속박은 특별한 의미를 가진다. 대부분의 경제주체들에 대하여 이들 속박의 존재보다 경제과정의 달성에 더 중요한 것은 없다. 일정한 궤도에 익숙한 상황은 알려져 있고 실증되어 있으며, 이에 따라 사람들은 매우 큰 주안점을 가지고 이의 유지에 대해 유리하게 얘기한다. 따라서 주어진 상황 속에서 경제주체들의 행동에만 의존하고 그럼에도 불구하고 쉽게 변하지 않을 사안을 발견할 수 있다는 점을 들여다보는 것은 어렵지 않을 수 있다. 그리하여 예를 들어 생산방법은 사회적 저항 혹은 특정한 기술적・상업적 어려움을 극복하지 않아도 되는 곳들 도처에서도 발견될 수 있다. 이제 의미는 명확히 제시되었고, 여기에서 우리는 '주어진 상황에 대한 적응'을 말하는 것이다. 우리는 모든 행동이 자신의 환경을 계산에 넣어야 한다는 자명함을 의미하는 것은 물론, 우리는 경제의 큰 줄기의 일정한 유지에 대한 적응의 수동적 유형에 대해 생각한다.

혁신(Neues)을 추진하는 것은 보다 더 어려울 뿐만 아니라 그것은 일반적으로 다른 본질적인 것을 수반한다는 점을 확인하는 것이 중요하다. 여기에서 사람들이 부닥치는 어려움은 익숙한 궤도 속에 단지 점진적으로 극복하여야 하는 것이 존재하는 것과 상이할 뿐만 아니라 이들은 **다른** 어려움이기도 하다. 거기에서 우리는 경험한 궤도의 한계 속에서는 전혀 존재하지 않고 아주 적은 정도도 존재하지 않는 저항에 직면한다. 여기에는 강의 흐름과 함께하는 수영과 강의 흐름을 거슬러 올라가는 수영 간의 전체적인 차이가 존재한다. 전자의 경우 앞으로 나아가는 것이 직접 명확한 데 비하여, 강을 거슬러 몸을 움직이는 것은 특별하고도 전자에서는 필요하지 않은 힘을 필요로 한다. 이 상황은 여기에 존재하는 문제와 이와 같은 특별한 설명근거에 대한 욕구의 근거가 된다.

그러나 여기에서 우리는 대답 없이 지나갈 수 없는 이의를 다시금 제기한다. 이는 위에서 논의한 것과 연결되어 있다. 이들 모든 속박은 확실히 사람들이 말하는 '마찰저항'의 근본을 이루고, 경제적-합리적 행위는 비록 곧바로 혹은 빠르게 관철되지는 않을지라도 궁극적으로 이를 관철하여야만 한다. 확실히 사람들은 속박을 그렇게 부를 수 있다. 그러나 그렇다면 사람들은 이들 속박이 우리가 통상적으로 정태적 이론에서 '마찰저항' 속에서 이해하는 것과는 근본적으로 다른 역할을 한다는 점을 간과해서는 안 된다. 이 이의제기는 마찰저항의 두 개의 부류가 동일한 역할을 한다는 것을 의미하는데, 이것은 틀린 주장이다. 그 이유는 다음과 같다.

인간이 이성적으로 경제행위를 하여 그 결과 경험에 기반하고 그때그때의 결정에 기반하지는 않는 자신의 조치를 '합리적으로' 설명할 수 있다는 것은 어쨌든 하나의 가정이다. 이는 관찰에 근거하고 있으나 이는 항상 여러 가지의 사실을 추상화한다. 이의 의미와 이의 정당성은 이것이 원칙적인 관심사항을 파악하는 현실에 대한 접근을 묘사하고 단지 우리의 관점으로부터는 주변적인 것은 무시한다는 점에 존재한다. 무시된 사실 중의 가장 중요한 집단은 마찰저항으로 구성된 것이다. 이로써 사람들은 과정의 본질에 대해서는 아무것도 변화하지는 않지만 아마도 본질이 즉시 그리고 충분히 순수한 상태로 완전하게 보이는 이와 같은 요인을 생각한다. 전적으로 즉각 행동하는 사람은 없다. 만약 한 재화의 가격이 예를 들어 보호관세의 결과로 상승하면 나머지 재화들의 가격도 점차적으로 변화한다. 때로는 이론이 예측하여야만 했던 것은 전혀 발생하지 않을 수도 있다. 그러면 이론가는 그가 사안의 이론을 묘사하였으며 현실과의 존재하는 차이는 마찰저항을 통하여 설명할 수 있다고 말할 것이다. 자세히 말하면 그가 그것을 말할 수 있다면, 이 사안은 처리된 것이며 기초가 되는 가정은 정당화된다. 당연히 모든 가정은 그 자체로 '정당화'되지만, 사실의 설명을 위해서 이는 정말로 맞아야만 쓸모가 있다. 그것이 정말로 우리의 사례에도 그러한가?

그것은 정태적 경제의 지나간 궤도 안에서는 의심할 바 없이 그렇다.[4)]

그 틀 속에서는 거의 모든 사람은 자신의 시계에 따라 합리적-경제적으로 행동을 한다. 이에 대한 예외는 아주 적은 의미만을 가질 뿐이다. 그는 자신의 재화의 사용가능성 간의 선택을 확실하게 실행하며, 익숙한 시장에서 올바른 것을 확실하게 행하며, 그리하여 평소에도 정신적으로 강하게 유지할 수 있다. 우리는 이미 이에 대해 강조를 하였다. 정말로 합리적 행동의 원칙은 여기에서 우리가 정태이론의 세계 속에서 주시하는 진행과정의 열쇠이며, 정말로 모든 일탈은 비경제적 동기에 기반을 두지 않은 한 하등의 새롭고 흥미로운 현상을 창출하지 못하는 '마찰저항'일 뿐이다. 그러나 언급된 속박의 결과로, 만약 여건이 합리적인 규칙에 따라 변화될 수 있다면 그리고 혁신(Neues)이 창출될 수 있다면, 그것은 달라진다. 거기에서 우리의 가정은 증명되지 않는다. 나는 마치 그가 누구에게나 최고의 가격을 요구하고 최저의 가격을 제공하는 것을 믿는 것처럼, **누구에게나** 그가 사과와 배 중에서 선택할 수 있다는 것을 믿는다. 그러나 나는 대부분의 사람에 대하여 그들이 계획적으로 그리고 결연하게 그 속박을 통하여 나타난다는 것을 믿지 못한다. 사람들이 정태적 경제를 고려하는 한, 여기에서 우리의 가정은 폭넓은 사실적 기초를 가지지 못하다. 그러나 여건이 점차 변화하여 이전과 마찬가지로 다시금 최고로 가능한 여건이 될 때까지 다다르는 경향이 존재하지 않을까? 발전이 마침내 결코 관철되지 못해야만 하고 무엇보다도 극복할 수 없는 것처럼 보이는 것을 오래도록 극복하지 못한다면? 국민경제 속에서 변화에 대한 일반적인 희망이 존재하지 않고 물방울이 돌을 뚫는

---

4) 이론경제학에서는 밀(J. St. Mill)이 명백히 콜러지(Coleridge)의 영향 아래 "관세와 경쟁(Custom and Competition)"에 관한 장에서 합리적 요인 이외의 것을 고려한 첫 번째 학자였다. 그 동기는 상당한 정도로 토지에 놓여 있었다. 사람들은 이 동기를 가지고는 아무것도 시작하지 못하였다. 아울러 주어진 상황 속에서 모든 비버(Bieber)는 합리적으로 행동을 한다. 문장에서의 차별성은 사안으로부터 무언가를 만든다.

것처럼 천천히 속박의 압력을 파괴하지 않을까? 확실히 그것은 결국 발생하여야만 하며 확실히 그런 경향은 존재한다. 그러나 유사한 경향은 정태적 경제 속에서는 그 추동력인 데 비하여, 이 경향은 발전의 추동력은 아니다. 그것이 그렇다면, 우리는 여기에서 아직 기초공사 수준에 머물러 있을 것이며 아마도 결코 그만큼 멀리 나가지 못할 것이다. 끊임없이 매우 더 빨리 작동하고 현실의 발전을 설명하는 다른 원동력이 확실히 존재한다. 이에 대응하여 이 경향의 효과는 완전한 정도로 사라져서 이 경향은 발휘될 준비가 전혀 되어 있지 않다. 이에 따라, 여기에서는 이 경향을 근본원칙으로 받아들이고 그 속박을 증명이 필요했던 마찰저항으로 묘사하는 것이 실무적으로 불가능하다. 이에 따라, 속박을 극복하는 것은 매우 특별한 문제이다. 그리고 이에 따라 우리는 마지막 장(章)에서 이 요인을 다시금 다루기 위하여 전적으로 변함이 없는 경제 그 자체를 지속적으로 고수한다. 왜냐하면, 우리가 그것을 고수하고 우리가 그로서 서술을 쉽게 한다면, 우리는 사실의 큰 줄기에 대한 본질적인 것을 전혀 제외하지 않기 때문이다.[5)]

우리는 발전의 이 원동력(Agens)을 경제행위의 특정한 유형의 사람 속에서 발견한다. 이제 우리는 이에 대하여 분석하려 한다.

우리는 인간행위의 모든 영역에 있어서 무엇보다도 우리가 그동안 묘사한 경제행동에 관한 유례를 볼 수 있다. 문화, 정치 등과 같은 모든

---

5) 아마도 먼저 다음을 간단히 얘기하는 것이 좋을 것이다. 즉, 익숙한 궤도 속에서는 한 국민경제의 다양한 참여자들의 경제행위에는 원론적으로 의미 있는 차이는 없다. 이 궤도 밖에서는 개별적 참가자의 행동은 매우 다양하여, 만약 사람들이 사실과의 모든 접촉을 잃어버리려고 하지 않음에도 불구하고, 사람들은 그것을 원칙적으로 동일한 유형으로 묘사할 수 없다. 그러나 무엇보다도, 제1장에서 제시한 바와 같이 익숙한 궤도 속에서 경제는 원칙적으로 자동적이고 지도자가 없이 진행된다. 혁신(Neues)이 발생하여야만 하는 곳에는 인간 대중은 사실적, 인간적 의미에서 지도부를 가지고 있지 않을 수 없다.

영역은, 사회적 차별화가 특정 직업군에 따라 효과를 발휘하고 난 후에, 만약 사회적 공동체의 모든 구성원이 모든 영역의 결과에 대해 다소간 참여한다면, 특별히 실재하는 인간집단에 의해 특징지어진다. 우리가 경제에 대해 지적한 속박은 아마도 다른 영역에 대해서는 항상 강력하게 영향을 주지는 않는다. 그러나 원론적으로 속박은 존재한다. 그리고 이들 속박에 많은 사람이 그 자체로 연결되어 있다. 말하자면 독자적인 힘이 되기도 하는 지나간 궤도 속의 행동과 사고는 그동안 우리가 눈여겨보았던 경제행위의 유형에게는 완전히 상응하는 것이다. 그것은 사람들이 배운 것을 활용하는 것이고, 물려받은 기초들 위에 작업하는 것이며, 모두가 행하는 것을 실천하는 것이다. 단지 주어진 노동방법 속에서 완전히 자유롭고 깨어있는 선택이 지배하며 오직 이성적으로 선택할 수 있는 행동반경이 존재한다. 이 유형으로는 '혁신(Neues)'은 전혀 창출되지 않으며, 모든 영역의 **자체적** 발전(**eigene** Entwicklung)은 이루어지지 않으며, 단지 여건으로부터 수동적 적응 및 결과창출만이 존재한다. 그러나 동시에 우리는 여기에서 행동의 이 유형이 매우 사실적이고 규칙이지만 유일하게 가능한 것은 아니라는 점을 즉시 보게 된다. 다른 무엇인가가 존재하며, 창조적인 새로운 구성(schöpferisches Neugestalten)도 존재한다. 당연히 이 새로운 구성도 선행조치에 바탕을 두며, 상황에 달려있으며, 시대가 낳은 것이라는 즉각적인 이의제기가 발생한다. 나는 이 항변에 대하여 경제적 영역을 위하여 대답하여야만 할 것이다. 여기에서 두 개 유형의 차별성의 유명하게 알려진 사실이면 충분할 것이다. 나는 여기에서 확실히 우선 나의 설명으로 시작하며, 그 묘사는 내가 대체로 제시할 수 있는 **그** 색채와 정확성을 점점 확보하게 될 것이다.

그리하여 국민경제학은 예전부터 망설였던 문화적, 학문적, 정치적, 그리고 기타의 활동에 대하여 경제적 작업의 개념하에 파악하는 것을 주저해 왔다는 점은 잘 알려져 있다. 모든 국민경제학자는 이와 같은 요약이 바람직하지 않을 수 있다는 어느 정도의 어려움이 여기에 존재한다는 느낌을 다소간 의미 있게 보여 왔다. 그러나 우리는 이미 얘기한 바와 같이 이들 모든 영역에 있어서 그 자체적으로 경제행위에 대한 유사성을 발견할 수 있으며, 이에 따라 이 사안을 경제행위라는 개념 속에 포괄하는 것이 아주 당연하다. 그러나 우리는 곧 이것은 완전하지 않고 우리의 묘사는 여기에서 많은 현상에 대해 전혀 맞지 않을 수 있다는 점에 도달한다. 이에 대한 원인을 경제행위의 우리의 두 가지 특징이 비경제적 영역에서의 행위 일부분에 적합하지 않는다는 점에서 찾는다면 사람들은 빗나가지 않을 것이다. 경제적 의미에서 욕구충족에 대한 희망은, 즉 소비를 위한 경제적 재화의 획득에 대한 희망은 의심할 여지없이 이들 다른 활동에 대한, 적어도 이에 해당하는 행위의 전체에 대한 설명의 이유 및 정도는 아니다. 한 화가가 자신의 예술을 가지고 경제적 목적도 추구한다면, 사람들은 설명원칙으로서의 이 요인을 가지고 예술적 활동의 본질이 타당하지 않다는 얘기를 할 필요가 없다. 이 관계에 있어서 매우 중요한 차별성을 제시하는 한 요인이 특별히 중요하다. 경제적 노동은 노동의 피로가 추가적으로 더 기대할 수 있는 즐거움의 증가와 동일한 지점에서 중단된다. 이 주장은 그 일반성에 있어서 예술적 행동에도 해당된다. 당연히 피로의 느낌은 경제적 노동을 끝나게 한다. 그러나 즐거움은 자신의 법칙을 이 노동의 결과에 대하여 획득할 수 있는 소비재에서 발견하지 않으며, 그것은 이들 경우에 있어서 가치척도가 다르게 진행되어야 한다는 명백한 결론만을 가지는 것은 아니다. 그것은 자명하며, 그렇다 하더라도 노동의 형태 역시 그것이 우리에게 중요한 한 변화하지 않을 것이다. 동일한 전제조건하에서 이 즐거움의 척도는 다른 즐거움들 각각의 척도처럼 지속적으로 줄어든다는 것에는 아무런 변화가 없을 것이다. 또한, 그것은 다른 결과, 아마도 보다 진지한 결과, 이른바 지속적인 균형상태가 존재하지 않는 결과도 초래한다. 예술가는 자신이 항상 가지고 싶었던 것을 자신의 행위 속에서 지속적으로 추구하게 될 것이며, 이 상황에서 그의 행위는 다른 주어진 상황에 대한 수동적 적응의 형태가 아니라 오히려 항상 더 이상의 본래적 변화의 원인이 된다.

그러나 우리의 두 번째 특징인 주어진 여건으로부터의 '결과연계'는 이와 같은 행위에 전혀 적용되지 않거나 불완전하게 적용된다. 예를 들어, 이를 예술적 활동에 대해 다시금 적용하면, 우리의 특징은 예술가는 자신의 기술을 자신의 아이디어와 마찬가지로 외부로부터 넘겨받은 것이라고 말할 수 있을 것이다. 이제 의심할 여지없이 하나의 의미가 존재하고, 그 속에서 사람들이 이것을 말할 수 있다. 각각의 예술가도 자기의 시대 그리고 자기의 주변에서는 어린아이였다는 점은 확실히 분명하고, 이 점에서 그가 창조한 것이 이에 대한 궁극적 원인으로서 고려될 수 없다. 그러나 다른 의미에서는 이 주장은 틀리거나 적어도 불충분하다. 이른바 그 점에서 이 주장은 지금까지 알려진 것 오직 그것만이 그 예술가의 작품으로 표현할 수 있음을 말한다. 사람들이 이 마지막 의미에서의 주장을 생각한다면, 사람들은 예술적 행동의 일반적인 모습을 완전히 묘사하기에는 무엇인가 빠져 있고, 독창적으로, 창조적 행위로, 새로운 구성으로 묘사되곤 하는 요인이 빠져 있음을 바로 알게 된다. 이 요인의 존재는 의심의 여지가 없다. 이 요인의 우리에 대한 의미는, 그것이 관련 영역에서 발전의 연속성을 중단시키고, 그동안의 발전이 종료되고 새로운 발전이 시작되고, 한 발전에서부터 다른 발전으로의 이전이 오직 여건변화에 대한 명백히 특정적인 적응을 통해서만 추진된 것이 아니라는 사실 속에 존재한다.

우리는 이들 두 개의 유형을 다르게 인지하고 서로 연계할 수 있도록 충분하게 설명을 하였다. 우리는 이제 이들에 대하여 보다 적합한 이름을 부여하는 것이 허락된다. 이것은 까다로운 사안인데, 왜냐하면 사람들은 어떠한 주변적인 의미를 가지지 않고 적절한 착수지점을 제공해 줄 수 있는 개념표현을 쉽게 선택할 수 없기 때문이다. 그러나 그것은 한번은 존재하여야만 하기 때문에, 우리는 다음의 의사결정을 한다. 즉, 하나의 개념유형은 '정태적(statisch)', 다른 개념유형은 '동태적(dynamisch)'으로 나타낸다. 이 명칭으로서 우리에게는 다른 동일한 의미를 가지는 명칭, 이른바 '쾌락적(hedonisch)'과 '활동적(energisch)'이라는 명칭이 존재하여야만 한다. 우리는 **행위**의 쾌락적 혹은 정태적 유형 그리고 활동적 혹은 동태적 유형을 얘기할 뿐만 아니라 쾌락적 혹은 정태적 그리고 활동적 혹은 동태적 **개인**을 얘기한다. 여기에서 우리는 첫째 유형에서는 **오로지** 쾌락적-정태적 행위만을 인지하는 것으로 이해하며 나중 것에서는 동태적-활동적으로 행동하는 것을 보는 것으로 이해한다.

왜 우리가 '동태적' 행위를 '활동적' 행위로 묘사하는가를 명확하게 해도 된다. 여기에서 우리는 누구나가 다 받아들일 수 없는 '속박'과의 전쟁을 생각한다. 그리하여 우리는 보다 넓은 시계와 새로운 아이디어에 무게를 많이 두지 않고 오히려 실질적 행위의 에너지에 무게를 둘 수 있는 기초를 만들 것이다. 여기에서 우리는 '활동적 행위'라는 용어를 단순히 일상적인 언어 사용에서 도출하고 있음을 강조할 수 있을 것이다. 우리는 이른바 우리의 개념을 우리가 일상생활에서 사용하곤 하는 것보다 날카롭게 묘사하지만, 우리는 일상생활이 단어와 이미 연계된 내용만을 더욱 날카롭게 만들어낸다고 믿는다. 그리하여 오직 중요한 것은 널리 사용되는 개념의 과학적 가치평가와 이를 통하여 나타난 사실을 현실의 관념적 묘사에 받아들이는 것이다. 그 밖에 다른 것은 특히 이미 지금까지의 다양한 지식영역에서 그 용어가 발견해낸 내용 중 하나에 의존하는 것은 중요하지 않다.

우리가 '정태적' 행위를 '쾌락적' 행위로도 나타내는 이유 역시 마찬가지로 약간의 시사하는 바가 있다. 근본적으로 정태적 행위는, 쾌락적 혹은 행복주의적 동기가 개념적 필요성에 의해 정태적 행위로 이어져야만 하지 않는 것과 마찬가지로, 쾌락적 혹은 행복주의적 동기에게만 기초할 필요는 없다. 그러나 현실에서는 사실상 정태적 행위와 쾌락적 동기는 대부분 연결되어 있다. 쾌락적 관점에서는 속박과의 전쟁은 좋을 것이지만 마찬가지로 거의 추천되지 않을 것이다. 더 나아가 쾌락적 동기는 보통 사람들이 지난 궤도에 머무르는 것으로 이어지게 하는 일정한 결단 취약성도 가지고 있는 이와 같은 개인들을 특징짓는 경우가 많다. 만약 많은 경제학자가 '완전한 쾌락주의자'의 유형만을 서술한다는 것은 순수한 가정을 넘어서는 것이다. 확실히 가치개념은 그 자체로 일반적인 것이다. 그러나 사람들은 쾌락적 가치와 비쾌락적 가치를 구분할 수 있다. 우리는 이에 관해 보다 자세히 설명하기로 한다.

개인의 행위 속에서 그리고 국민 역사의 큰 틀 속에서도 우리는 비쾌락적 유형의 영향을 명백히 인지할 수 있다. 이제 우리는 그와 같은 것이 생업활동의 영역에도 존재한다는 것을 보여야 한다. 지금까지 얘기한 것은 거의 반론을 받지 않는다. 경제영역의 밖에서 사람들은 우리의 유형을 확실하게 인지할 것이다. 그곳에서 쾌락적 설명 원칙이면 충분하였고 동기부여의 두 가지 쾌락적 요소를 도처에서 찾으려고 했다는 것은 초라한 해명일 것이다. 그러나 경제의 영역에서는 이 사안은 다르게 위치한다. 여기에서는 쾌락적 행동 이외의 것은 불가능하고 목적에 맞지 않은 것으로 보인다.

욕구의 방향과 강도는 경제행위의 본질적인 설명요인이고 바로 이 설명요인이 우리에게 정태적 행위의 그림을 제공해 준다는 것을 우리가 인정한다면, 경제행위의 다른 유형이 제시될 수 있을 것인가 여부의 질문이 대두된다. 다른 질문으로는 사람들이 직접 소비하려고 하거나 혹은 사람들이 소비하고자 하는 재화에 대하여 교환하고자 하는 것 이외의 다른 이유로서 생산이 가능한가 여부와 이 경우에 경제행위의 규칙이 이들 재화의 효용성과를 창출하는가의 질문도 제기된다.[6] 그것은 현재 매우 불가능한 것처럼 보이는데, 그 이유는 경제영역 이외 영역에서의 행위를 경제행위와 구분하는 것은 명백하게도 다른 목표의 존재, 즉 사람들이 자주 '보다 높은' 목표로 나타내기에 익숙한 목표의 존재이기 때문이다. 모든 자신의 활동에 있어서 한 개인 행위의 전체적 묘사는 다음과 같은 방식으로 제시된다. 즉, 각각의 개인이 경제행위를 하여야만 하고 각각의 개인은 어떠한 형태의 관계 속의 경제주체이다. 그것이 그런 한 그만큼 개인은 묘사된 경제이론의 규칙에 따라 행동한다. 그러나 그가 필요의 압력에 대해 경청하였다면, 즉 생활유지의 필요성이 충족된다면, 그는 말하자면 자신의 경제적으로 하여야 할 일을 끝내고 자신의 진정한 관심에 해당되고 어쩌면 이들 활동 자체를 위하여 우선시하는 다른 활동을 지향하게 된다. 그리고 경제이론이 구상한 행위의 묘사는 이들 활동에는 적합하지 않다. 의심할 여지없이 이와 같은 해석은 쉽게 증명될 것이다. 대단히 많은 개인이 성가시고 마음내켜 하지 않은 경제행위를 옆으로 치우고 다른 활동을 즐기기 위해 경제적 필요성을 충족시킨다는 것은 명백하다. 이들 경우에 있어서 이들 개인은 경제적 활동을 최소한으로 줄이고 사실상 그 상황으로부터의 결과만을 가급적 간단하고 가급적 생산적인 방식으로 획득할 것이라는 점은 자명한 일이다. 여기에서 욕구충족 이외의 다른 목표는 존재할 수 없고 이 목표를 가장 빠르게 달성하고 이 목표에 즉시 머무르게 하는 것 이외의 다른 행위는 여기에서 마치 현명하지 않은 것으로 보인다. 여기에는 소위 보다 높은 목표라는 것은 명확하게 존재하지 않으며, 만약 사람들이 그럼에도 불구하고 다르게 행동하고, 특히 자신의 경제에 노동의 한계효용과 한계

---

6) 당연히 이 주장 속에는 다른 사람들의 욕구충족에 대한 이타적인 관심이 포함되어 있다.

비효용의 균등화에 상응하는 것보다 더 많은 주의와 에너지를 사용한다면, 이에 대해 유일하게 가능한 설명이 오류 속에서 가능하거나 혹은, 이의 합리적 기초가 없어진다 하더라도, 사람들이 고집하는 획득된 습관 속에서 존재할 것으로 보인다.

그리하여 쾌락적 행동은 '경제원칙'에 상응하는 행동은 전혀 아닌데, 여기에서는 그것이 유일하게 이성적인 것으로 보인다. 즐기기 위해 단지 획득한 것이라는 점은 아주 자명하다. 거기에서 모든 다른 목표는 모순에 차 있는 것처럼 보이고 바로 정신적 결함을 지적하는 것처럼 보인다. 그러나 그럼에도 불구하고 우리는 정태이론의 묘사가 적합하지 않은 사람들을 발견한다. 우리는 경제행위의 다른 유형의 사례를 발견하며 그것도 국민경제가 좋을 때 발견한다. 이 다른 유형은 아주 분명하게 나타나며 우리에게 그 중요성을 확보하고 있다.

이 유형의 사람은 실무적 경험에는 아마도 잘 알려져 있다. 그는 정태적 경향을 가지고 있는 경제주체들의 압도적인 다수에 비하여 간헐적으로 나타난다. 그러나 이 유형이 나타나면 날수록 더 많은 주의를 끈다. 인간활동의 모든 나머지 분야에서뿐만 아니라 경제의 영역에 있어서도 대중으로부터 두드러지는 지도자(Führer)가 있으며, 자신의 행동규칙 그 자체를 가지는 인물이 있다. 우리 시대의 자본가인 산업의 총수는 누구에게도 전혀 낯설지 않다. 과거의 그의 전임자들은 어렵지 않게 제시될 수 있다. 경제적 영역에서도 정태적-쾌락적 규칙에 따라 행동하지 않는 개인들이 있으며, 그들의 행동이 현실의 우리 묘사 속에 새로운 요인을 제공하는 개인들이 있다. 실무적 경험은 이들을 잘 알지만 이들을 분석하지 않거나 단지 불완전하게 분석한다. 이제 우리는 분석을 수행하여야만 한다.

이 유형의 본질적 특징은 첫째 행동의 에너지와 둘째 특별한 동기유형이다.

첫 번째 특징은 경제의 일정성에 근거한 저항에 대응하는 행동에 의하여 주어진다. 부분적으로 이들 저항은 이 유형에게는 존재하지 않는다. 그 행동은 혁신(Neues)과 익숙지 않은 것을 이룩하려면 누구나가 극복하여야 하는 정신적 저항에 적합하다. 실천가(Mann der Tat)는 주어진 궤도 밖의 경제적 영역에서도 경험적으로 주어진 것의 내부에서와 마찬가지로 동일한 결심과 동일한 확고함을 가지고 행동을 한다. 무엇인가 아직 이루어지지 않았다는 사실은 그에게는 반대이유로 느껴지지 않는다. 그는 경제주체들에게 평소 행동의 강력한 제약을 형성하던 망설임을 느끼지 않는다. 그가 대체로 보게 되는 다양한 기회들은 이들이 이미 실현이 되었는가 아니면 안 되었는가의 기준에 따라 그에게는 본질적으로 구분되지는 않는다. 그는 이들 기회 모두를 동일한 명확성으로 바라보며 이들 간에 자유롭게 선택한다. 이들 모두는 그에게 동일한 방식으로 실재한다.

이 사안은 사회적 속박 속에서는 조금 다르게 위치하는데, 이 속박의 압력 속에 사회적 공동체의 모든 구성원이 존재한다. 우리는 우리의 실천가가 특히 원시적인 문화단계의 다른 많은 일반 대중보다는 이 압력에 보다 적게 노출되어 있다는 것을 나중에 보게 될 것이다. 왜냐하면, 그는 거기에서 이미 경제적 이유 이외의 이유로도 경제적 영역에서 도움이 되는 특별한 위치를 이미 차지하고 있기 때문이다. 그러나 그 경우가 아닌 한, 그에게는 나머지 경제주체의 매우 극복하기 어려운 적극적이고도 소극적인 저항에 부닥치게 된다. 그는 이 압력에 굴복하는 것이 아니라 오히려 이에 대해 투쟁을 한다. 사람들이 그 저항이 위협이 아니라 오히려 자극이라고 묘사한다고 말한다면, 확실히 사람들은 심지어 잘 알려진 사실의 범주 내에 머무는 것이다. 또한, 이 저항은 이들 범주에 의해 반대이유로 전혀 느껴지지 않으며, 변화 불가능한 것으로 전혀 간주되지 못한다.

우리는 활동적 행위에서와 마찬가지로 경제의 창조적 구성(schöpferisches Gestalten)에 대해서도 우리가 인간활동의 다른 영역에서 행동하는 것과 아주 같은 의미에서 설명할 수 있을 것이다. 이로써 우리는 우리의 유형에 대하여 여건으로부터 일목요연하고 일정한 행위방식이 혹은 우리가 정태적 경제주체에게서 관찰하는 바로 **그** 일목요연하고 일정한 행위방식이 창출되지 않는다는 것을 의미한다. 주어진 욕구수준에 있어서 후자는 자신의 수단으로부터 완전히 특정적인 것을 만들어낸다. 우리의 유형은, 다른 의미를 부여한다면, 자연스럽게 마찬가지로 그로부터 아주 특정적인 것 그러나 무언가 다른 것, 즉 혁신(Neues)을 만든다. 우리의 유형은 말하자면 이에 대한 여건을 추가한다. 정태적 경제주체는 이들 여건으로부터 특징적인 방식으로 '수동적인' 결과를 창출하는 데 비하여, 우리의 실천가는 이들을 창조해 낸다. 그는 이들 여건에 새로운 형식을 제공하고, 마치 위대한 창조적 예술가가 자신의 예술의 전수받은 요소에 대하여 하듯이 이 형식을 새로운 연결 속에 제시한다. 그는 '정태적인 사람(Statiker)'이 연년세세 수행할 수 있는 경제방식을 변화시킨다. 그의 행동은 적응에 대한 노력으로서 강제적이지 않은 것으로 이해할 수 있다. 그것은 정태적 행동과는 근본적으로 다른 것이며 근본적으로 다른 현상을 창출한다. 이 양자의 혼합은 국민경제학의 중요한 불명확성으로 이어진다. 이 유형에 대한 나의 이해가 아직 그렇게 불완전할 수 있다 해도, 사람들이 경제행위의 두 유형 간의 이 차이를 멀지 않아 인지한다는 것을 부정할 수 없을 것이다.

여기에서 아직 한 가지 요인이 매우 중요한 의미가 있다. 우리의 실천가는 단순하게 주어진 혹은 직접으로 기대되는 수요를 추구하지 않는다는 것이다. 그는 자신의 생산물을 시장에 강요한다. 그것은 모든 사업가에게는 믿을 만한 과정이다. 만약 하나의 새로운 생산물이 하나의 시장에 도입되어야만 한다면, 사람들에게 그 용도를 설득하여야 하며 상황에 따라서는 강제하는 것이 효과적이다. 사람들은 그 생산물을 우선 손해를 보고서 혹은 아주 공짜로 제공하며 이와 관련된 결정적인 요인을 찾는다. 그것은 무엇보다도 후진국의 시장에 연결하는 방식이다. 그곳에서 무엇보다도 욕구와 수요가 의도적으로 일깨워져야 하는데, 이들 국가에 대한 유럽의 수출거래는 주로 이 방법으로 진행되어 왔다. 그러나 그것은 작은 정도로는 유럽과 유통의 중심지에도 존재한다. 새로운 기계, 소비재의 새로운 품목은 기존 수요의 압력하에서는 수요가 창출되지 않는다. 혹은 아주 예외로 창출은 되는데, 그리고 이 예외는 그 존재가 바로 기존의 경제발전에서 비롯하며, 그 결과 우리가 정태적 경제를 전제로 한다는 점은 더 이상 고려되지 않는다. 사람들이 일단 경제발전(wirtschaftliche Entwicklung)에 익숙해지면, 이들은 언젠가 경각심을 가지게 되며, 원시적 경제가 보여주던 구속은 더 이상 존재하지 않으며, 그렇다면 현실에 있어서 우리의 유형은 확실히 점점 희미해지게 된다. 이 언급된 사항은 아주 충분하다. 그러나 단지 하나의 당연한 이의제기를 만나야 한다. 즉, 생산물이 현존하는 수요에 대하여 생산되든 혹은 새롭게 창출되는 수요에 대하여 생산되든 상관없지만, 항상 수요에 대하여 생산되며, 이에 따라 우리의 경우는 그 자체로서 아무런 원칙적 관심사항을 가지지 못한다고 말할 수 있을 것이다. 그런데 그것에 대해서는 그렇지 않다. 만약 우리의 묘사가 과정에 적합해야 한다면, 수요요인은 공급요인에 대하여 독립적이고 궁극적 원인으로서 대응되어야만 한다. 수요가 처음으로 공급에 의해 창출되면 그것은 그렇지 않는데, 그렇다면 우리는 두 개의 독립적 힘을 그리고 두 개의 독립적으로 작용을 하는 경제주체의 집단을 가지는 것이 아니라 새로운 현상, 즉 수요를 통하여 내내 이루어지는 것은 아닐지라도 궁극적으로는 스스로에게 원인으로 되돌아오는 공급을 가지게 된다.

이제 우리는 경제행위의 우리의 유형(unser Typus)을 심리적으로 설명하려 한다. 우리는 그것을 대체로 사람들이 사회적 문제에 있어서 행위자의 동기에 동의하는 동일한 목적 속에서, 즉 이해와 이로써 행위의 법칙을 얻으려는 동기의 목적 속에서 행한다. 무엇보다도 우리는 재화의 소비를 통한 욕구충족의 노력은 충분한 설명원칙을 가지고 있지 않다는 점을 소극적으로 더욱 정확히 밝혀내야만 한다. 그것은 다음의 이유에서이다.

우리는 일상적 생활 속에서 국민경제의 지도적 인물 그리고 경제의 바쁜 활동에서 일반 대중 위에 두각을 나타내는 모든 사람은 대체로 그 시점에 이미 의미 있는 수단을 가지고 있음을 관찰한다. 그럼에도 불구하고 우리는 이들이 자신들의 모든 힘을 더 이상의 재화수량의 획득에 매우 자주 다른 어떤 생각의 여지없이 헌신하는 것을 본다. 이제 그들이 경제적 균형에 노력한다면, 그들은 모든 걸음에 있어서 이에 의해 얻어질 재화를 통하여 충족시킬 수 있는 특정한 욕구를 생각하는가? 그들은 모든 걸음에 있어서 일정한 욕구의 강도를 경제적 활동에 대한 해당 소비의 비효용에 상응하는 부정적인 가치에 대비하여 견주어 보는가? 그들의 행위 동기는 그들의 상호작용이 폭넓고 수많은 경제주체의 노동의 현재 양을 결정하는 두 개의 요소인 욕구충족과 노동의 고통으로 나눌 수 있는가? 다음이 중요하다. 우리가 이들 질문에 대해서 그렇다고 대답할 수 있을 때에만, **정지된** 국민경제의 근본원칙이 **일반적으로** 유효하게 될 것이다.

그러나 한 경제주체에 대한 어느 정도의 충족 정도가 확실해진 후에 더 이상의 재화획득의 동일한 경제주체에 대한 가치는 아주 낮게 떨어진다는 사실이 있다. 고센(Gossen)의 법칙은 이 사실을 설명해 주고 있으며, 우리의 일상적 경험도 소득의 개별적으로 서로 다른 일정한 크기를 넘어서면 아직 충족되지 않은 욕구의 강도는 특별하게 작다는 점을 우리에게 가르쳐준다. 모든 문화의 단계와 모든 구체적인 환경에 대하여, 대충 계산을 하기는 하지만 소득의 총액은 제시될 수 있으며, 그것을 넘어서면 소득단위의 가치는 영(零)에 접근한다. 세속인(世俗人)에게는 한 사람이 더 많은 수단을 가질수록 그의 욕구는 더욱 커지며 이와 같은 새로운 욕구를 과거와 같은 동일한 에너지로 느낄 수 있다고 항변하는 것은 당연하다고 생각된다. 거기에는 어느 정도의 진실이 있다. 고센(Gossen)의 법칙은 무엇보다도 주어진 욕구수준에 대해 유효하다. 그러나 이 수준은 증가하는 수단으로 인하여 증가된다. 이에 따라, 증가하는 재화의 양에 대한 가치평가의 척도는, 만약 욕구가 동일하게 유지되면, 실제로 그것이 할 수 있었던 것만큼 빠르게 줄어들지는 않는다. 우리는 이 요인에 대해서 다시금 다루게 될 것이다. 여기에서는 증가하는 욕구의 움직임은 이와 같이 항상 점점 더 줄어드는 강도를 필요로 한다는 점을 얘기하는 것으로도 충분할 것이다. 그것은 우리의 목표를 위해서, 일정한 화폐금액은 그것이 전 재산인 세속인에게는, 근본적으로 아주 중요하지 않은 지출의 가능성만이 이 금액에 달려 있다는 것을 아는 백만장자에 대한 것과는 완전히 다른 의미가 있다는 사실에 의해 충분히 증명된다. 이로부터 국민경제의 지도자들이 정말 단지 그들에 대한 만족의 정도는 모든 달성 가능한 한계를 넘어서 있기 때문에 멈추지 말아야 한다면, 그들은 순수하고 만족시킬 수 없는 욕망에 의해 소비를 하여야만 하며 그들의 욕구는 특별히 강력하여야만 한다는 결론에 도달한다.

만약 사람들이 이와 같은 행동을 무슨 일이 있어도 목적에 맞지 않을 것이라고 생각한다면, 사람들은 이와 같은 해석에 대하여 곧바로 오류로 이어져야만 한다. 생업활동은 어느 정도의 소득규모를 넘어서 유별나게 많이 벌게 하는 재화의 소비에 대한 직접적인 방해물이다. 여기에는 무엇보다도 시간의 여유가 속하는데, 이에 대한 요구와 획득한 것의 소비에 대한 요구는 바로 '쾌락주의자'에게는 대단한 의미를 제공한다.

당연히 이와 같은 비이성적인 행동은 실제 생활에 있어서 이와 같은 사람들의 탓으로 돌리게 되는 것을 인정할 수 있다. 보다 가까운 사람들은 물론 고작 이름만 아는 사람들도 매우 종종 이 견해를 가진다. 그리고 더 나아가 쾌락적 목표에 대한 이런 종류의 오류는 쉽지 않게 쾌락적 동기의 부재를 나타내는 것이라고 인정할 수 있다. 언젠가 획득되어 지속적으로 작용을 하는 습관은 이의 분별력이 없어질지라도 설명될 수 있으며, 그리고 다른 반쯤 이상한 요인도 설명을 제공할 수 있다.

그러나 우리는 이와 같은 사람들에게서 행해지지 않은 소비에 대한 주목할 가치가 있는 무관심, 확실히 자체적 반감 등을 보이는 것을 느낀다. 사람들은 확실히 지도적 인물의 일반적으로 알려진 형태의 하나 혹은 다른 하나만을 혹은 자신의 사업에서 떠오르는 최고의 사람만을 이 주장의 진실을 제대로 통찰하도록 생생하게 그려내는 것을 필요로 한다. 물론 이와 같은 경제주체들은 대부분 부유하게 산다. 그러나 내 생각으로는 만약 사람들이 이들이 부유하게 산다고 얘기해도 우리가 사실을 올바르게 해석한다는 것을 사람들이 부정하지는 않을 것이다. 왜냐하면, 이들은 부유하게 살기 위한 수단을 가지고 있고, 이들은 부유하게 살기 위한 목적으로 그 수단을 획득하지는 않기 때문이다. 이들 사실을 아주 공정하게 만들기는 쉽지 않다. 정태적 가치론의 명제는 직접 각자의 의식 속에서 증명되는 데 비하여, 여기에서는 관찰자의 개인적 해석과 개인적 경험이 큰 역할을 하며, 우리의 주장이 쉽게 받아들여질 것이라고 처음부터 기대하지는 않는다. 그렇지만 사람들이 그동안의 일반적 의견과 이전에 가졌던 의견을 포기할 수 없고 오히려 우리 유형의 가장 구체적인 대표에 대해 개별적으로 분석하는 것을 시도한다면, 사람들은 이 주장에 대해 모든 근거를 전혀 부정하지 않을 것이다. 만약 사람들이 그것을 하면, 사람들은 아마도 가능한 예외들이 자동적으로 설명되는 것을 보게 될 것이다. 특히 일정한 쾌락적 결과, 특히 일정한 소득의 규모에서 자발적 은퇴에 대한 향유의 노력과 희망을 가장 우선시하는 사람들은 그들의 위치를 대부분 자신들의 자체적인 힘에 의해서 비롯한 것이 아니라 자신들의 혹시 있을 수 있는 성공은 단지 우리 유형의 인물이 이들보다 먼저 일을 하였던 탓으로 돌리는 것을 보게 될 것이다.

현대의 산업이 창출해온 사람들은 '아주 대단한 친구들'이며, 이들은 자신들이 추진하였던 모든 노력이 충분한 소비잉여를 약속할 것인지의 여부를 끊임없이 걱정스럽게 물었던 비관적인 사람들이 아니었다. 이들은 그들의 행동 결과의 쾌락적 과실에 대해 거의 걱정을 하지 않았다. 처음부터 이들에게는 획득한 것으로 한가롭게 즐기려는 의도는 없었으며, 이들은 이를 좋아하지도 않았다. 이와 같은 사람들은 다른 것들을 할 줄 모르기 때문에 창조를 한다. 이들의 행동은 관찰자에게 경제활동을 제공하는 가장 훌륭하고 가장 광채가 나는 요인이며, 게다가 정태적-쾌락적 설명을 아주 가혹하게 제외해버린다. 그리고 우리가 특정한 이름을 부여하는 것을 포기함에도 불구하고, 100명의 편견이 없는 사람들 중에 99명은 그것에 대해 바로 동의할 것이다.

그리하여 획득한 재화의 소비를 통해 목표로 한 욕구충족을 하려는 노력은 명백히 우리 유형의 사람에 대한 설명원칙이 되지 않는다. 그러나 그는 심리적으로 동기가 유발되지 않을 수 없다. 왜냐하면, 정신적 동기가 모든 의도했던 행위에 적합하기 때문이다. 확실히 정신적 동기는 행위자에게 명확히 인식될 필요는 없다. 이는 모순에 차고, 흔들리며, 의미가 없을 수도 있다. 그러나 이는 없어서는 안 된다. 우리가 '동기가 유발되지 않은' 행위에 관해서 얘기하려 한다면, 우리는 이를 **정신적으로**가 아니라 단지 **논리적으로** 비동기화가 되었을 것이라고 말한다. 다시 말해, 그 행위에 있어서 — 아무튼 존재하는 — 동기는 정확하지 않은 판단에 따른 우리의 한 의견에 근거하고 있다. 그 결과 우리의 '실천가'는 그들의 행위에 있어서 특정한 동기를 가져야만 한다. 이제 그들은 확실히 재화의 획득에 마찬가지로 노력한다. 이에 있어서 그들은 마찬가지로 경제성의 원칙을 경험하며, 그들은 교환유통에 있어서 정태적 경제주체를 이끌었던 동일한 원칙을 자신의 것으로 만든다. 이에 따라, 우리는 사람들은 자신의 소비욕구를 충족시키는 것 말고 다른 동기에서도 그 모든 것을 행한다는 결론에 도달한다. 사람들은 소비하거나 혹은 다른 사람들의 소비를 공급하기 위한 것 말고 다른 이유로 재화를 획득하려 하여야만 한다. 그렇다면 이 동기는 무엇인가? 우리는 두 가지를 발견할 수 있는데, 이것이 사회적 지위에 대한 기쁨과 창조적 구성에 대한 기쁨이다.

두 개의 동기 중에 첫 번째는 가장 피상적인 고찰이 특별히 당연하다고 생각된다. 누구나 자신의 현실을 직접 느끼며, 누구나 사회활동의 모든 다른 영역에 대해서와 마찬가지로 경제활동의 영역에서도 자신의 유효성을 발견한다. 보다 큰 소유는 사회적 그리고 경제적 지위를 의미하며, 그것은 단지 대폭적인 소비충족의 가능성만을 의미하는 것은 아니다. 두 개의 요인은 근본적으로 다르며 개념적으로 서로 연계가 되어 있지는 않는다. 예를 들어, 욕구충족에 대한 기쁨과 더불어 소유의 기쁨, 즉 충족가능성에 대한 기쁨을 구분하는 것은 화폐금액의 가치와 더불어 동일한 화폐로 영위하는 요구의 독립적 가치를 인지하는 것이 허락되지 않는 것과 마찬가지로 쉽지 않게 허락될 수 없다. 그러나 그 사안은 우리의 경우에는 해당하지 않는다. 자산은 이의 소유자에게 사실상 두 개의 본질을 달리하는 우위를 제공한다. 그리고 사람들은 양자는 물론 이들 중 하나 때문에 자산을 평가할 수 있다. 일반적으로 사람들은 두 개의 우위들에 따라 자신의 자산을 평가할 것이다. 이론은 지금까지 항상 자산의 가치를 자신의 소유자의 시계 속에 놓여 있는 구성요소의 효용성과의 충족가치로부터 추론하였다. 여기에서 부차적 생산물의 한 유형으로 자산의 소유가 제공하는 사회적 지위는 경제행위에서 이 부차적 생산물에 대한 고려 없이 나타날 것이다. 이것은 경제주체가 이들 재화 자체를 필요로 하기보다는 오히려 이의 획득이 사회적 이유에서 그에게 바람직하게 보였기 때문에 재화가 보다 적게 획득된 경우를 최대한 제외하고 그렇다. 이 해석은 일상적으로 완전하기에 충분하며, 경제주체 그 이상으로서 개별적 교환활동에 있어서 일반적으로 자산 그 자체를 분리하지 않으며, 오히려 되풀이되는 효용을 실현하거나 — 그 결과 교환과정이 소득흐름에만 관계됨 — 혹은 — 그것이 자신의 자산의 일부분을 교환해 준다면 — 자산가치는 다시금 자산가치를 통하여 대체된다. 그리하여 여기에서 사회적 위치의 요인은 영향받지 않으며, 이에 따라 이는 더 이상 고려되지 않는다. 그러나 원칙적으로 두 개의 요인은 상호작용을 한다. 이제 우리가 "왜 그 사람과 저 사람이 자신의 자산을 **획득하였는가?**"의 질문을 스스로 한다면, 우리의 요인은 보다 날카롭게 대두된다. 우리는 때로는 욕구충족에 대한 희망을, 때로는 사회적 지위에 대한 희망을 동기로 인지한다. 그러나 이들 두 동기는 어느 정도까지만 영향을 미쳐야 한다. 그리고 모든 백만장자도, 그의 재산을 모두 잃어버린다면, 무엇보다도 욕구충족을 목표로 노력할 것이다. 모든 노동자도 자신의 사회적 위치를 확립하는 것을 추구한다. 그러나 아주 실질적 상황을 넘어서는 비록 한계를 명확히 할 수는 없지만 두 개의 동기의 각각은 독립적 의미를 확보한다. 많은 사람은 사회적 힘에 대한 고려 없이 일정한 향락을 위해 노력한다. 많은 사람은 아무것도 하지 않는 향락에 대한 많은 동경 없이 사회적 지위를 추구한다. 이제 확실히 강력하게 추진되는 자산 획득이 주어지지 않을 정태적 국민경제에서는 첫 번째의 기질이 경제활동을 오로지 지배를 하며 그리고 정태적 경제에 근접한 대부분의 경제주체에 있어서는 상당한 정도가 첫 번째의 동기에 의해 대단한 영향을 받는 데 비하여, 아직 충족되지 못한 욕구의 일정한 시급성 정도를 넘어서면 경제활동에 있어서 나중의 동기가 더욱 중요하게 된다. 욕구충족에 대한 희망의 설명요인이 앞에서 언급한 이유로 인해 완전히 부정되는 경우에 우리는 사회적 지위에 대한 투쟁의 설명요인을 종종 옹호할 수 있다. 첫 번째 요인보다는 나중의 요인이 경제영역에 대한 모든 힘을 투입하는 것을 훨씬 더 잘 설명해 준다. 그리고 이 동기가 한 동일한 개인에 있어서 활동적 기질을 보다 자주 통합한다는 것 또한 분명하다. 사람들이 모든 국민경제에서와 같이 사회적 지위에 대한 다른 길이 열려 있지 않은 사람들의 부류가 있고 이들은 이미 자신들의 생계비를 위해서, 즉 쾌락적인 목표를 위하여 일을 하여야 한다는 점을 고려한다면, 이 길은 눈앞에 가까이 있고 그리하여 사람들은 이 쾌락적 동기와 구별할 수 있는 동기가 경제적 사실의 설명에 얼마나 중요하여야만 하는가를 알게 될 것이다.[7]

근본적으로 이 동일한 요인이 표현되는데, 이른바 '성취에 대한 기쁨', 즉 '다른 사람에 대한 승리의 기쁨'이다. 사람들이 모든 힘을 경제적 영역에 쏟아부으면, 사람들은 획득한 재화를 유별나게 자신들 성공의 지표, 즉 달성한 성공에 대한 외부적 징표로 생각한다는 점에 도달할 수 있다. 그리고 그것은 쾌락적 관점에서 단순히 이성적으로 보이지는 않는 많은 경제행위를 설명할 수 있다. 그것은 두 번째의 동기, 이른바 '비쾌락적' 행동을 설명하게 하는 동기로 이어진다.

우리는 이것에 주안점을 둔다. 사회적 지위에 대한 희망에 기초한 경제행위는 경제행위 밖에서 스스로 부여한 목표의 봉사자로 보이지만, 이제 그것 역시 자체 목표가 될 수 있다는 점을 보일 수 있다. 여기에서 우리는 다시금 두 가지를 구분하여야 하는데, 이를 간단히 표현하면 한편으로는 '창조적 구성(schöpferisches Gestalten)에 대한 기쁨'과 다른 한

---

7) 이 동기는 상황에 따라서는 쾌락적 원칙에 따라 기대될 수 있는 것과 다른 획득된 것의 사용의 근거가 된다. 그러나 우리는 이 사실에 대해서는 더 이상 관심이 없다.

편으로는 '실행(Betätigung)의 필요성'으로 나타낼 수 있다. 이 두 가지는 경제적 영역 밖에서는 일반적으로 잘 알려져 있다. 그러나 이것은 경제활동에서도 완전한 유사성이 존재한다. 그것을 부정하는 사람은 현실에 있어서 개방된 눈으로 돌아보지 않았던 사람이다. 그러나 그것은 전혀 부정되지는 않을 것이다. 단지 이들 요인에 대해 여기에서 이들에 대해 요구한 의미를 부여할 수 있을 것인가는 의문스러울 수 있다. 다만 그 관계는 새로운데, 우리는 그 관계 속에서 여기에서의 의미를 제시한다. 그리고 이것은 만약 사람들이 처음부터 한발 한발 우리의 사고과정을 눈앞에 유지하고 모든 주장을 깊이 생각해야만 판단될 수 있다. 이 자리에서는 단지 이들 두 요인 자체를 쉽게 대두되는 비판에 대해 대처하도록 심리적으로 뒷받침하는 것이 중요하다. 그러나 이 사안의 심리적 측면은 그 자체로는 관심이 없기 때문에 우리는 아주 짧게 요약하여 논의하려 한다.

첫 번째 요인인 새로운 구성에 대한 기쁨은 경제적 사안의 새로운 형태의 창출에 대한 기쁨으로서 예술가, 사상가, 혹은 정치인의 창조적 행위와 아주 동일한 기초 위에 놓여 있다. 그 행동의 유형과 동기부여는 이들 모든 영역에 있어서 경제행위를 포함하고 있는데, 근본적으로 새로운 구성에 대한 기쁨을 포함하며 단지 그 대상의 차이가 차별성에 영향을 준다. 모든 영역에서 무엇이 강력한 정신을 이의 활동무대로 선택할지는 보통 성향과 적합성에 달려 있고 더욱 자주 이 정신을 하나의 행동 혹은 다른 행동으로 가져오는 우연에 달려 있다. 근본적으로 구체적인 영역은 부차적인 일이다. 각각의 영역은 이 정신의 활동무대의 관점 하에 고려되며, 말하자면 정신은 각각의 영역에서 발휘된다. 그것은 다른 영역에서와 마찬가지로 경제적 영역에서도 마찬가지로 발생할 수 있다. 여기에서도 사람들은 창조를 피창조물에 대한 기쁨을 위하여 행할 수 있고, 여기에서 사람들이 특별히 예술적 창조의 탓으로 돌리곤 하는 즐거움도 느낄 수 있다. 여기에는 경제활동을 하는 것의 쾌락적 목적에 관한 인식에 대해 하등의 모순이 존재하지 않는다. 확실히 경제행위의 필요성의 사실만이 오로지 욕구의 충족을 위한 것이라고 설명한다. 이에 따라 '경제활동을 하는 것'과 같은 것이 대체적으로 존재한다. 이 사실 없이는 경제행위는 존재할 수 없을 것이며 경제의 특별한 활동영역도 존재하지 않을 것이다. 만약 우리가 실제적 필요성에 의해 생각하도록 강요되지 않는다면 그리고 이들 필요성이 우리에게 질문을 제기하는 데 익숙하지 않다면, 학문은 전혀 존재하지 않을 것이다. 그러나 그것은 방해하지 않으며, 이 습관이 언젠가 들여지면 사람들은 실제적 필요성이 우리에게 끈질기게 강요함 없이도 질문을 제기할 수 있으며, 우리는 결과의 실제적 사용가능성에 **대한** 고려와 관심 없이도 학문에 전념할 수 있다. 그렇게 행동을 하는 것이 우리의 사례에도 이루어진다. 경제는 많은 개인을 위한 하나의 필요성으로부터 형체를 갖추며, 이들 개인은 묘사 그 자체를 위하여 형체를 구성한다. 현실은 우리의 해석을 수천 가지로 검증한다. '산업가'는 종종 자신의 기업에 있어서 기대되는 소비증가에 대해 자유로운 경향에 대한 고려 중의 하나를 변화해야 하며 그가 아직 해오지 않은 사안을 실행하여야 한다. 그러나 도대체 수익을 창출하기 위해서는? 확실히, 경기자가 점수를 얻기 위하여 경기하듯이, 이 의미에서 산업가는 이윤 때문에 매우 자주[8] 업무를 수행한다. 여기에서 그의 창조의 기쁨은 엔지니어의 기쁨과 구분하여야 한다. 확실히 경제외적인 것, 이에 따라, 손쉽게 창조적 구성의 대상으로 인지되는

8) 나는 이 순간 논의된 현상의 범위와 의미를 연구하고 있지 않기 때문에 '매우 자주'라고 말한다. 그러나 나는 우리의 요인이 여기에서 그에 지시된 역할을 불완전하게 수행한다는 것을 의미하려는 것은 전혀 아니다. 오히려 나는 이 속에서 발전의 원동력이 진정으로 존재하고, 이윤 속에서 욕구충족의 증가를 찾는 경제주체들은 근본적으로 '정태적'이며, 이들이 유일한 유형으로 묘사되었다면 우리의 의미에서의 발전은 존재하지 않을 것이라고 생각한다.

것으로서의 기술적 요인 그 자체가 중요한 것이 아니라 경제적 요인이 중요하다. 물론 경제적 요인은 자신의 낭만을 가지고 있다. 이제 사람들은 이에 대하여 주시하여야 한다. 실천가에게 그때마다 나타나는 문제와 새로운 가능성이 그의 마음을 끌고 그의 흥미를 일으킨다. 그것은 그에게 실험하게 하고 경제적 상황에 대하여 정신적 영향력을 행사하는 것을 촉진한다. 지금까지 언급한 것에 대한 증명은 이미 말한 어려움에 부닥치는데, 그 이유는 여기에는 보다 간헐적인 현상이 중요하며 우리는 내부적 인지의 의심할 여지 없는 사실을 지지할 수 없기 때문이다. 그럼에도 불구하고 우리는 최대한 이에 호소하려고 한다. 왜냐하면, 경제활동의 지도적 인물의 **개별적** 사례를 묘사하는 것은, 무엇보다도 개별적 사례에 있어서 누군가를 유도하는 동기의 다양한 해석이 항상 가능하기 때문에, 권고되지 않는다. 사람들은 그것을 역사적 과정의 해석에 있어서 확실히 보게 된다. 여기에서는 한 번도 가치학(價値學)의 기초를 묘사하는 완전한 확실성은 발생하지 않는다. 만약 수없이 많은 일상적인 체험이 중요할 때에만, 동기로의 '감정이입'은 관찰자에게 비교적 쉽게 이루어진다. 그리고 그가 자신의 자기의식 속에서 유사성을 찾을 때에만 그는 다른 사람들의 동기를 파악할 수 있다. 이에 따라, 얘기한 것을 정당화하려고 하는 독자는 우선 자기 내면의 지각과 그다음 자신의 경험을 활용하여야 한다. 내면의 지각은 독자에게 첫째로 일상적 생활의 가장 좁은 범위에 근거하여 우리 요인의 존재를 보여줄 것이다. 각각의 사람은 그것을 특히 이를 직업적 일상에 낯설지 않은 예술적 행위의 잔해 속에서 스스로 발견할 수 있다. 둘째, 각각은 창조적 구성에 대한 자신의 경향을 정태적 목표행동의 다양한 무언가로서 인지할 수 있다. 셋째, 각각의 사람은 자체목표로서 창조적 구성에 대한 다소간의 자극을 자신의 경제행위 내에서도 스스로 **관찰**할 수 있거나 혹은 많은 사람 특히 자신들의 모든 힘과 모든 관심사를 가지고 소위 모든 영혼을 바쳐

경제활동 속에 위치하는 사람들에게서도 **인지**할 수 있다. 창조적 구성(schöpferisches Gestalten) 자체에 관한 이와 같은 기쁨은 이들의 경제행위에 있어서도 생생하게 존재할 수 있다. 그러나 각각의 실무적 경험은, 편견 없이 판단한다면, 우리 묘사의 생생함을 검증해 줄 것이다. 사람들이 적어도 그렇게 넓고 그 모든 것이 인정된다면, 숙려의 폐쇄적이고도 강제적인 사슬은 내가 노력했던 해석으로 이어진다. 특히 변화가 없는 경제 속에서는 쾌락적 목표행동이 지배를 하고 이에 반하여 우리의 요인은 지속적 변화의 지렛대라는 명제로 이어진다.

실행(Betätigung)의 — 혹은 이에 대한 압박의 — 필요성 요인은 심리학에서 일반적으로 인정된 관찰에 의해 완전히 충분하게 지지를 받는다. 우리가 이 요인을 창조적 구성의 요인과 특별히 구분하는 것은 아마도 지나치게 꼼꼼한 것으로 보인다. 그러나 실행에 대한 희망의 결과 행위에 있어서 이와 같은 대비 그 자체가 아무런 의미가 없을 수 있는 반면에, 사람들이 '구성에 대한 기쁨'에서 어쩌면 노력 자체와 분리가 되는 요인을 찾아낼 수 있다는 점에 어쨌든 도달할 수 있는 구분에 대하여 큰 주안점을 두지는 않는다. 결정적인 것은 단지 '실행에 대한 압박'이라는 제목으로 이끌 수 있는 사실과 주장이다. 간단히 얘기하면, 자체적으로 설정된 목표의 달성 그리고 새로운 목표의 직접적 파악은 대단히 많은 경우 단순한 향락의 노력보다 강력한 천성의 건전한 정신적 활동에 속한다. 인물의 모든 에너지의 완전한 실행은 모두가 자신의 자체의식 속의 욕구로서 지각할 수 있으며 일상적인 생활에서도 피상적으로도 관찰할 수 있다. 약한 자들은 주어진 그리고 반복적인 업무의 해결을 통해 힘들게 헤쳐 나간다. 여기에서 강한 자는 힘의 초과를 유지하며, 그는 변화와 결행을 위하여 변화하고 결행하며, 항상 새로운 계획을 추진하며, 항상 더 이상의 계획에 접근한다. 반대이유로부터 실행 그 자체는 그에 있어서 다른 계기가 필요가 없는 자체목표가 된다. 즉, 행위에 대한 기쁨 자체는 모든 다른 동기가 없이도 정신적 현실임이 확실하다.

쾌락적 동기에 의해 — 가치사고의 일반적 유효성을 훼손하지 않고 — 우리의 유형을 위한 이들 동기에 기반한 경제행위의 법칙도 사라진다. 쾌락적 경제주체를 이끄는 숙려는 활동적 경제주체에 대해서는 의미를 잃어버린다. 후자에 대해서는 재화의 모든 가치지표가 다르다는 것은 분명하다. 이미 얘기하였듯이 특히 긍정적 가치와 부정적 가치는 다르게 배분되며, 이를 제외하고는 많은 가치척도는, 예를 들어 화폐의 척도는, 다른 구성을 확보한다. 그러나 우리에게 특별히 중요한 사실은 우리의 실천가에게는 하등의 제시할 수 있는 쉼터와 그가 머무를 수 있는 하등의 경제방식 혹은 하등의 한계효용 수준을 가지고 있지 못하다는 사실이다. 최대한 노력에 대한 고려는 물론 자신의 쾌락적 욕구의 충족도 자신의 실행의지를 마비시키지 못한다. 사람들이 재화를 소비에 대한 희망 이외의 다른 이유로 얻고자 열망한다면, 이 희망과 자신의 법칙을 통하여 특정한 한계에 멈추어 있을 이유가 없다는 것은 분명하다. 그것은 경기를 위하여 경기를 하는 경기자를 자신의 이윤 크기가 일반적으로 한 번도 경기 중단을 지시하지 않은 것과 그가 대단히 많이 이겼다 해도 중단하지 않는 것과 마찬가지이다. 또한, 만약 그 경기가 귀찮은 일이라면 그는 중단할지도 모른다는 것도 분명하다. 오히려 그에게는 각각 표시된 한계가 없이 끝없이 돌진하는 충동만 존재한다. 그는 단지 자신이 가지고 있는 힘이 소진되거나 혹은 외부의 장애물이 극복하기 어려운 것으로 판명될 경우에만 중단을 하는데, 한 번도 완전히 만족된 충족으로는 중단하지 않는다. 이 중지는 한 번도 자발적으로, 즉 합리적인 이유로 이루어지지 않으며, 우리의 실천가는 '충분히 가졌기' 때문에 중단하는 경우는 한 번도 없으며, 오히려 단념은 항상 불가피한 것에 대해서만 존재하며, 이는 가슴 아픈 패배를 의미하지 편안한 기쁨을 의미하는 것은 아니다. 이와 같은 개인들이 **원하는** 것은 더 이상의 그리고 항상 더 이상의 행동이며, 항상 새로운 승리이다. 성공의 정도가 한 번도 나태한 휴식에 대한 이유가 된 적이 없다.

이에 따라, 여기에는 균형이 존재하지 않는다. 물론 가장 천박한 수전노도 대부분 언젠가는 사업에서 은퇴한다는 것에 이의를 제기할 수 있을 것이다. 그러나 결정적인 논점은 우리가 쾌락적 이론의 규칙으로 그의 활동의 이 종료를 확실히 결정할 수 없다는 것이다. 당연히 그의 활동도 원인에 의해 결정되지만, 쾌락주의자의 행동을 지배하고 우리가 단순하고 정확하게 표현할 수 있는 **그** 원인에 의해서는 전혀 결정되지 않는다. 여기에는 우리에게 이들의 상호작용이 정태적 행위를 구성하는 그 두 개의 단순한 요소가 빠져 있다. 내가 생각하기에는 사람들은 현실을 보다 진지하게 해석하고, 만약 사람들이 우리의 실천가가 한 번도 자신의 활력에서 움츠려든 적이 없다고 주장하면 사람들은 문제가 되는 그것에 대해 보다 날카롭게 강조한다. 많은 사람은 그것을 강제성 없으면 절대로 하지 않지만, 전쟁터를 떠난 사람들은 그것을 대체로 실행하도록 허락되는데, 그 이유는 저녁의 그림자가 그들의 하루 위로 내려앉고 젊은 경쟁자들이 더 이상 성장했다고 느끼지 않기 때문이다. 아울러 우리의 실천가도 삶의 증가하는 큰 줄거리 속에서 '쾌락주의자'로 발전할 수 있다. 이것은 우리에게 혼선을 주어서는 안 된다. 그 이유는 **그가** 승리에 익숙한 전쟁터를 떠난 것이 아니라 사실은 단지 그의 그림자인 다른 누군가가 떠났기 때문이다. 나는 이 해석이 직업활동의 영역에서 수천 가지로 증명이 될 수 있다고 믿을 뿐만 아니라, 그것은 아주 일반적 현상에 관해서도 중요하다고 믿는다. 사람들은 단지 신체적 활동의 일부분 동안만 생존하는 것이다. 예술가, 학자, 정치가, 또한 우리의 산업수장, 이들 모두는 진정한 창조적 행위를 위한 상대적으로 짧은 시간만 가질 뿐이다. 그리고 특유의 고갈현상이 나타난다. 그 실천가는 더 이상 '옛날의 그'가 아니다. 그는 새로운 것을 더 이상 계획하지 않으며,

기껏해야 이전에 준비하였던 것을 실행한다. 작가는 '창작력이 쇠퇴해지며', 화가는 점점 약해지며, 정치가는 자신의 추종자들을 더 이상 확실하게 승리로 이끌지 못하며, 사람들은 우리의 경제적 지도자의 새로운 행동에 관해 점점 간헐적으로 듣는다. 즉, 그것은 물리적 죽음의 전조이고, 우리의 원칙은 그에 의해 영향을 받지 않는다.

우리의 목적을 위한 우리 유형의 중요성은 우리가 찾았던 발전의 원동력(Agens)을 그에게서 발견한다는 점에 있다. 그것은 우리 논의의 흐름 속에 자연스럽게 상응하여 묘사될 것이다. 변화에 대한 끝없는 계기가 그로부터 창출된다. 그는 경제영역에서 변화의 끝없는 원천이라는 점에서 그는 발전의 원동력이다. 그는 **경제**발전의 **그** 원동력인데, 왜냐하면 그는 **경제 자체로부터** 경제의 변화를 창출하기 때문이다. 경제활동에서 모든 다른 변화는 **외부로부터** 주어진 여건의 변화에서 비롯한다. 그러나 일찍이 주어진 여건은 경제의 아주 특정한 상태만을 창출한다. 이와 반대로 우리의 요인은 균형조건 속에 손쉽게 파악될 수 없으며, 그 본성에 따라 이는 일정한 상태가 아니라 주어진 상태의 끝없는 변화를 초래한다. 여기에서 우리는 외부로부터의 여건이 변화하지 않더라도 그 균형조건을 변화시키는 요인을 가지고 있으며, 그것은 특히 경제방식을 항상 그리고 표시할 수 있는 한계 없이 변화시킬 수 있다. 우리가 그 속에서 발전의 근본적 설명원칙을 본다면, 우리는 다시금 동일한 사항이 훨씬 더 명백한 인간행위의 다른 영역에서의 유사성에 준거할 수 있을 것이다. 행위의 대부분의 형태, 아이디어의 비축, 그리고 예술, 문학, 정치에서의 사고습관은 직접적으로는 **적어도 항상 직접적으로** 어떤 선도적 인물에서 비롯되며 이들을 도입한 그의 아류들로 이어진다. 우리의 심리적 설명에서와 마찬가지로, 이와 같은 인물들에게는 우리 유형의 첫 번째 특징은 물론 우리의 심리적 설명도 적합하다. 모든 영역에 있어서 우리의 행위욕구 요인인 **지도자**(Führer)의 역할이 현실로서 일어난다.

우리가 방금 우리의 유형을 설명한 후에, 정태적 유형의 본질 역시 더욱 날카롭게 눈앞에 대두된다. 즉, 이 사람의 행동은 쾌락적 충동의 결과이며, 주어진 것에서 자신의 명백한 척도와 규칙을 받아들이는데, 그것은 소비에 대한 희망과 필요활동의 논리를 통하여 설명된다.

이제 활동적 요인(energetisches Moment)을 더 분석하고 정밀하게 묘사하며 주변 영역에서의 유사한 것을 통하여 이 모든 해석을 지지하는 것은 쉬운 일일 수도 있다. 그러나 우리는 이 요인을 철학적으로 논하려는 것이 아니라 경제의 사실과 관련지을 것이다. 우리의 상세한 서술이 사람들이 그 뒤에서 상상을 할 수 있게 하는 어떠한 대전제와도 완전히 독립적이라는 점을 살펴보는 것이 중요하다. 우리는 경제현상 이외의 다른 것에 대해서는 아무런 관심을 가지지 않는다. **이 현상은** 우리의 해석을 끈질기게 강요하며 단지 이것만이 우리의 사고과정을 인도한다. 그러나 우리는 어느 정도의 당연한 이의제기와 마주쳐야 한다. 첫 번째 이의제기는 어쨌든 경제행위는 고통을 회피하고 의욕을 추구하는 의지의 결과로 파악되며, 이에 따라 항상 균형상태가 결정될 수 있고, 그 속에서 이들 두 요인이 균형을 유지한다는 것이다. 사람들은 순수하게 우리 유형의 목표로서 지위의 향유 혹은 그에게 노력을 초래하는 향유를 파악할 필요가 있다. 그러면 그는 다른 모든 사람과 같이 향유를 추구하며, 문제는 다시금 쾌락적 기초로 축소된다. 인간의 가치평가는 당연히 같지 않다. 즉, 한 사람은 배를 포도보다 더 많이 평가하며, 다른 사람은 거꾸로 평가하며, 한 사람은 오후 낮잠보다 산책을 선호하는데 다른 사람은 오후 낮잠을 선호하며, 한 사람은 권력을 추구하는데 다른 사람은 관능적인 향락을 추구한다. 그러나 누구나 향락, 즉 욕구충족은 추구한다.

이 이의제기는 매우 정당하다. 마찬가지로 사람들은 이기적 행동방식과 이타적 행동방식 간의 차이를 지우려고 노력해 왔는데, 왜냐하면 후자(역자주: 이타적 행동방식)는 의심할 여지없이 욕구를 충족시킨다는 점에서 결과적으로는 확실히 이기적이라는 점이다. 그것은 사실을 왜곡하는 사소한 장난이다. 그러나 사람들은 자유롭게 그렇게 표현할 수 있다. 그러나 그렇다면 우리는 모든 것이 도달하는 이기적 욕구와 이타적 욕구 간의 중요한 차이를 다시금 가진다. 사람들이 그 차이를 그 영향방식이 아주 정반대의 결과를 초래하는 두 개의 근본적으로 서로 다른 유형과 관련이 있어야 한다는 사실은 그를 통하여 사라지지 않는다. 그것은 우리의 경우에도 그렇다. 사람들이 다른 향락에 대한 승리가 준비되었거나 혹은 욕구가 충족되었다고 말한다면, **이** 향락과 **이** 욕구충족은 쾌락적, **수동적** 유형의 향락 및 충족과는 아주 다르며 이에 대한 노력은 아주 다른 행동양식으로 이어진다. 행동, 자체목적, 그리고 수동적 향락의 획득에 제공된 것은 다른 법칙을 따른다. 후자에 있어서의 에너지 소비는 소비욕망을 통하여 경제적으로 일목요연하게 결정되나 전자에 있어서의 에너지 소비는 그렇지 않다. 그리고 그것은 우리에게 결정적인 관점인데, 왜냐하면 우리의 결과가 여기에 달려 있기 때문이다. 철학자는 그에 대하여 다르게 생각할 수 있지만, 그 사안은 우리에게 매우 분명하다. 그러나 그것이 모든 것이 아니다. 배 혹은 포도를 원했는지의 여부는 이론에 있어서는 별 차이가 없다. 그러나 공식적으로 이론이 쾌락적 유형의 욕구충족과 이른바 노동의 기쁨 간의 차이는 의미가 없을 수 있다는 것은 아니다. 경제는 하나가 혹은 다른 하나가 추구됨에 따라서 아주 다르게 구성된다. 이에 따라, 우리의 목적을 위하여 두 개의 다른 행동의 유형을 받아들인다면 우리는 아마도 정당하다. 정태적 이론은 우리가 보는 바와 같이 노동의 노력을 부정적으로 평가할 것을 요구한다. 더 나아가 만약 '향락'이라는 단어 아래 획득된 것의 소비를 통한 욕구의 충족으로 이해된다면 정태적 이론의 정리(定理)는 자연스러운 의미를 가진다. 즉, 이들 정리만이 고센(Gossen)의 법칙을 따르며, 단지 **이**

들의 척도만이 지속적으로 감소하며, 궁극적으로 이들은 안정적 균형을 목표로 노력한다. 그러나 우리가 보아왔던 것처럼 정태적 이론은 대단히 많은 것들을 주어진 것으로 가정한다는 그 상황이 특별히 중요하다. 이제 단지 '쾌락적' 행위로부터 이 상황을 간단히 받아들이며 이를 급격하게 변화시키려고 전혀 시도하지 않는다고 전제할 수 있다. 사람들이 그것을 우리의 유형에 대하여 받아들이면, 사람들은 우리의 유형으로부터 자신의 진실한 본질을 빼앗아가는 것이다.

그리하여 요약하면, 여기에서 논란이 되는 해석은 본질적 사실을 어둡게 하는 '욕구충족' 개념의 일반화를 시도하는 것이며, 이것이 올바르게 되기 위하여 앞으로도 중복논의가 이루어질 것이다. 우리 목적의 관점에서 이 개념을 수동적 혹은 쾌락적 욕구에 제한하는 것은 건진한 의미를 지닌다.[9] 그리고 그렇다면 우리는 정말 욕구충족이 그럼에도 불구하고 '경제적'이라고 불러야만 하는 행동의 목표는 항상은 아니라는 점을 사실상 얘기할 수 있다. 경제적 목표가 바로 쾌락적이어야 할 필요는 없다. 나는 그것이 단지 명백한 사실에만 적합하다고 생각한다.

그러나 이 창조적 구성(schöpferisches Gestalten) 역시 현재 존재하는 여건을 고려하여야 한다. 사실 더 고려하여야 한다. 사람들은 현재가 싹을 숨겨놓은 것과 다른 것을 미래에서 창조할 수 없다고 얘기할 수 있다. 아울러 최고의 실천가도 단지 주어진 상황으로부터의 결과만을 창출할 수 있고, 사람들은 이 방식으로 대단히 빨리 그가 아무런 혁신(Neues)도 정말 창출할 수 없고 경제생활의 연속성은 이 경우에도 확실하게 유지된다는 결론에 도달할 수 있다. 궁극적으로 사람들은 우리의 창조적 구성의 존재로부터의 일정한 관점에 관해 대체로 부정할 수 있

9) 활동적인 사람이 '고통'을 회피하지 않거나 혹은 노력이 그에게 '고통'이 아닌지는 적어도 우리의 관점에서는 동일한 곳에 이른다.

다. 사람들은 이 존재에 대한 믿음을 대중적인 선입견으로 설명할 수 있다. 그리하여 사람들은 우리에게 창조적 구성으로 보이는 것은 현실에서는 오랫동안 정해지지 않고 존재하여야 한다고 말할 수 있다. 우리가 정태적 행동을 완전히 결정적인 것으로 인식하는 것과 마찬가지로, 비록 정태적 경제주체 스스로 자신의 결정의 원칙적 자유에 대해 인지하고 있음에도 불구하고, 우리는 역시 우리의 경우 사실에 있어서 일목요연한 특정성을 발견한다. 여기에는 개인적 자의식은 물론 일상생활에 있어서 완전한 임의성의 반짝임이 지배를 한다. 이 사고과정으로부터, 만약 내가 정태적 이론이 단지 절대적으로 일정하거나 오로지 수동적으로 행동하는 경제과정을 묘사한다고 주장한다면, 사람들은 내가 정태적 이론의 의미에 대해 잘못 이해하고 있다고 쉽게 질책할 것이다. 또한, 사람들은 어찌 되었든 나의 유형에 대하여 이를 통해서만 고려할 수 있고 경제의 여건 아래서 그를 받아들인다고 나를 쉽게 질책할 수 있을 것이다. 나의 유형은 확실히 그때그때 특정한 넓이 속에 존재하며 그는 확실히 자신의 규칙을 가지고 있다.

이에 대해 나는 항변한다. 즉, 경제의 여건하에서 우리는 이와 같은 '창조적 구성에 대한 힘의 비축'을 이것이 나머지 것들과 다르게 행동하기 때문에 고려할 수 없다. 나머지 여건은 바로 균형상태를 결정하는 데 비하여, 이 비축은 항상 새로운 변화를 창출하는 원동력을 나타낸다. 예를 들어, 주어진 노동의 양은 특정한 상황 속에서는 연년세세 특정한 양의 소비재를 창출해 낸다. 그러나 그 '힘'은 필수적으로 항상 새로운 것을 향한다. 우리가 현재보다 훨씬 더 나아간다면, 우리는 어디에서 우리가 단지 요인의 존재를 사실상 증명할 수 있는가를 견주고 측정할 수 있을 것이다. 그렇다면 아마도 이론적 체계를 구축할 수 있을 것이며 그 속에서 창조적 구성은 일정한 여건이 될 것이다. 그러나 우리는 그만큼 멀리 가지는 않는다. 우리는 단지 정태적 체계만을 가진다. 그리고 이

체계에 대하여 창조적 구성의 요인은 하나의 낯선 힘으로 대립한다. 그것은 마치 하나의 폐쇄된 조직체를 구성하는 경험에 의해 주어진 경제의 현실 속에서 낯선 무언가로 맞서는 것과 유사하다.

더 나아가 실천가는 주어진 상황을 가지고 확실하게 계산하여야만 하고, 확실히 그는 때가 된 것만을 창출할 수 있을 뿐이다.[10] 우리는 자연히 그가 유랑하는 유목민의 경제 속에 최첨단의 용광로 공정을 도입할 정도로 자유롭다는 것을 의미하는 것은 아니다. 그러나 그는 그를 둘러싼 세계의 여건으로부터 정태적 경제주체들 다수와는 **다른** 결과, 정태적 경제의 관점에서는 창조적인 결과를 창출한다. 그리고 그는 이미 지나간 궤도를 변경한다. 우리가 확실히 그의 행위를 마치 '정태론자'의 행위처럼 정확히 묘사할 수 있다면, 우리는 새로운 궤도를 이전의 궤도처럼 선명하게 볼 수 있을 것이다. 그리고 마치 일반 대중을 자신들의 경제방식을 연계한 사슬처럼 그를 특정한 방향에 머물게 하는 **그** 요인이 단순하게 존재하여야 한다면, 우리도 역시 창조적 구성에 관해서 얘기할 수 없을 것이다. 그러나 그런 경우가 아닌 한 우리의 실천가의 행동결정주의에 주안점을 두는 것은 의미가 없는 일이다. 정치적 역사의 영역에서 이 주제에 관해서 활발한 토론이 있어왔다. 그러나 항상 그런 것처럼 사람들이 인물의 인과적 힘에 관해 생각하고 싶다면, 이 인물은 역사에 있어서 독립적인 원동력으로 나타난 것은 확실하다. 그리고 이 인물이 자발적 본질로의 인물로 그것을 하였는지 혹은 비인격적인 요인이 바로 그에게 나타났고 이들을 통하여 지속적인 영향을 주었는지의 여부에 대해서는 다툼이 있을 수 있다는 것도 확실하다. 우리는 여기에서 이것을 토론하지는 않는다. 우리에게 오직 중요한 것은 창조적 구성은 우

10) 사람들은 심지어 그의 행동은 단지 '적응'이어야만 한다고 말할 수 있을 것이나, 그렇다면 그것은 **다른** 유형의 적응, 즉 정태적 규칙과 다른 규칙에 따른 적응이다.

리에게 정확하게 파악 가능한 최후의 사실이라는 점이다. 그러나 비록 정태적 경제 외부에 존재하는 요인에 대해 언급이 허락될지라도 그것이 소위 자신의 정당성에 영향을 주는지 혹은 창조적 구성 속의 다른 사안에 영향을 주는지는 다루지 않는다. 우리는 이 책의 결론에서 이 점에 대해서 다시 다룰 것이다.

또한, 그것은 우리가 창조적 구성의 요인이 국민경제적 이루어짐(Werden)의 연속성을 중단한다는 것을 어떤 의미에서 말하는가를 바로 명확하게 한다. 그것은 우리가 정태적으로 묘사해온 **그** 유형의 경제의 연속성(Kontinuität)을 중단시킨다. 그러나 사람들은 다른 의미로 경제의 역사는 대체로 전체적 사회생활의 역사와 마찬가지로 연속성을 구성할 것이라고 말할 수 있다. 그리고 그 속에 심지어 역사의 모든 경제적 인식의 출발점이 존재한다. 그러나 세부적 문제의 관점에서 보면 이 인식은 우리가 후반의 발전단계를 전반의 발전단계 탓으로 정확한 방식으로 모조리 되돌릴 수 없다는 사실에 관해 도움을 주지 못한다. 그리하여 우리는 이에 대해 하등의 가치를 제공하지 않는다. 이 인식은 경제적 진행과정의 두 개의 다른 유형이 존재한다는 추가적인 사실에 관해서도 도움이 전혀 되지 않는다. 그중에 한 유형은 다른 유형을 모든 시점에서 그 자체로서 이해하는 것을 불가능하게 만든다는 점에서 다른 유형의 연속성을 중단시킨다. 내가 의미하는 것은, 우리가 살펴볼 것이지만, 창조적 구성이 정태적 경제의 여건도 변화시킨다는 점이다. 이 여건은 스스로 적응하여야만 한다. 내가 정태적 경제의 상황을 일정한 시점에서 고찰한다면 이에 대한 분석은 우리의 요인 쪽에서의 이와 같은 개입으로 돌아오게 한다. 그리하여 만약 내가 이들 개입에 대해 깊이 고찰하지 않으면 나는 대체로 정태적 경제의 상황도 완전하게는 이해할 수 없다. 이와 같은 구체적인 개입 **이전의** 정태적 경제의 상태는, 만약 낯선 요인이 그 사이에 대두되지 않는다면 그런 경우여야만 하는 것과 같이, 동일한 개입 **이후에** 내가 이 상태를 이해하는 것을 본질적으로 가르쳐 주지 않는다. 이 점에서 연속성은 경제행위의 우리 유형에 의해 사실상 중단되게 된다.

그리하여 우리는 우리의 문제가 요구하는 것보다 이 사안에 더 깊이 파고들어갈 수 없고 그러지 않으려는 것은 '창조적 구성'이 사실상 우리에게는 마지막 원칙이라는 점이다. 우리가 정태적 경제의 일정성과 수동성을 얘기한다면, 이 원칙은 사실상 정태적 행위로서의 경제의 여건에 대해 다른 입장을 가지고 있고 단지 이 사실상의 차이에 대하여 — 행운인지 불행인지는 모르지만 — 우리의 용어를 표현한다. 모든 의심을 해결하기 위하여 틀림없이 우리는 아직도 많은 것을 얘기하여야 할 것이다. 그러나 명화성의 획득은 묘사의 부담과 독자의 피로로 인해 가치가 없을 것이다. 그리하여 나는 다음의 상세한 서술의 총체성으로부터 창출될 현실묘사의 전체적 인상을 참조하는 것을 선호한다. 마지막으로, 실행과 창조의 차이, 지도와 피지도의 차이, 혹은 사회적 진행과정의 인지를 위한 이 차이의 중요성에 대하여 진지하게 부정할 사람이 있을까?

마찬가지로 경제발전의 원동력이 될 수 있는 것과 강력한 욕구의 **대두**와 시계 **확장**의 요인에 대한 이 요인의 관계에 관하여 판단을 구성하는 것은 아직 숙제로 남아있다. 우리가 '행위욕구(Tatenlust)'의 정신적 현상에 대하여, 혹은 사람들이 이를 다르게 부르든, 말하게 되기 이전에, 우리는 이에 대해 이미 언급하였다. 이제 다음의 고찰을 설명하기로 한다.

무엇보다도 두 개의 요인 간의 하나의 유사점이 존재한다. 만약 그것이 우리의 의미에서의 경제방식의 순수한 적응적 변화 이상으로, 즉 경제발전으로 이어져야 한다면, 강력한 소망의 대두와 경제적 시계의 확장이 갑자기 그리고 대단히 많은 양으로 효과적이어야만 한다. 시계와 마찬가지로 소망은 우선 효과적이지 않아도 점차 증가할 수 있다. 그러나 실제 경제행위에 있어서 양자는 점진적으로가 아니라 즉시 시행, 즉 하나의 결정으로 전환된다. 그렇지 않다면 그것은 새로운 기업으로 이어지지 않기 때문에, 작은 자극들과 작은 자극들의 총합이 정태적으로 작용을 미칠 수 있으며 우리의 의미에서의 '적응현상' 속에서만 표출될 수 있다. 또한, 행위욕구의 요인도 한꺼번에 나타나는, 그리고 불연속적으로 대두되는 결정을 통하여 작용을 미친다. 이를 통하여 그것은 발전의 지렛대, 즉 정태적 궤도로부터의 경제를 조정할 수 있는 지렛대가 된다. 이에 따라, 두 요인은 대체로 외부로부터 아주 바로 작용을 미치며 오로지 이들의 심리적 성격을 통하여 구분된다.

그러나 그렇다면 갑자기 대두된 혹은 갑자기 나타난 욕구증가와 시계확장은 항상 정태적으로 작용을 미친다는 점, 다시 말해 이들에 대한 경제의 전진하는 적응의 길 위의 많은 작은 걸음을 통해 관철할 수 있다는 점은 이미 강조되었다. 그렇다면 경제주체들에게 일찍이 아주 새로운 것으로 보이는 것은 아무것도 발생하지 않고, 그렇다면 경제는 본질적으로 옛날 그대로 머무른다. 오로지 다른 길이 선택되는 한에만, 즉 창조적 구성이 문제시되는 한에만, 진정한 발전과정, 즉 새로운 경제수준으로의 연속성을 파괴하는 이행이 존재한다. 그리하여 이들 요인은 정태적이거나 우리의 '행위욕구' 요인처럼 작동한다. 힘에 넘치는 결단만이 혁신(Neues)을 가져오며, 발전에 생기를 불어넣는다. 그러나 보다 강력한 욕구의 대두와 이들에 대한 추가적인 통찰력의 단순한 대두 그 자체만으로는 불가능하다. 마치 수요가 유효할 때에만 경제에서 고려가 되는 것과 마찬가지로, 이들 요인도 이들이 묘사된 저항들과의 전쟁으로 이어질 때에만, 즉 사람들이 말하는 것처럼 이것이 행위욕구와 결합하여야만 의미가 있을 것이다.

그러면 결국 우리의 두 개의 원동력은 하나로 결합된다. 보다 강력한 소망의 대두와 경제적 시계의 확장은 오로지 실천가에게만 발전의 원인이 된다. 덧붙여서 사람들은 이들이 대체로 이 힘이 넘치는 방식으로 실천가에게만 발생함을 지적한다. 그리하여 '창조적 구성'의 개념은 무엇보다도 폭넓은 개념이며 이는 쾌락적 동기와 활동적 동기 모두를 포괄한다. 그러나 우리는 전자 없이도 창조적 구성이 가능하지만, 일찍이 후자 없이는 창조적 구성이 거의 가능하지 않을 것임을 알게 된다. 그 밖에 강력한 소망과 경제적 시계의 확장은 아주 간헐적으로만 필요한 '갑작성'과 함께 창출된다. 그리고 궁극적으로 이들은 지속적으로 전진하는 힘을 구성하는 것이 아니라 한번 나타나면 정태적 법칙에 융합된다.

이에 따라, 우리는 앞으로 원칙적으로는 단지 '활동적' 요인에 관해서만 얘기할 것이다. 그러나 이로써 우리는 이에 대하여 다른 결과 및 우리의 결과도 효력을 가진다는 것을 부정하는 것은 아니다. 단지 우리는 이 결과의 독립적 의미는 매우 적고, 의미를 가지고만 있나면, 그것은 우리가 역점을 두는 동기로서 동일하게 작용을 미친다는 것을 증명할 것이다. 이에 대한 반대의 것을 믿는 사람은 자신이 하고 싶은 대로 하여도 된다. 그러나 대단한 성공은 다른 경제주체들과 마찬가지로 정태적으로 행동하는 경제주체들의 우연한 이익에 불과하다고 믿는 사람에게 다른 해석을 위한 아래의 이유를 제시할 것이다.

이제 우리는 정태적 이론의 분석에 있어서 경제의 접근하기 어려운 사실로 한걸음 더 나아가려 한다. 우리가 분석하려고 노력하는 새로운 유형(der neue Typus)은 다음의 근본원칙을 체화하고 있다. 그러나 근본원칙 그 자체에 대해서 우리는 적게 얘기해도 될 것이다. 나는 이 근본원칙에 대한 자세한 묘사가 매우 큰 흥미가 있다고 생각하지만, 이를 통하여 우리는 구체적인 경제적 인식에 대해서는 보다 충분하게 말하지 못할 것이다. 이로부터 바로 경제활동의 가장 영광스러운 현상에 관해서 우리의 이론이 아무것도 말할 수 없을 것이라는 결론이 도출되는 것은 그럴듯한 것으로 보일 수 있다. 그런데 그것은 통념이다. 왜냐하면,

우리의 결과는 사실상 단지 부정적일 뿐이기 때문이다. 즉, 많은 사람은 그리고 바로 가장 강력한 개인들은 사람들이 원칙에 따라 정태이론을 받아들여야 하는 것과는 다르게 행동할 것이다. 그러나 어떻게? 이들은 혁신(Neues)을 창출하고 오래된 것을 파괴하며, 어떤 유형의 용감한 계획들을 기획하고 실천하며, 그들의 지배하에 있는 동료시민들을 굴복시키며, 아마도 국가의 정치와 조직에 영향을 주며, 법적 수단과 법 이외의 수단 그리고 아무튼 '교환'에 의한 것 이외의 수단을 통해 경제의 '자연적' 진행과정을 변화시키는 것 등을 한다. 그에 대하여 우리는 무엇을 할 수 있는가? 확실히 우리는 이들 모든 사안에 대하여 간단하게 요약할 수는 없다. 무엇보다도 우리가 활동적 의지의 발현에 국한하는 것은 자연적이다. 이들 발현은 경제적 영역에 일어나는 것뿐만 아니라 이들의 수단 역시 순수하게 경제적이다. 우리는 당연히 모든 유형의 강제행위, 예를 들어 혁명은 고려에서 제외하여야만 한다. 그것은 현실의 왜곡을 의미하는 것이 전혀 아니고, 오히려 단지 여기에 존재하는 모든 사실 속에서 우리가 극복할 수 있다고 믿고 또한 다행히 특별한 흥미를 자아내는 집단을 제거하는 것이다. 또한, 나는 이 책에서 아주 정확한 이론을 개발하는 것을 시도하지 않는다. 그것은 첫 번째 시도 속에서는 맞지 않으며 이를 시도한다면 단지 해로울 것이다. 오히려 나는 오로지 충분히 규칙적이고 빈번한 사실에 적합한 일부 일반적 인식을 의심할 여지없이 아주 정확하지는 않게 묘사하는 것을 시도할 것이며, 이것이 모든 것을 제공하지 않음에도 불구하고 우리의 통찰력은 많은 것을 연계할 수 있을 것이며 직접 가치 있는 이론적 수확을 제공할 것이다.

이 유보하에서 비정태적 에너지(nicht-statische Energie)가 어디에 사용되는가에 관한 아주 본질적인 질문에 대하여 유용한 긍정적 대답은 아주 쉽게 창출된다. 모든 비정태적 에너지의 실행은 정태적 이론이 근거하는 주어진 상황의 변화로서 파악될 수 있다. 여기에서 우리가 자세히 살펴보려는 비정태적 에너지의 실행은 주어진 경제적 가능성의 새로운 결합(neue Kombinationen)의 관철에 존재한다.

우리는 이에 대해 좀 더 자세히 살펴보기로 한다. 혁신(Neues)은 창조되어야 하며 이 혁신은 처음에는, 즉 자신의 성공이 실현될 수 있을 때까지는, 기존의 수단의 새로운 사용유형 속 외의 다른 곳에서는 존재할 수 없다. 여기에서 '새로운'이라는 것은 '새로운 유형'이라는 것이다. 어떤 의미에서 모든 새로운 음악은 새로운 것이다. 그러나 우리는 그것을 말하는 것이 아니다. 우리가 근거하고 있는 경제의 정태적 상태 속에서 기존의 규칙에 따르지 않고 창출되곤 하는 무엇인가 창조된 것에는 색조가 있다. 이것은 정태이론의 가치체계에 아주 낯설게 대응되어 있고, 점점 더 이 가치체계에 의해 동화되어야만 하며, 여기에서 가치체계는 다소간 변화하게 된다. 엄격히 정태적 상태 속에서는 이미 설명한 바와 같이 생산과 소비는 이미 지나간 궤도 속에서 움직인다. 항상 동일한 재화가 — 그리고 항상 동일한 수량이 — 항상 동일한 사람들에 의해 생산되고 소비된다. 예외적으로 그것이 발생하지 않으면, 이것이 다시 보정되는 경향을 가지고 있다. 이제 이 현실과 다른 그림을 명확히 고수하는 것이 매우 중요한데, 그 이유는 이에 대한 반대의 관점에서 우리의 현상이 보다 잘 인지되기 때문이다. 우리의 실천가는 재화가 지금까지 규칙적으로 제공하였거나 이를 위해 재화가 생산되었던 정태적 사용에 대하여 우리가 근거하는 정태적 경제에 존재하는 재화의 일부분만 획득하고 이를 다르게 사용한다. 그것은 바로 우리가 새로운 결합의 관철(Durchsetzung neuer Kombinationen)하에서 이해하는 것이다. 이 해석방식은 매우 생산적인 것으로 판명났으며 이는 설명의 보조도구이기 때문에, 이것이 초래할 결과가 알려지기 이전에 이를 원론적으로 공격할 아무런 이유가 없다.

지극히 당연한 사례는 지금까지 알려지지 않은 재화의 생산이다. 하등의 '산업 예비군'이 없고 모든 생산수단마저도 활용된 국민경제의 정태적 상태 속에서는 분명히 이 새로운 생산의 생산수단에 대한 수요는 그동안의 생산수단을 차출해간다.[11] 동일한 정도로 당연히 한 재화의 새로운 품질의 도입 혹은 이미 알려진 한 재화의 새로운 사용의 도입이 있다. 그러나 그동안 생산된 재화 중 하나에 대한 새로운 생산방법도 '새로운 결합'으로 파악하여야 한다. 사람들은 그것이 생산력과 가치의 대체로 이어진다는 것을 생각하면 그것을 쉽게 이해할 수 있다. 더 나아가 동일한 것이 새로운 시장의 개척에 대해서도 해당된다. 마찬가지로 간단명료하고 궁극적으로 하등의 어려움이 없는 것은 경제조직의 변화, 예를 들면 하나의 트러스트의 창조, 대기업의 도입 등에 있어서 동일한 요인을 인식할 수 있다. 모든 다양한 가능성과 사안의 모든 측면, 조직적·상업적·기술적 측면 등을 다소간 대표하는 가장 전형적인 사례는 새로운 기업의 창업이다. 이에 따라, 우리는 이에 대해 일반적으로 얘기하고, 이상에 언급한 유형이 **오래된** 기업으로부터 나왔다 하더라도 이 유형의 과정을 부분적으로 새로운 창업으로 이해한다는 점을 정하려 한다. 그것은 사안에 정확히 맞는데, 그 이유는 새로운 궤도로의 진입은 양자의 경우에 있어서 확실히 결정적 요인이고 설명방식을 단순화하고 보다 견고하고 보다 생생한 상상을 불러일으키는 것 이외의 다른 목적은 가지고 있지 않기 때문이다.

그리하여 우리의 두 번째 근본원칙은 다음과 같이 설명된다. 즉, 정태적 경제과정의 정상적 순환 속에서는 그곳에 존재하는 모든 진행과정과

---

11) 이 해석방법은 우리의 구조에 아주 근본적이다. 사람들은 새로운 생산을 위하여 한 국민경제의 생산능력이 확실히 경험한 자연적 증가를 자연스럽게 사용할 수 있다고 말할 수 있다. 그러나 우리는 첫째로 이 증가는 본질적으로 바로 발전의 결과이고, 둘째로 우리의 해석은 이에 대해서도 적용 가능할 것이라는 관점을 견지한다. 즉, 만약 아무런 '혁신(Neues)'도 창출되지 않고 이 증가가 정태적으로 사용되어야만 한다면, 이 증가는 바로 이것이 사용**될** 바로 그 사용으로부터 제외된다.

모든 기존의 노동력과 토지력은 특정한 결합 속에서 파악된다. 주어진 노동력과 토지력은 특정하게 주어진 방식으로 일정한 생산물에 합류된다. 자연적 · 사회적 제약 속에서 그러나 동시에 이 익숙한 결합 속에서 모든 경제주체의 행위는 최대로 가능한 욕구충족에 대한 노력으로 설명될 수 있다. 그러나 한 국민의 삶의 방식과 경제방식의 표현의 모든 순간 속에 존재하는 이들 결합은 대체적으로는 가능한 절대적 최선이 될 수 없다. 한 경제주체가 주어진 결합 속에서 가능한 것 이상으로 아주 잘 준비가 되어 있다는 것은 특정하고 건전한 의미에서의 주장이다. 이에 반하여 최고이어야 하며 자연적 · 사회적 상황이 허락하는 결합은 불가능하다. 기술적 그리고 상업적으로 생산하는 것은 일정한 자연적 환경 그리고 사회적 환경 속에서 그리고 과학기술적 지식의 일정한 수준 속에서 실질적으로 제한 없이 개선될 여지는 있다. '모든' 가능성이 실현된다는 것은 전혀 아니며, 이들은 한 번 정도 실현될 수 있을 것이며, 그리하여 즉시 새로운 가능성을 열게 된다. 단지 주어진 생산방식과 관련하여 상대적으로 최고의 상태는 존재하는데, 그러나 이와 같은 상태 없이 최고는 존재하지 않는다. 사람들이 반대일 것으로 생각한다면, 사람들은 이에 대해 쉽게 설득되며, 사람들은 경제에서 더 이상 다른 것을 만들 수 없으며 이상(理想)에 도달한다. 정태적 균형상태의 이상은 원칙적으로 실현 가능한데, 왜냐하면 여기에는 생산수단의 모든 주어진 사용방식을 균형지우는 두 개의 상대방을 향하는 힘들, 즉 효익과 비용만이 중요하기 때문이다. 이상적인 사용방식 그 **자체**는 달성 가능하지 않은데, 그 이유는 이것의 뒤에는 필수적으로 '보다 이상적인' 방식이 존재하기 때문이다. 즉, 내가 곡물에서 브랜디와 빵을 생산한다면, 양자 간에는 내가 지켜야 하는 양적 관계가 존재한다. 만약 내가 이에 대하여 지키지 않는다면, 나는 빵에 비하여 너무 적은 브랜디를, 혹은 브랜디에 비하여 보다 적은 빵을 가지게 된다. 그러나 내가 빵 혹은 브랜디를 지금보다 나은 방식으로 생산하면 이 규제자는 사라진다. 즉, 나는 그동안의 생산방식을 제동장치로 느끼지 않으면서 빵 혹은 브랜디를 매번 새롭게 보다 나은 방식으로 생산할 수 있다. 만약 내가 세 번째의 소비재를 나의 곡물재고로부터 생산해 낸다면, 그 양은 정태적인 방법으로 자신의 정도를 발견할 것이다. 그러나 내가 곡물의 점점 더 많은 유리한 사용가능성을 발견한다면 나는 모든 제시 가능한 한계 없이 점점 더 새로운 방식으로 사용하게 될 것이다. 사람들은 주어진 결합 속에서 모든 재화의 양이 자신의 한계를 가지고 있음을 알게 된다. 그러나 결합 자체는 하등의 한계가 없다. 국민경제의 거대한 전체 내부에는 항상 변화와 개선이 이루어지고 있으며, 오늘날 우리는 가능성의 고갈에 대하여 석기시대보다 더 익숙한 것은 아니다.

그리하여 우리는 결합이 모두 확고하게 주어졌다는 가정하에만 균형상태와 안정적인 경제에 관해 얘기할 수 있다. 일반적으로 지금까지의 이론경제학은 대체로 그다지 강력하게 주장한 것은 아님에도 불구하고 — 이 가정은 확실히 경제의 여건하의 기술의 수용 속에 이미 존재함 — 이 가정을 사실로 만들었다. 이론경제학은 본질적으로 주어진 결합 속에서 경제순환의 법칙만을 분석해 왔다. 이는 그것을 **할 수 있었**는데, 그 이유는 결합은 실질적으로 인지할 만큼 안정적이고, 경제주체들은 새로운 가능성을 보지 못하거나, 혹은 보더라도 이를 즉시 실현하지 못하기 때문이다. 동시에 새로운 결합의 관철 속에는 경제가 정태적이지 않게 만드는 상황이 존재하는데, 여기에 발전의 본질과 내용이 존재한다. 이에 반해 발전의 본질은 경제의 정태적 성장, 즉 인구 혹은 '자본'의 증가에 있지 **않다**. 이 부정적인 증명은 마지막 장(章)에서 다시금 다루게 될 것이다.

이제 우리는 이 해석을 우리의 첫 번째 원칙과 연계를 하여야 한다. 여기에 "어떻게 혁신(das Neue)을 경제에 관철시킬 것인가?"라는 문제가 제기된다. 우리는 어떤 국민경제의 엄격하게 정태적인 균형상태와 어떤 종류의 물질적 존재가 도달하지 않는 헤아릴 수 없이 많은 가능한 새로운 결합(neue Kombinationen)을 가진다. 그렇다면 후자들은 어디에 존재하는가? 그것은 작은 집단의 경제주체들의 마음속이다.[12] 단연 대부분의 사람은 새로운 결합을 보지 못한다. 새로운 결합은 그들을 위해 존재하지 않는다. 대부분의 사람은 그들의 일상적이고 익숙한 생업에 종사하며 이로써 할 일은 충분히 가지고 있다. 그들은 대부분 애매한 위치에서 있고, 현상유지의 노력은 자신들의 힘을 소진시켜 넓은 미래를 향한 모든 의지를 질식시킨다. 그들은 단순히 침몰하려 하지 않으며, 검증된 방식으로 일상의 빵을 획득한다. 이들은 혁신을 실험하는 성향을 가지고 있지 않다. 이것저것 훨씬 좋게 혹은 훨씬 단순하게 할 수 있는 것이 그들에게 한번쯤 떠오른다 하더라도 그들에게는 이를 추구할 마음의 용기가 없다. 그들은 이 사안을 관통하여 생각할 힘과 여유를 가지고 있지 않으며, 자신의 지금까지의 생존기초를 위험에 빠지게 할 수 없다. 일상적인 일이 그들을 억누르고, 동료들의 조직과 영향은 그들에게 벗어나기 어려운 사슬을 만든다.

그것은 많은 수의 사람들이다. 그러나 날카로운 지성과 보다 활발한 상상력을 가진 소수의 사람은 무수히 많은 새로운 결합을 본다. 그들은 보다 개방된 눈을 가지고 일상적인 사건을 들여다보며 많은 아이디어가 이들에게 술술 불어넣어진다. 이들 중 많은 사람은 이들 각각의 아이디어를 보다 더 추구할 수 있고 구체적인 형태로 만들기 위하여 일상적인

---

12) 독자는 내가 어디로 진행하려 하는지를 알 수 있을 것이다. 즉, **새로운 결합의 관철이 발전의 형태와 내용인 것처럼, 지도자의 행위는 이의 추동력이다.** 모든 경제주체가 바로 선견지명이 있고 활동적이라면 우리의 경제모습은 당연히 다르게 나타나야만 할 것이다. 그러나 그것은 그렇지 않다. 그리고 우리는 경제의 단순한 논리에 원칙적으로 적합하지 않은 인물들의 점진적 차이가 여기에서 이 현상의 본질적인 설명요인이 될 것이라는 점을 말하고자 한다.

루틴으로부터 충분한 신선함을 유지한다. 그러나 그것만으로는 충분하지 않다. 이들에게도 유사한 장애물이 작용하며, 이들은 자신들의 힘을 한번 접어든 길에 헌신하여야만 하며, 그렇지 않은 경우에 이들은 자신의 아이디어에 대해 경제적 존폐로 지불하여야 한다. 그러나 실행은 전혀 이루어지지 않으며, 통찰력은 요정왕국의 몽상처럼 실무적인 의미를 더 이상 가지지 않는다. 그리고 스스로 세심하게 가공된 착상은 실무에는 가치가 없어서 '실무가'는 대체로 이에 대해 냉소를 지으며 너무나 많은 계획의 수립은 직접 정신적 장애로 간주되기도 한다. 이에 대한 이유가 없는 것은 아닌데, 계획전문가들의 정태적 활동이 피해를 입는 것이 종종 유일한 결과이다. 그러나 그들은 적어도 사전작업을 하며, 그러나 그들은 그 열매를 거의 향유하지 못한다.

그러나 더 적은 소수가 있는데 이들은 **행동을 한다**. 이들이 자신들의 행동계획을 스스로 기획하고 방금 언급한 유형의 사람들이 끝없이 창출하는 많은 것 중의 하나를 다룰지는 아무래도 좋다. 사람들은 새로운 결합을 항상 가지지만, 필수적이고 결정적인 것은 행동(Tat)과 행동을 향한 힘(Kraft)이다. 그것은 우리가 앞에서 특징화하려고 했던 정신상태이다. 그것은 쾌락적 균형을 경멸하고 위험에 대하여 두려움 없이 쳐다보았던 사람의 유형이다. 그는 패배가 그에게 필수적으로 가져다주는 결과와 그에게 종속된 모든 것이 이를 통하여 자신의 노년복지를 잃어버리게 할 것인가의 여부에 대해서 신경쓰지 않는다. 그의 동료와 상사가 자신의 기업에 대해서 말하는 것은 그에게는 아주 대수롭지 않으며, 그의 매일의 노동은 그를 힘없게 그리고 결단성 없게 만들지 않는다. 그의 상황에 항상 있는 것은 그가 더 이상의 획득을 보다 절실히 필요로 할지 혹은 그의 모든 욕구가 대단히 풍부하게 충족될 수 있을지 여부이다. 그것이 그를 가두어 놓는 실행이다. 이에 따라, 에너지(Energie)는 결정적인 요인이며 '통찰력(Einsicht)'만으로는 안 된다. 후자는 가장 단순한 실행으로 이어짐이 없는 훨씬 더 흔한 요인이다. 행위를 위한 성향이 중요하다. 특별히 눈부신 지능 없이도 성공적 행위로 이어지게 하는 것은 다른 사람을 굴복시키고, 자신의 목표를 정복하며, 명령하고, 극복하는 능력이다.

이제 우리는 보다 좁혀진 목적에 대해 의미 있는 논점을 다룬다. 새로운 결합(neue Kombinationen)은 무엇보다도 물질적인 것이 아니며, 처음에 이는 전혀 아무것도 아니다. 일부 사람들의 의식 속에 이의 존재는 경제의 진행과정에 대해 아무것도 변화시키지 않으며, 우리가 본 바와 같이, 그 자체에 대해서는 화성의 운하와 같이 의미가 없다. 그러나 이와 같은 새로운 결합이 우리의 활동직 유형의 사람에 의해 파악되자마자 그것은 변하게 된다. 이 새로운 결합은 이를 통하여 물질적인 무엇으로 변화되지는 않으나 시급하게 그렇게 될 것이다. 이른바 우리의 사람이 새로운 결합의 실현을 진지하게 바라보는 요인으로부터 이 결합의 존재가 아주 실제적인 방식으로 느껴지기 시작한다. 이 결합은 기존에 존재하는 재화에 대하여 곧바로 작용을 미치지는 않지만 이의 가치와 이를 통해 가격에는 영향을 미친다. 우리의 사람은 많은 재화에 대한 자신의 가치평가를 변경할 것이며, 그는 자신의 재화를 다르게 평가할 뿐만 아니라 다른 사람들의 재화에 대해서도 다른 눈으로 바라본다. 그가 자신의 기업에 대해 예를 들어 어떤 방법을 통하여 독점적 지위를 획득할 것을 생각한다면, 그는 자신의 계획에 대한 결정으로 이르게 하는 이 요인에 관하여 다르게 평가할 것이다. 자신의 목적을 위하여 이웃의 땅이 필요하면, 그는 이에 대해 그동안 존재하지 않았던 수요를 발현하게 될 것이다. 이 영향은 상당히 멀리 미친다. 누군가가 대기업에 대하여 알아보려 한다면, 이에 의존하는 전체 재화의 소유가 그에게 그동안과는 다른 빛으로 보이게 될 것이다. 이제 그것은 다른 사람들에게까지도

퍼져나갈 것이다. 예를 들어, 누가 우리의 사람에게 신뢰를 가지고 그와 함께 협력을 하려고 한다면, 더 나아가 그렇지 않으면 자신의 계획 도입으로부터 장점 혹은 단점을 기대하여야만 한다면 — 그리고 이 사람들의 범위가 종종 보다 크다면 — 자신의 재화의 가치평가와 이와 같은 다른 사람들에 대한 자신의 수요는 다소간 변화하게 된다. 그것은 다른 것을 얘기하는 것이 아니라, 그에게 그 계획이 잘 알려져 있고 그가 이를 통하여 어떠한 영향을 미치자마자, 그는 자신의 경제행위를 이에 따라 정렬, 즉 다소간의 변화를 하게 될 것이라는 점을 얘기하는 것이다. 대단히 많은 수의 경제주체들은 이와 관련하여 소극적으로 행동할 동안, 가장 중요한 것은 당연히 항상 실천가의 평가이다.

그리하여 우리는 모든 완전히 정태적이지 않은 국민경제에서 많은 양의 재화가, 어떠한 의미에서는 모두가, 보다 많은 혹은 보다 적은 사람들의 마음속에 나란히 존재하는 두 개의 서로 다른 가치척도를 가진다고 말할 수 있을 것이다. 그것은 대체로 생산재, 노동, 토지, 공구, 자연자원 등에 해당된다. 그러나 그것은 역시 무엇보다도 생업목적으로 사용하려하는 사람들 소유의 소비재 그리고 이의 소유자에 의해 자신의 향유를 위해 예정되어 있는 이와 같은 소비재에도 해당된다. 사람들은 그것을 특히 마지막 유형의 개별적 재화에 관해서는 말할 수 없는데, 그러나 사람들이 단지 이들 범주를 전체로 고려한다면, 언급된 것은 그 자체로서 일반적으로 유효하다. 이들 모든 유형 범주의 재화는 모든 시점에서 특정하고, 정태적이고, 보다 덜 안정적이지만, 그럼에도 불구하고 이론적으로 똑같은 특정한 개발가치를 가진다. 다시 말해, 이들 재화는 첫 번째로 이들이 수반한 사용에 적합하며 정태적 경제에서 연년세세 실현될 가치를 가지며, 둘째로 새로운 사용에 적합하며 새로운 결합의 실현을 통해, 즉 경제발전을 통해 실현되어야만 하는 다른 가치를 가진다.

이 두 개의 가치척도는 당연히 서로 관련을 맺고 있으나 그럼에도 이들은 명백하게 구별될 수 있다. 정태적 가치척도를 보다 자세히 고찰하면, 우리는 그것을 보다 명확하게 할 수 있다. 한 재화의 가치척도는 명백하게 감소하는 욕구강도를[13] 나타내며, 만약 후자가 동일한 순서로 병렬되어 그 속에서 소비가 이루어진다면, 이의 부분수량 모두는 이 욕구강도에 상응한다. 이 욕구강도는 그리고 따라서 가치척도는 거의 해당 재화의 사용유형에 의존한 적이 거의 없다. 왜냐하면, 모든 생산재는 그리고 대부분의 소비재는 몇 개의 사용을 허락하기 때문이다. 일정한 경제주체에 의해 단지 **하나의 사용**에 대하여 제공될 수 있는 재화 자체는 유통경제 속에서 이 경제주체에 의해 다른 재화에 대해 교환될 수 있다. 이 교환 가능성은 이제 우리 개인의 가치평가에 영향을 줄 것이며 따라서 그 재화의 정태적 가치척도 속에서 표현되어야만 한다. 그리하여 모든 재화는 적어도 직접소비와 교환이라는 두 개의 사용유형을 가질 수 있는데, 여기에서 개인의 관점에서 교환될 재화의 가치는 교환재화의 소유에 의존하기 때문에 이는 후자의 가치척도에 고려되어야만 한다. 일반적으로 사람들은 매우 다양한 재화를, 화폐의 매개를 통하여 정말 모두를, 사람이 점유하고 있는 일정한 재화와 교환할 수 있기 때문에, 많은 재화의 가치는 소유한 재화의 가치척도 속에 나타나야만 한다. 그러나 다음의 가치만이 가치척도의 구성에 대해 영향을 미칠 것이다. 먼저 — 아마도 본원적 척도의 작은 위치에 대한 것일지라도 — 소유하고 있는 재화의 소비가치보다 큰 재화가치와, 둘째로 — 다시금 최소한 일정한 위치에 대하여 — 사람이 동일한 양에 대하여 평소 교환할 수 있는 다른 재화의 가치보다 큰 재화의 가치만이 영향을 미칠 것이다. 그리하여 모든 경제주체에 대한 모든 재화수량의 가치기능은 항상 재화의 많은 사용가능성에 달려 있다. 사실 이 가치기능은 개인의 의견에 따라 최고인 것과

---

13) 이에 관해서는 제1장에서 말한 내용을 참조하라.

그리하여 모든 사실상 이루어진 사용에 의해 실행된 재화수량의 사용가능성에 의해 결정된다. 이 가치척도는 모든 정태적 경제에는 확정되어 있는데, 왜냐하면 여기에서는 교환가능성과 교환의 결과를 포함한 모든 것을 예측할 수 있고, 하등의 놀라움이 발생하지 않으며, 모든 것이 이전의 경제기간에 발생한 것과 같이 발생하기 때문이다. 오직 이 다양한 사용의 법칙을 발견하고, 개인이 자신의 재화의 얼마만큼을 각각의 동일한 사용에 소비할 것인가를 제시하기 위해서는 이 가치척도가 필요하지 않다. 왜냐하면, 이 척도는 이미 모든 사용을 포함하며 이들의 결과이기 때문이다. 일정한 사용유형을 분석하는 것이 중요하다면, 사람들은 **이의** 가치를 우리의 가치척도로부터 구분하고 나머지 사용유형에 대해 대응하여야만 한다. 그리하여 단지 사람들은 우리의 개인이 얼마를 사용하였고, 이를 위해 무엇을 받았고, 이 사용유형으로부터 자신의 이윤이 있을 것인가를 발견할 수 있다. 이 분석의 관점에서 사람들은 모든 재화는 소비로서 대단히 많은 가치척도를 가진다고 말할 수 있다. 모든 사용의 가치척도는 모든 한데 모은 다른 사용의 가치척도와 대응되며, 이 대응은 각 사용에 관한 개인의 의사결정을 창출한다. 그러면 이들 모든 다양한 가치기능으로부터 이들 가치기능 모두를 포괄하고 이제 새롭게 교환되는 사용가능성에 대응하여 개인의 행동을 결정할 수 있는 하나의 가치척도가 창출된다.

하나의 사례가 그것을 보다 명확하게 할 것이다. 한 농부는 매년 자신의 수확물을 자신의 소비와 씨앗을 위해 그리고 옷과 같은 것과의 교환으로서 사용할 것이다. 자신의 생산물에 대한 그의 가치척도는 이들 세 개의 욕구충족에 대한 자신의 가치평가에 달려 있다. 그러나 그가 얼마나 많은 옷을 그리고 어떤 교환관계로 교환하는가, 그것은 **이** 가치척도에 관해 설명해주지 못한다. 왜냐하면, 이 가치척도는 확실히 이미 옷의 일정한 수량의 효용을 내포하고 있기 때문이다. 이 수량과 이의 가치를 발견하기 위해서 우리는 옷의 가치척도를 자체소비와 씨앗을 위한 욕구강도로 구성된 가치척도에 대응하여야 한다. 그리고 그것은 당연히 이들 두 사용에 대하여도 가능하다. 그리하여 농부의 생산물은 세 개의 가치척도를 가지고 있다. 순수하게 가치척도인 **것은** 자신의 생산물에 대한 자신의 가치평가를 이들 세 개의 사용유형이 이들 세 개의 가치척도 혹은 두 개의 가치척도에 의해 주어진 방식을 통하여 사실상 실행된다는 전제조건하에 표현된다. 이 가치평가는 예를 들어 손실에 대응한 그 생산물에 대한 농부의 경제적 후생을 결정하며, 그가 예를 들어 수확량의 보장을 위해 지불하려고 하는 것을 결정하며, 그리하여 확실히 실질적인 역할을 한다. 그러나 새로운 소비가능성이 나타날 수 있다면 이 가치평가는 특별히 효과적일 것이다. 그리고 이는 소위 새로운 소비가능성에 대한 반대이유를 구체화하며, 무엇을 그리고 수확량 중 얼마를 새로운 소비가능성을 위해 사용할 것인가에 대한 결정에 영향을 미친다.

이제 보다 엄격한 정태이론 속에는 이와 같은 새로운 소비유형은 없다. 비록 사람들이 이 구성을 이해하기 위해 사실상의 소비유형의 각각을 다른 유형과 순차적으로 대응하고 '새로운' 유형으로서 고찰하여야만 한다고 해도, 모든 것은 예견되어 있고 명확하게 준비되어 있다. 그러나 만약 발생한 것이 존재하고 모든 생산가능성, 소비가능성, 교환가능성이 확정되어 있다면, 모든 재화와 모든 경제주체에 대하여 오직 하나의 가치척도가 더 존재한다. 이 가치척도는 연년세세 동일한 방식으로 실현된 욕구충족, 즉 그 상황 속에서 달성 가능하고 사실상 달성된 욕구충족에 구체화되어 있다. 우리는 이 안정적인 **현재가치체계**에 대하여 다른 체계를 대응시킨다. 그런데 이 다른 체계는 주어진 시점 속에서 포착되는 새로운 결합의 실현을 통하여 창출될 것이다. 우리는 이를 **미래가치체계**라고 명명한다. 이 미래가치는, 만약 사람들이 결합의 실현이 이들 재화의 점유에 의존하는 새롭고 보다 유리한 결합과 연계하여 재화를 평가한다면, 그 재화가 받는 가치평가이다.

그리하여 우리는 현재가치와 미래가치를 하나의 동일한 재화의 가치에 대한 두 개의 본질적으로 상이한 해석으로서 서로 대조한다. 서로 다른 사람들은 정말 동일한 재화를 정태적 가치의 영역에서도 항상 다르게 평가한다. 그리고 동일한 마음도, 우리가 보았던 것처럼, 동일한 재화를 정태이론 속에서 그것이 하나의 소비유형 혹은 다른 소비유형 혹은 모두를 파악하는지 여부에 따라 다르게 평가한다. 그러나 현재가치와 미래가치의 대비는 그럼에도 불구하고 이의 원인과 결과를 고려하여 매우 특별히 흥미로우며, 이에 따라 양자의 원칙적 구분은 정당성을 갖는다. 사람들은 이들을 사실상 구분하고 현실에서는 자주 그런다. 하나의 토지 가치의 다양성은 사람들이 이를 건축부지의 미래 용도로 고려하느냐 하지 않느냐에 따라 달라진다는 것은 잘 알려져 있다. 이 사례 속에서 심지어 정태적 가격과 미래가격조차도 종종 간단히 차이가 나고 그 차이는 바로 독립시킬 수 있다. 그것은 항상 쉽게 가능한 것은 아니다. 우리는 앞에서 **가치척도**에 관해 얘기하였다. 이것은 항상 하나의 새로운 결합의 현실화에 의해 영향을 받는다. 그러나 한 재화의 수량이 대단히 크면, **한계효용**은 그 재화의 **가격**이 현저하게 영향을 받을 정도로 변화할 필요는 없다. 예를 들어, 노동에 대하여 이 요인은 더 큰 의미를 가진다. 그럼에도 불구하고 여기서 말한 것은 노동의 가치척도에 중요하다.

그리하여 미래는 현재의 가치체계 속에 강력하게 영향을 미치며, 그 결과 미래의 힘은 대단하다. 얼마나 멀리 현재가치체계의 지배가 뻗어갈지는 사실상의 문제(quaestio facti)이다. 누구나 혁신(Neues)을 개발하고 이에 대해 더 많이 듣는 전진하는 국민경제에서 대단히 넓은 범위가 미래가치로 계산하고 순전히 우리 실천가의 장점으로서 특히 가격전쟁에서 미래가치로부터 장점을 확보하려고 노력할 것이다. 그렇지만 그것은 단지 실천가의 행위로부터 설명되고 행위의 지도가 뒤따르며 그것

없이는 불가능할 하나의 반사현상에 불과하다. 그리하여 그것은 사안의 핵심을 강조하고 명확하고 날카롭게 인지하기 위하여 추천되며, 그것을 제외한다면, 즉 적어도 일반적으로는, 그것은 우리의 그림을 흐리게 하지 않기 위하여 혹은 불필요하게 복잡하게 하지 않기 위하여 추천될 것이다. 사안의 실무적 의미가 크면 클수록 이의 원칙적 관심은 적어지게 된다. 그것은 단지 외부인들이 행하는 불확실한 도박으로서, 결과적으로 이들의 이익보다는 손해로 더욱 자주 이어지게 된다. 사람들은 사안의 커다란 진행을 이로써 설명하지 못하며, 오히려 그들은 이를 통하여 감추거나 왜곡한다. 발전이 항상 더 많은 범위와 관련을 맺고 점점 더 많은 사람이 여기에 실제로 참여한다 해도, 우리가 그것이 현실화되는 것 없이 우리의 미래가치체계의 첫 번째 접근을 우리의 작은 집단에 제한하고 모든 다른 경제주체에 대하여 위에서 설명한 정태적 가치척도를 강력히 고수한다면, 우리는 사안의 핵심을 만나게 된다.

가장 전형적인 미래가치의 구체화는 새로운 기업(neue Unternehmung)이다. 때로는 이것은 하나의 이윤획득 가능성의 구체화에 불과하며, 사람들은 모든 미래가치를 이 도식으로 가져올 수 있다. 미래가치는 새로운 결합의 상관개념이고, 이는 새로운 결합이 가치언어로 번역**된 것이다**. 이는 다가오는 현상의 그림자이며 직접적인 경제적 미래의 전조이다. 그리하여 시장의 실무에 잘 알려진 이 현상은 지도적 인물(Führerpersönlichkeit)의 행위에서 비롯한다.

이제 우리는 여기에 추가하고자 하는 다른 주제로 넘어갈 것이다. 우리의 두 개의 근본이 되는 원칙, 에너지 원칙과 새로운 결합의 관철 원칙은, 우리가 본 바와 같이 서로 겹치며 모두 경제주체의 **하나의** 특정한 유형(Typus)을 특징화하고 있다. 이들은 그 자체로 물려받은 경제적 수준의 변화가 있는 곳, 독일 농부의 경제는 물론 베두인의 경제, 현대 대형제조업자의 경제에도 매우 일반적으로 유효하다. 이 모든 경제형태 속에서 사람들은 정태적 행동과 활동적 행동의 두 유형을 인지한다. 이 양자의 상대적 중요성은 다양한 상황 속에서 다양할 수 있다. 그러나 그것은 사안의 본질에 있어서 아무것도 변화시키지 않는다. 우리의 유형은 원시적 상태 및 그 밖의 정체된 국민경제에는 없을 것으로 보인다. 그러나 하등의 발전을 보이지 않는 그곳에서도 우리의 전체적 고찰방식이 아주 좋다는 것이 증명된다. 그렇다면, 비록 나의 생각으로는 그것이 항상 분석되지 않은 현실의 불충분하고도 피상적인 고찰의 결과에 불과함에도, 현대경제의 많은 센터 속에서는 마치 정태적 유형의 사람은 전혀 없을 것처럼 보일 수 있다. 그러나 일반적으로는 두 유형은 비록 다소간 격렬하기는 하지만 항상 그리고 곳곳에서 분명하게 나타난다.

그러나 현대경제에서는 활동적 유형(energischer Typus)이 경제영역에서 아주 의미 있게 육성되어야만 그는 경제주체의 특별한 계급을 특징짓고 독자적 이름, 이른바 **기업가**(Unternehmer)라는 이름을 갖게 된다. 그것은 정말 특별히 중요하다. 즉, 우리의 사고과정은 기업가의 본질과 역할에 관한 질문에 대해 아주 자연스럽게 답을 준다. 국민경제학에서 수많이 논의된 문제를 해결에 더 가깝게 다가가게 하고 그동안 덜 생산적인 주제에 대해 정확한 것을 얘기할 것 같은 이 결과에 잠시 머무는 것은 수고할 만한 가치가 있다. 우리는 우선 기업가에 대한 우리의 정의를 보다 더 명확하게 묘사하고 분석하며 그런 후에 이에 대해 몇 개의 추가적인 언급을 연결하기로 한다.

만약 사람들이 현실의 일정하게 명명된 현상을 분석의 불 속에서 새로운 과학적 개념으로 재주조하려고 한다면, 사람들은 획득한 과학적 도구가 흔한 개념과 다소간 차이가 있다는 점을 처음부터 미리 파악하여야만 한다. 과학은 일상이 발견하지 못하고 자연히 다른 특징에 주안점을 두는 곳에서 차이를 본다. 그것은 우리가 사실을 왜곡한다는 것은 결코 아니다. 사안의 본질에 속하지 않거나 중요하지 않은 것으로서 하나의 개념하에 통례로 요약된 많은 현상의 배제와 본질에서 일상적으로 빠져나간 다른 현상의 포함은 심지어 사실의 보다 정확한 파악에 필요한 이른바 필수적 결과이다. 사진사는 현실로부터 멀어지려는 의도에서 뿐만 아니라 심지어 무엇보다도 본질적인 내용을 보다 명확히 강조하기 위하여 다시금 사진을 찍는다. 우리도 마찬가지이다. 그럼에도 불구하고 우리는 우리가 지금 실천하려는 걸음이 매우 까다로운 성격을 가지고 있음을 잘 안다. 일정한 이론적 구성이 일정한 현상을 반영한다고 항상 주장됨에도 불구하고, 가장 큰 신중함이 필요하다. 독자는 우리의 묘사가 실제와 흡사한지 여부를 결정하여야만 할 것이다.

그리하여 우리의 주장은, 기업가(Untcrnchmer)는 우리가 본 것처럼 비쾌락적 행동이 마치 항상 필요한 새로운 결합을 관철하는 사람이다. 기업가는 경제영역에서 우리의 실천가(Mann der Tat)이다. 그는 경제적 지도자(wirtschaftliche Führer)이며, 진정한 지도자이며, 정태적 경제주체처럼 단순히 겉으로만의 지도자가 아니다. 그것은 자체로서는 매우 자의적인 결정이지만 우리로서는 피해가 없는 결정이다. 그렇지만 문제는 우리가 이를 통하여 현실의 그렇게 언급된 현상을 정당화하고 그 본질을 파악할 수 있는가이다. 이제 '기업가'라는 이름에서 사람들은 종종 실무에서 사람들이 영어로 '계약자(contractors)'라고 부르는 사업가의 유형을 이해한다. 당연히 우리는 **그에 대해** 생각하는 것이 아니다. 우리는 다른 사업가와 구분이 되지 않는 이 사람은 우리의 개념에서 제외한다. 그러면 이 단어는 때로는 특히 '기업가 기질(Unternehmertum)' 형태의 의미를 가진다. 이것은 우리나라에서는 대부분의 '제조업'들이 아마도 '기업가'로 불리는 것에 대한 항의를 필연적으로 가져온다. 우리는 이에 대해서도 생각하지 않는다. 나는 이 관점과 이와 유사한 관점에 대해 자세히 설명할 필요가 아마도 거의 없다.

그러나 보다 중요한 것은 우리의 해석에 따르면 기업가가 오로지 현대경제의 현상만이 아니라는 점이다. 그것은 우리의 이해로는 기업가의 본질적 특징과 역할을 결정짓는 것은 이전의 시기에도 발견될 수 있다고 우리가 믿는다는 점을 말한다. 사람들은 간단히 우리에게 한 야콥 푸거(Jakob Fugger)(역자 주: 독일 출신의 중세 최대의 부호), 그리고 페니키아 상인을 이 범주에 넣을 것을 허락할 것이다. 그러나 예를 들어 원시적 흑인혈통에서의 기업가 활동의 가정은 설득력이 거의 없다. 그럼에도 불구하고 우리는 대체로 '새로운 결합이 관철'되면 여기에서도 기업가에 관해 얘기할 것이다. 여기에는 터무니없는 것이 하나도 없다. 우리의 해석이 정확하다면, 거기에 사안이 부족한 것이 아니라 단어가 부족한 것이다. 혹은 더 잘 표현하면, 아마도 현대의 기업가 기질은 그의 사회적 구성 속에 결핍되어 있고 현대의 기업가를 눈에 띄게 하는 많은 특징도 결핍되어 있다. 그러나 기업가 기질의 경제적 기능과 순수경제적 기능이 결핍되어 있는 것은 아니다. 현대적 기업가는 모든 다른 관계에 있어서 자신의 신분과 비슷한 동료와 차이가 나며, 아마도 현대의 노동자와 흑인부족 추장의 노예와의 차이보다 더 큰 차이가 난다. 그의 행동은 다른 사회적 결과, 즉 다른 의미를 가지며, 우리에게 대체로 무엇인가 다른 것으로 다가온다. 모든 이들 다양성의 고비를 넘는 것은 대단히 어렵다. 특히 경제적 요인 이외의 다른 요인을 생각하는 사람에게는, 그리고 현대경제의 발생유형이 지배적으로 눈앞에 아른거리는 사람에게는 그것은 대단히 어렵다. 그리고 그의 행동을 시도하고 현대의 기업가 속에서 근본적으로 경제영역에 전문화된 추장을 발견하는 것이 중요하다. 사회주의국가에 대한 우리의 해석은 전혀 큰 어려움에 마주치지 않는다. 우리는 여기에서 기업가 행위가 국가 그 자체에도 바로 적용된다고 가정해도 좋을 것이다. 근본적으로 그것은 당연한 것에 불과하다. 오직 나는 어떤 종류의 충분한 정보를 가지고 있지 않은 사안에 대해 보다 자세한 설명을 억제하려 한다. 그리하여 우리는 사실에 입각하게 된다.

그리하여 우리가 기업가 유형(Unternehmertypus)을 확장한다면 — 그리고 우리는 이로써 언어사용의 피상성을 넘어서 사안의 요체만의 효력을 확보할 수 있음을 확신함—, 우리는 우리의 개념을 학문에서 통상적인 개념에 대하여 제한하여야만 한다. 국민경제학은 '기업가(Unternehmer)'를 크고 완전하게 파악하여 독자적 권리를 갖는 한 기업의 리더, '고용되어' 있지 않거나 혹은 확정된 보수에 대해 일을 하지 않는 생산자로 이해한다. 이로써 확실히 **한 개의** 요인은 파악된다. 그러나 우리의 정의는 보다 좁다. 우리의 의미에서의 기업가는 하나의 기업에 속해 있는 사람이 아니며 아울러 이와 같은 기업의 정상에 사실상 서 있는 사람이 아니다. 만약 그가 새로운 결합을 실현한다면[14] 즉, 무엇보다도 그가 새로운 기업을 창업한다면, 그리고 그가 기업의 생산공정을 변경한다면, 기업의 새로운 시장을 개척한다면, 경쟁자들과 직접적인[15] 투쟁을 한다면 등등, 그럴 경우에만 그는 이와 같은 역할 중 하나의 본질적인 기능을 수행한다. 그러나 더 나아가 사람들은 법적인 특징과 표면적인 사항에만 아주 고착되어 있을 수는 없다. 우리에게 기업가는 지도적 인물(leitende Persönlichkeit)이다. 그 인물은 '공장주인'과는 다른 사람이어야 한다. 사실적인 지도는 부서장의 손에, 특히 그가 '관심을 가지고 있으면', 위임할 수 있다. 주식회사에서는 기업을 사실상 운영할 수 있고 **그리하여** 기업가로 간주될 수도 있는 예외적으로 지배적 주식소유를 한 사람이 있다 하여도 그 주주를 기업가로 보지 않는다. 사람들은 대체로 이 유형의 사람을 다른

14) 한 기업가가 자신이 창업한 기업을 단순히 '정태적으로' 계속 운영한다면, 그는 기업가가 되는 것을 포기하는 것이다. 기업가의 특징은 혁신의 창조(Schaffung von Neuem)와 연결되어 있다.

15) 다시 말해, 단지 생산물 시장에서 낮은 값을 부르기, 그리고 생산수단시장에서 높은 값을 부르기 속에 존재하지 않는 투쟁을 의미한다.

곳에서 찾아야 한다. 많은 경우 이는 창업자일 수 있다. 그것은 특히 작은 산업적 주식회사에서 예전에 기업을 운영했던 사람이 그 기업을 주식회사로 바꾼 후에 주도권을 자신의 손에 쥐는 경우에 흔히 발생한다. 여기에서 자신의 법적인 입장이 무엇인가는 경제적으로 중요한 것이 아니다. 다른 사례로는, 운영위원회의 의장 혹은 다른 구성원이 기업가로 간주되는 것을 들 수 있는데, 그것은 사무총장 혹은 경영자의 경우에도 이 다른 사례에 해당된다. 간단히 말하여 하나의 구체적인 사례를 올바르게 판단하기 위해서는 사람들은 항상 사실을 직시하여야만 하며 단어와 법적인 형태만을 보아서는 안 될 것이다. 오로지 우리의 기업가 개념은 사안의 경제적 본질에 대하여 주의를 하며 관련성을 갖는데, 그것은 우리에게 유리한 점이 있는 것으로 보인다. 우리가 이 개념하에서 이해하는 것의 세심한 묘사를 위해 할 일이 많이 있다.

더 나아가 우리의 해석과 전적으로 일치하는, 이른바 기업가는 생산요소를 결합하고 조달하는 것이라고 말하는 기업가 역할의 정의가 변함없이 확산되고 있다. 이 정의는 바로 우리의 이론을 시사하고 있다. 이 정의는 기업가는 정태적 상태에서는 아무것도 얻지 않을 것이라는 점과도 바로 일치한다. 우리는 그것을 이른바 이들 생산수단의 결합은 그 상태 속에서 이미 확정되고 유전되고 있고 이에 따라 기업가에게는 어떠한 루틴한 업무밖에는 아무것도 할 일이 없을 것이라는 점을 통하여 설명할 것이다. 이로부터 그는 이 무(無)에 대하여 아무것도 얻지 못한다는 결론에 도달한다. 그것은 이 점에서 우리의 이론이 단지 이미 존재한 접근방법을 더욱더 발전시키며 단지 이미 인정된 사실만을 더욱 잘 설명한다는 점을 우리에게 가르쳐 준다. 사실상 여기에서는 이론은 동태이론(Dynamik)의 영역으로 밀고 들어간 것이며, 이는 단지 그 새로운 영역을 깨닫지 못한 것일 뿐이다. 그러나 정태적 관점에서는 이 사안에 대해서 말할 게 거의 없다.

만약 마타야(Mataja)가 기업가를 기업가 이윤이 배당되는 사람이라고 정의하였다면, 우리는 여기에 대해 이론을 제기할 것이 없다. 이 정의는 정태적 경제에서 이 기업가 이윤은 바로 영(零)이 되어야만 한다는 인식[16]과 연계하여 우리의 해석과 정확히 일치하는 것이며, 마찬가지로 그곳에는 기업가에 대한 공간은 없으며 기껏해야 '이윤을 창출하지 않거나 혹은 손해를 보지도 않는' 기업가의 그림자에 대하여 공간이 존재하지 않는다는 결과가 도출된다. 이 내용은 우리의 관점의 가치 있는 증명을 내포하고 있다. 사실, '정태적 기업가'가 왜 그에게 종종 인정된 모든 특징을 가져야 하는가? 그는 그가 예전에 했던 일을 단지 수행하기 때문에 그리고 자신의 경제는 바로 스스로 운영하거나 혹은 그가 아주 수동적으로 투입했던 힘에 의해 운영되기 때문에, 그가 수행한 일은 경리계 혹은 매우 좁은 의미에서 그의 노동자 중 하나에 의해서 추진된 것과 무엇이 근본적으로 다른가? 여기에서 이론과 사실은 기쁘게도 맞아떨어진다.

우리는 이제 우리의 관점에서 우리의 기업가 역할을 정의하기로 한다. 그의 행위는 매우 다양하며, 오늘날 그 역할의 분야는 독립되었고, 그 역할의 대표자는 특화되어 있다. 하나의 특별한 유형은 창업자, 즉 기술적 창조자 등의 다른 유형이다. 우리는 그 모든 것을 우리의 도식의 탓으로 돌릴 수 있다. 정태적 경제가 우리의 기업가 없이 그럭저럭 진행되듯이 모든 더 이상의 것들, 즉 모든 발전은 오로지 그에 의해서만, 그의 에너지에 의해서만, 그의 비쾌락적인 행동에 의해서만 진행된다. 이에 대하여 우리는 더는 할 얘기는 없지만, 새로운 결합이 자리를 발견할 수 있는 다른 근본적 요인에 대하여 간단한 언급을 한다. 무엇이 새로운 결합에 대응한 기업가의 더욱 정확한 역할인가? 자신의 에너지와 자신의

16) 그런데 이 관점과 관련하여 마타야(Mataja)는 다른 시각을 가지고 있다.

개성의 영향력을 활용하여 새로운 결합을 관철하는 것은 자신의 고유한 업무이지만, 기획 그리고 생각의 창조는 고유하지 않거나 단지 제2선에 머문다. 생각이 외부로부터 그에게 제공되는 것은 가능하고 아마도 당연하다. 아이디어와 계획은 생각 없이도 항상 풍부하고 곳곳에 많다. 그리고 기업가는 이들에 대응하여 대단히 중요한 역할을 하여야 한다. 그는 이른바 모든 가능한 것과 모든 존재하는 것 사이에 선택하여야 한다. 그의 역량의 본질적 기준은 올바른 선택에 있다. 진행과정은 이제 그가 모든 가능한 것을 세심하게 연구하고 그리하여 정확한 결과를 창출하는 것만을 생각할 수 있는 것은 아니다. 그는 그렇게 하도록 행동한 적은 없을 것이다. 그의 능력은 오히려 그에게 하나 혹은 아주 적은 것이 나타나는 데 있으며 그는 다른 것은 전혀 생각하지 않는다. 아주 스스로, 무의식중에, 그리고 자신의 이유에 대해 강력한 이해함이 없이, 그는 사실적으로 입증된 것만을 착수한다. 만약 그가 자신의 계획을 스스로 창출하지 못한다면, 그는 다른 많은 가능한 것 중에서 계획을 수립한다. 우리가 본래의 의미로서 '경제적 기업'으로 진행과정을 묘사하고 싶은 새로운 결합의 관철에 있어서 그는 두 가지 종류를 수행한다. 첫째, 그는 많은 사람이 대체로 정확하게 평가할 수 없는 다양한 요인의 헤아릴 수 없는 많은 수량에 의존하는 의사결정(意思決定)을 이들 요인을 끝까지 분석함이 없이 내린다. 이 의사결정은 아주 특정한 소질을 가진 단지 적은 사람들에게만 가능한 것이다. 둘째, 그러고 나서 그는 이 의사결정을 관철시킨다. 그것이 우리의 실천가(unser Mann der Tat)인 우리의 기업가(unser Unternehmer)의 특징이고 기능이다. 기업가의 특징과 기능은 분리될 수 없으며 동시에 중요하다. 그리고 그 결과는 경제발전, 즉 진보이다. 오로지 우리의 유형에 의해서 경제발전은 진행되며, 오로지 이 사람의 관찰을 통해서만 경제발전과 진보를 이해할 수 있다.

만약 우리가 이 요인이 인간행위의 모든 영역에 유효하다는 점을 지적한다면, 이는 앞에서 우리가 마지막으로 언급한 요인의 이해에 공헌할 것이다. 예를 들어, 정치가는 정치적 아이디어를 아무렇지 않게 창출한다. 정치적 아이디어는 다양한 곳으로부터 실질적으로 끝없는 양으로 그에게 흘러들어온다. 그의 기능은 행동하는 것이다. 그리고 그는 이 목적을 위해 어쩔 수 없이 이들 중 어떤 계획과 일체감을 갖는가를, 그리고 무엇을 위해 그가 노력할 것인가를 선택, 즉 결정하여야 한다. 생각들 자체는 이것이 '실질적으로 이루어지기' 오래 전에, 그리고 한 실천가가 이들을 자신의 행위기초로 선택하기 이전에 대부분 모두 알려져 있다. 그러나 그에게 — 혹은 다른 사람에게도 — 그 가치를 정확하게 밝혀내는 것은 불가능할 것이다. 그럼에도 불구하고 그는 행동하여야만 하며 시대의 질문에 대하여 의견을 제시하여야 한다. 그가 그것을 올바르게 수행하는지는 무엇보다도 성공이 그에게, 그의 집단에게, 그리고 그의 국가에게 증명해 준다. 그러나 올바른 것을 행하는 능력은 지배하려는 개성과 더불어 정치적 지도자의 중요한 특징이다.

아마도 더욱 결정적인 것으로 사람들은 우리에게 중요한 군사적 지도자 영역의 요인을 만난다. 이 지도자는 모든 생각 가능한 작전계획의 완성을 위하여 자신의 참모본부에게 맡길 수 없다. 그것은 수십 년이 걸릴 것이다. 특히 시간이 부족하고 중요한 문제일 때에는 다른 가능성을 끝까지 분석하지 **않고** 올바른 것을 강구하는 것이 핵심적이다. 여기에는 '올바른 구상'을 만드는 것의 어려움이 존재한다.

이에 따라 항상 기술적 지식에 대한 기존의 비축을 생산에 사실상 활용되는 지식과 구분하는 것이 중요하다. 양자는 조화를 이루지 못하는데 그 이유는 한 시대의 총체적 지식이 경제에 활용되지 못하는 것은 물론 경제에서 발생한 모든 지식이 과학적으로 완성되지 못하기 때문이다. 사실상의 결합은 단순히 과학적 인식의 거울에 비친 모습은 아니며, 그것도 결코 사실상 아닐 뿐만 아니라 원칙적으로도 아니다. 그리고 새로운 결합의 실천 기능 그리고 우리 인식의 확장, 기업가의 기능, 발명가의 기능은 아주 다른 사안들이다. 기업가는 원칙적으로 스스로 발명가는 아니며 ― 그가 그런 경우에는 다양한 기능의 우연한 결합이 사전에 있는 경우임 ― 또한 그는 발명가의 조수나 전령도 아니다. 그 결과 발명가는 사실상의 기업가일 수는 있을 것이다. 경험은 그것을 증명하지만, 분석은 이 사실에 합당하게 고려되지 못하여 왔다. 이미 말했듯이, 경제의 진행과정에 대하여 오로지 기업가만 고려되며, 발명은 여기에 대하여 이차적인 역할만을 담당하고, 이는 단지 기존의 가능성의 그렇지 않아도 이미 한계가 없는 수를 증가하는 역할만을 담당한다.

우리가 이 주제를 벗어나기 전에 한 가지 더 언급할 것이 있다. 경제의 발전은, 특히 그것이 다른 때보다도 지난 백 년이 더욱 그랬듯이 만약 다소간 이를 방임한다면, 항상 계속되는 개별 경제기능의 전문화의 경향이 있을 뿐만 아니라 이로써 이는 경제주체의 개별적 유형과 점점 더 연계하여 진화된다. 그 결과 경제발전은 항상 이론의 추상적 개념에 더욱 더 가까이 적응하려고 노력해 왔다. 그것은 우리의 경우에도 마찬가지이다. 우리의 원시적 흑인추장은 순수한 경제적 기업가일 뿐만 아니라, 그는 아마도 모든 다른 관계에 있어서 자기 부족의 지도자일 것이다. 이 사안은 이전의 발전단계에도 유사하게 대체로 존재하였고, 기업가의 기능을 다른 많은 보다 중요한 행위와 더불어 인지하는 것은 항상 쉬운 것은 아니다. 그러나 우리가 점점 현대로 접근할수록 그것은 점점 더 쉬워진다. 그럼에도 불구하고 고전학파 경제학자들도 기업가를 자본가와 섞어놓고 있다는 점을 언급하여야만 한다. 그리고 오늘날에는 기업가의 유형을 아주 순수하고 예외적으로 나타내는 사람은 적고, 단지 이따금 그리고 약간의 관계에 있어서 기업가로서 행동하지만 다른 생활의 시대에서 그리고 활동의 다른 분야에서는 '정태적으로' 행동을 해온 사람들이 더 많다. 사람들은 현대의 직업과 관련하여 '후원자' 속에서 아주 전형적인 기업가를 발견할 수 있다고 가정할 수 있을 것이다. 비록 무엇인가 확실히 있음에도 불구하고, 요즘의 이 현상은 오늘날 그리고 특히 우리에게는 기업가 전체 집단을 충족시키지 않는다. 그리고 후원자 속에서 기업가를 순수하게 발견하는 것은 다른 이유를 웃음거리로 만든다. 그러나 특별한 주안점은 다음의 상황에 놓인다. 점점 더 자주 후원자가 그가 '설립'한 기업의 창조자가 아니라는 사례들이 발견된다. 오늘날에도 사람들은 보통 "누가 혜택을 받는가?"[17]의 특징에 적합한 사람을 '창업자'로 묘사할 수 있다. 그러면 창업자는 확실히 대부분 진정한 기업가가 될 수 있다. 그러나 다른 사람들이 진정한 기업가 기능을 수행하고 후원자는 단지 기술적 처리를 하는 일이 점점 자주 발생한다. 후원자는 예를 들어, 설립하려는 회사의 정관은 작성하지 못하지만 다양한 이해관계자 집단과 주식의 판매를 인수하는 은행과 협상을 규명하고 수행하는 일들을 수행한다. 특히 만약 그가 어느 특정한 위임을 받는 것이 일상적이어야만 한다면, 그의 역할은 대단히 등급이 떨어지고 스스로 흥미를 더 가짐이 없이 자신의 고객을 위해 개별적 사업을 보살피는 변호사의 역할과 비슷해진다. 이 사안이 보여주는 바와 같이 나는 후원자 속에서 전형적인 기업가를 보지 못하며, 오히려 사람들이 흔하게 산업재벌, 산업의 수장, 그리고 이와 유사하게 부르는 인물들 속에서 발견한다. 이들에게는 후원자는 단지 '사기꾼' 중의 하나이다. 우리는 여기에 대해 특별한 주안점을 두지 않으면서 이 관점을 지적하고자 한다. 우리의 유형은 **후원자**를 만들며 그와 관련 없이도 사실**에** 아주 합당하다.

이제 우리는 우리의 근본 사고과정, 즉 경제발전의 근본사실의 논의

---

17) 그것은 영국법에서 중요한 역할을 한다. 여기에 관해서는 린들리(Lindley)의 「회사법(*Company Law*)」, 팔머(Palmer)의 「회사법(*Company Law*)」, 고어-브라운(Gore-Brown)의 「합자회사법(*The Law of Joint Stock Companies*)」을 참조하라.

로 돌아가기로 한다. 우리는 이제 이 서술에 있어서 세 번째 요인을 통하여 보충하려고 한다. 이 요인의 도입으로 우리는 우리의 목적에 필요한 모든 것을 모두 얻을 것이다. 활동적 행위(energische Handeln)는 경제발전의 기본원칙이다. 우리는 이미 그 본질에 대해 상세히 서술하였다. 그리하여 우리는 지향하여 활동할 수 있는 모든 목표를 새로운 결합의 도식 속에서 통합하였다. 그러나 그것이 모두는 아니다. 우리의 실천가는 이와 같은 특정한 결합에 대하여 결정을 하였고 자신의 정태적 균형으로부터 이른바 벗어나 행동하려는 준비가 되어 있다. 그러나 그가 어떻게 그것을 더 상세하게 하고, 어떻게 자신의 계획을 작동하게 할까? 그동안 우리가 다루어온 두 개의 요인은 이에 관해 아무것도 얘기해 주지 않는다. 그럼에도 불구하고 우리는 전체 과정의 성격과 영향을 파악할 수 있기 전에 이에 관해 어느 정도 알아야만 한다. 여기에 있어서 우리는 여기에 가져온 아이디어에 국민경제학이 나타나는 것을 조심하여야 할 것이다. 왜냐하면, 국민경제학은 그동안 이들 사안에 대하여 적절한 처리를 해온 것이 아니라 항상 정태이론의 도식 속에 이를 밀어붙이는 것을 시도해 왔기 때문이다. 그러므로 그것은 인위적이고 부자연스럽게 내놓아져 있을 뿐만 아니라 우리를 근본적으로 잘못된 길로 인도할 수 있다. 이 관점에서는 발전의 현상에 대한 하등의 전망도 없다. 그리하여 우리는 우리 고유의 길을 가면 사실을 보게 된다. 나는 독자가 이 사안이 가능하면 자연스럽게 발생한다는 점을 볼 것이라고 믿는다.

고립된 경제주체의 경우는 너무나 간단하여 우리는 여기에 머무를 필요가 없다. 그가 활발한 소질이 있다면, 그는 항상 자신의 상황을 점점 개선할 것이며 항상 표시된 한계 없이 새로운 결합을 실천할 것이다. 그는 그것을 그렇게 할 수 있고, 그리하여 그는 모든 새로운 계획을 자신이 손수 그리고 모든 쾌락적 고려를 무시하고 실현되게 한다. 그는 매번 에너지를 끌어모으고 도중에 혹시 있을지도 모르는 아사(餓死)의 위험을 감수하고 자신의 일에 전념할 것이다. 자신의 소질에 따라 그는 자신의 기업을 다소간 세심하게 준비할 것이다. 그것이 모든 것이다. 그러나 우리는 이 사안에 대해 다른 관계 속에서 다시 얘기할 것이다.

활발한 경제주체의 단체 속에서는 종종 이렇게 행동할 수 있고 행동하게 된다. 그러나 그로서 그것은 아주 멀리서 오지 않을 것이며, 만약 다른 가능성이 없다면 사람들은 국민경제가 원시적 수준 이상을 절대로 넘어설 가능성은 없다고 주장할 수 있다. 만약 다른 가능성이 없다면, 진실로 정태이론의 묘사가 충분하고 인간의 경제가 본질적으로 정태적[18]이라고 보아야 할 것이다. 그러나 오늘날의 순수경제학은 모든 많은 것을, 모든 더 이상의 발전을 설명하지 못한다. 보다 많은 것을 달성하고 보다 큰 양식의 계획을 실행하기 위해서는 다른 사람들, 즉 우리의 실천가가 홀로 대응하고 있는 많은 정태적-쾌락적 주체와의 협력이 필요하다. 실천가는 이들에 대해 도움을 청한다. 이제, 바로 원시적 상태 속에서 이들 '다른 사람들'은, 품성학이 우리에게 알려주듯이, 지원에 익숙하고 이에 대해 항상 준비가 되어 있다. 각각의 야만적 부족과 각각의 마르크 공동체(역자 주: 옛 독일의 자연적 촌락공동체) 속에는 잘 알려져 있는 바와 같이 이에 소속된 사람들 간의 특별히 폭넓은 협력이 있다. 그러나 여기에서 쉽게 간과하기 쉬운 중요한 유보를 하여야 한다. 어느 정도의 사심 없는 지원은 각각의 부족동지에게는 충분하게 준비되어 있다. 그러나 이는 단지 **인습적인 방식과 인습적인 목적을 위하여** 준비되어 있다. 그는 다른 사람들의 사냥 및 전쟁 전리품의 자신의 몫을 받으며, 마을의 지도자는 자신의 가축을 보호하고, 다른 사람들은 그의 밭일을

18) 그리하여 지배적인 의견은 의심할 여지없이 다음의 진행과정을 상상한다. 즉 개개인은 '절약하고' 자신의 자체 노동을 통하여 진보의 실행을 위한 여유를 창출한다. 그것은 아주 그럴듯하다. 그러면 우리가 동굴 속에 더 이상 살지 않는다는 것이 어떻게 되는가는 순전히 이해할 수 없는 상태로 머무른다.

도와주며, 그들은 상황에 따라서는 그를 위해 일하며, 심지어 그의 죽음에 대해 복수를 한다. 그러나 그 모든 것들은 우리가 여기서 생각하는 경우가 아니다. 우리의 사람은 자신의 동료들의 것보다 더 많이 그리고 무엇보다도 다른 것, 즉 **혁신**(Neues)을 원한다. 그는 **새로운** 목적을 위하여 이들을 정복하며, 이들이 지금까지 다루지 않았던 목적은 이들의 시야 밖에 위치할 것이며 이들에게 우선은 이해되지 않을 것이며, 오히려 그 목적의 새로움 때문에 전혀 호감이 가지 않게 될 것이다. 이들은 혁신을 만만하게 실행하지 못할 것이며, 그리고 그것이 우리에게 중요하다. 이제 우리의 사람은 이들 목적에 대해 자신의 계획을 그럴듯하게 만들려고 시도할 것이다. 그리고 특히 외부와의 연계의 압력이 느껴지면 설득과 개인적 명성은 효과가 없지는 않다. 이런 길이 때때로 나타나고 일부는 이로써 때때로 잘 달성되기도 한다. 그러나 그것은 가끔이고 적다. 대부분의 사람은 정태적-쾌락적인 성향이다. 비단 원시적 부족과 중세시대의 시의회 혹은 현대의 지방자치단체가 그것을 필요한 이상으로 증명해 줄 뿐만 아니라, 우리는 그것을 모든 생활범주에서도 발견할 수 있다. 새로운 생각은 모든 사람에게 해당되지만, 또한 가장 문화가 높은 사람, 보다 많은 청중에게서 적어도 **우선적으로** 나온다. 그리고 행동과 희생이 요구되면 성공은 오로지 아주 드문 사례에 있어서 단지 보다 소박한 성공일 수 있다. 이 반대의 사례는 단지 규칙을 증명하며 단지 진보하는 사회에서만, 즉 많은 활발한 개인이 존재하는 곳에서만 발생한다. 이곳에서는 이들의 영향력과 이들의 행동도 조용한 상황에서 나와 가장 넓은 범위로 퍼져나간다. **하나의** 새로운 행동이 이루어지면, 다음 것은 훨씬 쉽지만, 항상 여기에서는 첫 번째 것이 중요하다. 발전의 큰 파도치기가 높이 올라가면, 이는 보다 쉽게 더 높게 올라가지만, 하나의 조용한 다수에서의 움직임은 매우 어렵다. 우리의 원시적 부족에게 제시된 요구는 크다. 이 요구에는 멀고 불확실한 이윤을 위하여 희생자와 포기자가 수반된다. 원시적 경제의 기초는 그 자체로서 이미 불확실하고 쉽게 무너져 내린다. 새로운 기업들은 새로운 위험을 의미하며, 이들의 생존에는 비용이 들 수 있다. 더 나아가 ―그 기업이 매우 크다면― 그동안의 생산방향과 소비결합의 포기가 요구되며 특별히 적은 정보만이 자연적으로나 혹은 유일하게 가능한 것으로 보이게 된다. 일반 대중은 혁신(das Neue)이 어디로 도달할지를 판단할 능력이 없으며, 이 관점으로부터 종종 이와 관련될 수 있는 어리석음이 바로 존재한다. 나는 사람들이 이 묘사의 실제와의 유사성에 대해 원론적으로 이의를 제기할 것이라고 믿지 않는다.

그리하여 이 형태로서 협력도 폭넓게 이어지지 않는다. 우리가 우리의 근본적 가정에 대한 이 진행과정을 만들려 한다면, 생각과 같은 에너지는 항상 작은 소수집단에 속하고 '다른 사람'은 항상 단지 마지못하여 참여하고 대부분 열성적으로 반대하는 사실에 직면하여, **우리는** 더 멀리 가지 못할 것이다. 그리고 만약 그것이 현실의 진행과정이라면, **대중은** 폭넓게 반영될 수 없을 것이다. 만약 사람들이 이와 같은 자유로운 협력을 새로운 결합의 관철을 위한 대중의 편에서 증명하려고 시도한다면, 소관부서에 대한 이득은 대단히 적을 것이다. 그렇다면 이 사안은 언제 발생할 것인가? 우리는 이 질문을 우리의 서술이 적절치 않다고 여기는 누구에게나 제기할 수 있다. 여기에서 우리가 살펴보는 진보가 어떻게 사실상 이루어지는지, 즉 여기에서 어떻게 다른 사람들과의 협력이 우리의 실천가를 위하여 이루어지는지에 관한 질문이 발생한다. 이에 대한 대답은 매우 중요한 의미가 있다. 이론가는 그 상상을 실천하기 위해 습관이 된 상상을 자유롭게 하여야만 할 것이다. 나는 역사가로부터는 보다 적은 반론을 기대한다.

정태적-쾌락적 성향을 가진 다수는 협력에 대하여 설득되지 않거나 혹은 협력을 위한 모습을 갖지 못한다. 아무도 그들에게 의견을 묻지 않는다. **이 다수는 이에 대해 강요된다**. 전적으로 원시적 상황 속에서 그 강요는 누구도 그에게 이의를 제기하지 못하고 그의 지시를 거절할 생각도 못하고 수행하여야 하는 지도적 인물의 영향력에 의하여 이루어진다. 여기에서 우리의 실천가는 모든 관계에 있어서 지도자(Führer)이며 우리의 의미에서의 기업가(Unternehmer)이기도 하다. 나중에 그것은 순수한 경제유형의 기업가, 상인 등의 역할이 점점 더 중요해져도 그렇게 유지된다. 이들은 고립된 노력을 통해서 발생하며, 위에서 언급한 로빈슨(Robinson)과 유사하게 일한다. 보다 큰 사안은 부족의 지도자들이 수행하고 우리의 활력 있는 개인들은 바로 이 입장을 습득한다. 이들 지도자는 이들 집단에서 가장 힘이 넘치는 사람들이다. 그러나 새로운 요인이 이들의 지배력이 성실하게 교육되고 조직화되는 데 존재한다. 이들은 노예들 혹은 예속자들을 가지고 있고, 부족의 모든 구성원은 이들과 어떠한 형태의 종속적인 관계를 가지거나 혹은 부족장 혹은 영주의 직접적인 종속성에 기반한 힘과 연계되어야만 한다. 그리하여 그는 비록 그가 그 목표를 이해하지 못하거나 허락하지 않았음에도 대다수의 사람을 자신의 목표에 예속되게 할 수 있다. 그는 명령하고 그들은 복종한다. 그는 새로운 결합을 관철하고, 이에 비하여 그들은 오래 익숙한 일들을 스스로 수행한다. 대중이 지도자에 종속되고 그가 원하는 대로 행동하도록 강요되는 이와 같은 조직은 중세시대 전체에 존재하였고 최신시대의 문턱까지는 존재하였다.

그리하여 이와 같은 모든 상황에 대하여 우리의 질문은 해답을 찾는다. 우리는 지도자(Führer)가 자신의 계획을 어떻게 관철하는지를 본다. 오로지 그를 통하여 진보는 직접 실현될 수 있고, 그의 뒤에는 다른 원인도 주어질 수 있다. 오로지 그만이 대중의 저항을 극복할 수 있다. 그리고 만약 그가 실천가가 아니라 그가 한 번도 획득하지 못하였던 자신의 제안이 무릎에 떨어지는 일종의 아류라면, 하등의 진보가 이루어질

수 없다. 즉, 국민경제는 정체되고, 항상 정태적으로 반복된다.[19)]

유사하게 그것은 사회주의국가에도 존재하여야만 할 것이다. 사회주의국가의 지도층은 명령하여야 하고 지도층 명령의 실행이 강제되어야만 한다. 여기에서 실천가가 이 지도층의 명령에 영향을 미친다는 것은 당연히 가정할 수 있다. 그렇지 않을 경우, 거기에는 하등의 진보가 존재할 수 없을 것이다. 그리하여 직접적으로 개인에 대한 영향력이 있고 하나의 확고한 조직이 '기업가'에게 그의 완전한 신상신고를 강요하는 어디에서나, 우리는 우리의 목적을 위한 진보현상을 충분하게 설명할 수 있다. 그것은 대체로 인간성 역사의 가장 큰 부분에 대하여 그렇다. 진보는 항상 그리고 모든 영역에서 강요되며, 이는 다른 방식으로 성취되지 못할 것이며, 여기에서 '어떻게'가 손쉽게 설명된다.

그러나 현대의 유통경제에서는 모든 것이 달라진다. 삶의 모든 장면을 상당하게 포괄하는 모든 조직은 뿔뿔이 무너진다. 기업가는 정치적 권위자로부터 분리되고 경제적 영역 속으로 제한된다. 설득과 자신의 개성을 통하여 그는 그가 도움을 필요로 하는 아주 폭넓은 영역에 더 이상 영향을 줄 능력이 없으며 그는 더 이상 지휘권이 없다. 그는 쾌락적-정태적 다수에 대하여 힘없이 서 있다. 우리가 본 바와 같이 그의 고립된 노력은 단지 최소한의 성공만을 가져올 것이다. 그러나 이제 그는 그 밖에 무엇을 할 수 있는가? 우리는 그가 사실상 수행한 것을 경험하여야만 한다. 이 질문에 대한 대답에 도달하기 위한 다른 길은 없다. 처음부터 우리는 그에 대하여 아무것도 알지 못하며, 우리가 주변에서 보는 강력한 발전에 직면하여 다수를 새로운 결합의 관철에 대한 협력을

19) 다시금 지적하면, 우리는 여기에서 경제의 유일한 오로지 직접적으로 인지가능한 진행과정을 이야기한다. 보다 깊은 의미에서의 지도자가 최종적인 원인이 될 수 있다는 것을 우리가 주장하는 것은 당연히 아니다. 그는 오로지 사안의 외부적 메커니즘에 대해서만 그와 같다.

위해 끌어들이는 어떠한 방법이 존재하여야만 한다는 것 이상은 알지 못한다. 그러나 이들 수단은 어느 경우이든 다양할 것이며, 대체로 그 복잡성이 단지 개별적으로 묘사하는 데 있어서만 정당화되는 것일 것이다. 그러나 그 진행과정은 항상 동일하고 모든 개별적 경우에 적합한 일반적 명제 속에 서술할 수 있을 정도로 쉽고 비강제적이라는 점이 실제로 나타난다.

우리는 무엇보다도 기업가가 필요로 하는 협력의 유형을 좀 더 자세히 설명하기로 한다. 그가 자신의 계획 실행에 필요한 것은 모든 유형의 재화, 즉 노동력, 토지력, 공구, 자연자원, 아마도 소비재이다. 그가 이들을 가지고 있다면, 그는 행동에 들어갈 수 있다. 따라서 협력은 이들 재화를 기업가가 자유롭게 처분할 수 있도록 한 위임으로 정의할 수 있다. 이것이 모두이다. 이 상투적인 문구는 필요한 그리고 우리의 경우에 발생할 수 있는 협력의 모든 유형을 포괄한다. 사람들은 기업가에게 실용적인 재화를 처분할 수 있게 하여야만 하며, 그 이외에 자신들로부터 그가 원하는 것을 하여야 하며, 다시 말해 그에게 자신들의 노동력을 위임하여야 한다. 그리하여 마지막으로 그들은 기업가에게 노동력과 토지력을 제공하여야만 한다. 다른 협력은 필요하지 않다. 그리하여 우리의 질문은 다른 곳으로 돌리게 된다. 즉, "기업가가 — 노동을 포함하여 — 자신의 새로운 결합의 관철을 위해 필요하고 그가 때마침 아직 스스로 가지고 있지 않은 재화를 어떻게 조달할 것인가?"의 질문이다. 그 마지막의 경우는 형태를 갖춘 유통경제에서는 적은 의미만을 가질 뿐이며, 우리의 묘사를 왜곡시킴이 없이 고려에서 제외하여도 될 것이다.

이 마지막 질문에 대한 대답은 간단하다. 경험은 우리에게 대답을 매일같이 수천 종류로 제공한다. 그것은 기업가가 필요한 재화를 소유하기 위해 수행하는 것이며, 그가 현대의 상황 속에서 일반적으로 할 수 있는 유일한 것은 시장에서 이들 재화를 화폐(Geld)로 **구입**하는 것이다.

이 대답보다 더 자연스러운 것은 없고 모든 실무가에게 이것보다 더 자명하게 보이는 것은 없을 것이다. 단지 이어받은 공리(公理)가 되어버린 해석방식은 이론가에게 다른 대답을 선호하게 하고 우리의 대답을 피상적인 것으로 경멸하게 하는 계기가 된다. 그러나 이 다른 대답은 우리가 나중에 보는 바와 같이 허구에 근거하고 있으며, 우리는 이에 대항하여 직접적인 사실 관찰의 토대 위에 서 있다. 우리는 이 토대를 바탕으로 더 나아갈 것이다.[20)]

기업가가 필요한 화폐를 가지고 있어서 그가 상응하는 수요를 발휘할 수 있다면, 의도된 결합의 관철을 위한 더 이상의 과정은 분명하다. 기업가의 수요는 정태적 경제과정의 진행에 쓰이는 수요와 다르지 않다. 기업가가 필요로 하는 재화의 소유자들이 동일한 크기의 화폐로 다른 정태적 경제주체들로부터와 같이 기업가로부터 일정한 가격을 받는다면, 이들은 그에게 자신들의 재화를 이들에게보다 더 적은 가격으로 기꺼이 양도하지는 않을 것이다. 구매자가 동일한 것을 가지고 행동하는 것은 확실히 판매자에게는 일반적으로 중요하지 않다. 아울러 노동자는, 만약 동일한 노동력의 임금과 노동이 보다 어렵거나 혹은 보다 불유쾌하지만은 않다면, 자신의 노동력이 정태적 혹은 동태적 목적으로 사용되었는지 여부에 대해 질문하지 않을 것이며, 종종 그는 이에 대해 제대로 판단할 수 없을 것이다. 그리하여 화폐는 기업가가 훈련된 유통경제 속에서 그가 필요로 하는 생산수단에 대한 지배를 획득할 수 있는 수단이다. 화폐는 다르게 조직된 국민경제들 속에서 직접적 지휘권과 물리적 강요에 걸맞은 기능을 수행한다. 이 마지막 수단의 본질적 특징과 존재이유는 확실히 국민경제들의 협력이 필요하다는 점이 이들의 의견을

---

20) 곧바로 어떻게 생산수단의 구입에 있어서 빌리는 것과 다른 것이 존재할 것인가에 관한 질문이 대두된다. 즉, 나는 이 질문에 바로 대답할 것이며 독자에게 잠정적으로 자신의 판단을 유보할 것을 요청한다.

물어볼 필요가 없다는 점을 나타내 준다. 즉, 협력의 기능은 지도자의 계획에 대하여 너무 어렵거나 전혀 달성하기 어려운 대다수의 동의를 우회하기 위한 것이다.

이 요인은 현대경제의 이해에 본질적이다. 아울러 이 현대경제는 다른 조직형태 속에 분명히 드러나는 사슬 속에서 자유롭지 못하다. 여기에서도 표면적으로 아주 많이 드러나지 않는 주인과 일꾼이 있다. 여기에도 진보가 쾌락적인 대다수의 의지 없이 그리고 이에 대항하여 강요된다. 이를 위한 수단은 여기에서 정밀성과 효과성이 적은 것이 아니라 노예주인의 물리적 힘 혹은 영주의 지휘권보다 약하게 두드러질 뿐이다. 오히려 사람들은 그 반대를 주장할 수 있다. 왜냐하면, 우리가 곧 보게 되듯이, 구매력은 옛날의 지배자 위치보다 획득하기에 보다 쉽고 보다 즉각적이기 때문이다. 오늘날에도 국민경제는 소수자에 의해 새로운 궤도에 **억지로 투입되며,** 오늘날에도 발전의 직접적 원인은 단연코 대다수 사람에 대한 이 강제에 있다. 게다가 이 원인은 현존하는 사람들에게 다소간 확실하게 고착될 것이다. 왜냐하면, 발전은 이들에게 눈에 보일 수 있고 종종 실제적 희생을 창출하기 때문이다. 이들은 한 번도 이 희생에 자발적으로 참여하고자 결심하지는 않을 것이다. 사람들이 우리에게 반론을 제기할 수 있는 대중의 진보적이고 어쩌면 있을 수도 있는 혁명적 경향은 다른 유형이다. 즉, 이는 바로 소수자의 행동에 대한 반응에 불과하다. 대중은 이로써 유사하게 새로운 결합을 관철하는 것이 아니라, 오히려 이와 같은 것을 방해하거나 이의 과실의 더 큰 몫을 차지하려 한다. 만약 우리가 후자를 이해하려고 한다면, 그것은 다른 사안이며, 여기에서 의미하는 것과 구분하여야만 하는 진보의 다른 길이다. 그리하여 원칙은, 기업가는 생산능력을 구입하고, 그리하여 이를 정태적 사용에서 차출하며, 이의 소유자에게 더는 물어보지 않고 이를 사용하며, 이로써 국민경제를 새로운 궤도에 강제로 들어가게 한다.

그것이 우리가 여기에서 말할 수 있는 모든 것이다. 아직 마지막 걸음이 남아 있다. 기업가가 필요로 하는 재화는 한번 구매되면 그의 절대적 지배권(Herrschaft)에 지배당한다. 그러나 그는 어디에서 이를 구매할 수 있는 화폐를 가져오는가? 그것이 설명되어야만 경제적 영역에서 우리의 설명고리가 완결된다. 이 마지막 문제를 해결하는 것은 쉽지 않다. 특히 우리는 여기에서 우리의 서술이 항상 다투어야 하는 강력한 어려움에 부딪힌다. 우리는 활력과 발전이 가득한 진보하는 국민경제 속에 살고 있으며 다른 상태에 대한 경험이 거의 없다. 우리가 실제로 목격한 구체적 발전은 다른 발전현상에 기초한 것이다. 발전은 항상 더 이상의 발전을 창출한다. 이에 따라, 우리는 항상 모든 것이 강제가 전혀 없이 새롭게 증가하는 수단의 사용을 통해 단순히 저절로 굴러갈 것이라는 이의제기를 두려워하여야만 한다. 그러나 이 수단은 오로지 이미 존재하는 발전의 결과로 바로 그렇게 대량으로 증가한다. 그것이 우리의 시각을 방해하지 않는다면 그리고 우리가 정말로 사안의 근본에 다가간다면, 우리는 아주 엄격한 정태적 상태에 근거하여야만 한다. 역사가는 그것을 우리에게 질책할 수 없다. 왜냐하면, 그도 예를 들어 도시의 발전을 다시금 도시로부터가 아니라 도시가 아니었던 상태로부터 설명하기 때문이다. 그리고 여기에서 그는, 이 문제에서의 의견의 차이가 충분히 보여주듯이, 우리보다 적지 않게 가설적 바탕 위에 서 있다. 그리하여 존재하는 발전의 흐름 속의 결과적 현상을 나의 고찰방식에 대한 이의제기로서 내게 대립하여 제시하는 것은 잘못된 일일 것이다.

우리는 여기에서 다루려고 하는 질문에 있어서 이 어려움에 마주친다. 기업가는 자신이 필요한 자금을 스스로 가지고 있을 수 있다. 그는 그것을 절약하여 가질 수도 있고 절약을 한 사람으로부터 빌릴 수도 있다. 그러나 이 절약은 사람들이 믿을 수 있는 것처럼 단순한 현상이 전혀 아니다. 진정한 의미에서 저축은 그의 정기적이고 익숙한 소비를 제한하거나 혹은 부분적으로는 사람들이 정기적으로 손에 넣을 수 있는 그리고 사람들이 욕구충족을 위하여 자신의 정상적인 수단의 축적으로 볼 수 있는 재화 양의 소비를 억제하는 것을 의미한다. 의심할 여지없이 사람들은 그것을 한다. 그러나 정태적인 경제 속에서 그는 이에 대한 핵심적 동기가 없을 것이다. 이른바 이자(Zins)가 저축을 통하여 지속적인 소득획득을 가능하게 한다. 이것을 고려하지 않고도 사람들은 저축할 수 있을 것이다. 그러나 그것은 우리가 원시적 경제상황의 고찰을 통해서 본 것처럼 아주 적은 정도에 불과할 것이다. 이에 대한 유일한 합리적 동기는 이른바 고령화, 불행 등에 대한 대비일 것이다. 그 외에는, 욕구와 충족의 원칙적인 동일수준 유지를 전제로, 저축의 각각의 행동은 확실히 단점을 가져온다. 왜냐하면, 사람들이 저축으로 실현할 수 있는 새로운 목표는 없으며, 그것이 전혀 없다면, 만약 사람들이 현재 자신의 소득의 일정 부분을 가져가서 미래의 시기에 큰 소득으로 가져올 수 있다면, 사람들은 항상 충족에 대한 손실을 경험하여야만 한다. 이제 아마도 단지 비이성적인 저축만 있을 뿐이다. 그러나 우리의 원칙은 정태적 경제 속에서의 저축은 아주 경미한 역할만 수행하고 발전에서만 보다 많은 역할이 나타난다는 점을 보여준다.

그러나 그것 모두는 새로운 목적을 실현하려고 하며 이에 따라 저축을 하려는 동기를 가지고 있는 기업가(Unternehmer)에게 해당하지는 않는다. 그러나 우리가 그것을 고려한다 해도, 우리는 연년세세 산업으로 흘러들어가는 막대한 양의 자금이 설명된다. 이에 대해 통계가 비록 이 유형의 저축을 통해 길게는 아니지만 보고를 한다. 오히려 이 금액은 발전의 결과이다. 이 결과는 많은 경제주체, 특히 기업가들 스스로에게 흘러들어가는 이윤(Gewinnen)으로부터 설명된다. 이들 이윤은 대체로 소비되지 않고 대부분은 다시금 우리의 의미에서의 새로운 기업들에 사용된다. 사람들은 이의 비(非)소비를 저축으로 묘사할 수는 없다. 왜냐하면,

이것은 오래 지속되지 않으며 대부분 직접적인 소비를 위하여 획득된 것이 아니기 때문이다. 어찌 되었든 이 이윤은 발전의 첫 번째의 결과이며 개념적인 전제조건은 아니다. 이에 따라, 우리는 이 이윤을 발전과정의 근본적 설명으로 받아들일 수는 없다. 그리고 저축의 현상으로부터 남겨져 있는 것은 적다. 우리는 그것을 무시하지는 않지만 이에 대해 과도하게 편을 드는 것은 허락되지 않는다. 정태적 국민경제가 단지 적당한 크기의 소득을 인지한다는 것은 확실히 분명하다. 거기에는 이자소득과 임금소득만이 존재한다. 막대한 토지소유자와 혹시 있을 독점가의 소득 외에는 그것은 가장 유명한 의사나 변호사에게 주어지는 것과 같은 소득일 뿐이다. 여기에서 나머지를 생각할 것이 있는데, 이 소득은 발전과 이로부터 창출된 수요가능성에 많이, 대단히 많이 기인한다는 점이다. 이와 같은 국민경제 속에서는 기업가가 기댈 수 있는 한가하고 자유로운 구매력(Kaufkraft)의 거대한 저장소는 없으며, 자신의 자체적 저축행위가 단지 예외적으로 충분할 것이다. 모든 구매력은 회전될 것이며 특정한 궤도에 강력히 '묶여' 있다. 경제의 정상적 순환은 하등의 구매력 비축을 가져오지 않는다. 그리고 이 때문에 저축에 대하여 하등의 발전의 독립적 원인을 부여하지 않는다.

틀림없이 기업가가 되고자 하는 사람은 때로는 필요한 자금을 얻기 위한 다른 수단을 가지고 있어야 할 것이다. 그는 자신의 소득원, 예를 들어 땅 일부를 팔 수도 있다. 그러나 정태적 국민경제 속에서 그것은 오늘날의 현실에서처럼 그렇게 쉽지는 않을 것이다. 바로 발전이 이와 같은 사업을 대량으로 가능하게 한다. 만약 정태적 국민경제 속에 구매력의 저장소가 없다면, 어디에서 구매자는 필요한 자금을 가져와야 하는가? 만약 그가 필요한 수단을 직접 조달하려 한다면, 여기에 있어서 그는 기업가가 마주치는 동일한 어려움에 부닥칠 것이다. 그것은 아무 쓸모가 없다.

아무튼, 이 고찰은 우리에게 한 가지를 가르쳐 준다. 즉, 이상에서 언급한 사람으로서의 기업가는 구매력을 가진 사람은 아니라는 점이다. 우리는 앞에서 기업가의 기능은, 현실이 그것을 직접 증명하듯이, 필요한 화폐수단의 공급이 아니라는 점을 확실히 보았다. 이에 따라, 우리는 기업가가, 우리가 그를 모든 노동을 구입하게 하는 것처럼 그리고 그가 스스로 지불한다면, 그는 구매력을 ─ 어쩌면 스스로에게서 ─ 빌린다고 항상 가정하는 것을 정하려 한다. 이로써 우리는 단지 일반적 연습을 따른다. 그리하여 항상 전형적인 진행과정은 기업가는 자신의 계획 관철을 위하여 무엇보다도 은행가(Bankier)에게 의지하며 그로부터 대출을 얻는다는 것이다. 어디에서 이 구매력이 오는가는 우리는 확실히 아직 알지 못한다.

만약 우리가 "기업가가 필요로 하는 구매력은 이전의 발전이 창출한 저장소에서 온다."라는 대답으로 만족하여야만 한다면, 결코 재앙이 아닐 것이다. 사람들은 이 방식으로 경제적 문화의 큰 흐름을 원시적 강제력을 통하여 발생하게 하는 상태까지 갈 수 있다는 것을 쉽게 본다. 내가 이로써 만족한다면, 아마도 현명하였을 것이다. 왜냐하면, 내가 더 나아간다면, 나는 가장 높은 확률로 쉽게 피할 수 있는 상대편을 나의 구성에 끌어들일 수 있었을 것이기 때문이다. 그러나 흥미로운 문제가 유혹하고 거절할 수 없는 사실이 재촉을 한다.

사실상 주어진 시점에서 기업가가 사용할 수 있도록 빌려준 구매력의 양은 이와 같은 저장소에 국한되지 않는다. 모두가 알고 있듯이, 기업가는 이 사안에 대해 단지 표면적으로만 종사한다. 그리고 명백한 것은 바로 그렇게 설명할 수 없는 구매력의 양이 바로 특별히 흥미롭다는 점이다. 왜냐하면, 만약 구매력 저장소가 예전부터 존재하지 않고 우리가 발전을 다시금 발전으로부터 설명하려고 하지 않는다면, 이 구매력의 양만이 오로지 고려의 대상이 될 것이기 때문이다. 그리하여 우리는 다음의 질문을 제기한다. 즉, 만약 그 저장소가 존재하지 않거나 충분한 정도로 존재하지 않는다면, 폐쇄되지 않은 국민경제 속에서 새로운 결합의 관철과정은 어떻게 진행되어야만 할 것인가?

경제과정의 정태적 순환 속에서 생산자(Produzent)는 마찬가지로 그가 매 경제기간에 필요한 노동력과 토지력을 구입한다. 그리고 그것도 우리가 본 것처럼 그는 원칙적으로 이전의 경제기간에 완성된 생산물의 수익금으로 구입한다. 새로운 기업에서도 이제는 명백하게 임금과 연금은 기업의 생산물로부터의 수익금에서 지급되어야만 한다. 어려움은 단지 이 경우에도 임금과 연금이 곧바로 지불되어야만 하고 **이들** 노동력과 토지력의 생산물 수익금은 이 경우에도 나중에나 — 우리 도식의 의미로 말한다면, 이는 바로 다가오는 경제기간에서나 — 들어오게 된다는 점이다. 그러나 필요한 생산적 성과의 지불을 위하여 사용될 수 있는 이전의 경제기간에서 수익금이 존재하지 않는다는 점도 어려움이다. 그럼에도 불구하고 기업가(Unternehmer)는 노동과 토지에 대하여 즉시 지불하는데, 어떻게 그것이 가능한가? 기업가가 이전에 정태적 생산자였어야만 하고 그리하여 한 경제기간의 수익금을 익숙한 생산과정 대신 새로운 생산과정에 사용할 수 있을 것이라고 말하는 것은 분명히 타개책이 아닐 것이다. 왜냐하면, 첫째로, 기업가는, 그가 정태적 생산자였다 할지라도, 기껏해야 우연한 방식으로 충분히 큰 수익금을 정기적으로는 아니지만 확보할 것이기 때문이다. 그리고 둘째로는, 그는 대부분 정태적 생산자가 아니었을 것이다. 즉, 만약 사람들이 이에 대해 경험의 시끄러운 반대를 전혀 얘기하지 않는 어떠한 원칙적 주안점을 둔다면, 이 고찰이 아주 잘못된 방향을 지향하고 있다는 것을 의미한다.

그러나 이제 그것은, 사람들이 소비재가 노동자와 지주를 위해 존재하지 않는다는 점에 어려움을 나타내려 한다면, 사안의 본질을 왜곡하는 것일 것이다. 그렇다면 그것은 자연히 기업가는 혹은 그 밖의 누군가는 소비재를 사전에 구입하였어야만 한다는 우리에게 몹시 내키지 않는 허구로 이어진다. 오히려 근본사실은 모든 과정이 재화의 축적과 소비의 제한 없이 진행된다는 점이다. 그 노동자와 지주가 기업가로부터 받은 구매력으로 획득하게 되는 재화는 존재한다. 그것은 이미 지나간 매 경제기간의 정태적 순환이 모든 다음 기간의 정태적 소비를 위하여 준비해 놓은 재화이다. 노동자와 지주는 어찌 되었든 이들 재화를 소비한다. 이제 자신의 노동력과 토지력을 새로운 기업에 사용하게 된 **그** 노동자와 지주는, 마치 그들이 자신들의 능력을 지금과 같이 정태적 생산자에게 판매하였고 이로써 이전의 경제기간으로부터의 생산물의 수익금을 확보하였다면 그것을 하게 **될** 상태에 처한 것과 마찬가지로, 유효수요를 펼칠 상태에 바로 처하게 되어야만 한다. 이를 위하여 기업가는 재화가 아니라 구매력을 필요로 한다. 그는 필요한 생산능력을 이의 그동안의 사용으로부터 확보하기 위하여 재화가 아니라 구매력을 필요로 한다. 이제부터 새롭게 제공되고 그동안 존재하지 않았던 것은 구매력의 수량이지 재화의 수량이 아니다. 정태적 순환의 고찰에서는 사람들이 임금과 연금의 화폐지불에 대한 가치를 제공하거나 혹은 노동력과 토지력을 재화로 직접 지불할지는 상당한 정도 아무래도 좋은 데 비하여, 여기에 있어서는 아무래도 좋은 것이 전혀 아니다. 왜냐하면, 그 문제는 바로 구매력의 영역 속에 있기 때문이다. 여기에서 구매력의 역할은 '순환수단'이라는 단어로 충분하게 특징화되는 것으로 마무리된다. 여기에서 중요한 것은 재화의 생산이 아니라, 어떻게 이미 존재하는 재화의 큰 흐름을 옛 자리로부터 돌릴 것인가의 방법, 즉 재화증대의 과정이 아닌 많은 양의 중요한 사안이 달려 있는 구매력 증대의 과정, 보다 올바르게 표현하여 구매력 연기가 중요하다.

그리하여 우리는 여기에서 우선 아주 불필요하게도 이미 정태적 경제의 정상적 순환에서 지배적 해석이 발견하게 될 어려움에 정말로 부딪힌다. 즉, 이 어려움은 기업가 의무의 만기와 의무를 수행할 그의 능력 간의 시간적 편차를 말한다. 이 요인의 발전에 대한 제한을 통하여 우리는 경제학의 이 오래된 문제로 옮겨갈 것이며, 그리하여 내가 의미하는 바로 사실에 상응하는 빛 속으로 옮겨갈 것이며, 여기에서 많은 양의 허구와 표면적 문제가 간단히 없어질 것이다. 그러나 우리의 어려움은 이 해석이 사실의 고찰을 묘사하지만, 성격에 따라서는 다양한 기존의 해석이 원하는 것과 다른 해석이라는 점이다. 그 속에서 우리는 이 해석을 떠나, 독자가 보듯이, 경제과정의 또 다른 본질적인 총체적 구성을 수용한다.

우리는 다음의 방식으로 우리에게 지금 흥미를 주는 문제에 대답한다. 즉, 우리가 정지된 경제의 스스로 반복되는 흐름의 묘사에서 알게 된 바와 같이 정태적 화폐는 그 자체의 가장 깊은 본질 속에서는 결국 — 대체로 재화에 대한 그러나 사실상에는 우리가 본 바와 같이 모든 경제주체에게는 아주 특정한 재화에 대한 — 청구권의 총합, 사회적 생산물에 대한 배분권(Anteilscheine)의 총합에 불과하다. 모든 화폐금액이 이 성격으로 자신의 가치를 부여받으며, 모든 화폐금액의 소유는 모든 경제주체에게 특정한 재화의 소유를 의미한다. 동시에 거기에서 모든 화폐금액은 말하자면 제공된 노동력과 토지력의 증명서이다. 이 두 개의 특징은 겹친다. 즉, 그 증명서는 그 사실 때문에 배분권이고, 그것은 이 증명서의 유일한 목표이며, 거기에서 증명서로서의 다른 배분권은 존재하지 않는다.

우리는 그것을 동태적 사례에 적용할 것이다. 자신의 능력을 새로운 기업에 사용하여야만 하는 노동자와 지주는, 그들에게 불리한 정태적 배분권을 구분이 허락되지 않을 수 있을 뿐만 아니라 심지어 — 게다가 노동자와 지주가 이의 사용의 그동안 영역을 떠날 아무런 이유가 없다면 — 보다 많은 재화를 '내용'으로 하여야만 하는 배분권도 필요하고 원한다. 기업가는 이들에게 이와 같은 배분권을 제공하여야만 하고, 이들의 능력을 그것만으로 대응하여 획득할 수 있다. 이에 따라, 그는 스스로 이와 같은 배분권, 즉 구매력을 필요로 한다. 그러나 현재 그는 배분권을 가지고 있지 못하는데, 왜냐하면 자신의 생산물이 시장에 나오기 전에 — 그리고 그가 이를 필요로 할 시점에 존재하지 않는 것들 말고 다른 것을 그는 가설에 의하여 가지고 있지 못하며, 그리하여 우리는 그가 다른 사람의 배분권도 얻지 못하는 것으로 가정함 — 그는 국민경제의 자동장치에 아직 아무것도 투입하지 않았고, 따라서 정태적 생산자와는 대조적으로 '증명서'에 대한 하등의 요구도 하지 않았다. 그러나 그는 확실히 일반적으로 이와 같은 증명서를 소유하게 될 것이다. 그리하여 만약 사람들이 그에게 말하자면 자신의 좋은 의지, 자신의 미래의 '투입'을 증명하고 이 증명서에 그가 확실히 아무것도 공헌하지 못한 기존의 재화흐름에 대응하여 배분권의 힘을 부여한다면, 모든 어려움은 끝날 것이다. 아울러 그는 일반적으로 최고의 확실성을 가지고 노동자와 지주에게 미래의 임금과 지대를 약속할 수 있을 것이다. 그리고 만약 그들이 이 약속을 — 이른바 미래수익에 대한 '권리'를 — 지불장소에서 잠정적으로 받을 수 있다면, 이는 그에게 도움이 될 것이다. 그러나 우리에게 경험이 가르쳐 주듯이 약속은 그것을 하지 않는다. 그 이유는 어렵지 않게 제시할 수 있다. 즉, **그들에게** 이와 같은 약속은 도움이 안 될 것인데, 그 이유는 그들은 기다릴 수도 없고, 기다릴 의지도 없고, 위험을 감수할 수도 없고, 위험을 감수할 의지도 없기 때문이다.

미래생산물의 증명서 혹은 기업의 약속에 대한 지불능력의 임대와 비슷한 것이 현재 정말로 있다. 그것은 은행가가 기업가에게 증명하고 기업가가 은행가에게 의지하는 관계이다. 당연히 은행가(Bankier)는 사실상 기존의 자유로운 화폐금액을 모으며 이 점에서 그는 단지 중간거래자일 뿐이다. 그러나 그것은 대부분 기존 발전의 결과현상일 뿐이다. 이것이 존재하지 않는다면, 그는 중간거래자가 될 수 없으며 오히려 **신용**

의 생산자가 될 것이다. 즉, 그는 그가 기업가에게 빌려줄 구매력을 스스로 창출할 것이며, 그는 기업가에게 말하자면 증명서와 배분권을 발급할 것이다. 그러나 그는 이것을 미래수익금 모두에 대해서가 아니라 기업가가 임금지불 및 지대지불을 위하여 필요한 부분만큼에 대해서만 발급할 것이다. 말하자면 그는 기업가의 약속을 자신의 보증을 통해 승인하고, 미래역량의 증명서가 이를 통하여 과거역량의 증명서와 나란히 하게 되는 정태적 화폐와 같은 정도로, 노동자와 지주가 그 약속을 기꺼이 받아들이고 즉시적 소비재의 구입에 좋게 사용할 수 있게 할 것이다. 사람들은 큰 죄의식 없이 은행가가 화폐를 창출한다고 말할 수 있을 것이다. 그러나 이 표현은 쉽게 오해로 이어진다. 대체로 전체적 사안은 다음 장(章)에서 다루어져야만 하는 상세한 설명이 더욱 필요하다. 여기에서는 우리가 사실의 토대 위에 굳건히 서 있다는 것만을 확인하는 것으로도 충분하다. 무엇보다도 국민경제의 재화흐름은 보다 더 깊어지지 않았는 데 비하여, 모든 새로운 기업에 있어서 지출은 만들어져야만 하는 상황에 놓여 있는 거대한 역설은 해결된다.

이로써 우리의 질문은 대답되고 우리 설명의 순환고리는 완결된다. 여기에서 우리는 경제주체의 네 번째 유형, 이른바 화폐제공자(Geldgeber)에 부닥친다. 즉, 나머지 셋은 지주, 노동자, 그리고 기업가이며, 여기에서 우리는 독점가, 준지대를 획득하는 사람은 특별하게 강조하지 않는다. 화폐제공자는 기업가와 생산수단 공급자의 중간에 위치한다. 그는 발전의 한 현상이며, 더구나 그는 기업가가 노동력과 토지력의 소유자에 대한 하등의 지휘권을 가지지 못하는 곳에 나타난다. 그는 기업가에게 기업가가 되려는 것을 가능하게 하며, 말하자면 그에게 국민경제의 생산수단에 대한 접근을 허락한다. 동시에 이 접근은 기업가에게 자신의 계획을 실행하는, 말하자면 전권(全權)을 제공한다. 이 기능은 특별한 유형이다. 우리는 이들 기능을 실행하는 사람을 '은행가(Bankier)'라고 명명한다. 왜냐하면, 사실상 구매력의 창출과 이를 가지고 행동하는 것은 근본적으로 은행의 손에 달려 있기 때문이다. 자신의 돈을 '보유하고 있는' 사람인 다른 유형의 화폐제공자는, 이 사안이 항상 역사적으로 존립할 수 있는 것처럼, 기껏해야 발전의 결과현상이다. 기업가가 왕(König)인 것처럼, 은행가는 시장의 감독관(Ephor)이다.

제 3 장

신용과 자본

제3장

신용과 자본

(Kredit und Kapital)

제1절 신용의 본질과 역할

경제발전이 본질적으로 기존의 노동력과 토지력의 다른 사용이라는 근본적 사고는, 새로운 결합의 관철은 노동력과 토지력을 이들의 익숙한 사용으로부터의 차출(差出)을 통하여 창출된다는 명제로 우리를 이끈다. 이들 능력에 대하여 지도자가 하등의 명령권을 가지고 있지 않은 모든 경제유형에 대하여 그것은 다시금 우리를 두 개의 이단(異端)으로 이끈다. 여기에서 첫 번째 이단은 화폐에 대해 이루어지고, 그 밖의 이단은 여기에서 심지어 다른 지불수단에 대한 본질적인 역할부여를 하는 것이다. 여기에서 지불수단 영역에서의 진행과정은 중요한 모든 것이 발생하는 재화세계의 진행과정의 단순한 반영이 아니다. 모든 기조 속에서, 특별한 단호함과 간헐적인 만장일치로, 심지어 참지 못함과 도덕적이고도 지적인 분노를 가지고 길고도 긴 줄의 이론가들이 우리에게 반대의 경우를 확신시켜준다.

과학이 된 이래로 거의, 경제학은 화폐현상이 휘감아온 유명한 오류에 저항해 왔다. 그것도 아주 정당하게 해왔다. 경제학의 근본적인 공적 중 하나가 여기에 있다. 그리고 그동안 얘기해온 것에 대해 두루 생각하는 사람은 이들 오류 중 하나도 그 속에서 방어될 수 없다는 것에 대해 쉽게 확신할 수 있을 것이다. 그러나 사람들이 화폐(Geld)가 **단지** 재화의 유통수단일 뿐이고 여기에 대해 아무런 중요한 현상을 결부시킬 수 없다고 말하고자 하지만, 그것은 틀린 것일 것이다. 사람들이 그로부터 우리의 사고과정에 대해 이의를 확고히 제기하려고 한다면, 이 이의제기는 우리의 경우에 국민경제의 생산력의 전용(轉用)은 경제주체의 구매력 연기를 통하는 것 이외에는 실행될 수 없다는 우리의 증명을 통하여 바로 논박될 것이다. 우리는 원칙적으로 노동자와 지주로부터 노동력과 토지력을 빌리는 것은 불가능하다는 것을 확인하였다. 나는 여기에다가 기업가는 생산된 생산수단(produzierte Produktionsmittel)을 빌릴 수 없다고 덧붙였다는 점을 추가한다. 왜냐하면, 정태적 경제에서는 불필요한 재고는 물론 기업가의 욕구를 **위해** 준비된 대량의 재고도 존재하지 않는다. 만약 어떤 경제에 바로 이와 같은 생산된 생산수단이 기업가가 필요한 대로 존재한다면, 그는 확실히 이를 구매할 수 있고, 그러나 여기에 있어서 그는 다시금 구매력을 필요로 한다. 그는 이를 쉽게 빌릴 수도 없는데, 그 이유는 이는 생산된 목적에 따라 사용되기 때문이다. 그리고 이의 소유자는 자신의 수익금을 — 확실히 기업가가 이를 그에게 보상할 것이지만, 이는 나중이 되어야만 가능함 — 기다릴 수 없고 하등의 위험을 감수하지 않는다. 그러나 그럼에도 불구하고 누가 그것을 한다면, 바로 두 개의 거래가 존재하는데, 구입(Kauf)과 신용공여(Kreditgewährung)이다. 이 둘은 단지 하나의 동일한 경제적 진행과정의 두 개의 법적으로 독립된 부분일 뿐만 아니라, 나중에 아주 저절로 발생하듯 매우 다른 현상이 각각에 대하여 붙어있는 두 개의 매우 서로 다른 경제적 진행과정이다. 궁극적으로 기업가는 노동자와 지주에게 소비재도 '선불(先拂)'하지 못한다. 왜냐하면, 그는 이를 확실히 가지고 있지 않기 때문이다. 그가 이를 구입하였다면, 그는 여기에서 바로 그것을 위해 구매력이 필요하였을 것이다. 우리는 이 점을 넘어서지 못하는데, 그 이유는 항상 정태적 순환으로부터의 재화차출(Güterentzug)이 중요하기 때문이다. 그것은 소비재의 빌림과 관련해서도 생산된 생산수단의 빌림과 마찬가지로 적용된다. 그것은 충분할 것이다. 우리는 이 주제에 대해 몇 번이고 논쟁할 것이다. 그러나 언급한 것들로부터 이미 우리는 불가사의하거나 혹은 모험적인 것을 주장하는 것은 아니며, 우리가 지배적인 해석에 대해 얼마나 대립하고 있는가가 나타난다.

그리하여 화폐에 대하여 어떠한 본질적인 것을 부여'할 수' 없다는 데 대하여 이의를 제기하는 것은 의미가 없을 것이라는 점은 명백하다. 사실상 여기에서 구매력(Kaufkraft)은 의심의 여지가 없는 본질적 진행과정의 수단이다. 그렇다 하더라도 이 원칙적인 이의제기는 전혀 이루어질 수 없는데, 그 이유는 각각의 사람은 화폐량 혹은 화폐배분의 변화가 대단히 깊은 영향을 가질 수 있는 것과 아주 유사한 현상을 확실히 인지하기 때문이다. 이 고찰은 그동안 주변부에만 머물러 있었다. 그러나 그 비교는 아주 교훈적이다, 그리고 여기에서는 재화세계에서의 변화, 즉 '상품측면'에 대한 사전적인 설명의 이유도 필요하지 않다. 재화는 거기에서 어찌되었든 아주 수동적으로 행동한다. 그럼에도 불구하고 재화의 유형과 수량은 이와 같은 변화에 의해 눈에 띄게 많은 영향을 받는다.

그리고 우리의 다른 이단도 그것이 보이는 것에 비하여 훨씬 위험하지 않다. 이는 궁극적으로 명백하고 눈에 띄는 사실일 뿐만 아니라 심지어 인정된 사실에 근거를 두고 있다. 지불수단(Zahlungsmittel)은 국민경제 속에 있어서 창출되고 외관상의 형태에 따르면 오로지 '화폐'에 대한 청구권을 나타내지만, 이는 — 모든 경우에 있어서 적어도 잠정적으로는 — 자신이 나타내는 재화와 아주 동일한 서비스를 제공한다는 점에서 다른 재화에 대한 청구권과는 매우 근본적으로 차이가 있다. 그 결과 지불수단은 어떤 조건하에서는 화폐를 대체할 수 있다.[1] 그것은 화폐학의 특별한 문헌에서도 인정될 뿐만 아니라, 좁은 의미에서의 이론에서도 인정된다. 모든 교과서에서 그것을 읽을 수 있다. 우리는 이 관찰에 대하여 아무것도 추가할 것은 없고 다만 분석을 추가한다. 우리가 필요로 하는 관찰은 그곳에 있고, 그것도 단지 주변부에 있다. 이들의 토론이 대부분 실무적으로 확실히 의심의 여지가 없는 사실의 이론적 인정으로 이어졌던 문제는 화폐가치와 화폐개념에 관한 문제였다. 계량이론이 화폐가치에 대한 형식을 제기하였던 것처럼 사실에 대한 비판은 다른 지불수단에 연계되었다. 그것은 알려져 있다. 특히 영어권 문헌에서는 이 지불수단이, 특히 은행예금이 '화폐'인가의 질문은 아주 상투적으로 되어버린 것은 잘 알려져 있다. 많은 대가가 이 질문에 대해 긍정적으로 대답해왔지만, 우리에게는 사람들이 이 질문을 **제기하였던** 상황으로 족하다. 여기에서 우리에게 중요한 사실은, 사람들이 이 질문에 대해 부정적으로 처리하였다 해도, 내가 아는 바로는 예외가 없는 인정을 받아왔다. 항상 어떻게 그리고 어떤 형태로 이 사안이 기술적으로 가능할 것인가에 대해 다소간 매우 상세하게 논의될 것이다.

이로써 그렇게 창출된 유통수단이 어디에 보관된 금속화폐를 대신할 뿐만 아니라 가장 좁은 의미로 현금상환을 하지 않아도 될 양이 존재한다는 것을 대체로 크게 강조하는 것은 이미 허락되었다. 더 나아가 이 유통수단은 목적 지향성의 고려로부터 화폐금액을 대신할 뿐만 아니라 기존의 화폐금액과 더불어 새롭게 창출된 화폐금액을 대신한다는 점을 강조하는 것도 허락되었다. 이른바 은행에서는 지불수단의 이 창출이 핵심이고 이의 사실상의 기능이 구축된다는 점을 연출적으로 고집하는 그다지 핵심적이지 않은 논점에 있어서도 우리는 지배적 해석 혹은 좀 더 정확하게는 오늘날 사람들이 이미 지배적으로 묘사할 수 있는 해석

---

1) 만약 사람들이 재화에 대한 청구권을 이들 재화와 더불어 독립적인 것으로서가 아닌 일반적으로 위치시키는 것이 허락된다면 — 이삭과 곡물 낟알과 마찬가지로 불가능함 — 여기에서 이 사안은 명백하게 다르게 위치한다.

과 의견의 일치를 본다. 오래된 대가 스미스(Smith)에게서 그리고 더 오래된 — 그러나 전적으로 대중적 오류에서 자유로운 — 저자들에게서 스스로에 대한 청구권의 창출을 통한 은행 측의 화폐창출은 오늘날 확실히 상투어가 되었다. 여기에 대해 나는 사람들이 내가 부족한 학생인 베네딕센(Benedixen)을 따라 '화폐창조'라는 표현을 말하는 것이 이론적으로 정당하다고 여기는지 아닌지는 우리의 목적에는 별 차이가 없다는 점을 서둘러 덧붙인다. 즉, 우리의 서술은 어떤 화폐이론의 특수성과는 완전히 독립적이다.

궁극적으로 이 유통수단이 신용공여(Kreditgewährung)의 길을 통하여 유통되고, 특히 이것이 — 금속화폐 지불을 회피하는 것**만이** 중요한 경우를 제외하고는 — 신용공여를 목표로 창출될 수 있다는 점은 의심할 여지가 없을 것이다. 페터(Fetter)에(「경제학원론(*Principles of Economics*)」, 462쪽) 따르면, 은행은 '자신의 소득이 자신의 지불약속을 빌려줌으로써 값싸게 창출되는 사업'이다. 이 점에서 나는 논쟁할 것을 얘기하지 않았으며, 이 점에서 나는 의견 다양성의 가능성을 한 번만 보는 것이 아니다. 아무도 내가 리카도(Ricardo)의 명제를 위반하고 '은행경영'이 한 국가의 부를 증대하지 못한다거나 혹은 법적인 의미에서 '공허한 투기'[2]의 과오를 범한다고 말하는 것에 대해 나를 비난하지는 못할 것이다. 가장 경제적으로 발전한 나라들에서 아마도 은행예금의 4분의 3이 단순히 신용(Gutschriften)에서 비롯하고,[3] 사업가는 정말 정기적으로 은행이 채권자

2) 여기에 관해서는 밀(J. St. Mill)을 참조하라. 그런데 리카도(Ricardo)의 명제가 그 자체로서 맞지 않는다는 것은, 모든 경제학자가 이 점에 대하여 매우 보수적이라고 해도 인정할 것이다. 예를 들어, 로플린(L. Laughlin)이 그의 「화폐론(*Principles of Money*)」에서 다음과 같이 얘기한 "신용은 자본 — 즉, 생산수단 — 을 증가시키는 것이 아니라 이것을 동원하여 보다 효율적으로 만들며, 이로써 생산물의 증가를 가져온다."는 점을 참조하라. 우리도 이와 유사한 것을 말하여야만 할 것이다.

3) 단지 적은 은행들만이 이들의 정기적 보고서에 자신들의 예금의 어느 정도를 실제로의

가 되기 위해서는 우선 은행의 채무자가 되고, 그가 중단하지 않고 저축한 것을 그가 단지 '빌린다'는 사실을 부정할 사람이 누가 있을까? 단지 모든 매출액의 아주 일부분만이 가장 엄밀한 의미에서 화폐로 결제된다는 대부분의 어린 학생들도 아는 사실에 관해서 더 이상 얘기할 필요가 없지 않은가? 그러므로 나는 이 사안을 더 자세히 다루지 않는다. 토론이 새로운 것을 제공할 수도 있는 모두가 초등학교 교과서에서나 볼 수 있는 것을 여기에서 토론하려는 목표는 진정 아닐 것이다. 은행권(銀行券)에서부터 상품권까지 신용의 모든 피상적인 형태가 동질적인 내용을 포함하고, 신용의 이들 모든 형태 속에서 지불수단이 증대된다는 것은 논쟁의 여지가 없는 것으로 받아들여지고 있다.[4)]

우선 한 가지 관점이 논쟁의 여지가 있을 수 있다. 유통수단은 명백히 대부분 기반 없이 창출된다. 만약 내가 사업가는 물론 이론가에게도 이와 같은 유통수단의 전형적인 사례로서 생산자의 어음이 어른거린다고 얘기한다면, 나는 잘못된 것은 아니라고 생각한다. 생산자는 이 어음을 자신의 생산물을 곧바로 '화폐화'하기 위하여 생산이 이루어진 뒤 그러나 자신의 생산물 판매 이전에 은행가에게서 발행한다. 이들 생산물은 거기에서 기본으로 — 구체적으로 송장으로서 — 사용되고, 이 어음이 기존의 화폐에 기초하지 못하더라도, 이것은 기존의 재화에 대하여 기초하며, 그리하여 적어도 상당한 의미에서 기존의 '구매력'에 대해서도 기초한다. 방금 언급한 예금도 자연히 상당히 많은 부분이 이와 같은 '상품

차변에 기재하고 어느 정도는 기재하지 않는지를 나타낸다. 앞의 추정은 그것을 최소한 간접적으로 인지할 수 있고 일반적 의견에 상응할 수 있는 보고서에 근거한다.

4) 당연히 '은행에 놓여 있는 거대한 금액'에 놀라 바라보는 초심자의 관점을 결국 유지하는 이론가도 충분히 있다. 보다 놀라운 것은 때때로 유사한 얘기를 하는 재정분야의 저술가를 바라보는 것이다. 사례로서 매우 유용한 클레어(Clare)의 책 「금융시장입문(*Money Market Primer*)」을 참조하라. 이 책은 이 관점을 단순히 받아들이지 않았으나, 신용공여를 위해 이용 가능한 금액을 '다른 사람의 화폐'라고 정의하였다.

가치'에 근거한다. 그것은 신용공여와 신용지불수단 유통화의 정상적인 경우로 간주할 수 있으나, 모든 다른 경우는 비정상적인 경우로 간주할 수 있다.[5] 그러나 정상적 상품거래의 진행이 중요하지 않은 경우에도 대체로 보증이 명백히 필요할 것이며, 그리하여 단지 기존 가치의 동원만이 발생한다. 이로써 우리는 지배적인 해석으로 되돌아올 수 있을 것이다. 이 해석은 심지어 특별한 승리를 축하할 수 있는데, 그 이유는 이제 유통수단이 기초 없이 사라질 뿐만 아니라 심지어 화폐도 배제되고 이로써 전체 사안이 상품 대 상품의 교환, 즉 재화의 세계에서의 진행과정 그 자체로 돌아갈 것이기 때문이다. 그렇다면 이 해석은 사람들이 오직 기술적이고 이론의 큰 물줄기를 위해서는 더 이상 많은 관심이 없는 진행과정으로서 '화폐창조'를 순환에 주안점을 둔 장(章) 속으로 이동할 수 있다고 믿는다는 점도 설명할 수 있을 것이다.

이에 대해서 우리는 전적으로 동의할 수는 없다. 우리의 입장은 점점 더 발전될 것이다. 일단 여기에서 강조할 것은 실무를 비정상으로 묘사한 것은 정기적인 상품거래에 출현하여 발행된 경우가 아닐 때만 유통수단이라는 점이다. 이 경우를 제외하고는 융통어음도 완전히 그리고 항상 '비정상적인 것'이 아니다. 그러나 '새로운 창업'에 대한 신용공여는 안전하지는 않으며, 이는 **원칙적으로** 동일한 방식으로 진행되는데, 이 신용의 보다 긴 기간은 **기술적으로** 실무에 있어서 당연히 차이점을 만든다. 그러나 이와 같은 경우에 있어서 이미 존재하는 생산물이 아니라 오로지 다른 사안이 설명할 수 있는 보증과 관련하여 중요한 것은,

---

5) 여기에서 나는 한 국민경제 속에서 정기적인 사업유통이 신용지불수단으로 진행되는 경우는 미리 제외한다. 이 경제 속에서 생산자는 자신의 고객으로부터 어음 혹은 신용증서를 받으며 이로써 다시금 생산수단을 구매한다. 여기에는 사실적 의미에서 신용공여는 전혀 없으며, 그 경우는 금속화폐순환을 수단으로 현금거래를 하는 것과 근본적으로 차이가 없다. 이 경우는 우리가 더 이상 얘기를 하진 않는데 이는 이미 제1장에서 언급되었다.

이의 원칙적인 의미는 보증을 형성한 자산가치가 신용공여에 의해 동원될 수 있는 게 아니라는 점이다. 이 사안의 본질은 이로써 잘 묘사되지 않았다. 우리는 오히려 다음 두 개의 사례를 구분한다. **하나는** 기업가가 은행에 저당을 잡힐 수 있는 어떤 자산을 가지고 있는 경우이다. 이 상황은 실무에서 그에게 신용을 조달하는 것을 확실히 아주 쉽게 해준다. 그러나 그것은 가장 순수한 형태의 사안의 본질에 속하지는 않는다. 비록 자산소유의 우연한 상황이 실질적인 장점이 됨에도 불구하고, 기업가 기능은, 분석과 경험이 동일한 방식으로 가르쳐 주듯이, 원칙적으로 자산의 소유와 연결되어 있지 않다. 이 상황이 없는 경우에 직면하여 사람들은 이 해석을 거의 거절할 수 없으며, 그리고 신용이 말하자면 "재산을 창출한다"는 명제가 진정한 진행과정의 충분한 표현을 담고 있지 못하다는 결론에 도달한다. **또 다른** 사례는 기업가가 빌려온 구매력으로 획득한 재화를 담보로 하는 경우이다. 그러면 신용공여가 먼저 이루어지고, 적어도 원칙적으로는 이루어져야만 하며, 어쩌면 짧은 순간 보증이 결여된다. 이 경우로부터의 기존 자산가치의 유통화에 관한 해석은 처음 것으로부터보다는 적은 지지를 받는다. 오히려 기존 재화에 우선적으로 상응하지 않는 구매력이 창출된다는 점은 완전히 명백하다.

이로부터, 만약 완전히 보장된 신용만이 존재한다면, 현실에 있어서 신용의 총합은 이것이 가능한 것보다 커야 한다는 결론이 도출된다. 기존의 화폐기반을 통해서뿐만 아니라 기존의 재화기반을 통해서도 신용의 구성은 두드러진다. 다시금 이 사실은 그 자체로 부정될 수 없을 것이다. 단지 이 사실의 이론적 의미는 의심의 여지가 있을 수 있다. 이제 우리는 하나만을 확인하여야만 하는데, 이른바 우리에게도 정상적 신용과 비정상적 신용의 구분은 큰 의미가 있다는 점이다. 정상적 신용이 창출하는 국민경제적 재화흐름에 대한 '배분권'은 지나간 성과와 현존하는 재화에 대한 증명서이다. 지배적인 의견에 의해 비정상이라고 묘사되는 신용이 창출하는 것은 그 근본을 볼 때 미래의 성과와 생산될 재화의 증명서이다. 양자의 범주 간의 근본적인 차이가 본질에 있어서는 물론 영향방식에 있어서도 확실히 존재한다. 양자는 유통에 있어서 동등하게 평가되며 양자는 지불수단으로서 동일한 기능을 수행한다. 물론 이 둘은 단지 외견상으로는 쉽게 구분되지 않는다. 그러나 하나는 사회적 생산에 포함이 합당한 지불수단을 포괄하고, 다른 하나는 비록 이 결여가 실무에서 다른 것에 의해 종종 채워진다 해도 우선 아무것에도 상응하지 않고 적어도 사회적 생산에 아무런 투입이 없는 지불수단을 포괄한다.[6)]

희망컨대 짧은 서술이 오해를 불러일으키지 않을 이 도입부의 논의 이후에, 나는 이 장(章)의 사실상의 주제로 넘어간다. 우선 첫눈에는 낯선 명제인 기업가 이외에는 아무도 원칙적으로는 신용공여를 필요로 하지 않는다는 점을 증명할 것이다. 혹은 이 명제는 동일한 의미이지만 보다 낯섦이 적은 명제로 설명하면 신용이 산업**발전**에 쓰인다는 것이다. 기업가가 원칙적으로 그리고 정기적으로 신용공여를 필요로 한다는 — 결국 구매력의 시간적 양보라는 의미임 — 증명주제의 긍정적인 측면은 이미 제2장에서의 상세한 설명을 통해 이루어졌다.

그리하여 다시 설명하면, 대체로 생산을 하고 자신의 새로운 결합을 실행하기 위하여 기업가는 구매력(Kaufkraft)을 필요로 한다. 그리고 이 구매력은 그에게, 정태적 생산자에게서와 마찬가지로, 이전 경제기간에서의 생산물 수익금에서 자동으로 제공되지 않는다. 그가 우연히 구매

6) 그러나 어떠한 자산가치에 대한 지불수단의 이 범주의 가능하고도 빈번한 지지는 단지 이 범주의 이전에 주어진 불확실성을 제거하며, 이는 생산물에 대한 지불수단으로부터 비롯한 새로운 수요에 대하여 생산물의 새로운 공급이 상응하지 않는다는 사실을 제거하지 않는다.

력을 이전에 가지고 있지 못하다면 — 설사 그렇다 하더라도, 그것은 오로지 이전 발전의 결과임 — 그는 이것을 '빌려야' 한다. 그것이 그에게 이루어지지 못하면, 명백히 그는 기업가가 될 수 없다. 이는 하등의 허구가 아니며, 오히려 오로지 일반적으로 알려진 사실의 상세한 묘사이다. 그는 기업가(Unternehmer)가 될 수는 있으나, 그 속에서 그는 그 이전에 채무자(Schuldner)가 된다. 그는 발전과정의 내부적 필요성의 결과로 채무자가 되며, 그가 채무자가 되는 것은 사안의 본질에 속하며, 그것은 비정상적인 것, 우연한 상황을 통해 설명하는 의심스러운 사건이 아니다. 그의 첫 번째 욕구는 신용욕구이다. 그가 어떤 재화를 필요로 하기 이전에 그는 구매력을 필요로 한다. 확실히 그는 현실의 분석이 창출하는 경제주체의 유형들 중에서 전형적인 채무자이다.[7)]

이제 그것은 부정적 증명을 통해 보완할 수 있다. 즉, 사람들은 경제주체의 다른 유형에게 동일한 것을 얘기할 수 없고, 어떤 다른 경제주체도 전형적으로 그리고 본질에 따라 같은 의미에서의 채무자는 아니다. 물론 현실에서는 신용공여의 다른 동기가 있다. 그러나 결정적인 관점은 여기에서는 신용공여가 경제과정의 핵심적인 요소로 보이지 않는다는 점이다. 그것은 무엇보다도 소비적 신용(Konsumtivkredit)에 대해 간단히 해당된다. 이의 의미가 단지 제한된 의미일 수 있다는 점을 제외하고는, 만약 우리가 직업활동의 기본 양식과 필요성을 제외한다면, 우리는 소비적 신용과 마주치지 않는다. 소비적 대출을 받아야만 하는 것은 경제주체의 본질에 속하지 않으며, 또한 여기에서 참가자가 자신의 소비

7) 기업가는 또한 여기에서 강조한 것보다 심층적 의미에서도 채무자가 될 수 있다. 즉, 그는 — 원칙적으로 이번에도 —, 그가 국민경제적 재화의 흐름 속에 무언가를 투입하기 이전에, 국민경제적 재화의 흐름에서 재화를 끄집어낸다. 이 점에서 그는 말하자면 사회적 전체에 대한 채무자이다. 재화는 그에게 양도되는데, 그는 이 재화에 대한 청구권을 가지고 있지 못하며, 이 청구권만이 평상시에 재화 저장소에 대한 접근을 가능하게 한다.

목적을 위하여 채무를 져야 하는 것은 생산과정의 본질에 속하지 않는다. 이에 따라, 우리는 여기에서 소비적 신용의 현상에 대한 관심은 더 이상 없고, 이 점에서 이제 우리는 기업가가 국민경제에 있어서 유일한 전형적 채무자라는 우리의 명제를 표명하고자 한다. 우리는 소비적 신용을 이의 실무적 중요성에도 불구하고 우리의 고려에서 배제한다. 여기에는 어떤 추상(抽象)도 없다. 우리는 소비적 신용을 사실로 받아들이며 이에 대해서 특별히 할 말이 없다. 아주 동일한 것이 신용욕구가 오로지 불행으로 중단된 농장경영의 유지를 위한 경우에도 타당하다. 내가 '소비적 생산신용'이라는 개념으로 요약하는 이 경우는 이에 대한 취급이 국민경제적 조직체의 작동을 이해하는 데에도 합당할 수 있다는 의미에서 역시 경제과정의 핵심에 속하지는 않을 것이다. 이에 대하여 우리도 더는 관심이 없다.

신용공여의 모든 유형은 혁신, 개량 등의 목적을 위하여 신용공여로서의 정의에 걸맞게 기업가에게 발생하며 경제발전의 요소를 구성하기 때문에, 규칙적인 경영신용(Betriebskredit)은 여기에서 고려하는 유일한 유형의 신용공여로 남는다. 만약 우리가 그것을 우리의 의미로 '본질적이지 않다'라고 설명할 수 있으려면 증거가 있어야 한다. 이에 대해서 상황이 어떠한가?

이제 우리는 경영신용[8)]이 받아들이고 주어지는 것은 정태적 경제의 규칙적 순환의 본질에 속하지 않다는 것을 제1장에서 알 수 있었다. 만약 정태적 생산자가 자신의 생산물의 생산을 마쳤으면, 우리의 도식에 따라 그는 이를 즉시 판매하고 수익을 가지고 새로운 생산물의 생산을 시작한다. 확실히 이 사안은 현실에서 항상 그렇게 진행되지는 않는다.

---

8) 희망컨대 독자는 이 경영신용을 기업창업을 위한 것과는 반대로 '운영'을 위하여, 즉 특히 현재의 임금지불의 목표를 위해 준비하여야만 하는 금액과 혼동하지 않기를 바란다.

그가 자신의 생산물을 강매하기 이전에 그가 자신의 생산을 시작하기를 원하는 상황이 발생할 수 있다. 그러나 결정적인 것은 정태적 경제 속에서 우리는 마치 당연히 그가 항상 더 이상의 생산에 대한 수익을 가지고 중요한 사안을 간과함 없이 진행하는 것처럼 그 과정을 서술할 수 있다는 점이다. 이 점에서 경영신용은 정태적 경제의 본질에 속하지 않는다. 현실에서 경영신용의 중요성은 바로 발전이 존재하고 이 발전이 순간적으로는 용처가 없는 화폐금액에 대해 사용가능성을 열어놓는 상황에서만 비롯한다. 거기에서 정태적 경제주체는 모든 수익을 즉시 평가하여 구매력에 대한 자신의 자체적 욕구를 단지 필요한 시간에 대해 빌린다. 발전의 큰 흐름은 바로 지속적으로 국민경제 전체에 넘쳐흐르고, 그것은 이를 명확하게 보는 것을 어렵게 만든다. 발전이 없다면, 일상적으로 사업의 진행을 위한 화폐금액은 단순히 모든 경제단위에 머물러야만 하며, 발전이 이루어지지 않은 동안에는 사용처가 없이 유지된다. 바로 발전이 그것을 바꾼다. 발전은 곧 신용을 요구해본 적이 없는 것을 자랑으로 삼는 사람의 유형을 쓸어가 버린다. 설사 정태적 경제주체가 신용현상의 범위 속에 포함된다 하더라도, 자신의 사업에 대해 신용제공을 한 사람은 기업가에 대한 신용공여가 보다 위험이 적다는 점에서 이 유형의 신용공여를 선호하게 될 것이다. 많은 은행, 특히 본질적인 유형에서 예금은행, 그리고 거의 모든 이전부터 폭넓은 고객범위를 가진 대대로 유명한 업자들은 신용제공을 실질적으로 행하며 많든 적든 이 경영신용에 국한한다. 그러나 그것은 발전의 결과적 현상이다.

이 해석으로 우리는 사람들이 생각할 수 있는 것보다는 지배적 해석에 과도하게 반대하는 입장에 있는 것은 전혀 아니다.[9] 이로써 우리는

9) 그렇다 하더라도 이 해석은 사실에 따라 직접 증명된다. 즉, 수백 년을 통하여 오로지 소비적 신용과 같은 것만이 있었다. 이 시기에는 '창업신용' 못지않게 경영신용도 없었다. 그리고 경제순환은 이것 없이 운영되었다. 현대의 발전 속에서나 경영신용이 오늘날

오히려, 만약 우리가 정태적 순환의 본질을 생생하게 그려내려 한다면, 이 경영신용에 대한 고려 없이도 잘 할 수 있다는 통상적 서술에 완전한 의견일치를 볼 수 있다고 주장할 수 있다. 단지 지배적 이론은 같은 의견을 가지고 있고 동시에 규칙적인 상품거래의 자금조달에 있어서 사안의 이해를 위한 핵심적인 것을 아무것도 보지 않기 때문에, 이는 경제흐름의 윤곽에 대한 고찰로부터 진행과정을 제외할 수 있을 것이다. 단지 이에 따라 이 지배적 이론은 시각을 재화에 한정할 수 있다. 확실히 재화의 세계 속에서 이는 신용거래와 같은 것을 발견하지만, **이에 대해서** 우리는 이미 논의한 바 있다. 어찌 되었든 지배적 해석은 새로운 구매력의 창출 필요성을 우리와 마찬가지로 인지하지 않고 이것이 이와 같은 필요성을 이전에 거의 보지 못하였다는 것은 다시금 이 지배적 해석이 얼마나 정태적인가를 보여주는 것이다.

그리하여 우리의 고찰에 따르면, 이 경영신용은 소비적 신용과 마찬가지로 동일한 이유에 의해 제외될 수 있다. 경영신용에 있어서는 단지 순환의 기술적 보조수단이 중요하다는 인식으로부터 ― 다시 말해, 그것은 순수한 정태적 국민경제에서이고, 발전에 있어서 언급한 이유로 인하여 그것은 약간 다른 것이 됨 ―, 이 보조수단은 재화의 유통에 더 이상 영향을 주지 않으며, 우리는 재화의 유통에 아주 본질적인 영향을 미치는 신용을 떼어내기 위해서 이제 연출적인 결과를 만들 것이다. 정태이론 속에서 모든 거래가 금속화폐로 이루어진다는 가정을 하면, 이 보조수단은 영원히 특정한 수량 속에 특정한 순환속도를 가지고 존재하여야만 한다. 본질적으로 정태적 경제의 전체 유통도 당연히 청구권으로 묘사되고 그리하여 정태적 경제에 신용요인을 가져오는 지불수단으로 구성된다. 이

의 중요성을 인정받았다. 그리고 현대의 정태적 기업은 중세의 정태적 작업장과 본질적인 것에서는 차이가 없으므로, 현대의 정태적 기업은 원칙적으로 신용을 필요로 하지 않는다는 결론에 도달한다.

지불수단은 금속화폐와 마찬가지로 단지 기존 재화와 이전 성과에 대한 '증명서'이고 양자 간의 본질적인 차이는 없으므로, 우리는 경영신용에는 신용현상에 대한 중요한 것이 빠져 있다는 우리의 결과를 제시한다. 이것은 연출적 지속성을 통하여 표현한 것이며, 이로써 우리는 제1장에서 말한 것과 합류하게 된다.

이로써 우리의 명제는 증명되었고 동시에 이 명제를 언급하였던 의미가 상술되었다. 그리하여 오로지 기업가**만이** 원칙적으로 신용을 필요로 하고, 신용은 **오직** 산업적 **발전**을 위하여 본질적 역할을 수행한다. 다시 말해, 그 역할에 대한 고찰은 전체 진행과정의 이해를 위해 필수불가결하다. 또한, 사람들이 제2장의 서술을 바탕으로 당장 이 주제의 상관계념, 이른바 지도자의 재화 처분권능이 없는 **모든** 경제발전은 원칙적으로 신용을 필요로 한다는 명제도 유효하다는 점을 알 수 있다.

이 유일하고 우리의 의미에서의 본질적 신용의 기능은, 우리가 아는 바와 같이, 신용공여가 기업가에게 그가 필요로 하는 생산수단을 이의 그동안의 사용으로부터 확보하는 것을 가능하게 한다는 접근에 근거하고 있다. 그 속에서 그는 생산수단에 대한 수요를 펼치고 이로써 국민경제를 새로운 궤도로 인도한다. 신용은 이들 재화차출의 지렛대이다. 이제 우리의 두 번째 명제는 다음과 같다. 즉, 신용이 지나간 기업행위의 결과로부터 혹은 대체적으로 지나간 발전에 의해 창출된 구매력의 저장소로부터 주어지지 않는 한, 신용은 가장 좁은 의미에서는 화폐에 의해서도 아니고 기존의 **생산물** — 상품 — 에 의해 지탱될 수 없는 단지 임기응변식으로 창출된 신용지불수단으로 구성될 수 있다. 생산물을 통한 것이 아닌 다른 가치를 통해, 즉 기업가가 처분할 수 있는 어떤 자산가치를 통해 신용은 정말로 보호받을 수 있다. 그러나 그것은 첫째로는 필요하지 않으며, 둘째로는 그것은 새로운 공급의 즉각적인 창출 없이 새로운 수요의 창출에 바탕을 두는 진행과정의 본질에 대해서는 아무것도 변화시키지 않는다. 이 명제는 여기에서 더 이상 증명하지 않을 것이며, 오히려 이것은 제2장의 서술로부터 결론지어질 것이다. 여기에서는 단지 이 명제는 신용공여와 신용지불수단 간의 관계를 제공하고 우리를 신용현상의 본질이라고 간주하는 사안으로 인도한다는 점을 더욱 관찰하게 한다.

이른바 우리는, 만약 과거 발전의 결과가 없는 한, 신용공여가 경제과정에 대하여 본질적인 유일한 사례 속에서 신용공여는 단지 이와 같이 새롭게 창출되는 신용지불수단에 의해서만 발생할 수 있다는 점을 알 수 있다. 그리고 반대로, 이와 같은 지불수단의 창출은 단지 이 유일한 사례에 있어서만 단순한 유통기술적 역할 이상을 한다. 그리하여 신용제공은 이 점에서 구매력 창출이며, 새롭게 창출된 구매력은 기업가에게 대한 ― 오직 이를 위해 필요한 ― 신용제공의 역할을 수행한다. 현존하는 생산물에 대한 증명서가 아니라 기껏해야 미래 생산물에 대한 증명서로서 현존하는 재화흐름에 대한 배분권의 부여는 신용공여가 본질적인 기능을 하는 곳, 오직 그곳에서만의 신용공여를 위하여 필요하다. 그러나 그것은 동시에 사람들이 우리의 사고구성의 신뢰성에 피해를 주지 않고는 신용지불수단에 대해 금속화폐를 대체할 수 없는 그리고 이의 창출이 본질적인 유일한 경우이다. 왜냐하면, 사람들은 일찍이 존재하는 금속화폐의 수량을, 특히 이의 구체적인 규모가 중요한 것이 아니라는 점을 전제로 할 수 있으나, 정확한 순간에 정확한 자리에 발생하는 증가는 전제로 할 수 없기 때문이다. 그리하여 우리가 신용공여로부터는 물론 신용지불수단의 창출로부터 신용공여 및 신용지불수단이 하등의 본질적인 역할, 하등의 더 흥미로운 역할을 하지 못하는 경우를 제외한다면, 우리가 지나간 발전의 결과를 별도로 함에도 불구하고 이들 양자는 서로 겹쳐야만 할 것이다.

그리하여 이 의미에서 우리는 신용현상의 가장 심층적 핵심을 다음의 방식으로 정의한다. 즉, 신용(Kredit)은 본질적으로 기업가에게 양도하려는 목적으로 한 구매력 창출이다. 그러나 그것은 단순히 현존하는 구매력의 — 현존하는 생산물에 대한 증명서의 — 그에 대한 양도는 아니다. 구매력 창출은 원칙적으로 폐쇄되어 있지 않은 국민경제 속에서 경제발전이 관철되어야 하는 방법을 특징짓는다. 신용을 통하여, 기업가들이 정상적 청구권을 획득하기 이전에, 국민경제적 재화흐름 속으로의 접근이 그들에게 개방된다. 말하자면 이 청구권의 허구가 잠정적으로 청구권 자체를 대체한다. 이 점에서 신용공여는 기업가의 목표에 따르라는 국민경제에 대한 명령과 같은, 기업가가 필요로 하는 재화에 대한 지시와 같은, 그리고 생산력의 위임과 같은 작용을 한다. 오로지 이로써 경제발전이 관철될 수 있을 것이며, 이것이 정태적 상태로부터 일어날 수 있을 것이다. 그리고 이 기능은 현대 신용구성의 초석을 형성한다.

그리하여 한편으로 정태이론의 정상적 순환 속에서 신용공여는 본질적이지 않은데, 왜냐하면 거기에는 생산물과 생산수단 간의 필수적인 깊은 틈이 없기 때문이다. 원칙적으로 모든 생산수단의 구입은 생산자의 편에서는 현금거래이고 대체로 구매자가 되는 모두는 이전에는 동일한 화폐금액으로의 판매자였다는 점을 가정한다면, 새로운 결합의 관철에 있어서 극복하여야 할 이와 같은 깊은 틈은 확실히 존재한다. 이와 같은 깊은 틈을 극복하는 것이 신용제공자의 기능이고, 그는 이 기능을 실행하며, 그 속에서 그는 즉흥적으로 창출된 구매력의 처분권을 기업가에게 제공한다. 그러면 생산수단의 공급자는 기다릴 필요가 없으며 그런데도 기업가는 공급자에게 재화는 물론 정태적 '화폐'도 선불할 필요가 없다. 그리하여, 만약 불가능하게 되지 않는다면, 유통경제 속에서 경제주체의 사유재산 및 자주적 의사결정권에 있어서 그렇지 않았다면 발전을 대단히 어렵게 하였을 이 깊은 틈은 극복된다. 그 속에 신용제공자의 기능이 존재할 것이라는 점은 누구에 의해서도 부정되지 않는다.

단지 이 '다리'의 속성에 대하여 의견의 차이는 존재한다. 나는 우리의 해석은 나머지의 해석보다는 더욱 더 용감하고 현실에 더욱 낯설게 멀리 떨어져 있기에는 현실의 바로 옆에 위치해 있고 허구의 전체적 기본 구상을 불필요하게 만든다고 생각한다.

이제 어떻게 신용공여와 구매력 창출이 기업가에게 재화의 처분을 가능하게 하고 정태적 생산자에게 동시의 혹은 사전적 공급을 통해 가능하게 되는 수요의 전개를 가능하게 하는지, 그리고 기업가에게 필요한 재화를 손에 넣게 할 목적으로, 즉 **기존** 재화의 **다른** 사용의 관철을 목적으로 기업가의 경우에 발생할 수 있는 유일한 진행과정이 어떻게 발생하는가에 관한 유형과 방식을 분명하게 하는 것은 아주 간단하다. 우리가 근거를 두는 정태적 국민경제에서는 연년세세 동일한 것이 동일한 방식으로 생산된다. 모든 옛날 그대로의 공급은 국민경제의 어느 지점에서 자신에게 상응하는 수요를 기다리며, 모든 옛날 그대로의 수요에 대해서 옛날 그대로의 공급이 기다린다. 이 순환에 대하여 주어진 화폐수량은 스스로 조정을 한다. 결정된, 단지 본질적이지 않은 진동하는 가격에 대하여 모든 재화의 전체 순환은 연년세세 앞으로 진행하며, 그 결과 매 경제기간에 매 화폐단위는 원칙적으로 동일한 길을 되돌아간다. 이의 규모와 사용에 따라 일목요연하게 결정된 구매력의 양은 본원적 생산능력의 '공급자'의 손에 넘기고 궁극적으로는 옛날대로의 특정한 수량의 소비재와 대립시키기 위하여 모든 경제활동기간 속에서 본원적 생산능력의 기존 그리고 주어진 양에 마주 보고 있다. 본원적 생산능력 자체, 특히 토지의 담당자에게는 시장이 존재하지 않으며, 이에 따라, 정상적 순환 속에서는 이에 대한 가격도 존재하지 않는다. 그리하여 모든 생산능력에 대하여는 매 경제기간에 반복되는 하나의 시점에 일정한 수량의 구매력 단위가 마주 보고 있으며, 모든 구매력 단위에 대하여 일정하게 연계된 생산능력과 생산된 생산수단의 혼합이 마주 보고 있다.[10]

만약 우리가 정태적 구매력 표식의 재료가치의 본질적이지 않은 요인을 제외한다면, 구매력은 사실상 재화의 주변과 재화 밖에는 존재하지 않는 것으로 나타낸다. 이의 총액은 사람들이 이에 의해 국민경제의 수준을 특징지을 수 있는 생산수단의 기존의 유형과 수량의 열거와는 반대로 우리에게 아무것도 말해주지 않는다. 그러나 그 대비는 우리에게 그런데도 여러 가지를, 이른바 개별 경제주체의 상대적 구매력, 화폐단위의 구매력, 이로써 이와 같은 한 국민경제 속에서 단위가 되는 것을 인정하는 가치의 기초를 말해준다. 이제 신용지불수단이, 우리의 의미에서의 새로운 구매력이, 창출되고 기업가에게 처분권이 부여된다면, 기업가는 정태적 생산자와 더불어 대두되며, 그리고 이 구매력은 정태적 구매력처럼 신속하게 받아들여진다는 전제하에 기존에 존재하는 구매력 금액과 더불어 대두된다. 당연히 이를 통하여 국민경제가 보유하고 있는 생산능력의 수량은 증가되지는 않는다. 그러나 그럼에도 불구하고 새로운 수요는 증가가 가능하다. 이 수요는 생산능력의 가격상승을 불러일으키고 이로써 그동안의 수요의 부분적 소모를 가져온다. 이를 통하여 우리가 말한 '재화차출', 즉 기존 노동력과 토지력의 — 확실히 이들만의 — **다른 사용의 관철**이 발생한다. 이 사안은 명확해질 수 있다. 즉, 경제의 진행과정은 기존 구매력의 응축과 기존 '배분권'과 '역량증명서'의 응축을 넘어서 진행된다. **어떤** 의미에서는 새로 창출된 구매력은 재화에 상응하지 않으며 확실히 **새로운** 재화에는 상응하지 않는다. 그러나 그것은 이들 재화에 대하여 정태적 구매력의 비용을 짜낼 수 있는 여지가 된다. 다르게 표현하면, 신용공여는 국민경제 내에서 구매력의 사전적 연기를 매개로 기존의 생산능력의 새로운 사용방식에 영향을 미친다.

---

10) 제1장의 우리의 도식을 참조하라. 여기로부터, 비록 명백하게 구매력이 노동력과 토지력은 물론 생산된 생산수단에 대립하고 있음에도 불구하고, 왜 내가 생산된 생산수단을 노동력과 토지력과 더불어 열거하지 않는지가 나타난다.

이 진행과정을 비유를 통하여 명확히 하는 것은 쉬울 것이다. 도박의 칩은 그 자체로는 어떠한 의미도 없다. 이들의 절대적 수량은 우리에게 도박의 흐름에 관해 아무것도 얘기해 주지 않는다. 이 수량의 증가는 이른바 투입된 양에 있어서 하나의 칩을 통하여 나타난 몫을 변화시킨다. 그러나 이것은 만약 모든 도박꾼에게 증가가 비례하여 나타난다면 여전히 항상 아무런 의미가 없다. 오직 개별적 도박꾼이 가지고 있는 도박 칩의 상대적인 수량만이 어떤 의미가 있으며, 단지 도박 칩의 배분은 적절한 진행과정의 하나의 지표일 뿐이다. 이제 새로운 도박꾼이 나타나서 자신이 투입을 하지 않고 지금까지 존재한 양과 동일하다고 간주되어야만 하는 새로운 도박 칩의 수량을 확보한다면, 이 합계의 증가는 투입에 대비하여 확실히 단지 명목상일 뿐이다. 수량은 이로써 증가되지 않는다. 그러나 그럼에도 불구하고 도박의 진행과 최종결과에 대하여 중요한 과정이 그 속에 존재하는데, 즉 신참자에게 유리한 청구관계의 연기가 그동안의 도박꾼의 비용으로 존재한다.

만약 내가 어떤 사람을 나의 상속인으로 지정한다면, 나의 모든 미래 유산은 그의 기대에 상응한다. 이제 내가 또 다른 사람을 마찬가지로 나의 상속인으로 지정한다면, 나는 이와 같은 새로운 기대를 만들어내는 것일 것이다. 그러나 나의 유산은 이로써 더욱 커지지는 않기 때문에 두 사람의 기대는 단지 이전에 한 사람에게만 해당되었던 동일한 재화량에 상응할 것이다. 그러나 그 진행과정은 그럼에도 불구하고 명백하게 의미 없는 것은 아니며, 도리어 나의 유산이 제공될 사용과 이의 경제적 효과에 대단히 결정적이다. 하나의 유사한 경우는 이미 존재하는 문제의 재산공유자에게 지분에 의거하여 새로운 공유자가 접근하는 것이다. 여기에서도 대상의 증대 없이 이 동일한 유형의 권리의 창설을 통해 다른 사람들의 권리 내용을 응축하는 모습을 창출한다. 새로운 지분청구권의 강제적 투입을 통한 지분의 변동이 발생하며, 이는 사용방식의 변화와 이를 통한 새로운 경제적 결과로 이어지는 기존 지배관계의 변화가 발생한다.

이로써 어떻게 구매력 창출이 작동하는지에 관한 유형을 특징지었다. 독자는 그 속에서 비논리적인 것이나 불분명한 것이 있지 않다는 것을 보았다. 여기에서 신용지불수단의 구체적인 외부적 형태는 아주 아무래도 좋다. 사람들은 가장 중요한 것을 보증이 되지 않은 은행권(銀行券)에서 이 사안을 확실히 본다. 그러나 기존의 화폐를 대체하지 않고 이미 생산된 상품에 대해 의지하지 않는 어음도, 만약 어음이 순환되고 기업가의 의무를 자신의 화폐제공자에 대응하여 단지 고착하지 않는다면, 항상 동일한 특징을 가진다. 여기에서 어음은 단지 기타의 양도된 구매력만을 나타낸다. 그리고 동일한 것이 발생하는 경우에는 어음은 단지 할인되지 않는다. 한 은행의 장부의 단순한 상품권에까지 이르는 모든 다른 형태의 신용지불수단은 동일한 시각에서 고찰할 수 있다. 항상 이들은 기존의 구매력과 더불어 발생한다. 이전에 일정한 가스의 양이 균형을 이루었고 그 결과 모든 분자가 공간에 동일한 몫을 차지하였던 용기 안으로 가스가 투입된다면 그 공간에서의 이들 분자의 몫은 제한되게 되는 것처럼, 국민경제의 공간 속에 새로운 구매력의 투입은 오래된 구매력을 응축하게 될 것이다. 이로써 필요하게 된 가격변화가 발생한다면, **그러면** 어떤 재화는 새로운 구매력 단위에 대하여 오래된 재화와 마찬가지로 아주 잘 대응한다. 단지 **모든** 줄어든 내용의 현존하는 구매력 단위는 예전보다 더욱 정태적 구매력 단위가 된다.

이미 얘기하였듯이 전체적으로 근거하고 있는 사실은 알려져 있고 인정되었다. 우리는 모든 자본론 교과서에서 신용에 관해 설명된 것으로 그럭저럭 꾸려나간다. 그리고 내가 의미하는 것은 우리의 두 개의 명제의 인정을 위하여 하나 정도는 저자에게 논리적으로 강요할 수 있을 것이며, 그 하나는 바로 자체적인 상세한 서술에 바탕을 두고 있다. 우리는 이 사실을 꽉 잡고 이를 지나간 것에서 언급하는 대신 이론적 사고과정의 범주 속에 집어넣는다. 여기에서 우리는 확실히 본질적인 사항을 비본질적인 사항과 분리하고 원론을 강력하게 강조하기 위하여 직접적으로 주어진 현실에서 다소 분리되어야만 한다. 그것은 독자를 놀라게 해서는 안 된다. 특히 발전이 한번 진행된 한 국민경제에서 당연한 일이지만 정태적 구매력도 동태적 목적을 위하여 사용되고 가끔은 동태적 구매력이 정태적 순환에 투입되는 등 독자를 헷갈리게 해서는 안 된다. 정태적 화폐는 이윤에 따라 노력하고 동태적인 사용을 가능하게 하고 이의 실현에 대해서는 우리가 더욱 설명할 것이라는 점은 당연한 일이다. 아울러 발전이 궁극적으로는 정태적 경제를 발전의 흐름 속으로 끌어들이고 여기에서 현대적 경영신용이 발생한다는 것도 자연스럽다.

국민경제 속에 직접적으로 그리고 단순하게 재화로 구성된 것이 아니고 또한 사전능력에 바탕을 둔 구매력으로 구성된 것이 아니라, 구매력 창출의 가능성에 근거하여 구성된 대출금이 있다는 사실은 우리를 새로운 문제, 이른바 이 대출금의 규모문제에 이르게 한다. 이 신용화폐의 양이 임의적인가? 그리고 아니라면 어느 정도의 신용을 기업가에게 그때그때에 제공할 수 있는가? 경험은 신용의 양은 임의적이지 않다는 것을 가르쳐준다. 이는 제한되어 있고, 기업가의 신용욕구의 범위를 통하여 제한될 뿐만 아니라 명백하게 다른 방식에 의해서도 제한된다. 그 이유는 아주 많은 경우 확실히 대부분 신용을 찾는 사람들은 오랫동안 그가 사용할 수 있는 것만큼의 신용을 받지 못할 수 있기 때문이다. 법적인 제약을 완전히 제외하고, 많은 은행권(銀行券)을 임의로 발행할 수 있는 은행은 없다. 아무도 고가의 어음을 자의적으로 유통할 수는 없으며, 누구도 어떤 방법으로든 많은 신용을 제공할 수 없다. 그리하여 신용지불수단이 현존하는 재화를 증가시킬 수 없는 것과 마찬가지로, 그러나 그리하여 의미가 없는 것이 아니지만, 그리고 신용지불수단이 이를 내용으로 삼고 있는 재화와 비교하면 하등의 '재료가치'를 가지고 있지 않은 것과 마찬가지로, 그러나 그리하여 가치가 없는 것은 아니지만, 그리하여, 비록 이들이 물질적으로는 자의적 증가가 가능한데도 불구하고 — 여기에는 단지 종이와 잉크가 해당됨 — 이들의 수량은 제한된다. 무엇에 의해 그렇게 되는가?

지배적 이론의 대답이 — '기존의 재화의 수량 혹은 기존 자산가치의 크기를 통하여' — 불충분하여야만 한다는 것을 증명하기 위하여 아마도 더 이상의 논의는 필요 없을 것이다. 재화 그 자체는 이 의미에서 대출되지 않으며 기존의 자산가치는 발전의 결과현상인 신용 유형의 양만을 제한한다. 구매력 창출은 이 한계에 묶여있지 않은데 그 이유는 구매력은 확실히 재화흐름에 대한 몫만을 나타낼 뿐이며, 사람들은 어떠한 것에 대한 몫을 논리적 오류 없이 우선 임의로 증대할 수 있다고 생각한다. 그리하여 이제 이와 관련하여 지배적 이론에 대하여 항상 눈에 그리는 문제와는 아주 다른 문제가 중요하다. 신용지불수단이 창출하는 것의 거래에 있어서만 이의 수량 제약이 존재한다. 이 거래 자체는 확실한 제한을 받고 있다.

우리는 신용금액 규모의 결정근거에 관한 질문에 대한 대답을 그것을 손쉽게 묘사하는 현실로부터 가져온다. 우리는 신용공여를 제약하는 것은, 신용공여가 새롭게 창출되는 구매력을 매개로 발생하는 한, 상환가능성에 대한 고려라는 점을 직접 관찰할 수 있다. 아무도 발행의 순간에 이미 어디든 폭넓게 미리 준비해 놓은 일정한 화폐금액이 매 신용지불수단에 상응한다고 믿을 정도로 순진하지 않다. 그러나 사람들은 매 상환의무자는 상환의무 만기일에 이를 상환하게 될 위치에 있으며 그 결과 매 시점에 만기된 상환의무의 총액은 이 시점에 상환이 준비된 금액보다는 크지는 않을 것으로 기대한다. 이로부터 상환의무의 완수는 가능한 신용공여의 척도라는 하나의 조건이 창출된다. 그것은 필요하며, 국민경제에 존재하는 전체 신용총액을 상환 가능하게 할 필요는 전혀 없다. 그러나 만약 신용지불수단이 유통에서 인정을 받아야 한다면, 항상 매 시점에서 신용지불수단의 만기가 된 부분은 상환될 수 있어야만 한다. 나는 이에 대해 자세히 설명하지는 않을 것이다. 단지 우리의 목적을 위하여 빠져서는 안 될 상세한 서술만을 여기에서 언급하여야 할 것이다.

무엇보다도 이 유형의 매 신용사업으로부터 경쟁을 하며 성장하는 두 개의 상환의무, 즉 신용제공자 혹은 은행가에 대한 기업가의 의무와 대중에 대한 은행가의 의무를 구분할 수 있다. 우리는 이 두 의무의 상호관계를 항상 파악하며, 그 결과 은행가는 신용시불수단을 상환하여야만 하며 이를 위해 기업가로부터 이 수단을 정상적으로 확보한다. 실무에서는 그것이 그렇게 필요하지는 않다. 신용제공자는 오직 기업가에 의해 어떤 형태로든 부여된 자신의 보증을 통해 발급된 신용지불수단을 유통가능하게 만드는 것이 가능하다. 그러면 기업가는 이를 상환하고 그러면 보증이 일시적으로 발생한다. 그러나 사람들은, 만약 우리가 신용제공자는 신용지불수단을 창출한 사람이고 신용지불수단의 '창출'은 이에 대한 순환능력의 부여에 있다는 관점을 견지한다면, 사안에 대한 본질은 변화하지 않는다는 것을 쉽게 본다. 만약 기업가가 신용서류를 발급하고 그러나 이것이 단지 다른 누군가의 보증하에서 순환될 수 있다면, 그 누군가는 신용지불수단을 '창출'한 것이고 신용제공자가 된다는 것도 쉽게 본다. 그리고 이 신용제공자는 항상 최종적으로 상환에 대하여 보증을 하여야만 한다는 것을 쉽게 본다. 그러나 그는 항상 자신의 채무자인 기업가가 이를 위한 수단을 조달하는지를 항상 고려한다. 그러나 그가 신용서류로부터 스스로 제3자에게 직접적인 의무가 있다면 그는 기업가가 법적으로 첫 번째로 손해배상의 책임이 있는 것보다 적게 책임을 지지는 않으며, 그 결과 우리는 모든 경우에 있어서 사안의 경제적 측면에 대한 우리 도식을 적용할 수 있다.

전형적인 채무자인 기업가가 신용제공자에게 신용금액의 상환에 필요한 수단의 처분권을 제공하는 정상적인 경우에는 신용제공자는 이 상환에 대하여 더 이상 아무런 생각을 할 필요가 없다. 기업가가 이를 하지 않는다면, 확실히 신용제공자가 대신 이 일을 하여야만 한다. 그리고 그는 자신의 경험상의 중요성 속에서 이 경우에 대하여 준비하여야만 하며, 그는 이 경우에 대하여 경험이 제공한 규모를 통하여 '준비금'을 유지하여야 한다. 그리고 이 필요성을 준비하는 것은 잘 아는 바와 같이 그에게 신용공여에 있어서 제약으로 대두된다. 이제 경제적 실무의 이 문제의 경제학적 해석이 중요하다.

기업가는 은행가로부터 국민경제적 재화흐름에 투입된 생산물이 대응하지 않는 구매력을 확보한다. 그러나 그는 이것을 적어도 동일한 크기의 수익을 획득할 생산물을 생산할 것이라는 기대 속에서 획득한다. 정상적인 경우에는, 이 기대가 기술적·경제적 성공으로 맞아떨어진다. 만약 우리가 다시금 생산과정을 하나의 경제기간에 한정시키면, 우리는 기업가가 자신의 부채를 수익으로 청산할 수 있도록 다음 기간의 초기에 충분한 생산물을 시장에 출하한다고 말할 수 있다. 그러면 그가 가지고 있는 배분권은 이제 와서는 새로운 재화에도 대응하며, 이 재화에 대하여 그는 이들 배분권을 돌려주고 보통 추가적인 배분권을 다시 획득할 수 있을 것이다. 신용지불수단으로 소위 본원적으로 묘사되었던 생산물의 허구적 증명서가 현실이 되었다. 그는 말하자면 맡겨진 생산능력에 관한 해명을 거부할 수 있으며, 그는 국민경제가 신용제공자를 통해 그에게 제시한 청구권을 적어도 반대청구권을 통해 무력화할 수 있다. 기술적 혹은 상업적 실패의 경우에는 어떤 생산물도 실행된 생산 이후에도 신용지불수단에 대하여 대응하지 않는다. 그 경우 국민경제의 관점에서는 하등의 사실적 상환은 없으며, 오히려 실패의 확인만 있을 뿐이다. 단지 현재 사안이 그렇게 정리되고, 신용제공자가 그 결과에 책임져야 한다. 본래 기업가는 이 결과를 떠안지 않는데, 그 이유는 만약 그가 어떤 자산을 소유하고 있다면 그가 이에 관련될 수 있기 때문이며, 그리하여 거기에는 본질적인 문제가 없다. 즉, 기업가로서 그는 자신의 채무를 생산물에 의해서만 갚을 수 있으며, 그리고 그가 생산물을 가지고 있지 못하면 그는 채무를 전혀 청산할 수 없다.

이 마지막 경우에만 '상환'이 신용지불수단에게 종료를 가져온다. 거기에서는 그렇게 처분된다. 그러나 성공의 경우에는 처리되지 않거나 혹은 법적으로만 처리된다. 만약 사람들이 상환 이후에 다시금 신용이 주어질 수 있고 이 법적으로 새로운 신용은 이전 것과 아주 동일한 기초하에 있다고 생각한다면, 그것은 아주 명백하다. 만약 기업가의 성공이 대단히 커서 그가 이제 자신의 생산과정을 정태적 — 정태적 순환에 빼앗긴 — 구매력으로 반복할 수 있다면, 신용제공자는 자유로워진 신용을 다른 기업가에게, 다른 경우에는 전체 혹은 부분을 동일한 기업가에게 허가할 것이다. 그러나 그것은 경제적으로 동일한 신용이다. 상환은 이것을 처리한 것이 아니라 이것을 단지 자유롭게 한 것이다. 만약 신용공여가 은행권(銀行券)을 수단으로 이루어진다면, 사람들은 그것을 특별히 명백히 볼 수 있다. 즉, 거기에서 사람들은 기업가가 개별적으로 그가 가지고 있었던 동일한 은행권을 자신의 생산물 판매를 통하여 다시금 획득하고 그가 이것을 다시금 빌려주는 은행가에게 반환하는 것을 상상할 수 있다. 다른 경우에는 신용서류가 처리되어 없어지지만, 사람들은 그것이 신용의 경제적 수명연장과는 관련이 없다는 것을 쉽게 판단한다.

그리하여 신용지불수단의 상환은 정태적 구매력에 의한 이의 대체(代替)로 단순하게 이어지지 않는다. 이 점에서 상환은 전혀 이루어지지 않거나 오로지 새로운 사용가능성이 없을 때에만 이루어진다. 그렇지 않으면 신용구매력은 기껏해야 개별적 기업가에 있어서, 이전에 생산수단이 새롭게 창출된 지불수단에 의해 그러했듯이, 이제 그가 자신의 생산물에 의해 정태적 순환에 대하여 빼앗을 수 있는 정태적 구매력에 의해 대체된다. 그러나 새로운 기업을 가능하게 하는 신용구매력의 기능 속에는 동태적 구매력이 지속한다. 상환의 국민경제적 중요성은 오로지 첫째로 새로운 기업의 성공 혹은 실패가 있는가 여부의 확인과 둘째로, 만약 신용이 일정한 기업에게 불필요하게 된다면, 신용의 해체에 존재한다. 엄격한 감독자처럼 신용청구가 기업가에게 설명을 요구하고 이어서 정당성을 확인하기 위해 나타난다. 모든 것이 제대로 되어 있으면, 아무도 비(非)갱신의 의미에서 이의 최종적인 상환을 요구하지 않는다. 만약 이와 같은 것이 기업가에게 불가능하다면, 그 경우에만 신용의 제시인이 최종상환을 강력히 요구한다. 그러면 신용구성의 현재 조직은 오로지 기업가에게만 실패한 모험을 가능하게 했던 신용제공자가 그런 이유에서 발생하는 결과를 감당할 것을 요구한다.

이로써 우리의 목적을 위하여 충분한 방식으로 가능한 신용공여의 규모는 모든 국민경제에서 모든 시간에 일정한 크기임을 증명한다. 당연히 준비금에 대한 고려는 실무가가 담당하는 외부적 요인일 뿐이다. 준비금에 대한 신용 양의 필요한 관계 속에 국민경제생활의 모든 요인, 즉 국민경제의 조직, 기업가와 대체로 모든 경제주체의 기술적 · 도덕적 수준, 그리고 새로운 기업의 구체적인 속성 등을 간단히 그리고 편하게 표현될 수 있다. 은행가, 신용의 생산자 및 처리인의 기능은 서술된 기업가 계획의 충만함 속에서 실행을 가능하게 하는 선택과 이를 거절하는 선택을 국민경제의 모든 생활상황에 상응하여 추진하는 것이다. 신용제공자의 통찰력이 포괄적이고 그 결과 그가 허락한 기업들 중 하나도 언젠가 실패로 끝나지 않을 것이라면, 준비금[11]은 필요하지 않을 것이다. 만약 은행가가, 어쩌면 전체의 중앙기관에 의해 이상에 따라 기대하는 바대로, 실패를 바로 두려워한다면, 그리고 마치 그가 그것을 하여야만 하는 만큼의 결과를 감당하지 않는다면, 이런 준비금은 필요하지 않다. 그러나 자체적 이익과 스스로의 책임에 바탕을 둔 국민경제조직에서는 새로운 기업을 가능하게 하고 이의 실패 결과를 책임지게 하는 방법을 바로 만들어내야만 할 것이다. 그것은 상환을 위한 신용지불수단의 제시에 도달한다. 모든 경제주체는 지도자의 이 통제에 협력하는데, 그 이유는 누구에게나 구매력 표식의 임의적 발행에 있어서 즉시 나타나게 되는 자신의 배분권 평가절하의 위험이 눈앞에 있기 때문이다.

11) 그러나 사실상에는 이와 같은 것이 필요하기 때문에, 어디에서 이것이 오는지에 관한 질문이 제기된다. 즉, 준비금 구성에 필요한 금액은 이전 발전의 결과와 다르지 않을 수 있다. 그러나 사람들은 이 준비자금의 원칙적으로 특별한 준비의 결과로 이 인식에 있어서 우리 결과의 제한이 없다는 것을 쉽게 알 수 있다.

제2절 자 본

이제는 오랫동안 공식화를 기다려 왔던 생각을 표현할 시간이다. 이 생각은 각각의 사업가에게 잘 알려져 있고 우리의 상세한 서술에 따라 이미 독자도 당연하다고 생각할 것이다. 즉, 새로운 생산을 위하여 필요한 재화가 구매력의 개입을 통하여, 즉 시장에서의 구매를 통하여, 경제양식의 정태적 규칙을 빼앗는 경제형태가 **자본주의**경제이다. 이에 비하여 어떠한 명령권 혹은 모든 참여자의 합의를 통하여 이루어지는 경제형태는 **자본 없는** 동태적 생산으로 묘사된다. **자본(Kapital)은 기업가에게 그가 가져온 구체적 재화를 자신의 지배권에 둘 수 있게 하는 지렛대에 다름 아니며, 또한 재화를 통하여 새로운 목표를 추구하게 하는 수단 혹은 생산을 새로운 방향으로 향하게 하는 수단에 다름 아니다**. 그것이 자본의 유일한 기능이며, 자본은 이 기능으로 국민경제의 유기적 조직체에서 자신의 위치를 나타낸다. 사람들은 다음과 같이 판단한다. 즉, 자본현상의 본질에 들어가기 위해서는, 우리는 대체로 언어의 관용구 혹은 우리의 용어적 필요성부터가 아니라 자본의 기능으로부터 출발한다.

이제 이 '지렛대', 즉 이 지배수단은 무엇인가? 확실히 그것은 어떤 특정한 범주에 속해 있는 것이 아니고 기존의 재화비축의 어떻게 제한할 수 있는 부분 속에 있지도 않다. 우리가 생산에 있어서 자본을 만나게 되고 그것이 생산과정에서 어떤 방법으로 유용할 것인가는 일반적으로 알려져 있다. 그리하여 사람들은 자본이 적어도 우리에게도 **역시**, 동태적 생산의 경우에 그 어딘가에 작용하는지를 확인해야만 할 것이다. 이제 기업가 앞에 그가 필요로 하는 모든 재화가 동일한 선상에 동일한 방식으로 대치하고 있다. 그가 개별적인 경우에 필요로 하는 것이 땅 조각이든 혹은 노동력이든 혹은 기계이든 혹은 자연자원이든, 진행과정은 항상 동일하고 한 경우와 다른 경우에 있어서 아무런 차이가 없다. 물론 이로써 이들 재화 범주 간에 하등의 경제적으로 적합한 차이가 절대 없다고 얘기하는 것은 아니다. 오히려 확실한 것은 옛날은 물론이고 당연히 요즘에도 이론의 기초를 위한 그 중요성은 과대평가되었고 과대평가되고 있음에도 불구하고 이와 같은 차이는 확실히 존재한다. 그러나 기업가의 행동방식은 이들 모든 범주에 대하여 동일하다는 점은 분명하다. 즉, 그는 이들 모두를 화폐로 구입하며, 그는 화폐로 이자를 계산하거나 지불한다. 이들이 공구이거나 땅이거나 혹은 노동력이든 차이가 없다. 이들 모두가 그에게 동일한 역할을 하며, 이들은 그에게 동등하게 필요하다. 특히 그가 자신의 생산을 소위 처음부터 시작하든지, 즉 단지 토지와 노동력을 구입하든지, 혹은 그가 이들을 스스로 생산하는 대신 이미 존재하는 중간생산물을 획득할 것인지는 진행과정의 본질에 있어서 아무래도 좋다. 그가 궁극적으로 소비재를 획득하여야만 한다면, 그것을 통하여 본질은 아무것도 바뀌지 않을 것이다. 물론 마치 소비재의 범주가 가장 빨리 강조되어야 할 청구권을 가지는 것처럼 보일 수 있을 것이다. 이른바 사람들이 이론을 신봉한다면, 기업가는 생산수단의 소유자, 문자 그대로의 보다 좁은 의미로는 소비재의 소유자에게 '선불(先拂)'을 할 것이다. 이 경우에는 생산수단이 나머지 재화에게 특징적으로 대응되고 이 재화를 통하여 특별한 역할을 수행할 것이며, 그리고 그것이 바로 우리가 자본에 할당하는 역할이다. 그리하여 기업가는 소비재에 대응하여 생산능력을 교환한다는 결론에 도달할 것이다. 그렇다면 우리는 자본은 소비재로 구성되어 있을 것이라고 말하여야만 할 것이다. 그런데 그 경우에도 기업가에게는 소비재로서의 이의 질이 아니라 소비재의 구매력만이 가치가 있을 것이다. 그렇지만 이 해석의 가능성은 이미 해결되었다.

이 해석을 제외하고는 기업가가 구매하는 모든 재화 간 어떤 차이를 만드는 것은 전혀 근거가 없으며, 따라서 '자본'이라는 이름으로 재화의 어떤 집단을 포괄하는 것도 근거가 없다. 이와 같은 자본이 모든 경제형태에 특정적이고 이에 따라 '자본주의적으로' 특징화하는 것이 적합하지 않을 것이라는 점은 논의의 여지가 없다. 자신의 자본이 어디에 존재할 것인가의 질문을 받은 사업가가 재화 범주의 어떤 하나를 지적한다는 것은 역시 올바르지 않다. 즉, 만약 그가 자신의 '공장'을 언급한다면, 그는 자본에 조화를 이루기 위하여 공장이 세워져 있는 토지를 계산한다. 기업가가 완벽하다면, 그는 그 속에서 직접적 혹은 간접적으로 구입된 노동력을 포괄하는 자신의 경영자본도 잊어버리지 않을 것이다.

그러나 기업의 자본은 자신의 목적을 충족시키는 **모든** 재화의 총괄은 아니다. 왜냐하면, 자본은 재화세계에 **대하여** 대립해 왔기 때문이다. 즉, 재화는 자본을 위하여 판매되며 — '자본은 재화 속에 투자되어 있으며' — 그러나 바로 그 속에 자본의 기능은 획득한 재화의 기능과 차이가 있다는 인식이 존재한다. 재화의 기능은 이의 기술적 성격에 상응하여 하나의 생산적 목적을 충족시키고 다른 재화를 기술적 · 물리적으로 생산하는 데 있다. 자본의 기능은 생산적으로 사용되어야 하는, 말하자면 '가공될' 수 있어야만 하는 재화를 기업가의 손에 넣게 하는 데 있다. 자본은 재화조달의 수단이다. 그것은 유통경제에서 생산을 위한 제3자의 필수 원동력으로서 기업가와 재화세계 간에 존재한다. 그것은 양자 간의 다리를 형성한다. 자본은 생산에 직접 참여하지는 않으며, 스스로 '가공되지' 않으며, 그것은 오히려 기술적 생산이 시작되기 이전에 해결되어야 할 과업을 수행한다.

기업가는 구체적인 재화를 손에 넣을 것을 생각할 수 있기 전에 반드시 자본을 가지고 있어야 한다. 그가 필요한 자본을 가지고 있으나 생산재는 가지고 있지 않은 시점이 있고, 이 순간에 사람들은 자본이 구체적인 재화와 동일한 것이 아니라 자체적인 원동력이라는 점을 이전보다 더욱 명확히 알 수 있다. 그리고 그의 유일한 목적, 즉 기업가가 자본을 필요로 하는 유일한 이유는 — 나는 명백한 사실에 호소하는데 — 바로 그로부터 생산재가 지불될 수 있는 자금으로서의 목적이다. 더 나아가 이의 구입이 이루어지지 않는 한, 자본은 어떠한 특정 재화와 아무런 관계도 맺지 않는다. 그건 존재할 수 있다. 누가 그것을 부정하겠는가? 그러나 그것이 구체적 재화의 형태로 고려되지 않고 그것이 재화로 기술적으로 사용되지 않고 오히려 기술적-생산적으로 사용되어야만 하는 재화를 조달하는 하나의 수단으로 사용된다는 점은 바로 자신의 특징적인 속성이다. 그러나 그 구입이 이루어진다면, 기업가의 자본은 아주 구체적 재화로 구성된다. 즉, 자세히 말하면 구입한 공구와 똑같은 어떤 구입한 토지로 구성되는데, 그러나 재화로 구성되는가? 사람들이 우리에게 케네(Quesnay)와 함께 "농장과 작업장을 둘러보라. 그러면 …… 거기에서 각종 건조물, 가축, 종자, 원료와 가재도구를 발견하게 될 것이다."를 크게 말한다면 — 우리의 관점으로부터 사람들은 토지력과 노동력과 아마도 소비재도 추가하여야 할 것임 —, 그렇다면 이 지적은 어찌 되었든 **이제** 근거를 가시지 않을까? 이제 자본은 우리가 부과한 기능을 수행하였다. 필요한 물질적 생산수단과, 우리가 가정하려고 하는 바와 같이, 필요한 노동력도 구매된다면, 기업가는 그에게 주어진 자본을 더 이상 가지고 있지 않다. 그는 자본을 생산수단을 위하여 건네주었다. 지배적인 학문적 해석은 그의 자본은 이제 획득된 재화로 구성되어 있다는 해석이다. 그러나 사람들이 자본의 재화조달기능을 완전히 무시하고 전체 과정에 대한 우리 묘사의 입장에 대해 기업가가 필요로 하는 재화를 바로 그에게 빌려줄 수 있다는 현실과 동떨어진 가정을 하는 것은 이 해석의 전제조건이다. 사람들이 이를 하지 않고 현실을 따라 생산수단에 지불되는 자금과 이들 생산수단 자체를 구분한다면, 나의 이해로는 그것은 사람들이 자본이라고 말하곤 하는 모든 것을 결부시키고 사람들이 자본주의적 현상으로 묘사하는 모든 것과 연계된 자금이라는 것에 대해 추호의 의심도 있을 수 없다. 그것이 옳다면, 더 나아가 기업가가 이 자금을 더 이상 가지고 있지 않다는 것은 분명하다. 왜냐하면, 그는 이것을 이미 사용하였기 때문이다. 아울러 생산수단의 판매자 손에 있는 그의 몫은 우선 빵의 판매를 위해 제빵업자의 손에 떨어진 금액에 다름 아닌 성격을 가지고 있다는 점도 분명하다. 구입한 생산수단을 '자본'으로 묘사하는 일상의 보다 자주 발생하는 표현방식은 아무것도 증명해 주지 않으며, 이에 대해 다른 것이 더 많이 대립되어 있는 만큼 자본은 '재화에 포함되어 있다'. 마지막의 표현방식은 석탄이 철길에 '포함되어 있다'라고 말할 수 있는 의미에서는, 즉 철길을 만들기 위해 석탄의 사용이 이루어진다는 의미에서는, 맞을 수 있다. 그러나 모든 것에도 불구하고 기업가는 항상 자신의 자본을 가지고 있지 못하지 않은가? 그리고 그는 적어도, 동일한 석탄을 다시금 조달할 수 없는 데 비하여, 이 '시설'로부터 자신의 자본을 다시 '뽑아내지' 못하지 않는가? 나는 이들 질문이 충분하게 대답될 수 있다고 생각한다. 대답은 '못한다'이며, 기업가는 자신의 자본을 이미 사용하였다. 그는 자본으로서, 즉 다른 재화의 지불을 위한 자금으로서가 아니라, 오히려 기술적-생산적으로 사용하려고 재화를 획득하였다. 그러나 그는 자신의 결정을 변경하고, 이들 재화를 다시금 포기하여, 이와 동일한 재화를 구매할 준비가 되어 있는 일반적인 다른 사람들에게 그것을 제공할 것이다. 그리고 그는 다시금 다소간의 자본금액을 소유할 수 있다. 만약 그가 생략하여 생산수단을 '자기자본'이라고 명명한다면, 이 관점에서 그는, 자신의 생산수단이 그에게는 생산수단일 뿐만 아니라 간접적으로는 자본으로 작용할 수 있기 때문에 — 그가 이를 우선은 구매력으로 나중에는 **다른** 생산수단의 획득에 사용할 수 있는 한 —, 자격이 있다. 만약 그가 생산이 이루어지기 이전에 생산수단을 필요로 하게 된다면, 사실 이는 그의 구매력의 유일한 기초이다. 우리는 이 해석에 대한 다른 이유를 들 수 있다. 이로써 우리는 두 번째의 질문에 대해 답한다. 즉, 기업가는 자신의 생산수단을 통하여 자본을 새롭게 조달한다. 물론 그는 단지 동일한 자본을 다시금 받는 것이 아니고 대부분 동일한 금액도 아니다. 그러나 정체성에 대하여 아무런 문제가 없기 때문에, 구체적인 표현인 '자신의 자본을 끌어내다'라는 표현은 우리의 해석과 충돌 없이 비유적이지만 아주 건전한 의미를 가진다.

만약 자본이 특정한 유형의 재화 속에서도 아니고 일반적 재화 속에도 존재하지 않는다면, 자본은 도대체 무엇인가? 대답은 이제 충분히 당연하다고 생각되는데, 그것은 구매력의 자금이다. 자본은 단지 그 자체로서만 자신의 본질적 기능을 수행할 수 있다. 즉, 그 기능을 위하여 **실무에서는** 오로지 자본만이 사용되고, 그 기능을 위하여 **이론에서는** 오로지 자본이라는 전문용어만이 사용되며, 이 사용은 재화범주의 명명에 의해서도 마찬가지로 충분하게 대체될 수 없다.

이제 이 구매력의 자금이 사실상 어디에 존재하는가에 대한 질문이 대두된다. 이 질문은 아주 간단한 것처럼 보인다. 그러나 불행하게도 여기에서 이제 어려움이 시작된다는 것이 보이게 될 것이다. 이들 어려움은 근본적으로 단지 용어적 성격의 어려움이지만 사람들이 생각하는 것 이상의 매우 큰 의미를 확보할 수 있으며 불확실성과 불명확성의 불편한 요소를 논의로 가져온다. 일부는 해결이 필요한 정도로 자의적이어야만 하고, 일부는 그 해결이 이에 대하여 우리가 자의적으로 행동할 수 없는 능동적 질문에 달려 있다. 그것은 자본의 개념이 갖가지 의미로 해석될 수 있다는 데 존재한다. 그리고 학문에서는 물론 실무에서도 사람들이 단지 하나의 자본개념만을 고집하려고 한다면 자본개념의 다른 사용과 충돌하여야만 한다. 그러나 더 나아가 그것은 사람들이 여기에서 물질적 문제들에 대해서도 입장을 밝혀야 한다는 점을 생각하여야 한다. 왜냐하면, 바로 전체적 논쟁은 단지 부분적으로만 용어적이기 때문이다.

내가 말하건대, 우리의 질문에 대답하는 것은 지금으로서는 아주 쉽다. 나의 구매력 자금은 어디에 존재하는가? 단지 화폐 그리고 화폐로 산정된 나의 다른 자산 속에만 존재한다. 이로써 우리는 멩거(Menger)의 자본개념에 상당하게 도달할 수 있을 것이다. 확실히 나는 그 셀 수 없는 흔적을 '나의 자본'이라고 명명한다. '자금'으로서 자본개념을 수익의 '흐름'과 구분하는 것은 내게도 더 이상 어렵지 않은데, 그 결과 우리는 여기에서 다시금 어빙 피셔(Irving Fisher)의 궤도로 한걸음 진입하게 된다. 더 나아가 사람들은 내가 바로 그 금액으로 기업에 관여할 수 있거나 혹은 바로 그 금액을 기업가에게 빌려줄 수 있다는 점을 확실하게 말할 것이다.

그러나 불행하게도 이 첫눈에 이처럼 만족스럽게 보이는 구성이 완전하게 충분한 것은 아니다. 내가 이 금액으로 기업가의 반열에 설 수 있다는 것은 사실이 아니다. 내가 유통가능하다고 인정되는 어음을 발행한다면 나는 그 가격만큼 생산수단을 구입할 수 있다. 사람들은 이제 이로써 나는 바로 나의 자본을 증가한 것이나 다름없는 부채를 계약한 것이라고 말할 수 있다. 더 나아가 사람들은 어음으로 '구입된' 재화를 나에게 바로 빌려준 것이라고 말할 수 있다. 그럼에도 불구하고 우리는 좀 더 자세히 살펴본다. 만약 내가 성공을 하면, 나는 어음을 나의 자본에서 나오는 것이 아니라 내 생산물의 매출에서 나오는 화폐 혹은 반대청구권으로 상환하게 될 것이다. 그리하여 나는 나의 자본을 증가하였거나 혹은, 사람들이 동의하려 하지 않음에도 불구하고, 나는 자본증가와 같은 아주 동일한 서비스를 나중에 다시금 내 자본을 축소시켜야만 할 부채를 만들지 않고 영위하였을 무엇인가를 수행한 것이다. 내가 부채를 변제하지 않아도 된다면, 사람들은 나의 자본이 바로 **증가**할 수도 있을 것이라고 반론을 주장할 수 있을 것이다. 그러나 이들 부채는 확실하게 존재하지 않을 수 있는 이윤으로부터 지불되게 된다. 만약 이 이윤이 줄어들지 않는다면, 이것은 나의 자본을 증가시킬 수 있을 것이다. 왜냐하면, 나는 이를 확실히 소비재의 획득에 사용할 수도 있을 것이다. 어떤 경우이든 이윤을 자본의 요소로 묘사하는 것은 언어사용의 어떤 형태에도 마음에 들지는 않을 것이다. 자본의 기능이 기업가에게 생산수단에 대한 지배를 확실하게 하는 것만으로 존재하는 것이 옳다면, 사람들은 어음의 발행을 통하여 나의 자본이 증가될 것이라는 결과를 피할 수는 없을 것이다. 그리하여 우리의 자본개념과 훨씬 대다수의 다른 자본개념 사이에 존재하는 반대의 경우도 분명히 존재한다. 그럼에도 불구하고 그것은 결코 우리를 놀라게 하지 않을 것이다. 즉, 처음의 고찰과 구별이 되는 그리고 개별적 현상을 외견상 다른 본질에 대한 것인 분파들 속에까지 추구하는 사안의 동일성을 강조하는 것은 과학적 분석의 과제인 것은 확실하다. 만약 사람들이 앞에서 얘기한 것과 앞으로 얘기할 것을 통일적으로 생생하게 그려낸다면, 우리의 결과도 자신의 모순적 모습의 많은 것을 잃어버리게 될 것이다. 확실히 나는 어음의 발행을 통하여 더 부자가 되지는 않는다. 화폐에 존재하는 혹은 화폐로 산정된 나의 획득된 자산은 더 커지는 것이 아니라 오히려 반대이다. 여기에서 사람들은 '자산'이라는 용어가 우리에게 사안의 다른 측면을 정당하게 하도록 도와주는 가능성을 허락한다는 점을 알 수 있다.[12)]

그러나 화폐로의 산정이 최소한 엄격하게 말하지 않아도 화폐에 존재하지 않는 나의 자산의 부분에 대해 우리의 의미에서의 자본의 성격을 부여하는 것이 이미 충분하다는 것도 역시 옳지 않다. 만약 내가 어떠한 재화를 소유하고 있다면, 직접적인 교환을 통하여 내가 필요로 하는 생산재를 조달하는 것은 일반적으로 가능하지 않다. 오히려 항상 사람들은 가지고 있는 재화를 판매하고 그리하여 받은 금액을 이른바 원하는 생산재의 조달을 위해 사용하는 자본으로 사용하는 방식을 항상 경험할

12) 우리는 '자본과 부채'에 관한 주제에 대해서 곧 다시 다루게 될 것이다.

것이다. 사실 그것은 확실히 얘기되고 있는 해석을 인정하는 것이며, 그 속에서 이 해석은 누군가가 소유하고 있는 재화의 화폐가치에 대하여 주안점을 두는 것이다. 만약 사람들이 그 재화 자체를 '자본'으로 묘사한다면, 사람들은, 그것은 단지 생략되고 비사실적인 표현방식에 불과하다는 점을 들여다보기 위해서, 그 속에 표현된 사고를 완전히 끝까지 생각할 필요가 있다. 그러면 이미 얘기한 바와 같이 동일한 사고가 이 해석이 역시 자본으로 확실히 간주하는 구매한 생산수단과 관련해서도 유효하다.

대체로 우리의 정의는 멩거(Menger)의 정의 및 다른 유사한 정의들보다는 한편으로는 넓고 다른 한편으로는 좁다. 단지 지불수단만이 자본이지만, '화폐'뿐만 아니라 대체로 어떤 형태의 유통수단도 자본이다. 그러나 모든 유통수단이 아니라 우리에게 중요한 특징적 기능을 실제로 수행하는 유통수단만이 자본이다.

이 제한은 사안의 본성에 존재한다. 한 지불수단이 기업가에게 생산재를 조달하고 이의 정태적 사용의 이 목적을 위하여 이들 생산재를 확보하는 데 공헌하지 못한다면 그것은 자본이 아니다. 이에 따라, 순수한 정태적 국민경제에 '자본'이 존재하지 않는다면, 혹은 다르게 말해 자본이 자신의 특징적 기능을 수행하지 못한다면, 자본은 하등의 자체적 원동력이 아니며 오히려 중립적 행동을 한다. 혹은 다르게 표현하면, 정태적 국민경제에서 일반적 구매력의 다양한 형태들은 자본이라는 단어를 구체화하는 측면하에서 발생하지 않는다. 즉, 이들은 단순한 교환수단들이며, 일상적인 매출의 실현을 위한 기술적 수단들이다. 이로써 이들의 역할은 소진된다. 이들은 기술적 역할 이외의 다른 역할을 가지지 않으며, 그 결과 사람들은 매우 본질적인 무언가를 간과함 없이 이들을 제외할 수 있다. 그러나 동태적 국민경제에서는 화폐와 그 대용물들은 발전의 본질적인 지렛대가 되며, 우리는 바로 그것을 강조하며 그 속에서 우리는 이들을 이제 자본이라고 묘사한다. 우리의 해석에 따르면 자본은 동태적인 개념이며, 여기에는 정태이론의 아무것도 해당하지 않는다. **이 개념은 발전만을 암시하는 경제적 진행과정의 한 측면을 구체화한다**. 나는 이 문장으로 독자들의 주목을 이끌고 싶다. 이 문장은 여기에서 전개된 관점의 이해에 많은 공헌을 한다. 즉, 사람들이 자본에 대하여 이 단어가 실제 생활에 사용된다는 의미로 얘기한다면, 사람들은 항상 사안에 대하여 생각하고 있는 것이 아니라, 오히려 사안의 진행과정 혹은 일정한 측면, 즉 기업가적 행위의 가능성과 대체로 생산수단에 대한 통제 가능성에 대해 생각하는 것이다. 이 측면은 다소간 상당히 많은 공동의 자본개념이며, 여기에 유효성을 가져오기 위한 시도로부터 내 생각으로는 구체적 정의의 '프로테우스 형태(역자 주: 변신을 잘하는 형태)'를 설명해준다. 그에 따르면, 사실상 그 자체로 자본, 즉 절대적이고 내재적인 특징의 힘에 의한 자본은 존재하지 않으며, 오히려 사람들이 항상 자본으로 묘사하는 것은 일정한 조건을 만족시키는 정도까지이다. 그것은 단지 일성한 관점으로부터일 뿐이다. 여기에 대해서는 나중에 더 논의할 것이다.

이제 사람들은 동태적인 국민경제에 있어서 구매력의 합계를 모두 '자본'으로 묘사할 수 있을 것이다. 왜냐하면, 이와 같은 경제 속에서 모든 경제주체들이 다소간 기업가가 되거나 혹은 기업가에게 자신의 자본을 위임하는 경향이 많기 때문이다. 그러나 누군가가 자신의 모든 '자본금액'에서 이 의미로 분리하기는 쉽지 않다. 적어도 모두는 자신의 생활비를 위하여 일정 금액을 남겨두고 그 결과 여기에서 자본의 기능을 수행하지 않는 지불수단이 존재하게 된다. **그러면 이 이유로 우리는 자본을 매 시점에 기업가에게 제공하기 위한 화폐 및 다른 지불수단의 합계로 정의한다**. 자본의 동태적 특징이 이 정의에서 기업가를 언급함으로써 고려된다. 왜냐하면, 우리의 의미에서의 기업가는 확실히 동태적 국민경제에만 존재하기 때문이다. 발전이 시작되고 순수한 정태적 상태를 떠나는 순간 우리의 이해에 따르면 독자들도 아는 바와 같이 자본금액은 가장 작은 금액만 '화폐'로부터 구성되며, 이는 오히려 '다른 지불수단'으로부터 형성되어야만 한다. 일단 발전이 시작되거나 혹은 현실에서 확실히 발생했던 것처럼 자본주의 발전이 자본이 없는 형태 혹은 과도기적 형태에 연계된다면, 확실히 발전은 이미 화폐비축에 의해 시작될 것이다. 그러나 엄격한 이론 속에서는 발전은 그렇지 않을 것이다. 그리고 현실에서도 무엇인가 진정으로 의미 있는 것이 새롭게 창출되어야 한다면, 그것은 항상 불가능하다.

자본은 유통경제적 원동력이다. 유통경제의 진행은 자본의 측면 속에서, 이른바 **하나의** 민간경제의 세력범위로부터 다른 민간경제의 세력범위로의 이전으로 표현된다. 이에 따라, 우리의 의미에서는 본래 민간자본만 존재한다. 지불수단은 민간경제주체의 손에서만 자본의 역할을 수행한다. 이에 따라, 이 점에서 사회적 자본에 관해 얘기하는 것은 거의 의미가 없을 것이다. 그러나 적어도 민간자본의 합계는 우리에게 무엇인가를 얘기한다. 즉, 이는 기업가에게 주어질 수 있는 자금의 크기를 말하며, 정태적 궤도로부터 생산수단을 확보할 수 있는 힘의 크기를 의미한다. 이에 따라, 이와 같은 자본은 공산주의경제에서는 존재하지 않음에도 불구하고, 사회적 자본의 개념이 전혀 의미가 없다고 말할 수 없을 것이다. 사람들이 사회적 자본에 관해 얘기함에도 불구하고, 사람들은 보통 국민의 재화소유에 관해 생각한다. 그리고 '물질적' 자본개념만이 사회적 자본의 개념에 다다르게 된다. 후자는 전자의 사용이다.

이제는 사람들이 이의를 제기할 수 있는 실무에서 그리고 학문에서의 자본 해석을 더 중요한 해석들과 대비를 하는 것이 필요하다. 이를 통하여, 겉보기보다는 차이가 더 작으며, 우리가 사람들이 보통 생각하는 것보다 더 높은 정도로 본질적으로 보이는 관점을 의식적으로 그리고 무의식적으로 고려한다는 것을 보여주어야만 한다.

첫 번째의 관점에 관한 것은 언어습관 그 자체의 연구에 관한 것이 — 이 언어습관은 우리를 바로 우스꽝스러운 궤도이탈로 이어지게 함('자본통제자', '무언가 자본적인 의미가 있는 것' 등) — 아니라, 그 속에서 자본이 전문용어로 존재하는 사고과정의 연구에 관한 것이다. 이와 같은 논의는 전혀 생산적이지도 않으며 전혀 재미있지도 않다. 그러나 이것은 오로지 말한 것의 방어에 필요하다.

우선 우리는 '나의 자본'이라는 표현 속에서 대두되는 지금까지의 해석에 관해 얘기한다. 이에 대해 우리는 '우리가 누군가에게 자신의 자본이 무엇인가를 물으면 그는 화폐의 합계라고 대답할 것'이라는 점을 염두에 둔다. 그런데 그것은 어떤 합계인가? 우리는 보다 큰 안심을 하고 '그가 자기 자산의 해체를 통하여 확보할 수 있는 금액'이라고 대답할 수 있을 것이다. 그러나 그것은 하나의 척도, 즉 다른 무엇에 대한 통일된 표현만은 아니지 않은가? 좀 더 자세히 살펴보기로 하자. 질문을 받은 사람이 자신의 자본은 자신의 재산이라고 대답하고자 하고 그가 하나의 측정방법만을 적용하려고 한다면, 화폐의 합계는 거의 항상 '판매가치'와는 달라질 것이다. 왜냐하면, 누군가가 가지고 있는 개별적 재산은 개인적으로 그에게 판매가치가 제공하는 금액보다 적거나 혹은 많은 가치를 가질 수 있기 때문이다. 누군가가 그에 대하여 그가 받을 수 있는 화폐보다 적게 평가하는 재화를 소유하는 경우는 자주 발생하지는 않는다. 왜냐하면, 그렇게 되면 그는 그 재화를 즉시 판매할 것이기 때문이다. 그러나 아마도 반대의 경우가 더욱 자주 발생할 것이다. 사람들은 그것이 아마도 개인적인 향락의 대상에 적합할 수 있을 것이고 그러나 유통경제적 획득에 공헌하는 모든 재화는 그들의 수익, 즉 그들의 판매가치에 따라 측정되는 수익에 의해 평가되어야 한다고 말할 수 있을 것이다. 그것은 말도 안 된다. 개인적인 인연으로 혹시 상속받은 한 공장의 소유자에게 그가 다른 모든 사람보다 높게 평가를 가져오는 공장을 연계할 수 있는 경우를 제외하고는, 더 나아가 수익의 일시적 소유자의 손에 아마도 다른 누군가의 손에서보다 높게 평가될 수 있는 경우를 제외하고는, 사람들은 자신의 순수익의 근거로 추정되어야만 하는 것만큼 생업수단을 판매할 수 있다는 것이 항상 이루어지지는 않는다. 물론 여기에 추세는 있지만, 많은 실무적 예외사례는 '자본'의 화폐로의 평가는 전혀 사용가치에 대한 척도가 될 수 없음을 보여준다. 그렇다면 왜 우리의 사람은 판매가치에 관해 이야기하는가? 그것은 그가 자신의 자본에 관해 질문을 받는다면 "그것은 나의 일반적 구매력의 금액을 나타내며 나의 경제적 힘이 그 정도 크다는 것을 나타낸다."라고 표현하려 하기 때문이다. 그것은 '자본'이라는 단어가 그에게 인상을 주려고 하는 측면을 가지고 있다. 그러나 이 경제적 힘이 어떤 의미가 있고, 무엇을 위하여 그가 이를 사용할 것인가? 그가 만약 자신의 자본을 낭비하지 않으려면, 오로지 재화의 구입에 사용하여야 하며 이들 재화는 단지 생산수단일 수 있다. 그리하여 그는 자신의 힘을 생산수단을 통해서 표현할 것이다. 여기까지는 그 사람과 우리가 해석과 일치한다. 이제는 그에게 아주 가벼운 것을 제시할 수 있을 것이다. 즉, 그는 생산수단을 교환에 의해 직접 손에 넣을 수 없고, 이에 따라 그가 자본이라고 부르는 그것은 근본적으로 그가 자본을 손에 넣을 수 있게 하고 그리하여 생산수단을 통하여 힘을 사실상 행사할 수 있게 하는 것으로 구성되어 있다. 그는 자본으로의 자기 재화의 고찰에 있어서 그가 그 재화를 위해 확보할 수 있는 화폐에 대하여 수단으로서가 아니라 더 이상의 목적을 위한 원동력으로 생각한다. 여기에는 이미 자본으로서 재화 그 자체의 명칭은 생략된 혹은 비유적 의미를 포함할 것이라는 점을 용인하는 것이다. 그것은 그가 자신의 독자적인 힘을 자신의 자본으로 나타낼 때와 아주 유사하다. 즉, 자신의 독자적인 힘은 자본을 손에 넣을 수 있는 자신의 수단일 것이라는 점을 의미한다. 더 나아가 실무에 종사하는 경제주체는 아마도 그가 발행할 수 있는 우리의 의미로서의 어음에 대하여 자본으로 파악하는 것을 거부할 것이다. 그러나 항상 그가 자신의 용어를 조정하고자 하는 바와 같이, 우리는 그에게 재화가 여기에서의 본질적 관점 속에서 다소 자신의 나머지 자본과 동일한 것이라는 점을 인정할 것을 논리적으로 강요할 수 있을 것이다. 만약 그가 자신의 재화의 자본 측면에서 이의 구매력에 대하여 생각하고, 우리가 이 구매력이 확실히 이를 위하여 화폐를 조달할 수 있는 가능성만을 의미하고, 더 나아가 이 화폐가 여기에서 생산재[13]에 대한 지배수단, 즉 생산재에 대한 지불수단으로서 고려된다면, 이 '자본'은 신용지불수단의 창출로 인하여 증가될 것이라는 점은 분명하다. 우리의 사람이 자신의 재화소유를 비유적 의미에서 자본이라고 명명한다면, 그도 이에 대해 유통 가능한 신용지불수단을 창출할 수 있는 자본의 능력을 고려하여야만 할 것이다. 왜냐하면, 자본의 능력은 그에게 구매력을 손에 넣게 하고 생산수단에 대한 그의 지배력을 제고하는 데 공헌하기 때문이다. 그리고 그는 일상적이지 않은 상황에 부닥치게 될 것이며, 그리하여 우리는 그가 스스로 동조하는 상태에 머무르고 그가 자신의 재화 판매가치를 자신의 자본이라고 묘사할 때에 스스로가 제기하던 관점을 지속적으로 관철하려 함에도 불구하고 그는 그것을 하여야만 한다는 점을 설명할 수 있다.

이제 와서 우리는, 우리가 믿는 바와 같이, 유통경제적 진행과정의 자본 측면의 근본적 중요성을 두드러지게 강조하였으며, 본질에 있어서 사업적 실무는 구매력으로서의 자본이라는 해석에 있어서 우리와 일치

---

13) 독일제국(das Deutsche Reich)의 민법전에서는 자본을 '얻으려고 노력하는 화폐금액'의 합계로 정의한 것을 참조하라.

한다는 것을 보았다. 아마도 우리는 개념을 이 언어사용에 대응하여 보다 정확하게 묘사해야만 하며, 아마도 우리는 그 언어사용의 핵심을 사용의 결과 속에서 추적하여야 하며, 자신의 실제적 내용과 비유적 혹은 은유적 혹은 생략법적 사용과 구별을 하여야만 한다. 그러나 그것은 큰 어려움 없이 가능하고, 도처에서 선도적 관점이 모든 각각의 사례 속에서 하나의 일관된 맥락에 대해 바로 확인하게 한다. 이 선도적 관점에 자본시장(Kapitalmarkt)의 표현 역시 해당된다. 자본시장이란 무엇인가? 그것은 구매력의 시장, 즉 지불수단을 통해 기업가의 손에 도달하는 과정의 총괄에 불과하다. 사람들이 항상 이를 보다 자세하게 정의하려고 하는 것처럼, 사업가가 자본시장에 관하여 이야기한다면 그는 구체적인 재화를 이야기하는 것이 아니고 더욱더 이들 재화의 일정한 범주를 말하는 것이 아니라 신용증명서, 자산의 잔고, 화폐 등 간략히 이용할 수 있는 구매력, 자유로운 구매력에 대해 생각한다는 점은 확실하다. 여기에는 영어로 capital creation이라고 부르는 자본조달(Kapitalbeschaffung)이라는 표현도 해당한다. 여기에는 직접적 재화조달 그리고 더 이상의 생산을 위한 재화의 생산이 중요한 것이 아니라, 신용지불수단의 조달 혹은 신규창출이 중요하다. 여기에는 또한 '자본가'라는 표현도 해당된다. 자본가는 확실히 자본을 가지고 있는 누군가이다. 그러나 실무의 해석에 따르면, 그것은 동시에 그로부터 사람들이 구매력 의미의 자본, 즉 지불수단을 확보할 수 있는 사람이다. 그의 자산은 일시적으로 어떤 재화 속에 존재하거나 — 여기에서 이 재화가 어떤 형태이든지 아무런 상관이 없음 — 또는 화폐 혹은 기타 구매력에 존재할 수 있다.

'기본자본(Stammkapital)'이라는 표현 속에 발생하는 실무의 자본개념은 외관상 다른 유형이다. 한 기업에 있어서 기본자본은 무엇인가? 가장 기술적이고 가장 논리적으로 가공된 의미에서 우리는 이 개념을 부기(簿記)에서 발견한다. 일견 그 질문에 대한 우리의 대답은 부기실무와 상충되는 것처럼 보인다. 이른바 부기는 '기본자본을 한 기업의 창업 및 운영을 위해 사용되는 화폐금액'이라고 설명한다. 우리는 이 정의를 우선 설명하고, 이어서 구매력으로서의 자본이라는 해석과 연계할 것이며, 마지막으로 부기실무에서 창출되는 정의와 비교할 것이다. 여기에서 우리는 서술의 단순화를 위하여 전체 생산과정은 단지 **하나의** 경제기간에만 지속하며 기업의 전체 생산능력은 이 한 기간에 완전히 소진되어 그 결과 종국에는 전체 생산과정이 생산물 혹은 이의 수익으로 존재할 뿐 다른 것으로는 아무것도 존재하지 않는다는 점을 다시금 가정하고자 한다. 모든 생산물은 이 기간이 끝나야만 제조되고 판매 가능해야만 하며, 생산에 필요한 모든 '화폐'는 이미 이 경제기간의 시작부터 준비되어 있어야만 한다.

이제 기본자본(Stammkapital)은 창업자본과 경영자본으로 나누어진다. 전자를 위해서 토지력, 건물, 기계 등이 구입되며, 후자를 위해서는 지속적으로 필요할 것으로 예상되는 노동력, 원자재 등이 구입된다. 이들 다양한 재화들 가격의 총계, 제조되어야만 하는 모든 생산적 지출의 합계, 기업을 시작할 때 사용하는 비용의 합계를 **우리는** 기본자본 혹은 창립자본이라고 부른다. 이 합계가 기업가에게 속하든 혹은 모두 또는 부분적으로 빌려왔는가는 아무래도 좋다. 아울러 이들 모든 재화를 '화폐'로 혹은 어음이나 다른 신용지불수단으로 지불하였는지도 아무래도 좋다. 그것이 우리가 말하여야 하는 첫 번째 주제의 모두이다.

두 번째 주제와 관련된 것은, 이 의미에서 자본이 우리가 그동안 자본으로서 묘사하였던 것과 전혀 다르지 않다는 점은 지금으로서는 명백하다. 즉, 기본자본은 구매력, 즉 기업이 필요로 하는 생산수단에 대한 힘의 합계이다. 기본자본은 기업에게 필요한 생산수단을 손에 넣게 하며 이들 수단을 기업의 지배영역에 놓이게 한다. 그러나 우리는 여기에서 자본개념의 두 번째 기능, 즉 우리가 부기상의 기능이라고 부르고자 하는 기능을 확인하여야만 한다. 자본합계의 크기는 이른바 기업의 성공 혹은 실패에 대해 측정되는 척도이다. 이는 생산적 성공이 존재한다는 증표를 제시하며, 사용된 생산능력 및 달성된 성공에 대한 비교기준을 제시한다. 만약 기업이 유통경제적으로 존재할 자격이 있다면, 이는 적어도 상쇄되어야만 하는 주안점을 나타낸다. 우리의 의미에서의 자본항목은 기업가 행위의 판단을 위한 기준, 말하자면 그가 그것을 가지고 경제행위를 한 파운드(Pfund), 기업가의 유통경제적 설명보고서를 위한 기초, 기업의 진행과정에 관한 요약적 개요를 위한 기초, 그리고 기업가에게 일임한 생산능력의 운명을 창출한다. 이 관점에서 바라보면 자본합계는 말하자면 생산재로 환원되고 나중에 생산물의 수익이 관련을 가져야만 하는 계산단위의 수를 나타낸다. 그리고 사안의 자본적 측면은 여기에서 계산방법과 관련을 맺고 자본은 척도개념과 관련을 맺을 것이다. 이 속에서 화폐로 표현된 자본은 생산재의 가치척도로 보아야 한다는 견해에 대한 올바름이 존재한다. 단지 이로써 자본의 본질이 다하는 것은 아니며, 오히려 우리가 이제 보는 바와 같이 본질은 단지 개념의 액세서리 기능 속에 존재한다. 이 기능은 개념의 본질적 기능과 구분될 수 있다. 이제 이 기능 속에서 자본은 기업가의 입장에서는 생산재의 지불을 위한 자금으로서의 자본과 범위에 있어서는 동일하다는 점을 통찰하는 것이 중요하다. 자본은 기업가에게 시장에서 생산재를 손에 넣게 해준다. 그리고 생산재의 구입을 위해 지불한 이 금액은 바로 계산되며 성공의 측정을 위해 사용된다. 우리는 자본개념의 다른 제한에 있어서도 대두되지 않은 이 일치성 속에서 우리의 해석에 대한 본질적 주장을 찾아낼 수 있다고 믿는다.

그러나 우리의 자본개념이 부기의 자본개념과는 상충한다는 것은 명확하다. 이로써 우리는 이와 관련하여 명확히 하여야 하는 마지막 관점에 도달한다. 그러나 이전에 우리는 우리 해석의 부기적 해석과의 일부 본질적 일치를 지적할 수 있는 만족감을 가졌다. 이제 여기에서 자본과 재화의 분리가 우리에게 명확히 대두된다. 구입된 재화를 장부에 기장하는 것은 오로지 자본으로 무엇이 발생하였는가를 보이기 위한 목적을 가지는 데 비하여, 자본은 단순히 화폐의 합계이다. 더 나아가 기업이 시작하는 **전체** 금액은 이를 위하여 어떤 재화를 구입하였는가는 상관없이 자본이다. 그것은 토지력을 위하여 주어진 금액처럼 공구를 위하여 주어진 금액도 마찬가지이다. 또한, 순수한 잉여, 즉 한 기업의 차변자산을 자본이라고 부르는 것은 아니며, 다른 것 이른바 기업에게 헌정된 구매력의 합계를 자본으로 부른다. 결국, 자본의 크기는 생산수단의 정상적 소모의 결과로 변화하지 않는다. 이 점에서 우리는 부기의 실무를 우리의 이해를 위한 증거로 제시할 수 있다.

그러나 하나의 관점에서는 차이점이 발생할 것으로 보인다. 사실상의 대차대조표는 우리의 이론적 묘사와 완전하게 일치하지는 않을 것으로 보인다. 이른바 우리가 예를 들어, 대차대조표의 차변에서는 '노동력'이라는 항목을 발견할 수 없다는 것은 보다 작은 의미를 가지고 있다. 이 항목은 바로 다른 항목인, '현금항목'과 '상품재고'의 항목에 포함되어 있다. 더 나아가 사람들은 기업의 수명이 하나의 생산주기에 제한된다는 우리의 가정은 실무의 대차대조표와의 차이를 가져온다는 점을 쉽게 알 수 있다. 그 이유는 이 대차대조표는 자연적으로 사안의 다른 관점에 적용되었기 때문이다. 만약 우리가 거기에서 노동력을 발견하지 않지만, 아마도 토지, 건물 등을 발견한다면, 그것은 바로 이 상황에 위치하는 것이지 본질의 다양성에 놓여 있는 것은 아니다. 토지와 건물 그리고 다른 것들은 다른 경제기간 동안에 더 사용될 수 있으며 이들 가치의 일부분만이 상품재고로 흘러 들어가며, 이에 반해 다른 부분은 독자적으로 지속하여 존재한다.

그러나 보다 중요한 것은 다음 사항이다. 즉, 기업가가 사용한 전체금액은 부기상으로 그의 '자본'으로 항상 여겨지지는 않는다. 오히려 '자본'은 다른 금액들, 예를 들어 우선채권, 지불가능한 어음 등과 구별이 된다. 이 구분은 다음 두 가지 상황, 즉 지속적 지출과 일시적 지출과의 차이 그리고 '자본'과 '부채'의 차이에 기인한다. 첫 번째 차이와 관련한 것으로, 그 차이는 기업이 단지 **하나의** 경제기간만 지속하며 이의 생산물 모두는 그 경제기간의 마지막에 판매한다는 가정하에서는 의미를 잃어버린다. 그러면 모든 교환금액은 이보다 좁은 의미의 '자본'과 마찬가지로 상대적으로 '지속적으로' 투자된다. 그러나 우리의 전제조건이 적합하지 않을 때에는 여기에는 전혀 중요한 차이가 존재하지 않는다. 사람들이 기업에 일정하게 사용되는 금액을 특히 자본으로 명명하고 싶다면, 사람들은 이 금액은 여기에서 우리에게 흥미로운 관계에 있어서 보다 일정하지 않고 유동적인 기능 말고 다른 기능은 원칙적으로 가지고 있지 않다는 점을 인정하여야 한다. 실제로 사람들은 후자도 종종 충분히 유동자본 혹은 변동자본으로 부르며, 사람들은 우리가 자본개념의 보다 좁은 사용이 '기업에 지속적으로 제공되는 자본' 혹은 '기업의 자본에 있어서 불변적 요소'에 대한 생략적 표현에 다름 아니라고 얘기한다 해도 우리에게 거의 이의를 제기하지 못할 것이다. 그러면 이 표현방식의 반사된 모습은 자본지출(Kapitalaufwendung), 즉 영어의 capital expenditure와 다른 지출 간의 차이이다. 여기에서도 기간과 상대적으로 정의되는 특징이 결정적인 요인이며, 이 표현방식은 단순히 생략적이다. 이와 같은 '비자본지출'이 혹시 이전의 수익으로부터 창출되는 상황 그 자체는 **여기의 중요한 관계 속에서** 본질을 변화시키지는 않으며, 그리하여 이 진행과정은 근본적으로 평상시에도 존재할 수 있을 것이다. 즉, 이 과정은 자본증가의 관점에서 발생할 수 있으며, 그리고 그것은 우리에게 이같이 발생할 수 있을 뿐만 아니라 기업가 혹은 주주에게도 발생할 수 있을 것이다. 즉, 본질적인 것은 새로운 금액이 생산재의 구입을 위해 사용된다는 점이다. 이 금액이 이전의 수익으로부터 온다면 그것은 매우 바람직한 것이며, 그러나 그 과정에 있어서 **본질적인 것은** 아무것도 변하지 않으며, 오히려 자본증가가 일상적인 단어의 의미에서 창출하는 바와 아주 동일하다. 사실 이 금액은 확실히 자본 부분에 기입되며 '자본'에 대한 마지막 줄에 추가된다. 사람들이 '자본'이라는 표현을 이 의미로 유지한다면, 그것은 다시금 단지 '본원적 자본'에 대한 표현일 뿐이다. 이 개별적 금액에 대한 다양한 법적 입장은 이의 경제적 본질을 건드리지 않는다.

그러나 두 번째 차이, 즉 '자본'과 '부채' 간의 차이가 더 본질적이지 않을까? 나의 자본은 차변이고 나의 부채는 대변이 아닌가? 확실히 사람들은 부기상의 관점에서 우리에게 그것을 비난할 수 없다. 왜냐하면, 자본은 한 번도 대차대조표의 차변에 위치한 적이 없기 때문이다. 비록 자본이 기업가에게 속해 있어도 이는 기업가의 입장에서는 항상 대변에 있었다. 그렇다면 바로 '기업가' 슈미트(Schmied)는 자본을 '자본가' 슈미드(Schmied)에게 빚을 진 것이다. 법은 당연히 목적에 따라 다른 해석을 만들어냈는데, 이에 따르면 아무도 스스로에 대해 청구권을 가질 수 없다는 것이다. 그러나 그것은 아무도 스스로를 고소할 수 없다는 것에 다름 아니다. 실무적으로는 사람들이 생각하는 것만큼 차이는 크지 않다. 기업가가 성공을 거두었다면 그는 다른 사람들이 그에게 청구권을 가진 것처럼 자신에게 청구권을 가진다. 그가 성공을 거두지 못하였다면, 다른 사람들도 **기업가로서의** 그에 대하여 청구권을 실행할 수 없을 것이다. 법은 이들에게 단지 기업가의 **다른** 자산재고를 확보하거나, 단지 부분적인 실패의 경우에는 이들의 청구권을 기업가 자신의 청구권을 제외한 가운데 만족시킬 수 있는 가능성을 부여한다. 그러나 그것은 다른 것, 즉 사안의 경제적 측면을 엄격히 구분하는 상황과 사실의 복합체이다. 사람들은 한 기업의 자본이 이의 부채에 대한 준비금을 확실히 구성할 것이라고 말할 수 있다. 그러나 그것은 단지 이 자본이 유동적으로 유지될 때, 예를 들어 화폐가 창구에 머물러 있는 것과 같은 상황에만 맞는 말일 것이다. 그러나 **그렇지 않으면** '자본'인 금액은 '부채'를 묘사하는 금액과 마찬가지로 바로 소진될 것이며, 한 기업의 자본에 대한 청구권을 만족시킬 수 있도록 유지되는 것이 가능하지 않다. 자본이 크건 작건, 이는 항상 이에 대해 채권자가 유지할 수 있는 생산재와 생산물의 잔여일 뿐이다. 그럼에도 불구하고 사람들이 작은 자본을 가지고 있는 기업보다 큰 자본을 가진 기업에게 기꺼이 빌려준다면 그 차이는 발생하는데, 단지 그 이유는 자본의 크기는 기업의 힘의 증표이기 때문이며 사람들은 이 자본이 재판정에서 **다른** 부채,[14] 말 그대로 법적인 의미에서의 부채와 경합하지 않을 수 있다는 점을 알기 때문이다. 청구권의 상환을 위한 이와 같은 역할로서의 자본 그 자체가 이미 존재할 것이라는 믿음은 모든 은행자산에 대하여 소리가 나는 동전들로의 지불이 적합하고 모든 어음에 대하여 어디엔가 상환을 위한 일정한 화폐금액이 기다리고 있다고 생각하는 것만큼 순진한 것일 것이다.

기업의 '자본'은 경제적으로 우선채무로부터 일당(日當), 즉 영어로 'use of balances over night'까지 이르는 모든 다른 부채들에 못지않을 만큼 대변부채이다. 그리고 후자에 상응하는 화폐금액의 역할은 자본에 대한 이 의미, 즉 생산수단의 조달에 상응하는 역할에 다름 아니다. 그리하여 우리는 모든 대변항목의 합계를 자본이라 부를 것이다. 부기의 실무 그 자체는 우리를 이의 자본개념이 매우 좁고 혹은 이는 실무적 이유에 의해 — 이른바 실무적으로 그리고 특별하게 기업의 판단과 상황에 대하여 본질적인 관점에 따라 기업에 대해 사용된 총액의 다양한 항목을 구분하려

14) 크나페(Knappe)는 「주식회사의 대차대조표(*Bilanzen der Aktiengesellschaften*)」에서 지몬(Simon)에 대하여 이 관계에 있어서의 '부채'라는 표현을 하는 것에 반대하고 있다. 법적으로는 당연히 그가 맞는 것이다.

고 하지만 여기에서 우선적으로 위치한 원칙적인 관점에서는 주변적인 것임 — 자본을 역할과 본질에 따라 이와 동질적인 금액을 분리할 수 있다는 점에 이르게 하고 이를 우리에게 가르친다. 사람들이 자본개념에 대하여 그것이 자본주의 현상의 요체를 포함하고 그에 대한 이해가 의도적·비의도적으로 모든 자본이론에 대해 목표로서 떠오르게 하는 요인으로 유지하려 한다면, 사람들은 자본개념의 부기상의 범위를 넘어서서 자본개념을 이 방식으로 확장하여야만 한다.

현실에 대한 시각은 우리의 해석을 강화한다. 거기에서 우리는 이른바 그것이 예를 들어 주식회사에 대해서는 오로지 이 회사는 필요한 화폐를 어떻게 조달하는지와 같은 — 즉 새로운 주식의 발행 혹은 우선주의 창출을 통하거나 혹은 미해결 부채의 계약을 통하든 — 목적 적합성의 문제라는 점을 알 수 있다. 이들 모든 유형은 수없이 많은 중간형태를 가지며, 모두는 종종 서로 뒤섞이며, 모두는 생산재의 획득 혹은 '새로운 결합'의 수행을 위한 자금조달의 일치된 목적을 수행한다. 그리고 실무는 이들 모두에 대하여 하나의 표현을 가지는데, 이른바 그것은 '자본조달'의 방법이다. 법적 형태가 단지 이들을 구분할 뿐이다. 자본조달은 상황에 적응을 하나, 사안은 항상 동일하다. 기업의 지도적 인물에게는 이들 모든 법적 형태는 단지 하나의 동일한 목표를 위한 기술적 수단으로 보인다. 이들은 자본소유자에게는 단지 법적인 장단점 그리고 이에 상응하는 경제적 장단점에 의해서만 서로 구분되는 자본투자의 다양한 형태로 보인다.

그리하여 이 실상은 이들 모든 금액의 통일된 파악에 관하여 얘기하는 것이다. 이들 모든 금액은 기업의 관점에서 보면 기업의 자본이다. 이 이유로부터 기업을 위하여 자본에 기여하는 모든 경제주체를 경제적 의미에서 기업의 채권자로 파악할 것이 권고될 수 있다. 설사 동시에 이들에 대해 기업에 있어서 지도적 역할을 행사하더라도 이 후자를 이들의 자본가적 역할로부터 구분하는 것이 개념적 선명성의 입장에서는 타당할 것이다. 그러나 모든 주주, 유한책임사원, 조합원 등은 이와 같은 지도적 역할을 하지 않으며, 법적 재산공유자로서 이들의 입장은 상응하는 영향력을 행사할 수 없다는 점에서 실질적인 의미가 거의 없다. 그 영향력은 대부분 다른 모든 채권자가 행사할 수 있는 통제를 **실무적으로** 단지 조금 넘어서는 통제 속에서 소진된다. 만약 사람들이 주주와 조합원 등을 자본제공자로 묘사하고 이들의 청구권을 다른 모든 것의 뒤에 위치시킨다면, 나의 판단으로는 사람들은 사실에 보다 부합될 것이다. 그러나 바로 그 때문에 이들의 청구권은 보험으로서 기업 운영에 직접적인 영향을 행사하고 특별보수로서 마치 사람들이 그들에 대해 기업가로 얘기하는 것보다 어쩌면 보다 높은 수익을 확보한다. 국가 채권자의 컨소시엄도 때로는 이에 대해 폭넓은 통제, 확실히 직접적인 영향력을 갖는 것이 인정되었다 해도 그것에 의해 지배자가 되지 않을 것이다. 그리고 자금제공자는 보다 높은 수익비율이 그에게 약속되고 이를 통하여 위험의 일정 부분을 감당하였다 해도 그는 그것에 의해 진정한 의미에서의 기업가가 되지 않을 것이다.

이론 속에서는 이 관점이 이미 반복하여 발생하였다. 사람들은 법적 해석이 사안에 대하여 원칙적으로 말하는 국민경제학에서만 결정적이었으며 구체적인 개별적 질문을 다룰 때 항상 여기에서 주장하는 관점이 적어도 묵시적으로는 다소간 고려되었다고 거의 말할 수 있다. 실무자에게 이 관점은 매우 낯익다. 그것은 예를 들어 배당금을 주식회사에 대한 세금을 통하여 과세하는 것으로 볼 것인가 아니면 그 밖에 청구권에 대한 세금을 내포하고 있다고 볼 것인가의 문제에 관한 토론에서 대두되었다. 잘 알려진 바와 같이 이 문제에 관해서는 다양한 대답이 있었다. 그리고 이 문제에 관한 판단은 주식의 경제적 성격에 관한 해석보다는 다른 고려사항에 더 많이 달려 있기는 하지만, 이 경우에 있어서 한 부류의 주장이 우리의 관점이 새롭지 않은 것은 아니라는 점을 보여준다. 우리에게 이 관점의 중요성은 그것이 한 기업의 목표에 대해 제공된 모든 자금의 합계를 통일되게 파악하려는 우리의 결정을 강화한다는 점에만 — 바로 그 점에만 — 존재한다.

이미 언급하였듯이, 그것은 우리가 사람들이 누구의 '자본'과 '부채'로 대중적으로 구분하는 두 개의 금액의 다양한 입장을 없애려고 하는 것은 당연히 아니다. 단지 '자본 측면'의 관점에서 이들 양자는 이들이 추가하려고 하는 동일한 역할을 가진다. 기업을 위하여 이들은 공동으로 작용을 하며, 이들 양자는 기업의 목표 달성에 공헌한다. 이와 반대로 사람들이 만약 모든 기업이 청산되었음에도 불구하고 누군가의 상황이 어떨 것인가를 알고자 한다면, 사람들은 누군가가 특정한 시점까지 무엇을 달성하였는가를 확인하려 할 것이며, 그리하여 그 금액들은 대립되고 그 결과는 이들의 합계가 아니라 이들의 차이가 될 것이다. 이제 그것이 바로 **우리에게 '자산'이라는 표현이 구체화된 측면이다**. 그리하여 '자본'과 '자산'과의 개념의 차이는 사람들이 누군가의 경제적 상황을 고려하는 측면으로부터 창출된다. 양자는 경제적 상황을 파악하기 위한 계산형식을 나타내며, **계산형식** 그리고 이의 의미와 당위성은 이들이 봉사하는 목적과 이들로부터 특징지어진 금액이 응답하여야만 하는 문제 속에 존재한다. 이 차이는 다양한 명백한 이의제기에 대응하기 위하여 아직 더 필요한 무엇인가를 수행한다.

우리는 자본현상을 우리의 상세한 논의로 특징지었다고 믿는다. 그러나 우리는 또한 실무에서의 일상적 자본개념의 핵심을 파악하고 이를 보다 심도 있는 작업과 이미 그 속에 놓인 요인의 영역으로의 확장에 다름 아니게 부가되었다고 생각한다. 그만큼은 확실하다. 즉, 사업가는 한 번도 일정한 재화 자체를 자본으로 파악한 적이 없으며, 오히려 이를 항상 구매력의 관점에서 파악하였다. 그러나 우리는 이 구매력이 실제의 지불수단의 중개를 통해서만 실현될 수 있다는 점을 보았기 때문에, 우리는 바로 이 구매력을 자본으로 설명하였다. 그리고 우리는 모든 실무자에게 그가 단지 비유적인 의미에서 구체적 재화를 이른바 그가 이에 대하여 화폐를 확보할 수 있는 범위에서 자본으로 묘사할 것을 설득하는 책임을 떠맡았다. 추가로 우리는 이 구매력이 원칙적으로 기업가에게 새로운 생산을 위한 물질적 수단을 제공하는 목적만을 가질 수 있고 신용지불수단도 이 목적에 맞출 수 있다는 점을 우리는 보았기 때문에 이를 역시 자본으로 고려하였다. 여기에서, 만약 새로운 기업이 모든 현존하는 화폐가 '연계되어' 있는 지금까지의 순수한 정태적 경제 속에서 만들어져야만 한다면, 자본은 단지 신용지불수단으로만 구성될 수 있을 것이라는 점은 명확하다. 또한, 이 인식은, 우리가 생생한 발전의 경험으로부터 인지하고 자본주의발전은 사실상 화폐의 충분한 저장소를 제공할 수 있는 자본주의 이전의 발전과 연계되어 있다는 점에서 — 그리고 발전이 없는 상태와 연계된 것이 아님 —, 우리에게 이질적으로 와 닿는다는 점은 명확하다. 그러나 우리는 신용지불수단은 발전의 욕구에 대해 전혀 충분하지 않다는 점을 보며, 자본주의발전의 핵심 속에서 '진정한' 화폐는 '잔돈'의 역할을 수행할 뿐이며, 사실이 우리의 이론적 묘사에 대하여 묘사의 유용성에 필요한 것 이상으로 더 많이 상응한다는 점을 발견한다. 우리의 해석은 실무의 해석이며 단지 논리적으로 실천되고 반대의견, 사실적이지 않고 비유적인 해석에 의해 정제된 해석이다. 또한, 우리의 해석은 자신의 은행에 상응하는 화폐금액을 예치하고 이로써 자신의 수표의 지불능력을 설명하는 보통사람의 소박한 가정이라는 해석이다.

이론의 해석으로 우리를 이해시키는 것은 더욱더 어려울 듯하다. 사람들은 이 문제와 관련하여 이론가들이 시야를 방해하는 먼지풍파를 일으킨다고 말할 수 있을 것이다. 여기에서 우리는 우리에 의해 강조된 요인은 이론에서도 낯설지 않고 다양한 해석의 반대는 보이는 것보다는 크지 않다는 점을 보여주는 데 한정하여야만 한다.[15] 논의의 중심이 되는 문제는 종종 진술된 주장과 반대로 완전히 용어적 성격은 아니다.[16] 표현이 아니라 자본주의경제의 중요한 진행과정의 본질에 관한 이론이 위험에 처해 있다. 그리하여 멩거(C. Menger)가 추구했던 사실에 직접 접근하기 위한 끈질긴 노력은 커다란 진보였다. 그것은 신선한 진행과 토론에 있어서의 새로운 관점을 가져왔다. 확실히 그는 내가 하고 싶어하는 것과 같은 자신의 노력에 대한 이유를 제시하지 않았다. 그는 이른바, 실무로부터 창출된 개념이 이미 존재하는 곳에서 우리는 자유로운 개념의 정립 권한을 가지고 있지 않다고 말하였다. 그게 맞는지를 떠나서 그 속에는 우리에게 결정적인 관점은 존재하지 않는다. 그리고 우리가 우리의 용어 속에서 임의적으로 진행할 수는 있지만, '자본**이론**'이라는 제목하에 논의될 수 있는 문제, 즉 정의가 아니라 단지 사실의 분석만이 해결할 수 있는 문제가 존재한다. 사실 우리는 단지 용어적 문제만이 중요하다고 강력히 주장하는 저자들도 용어적 목적 적합성 이외의 다른 고려를 경청하는 것을 발견한다. 근본적으로 이 관점을 유지하는 뵘-바베르크(v. Böhm-Bawerk)는 처음으로 자본주의 생산과정의 본질에 대해 분석하였고 그의 자본 정의는 여기에서 확보된 결과와 의미 있는 관련성을 가지고 있다.[17] 그리하여 '자본'이라는 단어가 중요한 것이 아니라

---

15) 자본개념의 논의는 「본질(*Wesen*)」 제2편을 참조하라. 여기에는 다른 관점이 묘사되어 있다.

16) 마샬(A. Marshall)은 "우리는 자본을 정의함으로써 문제를 해결할 수는 없다."라고 말했다. 확실히 정의는 잘못된 문제해결을 대체할 수 없다. 그러나 정의는 분석의 결과를 표현할 수 있게 하며, 우리의 경우 이는 자본현상에 대한 통찰을 방해할 수 있다.

17) 그는 중간생산물과 소비재 비축 간에 정말로 자의적인 **선택**을 하고 있다.

사실의 집단이 중요한 것이며, 이의 본질을 둘러싸고 토론이 진행되지만 사실의 기반은 항상 동일하다. 여기에서 항상 사람들은 어떤 특정한 것을 생각한다. 그것은 다소간 명확히 보이는 것이며 사람들이 그에 대해 아주 다르게 생각하지만 임의적인 것은 아니다.

그래도 그 논쟁은 의심할 여지없이 용어적 측면을 가지고 있다. 그리하여 용어의 **결정**을 물질적 견해에 기반을 둔 용어적 **경향**과 구분하는 것은 쉽지 않다. 곧 그 한 가지가, 곧 다른 것이 더 발생한다. 많은 저자는 사안의 물질적 측면을 거의 포기하였고 그러면 보다 자유롭게 행동할 수 있다. 이들은 궁극적으로 통일된 자본개념에 대하여 하등의 가치를 부여하지 않게 되었다[예를 들어, 마샬(Marshall), 필리포비치(v. Philippovich),[18] 슈몰러(v. Schmoller)]. 이제 자본개념들의 이 유형을 다른 것들과 구분하는 것이 중요하다. 이 유형은 이 우리에게 흥미로운 문제를 복잡하게 함이 없이 자본개념의 숫자를 증대시키는 데 공헌을 한다. 왜냐하면, 이 유형에는 **이론**이 존재하지 않기 때문이다. 우리는 이 유형의 옹호자들의 상세한 서술을 가능하게 할 수 있고, 이들의 논의는 우리의 논의와 일치할 수 있다. 단지 하나의 자본개념만을 유효한 것으로 인정하는 저자들 중에는 오로지 원칙적으로 임의적 사안에 대한 명칭으로서 자본개념을 사용하는 사람들도 있다[예를 들어, 왈라스(Walras), 코사(Cossa)]. 우리는 이들을 제외한다.

그리하여 대부분 이론가는 의식적 · 무의식적으로 단순한 하나의 개념 이상을 결정하려고 하며, 이들은 하나의 현상을 파악하고 하나의 문제를 해결하고자 한다. 그것은 자금과 자본의 유행하는 혼동에 대한 수정보다 특히 오래된 많은 자본정의가 주어진다는 것을 증명한다. 그리

18) 부분적으로 필리포비치(v. Philippovich)는 자산에 관하여 우리가 자본에 관해 주장하는 바를 말하고 있다.

고 크니스(Knies)와는 반대로 우리는 이론가들이 자본과 관련된 논의에서 생각했던 것은 항상 다양한 현상이 전혀 아니었고 오히려 항상 다양한 관점으로부터라 할지라도 하나의 동일한 현상 말하자면 우리도 생각하는 동일한 현상을 파악하려는 시도가 더욱 중요하다는 점을 강조한다. 그것은 다음의 소견으로부터 분명해질 것이다. 우리는 뵘-바베르크(v. Böhm-Bawerk), 크니스(Knies), 피셔(Fisher) 등의 근본적으로 교의사적(教義史)인 서술에 대해 새롭게 첨가하지는 않을 것이며,[19] 오히려 단지 자본이라는 학문 속에 발전이 우리의 해석에 따라 존재하다는 점만 보이고자 한다. 여기에서 현대적 의미의 단어 속에서의 자본현상이 중요하다는 점을 고수할 수 있다. 그 단어는 오래되었고 예전에는 근본적으로 다르게 묘사되었다. 오늘날 우리는 "자본은 사람이 가진 모든 재화를 말한다(capitale dicitur omne bonum quod possidetur)"와 같은 정의들로는 아무것도 시작할 수 없으며, 이들도 포함시키는 것은 우리의 목표가 결코 아닐 것이다. 자본주의 이전의 경제에서는 아무것도 자본에 해당되지 않으나, 거의 모든 이론가가 이와 다른 견해를 가진다면, 그들은 여전히 우리를 둘러싼 현실의 현상을 과도하게 생각하고 있는 것이다.

우리는 자본개념들을 이들의 우리 해석과의 거리 기준에 따라 구분하고 각각의 집단에 대하여 사례들을 제시하고자 한다. 우선 구매력 요인을 직접 포함하는 자본개념이 있다. 이미 강조한 바와 같이, 멩거(C. Menger)는 '물질적' 자본개념을 구축한 이후에 우리와 아주 친밀한 입장에 있는 자본개념을 제시하였다.[20] 이 개념과 우리의 개념 사이에 아직 존재하는 차이는 반드시 극복되어야 할 것이다. 멩거(Menger)가 구분한 자본개념(40쪽)의 두 함축성은 우리에게는 합쳐진다. 멩거(Menger)가 실

---

19) 자코비(W. Jacoby)의 이 특징에 관한 새로운 작업은 거의 충분하지 않다.

20) 「콘라드 연감(*Conrads Jahrbücher*)」 제17권을 참조하라.

무자는 항상 자본과 자금을 '혼동'하는 일은 결코 없다는 점을 — 그것은 질책이 될 수 있다는 의미에서 — 증명하고 그가 자본은 생산수단에 대하여 한번 소비되면 그 자체로 더 이상 존재하지 않을 것이라는 점을 인정하고 있다는 점이 무엇보다 중요하다. 확실히 그는 화폐로 산정된 자산재고로 구성된 자신의 자본개념의 내용의 측면에 상세한 서술을 연계하고 있다. 이들 상세한 서술은 이 점에서의 완전한 일치가 어떻게 대체로 이 책 전체에서 묘사된 사고과정에서의 일치를 전제로 할 수 있었는가에 관하여 그의 길과 우리의 길이 구분된다는 점을 추정될 수 있게 하는 서술들이다. 왜냐하면, 그 사고과정 속에서만 우리의 자본개념이 우리가 부여하기를 바라는 의미를 가지기 때문이다. 그러나 어쨌든 멩거(Menger)는 이와 같은 자본개념을 이미 진지한 토론에서 제외할 수도 있었을 분위기를 깨어버렸다. 멩거(Menger)의 출판 이전에는 이와 같은 모든 해석에 거스르는 고착화된 선입견을 고려하여 말한다는 것이 불가능하였을 사안을, 오늘날 나는 보다 나은 경청을 희망하며 말할 수 있다.[21)]

우리와 아주 같은 토대 위에 하울리(F. B. Hawley)가 있다.[22)] 그는 자본의 본질을 우리가 구매력의 요인에서 찾아내는 것과 아주 유사하게 찾아내며 자본을 우리가 이를 기업가와 생산수단 사이에 놓듯이 위치시킨다. 그러나 무엇보다도 확실히 일반적으로 잘 알려진 맥레오드(McLeod)의 작업을 지적할 수 있다. 독자는 이 저자를 좀 더 일찍 언급하지

21) 멩거(Menger)의 자본개념은 박수를 받으며 다양하게 받아들여졌다. 여기에 대해서는 필리포비치(v. Philippovich), 슈몰러(v. Schmoller), 렉시스(Lexis) 등의 논의를 참조하라.

22) 1907년에 출판된 그의 책 「기업과 생산과정(*Enterprise and the Productive Process*)」을 참조하라. 논의에 있는 관점이 그에 대해 충분히 중요하다면, 비록 내가 그에게 해석을 빌려온 것은 아니지만, 나는 자본의 본질과 위치에 관한 이 해석에 대한 우선순위를 하울리(Hawley)에게 명백하게 인정하여야만 한다. 그 사상은 의심할 것 없이 오늘날의 교리적 발전 속에 놓여 있다.

않은 점에 대해 놀라워 할 권리가 있다. 그에 대한 이유는, 이론에서 매장된 이 이름을 언급하는 것은 아주 곤혹스럽기 때문이다.[23] 그리고 나는 아주 잘못 평가된 사람에게 자신의 권리를 기꺼이 제공할 수 있고, 아주 기꺼이 나는 매우 독립적으로, 아주 다른 길로, 아주 다른 목적으로 그와 동일하게 자본은 특정한 의미에서 구매력이라는 결론에 도달하였다는 점을 아주 서둘러 강조하여야만 한다. 그의 다른 자본개념 — 저축된 노동으로서의 자본 — 에 대해서는 우리는 아무 관련성을 가지지 않는다. 그러나 맥레오드(McLeod)의 공적으로서, 그는 이 인식을 가지고 더 이상 그다지 많은 것을 시도하지는 않았음에도 불구하고, 그는 경제생활의 우리 조직의 핵심적 요소로서 구매력 창출의 사실을 인식하였다는 점은 항상 인정되어야만 한다. 이 사실은 오늘날 대체로 항상 더 많은 고찰이 이루어진다. 그리하여 사람들은 자본개념과 관련하여 누구보다도 데븐포트(Davenport) — 그의 「가치와 분배(*Value and Distribution*)」— 와 베블런(Veblen) — 그의 「민간기업이론(*Theory of Business Enterprise*)」— 에 있어서 그 사실을 만나게 된다. 여기에서 이 사실은 인정을 강력히 요구한다. 여기에 이 사실은 존재하며 이론가들 시각의 범주 안에 존재

23) 예를 들어, 로셔(Roscher)와 크니스(Knies) 등의 지배적 이론을 그와 대비하는 것은 얼마나 관대하지 못한가를 언급할 필요가 있다. 한편으로는 그것은 확실히 어느 정도 이해할 수 있다. 그는 종종 사고과정의 세부사항에서 초심자로 여기게 할 수 있는 오류를 범하곤 했다. 그의 법적인 상술은 물론 그의 전체적인 기조도 특별히 유리하거나 신뢰를 불러일으키는 인상을 주지 못한다는 것을 부정할 수 없다. 그러나 다른 한편으로는 그의 공적이 은행업에 관한 그의 작업만으로 제한된다는 점에서 그것은 매우 불공정한 것이었다. 그는 매우 독창적인 사상가였다. 그리하여 주지하는 바와 같이 그는 심리적 가치론의 가장 명백한 선구자들 중의 한 사람이었다. 그리하여 그는 왈라스(Walras) 이전의 순수경제학의 정확한 인물로 인식되었다. 아마도 그의 저작활동의 시작단계에 보잘것없는 성공이 그에게 손해를 입혔을 것이다. 즉, 나폴레옹 III세의 정권은 그의 「요소(*Element*)」의 확산을 허락하였다! 그러나 그것은 물론 그가 운영했던 은행의 파산도 학문적 반대논거는 아니다.

한다. 단지 이는 분석적 이해를 발견하지 못할 뿐이다.[24)]

이제 우리는 우리의 개념과 본질적으로 다르지만 내 생각으로는 동일한 방향으로 노력하고 있는 자본개념들의 또 다른 집단에 도달할 것이다. 아마 사람들은 이들 저자는 단지 이론의 배척이 자본에 대립하고 이들은 구매력의 특별한 기능을 보지 않기 때문에 단순히 자본의 구매력 이론을 옹호하지 않는다고 믿을 수 있다. 그것은 비실체적 혹은 '추상적' 자본개념들의 집단이다. 이는 실체적 자본개념들의 집단만큼 역사가 오래되었다. 이 집단은 오랫동안 공격을 받아왔으나 오늘날에도 강력한 증가가 감지될 수 있는 많은 수의 추종자들을 항상 가져오고 있다. 확실히 특정한 저자가 지금까지 자신의 개념을 진지하게 만들 준비가 되어 있다거나 혹은 하나의 간결한 표현으로서 이 개념이 더 이상 없다는 것인지는 종종 말하기 어렵다. 그러나 여기에 하등의 의심이 존재하지 않는다는 것만으로도 충분하다. 우리는 우리의 집단을 가치금액이 존재하는 데에서 자본의 본질을 보는 해석과 그 속에서 '추상적 생산력'을 보는 해석으로 더욱 더 구분하려고 한다.

터틀(Tuttle)은 첫 번째 해석에 대한 의심에서 자유로운 사례를 제공한다.[25)] 다른 저자들은 자본을 단지 가끔 가치금액으로 표현하거나 — 예를 들어, 튀르고(Turgot), 세이(Say), 헤르만(Hermann), 쿠셀레-세네유(Courcelle-Seneuil), 스토치(Storch), 뉴라스(Neurath), 몰리나리(Molinari) 등 — 혹은 예를 들어 페터(Fetter)와 같이 말하자면 이 해석을 회피하는 데 비하여, 터틀(Tuttle)[26)]은

---

24) 우리가 완벽하려고 한다면, 우리는 아직도 많은 이름을 언급하여야 할 것이다. 유사한 점은 예를 들어 코모진스키(v. Komorzynski), 보그트(v.d. Borght), 비텔쉐퍼(Wittelshöfer) 등에서 발견된다.

25) 1904년 「분기경제저널(*Quarterly Journal of Economics*)」에 발표된 그의 논문 "자본의 진정한 개념(The Real Concept of Capital)"을 참조하라.

26) 우리의 길과 아주 멀리 떨어진 터틀(Tuttle)의 자본이론의 기타 내용은 우리와 관련이 없다.

자본을 이의 특별한 재화형태와 구체적인 사용을 고려하지 않고 표현할 수는 있지만 화폐에는 존재하지 않는 가치의 자금으로 명확하고 애매하지 않게 설명한다. 모든 '추상적' 자본개념에 관해서와 같이 뵘-바베르크(v. Böhm-Bawerk)는 —「자본론(*Kapital*)」, 제2편, 2판 62쪽과 3판 100쪽에서 — 이 개념에 대해 특별히 예리하게 말하였다. 사실, "어떤 재화의 가치가 독립적인 것으로 발생한다는 것이 어떻게 가능한가?"의 질문이 대두된다. 즉, 가치는 확실히 평가된 대상과 분리될 수 없다. 사람들이 재화를 가지고 어떤 일을 그리고 이의 가치를 가지고 다른 것을 시작하는 것은 불가능하다. 아마도 사람들이 자신의 전체 재화소유를 가치의 크기로 상상할 수는 있지만, 그것은 더 이상의 의미가 없다. 그리하여 이 자본정의는 그 자체로 아무런 의미를 가질 수 없다.

그럼에도 이 정의는 하나의 의미를 가지고 있고 이른바 두 개의 방향을 따르고 있다. 만약 사람들이 일정한 생산에 투입된 재화의 가치를 생산물의 가치와 비교한다면 그로부터 생산의 성공이 발생한다. 그러나 사람들은 사용된 재화와 얻어진 재화를 그 자체적으로 비교할 수 없다. 계산형식의 기능은 재화 그 자체에 의해 수행될 수 없는 재화가치의 기능이다. 그리고 사람들이 자본에서 하나의 계산형식을 본다면, 자본의 개념을 재화의 가치에 부여하는 것은 아마도 건전한 의미가 있을 것이다. 그러나 여기에는 어떤 오류도 존재하지 않을 것이며, 오히려 우리가 본 바와 같이 자본이 사실상 수행하는 기능을 파악하려는 노력이 있을 것이다. 그리하여 이 해석은 간단히 우리 자본정의의 두 번째 기능으로 귀결된다. 그러나 이것은 첫 번째 기능과 동일하게 수행된다. 그것은 화폐인데, 그것은 여기에서 하나의 역할을 하는 구매력이다. 확실히 그 역할은 이들 저자가 그다지 자세히 분석하지 않은 역할이며, 그러나 이는 언급한 역할 이외의 '가치크기'를 가질 수 있는 유일한 역할이다. 그리고 이 가치크기가 이 역할을 가진다면, 그것은 판매가치로 이어지며 그리하여 멩거(Menger) 유형의 해석과 궁극적으로는 우리의 해석으로 이어진다. 그리하여 이 가치크기는 잠재적 화폐금액이며, 이 특성 속에서 이는 뵘-바베르크(v. Böhm-Bawerk)의 이의제기를 마주치지 않는다. 우리는 "이 자본개념에 기초한 사고는 우리의 사고와 매우 관련성이 높다."는 점을 알 수 있다.

그러나 유사한 점이, 비록 가치크기로 단순히 서술할 수 없음에도 불구하고 우리가 이를 아직 이 집단으로 포함시키는 다른 자본개념에도 해당된다. 그것은 클라크(Clark) 교수의 개념이다. 그에 따르면 자본은 마치 부단히 바뀌는 물방울들로 구성된 흐름과 같이 지속적인 흐름 속에서 유통되는 구체적인 생산재로 구성된 생산능력의 지속적 자금이다. 이 이론은 두 개의 사안을 나타내줄 것이다. 첫째, 자본은 생산된 생산수단 및 자연자원과 같이 소멸되는 것이 아니라 보존된다는 사실이다. 둘째, 자본은 어느 정도까지는 이들 재화와 차이가 나는 특별한 존재로 이어지는 무엇이라는 점을 부정할 수 없다는 사실이다. 클라크(Clark)가 자신의 전체이론의 필요성과 특히 자신의 생산과정의 도식의 필요성에 따라 구축한 이 구성의 세부사항을 파고들어 가고자 하는 의지 없이, 우리는 이들 두 근본사고는 우리의 방향에 놓여 있다는 점을 강조하여야만 한다. 유지되는 것은, 혹은 보다 잘 표현하여 보존되는 것은 생산에 사용된 자본을 측정하는 계산단위의 합계이고 생산수익의 배분을 결정하는 청구권의 체계에 대하여도 표준이 되는 계산형식이다. 그리고 자본의 특별한 존재는 바로 어떤 실무자도 의심하지 않는 사실, 즉 누구에게나 자본과 재화소유 간에 만들어내는 차이를 표현하는 것이다. 그것은 어떤 재화와 구분되어 자본 그 자체에 특별한 기능을 부여하고 자본의 역할이 어떠한 기술적 생산재로부터 양도받을 수 없는 원동력이라는 상황의 인지이다. 단지 이 기능의 성격에 관해서만 클라크(Clark) 교수는 우리와 의견이 일치하지 않는다. 그 차이는 그가 자본에 대하여 **정태적**

기능만을 부여한 데에서 비롯한다. 그가 이를 하지 않고 자본의 동태적 역할을 고찰하였다면, 생산방향의 변화를 위한 지렛대로서의 이 기능의 정의, 즉 재화의 세계를 지배할 수 있는 수단으로서의 자본 정의가 저절로 창출될 것이다. 그리고 그 자체로서 이 자본은 화폐와 맞아떨어지는데, 그것은 클라크(Clark) 교수가 강력하게 거부한 것이다. 그럼에도 불구하고 이 구성은 항상 새로운 해석을 시작해야만 하는 명성을 유지할 것이다. 그래서 이 구성의 성공도 의미 있는 성공이었다.

그러나 '실체적' 자본개념 역시, 비록 이것이 우리가 본질적으로 여기는 기능을 단지 불완전하게 파악하거나 혹은 우리에게 우선순위에 있는 사실의 집단에서 벗어나 있음에도 불구하고, 종종 우리의 개념과 관련성을 가진다. 여기에는 예를 들어 제본스(Jevons)의 자본개념을 들 수 있다. 자본이 생계수단자금이고 완성된 소비재에 존재하는 이것이 이를 위한 생산수단, 무엇보다도 노동과 토지력 그리고 다른 이미 존재하는 생산재를 조달할 수 있다면, 생계수단자금은 말하자면 생산수단을 지배한다. 이 지금은 특히 이늘 수단을 '새로운 결합'에 사용될 수 있게 한다. 비록 제본스(Jevons)가 국민경제적 생산방향을 변경하는 이 기능을 강조하지는 않았지만, 이 개념을 토대로 이 기능이 수행되는 것은 명확하다. 생산할 의지가 있는 사람에게 소비재는 그 성격에 있어서 단지 구매력으로 고찰된다. 그리고 이 요인은 이 사본개념을 우리의 개념에 접근하게 하며, 이 요인은 이 개념을 생산을 위해 기술적으로 필요한 재화를 자본으로 부르고 이를 통하여 중요한 과정, 이른바 이를 통하여 기업가가 이들 재화를 조달하는 과정을 감추거나 왜곡하는 모든 개념, 즉 자본의 본질과 이자의 원천이 놓여 있는 개념과 구분짓는다. 우리가 이 자본개념을 우리 것으로 만들지 않았다면 그것은 이 자본개념이 계산형식으로서의 자본 측면의 역할을 무시한다는 점에 원인이 있다기보다 이 개념이 우리에게 비현실적으로 보이고 우리에게 본질적인 것을 가르쳐

주지 않는 구성을 사실적 진행과정의 단순한 서술의 위치에 놓도록 필요도 없이 우리에게 강요를 한 데 더 많은 원인이 있을 것이다. 자본가는 과연 소비재의 소유자인가? 그리고 만약 아니라면, 우리가 이 가정 없이도 잘 해나갈 것인 데도 불구하고 왜 우리는 자본가가 그럴 것이라고 가정하는 것일까?[27]

뵘-바베르크(v. Böhm-Bawerk)는 이 자본개념과 가까운 입장이다. 그는 소비재 혹은 생산된 생산수단 중 무엇을 자본이라고 불러야만 하는가의 질문을 제기한다. 확실히 그는 후자에 대해 손을 들어주는 입장이지만 이는 단순히 용어적 목적 적합성의 이유 때문이다. 그가 이런 입장이 아니라면, 여기에서 우리의 이론과의 긴밀한 접촉이 발생할 것이다. 즉, 생계수단의 소유자는 그것을 위하여 생산재를 구입하며 이를 아주 우리의 의미에서의 새로운 결합을 위해 사용한다. 단지 뵘-바베르크(v. Böhm-Bawerk)에 있어서 이 결합이 오로지 생산기간 연장의 도식 속에서 표현될 뿐이다.

우리의 관점과 다른 유사성도 존재한다. 이리하여 브렌타노(Brentano)는 소유토지는 오늘날 자본이 될 것이라고 설명한다. 왜 소유토지가 자신의 성격을 바꾸어야만 하는가? 이제 소유변경의 법적 제한의 폐지와 토지소유자 범주 속의 보다 활발한 경제적 움직임의 대두로 소유토지는 자신의 화폐가치, 자신의 구매력의 관점에서 고려되는 것이 점점 더 일상화되었다. 그리고 바로 이 상황이 브렌타노(Brentano)가 자신의 주장을

27) 제본스(Jevons)가 급진적으로 옹호를 한 노동자의 생계비가 '자본'일 것인가 여부에 관한 오래된 논쟁은 대체로 흥미롭다. 특히 자본가의 손에 있는 이 생계비는 자본으로 존재하지만 노동자의 손에 있는 생계비는 그렇지 않다고 말하는 저자들은 한 재화의 자본적 성격은 이의 기술적 성격에 달려 있지 않다는 점을 공개적으로 인정하여야만 하며, 그것은 이미 우리의 방향으로 한걸음 진보한 것이다. 대부분 저자는 자본 속에서 재화의 일정한 유형이 아닌 다른 것을 보도록 강요되는 것을 느낀다. 그러나 여기에서 이 사안은 완전히 모두 다루어질 수는 없다.

하게 하는 계기가 되었다. 그리하여 이 속에서 그는 한 재화의 자본속성의 본질적 특징을 확인해야만 하였다. 사람들이 우리의 서술이 이 구매력이 어떠한 목적을 원칙적으로 혼자서 충족시킬 수 있을 것인가에 관한 것이라는 점을 상기한다면, 우리는 어렵지 않게 이 해석 속에서 우리의 해석과의 유사성을 발견할 것이며 그 속에서 소유토지가 오늘날 생산수단에 대한 힘을 대체로 나타낸다는 — 우리의 의미에서의 자본의 매개로 적어도 간접적으로는 — 브렌타노(Brentano)의 의견을 공식화할 것이다.

비록 한 번도 심층적으로 다루어지지 않았음에도, 우리는 더욱 자주 이 구매력 요인과 부딪친다. 그러나 이 요인은 존재하며 확실히 조만간 분석의 대상이 될 것이다. 유사한 것이 때때로 민간경제적 영리자본의 정의에도 들어 있다. 그러나 여기에서 사람들은 우리의 견해와 거의 관계가 없는 자본의 역할에 관하여 확고한 견해에 근거한다. 이것은 마치 자본의 생산적 역할에 대한 정밀한 묘사들 모두가 이미 자본개념 자체의 영향력 아래 놓여 있고 그리하여 단지 연역적인 성격만을 가지고 있디는 짐과 마찬가지이다. 우리는 거꾸로 접근하였으며, 우리가 틀렸다고 여기는 대전제에 바탕을 둔 연역법(演繹法)과 동일한 결론에 도달할 것이라고 기대할 수 없다.

그 속에 단지 — 우리가 믿는 바와 같이 — 하나의 현상, 즉 토지의 이해관계와 노동의 이해관계에 특징적으로 대응되는 화폐력(貨幣力) 현상의 옳지 않은 파악이 존재한다는 사고가 아주 종종 끝없이 유지된다. 사람들은 현실이 우리에게 나타내는 이 거대한 세 가지로부터 출발하였으며, 또한 사람들은 이들의 구성요소하에 생산수익의 삼등분으로부터 출발하였다. 그러나 화폐력의 역할과 본질은 설명이 필요하였으며, 사람들은 이 설명을 화폐의 표현에 근거하게 될 재화 속에서 발견하였다. 그리고 사람들이 현실로부터 이 오류에 멀리 길을 잃어버렸을 때가 되어야 — 화폐문제와 이와 연결된 일상적인 오해의 난관으로부터 도주 중에 근본적으로 잘못되고 진실과 먼 구성의 난관에 빠졌을 때 — 많은 사람은 객관적 통합에 대한 모든 희망을 포기할 것이고, 논쟁은 단지 용어적인 것이었다고 설명할 것이며, 그들의 편에서 자본개념에게 완전한 자유를 제공할 것이다. 그것이 멩거(Menger)가 이 논의에 대하여 새로운 자극을 제공하였던 사안이었다.

예를 들어, 자본의 본질을 어떤 재화의 일정한 기술적 성격 속에서가 아니라 경제적 인간의 기질 속에 있는 일정한 측면 속에서 찾아내는 모든 정의는 확실히 우리의 정의와 어떤 공통점이 있다. 사람들이 대체로 그 성격을 생업과 연결하여 살펴본다면 — 밀(Mill), 디첼(Dietzel), 섀플(Schäffle)과 같이 — 혹은 미래를 위한 소비에서 살펴본다면 — 특히 크니스(Knies)가 주장한 바와 같이 —, 여기에서 확실히 우리에게 당연하다고 생각되는 무엇인가 떠오른다. 또한, 우리는 자본 속에서 생계를 제공하는 무엇인가 그리고 또한 미래의 생산을 가능하게 하는 무엇인가를 찾아낸다. 여기에서 차이는 현실의 이론적 묘사의 전체적 구성 속에 존재한다. 이들 모든 해석이 생업기능이 미래의 생산수단으로서의 기능과 같이 단지 재화에 의해서만 이루어질 수 있고 이로부터 당연히 자본은 재화로 구성되어야만 한다고 연역하는 데에 근거를 두고 있는 반면, 우리는 사안을 보다 가까이 고찰하며 기술적 생산의 시작 **이전에** 영향을 주는 원동력이 존재한다는 것을 발견하고 **이를** '자본'이라고 부른다. 그리하여 아마도 사람들은 여기에서 하나의 동일한 사실에 대한 다양한 해석이 중요하다고 말할 수 있을 것이다. 아마도 더 나아가, 이들 저자도 항상 우선 화폐금액에 대해 생각하였고 그들의 자본정의를 가지고 무엇이 이 화폐의 베일 속에 숨겨져 있는가의 문제에 대해 응답하려 하였던 것조차도 가능할 것이다. 만약 사람들이 국민경제학자들처럼 화폐 속에 본질적인 것 혹은 독립적인 것이 존재할 수 없다는 시각을 가진다면, 사람들은 말하자면 스스로 이 베일을 멀리 밀어버리고 그 아래서 **재화를** 발견할 것이다. 그러면 이 화폐로 구입될 수 있는 것이 발생한다. 그리고 사람들은 이를 바로 자본이라 부른다. 왜 우리는 그 동일한 일을 하지 않는가? 즉, 만약 화폐가 단지 재화의 구입에만 사용된다면, 왜 이들 재화를 자본이라고 부르지 않는가? 그것은 단순히 그로서 하나의 본질적 과정에 대해 덧칠을 하게 될 것이기 때문이다. 여기에서 이 하나의 과정은 자본주의경제의 이해에 필요한 과정이다. 항상 이들 자본개념 속에는 이미 분석의 시도와 문제해결을 위한 접근방법이 놓여 있다. 이들의 정립으로 상당한 사안들이 양지로 이동되고 다른 것들은 어둠 속에 놓인다. 그리고 우리는 다른 자본개념을 창조하는데, 그 이유는 우리에게 이들 해석 속에서 표현되는 분석이 우리에게 부적합하거나 불완전하게 보이기 때문이다. 그러나 우리의 사고과정의 목표와 목적은 다른 저자들의 것과 아주 동일하다.

모든 재화를 포괄하는 자본정의와 관련하여 유사한 것을 말할 수 있다. **하나의** 관점으로 보면, 이는 단순히 '물질적' 자본개념의 파산을 의미한다. 즉, 이 정의는, 어떻게 근거 없이 자본개념의 규정어가 지탱력이 없는 파멸로 이어지는 것 같이 존재하여야 하는지를 보여준다. 그러나 다른 관점에서는 이 정의는 우리의 궤도로 한걸음 더 가게 한다. 모든 경제적 재화는 모든 것에 대해 사람들이 자본을 손에 넣게 하는 구매력을 가진다. 즉, 이들 모든 재화는 소위 잠재적 자본을 나타낸다. 혹은 다르게 표현하면, 만약 사람들이 지불수단을 전혀 고려하지 않을 수 있고 소비재에 대하여 노동과 토지력의 생산적 구입이 이루어진다는 가정을 한다면, 사람들은 특별히 발생하는 생산을 위하여 모든 유형의 재화를 필요로 한다. 그리하여 모든 유형의 재화는 '자본'이다. 우리의 해석에 대한 이 해석의 차이도 사건의 이론적 서술에 있어서만 존재한다. 즉, 이론가들은 요인에 대한 고찰을 사람들이 — 이른바 토지와 노동을 제외하고 — 모든 생산에 필요한 재화를 이미 가지고 있다는 점에서 출발하는

데, 우리는 조금 더 일찍 진입하여 어떻게 기업가가 이들을 손에 넣는가의 유형도 고찰한다. 그것을 위하여 사람들은 — 여기에서는 사회경제적 관점이 자본주의경제의 순수 민간경제적 진행과정에 역할을 하는데 — 바로 재화 이외에는 아무것도 필요로 하지 않으며, 우리의 해석에 따르면 사람들은 이것을 위해 무엇보다도 지불수단을 필요로 한다. 이론가들 중에 아무도 전문가로서 그것을 부정하지 않을 것이다. 단지 이 진행과정에서 사람들은 본질적인 것 혹은 특별히 흥미로운 것을 만나지 않는다. 사람들은 단지 기술적 생산에만 주안점을 두고 이를 통하여 그 속에 있는 자본현상의 본질을 잊어버리는 것이 필요하다. 그러나 이 방향의 옹호자들도 우리와 마찬가지로 자본현상의 본질을 파악하려고 한다. 차이는 단지 우리는 자본이 서술하는 화폐금액에 머무르며 이 현상 속으로 파고 들어가며, 이에 반하여 그들은 그 안에서 아무런 의미를 보지 않으며 그 안에서 단지 관건이 될 수 있는 대량의 재화집단을 눈여겨보아야 한다고 단순히 믿는다는 점이다.

사람들은 바로 자본개념들의 과반수에 관하여 유사한 점을 말할 수 있다. 예를 들어, 헤르만(Hermann)이 생산적 소비재의 경제적 존속을 강조하기 위해 많은 노력을 기울일 때에, 그는 이로써 생산에 있어서 자본의 비파멸성의 사실을 이론적으로 설명하고 이론에 도입하려고 하였다는 것은 명백하다. 그는 '소비'되지 않는 부기상의 자본을 생각한다. 거기에서 그에게는 이론이 계산활동 혹은 신용활동과 관련이 있는 것이 아니라 단지 이들에 대해 기초가 되는 재화와 관련이 있을 수 있다는 점이 명백하기 때문에, 그는 재화에 있어서 어떤 유사성을 찾으려 시도한다. 우리는 이 과정을 보다 진실되고 보다 단순하다고 믿는 다른 것으로 해석한다. 그러나 목표에 따라 우리는 당연히 대부분의 경제학자와 '한 보트를 타고' 거의 항상 우리가 체계적으로 기초로 받아들이는 그러한 요인을 조명한다.

단지 비교적 작은 소수파들이 실제적 화폐현상을 완전히 놓치고 오로지 그렇게 획득된 자유를 매개로 하여 용어적 목적을 추구하는 자본개념을 제시하였다. 특히 여기에 정부, 청소년 등이 '자본'에 계산되는 것이 속하게 되었다. 이 자본개념들도 자신의 의미를 가진다.[28] 그러나 이 개념들은 자본**문제**로 가는 길과 완전히 떨어져 있다. 그 사안이 학문에서 다루어졌던 방식이 이들에게 있어서는 모든 조준점을 잃어버리게 하고 자본이론을 완전히 퇴화시키는 결과를 실제로 창출하였다.

더 나아가 마르크스(Marx)의 자본이론과 우리 이론의 중요한 접촉점을 제시하는 것이 필요하다. 주지하는 바와 같이 마르크스(Marx)는 자본의 특징을, 그것이 노동자에 대한 '착취수단'으로 작용하며 결국 이 '착취'는 명백하게 기업가가 — 확실히 마르크스(Marx)는 그를 자본가와 한 곳에 섞는 고전적 해석에 따름 — 노동자의 힘에 대한 지배권을 손에 넣는 것에 근거하고 있다. 그런데 뵘-바베르크(v. Böhm-Bawerk)는 이 개념의 자본이 토지력에도 유효하다고 강조하였으며, 우리의 관점으로부터 모든 기술적 생산수단은 같은 경우에 위치한다는 점을 부가할 수 있다. 그리하여 마르크스(Marx)와 우리와의 의견일치는 아주 많이 멀리 도달하지는 못하는데, 그 이유는 바로 이 사람은 노동자를 물질적 생산수단으로부터 분리하는 것을 확실히 강조하며 후자를 전자의 착취수단으로 만들 수 있기 때문이다. 또한 '착취'라는 표현도 우리의 표현과는 다른 방향을 의미한다. 그러나 궁극적으로 근본적 사고는 자본은 본질적으로 생산에 대한 지배수단이라는 점이며 이 사고는 완전히 우리의 사고이다. 더 나아가 마르크스(Marx)는 사실에 대한 관찰에 기초를 두고 있고, 그가 이 관찰로부터 우리가 결정하지 않는 결말을 지었고 그가 근본적 사고를 부정확하게 진술하였음에도 불구하고, 즉 확실히 자신의 기획에서

---

28) 여기에 관해서는 「본질(*Wesen*)」 제2편을 참조하라.

완전히 어긋난 길로 빠졌음에도 불구하고, 여기에 우리의 해석과 그의 해석 그리고 그의 해석으로부터 다소간 영향을 받는 모든 해석과 접점을 이루는 한 가지 관점이 존재한다.

우리는 여기에서 우리의 고찰방식과 유사한 다른 방식에 관해 생각해야만 한다. 내 생각으로는 슈몰러(Schmoller)는 멩거(Menger)의 자본개념이 진정으로 사업실무의 개념일 뿐만 아니라 이론가들에 의해 항상 다시금 적용된다는 점을 적절하게 강조하였다(그의 책 「개요(*Grundriß*」 제2편, 171쪽). 우리는 그것이 우리의 개념에 관해서도 해당될 수 있다고 생각한다. 사실 국민경제학자들은 전문가로서 우리를 아주 강하게 부인하고, 피상적 해석, 확실히 저주에 찬 '통상적 혼동'에 연결시킬 수 있을 것이다. 그러나 실제로 이들은 의지에 반하여 우리에게 아주 놀라울 정도로 자주 찬성한다. 단지 적은 사례들만이 우리와 완전히 일치하는 이 **정의에 부적합한 자본개념의 사용**으로 제시된다. 여기에는 역시 차이점이 날카롭게 대두된다.

여기에서 우리는 이미 오래된 대가인 스미스(Smith)를 인용할 수 있다. 즉, 그는 확실하게 기업가가 재화를 구입한 화폐가 아니라 재화 자체를 자본이라고 명명하였다. 그러나 그리고 나서 그는 자본은 다양한 재화에 뿌려진다고 반복하여 말하였다. 그러나 그것은 이미 코모진스키(v. Komorzynski)가(그의 책 「신용(*Kredit*)」 163쪽) 강조한 것처럼 단지 우리의 의미에서의 자본과 연결될 수 있다. 그러나 코모진스키(v. Komorzynski)는 사람들은 그럼에도 불구하고 여러 측면에서 살펴보며 또한 스미스(Smith)는 단지 구입된 재화만을 자본으로 파악하려고 했다는 점을 추가하여 말한다. 예를 들어, 스미스(Smith)는 1809년 에딘버러 판 제2편 118쪽에서 다음 사항을 제시하였다. "빌리는 자가 진정으로 원하는 것 그리고 빌려주는 자가 진정으로 그에게 제공하는 것은 화폐가 아니라 화폐의 가치 혹은 이것이 구입할 수 있는 재화이다." 그러나 그것이 무엇을 의미하는가? 확실히 화폐는 소비되지 않고 구매를 위해 사용된다. 그러나 이 이유로 바로 화폐는 빌려지고[29] '진정으로 화폐가 구입하는 재화'는 빌려지지 않는다. 사람들이 그것을 가정한다면, 사람들은 진행과정을 왜곡하게 된다. 그리고 화폐의 이 배제는 진정으로 이론적 묘사의 근본적 결핍을 가져오며 또한 기업가가 그가 필요로 하는 재화를 스스로 빌린다는 허구가 사실적 진행과정의 사상적 묘사로부터 어떤 본질적인 것을 배제한다는 점을 보일 수 있다면, 이 허구는 추천할 만하지 않다. 그렇다면 첫 번째로 사람들은 고려하여야만 했던 화폐는 어떤 역할도 수행하지 못한다는 시각을 더 이상 가질 수 없으며, 둘째로 사람들은 화폐 **혹은** 이로써 구입한 재화 중 무엇이 자본인가에 관한 질문을 보다 진지하게 받아들여야 할 것이다. 그로부터 정태적 순환과 관련이 없는 문제, 그러나 그 속에서도 발전이 본질적이라는 우리의 해석에 한걸음 정도 더 다가선다. 또한, 자본문제에 대한 해법은 정태이론과 동태이론 간의 명확한 분리 속에 존재한다. 이 분리의 부재는 스미스(Smith)에 대해 그의 추종자들과 마찬가지로 화폐의 무의미성을 증명해 줄 수 있을 것이며, 그러나 때로는 이 증명을 지속적으로 유지할 수는 없다는 점을 설명한다.

유사한 점이 리카도(Ricardo)에게도 존재한다. 우리가 인용할 수 있었던 그의 많은 관점 중 하나는 — 맥컬록(McCulloch)이 1881년 편집한 책 47쪽 참조 — 다음과 같다: "모든 사람은 자신의 자본을 자신이 원하는 곳에 사용하는 것은 자유이지만, 그는 자연적으로 가장 유리한 사용을 추구할 것이다. 그는 그가 15퍼센트의 수익을 얻을 수 있는 그의 자본을

29) 만약 내가 총을 구입한다면, 나는 어느 정도 이것으로 만들어낼 수 있는 사냥으로 잡은 짐승을 지불한다. 즉, 그러나 이에 따라 총의 구입은 내가 쏘고 싶은 사슴의 구입과 오랫동안 동일하지 않다.

제거함으로써 10퍼센트의 수익을 창출한다면 당연히 만족하지 못할 것이다.” 거기에서 리카도(Ricardo)는 무엇에 대하여 생각하는가? 공구, 천연자원, 노동자를 위한 소비재? 그러나 사람들이 이들을 아주 손쉽게 다른 사용으로 넘겨줄 수 있지 않을까? 확실히 부분적으로는 그리고 손실을 보면서는 그렇다. 사람들이 다른 재화를 얻기 위하여 이와 같은 재화를 판매할지라도, 그것은 — 사람들이 쉽게 볼 수 있는 것처럼 결국 필요한데 — 손실을 수반한다. 이를 통하여 물질자본은 다른 자본이 된다. 즉, 이 자본이 다른 사용으로 이어지는 것이 아니라, 다른 자본이 획득되는 것이다. 구(舊)자본은 사용된 것이다. 다른 사용으로 이어질 수 있는 것은 오로지 구매력이다. 또한 구매력은 구(舊)자본으로부터 얻어 유지될 수 있는 유일한 것이다. 구매력은 또한 일정한 산업부문을 떠나고자 하는 사람이 자신의 재화재고로 얻을 수 있는 유일한 것이다. 이에 대한 작동은 객관적인 매개체로서 화폐를 통해서만 이루어지지 않으며, 본질적 진행과정의 한 요소로서 구매력을 바탕으로 작동한다. 그러나 리카도(Ricardo)는 아직 투자되지 않은 자본의 관점에서 앞에서 인용된 입장에 위치해 있다. 그렇다면 이 투자되지 않은 자본은 어디에 있는가? 뵘-바베르크(v. Böhm-Bawerk)는 리카도(Ricardo)와 일치되게 말한다. 즉, 사람들은 소비를 절약하고, 이를 통하여 생산능력을 구입하고, 이를 새로운 생산에 사용한다. 그러나 절약하여 구입할 수 있는 이 생산능력은 정말로 사람들이 필요로 하는 바로 그것인가? 그리고 사람들이 신용화폐의 수단을 통하여 절약함이 없이, 스스로 절약함이 없이, 그리고 그 누군가가 ‘절약함’ 없이 생산재를 손에 넣을 수 있다는 것은 사실이 아닌가? 그리고 만약 이게 사실이라면, 무엇이 우리의 해석을 간단히 받아들이는 것을 방해하는가? 사실상 이 입장을 이해하는 사람은 아무도 리카도(Ricardo)가 ‘화폐자본’에 관해 간단히 생각하는 것에 대해 추호의 의심을 가질 수 없다. 그는 화폐화된 부류와 은행에 대해 지적을 한다. 단지

'화폐자본'에 대해서만 그의 상세한 설명이 타당하며, 그가 전문가로서 이 '화폐자본'이 가장 깊은 본질에 있어서 재화로 구성된다는 견해와도 연결한다면, 그것이 명백하게 슈몰러(v. Schmoller)의 시각인 것과 마찬가지로, 그도 역시 그 행위에 의하여 역시 조롱받게 될 것이다. 사람들은 그와 같은 자본개념 속에는 첫 번째 것이 묘사하는 분석결과보다, 즉 자본개념이 창출하는 결과보다 이 화폐형태와 신용형태에 관한 심층적 분석이 존재하며 '화폐'는 사안의 표면에 지나지 않는다고 항상 말할 수 있을 것이다. 그러나 이 분석은 바로 잘못된 것이며, 그렇다면 화폐자본은 있는 그대로 유지된다.

아주 동일한 분석을 밀(Mill)[30]에게 더욱 더 발견된다. 그는 자본은 재화로 구성된다고 설명하며, 화폐는 자본의 기능 중 어느 하나도 수행할 수 없다고 강조하여 말한다. 그러나 그가 유동자본과 고정자본 간의 차이에 관해 말하는 곳에서(제1편 제4장 제1절), 그는 전자는 생산에 의해 사용된다고 언급하고 있다. 이에 따라, '자본의 이 부분'은 **생산물의 판매에 의해** 끊임없이 **대체되어야**만 하며, 사람들은 이것을 대체한 후에는 필요한 경우 이것을 바로 다시금 원재료와 노동력을 구매하기 위해 **지출하는** 것이 필요하다. 그리하여 이 자본의 기능은 바로 손에서 손으로 이전되는 가운데 발생하는 것이다. 그렇다면 사람들은 생산물의 판매에 의해 무엇을 얻는가? 사람들은 그것을 통하여 무엇을 대체하는가? 원재료와 노동력을 구매하기 위하여 사람들은 무엇을 지출하는가? 무엇이 손에서 손으로 이전되고 자신의 자본의 특질을 다시 획득하기 위해 곧바로 이 특질을 잃어버리는 것은 무엇인가? 역시 화폐이다! 밀(Mill)의 서술은 생산재에 대해 대립된 무언가가 중요하다는 점에 대해 하등의

30) 맥레오드(McLeod)의 「신용이론(*Theory of Credit*)」 제1권에서의 밀(Mill)에 대한 비판을 참조하라.

의심을 허락하지 않는다. 더 나아가 소비재도 역시 '지속적으로' 손에서 손으로 옮겨가지는 않는다.

나는 그것을 주목한 첫 번째 사람이 아니다. 이 동일한 견해에 체르니체프스키(Tchernychewsky)는[「과학으로 판단한 경제정책, 존 스튜어트 밀의 경제정책에 대한 비판」, 브뤼셀, 1874, 제1편(l'Economie politique jugée par la Science, critique des Principes d'Economie Politique de John-Stuart Mill, Bruxelles, 1874, Tome I)] 긴 서술을 연결하였는데, 여기에서 그는 밀(Mill)에 대하여 그의 모순성을 질책하였다. 확실히 그는 동일한 사정도 '정확하게' 표현할 수 있다는 결론, 즉 자신의 관점으로는 물론 밀(Mill)의 자본개념의 도움으로도 표현이 가능하다는 결론에 도달한다. 그러나 이에 대해서는, 그것이 단지 **정태이론** 속에서만 가능하다는 점을 고집할 수 있다. 만약 경제가 항상 동일하게 유지되는 순환 속에 움직인다면, 화폐의 위치에 대해 단순히 관련된 재화를 대응시킬 수 있고 완전히 중립적인 시장기술적 역할을 하는 화폐는 제외할 수 있다는 것이 확실히 가능하다. 그러나 동태이론 속에서 화폐에게는 재화를 정태적 궤도에서 새로운 궤도로 이행하게 하는 본질적인 기능이 걸맞으며, 본질적인 진행과정을 포괄하는 이 역할은 그 고찰을 통해 배제될 수 없다.

우리가 다시금 밀(Mill)의 충실한 학생 포셋(Fawcett)을 언급해 보자(1874년에 발간된「정치경제학 매뉴얼(*Manual of Political Economy*)」, 제4판). 그에 따르면, 자본이 화폐에 존재한다는 것을 믿는 것은 '유통오류'이다(17쪽). 오히려 자본은 생산을 보조할 목적으로 축적된 부(富)에 존재한다(같은 쪽과 11쪽).[31] 그러나 그는 바로(87쪽과 88쪽) 자본투자에 관해 얘기한다. 영국자본이 다른 나라들에게 이용 가능하여 전 세계에서 수없

31) 또한, 그는 이미 11쪽에서 기업가는 **화폐**를 임금지불을 위하여 필요하다고 말했다. 그러나 기업가는 임금지불을 위해 구매력을 필요로 하며, 또한 그는 토지력의 구입을 위하여 이것을 필요로 한다.

이 많은 기업이 영국자본에 의해 창업되었다. 충분히 확실한 얘기이다. 그러나 영국이 그래서 **재화를** 빌려주었는가? 그것은 확실히 아니며, 영국은 물론 이들 나라에서 혹은 다른 어떤 곳에서 재화를 구입할 수 있는 지불수단을 빌려준 것이다. 특히 더 이후의 사례가 흥미롭다. 즉, 이들 차입금에서 임금으로 지불된 금액 중 대부분은 영국 노동자에게가 아니라 해당 국가들의 노동자에게 돌아갔으며, 그리하여 그것으로 영국의 소비재가 아니라 대부분 해당 국가들의 소비재를 구입하였다. 그러나 그것은 포셋(Fawcett) 스스로 말했던 것처럼 **영국의** 자본이었다. 그러나 '영국의'라는 것은 단지 화폐, 즉 구매력이었다. 만약 1억 파운드가 갑자기 면사공업에 필요하다면, 포셋(Fawcett)에 따르면, 사람들은 이것을 다른 곳의 투자를 줄이면서 조달할 수 있다.[32] 사람들은 **무엇을** 조달할 수 있는가? 그것은 화폐이며 다른 것은 아니다. 더 나아가 그는 1871년 프랑스의 전쟁손해배상금의 지불은 산업의 다양한 부문의 구조조정에 사용할 수 있었던 자본을 프랑스로부터 빼앗아갔다고 말한다. 그러나 이 금액은 많은 부분 신용수단으로 구성되었다. 그리고 그의 주장은 더욱 더 진행된다. 제3편의 제10장에서, 포셋(Fawcett)은 처음에는 신용이 자본을 창출한다고 말하는 것은 의미가 없다고 말하고, 그러나 이를 바탕으로 그는 바로 예금은 은행에 대하여 **신용**이 한 국가의 자본을 증가시킬 수 있는 정도를 보여준다는 것을 증명한다고 말한다. 만약 그가 때때로 신용으로 노동자를 부양할 수 없다는 점을 단언한다면, 우리는 그에

32) 이 사안은 한 실무자에 의하여 보다 아름답고 정확하게 묘사되었다. "영국은 … 세계의 모든 나라로부터 자신의 부를 혹은 자본을 사용하기 위해서가 아니라 자신의 신용 사용을 위하여 이자의 형태로 조세를 거둔다. 모순적으로 보이지만 영국이 … 다른 나라들에 대해 수많은 돈을 빚지게 한 데 대해 이자를 거둔다는 것은 엄밀한 사실이다"(출처: 스티크니(A. B. Stickney), 「교환의 수단과 은행의 기능(*Medium of Exchange and the Banking Function*)」, 미국은행연합회, 1901년 회의). 오로지 이 저자만이 물질적 자본 개념에 머물러 있다.

게 전혀 반박하지 못할 것이다. 그러나 우리는, 만약 그가 전문가로 자본에 관해 얘기하지 않음에도 불구하고, 그가 스스로 항상 노동자에게는 부양으로서도 혹은 공장에 대해서는 기술적 생산수단으로서도 사용될 수 없는 것에 대해 항상 생각한다고 주장할 것이다.

우리의 목적을 위하여 그것으로 충분하다. 그것은 자본의 본질과 기능에 관한 우리의 해석을 특징짓고 이미 오랫동안 상세한 묘사를 기다려온 것에 대해 단지 우리가 말한다는 것을 독자에게 보여주는 데 충분하다. 이미 케언스(Cairnes)는 "상업적 국가에 있어서 처분할 수 있는 형태로, 혹은 덜 애매하게 표현한다면, 화폐 **혹은 다른 구매력**의 형태로(나는 이것을 강조함), 어떤 필요한 목적으로 변화될 수 있는 큰 금액의 자본의 존재는 명백하고 부정할 수 없는 사실이다."라고 말하였다. 맥레오드(McLeod)는 이 사실을 강하게 강조하였다. 시지위크(Sidgwick), 배저트(Bagehot), 보나미 프라이스(Bonamy Price)는 비록 항상 주류의 해석이 그것을 떼어버리려고 노력하였음에도 불구하고 이론에 대하여 그것을 유지해온 사람들에 속한다. 나는 단지 이 자본의 역할만을 세심하게 묘사하였고 이 사실로 전체 자본현상을 모두 다 논의하였음을 보여주었다. 그리고 나는 어떤 경우에는 사람들이 이 자본에 대하여 단순히 재화를 대체할 수 없다는 점이 어디에서 왔는지를 보여주었다. 그로부터 경제과정의 약간 다른 묘사가 창출된다. 또한, 그로부터 주류의 해석이 화폐와 재화 간의 널리 알려진 혼동에 대해서는 승리하였으나 그쪽에서는 구매력과 이를 위해 획득된 재화를 혼동하였다는 점이 대두된다. 그 혼동은 동태적 경제과정의 이론적 파악을 어렵게 하는 혼동이다. 자본은 특별한 원동력이다. 그러나 그것은 언어의 일상적 의미로서의 재화가 아니다. 자본은 새로운 결합을 관철하는 과정과 방법을 특징짓는다.

제3절 금융시장

더 가야 할 한걸음이 아직 남아 있다. 자본은 생산수단의 총합도 생산수단의 범주도 아니다. 자본은 본원적 생산수단도 생산된 생산수단도 아니다. 또한, 자본은 소비재의 비축도 아니다. 이것은 특별한 원동력이다. 그 자체로서 자본은 이론적 의미에서 그 속에서 소비재시장과 생산수단시장이 존재하는 시장을 가져야 한다. 그리고 이 이론적 시장에 대하여 현실에 있어서 이들 두 개의 다른 시장과 같은 유사한 것이 상응하여야만 한다. 우리는 제1장에서 노동력 및 토지력의 시장과 소비재의 시장이 존재하고 그 속에서 국민경제의 정태적 순환을 위한 모든 중요한 것들이 결정된다는 것을 보았다. 우리는 또한 이에 반하여 생산된 생산수단, 즉 이들이 각각의 연계를 맺고 있는 과도적 항목은 독자적 성향의 시장과 중요한 진행과정의 이와 같은 개념적 · 실무적 중심을 가지고 있지 못하다는 것도 보았다. 자본의 새로운 원동력이 경제과정에 투입되는 발전에 있어서, 메우 흥미로움이 발생하는 제3의 시장, 즉 자본시장이 주어져야 한다.

이와 같은 자본시장(Kapitalmarkt)은 존재한다. 현실은 우리에게 이를 직접 그리고 현실이 우리에게 노동력과 토지력 시장 그리고 소비재시장을 보여주는 것보다 더욱 직접 보여준다. 자본시장은 훨씬 더 집중화되어 있고, 훨씬 잘 조직화되어 있으며, 다른 두 시장보다 훨씬 더 쉽게 눈여겨보고 관망할 수 있다. 이 시장은 기업가들이 금융시장(Geldmarkt)라고 부르는 것이며, 모든 신문이 이 이름하에 매일 보도를 한다. 이 이름은 역시 우리의 관점에서는 전혀 만족스럽지 않다. 즉, 단순히 '화폐'가 그곳에서 거래되는 것이 아니며, 우리는 여기에 표현될 수 있는 해석과 반대되는 경제학의 이의제기에 부분적으로 찬성할 수 있을 것이다. 그러나 우리는 이 이름을 수용한다. 어찌 되었든 자본시장은 실무가 금융시장으로 묘사하는 현상과 동일한 현상이다. 다른 자본시장은 존재하지 않는다. 하나의 매력적이고 보람있는 과제는 금융시장의 이론을 제공하는 것일 것이다. 우리는 아직 이와 같은 이론을 가지고 있지 못하다. 특히 경험의 모든 실무적 규칙을 취합하고 이의 이론적 내용을 바탕으로 검증하는 것이 흥미롭고 보람있을 것이다. 이들 규칙은 실무자를 그의 의사결정과 그의 개별적 상황의 판단에 있어서 결정하게 하고, 확실히 상당한 다수 속에서 확고하게 공식화되며, 금융시장 기사의 모든 집필자를 인도한다. 경제적 기상예보의 이 실무적 규칙은 비록 이에 관한 연구가 현대경제의 이해 속에 깊이 들어와 있음에도 불구하고 현재 완전히 이론의 길 밖에 놓여 있다. 우리는 여기에서 그에 대해 상관할 수는 없다. 단지 우리의 목적에 맞을 필요한 사항이 여기에서 언급될 것이다. 그것은 약간의 단어들로 이루어질 수 있다.

정태적 국민경제 속에서는 이와 같은 금융시장은 존재하지 않을 것이다. 이 정태적 국민경제가 고도로 조직화되어 있고 이의 거래가 신용지불수단에 의해 해결된다면, 이 경제는 아마도 중앙정산소, 즉 어음교환소의 유형, 국민경제적 부기센터의 유형을 가지게 될 것이다. 이 기관의 운영과정은 모든 국민경제적 진행과정, 즉 정기적 임금지불, 세금지불, 수확물 이동의 필요, 휴가시간의 필요 등을 반영할 것이다. 그러나 그것은 단지 사람들이 시장에 관해 전혀 얘기를 할 수 없는 단순한 정산과정일 것이다. 이제 발전에 있어서 이 정태적 기능은 폐지될 것이다. 그러나 발전에는 현재로서는 쓸데없는 정태적 구매력에 대한 사용이 항상 존재한다. 마지막으로 발전에 있어서는 이미 강조한 바와 같이 동태적 구매력도 일시적으로 정태적 목적에 사용된다. 그리하여 이 정태적 기능은 실생활에서는 금융시장 기능의 요소가 되고, 이는 금융시장의 작동에 편입되며, 금융시장에 대한 동태적 수요에 대한 정태적 욕구를 부가하게 되며, 정태적 화폐는 금융시장에서 구매력에 대한 공급을 증가시키는 것이 발생한다. 그리하여 우리는 모든 금융시장 기사에서 정태적 순환의 맥박을 느끼며, 그리하여 우리는 수확물, 세금지불 등의 현재 구매력에 대한 수요가 증가되며, 이 시점 이후에는 구매력에 대한 공급도 증가된다. 그러나 그것은 금융시장에서의 정태적 진행과정을 동태적 진행과정과 구분하는 것을 방해하지 못한다. 단지 후자는 본질적이고, 전자는 후자와 연계되어 있고, 이들이 금융시장에서 대체로 발생한다는 것은 바로 발전의 결과현상이다. 이들 양자 사이에 자연적으로 존재하는 상호작용의 긴밀한 인연 모두는 사람들이 실무적으로 모든 경우에 있어서 이들을 구분할 수 있고 금융시장의 진행에서 무엇이 순환이고 무엇이 발전인가를 말하는 것이 항상 가능하다는 점에 대해서는 아무것도 변화시키지 않는다.

사안의 핵심은 새로운 기업의 신용욕구(Kreditbedürfnis)에 존재한다. 만약 우리가 여기에서 묘사의 간결성과 단순성을 위하여 모든 국민경제가 위치하는 국제관계의 영향력과 모든 국가경제가 노출되어 있는 대외무역의 영역으로부터의 개입의 영향력을 제외한다는 것을 기억한다면, 그것은 더욱 명확하게 강조된다. 국민경제적 국제수지와 금거래 등의 현상은 이로써 폐지되며, 그것은 사안의 바로 이 부분이 특별한 학문의 대상이 되고 아주 충분하게 분석되는 것보다는 적게 유감일 수 있다. 이 유보를 가지고, 금융시장에 한 가지가 본질적이고도 특별하게 대두된다. 즉, 이 시장에 한편으로는 수요자로서 기업가가 다른 한편으로는 공급자로서 구매력**의** 생산자와 구매력**을 가진** 거래자 — 은행가 — 가 대두되고, 이들 양자는 중개인과 중간거래인과 같은 스탭과 함께 대두된다. 향후 다시 설명하는 바와 같이, 교환대상물은 현재의 구매력이고 가격재화는 미래의 구매력이다. 두 당사자 간의 일상의 가격전쟁 속에서 미래발전의 운명이 결정된다. 이 가격전쟁 속에 미래의 가치체계가 우선 실무적이고 구체적인 형태로 나타나며 국민경제의 주어진 상황과 관련을 맺는다. 여기에서 새로운 기업을 위한 아주 짧은 기간의 신용은 의미가 없을 것이며 그리하여 이들 신용의 가격형성은 기업가에게 무관해야만 할 것이라고 믿는 것은 전혀 맞지 않을 것이다. 반대가 맞을 것이다. 즉, 어디에도 일당(日當)의 가격에서만큼 국민경제적 총체적 상황이 그렇게 날카롭게 다가오고 발전을 위하여 그렇게 결정적으로 표현되지 않는다. 즉, 기업가는 확실히 그가 대체로 신용을 필요로 하는 전체의 기간에 대해 필요한 신용을 받는 것이 아니라 상황에 따라 종종 거의 하루하루 받는다. 그러나 특히 새로운 기업의 주식을 종종 전적으로 혼자 시장에서 유지하는 투기가 오늘은 허락될 수 있고 내일은 거절될 수 있는 거의 이와 같은 단기적 신용과 작동을 한다. 유감스럽지만 나는 이 책의 범주에서는 좀 더 상세한 논의를 거절하여야만 한다.

그래서 우리는 실무에서도 가장 발전된 금융시장에서는 아주 의미 있고 다른 시장에서는 보다 적게 의미 있는 두 개의 시장 당사자의 영향을 살펴본다. 우리는 산업계의 신용욕구가 어떻게 나타나고, 은행계가 어떻게 곧바로 그것을 지원하고 용기를 불어넣으며, 곧바로 제동을 시도하고, 곧바로 신용욕구에 대해 모든 더 이상의 충족을 거절하는지를 본다. 다른 국민경제적 시장에서는 수요는 물론 공급도 발전에 있어서도 확실한 일정성을 나타내는 데 비하여, 여기에서는 큰 흔들림이 하루하루 두드러지게 나타난다. 우리는 그것을 금융시장의 특별한 기능을 통해 설명할 것이다. 국민경제의 모든 미래계획과 미래전망은 금융시장에 영향을 미친다. 그리고 다른 한편으로는 국민의 모든 생활환경, 모든 정치적 · 경제적 · 자연적 사건도 영향을 미친다. 새로운 결합의 관철에 관한 의사결정에 영향을 미쳐서는 안 될 기사는 거의 없으며, 금융시장의 상황과 지도자의 견해와 의도를 변경하지 않을 기사는 거의 없다. 미래의 가치체계는 모든 새로운 상황에 적응하여야 하며, 모든 새로운 상황에 대응하여 사람들이 이전에 행하고자 했던 것과 다른 어떤 방법이 행해져야 한다. 그것은 단지 구매력 가격의 변화에 의해서만 항상 발생하는 것은 아니다. 오히려 더 많이 개인적 영향이 이들 변화의 영향과 더불어 혹은 이들 변화의 자리에서 대두된다. 그러나 사람들은 우리가 어떠한 의미로 사안의 원칙이 그를 통하여 다루어지지 않는다는 점을 말하는지를 이해할 수 있을 것이다. 또한, 당연히 구매력의 각 구성요소의 구체적인 성격은, 특히 이를 위해 이용할 수 있는 시간은, 동일한 시점과 동일한 지점에서 우리를 역시 헷갈리게 하지 않을 화폐가격 다양성의 기초를 만들 것이다.

이들 소견은 대단히 많은 양의 사실적 자료를 포괄하며 세부적으로 많은 문제를 해결하게 하는 피상적으로 대단히 다른 많은 형태를 도식화하여 설명한다. 그러나 여기에서 중요한 것은 단지 거대한 개요이다. 항상 금융시장은 말하자면 자본주의경제의 중앙본부이며, 이곳으로부터 자본주의경제의 각 부문에 대하여 명령이 내려진다. 그리고 그곳에서 논쟁이 이루어지는 것, 그리고 그곳에서 결정되는 것은 항상 이의 가장 심층적 요체에 따르면 계속되는 발전의 계획을 추진하는 것이다. 모든 유형의 신용욕구가 금융시장에 닥쳐오며 모든 유형의 경제적 의도가 무엇보다도 이 시장을 마주 보고 관계를 설정하며 이들의 실현을 위하여 이 시장에서 대결을 한다. 그리고 모든 유형의 구매력과 각 유형의 차변잔액이 스스로 제공되어 금융시장으로 쇄도한다. 금융시장은 사안에 대한 본질을 일순간 쉽게 덮어버릴 수 있는 일정한 양의 임의매매거래와 중간기동연습에 대한 동기를 제공한다. 그럼에도 불구하고 나는 우리의 해석이 근본적으로 모순이 있을 것이라는 걱정을 거의 할 필요는 없다고 믿는다.

그리하여 미래가치를 관철하기 위한 신용거래, 즉 발전에 대한 자금조달은 금융시장 혹은 자본시장의 핵심기능이다. 발전은 이 시장을 만들고 이 시장은 발전으로부터 존속한다.[33] 발전의 진행에 따라 이 시장은 더 이상의 — 그리하여 세 번째의 — 기능을 확보한다. 즉, 이 시장이 바로 소득원천 자체의 시장이 된다. 우리는 화폐가격과 지속적 혹은 일시적 수익원천의 가격 간의 관계를 나중에 분석할 것이다. 여기에 있어서 이와 같은 수익원천의 판매는 자본조달의 한 방법이며 이의 구입은 자본의 사용가능성을 나타낸다는 것은 너무나 분명하며, 따라서 수익원천에서의 유통은 금융시장과 그다지 관계가 없다고 할 수 없다. 또한, 소유토지의 거래도 이쪽에 속하며, 단지 본질적이지 않은 부차적 상황만이 이 거래가 실무에서는 금융시장 진행과정의 요소로서 발생하지 않도록 작용한다. 그럼에도 불구하고 양자 간의 연관성의 결속이 없는 것이 아니다. 또한, 다른 지속적인 소득보유자들 혹은 이들에 대한 몫이 단지 알려진 기술적 전제조건하에서 금융시장에서 직접 거래가 된다. 그럼에도 불구하고 이들의 가치구성 및 가격구성이 금융시장 진행과정의 영향력 아래 완전히 놓여 있다는 것을 아무도 의심하지 않는다. 오해를 사전에 방지하기 위하여 독자는 우리의 모든 주장은 이의 특별한 가정과 특별한 언어습관을 가지는 전체적 해석의 일부분이라는 점을 다시금 상기하여야 할 것이다. 이 장에서 얘기된 모든 것은 그것을 잊어버리면 쉽게 잘못된 모습으로 나타날 수 있다.

---

33) 이 인식, 동시에 발전이 심리적 기질과 활기찬 진보의지의 사안과 아주 유사하다는 인식은 1909년 런던증권거래소 직원총회(Londone Börsenclerks)의 결의에서 익살맞은 색조가 없지 않게 표현되었다. 그 결의는 모든 사람은 주가의 급격한 등귀와 번영을 믿을 의무가 있을 것이고 모든 사람은 이와 반대의 견해를 말하는 것을 잘못일 것이라고 주장하였다.

제 4 장

기업가 이윤

제**4**장

기업가 이윤[1]

(Der Unternehmergewinn)

앞의 세 장(章)들에서는 모든 것이 근거하고 있고 더욱더 추구하여야 할 기초가 창출되었다. 첫 번째의 결과로서 기업가 이윤의 설명이 이루어지고, 더구나 이것이 쉽고 자연스럽게 이루어져서 이 장(章)에 대해 간결성과 단순성을 유지하기 위하여 나는 사실상 여기에 속하는 일부 어려운 서술을 다음 장(章)과 관련짓는 것을 선호하고, 그 속에서 가장 어려운 문제들이 한 개로 해결되었으면 한다. 기업가 이윤(Unternehmergewinn)은 비용잉여(Kostenüberschuß)이다. 무엇보다도 기업가의 관점에서는 그렇다. 이미 정말로 대다수의 국민경제학자들이 말한 바와 같이 그것은 한 사업적 경영에 있어서 수익과 지출의 차이이다. 이 정의는 이처럼 피상적이지만 이는 출발점으로서 충분하다. 여기에서 우리는 '지출'을 기업가에게 직접적으로 혹은 간접적으로 생산을 발생시키는 모든 비용으로 이해한다. 여기에서 기업가의 사실상의 노동력에 대한 적절한 임금, 그리고 혹시 그에게 소속된 토지에 대한 적절한 지대,

1) 가장 중요한 기업가 이윤에 관한 이론들은 다음의 직접적으로 이해할 수 있는 명칭에 의하여 특징지어질 수 있다. 즉, 갈등이론, 노동임금이론, 위험이론, 차별지대론이다. 여기에서 나는 이들의 논의를 「본질(*Wesen*)」 제3편에서 제시하며, 이들 이론의 비판에는 이 장(章)의 설명 자체로부터의 중요한 관점의 이와 같은 비판보다는 적게 들어가기로 한다. 교의사적 논의는 피어스토프(Pierstorff)와 마타야(Mataja)에 의해 이루어졌다. 마찬가지로 여기에서 우리와 가장 가까운 이론을 제시한 클라크(J. B. Clark)를 인용한다. 여기에 대해서는 그의 「경제이론의 요체(*Essentials of Economic Theory*)」를 참조하라.

마지막으로 위험 프리미엄을 포함하는 것은 고수되어야 한다. 이에 반하여 나는 이들 비용에서 자본이자가 제외되어야 한다고 강력히 요구하지는 않는다. 사실 자본이자는 확실히 이들 비용 속에 실질적으로 발생하거나 혹은, 만약 그 자본이 기업가 자신에게 속해 있다면, 계산상으로는 기업가의 개인적 임금이나 기업가 자신의 소유토지의 지대와 같은 방식으로 발생한다. 그것은 우리에게 일시적으로는 특히 많은 이론가가 자본이자를 원론적으로도 임금과 지대 바로 옆에 위치시키기 때문에 더욱 충분할 수 있다. 나는 이 장(章)에서 우리 해석의 의미 속에서 자본이자의 존재를 제외하거나 혹은 임의적 이자론의 의미에서 이를 제3의 정태적 소득분야로 인정하고 기업가 비용 속에서 고려할 것인지는 전적으로 독자의 자유판단에 맡긴다. 여기에서 우리는 자본이자의 본질과 원천에 대하여 아무런 관심이 없다.

'지출'의 이 정의에 있어서 도대체 수익에 대하여 차이가 있을 것인가의 의문이 있을 수 있다. 따라서 이것을 증명하는 것이 우리의 첫 번째 과제이다. 우리의 해결책을 간단히 설명하면 다음과 같다. 즉, 정태적 국민경제에서는 한 기업의 총수익은 — 독점이윤을 제외하고 — 이미 지불한 지출을 감당하기 위하여 아주 충분히 크다. 거기에는 이윤을 창출하지 못하거나 손실에 시달리지 않는 생산자들만 있고, 이들의 소득은 경영임금(wages of management)이라는 표어로 충분히 특징지어진다. 그리고 거기에는 발전에서 관철되는 새로운 결합이 오래된 결합보다 필수적으로 더 유리하며, 그리하여 이 새로운 결합에서는 총수익이 정태적 경제에서보다 더 크며, 따라서 지출보다 더 크다.

우선 우리는 그것을 우리의 전제조건을 가지고 아주 쉽게 조각을 할 수 있는 사례에 대하여 설명하고자 한다. 그리하여 우리는 특히 정태적 국민경제로부터 출발한다. 이 경제는 익숙한 결합에 의해 작동될 것이다. 이 경제 속에는 비용법칙(Kostengesetz)이 유효할 것인데, 즉 모든 재화는 비용가격으로 판매되고 그의 생산된 비용재의 가격은 궁극적으로는 이의 비용과 같을 것이다. 임금과 지대는 노동력과 토지력의 한계생산성에 대응하여 결정되며, 어쩌면 이자에 의해서도 결정될 것이다. 재화재고 혹은 화폐저장소 등과 같은 이전 발전의 잔유물은 존재하지 않을 것이다. 그 점에서 이와 같은 국민경제에서는 대체로 어떤 깊은 의미에서의 생산의 개인적 성과가 존재하지 않으며, 대체로 우리에게 결정된 언어의 의미 속의 기업가들은 존재하지 않으며, 제1장의 상세한 서술에서 창출된 것과 같은 기업가 이윤도 존재하지 않는다.

우리의 문제를 처음으로 다룬 로더데일(Lauderdale)[2]에게 경의를 표하기 위하여, 나는 생산과정의 개선과 뵘-바베르크(v. Böhm-Bawerk)[3]에 의해 충만한 분석이 이루어져 추천될 만한 기계식 방적기계의 오랜 가치를 가진 사례를 가지고 시작한다. 비록 현대경제의 지도자들의 활동의 대부분은 아니지만, 이 유형에 관해 아주 많은 연구가 존재한다. 특히 18세기와 19세기 변곡의 시간은 이 방향으로 성과들을 제시하였고, 그 영향력 아래에서 학문적 고찰도 대단히 많이 이루어졌다. 그러나 이 시기에 우리는 생산개선의 도입에 있어서 개념적으로 구분할 수 있고 현재보다는 아주 적게 실제적으로 구분이 되는 개별적 기능을 발견한다. 즉, 스타일 아크라이트(Stile Arkwright) 같은 사람들은 발명자인 동시에 실천가였다. 그들에게는 오늘날의 신용시스템을 마음대로 쓸 수 없었다. 그렇지만 나는 독자들이 더 이상의 설명과 반복 없이 가장 순순한 형태의 개발된 도식의 적용을 허락하는 선까지 다가올 수 있기를 희망한다.

그러면 사안은 다음과 같이 진행된다. 즉, 만약 우리의 지금까지의 정

---

2) 그의 「공공의 부의 성격과 원천에 관한 탐구(*Inquiry into the Nature and Origin of Public Wealth*)」를 참조하라. 여기에서 그는 확실히 우리와는 아주 다른 목적을 가지고 있었다.

3) 그의 「자본이자론의 역사(*Geschichte der Kapitalzinstheorien*)」를 참조하라.

태적 국민경제에서 섬유산업을 단지 수작업으로만 생산하는 그 누군가가 기계식 방적기계에 의해 작동되는 기업의 창업 가능성을 보고 수많은 장애물을 극복하고 결정적 의사결정을 내릴 수 있는 힘을 느낀다면, 그는 이제 무엇보다도 구매력을 필요로 한다. 그는 구매력을 은행에서 빌리고 자신의 기업을 창업하는데, 여기에서 그가 방적기계를 스스로 제작하거나 혹은 다른 기업에게 이의 용도를 한정하기 위하여 자신의 지시대로 만들게 하건 아주 아무래도 좋다. 이제 한 노동자가 이와 같은 방적기계를 사용할 수 있고 매일 수공업자보다 생산물을 여섯 배 정도 더 많이 생산할 수 있다면, 우리의 기업은 다음 세 가지 조건하에서 비용잉여, 즉 수익과 지출의 차이를 획득하여야 한다는 것은 아주 명확하다. 첫 번째로, 자신의 새롭게 대두된 공급[4]의 결과 생산물 가격이 떨어지지 않거나 혹은 노동자당 더 많은 생산물 수량이 수작업으로 획득할 수 있는 보다 적은 생산물 수량보다 더 높은 수익을 획득할 수 없는 **정도**까지 떨어지지 않아야 한다는 것이다. 둘째, 하루당 방적기계의 비용은 다섯 명의 노동자의 일당 속에나 혹은 생산물 가격의 혹시 있을 수 있는 감소의 고려와 나머지 한 노동자의 임금공제 이후에도 남아있는 금액 속에 잔류되어야만 한다. 세 번째 조건으로, 우리는 두 개의 다른 조건의 보충을 명확히 표현한다. 이들 두 개의 조건 속에서는 방적기계를 다루는 노동자의 임금이 발생하고 방적기계의 지불에 들어가는 임금과 지대도 발생한다. 여기에서 무엇보다도 나는 이들 임금과 지대가 우리의 사람이 계획에 발을 들여놓기 전에 지배했던 단순히 정태적 임금과 지대일 것이라는 경우를 생각하였다. 그의 수요가 비교적 작다면 우리는 그것으로도 만족할 수 있다. 그러나 만약 그렇지 않다면 새로운 수

4) 여기에서 우리의 전체적 해석을 진행과정과 현실에 대해 진실하게 유지하기 위하여 로더데일(Lauderdale)의 사례로부터 다시금 벗어난다.

요에 대응하여 노동력과 토지력의 가격은 상승한다. 왜냐하면, 나머지 섬유기업들, 즉 정태적 섬유기업들은 우선 조용히 계속적으로 일하며, 필요한 생산수단을 바로 그들에게가 아니라 어떤 정태적 기업에게 빼앗겨야만 하기 때문이다. 그것은 보다 높은 가격제시를 통해서 발생한다. 그리고 그리하여 자신의 등장에 따라 발생하는 생산수단시장에서의 가격상승을 예측하고 평가하여야 하는 우리의 사람은 이전의 임금과 지대를 자신의 계산 속에 넣어야 할 뿐만 아니라 상응하는 금액도 가산하여야만 하며, 그 결과 세 번째 공제항목이 발생한다. 단지 수익이 이를 초과할 때에만 비용잉여가 존재한다.

우리의 사례 속에서 이 세 가지 조건은 실무에서는 수없이 많은 횟수로 실행되고 있다. 이 사례는 이들의 실행의 가능성과 이로써 비용잉여의 가능성을 입증한다.[5] 그러나 당연히 이들 세 조건은 항상 이루어지는 것은 아니며, 그것이 이루어지지 않는 곳에서는 이 사정이 미리 예견된다면 그것은 새로운 기업의 설치로 이어지지 않고, 그러나 이 사정이 인지되지 않는다면 그것은 잉여로 이어지는 것이 아니라 어쩌면 손실로 이어진다. 그러나 이들이 이루어지면, 달성된 잉여는 이미 그 사실 때문에 순수익이기도 하다. 그렇다면 방적기계는 물리적으로 이들 기계 속에 포함된 노동력과 토지력이 생산수단가격과 생산물 가격이 일정한 경우 마찬가지로 손해가 없는 생산으로 이어질 가능성이 있는 그동안의 방식으로 생산할 수 있는 것보다 더 많은 생산물 양을 생산하기 때문에 그리고 이는 명백하게 우리의 경제주체에게 — 이들의 특허화 가능성을 간단히 이해할 수 있는 것으로 아주 제외함 — 비용금액을 사용가능하게 할 수 있기 때문에, 수작업만을 사용하는 데 있어서의 균형가격, 즉 비용가

5) 사람들은 이 명제에서 생산성이론의 많은 옹호자에게서 이자의 사실과 관련하여 호소가 발견되는 것과 유사한 호소가 우선 설명하여야 하는 현상의 사실에 대해서는 존재하지 않는 것에 주목할 것이다. 이에 덧붙여서 추가적인 근거가 뒤따를 것이다.

격으로서 형성한 가격에 의해 측정될 수익과 이제는 정태적 기업에 대한 것보다 생산물 단위당 근본적으로 더 적은 지출 간의 차이가 발생한다. 그리고 이 차이는 수요자와 공급자로서의 우리 경제주체의 대두를 통하여 발생되는 가격변동에 의해 모두 없어질 **필요는** 없다. 그것은 너무나 명료하여 우리가 이 순간 보다 정밀한 서술을 하지 않아도 될 것이다.

그러나 이제 드라마의 두 번째 막이 이어진다. 정태적 궤도는 파괴되었고 유인된 이윤의 자극하에 기계식 방적기계를 가진 더욱더 새로운 기업들이 창출된다. 새로운 기업들의 생산증가, 이들의 경쟁전쟁, 이들의 정태적 기업들의 구축(驅逐), 이들 정태적 기업들의 있을 수 있는 노동자 해고 등으로 산업부문의 전면적인 재조직화가 발생한다. 우리는 이 과정을 뒤에서 보다 자세히 살펴볼 것이다. 여기에서 우리는 단지 한 사안에만 관심이 있다. 즉, 궁극적인 결과는 새로운 여건에 있어서 다시금 비용법칙을 지배하는 새로운 정태적 균형상태여만 하며, 그 결과 이제 생산물 가격은 방적기계에 스며들어 있는 노동력과 토지력의 임금과 지대와 동일하고, 방적기계에 부가되어 이로써 생산물을 창출하는 노동력과 토지력의 임금과 지대보다는 많다. 이 상태가 달성되기 전이 아닌 한 항상 더 이상의 생산량의 생산에 대한 자극은 중단될 것이며, 이것은 증가하는 공급의 결과인 가격압력 이전까지지도 중단되지 않을 것이다.

결과적으로 우리의 경제주체와 그의 첫 번째 추종자들의 잉여는 사라진다.[6] 물론 당장이 아니라 보다 길거나 혹은 보다 짧은 기간 이후에 보통 점증하는 감소가 이루어진다.[7] 그러나 그럼에도 불구하고 잉여는 실현되고, 이 잉여는 주어진 상황 속에서 단지 일시적 순수익이기는 하지만 일정한 금액을 형성한다. 그렇다면 잉여는 누구에게 귀속되는가? 명

6) 뵘-바베르크(v. Böhm-Bawerk)의 174쪽에서 인용한 곳을 참조하라.

7) 그럼에도 불구하고 우리는 서술적 단순성 때문에 이 과정을 일반적으로 한 경제기간으로 제한한다.

백하게 방적기계를 경제의 순환 속으로 도입한 경제주체들에게 돌아간다. 이들은 이 기계의 순수 발명가도 아니며 단순하지 않게 이 기계의 순수한 제작자 혹은 사용자도 아니다. 즉, 지침에 따라 이를 생산한 자는 이의 비용가격만을 얻게 되며, 지침에 따라 이를 사용한 자는 초기에 이를 보다 비싸게 구입하여 거의 이윤을 얻을 수 없다. 이윤은 방적기계의 도입을 실행에 옮긴 **그들** 경제주체들에게 귀속되며, 이들은 이 기계를 제작과 사용을 동시에 하거나 혹은 단지 제작하거나 혹은 단지 사용만 할지 모른다. 우리의 사례에는 주안점이 사용에 놓여 있지만, 그럼에도 불구하고 이는 본질적이지 않다. 기계의 도입은 그것이 제작을 위한 것이거나, 사용을 위한 것이거나, 혹은 양자 모두를 위한 것이든, 새로운 기업의 창업을 통하여 이루어진다. 그렇다면 우리의 경제주체들은 이에 대하여 무엇을 기여하였는가? 단지 의지와 행동이다. 즉, 구체적 재화가 아닌데, 왜냐하면 경제주체들은 이 기계를 다른 사람으로부터 혹은 자신으로부터 구입하였기 때문이다. 이를 구입할 수 있는 구매력도 아닌데, 왜냐하면 경제주체들은 이를 다른 사람으로부터 혹은, 만약 우리가 이전의 기간으로부터의 획득물을 관련시키고자 한다면, 자신으로부터 빌렸기 때문이다. 그리고 이들이 무엇을 했는가? 이들은 어떠한 재화를 축적한 것도 아니고 본원적 생산수단을 창출한 것도 아니며, 기존의 생산수단을 다르게, 보다 목적 지향적으로, 보다 유용하게 사용하였다. 이들은 "새로운 결합을 관철하였다(Sie haben "neue Kombinationen durchgesetzt.")." 이들이 기업가(Unternehmer)이다. 그리고 이들의 이윤, 즉 하등의 의무에 직면하고 있지 않은 잉여가 기업가 이윤(Unternehmergewinn)이다.

방적기계의 도입이 대체로 기계 도입의 특별한 경우이듯이, 기계의 도입은 생산단위를 보다 적은 비용으로 생산하고 이의 그동안의 가격과 이의 새로운 비용 간의 차이를 창출하는 것을 목표로 한다는 가장 넓은 의미에서의 생산과정의 모든 변화의 특별한 경우이다. 여기에는 기업조직에 있어서의 많은 혁신과 상업적 결합에 있어서 모든 혁신이 속한다. 이와 같은 모든 경우에 대하여 말한 것을 한마디 한마디 반복할 수 있다. 첫 번째 집단의 대표는 그동안 알고 있지 못한 국민경제의 산업으로의 대기업의 도입이다. 대기업에서는 보다 작은 기업 및 최소규모의 기업보다 생산요소의 목적 지향적 배치와 보다 나은 활용이 가능하고, 더 나아가 보다 적절한 입지의 선정에서도 그렇다.[8] 그러나 대기업의 도입은 어렵다. 우리의 전제조건하에는 이를 위한 모든 조건, 즉 노동자, 의무감 있는 공무원, 필요한 시장상황 등이 결여되어 있다. 대기업에 대응하여 수없이 많은 사회적·정치적 성격의 저항이 작동한다. 그리고 조직 그 자체가 아직 잘 알려져 있지 않고 이의 설립에는 특별한 재능이 필요하다. 그러나 누군가가 이 상황 속에서 성공에 속할 수 있는 모든 것을 가지고 있고 그가 필요한 신용을 손에 넣을 수 있다면, 그는 생산단위를 보다 값싸게 시장에 도입할 수 있으며, 만약 우리의 세 가지 조건이 실현된다면, 자신의 손에 유지되는 이윤을 만들어 낼 수 있다. 그러나 그는 다른 사람들을 위해 승리했고, 다른 사람들을 위해 궤도를 파괴하였으며, 이들이 모방할 수 있는 본보기를 창출하였다. 이들 다른 사람들은 그를 따를 수 있고 따르게 되며, 처음에는 개별적으로 나중에는 전체적인 무리로 따르게 된다. 다시금 재조직화 과정이 창출되며, 만약 새로운 기업형태가 정태적 순환에 편입된다면, 그 결과는 비용잉여의 파괴가 되어야 한다. 그러나 그 이전에는 바로 이윤이 만들어졌다. 다시 말해, 경제주체들은 기존의 재화를 보다 효과적으로 사용한 것 외에는 다른 것을 하지 않았고, 이들은 새로운 결합을 추진하였고, 이들은 우리의 의미에서의 기

8) 알프레드 베버(Alfred Weber)의 「산업입지론(*Standort der Industrien*)」을 참조하라.

업가들이다. 이들의 이윤이 기업가 이윤이다.

상업적 결합의 경우에 대한 사례로 생산수단, 어쩌면 원재료에 대한 새롭고 보다 싼 구입처의 선택을 들 수 있다. 이 구입처는 지금까지 국민경제를 위하여 존재하지 않았다. 이의 원산국들과 — 예를 들어, 해외 원산국들 — 직접적이고 정기적인 관계가 존재하지 않았고, 기선정기항로나 연락관계도 존재하지 않았다. 혁신(Neuerung)은 위험을 무릅쓰고 결행되었지만, 대부분의 생산자에게는 불가능했다. 그러나 누군가가 이 구입처와 관련된 기업을 창업하고 모든 것을 이룬다면, 정태적 경제의 가격이 본질적으로 지속되는 데 반하여, 그는 다시금 생산물 단위를 보다 값싸게 생산할 수 있다. 그러면 그는 이윤을 획득한다. 다시금 그는 의지와 실행 외에는 아무것도 기여하지 않았고, 다시금 단지 현존하는 요소를 새롭게 결합하였을 뿐이다. 그리고 다시금 그는 기업가이고, 그의 이윤은 기업가 이윤이다. 그리고 다시금 후자와 기업가 기능 자체도 뒤이어 흘러들어 오는 경쟁의 소용돌이 속에서 파괴된다. 새로운 유통경로의 선택의 경우가 여기에 속한다.

생산과정의 단순한 개선의 사례와 아주 유사한 것은 한 생산재 혹은 한 소비재의 동일한 혹은 비슷한 기능을 수행하나 보다 값싼 다른 생산재 혹은 소비재로의 대체의 경우이다. 구체적인 사례들로는 18세기 마지막 4분기의 목화에 의한 양털의 부분적 대체와 대체품의 모든 생산을 들 수 있다. 이들 사례는 방금 언급한 것과 같이 다루어질 수 있다. 여기에서 새로운 생산물이 그동안 해당 산업부문에서 생산한 것과 같은 가격을 **확실하게** 확보할 수 없다는 차이는 사람들이 쉽게 볼 수 있는 것과 같이 우리의 사고과정에서는 단지 점진적인 것이다. 나머지는 아주 동일하게 적용된다. 다시금 관련 경제주체들이 생산재와 소비재를 스스로 생산하든 혹은 단지 사용하거나 판매하고 혹시 일어날 수 있는 지금까지의 사용들로부터 이 목적으로 가져와도 아무래도 좋다. 또한, 여기에서 이들 경제주체들은 재화와 구매력에 하등의 기여를 하지 못한다. 그럼에도 불구하고 이들은 새로운 결합의 관철에 연계된 이윤을 창출한다. 우리는 그 속에서 역시 기업가를 인지한다. 그리고 그 이익 역시 여기에서 오래 지속되지 않는다.

현존하고 이미 지금까지 충족된 욕구를 보다 잘 만족시킬 수 있는 새로운 재화의 창출은 약간 다른 사례이다. 현재까지 단지 열등한 악기만 존재하는 동안 보다 나은 악기의 생산이 사례이다. 여기에서 이윤창출의 가능성은 보다 나은 재화에 대하여 획득할 수 있는 보다 높은 가격이 이의 보통 마찬가지로 보다 높은 비용을 능가하는 데에 달려 있다. 이의 존재로부터 사람들은 쉽게 설득될 수 있다. 또한, 우리의 세 가지 조건의 이 사례에 대한 적용은 아무런 문제가 없고 독자에게 맡겨두어도 된다. 잉여가 있고 그리하여 보다 나은 악기가 도입되면 이 산업부문에 재조직화 과정이 도입되는 경향이 있으며, 이 과정은 마침내 그리고 결국 비용법칙의 지배를 회복한다. 또한, 그리하여 여기에서 기존 요소들의 새로운 결합, 즉 기업가 행위 그리고 지속적이지 않겠지만 기업가 이윤이 명백히 존재한다. 특별히 강력한 수요증가의 대두 속에서 보다 나은 욕구충족의 경우와 생산물 단위의 보다 값싼 비용의 경우와의 결합은 철도건설과 운하건설의 사례를 들 수 있다.

한 재화가 아직 익숙하지 않고 생산되지 않은 새로운 시장의 탐색은 기업가 이윤의 대단히 충분하고 특히 예전에 아주 지속가능한 기업가 이윤의 원천이다. 원시적 수공업 수익이 여기에 속하며, 예로서 흑인종족에게 유리구슬을 판매하는 것을 들 수 있다. 그 과정의 원칙은, 새롭게 대두된 재화는 천부적 재능 혹은 나이든 마이스터의 모습과 유사한 방식으로 구매자에 의해 평가된다는 것이다. 다시 말해, 구매자의 가격형성은 생산비용에 대한 고려 없이 이루어진다. 우리는 획득할 수 있는 가격의 높이에 대하여 아무것도 말할 수 없다. 그러나 그 속에 모든 생산적・상업적 관계로부터 낯선 영역으로 이전된 재화는 이들 관계의 영향하의 그리고 생산된 환경에 의해 주어진, 모든 경비가 이익이 되는 비용 이상의 높은 가격을 획득**할 수** 있다. 그리고 이 가격은 이익이 있는 시장의 탐색에 있어서 수많은 어려움의 극복과 관련되어 있다. 또한, 단지 적은 사람들만이 그것을 보며 우선적으로 행할 수 있다. 또한, 그것은 기업가 행위, 즉 하나의 새로운 결합의 관철이다. 또한, 그것은 기업가의 손에 머무는 기업가 이윤을 제공한다. 그러나 조만간 샘은 마른다. 오늘날에는 곧바로 상응하는 조직이 창출될 것이며, 유리구슬의 거래는 곧바로 더 이상의 기업가 이윤을 제공하지 못할 것이다.

이로써 우리는 아주 새로운 재화의 생산 사례를 동시에 해결하였다. 무엇보다도 이런 재화는 소비자들에게 끈질기게 강요하고 혹은 아주 공짜로 제공하여야만 한다. 상당한 저항도 일어난다. 그러나 이 저항을 극복하고 소비자들이 그 재화에 대해 다가서면 오직 직접적 가치평가에 근거하고 주로 필요한 노동력과 도지력의 정태적 가격으로 구성된 비용에 많은 연관 없이 가격형성의 시기가 뒤따른다. 거기에서 성공적인 생산자들의 손에 남겨지는 차이가 발생할 수 있다. 다시금 이들은 단지 의지와 실행을 기여하였고 기존의 생산요소의 새로운 결합을 관철한 기업가들이다. 다시금 기업가 이윤이 존재한다. 그리고 만약 그 새로운 재화가 정태적 경제의 순환 속에 편입되고 이의 비용대비 가격이 정상적인 관계 속에 진입하면 이 이윤은 다시금 사라진다.

이들 사례는 우선은 충분하다. 이들은 우리에게 이미 새로운 결합의 관철 결과로서의 기업가 이윤의 본질을 보여준다. 이들은 또한 사람들이 진행과정을 어떻게 생각하여야 하는가, 즉 본질적으로 기존 생산재의 새로운 사용으로서 진행과정을 어떻게 생각하여야 하는지를 보여준다. 기업가는 자신의 생산에 접근하기 이전에 그가 필요로 하는 수단을 얻기 위하여 절약하지 않고, 그는 하등의 재화를 저축하지 않는다. 또한,

하나의 기업을 특정한 요소를 바탕으로 한 번에 창업하는 것이 아니라 스스로 오랫동안 발전시킨다는 점에서, 사안은 사람들이 생각할 수 있는 바와 크게 다르지 않다. 만약 기업가의 힘이 하나의 계획에 대하여 소진되지 않고 그가 그 밖에 자신의 기업과 통합하여 머무른다면, 그는 자신의 과거의 기업가 이윤으로부터 조달된 수단을 가지고 우리의 용어에 따라 항상 새로운 기업이 되는 새로운 변화에 다가서는 것이다. 그러면 진행과정은 아마도 다르지만, 그 본질은 동일하다. 진행과정은 하나의 동일한 통일된 계획에 의해 완전히 지배를 받는 것이 불가능하며 오히려 대단히 독립적으로 존재하는 여러 단계 속에 발생한다. 왜냐하면, 새로운 상황과 가능성의 모든 것은 긴 시간의 지평에서는 예측할 수 없기 때문이다. 나아가 만약 누군가가 기업가 이윤을 이미 창출하였다면, 그는 그 금액까지는 확실히 은행가의 도움 없이 지낼 수도 있을 것이다. 우리는 다시금 발전은 구매력 저장소를 창출한다는 점을 강조할 수 있다. 그러나 발전의 원론적 설명의 과정에서 저장소의 사전적 존재는 전제되지 않고 이는 사실상 **존재하며**, 그리하여 기업가의 핵심적 기능은 마치 저장소가 존재하지 않을 때처럼 단지 그가 자금제공자의 기능도 담당하는 것과 같은 기능에 머무른다. 그렇다면 본래의 의미에서 저축은 진행과정의 필요한 요소 혹은 기업가 이윤의 달성을 위한 조건은 안 될 것이다.

새로운 기업이 동일한 산업부문의 정태적 생산자에게서 비롯하고 그의 그동안의 생산과 연계되었을 때에도, 동일한 것이 적용된다. 무엇보다도 그것은 규칙은 전혀 아니다. 즉, 새로운 기업은 대부분 새로운 사람에 의해 창업되며, 정태적 기업은 의미가 없는 존재로 전락한다. 그러나 만약 그동안 정태적으로 행동한 경제주체가 기업가가 된다면, 진행과정의 본질에는 아무것도 바뀌지 않는다. 기업가가 이 경우 필요한 생산수단 모두를 혹은 부분적으로 스스로 기여, 즉 스스로 구입한다는 것은, 기업가**로서** 자신의 기능을 어떤 다른 것으로 바꾸지는 않는다. 그러나 그렇다면 우리의 도식은 모든 세부적 사항까지 적용되지는 않는다. 특히 새로운 기업은 우선은 익숙한 방식으로 추가적인 경제행위를 하는 기업들 **주변에서** 발생하지 않으며, 생산수단에 대한 새로운 수요의 요인은 물론 생산물에 대한 새로운 공급의 요인은 후퇴한다. 그러나 우리는 우리의 도식을 확실히 가지고 있는데, 그 이유는 실무적으로 더 중요한 사례가 이를 요구하기 때문이며 또한 이 도식이 진행과정의 원칙을 보여주고 특히 혁신(das Neue)이 직접적으로 오래된 것에서 발현될 필요가 없다는 사실을 보여주기 때문이다. 본질적으로 이 도식은 적절하게 해석되면 이 경우에도 적합하다. 거기에도 단지 새로운 결합의 관철이 존재하며 다른 것은 존재하지 않는다.

기업가는 한 번도 위험부담자가 아니다. 우리의 사례들에서 그것은 아주 분명하다. 만약 사안이 실패로 이어지면, 신용제공자에게 피해가 돌아간다. 왜냐하면, 비록 기업가의 혹시 있을 수 있는 지산은 손해배상의 책임이 있음에도 불구하고 이와 같은 자산의 소유는 본질적인 것이 아니며 오히려 단지 우연적인 것이기 때문이다. 그러나 기업가가 이전의 기업가 이윤으로부터 스스로 자금조달을 하거나 혹은 자신의 정태적 기업의 생산수단을 기부한다면, 그에게 신용제공자로서의 혹은 재화소유자로서의 위험이 발생하는 것이지만 기업가로서의 위험이 발생하는 것은 아니다. 위험을 떠안는 것은 어떤 경우에도 기업가 기능의 요소가 아니다. 그가 자신의 평판을 걸을 수는 있지만 실패의 직접적 · 경제적 책임은 그에게 전혀 발생하지 않는다.

우리가 이해하는 바와 같이 기업가 이윤은 사람들이 창업자 이윤으로 묘사하는 현상의 핵심요소임을 간단히 더 언급할 수 있다. 무엇인가가 항상 창업자 이윤으로 그 밖에 존재하고자 한다면, 그것의 기반은 새로운 기업에서 생산비용을 넘는 수익의 잠재적 잉여이다. 우리가 본 바와 같이 창업자는 기업가 종류 중의 가장 순수한 형태이다. 그는 가장 엄격하게 본래의 기업가 기능, 즉 새로운 결합의 관철에 한정되는 기업가이다. 만약 창업에서 모든 것이 아주 정확하게 그리고 모든 측면에 있어서 이상적인 완전성과 전망 속에서 진행된다면, 기업가 이윤은 창업자의 손에 남아있어야 하는 바로 그것이 되어야만 한다. 당연히 그것은 실무에서는 아주 다르다. 그러나 사안의 경제적 기초는 그를 통해 주어진다. 그러나 그것은 진정한 창업자에게만 관련되어 있고, 때때로 주식회사 설립의 기술적 업무를 수행하고 더욱 빈번히 이 이름을 가지고 있는 대리인에게는 해당되지 않는다. 이 대리인은 단지 임금 성격을 포함하는 보상을 받는다. 결국, 주식회사의 설립으로 그 속에서 창출된 모든 혁신이 대체적으로 다 소모되지는 않는다. 오히려 주식회사를 운영하는 사람들은 종종 항상 새로운 '기업'에 관계하며, 이로써 이들은 본원적 창업자의 역할을 계속 추진하며 주식회사에서 자신들의 공식적 지위를 항상 유지할 수 있는 기업가들이다. 그러나 만약 우리가 언젠가 설립된 주식회사가 정태적 기업으로 지속된다고 결정한다면, 창업자는 유일하게 이 회사와 관련하여 기업가 행위를 수행하는 사람이 된다. 우리는 생산수단의 정태적 가격이 사채(社債)를 통해서 나타나고 — 일반적으로 미국의 경우에 그러함 — 기업에 투자되는 지속적 수익원천[9]의 지속적인 보다 높은 수익은 주식에 의해 나타나며, 더 나아가 창업자에게 무상으로 넘겨진 창업자 주식이 있다는 가정을 한다. 그러면 이들 창업자 주식은 하등의 지속적 소득을 가져오지 않을 것이며, 오히려 창업자에게는 단지 그 기업이 정태적 경제의 법인으로 편입되기 이전에 발생한 일시적 잉여만이 제공될 뿐이다. 그러나 그 다음에는 가치가 없어진다. 이와 같은 경우에는 기업가 이윤은 자신의 가장 순수한 형태로 발생한다.

---

9) 여기에 관해서는 나중의 언급과 특히 다음 장(章)을 참조하라.

이제 기업가 이윤의 이 묘사는 완성되어야 한다. 그리고 그것은 이루어지는데, 그 속에서 우리는 자본주의 경제형태가 아닌 다른 경제형태에서는 이의 발생에 무엇이 적합한가의 질문을 제기한다. 단순한 유통경제는, 즉 생산의 교환유통이 존재하지만 자본주의적 방법을 알지 못하고 그리하여 이와 같은 교환유통을 제외하고는 폐쇄된 경제단위로 구성된 국민경제의 형태는 우리에게 풀어야 할 새로운 문제를 제공하지 않는다. 이들 경제단위 속에는 생산수단에 관한 다른 유형의 처분능력이 존재하여야만 할 것이다. 이와 같은 관계 속에서 유통경제는 바로 다루어야 할 사례 속에 포함될 수 있다. 그러나 그 외에 동일한 것이 자본주의경제와 마찬가지로 유효할 것이다. 그리하여 중복을 피하기 위하여 나는 전적으로 폐쇄된 경제에 관심을 기울일 것이다.

거기에 두 개의 조직 유형이 고려된다. 하나는 가장 엄격한 형태의 거의 고립된 장원(莊園)의 조직유형으로서, 그 속에서는 모든 물적 재화는 영주에게 속하고 모든 사람은 그에게 예속되어 있다. 두 번째는 고립된 공산주의경제의 유형인데, 그 속에서는 중앙기관이 모든 물적 재화와 노동력을 마음대로 하며 모든 가치판단을 결정한다. 무엇보다도 두 유형은 공동으로 다루어질 수 있다. 양자에 있어서 경제의 주체들이 중요한데, 그들의 구체적 목표와 외부적 특징이 매우 다양할 수 있다. 그러나 이들 양 주체는 어찌 되었든 경제를 절대적으로 지배하며, 다른 경제주체들로부터 생산에 있어서의 협력이나 이윤창출 가능성의 제시도 기대할 수 없다는 외부적 특징을 가지고 있다. 그를 통하여 우리의 사례들에 대한 차이도 존재한다. 즉, 가격의 세계는 없으며 단지 가치의 세계만 유지된다. 그리하여 그 속에서 우리는 사례들의 고찰로부터 폐쇄된 경제의 분석으로 넘어가며, 이로써 우리는 기업가 이윤의 기초가 되는 가치현상의 보다 심층적인 분석에 들어간다.

제2장에서 우리는 여기에서도 생산물과 생산수단 간의 가치평형의 의

미에서 비용법칙이 엄격하게 지배하는 정태적 순환이 존재하며, 또한 여기에서도 우리의 의미에서의 경제발전은 단지 기존 재화의 새로운 결합의 관철 형태로 이루어진다는 점을 이미 알았다. 사람들은 여기에서 재화재고의 축적이 필요하고 특별한 기능이 기반이 된다는 것을 믿을 수 있다. 첫 번째 것은 부분적으로 맞다. 즉, 하나의 새로운 결합의 추진을 위하여 항상은 아니지만, 종종 재고의 축적이 목표에 대한 한걸음 진보를 가져온다. 그러나 특별한 가치현상을 연결할 수 있는 특별한 기능은 그 속에 존재하지 않는다. 항상 경제의 지도자 혹은 지도층에 의해 간단히 재화의 다른 사용이 마음대로 이루어진다. 그것이 직접적으로 원했던 결과로 이어지는지 혹은 단지 간접적으로 재고축적의 준비된 단계를 통하여 이루어지는지는 완전히 아무래도 좋다. 모든 협력자가 개별적으로도 새로운 목표에 대해 동의하고 혹시 일어날 수 있는 재고축적을 착수할 준비가 되어있는지 여부도 마찬가지로 아무래도 좋다. 지도자들은 고삐가 자신들의 손안에 확고하게 놓여 있을 때에는 그리고 놓여 있는 한에는 희생을 느끼지 않으며 추종자들의 있을 수도 있는 잠재적 희생에 대해 하등의 고려를 하지 않는다. 추종자들은 이것이 그들의 현재의 소비를 제한하는 경우에는 — 반드시 필수적이지는 않지만 가능함 — 더욱 포괄적인 계획의 실행에 대하여 그들이 할 수만 있다면 **어느 경우에든** 저항할 것이다.[10)] 이들의 저항은 이들 계획을 불가능하게 만들 수 있다. 그러나 이를 제외하고는 추종자들은 일어날 것에 대하여 하등의 직접적·경제적 영향력을 가지지 않고, 특히 소비제한과 재고축적은

10) 왜냐하면, 이들의 눈에는 대체로 단지 현재의 손해만 있기 때문이다. 이에 비하여 어쩌면 이들에게는 미래의 이윤은 마치 그것이 존재하지 않을 수 있는 것과 같이 아마 똑같이 현실성이 없다. 그것은 모든 문화단계에 적용되며, 이로부터 우리는 고객을 가진다. 즉, 대단히 많은 사람의 협력을 전제로 하는 발전으로 이어진 역사에 있어서 어디에도 강제성의 요인을 빠뜨린 적이 없다. 하지만 대부분의 경우 추종자를 희생자로 전혀 요구하지 않는다.

이들의 자발적 성과가 아니다. 이에 따라, 발전과정에 대한 우리의 그림에 접목할 수 있는 특별한 기능은 그 속에 존재하지 않는다. 지도자가 추종자들에게 특별보수를 약속한다면, 장군이 자신의 군사들에게 특별한 보상을 약속하는 것과 다른 무엇이 그 안에 존재하지 않는다. 즉, 그것은 추종자들을 더욱 복종하게 하는 선물이지만, 그것은 사안의 본질에 속하지 않으며 특별히 순수한 경제적 범주를 구성하지 않는다. 여기에서 '영주'는 공산주의경제의 지도자와 단지 약간 구분된다. 영주가 아마도 자신의 이해관계만을 추구하는 데 반하여, 공산주의경제의 이념에 따라 노력으로 얻는 이익이 전체에게 도움이 되는 상황은 하등의 본질적 차이를 구성하지 않는다. 그 이유는 대중의 새로운 소득은 마치 모두 영주에게 귀속되는 소득처럼 대중이 이를 향유하기 전에 똑같이 멀리 있기 때문이다.

그로부터 시간흐름(Zeitablauf)의 요인은 여기에서 하등의 독립적 영향을 미치지 못한다는 결론에도 노달한다. 물론 지도자들은 의도된 결합의 결과를 동일한 생산적 요소를 동일한 시간에 이의 그동안의 사용방식으로 획득할 수 있는 결과와 비교하는 것이 허락될 뿐만 아니라, 그들은 사람들이 동일한 수단으로 그 밖에 관철할 수 있는 새로운 결합의 결과와도 비교하여야 한다. 이 후자가 보다 적은 시간이 걸린다면, 의도하였던 결합이 필요로 하는 시간에 사람들이 관철할 수 있었던 것보다 더 많은 다른 결합의 결과를 추가하여야만 할 것이다. 이에 따라, 자본주의경제에서는 시간적 요소의 영향은 우리가 더욱 살펴보는 바와 같이 이자항목에 표현되는 데 반하여, 시간요소는 폐쇄된 경제의 경제계획에서 확실히 두드러질 것이다. 그러나 **그것은** 단지 당연한 일이다. 여기에서도 미래소비의 기다려야만 함이 혹은 보다 적게 보임이 특별한 요소들이 될 것이라는 의미에서의 어떤 다른 역할은 존재하지 않는다. 단지 사람들이 그 사이에 다른 것을 행할 수 있기 때문에 그리고 행할 수 있다면 억지로 기다리는 것이다. 소비의 획득이 점점 더 먼 미래에 있을수록 '다른 때에 획득 가능한 소비'의 차감항목이 점점 더 커지기 때문에 그리고 커진다면, 단지 그 이유 때문에 미래소비는 점점 더 작은 것처럼 보인다.

그리하여, 이와 같은 공동체의 지도자는 여느 때와 같이 접근에 대한 자신의 입장이 무엇으로 나타나든 그동안의 사용으로부터 일정한 양의 생산수단을 떼어놓고 이를 가지고 새로운 결합, 예를 들어 새로운 재화의 생산 혹은 이미 알려진 재화를 보다 나은 품질 혹은 보다 나은 방법으로의 생산을 추진한다. 여기에서 후자의 경우에 그가 필요한 생산수단을 이미 그동안 동일한 재화를 생산하였던 생산부문에서 가져오는가 여부 혹은 그가 이를 익숙한 방식으로 추가적으로 작업을 하고 보다 나은 생산방법으로 생산을 시작하고 필요한 생산수단을 아주 다른 생산부문에서 가져오는가 여부는 아주 아무래도 좋다. 가정에 의하여 새로운 생산물은 — 이와 같은 사회의 가치판단을 구성할 수 있는 바와 같이 — 동일한 생산수단의 양이 그동안 생산한 것보다 더 높은 가치를 가질 것이다. 이제 새로운 생산물과 관련한 귀속(Zurechnung)은 어떻게 진행될 것인가? 결합이 이루어지고 생산물이 존재하는 순간에 이의 가치는 결정된다. 거기에서 공동으로 작용한 요소의 가치평가는 어떻게 구성되는가? 새로운 결합의 추진을 위한 결단을 하는 시점을 정하고 모든 것을 그 결정에 상응하게 정확하게 정렬한다고 가정하는 것이 보다 바람직하다.

무엇보다도 행위자에 의해 **하나의** 가치판단이 이루어져야만 한다. 즉, 새로운 생산물의 가치는 동일한 생산수단이 그동안과 같이 현재에도 정상적인 정태적 순환 속에서 생산할 수 있는 생산물의 가치와 비교되어야만 한다. 새로운 결합의 장점을 대체로 평가하기 위하여 이 가치판단이 필요하고 이것이 없으면 행동이 불가능할 것이라는 점은 명백하다. 우리의 문제에 있어서 핵심질문은 이제 이들 생산수단에 의해 양자택일로 생산을 할 수 있는 두 개의 가치들 중 무엇에 의해 생산수단이 평가되는가이다. 거기까지는 명확하다. 즉, 새로운 결합의 관철에 관한 결정이 이루어지기 **이전에는** 단지 이들의 정태적 가치로만 평가된다. 왜냐하면, 새로운 결합의 초과가치를 생산수단에 사전적으로 귀속하는 것은 아무런 의미가 없을 것이기 때문이다. 그러면 이의 추진은 장점 외에는 아무것도 발생하지 않을 것이며 양자의 사용에 있어서 가치의 확실히 필요한 비교는 기반을 상실할 것이기 때문이다. 그러나 결정이 이루어지면 거기에서 사안은 어떻게 되는가? 생산수단은 보다 높은 가치를 실현하기 때문에, 거기에서는 생산수단에 대하여 정태이론에서처럼 비저(v. Wicser)가 얘기한 의미[11]에서의 완전한 생산적 공헌은 귀속되지 않아야 하며, 그 결과 모든 것이 이상적 완결성 속에 기능을 한다면, 새로운 생산물의 전체가치는 사용한 생산수단에 반영되지 않을까?

나는 '아니요'라는 대답을 하고 노동력과 토지력은 거기에서도 역시 이들의 정태적 가치로 평가되어야 한다는 점을 강조한다. 결국 다음 두 가지의 이유에서이다. 첫째로, 정태적 가치는 익숙한 가치이다. 이는 오랜 경험을 구축하였고 경제주체의 의식 속에 자리를 잡았다. 사람들은 이 가치를 시간의 흐름에 따라서 그리고 더 이상의 오랜 경험의 압력 속에서만 변경시킨다. 이 가치는 커다란 일정성을 가지며 노동력과 토지력 자체가 이전에 대하여 변화하지 않았을 때에는 더 많은 일정성을 가진다. 이에 반하여 새로운 생산물의 가치는 자본주의경제의 새로운 생산물의 가격과 마찬가지로 바로 그동안의 가치체계 밖에 존재한다. 이는 정태적 가치에 단순히 연속적으로 속하는 것이 아니라 충격에 의하여 이와 분리된다. 거기에서 그 해석방식[12]이 타당성을 가지며, 이에

---

11) 「자연가치(*Natürlicher Wert*)」 70쪽 이하를 참조하라.

12) 그러나 그것은 내가 쉽게 동의하지 않는데, 이는 「본질(*Wesen*)」 제2편과 1909년 「국민경제, 사회정책, 행정 논집(*Zeitschrift für Volkswirtschaft, Sozialpolitik und Verwal-*

따라 모든 생산재는 단지 자신의 현재 사용과 다르게 실현되는 가치에 의해 평가될 수 있다. 왜냐하면 이 가치, 즉 우리의 경우에는 이의 정태적 가치는 구체적 생산수단에 달려 있다. 이 생산수단이 없어지면, 이는 이의 다른 사용에서의 다른 수단에 의해 대체된다. 만약 생산수단이 동시에 존재한다면 그리고 그것이 동시에 존재하는 한, 어떤 재화단위도 다른 동일한 유형의 재화단위보다 높게 평가될 수 없다. 그러나 이제 새로운 결합에 사용된 노동력과 토지력은 정태적으로 동시에 사용된 노동력 및 토지력과 아주 같은 유형이며 — 그들이 그렇지 않다면, 단순히 설명되고 원칙과 관련 없는 가치차이가 존재함 — 그리하여 이것과 다른 가치를 가질 수 없다. 국민경제의 모든 생산력이 새로운 결합에 공헌할 수 있다는 극단적인 경우조차, 이들 생산력이 실패할 경우에 이는 새로운 결합을 다시 실현할 수 있는 정태적 가치에 의해 **이 단계에** 대체되어야만 하며, 만약 이것이 완전히 파괴되었다면 그 정태적 가치로부터 손실의 규모가 산출될 수 있을 것이다. 따라서 새로운 결합의 성공적인 관철은 자본주의경제에서는 물론 폐쇄경제에서도 가치잉여를 제공하며, 자세히 말하면 그것은 **생산수단 측면에서의 귀속요구에 대립되지 않는** 가치크기의 의미에서 가치잉여이며, 이전의 상태에 대한 단순한 만족의 잉여 따위는 아니다. 우리는 다음을 말할 수 있다. 즉, 발전에 있어서 부가가치는 민간경제적 가치일 뿐만 아니라 국민경제적 현상이다. 이 점에서 이 국민경제적 잉여는 앞에서 우리가 살펴본 자본주의적 기업가 이윤과 **완전히 동일한 잉여**이다.

둘째로, 다른 사고과정의 도움으로 동일한 결과에 도달할 수 있다. 사람들은 확실히 새로운 결합의 실현을 위한 필요조건인 지도자의 기업가

---

tung)」에 수록된 "귀속문제에 관한 소견(Bemerkungen über das Zurechnungsproblem)"을 참조하라.

행위(Unternehmertätigkeit)를 생산수단으로 파악할 수 있다. 나는 평소에는 그것을 하지 않는데, 그 이유는 더 많은 것이 기업가와 생산수단의 대응에 놓여 있기 때문이다. 그러나 이 고찰방식은 여기에서 좋은 결과를 가져온다. 그리하여 잠시 우리는 지도자 기능을 제3의 본원적 생산요소로 구성하기로 한다. 그렇다면 이 기능에 대해서도 대략 새로운 생산물의 가치의 일부가 귀속되어야만 함은 자명하다. 그러나 얼마만큼 귀속되어야 할 것인가? 지도자와 생산수단은 본질적으로 똑같이 필요하며, 두 요소 중 하나만의 손실이 문제가 된다면, 지도자는 경제적 방식으로 전체 생산물 가치를 생산수단의 손실 방지를 위한 최소한까지 그리고 새로운 생산물의 전체 초과가치를 자신의 창조력 손실의 방지를 위한 최소한까지 인도할 준비가 되어 있어야만 한다. 그것은 더 이상 놀라운 것이 아니며 '첫 번째'의 전제하에 말한 것과 상충되지 않는다. 모든 가치범주는 그것이 소비가치의 경쟁이든 그것이 경제주체의 경쟁이든 단지 경쟁의 요소를 통하여 그의 크기에 따른 명확성을 가진다. 폐쇄경제에서는 두 번째 유형의 경쟁이 없기 때문에 그리고 그곳에는 우리가 바로 살펴보게 될 것처럼 무엇이 기업가 이윤인가와 무엇이 기업가 이윤이 아닌가의 차이가 유통경제에서보다 훨씬 적은 의미를 가지고 있기 때문에 이 차이가 매우 중요하고 사정이 거의 항상 동일한 곳과 같이 기업가 이윤의 가치크기는 항상 동일한 유형으로 또한 강력하게 나타나지 않는다. 그러나 그럼에도 불구하고 우리는 대부분의 경우에 얼마나 기업가 기능에 대해 귀속이 될 것인가를 진술할 수 있다. 말한 바와 같이, 대부분의 경우에 생산수단은 대체되지만, 지도자는 대체되지 않는다.[13] 그리하여 전자는 대체의 상황이 오면 사람들은 그 실현을 포기하

13) 지도자의 행위가 대체불가능한 생산수단과 경합하기는 하지만, 가치크기는 전자에게 유리하게 남는다. 왜냐하면, 후자는 단지 그의 그동안의 정태적 가치를 가지고 혁신(das Neue)의 도입단계에서 평가될 수 있기 때문이다.

여야만 하는 가치로 귀속되어 유지될 것이며, 지도자 기능은 나머지로 평가된다. 즉, 지도자 기능은 새로운 생산물의 가치에서 사람들이 이 기능 없이 실현할 수 있는 가치를 뺀 금액으로 귀속된다. 그리하여 여기에서 잉여는 특별한 귀속요구와 일치하며, 그리하여 생산수단으로부터 비롯하는 귀속요구는 어떤 경우에도 부풀려질 수 없다.

만약 우리가 생산수단에 대한 그동안의 정태적 가치의 귀속에 관해 항상 얘기하였다면, 여기에서 물론 그것은 아주 올바른 것은 아니었다는 점을 잊어서는 안 된다. 확실히 생산수단에 대하여 정태적 가치가 귀속되지만, 지금까지의 정태적 가치는 단순하지 않다. 즉, 정태적 사용에 있어서 한계가치는 이것이 사용한 생산수단의 감소 결과로 확실히 상승한다. 우리는 이 동일한 현상을 자본주의경제에서 인지해왔다. 자본주의경제에서 기업가의 새로운 수요의 결과로 생산수단의 가격상승은 바로 이 가치평가과정에 기반하는 것이다. 이에 따르면 우리의 표현방식은 수정되어야 한다. 그러나 사안의 본질에 대해서는 아무것도 변하지 않는다. 이 가치상승은 당연히 생산수단에 대한 발전가치의 귀속과 혼동해서는 안 된다.

누구도 묘사한 가치평가과정이 실제가 아니며 특정한 가치크기로서 기업가 이윤이 폐쇄경제에서는 아무런 의미가 없다고 주장할 수 없다. 폐쇄경제도 경제가 무엇을 하고 이의 새로운 결합이 어떤 이익을 가져오며 그리고 또한 이 이익의 원인을 어디에다 돌릴 것인가에 대해 명확해야 한다. 그러나 사람들은 아마도 분배의 범주로서 기업가 이윤이 폐쇄경제에서는 의미가 없다고는 주장할 수 있을 것이다. 그것은 어떤 의미에서는 맞는 말이다. 영주와 같은 폐쇄경제의 유형 속에서 영주는 자신의 성과에 상응하는 생산물의 양에 대하여 아마도 자유롭게 처분할 수 있을 것이다. 그러나 거기에서는 영주는 **모든** 수익을 마음대로 처분할 수 있기 때문이다. 또한, 그는 노동자들에게 이들의 정태적 한계생산성에 해당하는 것보다 더 많이는 물론 더 적게도 제공할 수 있기 때문이다. 공산주의 유형 속에서는 심지어 기업가 이윤은 전적으로 — 적어도 이념에 따라 — 전체에 귀속된다. 본질적으로 그것은 우리에게 와 닿지 않는다. 그러나 사람들이 이로부터 특히 공산주의 유형에 대하여 기업가 이윤은 임금으로 풀리고 거기에서 현실은 가치론을 옆으로 밀어내며 임금은 전체 생산물을 포괄한다고 추론할 수 있는가? 아니다. 사람들은 수익의 경제적 본질과 이 수익으로 발생하는 본질을 구분하여야 한다. 수익의 경제적 본질은 생산능력에 기반한다. 이 점에서 우리는 노동력으로부터 설명할 수 있는 수익을 임금으로 명명한다. 유통경제의 자유경쟁에서는 바로 이 수익은 노동자에게 귀속된다. 그러나 이것은 오로지 자유경쟁의 원칙이 — 정태이론 속에서는 — 한계역량에 대한 보답이기 때문이다. 그것은 단지 자본주의경제 속에서 단지 이 임금만이 이 역량을 불러일으킨다는 의미에서 필요한 것이다. 이 역량이 다른 방법으로 — 사회적 의무감 혹은 강제를 통하여 — 확보된다면 노동자는 보다 적게 받을 수도 있다. 즉, 그러나 여전히 그의 임금은 노동의 한계생산성을 통하여 결정될 것이며, 그가 보다 적게 받을 것에 관한 것은 경제적 임금에 대한 차출로 분류될 수 있을 것이다. 이 차감도 임금일 것이지만, 바로 그 노동자에게 귀속된 임금일 것이다. 공산주의경제에서는 확실히 지도자는 기업가 이윤을 얻지 못할 것이다. 그리고 확실히 사람들은 그것이 발전을 불가능하게 만들 것이라고 단순하게 주장할 수 없을 것이다. 오히려 이와 같은 조직의 사람들은 시간이 지남에 따라 생각을 바꾸게 되어 다음이 가능할 것이다. 즉, 정치가나 최고사령관에게 만들어진 획득물을 모두 혹은 부분적으로 스스로 가지려고 하는 것이 생각도 못할 일인 것처럼, 그들에게는 기업가 이윤을 요구한다는 것은 생각도 못할 일이 될 수 있을 것이다. 그러나 기업가 이윤은 기업가 이윤으로 머문다. 기업가 이윤을 노동자의 경제적 임금으로 특징짓는 것이 불가능하다는 것을 사람들은 뵘-바베르크(v. Böhm-Bawerk)가 자신의 이자범주와 관련하여 전통적으로 설정한[14] 사고과정의 적용을 통하여 인지할 수 있다. 이 사고과정은 지대에도 잘 적용되는데, 여기에서는 마찬가지로 토지의 생산적 공헌의 본질을 이에 기초한 수익의 특정한 경제주체들에 대한 지급[15]과 구분하고 있다.

기업가 이윤을 어떤 노동자의 임금으로 묘사할 수 있을 것인가? 이 질문에 대하여 두 개의 대답을 생각할 수 있다. 무엇보다 새로운 생산물에 대해 일을 한 노동자의 임금의 부분으로서 말할 수 있을 것이다. 우리는 여기에서 토지의 몫은 제외할 것이다. 그런데 그것은 있을 수 없다. 왜냐하면, 그렇다면 이 노동자는 가정에 의하여 그동안의 방식에 따라 다른 방향으로 더 일을 한 동료들보다 높은 임금을 받을 것이기 때문이다. 그러나 이들 다른 노동자들은 확실히 보다 낮지 않은 질의 노동을 보다 적게 수행하지 않으며 그 결과 우리가 이 우연성을 받아들인다면 우리는 동일한 유형의 재화의 상이한 가치를 제외하는 경제진행의 근본적 원칙과 갈등을 갖게 된다. 이와 같은 조치 속에 존재할 수 있는 부당성을 전적으로 제외한다면, 이를 통하여 단순히 특권을 가진 노동자를 창출하게 될 것이다. 이 구성은 **가능하지만**, 이 노동자가 얻게 되는 잉여는 임금이 아닐 것이다.

생각할 수 있는 다른 대답은 우리가 기업가 이윤이라고 명명하는 가치크기와 이와 상응하는 생산물의 양은 단순히 국가배당금의 일부분을 구성하고 해당 경제기간의 모든 노동력에 대해 — 노동력의 동일한 유형을 전제로 하고 혹은 동일한 유형이 아님을 잘 아는 방식으로 고려하여, 그 결과 자격 있는 노동이 자격증 획득의 노동을 포함함 — 균등하게 분배할 수 있다.

---

14) 「자본의 실증이론(*Positive Theorie des Kapitals*)」의 결론의 장을 참조하라.

15) 「본질(*Wesen*)」 제3편을 참조하라.

이 경우 새로운 생산물에 대해 일하지 않은 노동자들은 그들 노동의 생산물보다 더 많이 받는다. 한 번도 사람들은 전체 생산물가치보다 높은 임금에 대해 경제적 의미를 연계하지 않았다. 그리하여 사람들은 이 경우 노동자들이 그들의 몫 모두를 경제적 임금으로 요구하는 것이 아니라 부분적으로 비경제적 명목으로 요구한다는 점을 인정하는 것이 어렵지 않을 것이다. 이 구성도 물론 **가능하고** 마찬가지로 많은 다른 구성들도 가능하다. 전체사회는 확실히 다른 모든 수익을 처분하는 것과 마찬가지로 어떤 방법으로든 기업가 이윤을 처분하여야만 한다. 심지어 전체사회는 이를 노동자들에게 유리하게 처분하여야만 하는데, 그 이유는 다른 몫의 권리자가 존재하지 않기 때문이다. 여기에서 전체사회는 최대한으로 다양한 원칙에 따라 처리할 수 있는데, 예를 들어 욕구의 강노에 따라 배분하거나 혹은 배분을 하지 않고 공동의 목표를 실현할 수 있다. 그러나 그것은 경제적 범주에 대하여 아무것도 변화시키지 않는다. 정상적인 정태적 경제순환 속에서 노동자들은 직접적으로나 간접적으로 그들의 경제적 생산물이 토지의 생산물에 대하여 더 많이 받는 것보다 더 많이 받는 것은 불가능한데, 그 이유는 잉여가 존재하지 않기 때문이다. 그것이 우리의 사례에서 가능하다면, 그것은 오로지 여기에 유효한 원동력이 자신의 생산물을 포기하거나 강탈당했을 때에만 가능하다. 우리가 많은 의미가 있는 표현인 '착취'를 이것은 생산에 있어서 필요한 원동력 내지 이의 소유자가 경제적 의미에서 자신의 생산물보다 적게, 즉 자신의 협력에 의존하는 생산량 혹은 그 가치보다 적게 가지는 곳에서 존재한다고 정의한다면, 우리는 노동자들의 잉여지불은 단지 지도자의 착취를 통해서만 가능하다고 말할 수 있다. 우리가 그 표현을 개인적 성과에서 노동자의 생산물을 빼앗는 사례로 — 공산주의경제의 지주의 부존재를 고려하여 부적절할 수 있는 소유토지에 대한 착취의 개념을 적용하는 것을 배제하기 위하여 — 제한한다면, 우리는 지도자의 착취는 확실히 이로써 가치판단과 연계할 의지와 능력이 없이 발생할 수 있을 것이라고 여전히 말할 수 있다.

이에 따라, 만약 기업가 이윤이 노동자에게 모두 귀속된다면, 이는 원칙적으로는 그 자체로 경제적 의미에서의 임금이 되지 않는다. 그것을 명확히 인지하고 항상 기업가 이윤을 임금으로부터 분리하는 것은 공산주의경제에 대하여 실무적으로도 중요하다. 왜냐하면, 이 경제의 활동에 대한 일반적 이해는 물론 구체적 질문에 관한 의사결정도 명백하게 그에 달려 있기 때문이다. 이 전체적인 고찰은 우리에게 기업가 이윤의 본질에 대한 깊은 통찰력을 제공해 준다. 무엇보다도 이는 우리에게 국민경제의 구체적 조직형태로부터 현상의 독립성을 가르쳐준다. 그리고 무엇보다도 일반적 진실을 알려주는데, 즉 특별하고도 독립적인 가치현상으로서 기업가 이윤은 가장 깊은 핵심 속에는 경제의 지도자 역할에 연계되어 있다는 점이다. 하등의 지도와 하등의 강제가 없는 발전이 가능하다면 기업가 이윤은 자신의 규모에 따라 임금과 지대에 존재할 것이지만, 기업가 이윤은 고유한 현상이 아닐 것이다. 그러나 그것이 경우가 아닌 한, 즉 다수의 사람이 우리에게 고객으로 강제된 모든 국민의 다수와 아주 최소한의 유사성을 가진다면, 경제적 진행과정의 이상적 완결성 속에서도, 즉 경제적 진행과정의 가장 완전한 무(無)마찰과 무(無)시간 속에서도, 전체수익은 노동력과 토지력에 귀속시킬 수 없을 것이다. 그리고 사람들은 거의 스스로 사안이 그런 한 기업가 이윤도 전적으로 혹은 부분적으로 지도자에게 귀속된다고 말할 수 있을 것이다. 만약 지도자가 기업가 이윤을 가지려고 한다면, 국민경제의 조직이 어떤 유형이든 아무래도 좋다. '고용주', 즉 자본주의 기업가와 공산주의경제의 지도자와의 차이는 그렇게 끝없이 크지는 않다. 지배할 수 있고 성공적으로 운영할 수 있는 사람은 자신의 공식적 칭호가 무엇이든 많은 것을 마음대로 할 수 있다. 이 점에서 기업가 이윤은 발전의 첫 결과일 뿐만 아니라, 더구나 모든 국민경제도 존재하며, 자본주의경제에서 첫 번째 줄에 위치한다. 즉, 이것은 경제주체들이 새로운 경제적 세계를 열기 위해 지불해야만 하는 프리미엄이고 조세이다.[16)]

이제 나는 폐쇄경제 속에서의 혁신의 관철 드라마가 가지고 있는 제2막에 진입한다. 폐쇄경제 속에서도 기업가 이윤은 영원하지 않다. 여기에서도 이를 종결시키는 필요한 변화가 대두된다. 그리고 여기에서도 이 제2막에서 두 개의 서로 다른 진행과정을 구분할 수 있다. 우선, 첫 번째는 매우 명확한데, 새로운 결합은 관철되고, 그 결과는 나타나고, 모든 회의론자는 침묵하게 되고, 우위는 이제 명백하다. 동시에 사람들이 이를 어떻게 달성하여야 하는지의 방식도 명확하다. 거기에는 이제 기껏해야 지도자 혹은 전임자를 더 필요로 하지만 지도자의 창조력과 지배권은 필요하지 않다. 사람들은 이제 동일한 우위에 도달하기 위하여 확실히 단지 실행한 것을 반복하는 것이 필요하다. 그리고 사람들은 이제 그것을 지도자 없이도 할 수 있고 하게 된다. 마찰저항이 여전히 극복될 수 있다고 해도, 원칙적으로 사안은 달라지고 보다 쉬워졌다. 우위

16) 사람들이 요즘 자주 들을 수 있는 해석에 한마디 한다. 즉, 기업가가 아무것도 만들지 않고 조직이 모든 것을 만든다는 해석, 말하자면 자신의 생산물은 누구의 생산물도 아니고 사회 전체의 생산물이라는 해석이다. 여기에는 당연히 모두는 자신의 유전적 그리고 개인적 환경의 생산물이고 아무도 조건이 존재하지 않으면 창출할 수 없다는 제2장에서 다루었던 진실의 요소가 놓여 있다. 그러나 이로써 우리는 인간의 구성이 중요한 것이 아니라 지금까지 구성된 인간이 중요하다는 경제의 영역에서 아무것도 시작할 수 없다. 즉, 그것은 바로 항상 반복되어 가치가 없는 설명력 없는 문구들 중의 하나이다. 개인적 이니시어티브가 기능에 걸맞는지 여부에 대해 제기된 질문에 대해 바로 이 해석의 옹호자는 가장 열성적으로 긍정의 대답을 할 것이다. 더 나아가 이 해석은 발전의 반작용과 관련하여 정확하고 올바르다. 덧붙여서 이 해석은 오로지 신체적으로 일하는 사람만이 실제로 창출한다는 대중적 선입견과 발전의 모든 요소는 이미 상호 연관되고 모든 발전단계는 이전의 단계에 기초한다는 인상에 기반을 둔다. 그러나 그것은 일단 궤도에 진입된 발전의 결과이며 아무것도 설명하지 않는다. 이의 작동 메커니즘의 원리가 중요하다.

는 전체사회의 모든 부문에게 현실이 되었으며 새로운 생산물은, 이것이 시간에 따라 동일하게 배분된다면, 항상 이들 부문의 눈앞에 존재한다. 이 점에 대하여 제1장에서 우리가 얘기한 의미 속에서 새로운 생산물은 모든 희생물과 기다려야 함을 더 이상의 생산물의 완성까지 면제한다. 국민경제에 대해 보다 많은 것을 노력하라고 더 이상 요구하지 못하며, 오히려 단지 기존 재화흐름의 지속성을 보장하는 것이 요구된다. 그것을 우리는 국민경제로부터 기대할 수 있다.

그리하여 새로운 생산과정은 반복되게 될 것이다.[17] 그리고 이를 위하여 더 이상의 기업가 행위가 필요하지 않다. 우리가 다시금 기업가 행위를 제3의 생산요소로 이해한다면, 우리는 익숙한 새로운 결합의 단순한 반복에 있어서 이 결합의 관철에 필요했던 생산요소들 중의 하나가 삭제된다고 말할 수 있을 것이다. 이로써 제3의 생산요소에 기반한 귀속요구 역시 삭제되고 다른 생산요소들, 즉 노동력과 토지력의 가치는 생산물 가치의 소진에 이르기까지 확장될 수 있고 확장된다. **이제는** 이들 요소만이 더욱 필요하고, 이제는 이들만이 홀로 생산물을 창출한다. 이들에게만 귀속이 가능하다. 그리하여 무엇보다도 한 생산에 실제 사용된 그 노동력과 토지력에 대하여 귀속되는데, 그러나 그것은 바로 알려진 기본규칙 모두에 따라 귀속되는 것이다. 이들 노동력과 토지력의 가치는

---

17) 사람들은 만약 혁신(das Neue)이 익숙한 것과 너무 멀리 떨어져 있다면 강제성이 여전히 필요하다고 항변할 수 있을 것이다. 거기에서 구분하여야 할 것은, 아직 이해가 안 되고 경험하지 못한 것이 이와 같은 경우에만 존재할 것인가이다. 이런 경우에는 새로운 결합은 아직 관철되지 않는다. 우리는 새로운 결합이 발생한다면 그것은 임의적으로 오래 걸릴 수 있다는 것을 가정한다. 그렇다면 조직의 강제성은 특히 상위에 놓는 것과 하위에 놓는 것을 통하여 확실히 항상 필요하다. 그러나 그것은 새로운 것의 실현을 위한 강제성과 약간 다르다. 궁극적으로 대중을 위한 주인다운 조직은 확실히 혁신과 관련하여 직접적 손실을 확실히 연계할 수 있다. 그러면 혁신이 관철될 때 강제성 역시 필요하다. 그러나 그것 역시 약간 다르다. 한번 존재하는 것을 지탱하는 것은 우리의 지도자 유형에 속하지 않으며 오히려 지배자 입장에 속한다.

우선 확장되고 다음에는 모든 다른 노동력과 토지력에 확산될 것이다.

그리하여 모든 노동력과 토지력의 가치는 이에 상응하여 증가할 것이다. 그러나 이 증가는 이미 새로운 결합의 관철에서 발생한 것과 정도에 있어서는 물론 유형에 있어서도 구분되어야 한다. 후자는 이들의 가치척도의 증가를 의미하는 것이 아니라, 생산수단의 발생한 감소를 고려하여 그동안의 생산이 이전보다 폭넓게 투입되지 못하여 이전보다 높은 강도의 욕구만을 충족시킬 수 있는 상황의 결과로 이들의 한계효용의 증가만을 의미한다. 그러나 전자는 아주 다른 것이 존재한다. 이른바 생산수단의 가치척도에 있어서 새로운 생산물 가치의 발생이다. 물론 그것은 생산수단의 한계효용을 증가시키지만, 한계효용뿐만 아니라 전체가치도 증가시킨다. 만약 생산수단의 **보다 많은** 수량을 가지고 있는 게 중요하다면, 이 전체가치의 차이는 실무적으로 의미를 갖는다. 그리하여 이제 생산수단의 가치에 있어서, 욕구충족의 새로운 증가도 생산수단에 그리고 오로지 생산수단에 의존하고 노동과 토지의 생산물이 더욱 더 커진다는 사실이 표현될 수 있다. 이제 생산수단은 이것이 이전 정태적 경제순환에서 가졌던 가치와 더 이상 연계되는 것이 아니라, 오히려 이것이 새로운 경제적 순환 속에서 실현하는 가치와 연계를 맺는다. 그 이행의 순간 생산수단에게 이전의 대체가치보다 높은 가치가 있다는 것을 인정하는 것은 의미가 없다. 이제 이의 대체가치 역시 이미 새로운 사용의 가치 속에 포함된다. 오래된 정태적 경제순환 속에서 정기적으로 실현된 가치가 생산수단의 가치에 대하여 결정적이었던 것처럼 새로운 정태적 순환 속에서도 여기에서 정기적으로 실현된 가치가 다시금 결정적인 역할을 한다. 사회적 생산물의 가치증가는 생산수단의 가치와 연계되어 있고 이 새로운 사정은 곧 이의 오래된 경험에 의거하여 주어진 가치를 궁극적으로 익숙하고 경험에 의거하게 될 그리고 새로운 한계생산성에 기반을 둔 새로운 가치를 통하여 대체될 것이다. 그리하여 생산물과 생산수단 간의 접촉이 창출되어야만 할 것이다. 그리고 이를 통하여 완전한 가치흐름이 흐르고, 모든 이윤은 파괴된다. 그리하여 이전의 정태적 체계 속에서는 두 개의 가치범주 간의 편차가 아주 적게 존재하였고, 이와 같이 새로운 가치체계 속에서도 편차는 작을 것이다. 이 편차는 사라져야만 하는데, 그 이유는 생산물 가치가 생산수단 가치를 뒤따르기 때문이다. 그리고 모든 것은 이상적인 완결성 속에 작동을 하며, 그리하여 경제적 관점에서 공산주의 국민경제는, 만약 이의 노동과 이의 토지의 지속적 수익으로서 전체 생산결과를 고려하고 주민들에게 소비를 위하여 분배한다면, 아주 올바르게 작동할 것이다. 공산주의경제는 이 사실을 부정하지 않을 것이다. 즉, 한번 실현된 기업가 이윤은 이와 같은 특징을 가지고 있지 않을 것이다. 분배를 하든 혹은 안하든 기업가 이윤은 항상 일시적 잉여로 머물 것이다.

대체로 폐쇄경제에서 기업가 이윤의 삭제과정은 자본주의경제에서의 이의 삭제와 아주 유사한 방법으로 진행된다. 그러나 자본주의경제에서의 이 과정의 다른 부분, 이른바 경쟁하는 경제주체들의 대두 결과로 새로운 생산물의 가격압력은 폐쇄경제에서는 없어야만 한다. 아마도 여기에서도 새로운 생산물은 정태적 경제순환으로의 편입을 필요로 하며, 아마도 이의 가치는 여기에서도 모든 다른 생산물의 가치와 연계되어야만 할 것이다. 그리고 여기에서 이의 가치는 줄어들 수 있다. 그것은 궁극적으로 새로운 정태적 경제순환 속에서 모든 경제기간에 주기적으로 생산될 생산물의 수량이 처음으로 즉시 생산되지 않을 때에는 항상 발생한다. 이 경우 편입과정은 여기에서도 생산물 **단위**의 가치와 그에 내포되어 있는 노동력과 토지력 가치 간의 편차를 줄이는 데 공헌할 것이다. 그러나 첫째로 폐쇄경제에서의 이 과정은 특별한 경제주체의 요구가 차이의 크기에 의존하는 유통경제에서와의 아주 동일한 의미는 아니다. 그리고 둘째로 폐쇄경제에서는 바로 처음으로 특정한 생산물 수량이 생산되고 중앙기관의 모든 계산이 아주 정밀하고 이미 국민경제의 모든 가치의 모든 필요한 조정을 아주 잘 포함하고 있어서 실제로는 재조직화 과정이 대체로 창출되고 모든 생산물이 바로 계획에 대한 이의 특정한 수량관계를 가져올 것이라는 점을 **상상할 수** 있다. 정신적으로 우리는 여전히 혁신의 관철과 이의 편입과정을 두 개의 서로 다른 사안으로 구별할 수 있다. 그러나 사람들은 양자가 사실상 중단되지 않고 일어나는지 아닌지 여부는 실무적으로 대단한 차이를 만든다는 것을 쉽게 알 수 있다. 폐쇄경제에서는 기업가 행위에 기인하는 잉여의 증거가 우리의 문제를 해결하는 데 충분하다. 자본주의경제에서는 이 가치크기는 시장진행과정 메커니즘의 도움으로만 기업가로 가는 길을 발견할 수 있으며, 단지 이 메커니즘을 통하여 다시금 파괴되거나 혹은 기업가에게서 탈취할 수 있다. 기업가 이윤이 현실에서도 기업가에게 귀속되는 상황이 오듯이 거기에서 바로 단순한 가치문제에 대하여 추가적인 문제가 대두된다. 그리고 그 메커니즘이 폐쇄경제에서는 없어야만 하는 많은 현상을 만들어낸다.

그러나 그럼에도 불구하고 모든 조직형태에서 기업가 이윤의 가장 심층적인 경제적 본질은 동일할 뿐만 아니라 이를 삭제하는 과정의 가장 깊은 본질 역시 동일하다. 모든 경우에 있어서 사안은 전체 생산물 가치가 노동력과 토지력에 귀속되는 다시 말해 이들의 가격을 생산물 가격에 동렬에 놓는 것을 방해하는 장애물의 제거와 특정한 수량으로 동일하게 생산되지 못하는 데에서만 비롯하는 새로운 생산물의 초과가치 부분의 제거에까지 진행된다. 이 진행과정의 우세한 원칙은 항상, 첫 번째로 방해받지 않는 경제는 개별적 생산물에 있어서의 가치잉여를 허락하지 않고, 둘째로 생산수단의 가치는 항상 생산물의 가치잉여 뒤로 밀린다. 이 원칙은 폐쇄경제에 직접적으로 유효하고, 이는 자본주의경제에서는 자유경쟁을 통하여 실현된다. 즉, 자본주의경제에서는 생산수단의 가격은 이것이 생산물 가격을 다 소진하도록 제시되어야 한다. 그것이 불가능한 한, 생산물 가격은 상응하여 낮아져야만 한다. 만약 이 상황하에서 기업가 이윤이 대체로 존재하게 된다면, 그것은 가치잉여가 없는 정태적 상태에서 다시금 가치잉여가 없는 새로운 정태적 상태로의 이행이 기업가의 도움 없이 진행될 수 없고 또한 기업가 이윤은 경쟁을 통하여 바로 기업가로부터 탈취될 수 없다는 그 밖에 필요한 조건이 자본주의 경제에서 이루어졌기 때문이다.

이제 개별적 개인이 더 이상의 도움 없이 새로운 결합의 관철을 실행하는 경우를 더 논의하여야만 한다. 이 경우는 본질적으로 로빈슨(Robinson)의 **정태적** 행위보다 본질적으로는 덜 흥미롭다. 왜냐하면, 후자는 정태적 경제순환의 본질을 사실상 반영하는 데 비하여, 사람들은 발전현상의 고찰에서 발전은 사실상 강제성과 주체의지의 압력하에 앞을 향해 격전을 치러왔다는 점을 절대 잊어서는 안 되기 때문이다. 그것이 경제에 있어서 단지 개인은 빠져야만 하는 요인이다. 이와 같은 경제에 있어서 충분한 발전은 전혀 주어지지 않을 것이며 아무튼 이 경제는 보다 약한 경로 그리고 다른 경로도 따르게 될 것이다. 그리하여 우리의 문제에 있어서 이 경우에 주안점을 두는 것이 위험하지 않은 것이 아닐 것이다. 그러면 사람들이 국민경제에 억지로 떠맡기려고 시도하는 허구가 펼쳐질 수 있을 것이다. 그러나 이론가는 근거에 의해 실무적으로 중요하지 않을 수 있는 문제를 피하는 것이 허락되지 않는다. 그리하여 나는 이에 대해 짧게 더 논의할 것이다.

발전에 대한 우리의 기초적 이해가 이 경우에 적합하다는 것은 분명하다. 여기에서도 오로지 하나의 정태적 상태에서 다른 정태적 상태로의 이행만이 중요하며, 이는 이른바 새로운 결합의 관철을 수단으로 하여 이루어진다. 그리고 여기에서는 일어난 모든 것을 기존 수단의 새로운 사용으로 이해하여야 한다. 단지 두 개의 문제가 우리에게 어려움을 준다. 먼저, 사람들은 한 개별적 개인은 새로운 생산물의 초과가치를 즉시 실행하여야만 하며 무엇보다도 즉시 이의 특정한 가치를 자신의 노동력에 귀속하여 그 결과 기업가 이윤은 전혀 없거나 혹은 경제적 임금과 다르게는 발생하지 않을 것이라고 믿을 수 있을 것인가의 문제이다. 그리고 그렇다면 한 개별적 개인의 경제에서 필요한 재고축적은 특별한 역할을 하지 못할 것인가 여부에 관한 문제가 대두된다.

첫 번째 문제는 바로 대답된다. 당연히 모든 경제적 기능은 여기에서 한 사람에게 모이며, 그 결과 많은 것들이 실무적 이유에 의해 개별적 수익의 구별을 위하여 폐지된다. 그러나 그것은 사안의 본질에 대하여 아무것도 변화시키지 않는다. 우리가 한 개인이 원시적인 먹이찾기의 문화적 단계에 서 있다고 가정한다면, 그동안 그가 잡은 짐승은 완전히 계획 없이 포획한 것이다. 즉, 그것은 사냥감이 눈에 띄자마자 단순히 직접적으로 사냥삼에 덤벼들었던 것이다. 이 방법으로 평균적으로 시간당 한 사냥감을 잡으며 매일 그가 매일 밤 먹어치웠을 매일 여섯 개의 사냥물로 만족할 것이라고 가정해 보자. 이제 우리의 개인은, 만약 사람들이 우선 일정한 평지를 짐승의 도주를 막는 나뭇가지 장벽과 흙으로 차단하고 그 평지 안에서 사냥을 해 나간다면 일을 더 잘하게 된다는 점에 도달할 것이다. 우리의 개인이 다섯 시간을 장애물의 설치에 사용하고 그다음 한 시간에 열두 개의 사냥물을 획득했다고 가정하자. 이로써 둘러싼 평지가 소진되었고, 그리하여 장애물이 소용이 없고, 노동 외에는 다른 생산수단이 사용되지 않았다고 가정해 보자. 그러면 무엇이 일어날지는 자명한데, 그것은 이미 그동안 정기적으로 사용되었던 노동의 다른 사용이다. 그 결과는 유리한데, 우리의 개인은 그에 대하여 기뻐할 것이며 그렇게 제대로 성공한 실험은 반복된다. 그러면 이전에는 한 노동시간이 한 개의 사냥물의 가치를 — 확실히 그리하여 보다 높게 평가됨 — 가졌던 데 비하여, 이제는 한 노동시간이 두 개의 사냥물의 가치를 가지게 될 것이다. 노동의 가치는 증가하지만, 노동의 가치 이상의 생산물 가치의 잉여는 존재하지 않는다. 곧 새로운 방법이 익숙해지면 우리의 개인은 그가 과거에 다른 방법을 사용하였다는 것을 완전히 잊어버리게 될 것이며, 그 결과 비교에 대한 모든 기초를 궁극적으로 박탈당하게 될 것이다. 그러나 새로운 생산과정을 관철한 첫날에, 만약 우리의 개인이 충분히 현명하다면, 그는 순수한 노동과 다른 무언가를 행하였고 획기적인 의미를 가지는 어떤 혁신(das Neue)을 창출하였다고 말하여야만 할 것이다. 이날 그는 자신의 노동을 단지 그동안 그가 잡은 여섯 개의 사냥물의 가치로 평가할 수 있을 것이다. 왜냐하면, 이로써 자신의 새로운 행위의 이성적 결산에 이르게 되기 때문이다. 이날 그는 귀속요구에 대응되지 않는 이윤을 창출한다. 이 사례는 혁신(das Neue)이 우선적으로 정태적 경제순환에 편입될 필요가 없다는 점에서 선정되었다. 그러나 만약 다른 재화가 생산된다면, 사람들은 이와 같은 경제에서는 편입과정이 존재한다는 것을 쉽게 본다.

이제 두 번째 문제는 "우리는 우회생산이 포함된 사례를 선정할 필요성이 있는 것이 아닌가?"이다. 많은 새로운 사용유형은 이와 같은 우회를 가져오지 않는다. 그러나 우회생산의 경우에도, 즉 간접적 생산의 경우에도 우리의 사례는 재고축적이 필요한 사안의 본질에 속하지 않는다. 사실상 재고축적과 소비연기가 피할 수 없기는 하지만, 사안은 본질에서 우리가 묘사한 대로 유지된다는 것을 이제 보일 것이다. 지배적 이론은 재화축적에 주안점을 두는데, 그 이유는 이론은 직접적으로나 간접적으로나 재화축적에 의해 — 그의 생산이 집합된 재고를 통해 생산될 생산도구에 의하여 내내 — 이자의 현상에 대해 물고 늘어지며 이자를 재화의 자금, 즉 자본과 연계하려 하기 때문이다. 이 방법으로 로셔(Roscher)는 처음에는 손으로 고기를 잡았다가 다음에는 재고가 실직상태인 그를 유지시켜 주는 시간에 보트와 그물을 만들기 위해 충분한 재고를 비축하는 어부의 그의 유명한 사례에서 오직 이 요인만을 염두에 두고 자신의 힘으로 대단히 놀랄 만한 진보를 이룬 이 어부황제의 위대함에 대해서는 전혀 눈길을 보내지 않는다는 사실에 도달한다. 우리는 이 사례를 더욱 자세히 살펴보기로 한다[18]: "사유재산과 자본이 없는 어민을 생각해 보자. 이 어민은 동굴에서 벌거벗은 채 살고 썰물 때 바닷가에 남아서 오로지 손으로 잡은 바닷물고기로 영양을 섭취한다고 가정하자. 모든 노동자는 여기에서와 동일하게 존재할 수 있으며 매일 3마리의 물고기를 잡을 수 있을 뿐만 아니라 먹어버릴 수 있다고 가정하자. 오로지 한 똑똑한 사람이 100일 동안 자신의 소비를 하루에 2마리로 제한하고 이 방식으로 모은 100마리 물고기의 재고를 이용하여 50일 동안 자신의 모든 노동력을 보트와 그물의 제작에 사용하고 이 자본의 도움으로 지금부터 그는 하루에 30마리의 물고기를 잡는다고 가정하기로 한다." 나는 원시적 어부가 이와 같은 일을 손쉽게 할 수 없고, **만약 그가 이를 한다면,** 세심한 설명이 필요한 그리고 이 설명으로는 전혀 충분하게 특징지을 수 없는 대단히 흥미로운 현상에 놓인다는 점을 반복하여 강조한다. 그리하여 당연히 새로운 생산방법으로의 이행은 단지 현존하는 발전의 결과일 뿐이며 물고기의 가치가 빠르게 감소할 것이기 때문에 다시금 보다 높은 이윤을 발전의 진행과 연계할 수 없을 것이라는 점은 자명할 것이다. 그리고 어부는 로셔(Roscher)가 서술한 것과 같이 행동하는 것은 확실히 아닐 것이다. 아주 오히려 그는 자포자기한 에너지를 가지고 자신의 새롭게 인지된 과업에 몸을 던질 것이며 — 아마도 그는 소비를 줄이지 않고 더 많은 일을 할 것이며, 그러면 방금 설명한 사례로 다시 돌아올 것이며 — 혹은 다른 고정적 동료들을 자신의 계획에 이용하려고 시도할 것

---

18) 로셔(Roscher), 「국민경제학의 기초(*Grundlagen der Nationalökonomik*)」, 제10판, 189쪽.

이다. 그러나 우리는 이 해석에서의 문제를 받아들이며 로셔(Roscher)가 이 사례에서 의도한 것과 이로부터 추진한 것에 대해 더 이상 탐구하지 않고 로셔(Roscher)가 설명한 바대로 논의하려 한다.

보트와 그물이 100일간 사용되었다고 가정해 보자. 그러면 어부는 150일의 노동사용으로 3,000마리의 물고기를 잡고, 그리하여 그동안 이 시간에 가능했던 450마리의 물고기에 대응하여 2,550마리의 이윤을 창출한다. 우선 이제는 다시금 새로운 결합의 관철, 즉 기존 수단의 새로운 사용이 발생되었다. 이제 가치평가의 과정은 어떻게 구성되는가? 결정적인 의사결정을 하기 전에 노동과 물고기는 익숙한 정태적 규칙에 따라 어림잡아 평가된다. 그러면 재고축적의 시간이 다가온다. 이 재고의 가치를 이해하기 위하여 우리는 생산과정의 사슬 구분에 따라 두루 살펴보아야 하며, 그로부터 혹은 그를 통하여 가치가 재고로 반사된다. 그것은 보트와 그물이다. 만약 보트와 그물이 사용을 위한 준비가 완료되어 있다면 이들은 얼마의 가치를 가질 것인가? 명백히 이들 생산물의 가치, 즉 3,000마리의 물고기 가치에서 보트와 그물을 가지고 고기를 잡는 데 필요한 노동력이 보트와 그물 없이 확보할 수 있을 생산물의 가치를 뺀 가치, 즉 2,700마리 물고기의 가치이다. 이 정도의 잠재적 물고기가 보트와 그물을 나타내 준다. 이 잠재적 생산물을 실제의 생산물로의 전환에는 더 이상의 가치상승이 포함되지 않는다. 우리는 시간흐름의 변수를 잠시 제외하도록 할 것이다. 이제 우리의 어부에게 그의 보트와 그물이 단지 150마리의 물고기가 '소요'되었고, 그로부터 각각은 잡으려는 물고기의 가치보다 훨씬 많은 가치를 가지고 있고, 그리고 그는 보트와 그물을 150마리의 '가격'으로 항상 다시금 만들 수 있기 때문에, 보트와 그물의 대체가치와 귀속가치 간의 편차가 발생한다. 왜냐하면, 새로운 생산물의 총가치는 명백하게 150마리의 물고기보다 크며, 그 결과 물질적 이윤은 물론 가치이윤(Wertgewinn)이 존재한다.

아주 동일한 사항이 보트와 그물을 생산하기 전의 재고에 대해서도 해당된다. 우리가 재고가 이미 준비되고 보트와 그물의 생산이 시작되어야만 하는 시점을 선택한다면, 우리는 그 가치가 보트와 그물에 동시에 투영된 2,700마리의 물고기가 이 시점에 재고로 잠재적으로 존재한다는 것을 인지할 것이다. 그리고 이 시점에는 그 노동이 재고에 부가될 예정이고 이로써 그 재고로부터 보트와 그물이 될 것을 어쨌든 생산하게 될 — 다시금 보다 높게 평가된 — 150마리의 물고기를 그로부터 공제할 수 있다는 점만이 재고에 존재한다. 재고가 100마리의 물고기로 구성되면 100마리 — 그리하여 보다 높게 평가된 — 물고기의 가치는 자신의 대체가치를 결정한다. 모든 다른 시점의 가치형성에 대하여 상응하는 근본명제가 유효하다.

보트와 같은 재고는 확실히 이의 실현이 이에 의존하고 있는 재고의 귀속가치에 따라 평가된다. 확실히 우리의 어부는 그에게 2,700마리의 물고기보다 작은 가치를 가지는 것에 대해서는 보트와 그물을 포기하지 않을 것이다. 여기에는 이들 물고기는 이들이 실현한 생산물 가치를 생산한 것이 아니라는 점, 즉 이들로부터 생산물로의 이행에 있어서 하등의 가치상승이 발생하지 않았다는 점이 존재한다. 이들 물고기는 이미 새로운 결합이 가져온 이윤을 포함하고 있다. 그러나 뵘-바베르크(v. Böhm-Bawerk)와 이야기하기 위하여, 이들은 빌려온 가치크기의 담당자에 불과하다. 이들에 대한 생산물 가치처럼, 이들의 가치 역시 노동에 반사되어야만 한다. 왜냐하면, 우리 어부의 노동은 앞으로 계속 150일의 생산기간 동안 3,000마리의 물고기들을 생산하기 때문에, 하루 노동의 가치는 3마리 물고기에서 20마리 물고기로 증가하여야만 하며 이로써 가치차이는 사라진다. 오로지 경제의 한 순환에서 다른 순환으로의 이행에 있어서만, 즉 오로지 새로운 결합의 우위가 저울질되는 결산에 있어서만 이윤, 즉 잉여를 구성하는 가치크기가 존재한다. 거기에서 노동은 앞으로 항상 실현될 20마리의 물고기의 가치로 투입되는 것이 허락되지 않고 오히려 이의 대체가치에 의해 투입되는 것이 허락된다. 만약 거기에서, 그것이 확실히 발생하여야 하는 것처럼, 재고와 그리고 보트와 그물에 더 부가되어야 할 노동이 단지 하루의 역량(力量)당 3마리의 물고기의 가치로 평가된다면, 재고에 숨겨져 있는 33일과 3분의 1의 하루 역량도 보다 높게 평가되지 않을 것이다. 그러면 거기에 재고 속에서 노동의 귀속요구에 대응하지 않는 자신의 첫 번째 목표물을 발견한 가치가 있고, 그 가치는 새로운 결합의 관철 결과로 발생한다. 노동가치에 의해 즉시 흡수될 이 가치는 다시금 기업가 이윤이다.

결정적인 것은 여기에서도 **재화에 대해서는** 하등의 이윤이 만들어지지 않는다는 것인데, 즉 생산된 생산수단 혹은 소비재 재고에 대해 어떠한 가치현상이 부착되어 있다고 말할 수 없다는 것이다. 이윤은 아마도 재화의 도움으로 실현되지만, 그것은 재화가 가치의 통과항목이라는 의미에서이며, 이윤이 이들로부터 창출된다는 의미에서는 아니다. 우리는 다음 장(章)에서 이 점에 대해 더 다룰 것이다. 이로써 우리 사례에서 재화축적 요인의 위치에 관한 질문은 스스로 답을 얻는다. 무엇보다도 재고 그 자체는 하등의 원칙적 의미를 가지지 않으며 재고 그 자체에도 의미를 부여하지 않는다는 것은 분명하다. 왜냐하면, 사람들은 사례에서, 만약 사람들이 어부가 바로 보트와 그물을 생산하기 위해 100일 동안 재고를 모으려 노력하는 대신 150일 동안 매일 2마리의 물고기의 소비로 제한하고 여기에서 얻어진 50일의 노동시간을 — 단지 이를 150일 동안 하루의 삼분의 일로 배분하여 — 보트와 그물의 준비에 헌신하였다고 가정한다면, 본질적인 점은 하나도 변하지 않는다. 그로부터 사람들은 기껏해야 재고 그 자체가 아니라 재고에 기초한 소비제한이 특별한 기능의 담당자가 될 수 있다는 점을 알 수 있다. 그러나 만약 이제 우리의 어부가 새로운 결합의 장점과 단점을 깊이 생각한다면, 그는 명백하게 단지 다음 두 개의 향락크기만을 비교해야만 한다. 즉, 새로운 생산물의 소비로부터 기대할 수 있는 향락과 150일을 통하여 '제3의 물고기'의 소비로부터 그 밖에 얻을 수 있는 향락이다. 우리는 이미 각자는 이 후자의 물고기에 대하여 높게 평가한다는 점을 말했으며, 이 점에서 '희생물'에 관해 얘기를 한다는 것은 의미가 있을 수 있다. 이로써 사람들은 개별적으로 포기한 물고기의 가치잉여를 획득할 물고기의 가치에 대하여 생각할 수 있으며, 그것은 진실로 절제이론(節制理論)에 대한 많은 선호의 기초를 허락할 수 있다. 또한, 새로운 결합의 관철에 있어서 확실히 순수한 노동소비 이외의 다른 무언가가, 이른바 바로 이미 존재하는 노동의 새로운 사용이 존재한다. 그러나 독자적으로 특별하게 평가되는 희생물은 **기다림** 속 그 자체에는 존재하지 않으며, 우리의 현재의 사례 속에서는 정태적 순환 속에서와 마찬가지로 존재하지 않는다.

그리고 미래향락의 보다 적게 인지함의 변수는 어떻게 되는가? 확실히 우리 어부는 3,000마리의 물고기를 250일 이후보다 — 보다 정확하게는, 100일 이후에서 250일까지보다 — 바로 지금 가지는 것을 선호할 것이다. 그 이유는 무엇보다 새로운 정태적 순환이 이미 이전에 시작될 수 있고 **이전의** 물고기는 대체로 **보다 많은** 물고기를 의미할 것이기 때문이다. 이에 따라, 그는 예를 들어 보트와 그물을 이들이 준비되었을 때에 확실히 2,700마리의 물고기보다 적은 값에 제공할 것이다. 왜냐하면, 만약 그가 이를 위하여 약 2,000마리의 물고기를 잡고 바로 새로운 보트와 새로운 그물을 50일 동안 만들어냈다면 그는 150일의 노동일수의 총 결과로서 첫째로 3,500마리의 물고기들을 잡고 둘째로 추가적인 50일 동안에 사용이 가능한 생산도구를 가질 수 있을 것이기 때문이다. 그러나 그것은 단지 그가 그 3,000마리의 물고기를 **더 많은** 물고기에 대하여 포기할 준비가 되어있다는 것을 말하며, 그리고 그것은 명백하게 그가 보트와 그물을 그의 완전한 생산가치, 이른바 2,700마리 물고기의 **가치**하에 제공하지 않을 것이라는 명제, 다시 말해 그가 보트와 그물을 통하여 **더 많은** 물고기를 손에 넣을 수 없다면 그에게 2,700마리 물고기가 가지는 가치하에 제공하지 않을 것이라는 명제와 최소한도 모순되지 않는다. 만약 그가 이와 같은 교환 가능성의 경우에서와 같이 그것을 할 수 있다면 다시금 새로운 결합이 존재한다. 나는 이 사례가 우리의 상세한 논의를 바탕으로 이해하기 쉬우며 겉으로 보이는 모순은 어려움 없이 해결될 수 있다고 생각하며, 그 결과 나는 보다 상세한 설명으로 독자들을 싫증나게 하지는 않을 것이다. 그리하여 나는 계속한다. 즉, 그리하여 어부는 물고기의 **보다 빠른** 획득을 우위로 간주할 것이며 이 점에서 빠르게 획득할 물고기가 보트와 그물이 **보다 많은** 물고기의 획득을 가능하게 하는 것보다 — 그리고 가능하게 한다면 — 높게 평가될 것이다. 덧붙여서 그렇다면 어떤 가치편차도 생산사슬의 부분들 간에는 존재하지 않을 것이다. 단순히 노동시간이 가장 많은 수익을 실현하는 사용이 선택될 것이며, 이 사용에 따라 모든 가치가 균형을 이룰 것이다. 이에 대해서도 다음 장(章)에서 더욱 논의할 것이다. 그러나 이 점을 제외하고는 나는 가치평가에 대한 시간흐름의 영향, 따라서 대체로 미래향락의 독자적이며 원칙적으로 보다 적게 평가함을 정태적 경제순환 속에서와 마찬가지로 여기에서도 파악하지 않을 수 있다. 이 사안은 확실히 쉬운 것이 아니다. 실제로는 이보다 적게 평가함은 의심할 여지없이 존재한다. 그러나 이에 대한 대단히 많은 설명이 — 위험, 상황의 변화 — 존재하며, 그 결과 거기에 특별한 정신적 현상이 사실상 지금까지도 존재하지 않는다고 정확성을 가지고 보장하기는 매우 어렵다. 그리고 그동안 우리가 보았고 앞으로 더 보게 되는 바와 같이 현실은 우리에게 이와 같은 현상의 인지와 고찰을 강제하지 않고, 이 정신적 현상 없이 설명하지 못하는 경제적 현상은 존재하지 않기 때문에 우리가 증거의 부족으로 시간흐름의 요구를 거절한다면 우리는 불공정한 것을 하지 않을 수 있다.

만약 내가 실제로 나의 보다 적게 평가함이 근거할 수 있는 모든 요소가 사라졌다고 해도, **나의** 내부의 지각이 미래향락을 보다 적게 평가할 수 있다고 말하는 것은 어느 경우에도 **아니다**.

그리하여 우리는 재고축적은 필요는 하지만 묘사한 가치평가과정에 대해 아무것도 변화시키지 않는다는 결론에 도달한다. 재고축적은 새로운 결합의 관철에 있어서 한 단계이고 이에 필요한 모든 다른 단계들과 조금도 차이가 없다. 만약 한 어부가 보트를 제작하였고 다른 어부가 이를 사용한다면, 만약 대체적으로 이 단계들이 분리되고 **한** 사람에 의해 모든 것이 행해지지 않아도, 그것은 여전히 아무것도 변경시키지 않는다. 협동하는 사람들 중 한 사람이 기업가일 수 있고 다른 사람들이 그의 지시에 따라 행동하거나 혹은 한 유형의 기업가 사회가 존재할 수 있다면, 항상 이 주장은 유효하고 진행과정은 항상 동일하게 유지될 것이다. 나는 더 이상의 논의를 불필요하게 할 정도로 이는 명확하다고 가정한다. 희망컨대 오늘날에는 아무도, 우리의 어민 중에서 한 사람이 보트와 그물의 생산을 감내한다고 해도 그가 지속적인 기업가 이윤을 확보할 수 있다는 생각을 더는 하지 못한다. 왜냐하면, 사용자들은 그에게서 이와 같은 경제방식을 헤아릴 수 있을 것이기 때문이다. 즉, 이 새로운 방법이 알려지고 증명된다면 이는 확실히 모방된다. 그리고 어민들은 모방을 막을 수 없을 때 한 구성원으로 지속적인 몫을 확보하는 것보다 차라리 물고기잡이에 바빠 숨이 막힐 것이다.

자본주의경제에 적용한다면, 이 결과는 이전에 말한 것을 보다 잘 파악하게 해 준다. 우리는 이제 기업가 이윤을 특정한 재화에 대하여 결정적으로 귀속할 수 있거나 혹은 이들 재화의 제공에 있어서 기업가 기능을 추구할 수 있다는 의미에서 기업가 이윤이 생산재에 대하여 만들어지지 않고 왜 만들어지지 않는지를 보다 예리하게 살펴보기로 한다. 생산재는 생산과정의 각각의 단계에서 미래이윤을 내포하고 있다는 점에서 이른바 기업가 이윤의 담당자이지만, 그 이상은 아니다. 특히 기업가 이윤을 본원적 생산수단이 새로운 사용을 통해 경험하는 지속적인 가치제고 속에서 찾으려고 하는 것은 올바르지 않을 것이다. 토지와 노동이 이들을 새로운 결합 관철의 목적으로 구입한 기업가에게 속하는 노예경제의 사례를 살펴보자. 그러면 어딘가에서 사람들은 이 경우에 있어서, 토지와 노동에 대하여 이들의 그동안의 정태적 사용에 상응하는 가격이 지불되었고 기업가 이윤은 이제 토지와 노동이 지속적으로 더 많이 생산하는 금액일 것이라고 말할 수 있을 것이다. 그러나 그것은 다음 두 가지 이유로 틀린 말이다. 첫째, 무엇보다도 새로운 생산물의 수익은 경쟁이 그로부터 수익을 다시금 끌어내려야만 하는 크기에 도달하여, 그 결과 그 해석은 기업가 이윤의 요소를 고려하지 못할 것이라는 점이다. 둘째, 그러나 지속적인 추가수익은 — 준지대가 아닌 한 — 바로 경제적으로는 여기에서 확실히 '노동소유자'에게 귀속되고 간단히 노동자에게는 귀속되지 않는 노동임금의 증가이고 그리고 지대의 증가라는 점이다. 노예와 토지는 이들의 소유자에게는 확실히 보다 높은 가치를 가지지만, 만약 한 번의 혹은 일시적인 이윤을 제외한다면, 사람들은 기업가가 아닌 소유자로서 점점 부자가 되는 것이다. 자연적 생산수단이 예를 들어 수력으로서의 시냇물이 처음으로 새로운 결합에 존재한다 해도 이 사안은 다르게 진행되지 않는다. 수력이 기업가 이윤을 생기게 하는 것이 아니다. 수력이 지속적으로 생기게 하는 그것은 우리의 의미에서는 지대이다.

그리하여 처음에 기업가 이윤인 것의 일부분은 지대로 넘어간다. 여기에서 해당되는 크기의 경제적 성격이 변한다. 그동안 사탕수수를 키웠던 대규모 농장의 소유주가 이제 조금 전까지 훨씬 더 수익을 창출할 수 있었던 면화심기로 이행하려 한다고 가정하자. 그것은 새로운 결합이며, 그 사람은 이를 통하여 기업가가 되며 기업가 이윤을 창출할 것이다. 그 이유는 비용항목에는 지대가 오로지 사탕수수 키우는 것에 상응한 금액으로 위치해 있기 때문이다. 그것이 사실상 발생하였듯이, 우리는 대두되는 경쟁이 수익에 대하여 조만간 압력을 행사할 것이라고 가정할 것이다. 그러나 그래도 잉여가 남는다면, 그것을 어떻게 설명하고 그것은 경제적으로 무엇인가? 마찰을 제외하면, 그것은 단지 해당되는 토지가 면화심기에 차별적으로 적합하거나 혹은 토지의 수익이 새로운 사용의 결과로 전반적으로 상승하였다는 데에서만 비롯할 수 있다. 원칙적으로는 그것은 항상 이들 두 개의 요인에 의해 발생한다. 이미 그것은 지대보다 지속적으로 보다 높은 수익의 권한을 완전히 가지고 있다. 그러나 만약 그가 더 이상의 면화를 심는다면, 우리의 이 소유사의 기업가 기능은 없어져버리고 전체수익은 이제 본원적 생산수단에 포함되어야 한다.

기업가 이윤과 독점이윤과의 관계에 대하여 한마디 하려 한다. 기업가는 새로운 생산물의 첫 번째 대두에서는 경쟁자가 없으므로, 이의 가격형성은 전적으로 혹은 어느 정도의 한계 내에서 독점가격의 원칙에 따라 추진된다. 자본주의경제의 기업가 이윤에는 그리하여 독점의 요소가 있다. 이제 우리는 새로운 결합이 지속적인 독점적 위치의 설정에, 즉 아무런 경쟁적 외부인에 대해 걱정할 필요가 없는 트러스트의 설립에 존재한다고 가정해 보자. 그러면 기업가 이윤을 단순히 지속적 독점이윤으로 그리고 독점이윤을 단순히 기업가 이윤으로 간주하는 것은 당연한 것으로 생각된다. 그러나 두 개의 아주 다른 경제적 현상이 존재한다. 독점적 조직의 실행은 기업가 행위이며 이의 '생산물'은 기업가 이윤으로 표현된다. 이 조직은 줄곧 동일한 수익을 궤도에 올려 획득하지만, 이제 그 수익은 독점적 지위를 기초하게 한 자연적 혹은 사회적 요인에 귀속된다. 즉, 이 수익이 독점이윤이 되었다. 즉 창업자 이윤과 지속적 수익은 실무적으로도 서로 다른 것이다.

이 논의는 이 작업의 틀 속에서 더 이상 진행될 수 없다. 아마도 그것은 이미 너무 오래 논의되었다. 그러나 내가 이 사안으로 독자들을 너무나 지치게 한 것에 대해 스스로를 비난한다 해도, 나는 모든 관점이 충분히 명확하게 되지 않았고 모든 가능한 오해가 제외되지 않았다는 비난을 한 번 더 모면할 수는 없다. 사안의 본질적 측면은 설명될 수 있을 것이다. 우리가 이 주제를 떠나기 전에 몇 개의 언급이 필요하다.

우리는 기업가 이윤은 기업의 지속적 요소 속에서 차별적 우위의 수익과 같은 지대가 아님을 확인하였다. 또한, 우리는 기업가 이윤은 항상 사람들이 자본을 정의하고자 하는 것과 같은 자본이윤이 아님을 보았다. 따라서 현실에서는 전혀 존재하지 않는 기업가 이윤의 평균화 경향에 대해 함께 설명할 모든 이유도 사라졌다. 즉, 비록 우리가 하나의 동일한 장소에서 동시에 동일한 산업부문에서 대단히 다양한 이윤을 목격할 수 있음에도 불구하고, 많은 저자가 이와 같은 경향을 주장한다는 것[19]을 설명하는 것은 단지 이자와 기업가 이윤의 혼동 때문이다. 여기에서 우리는 단지 기업가 이윤 역시 궁극적으로 임금과 동일한 종류는 아니라는 점을 더욱 밝혀내려 한다. 그 자체에 대해서 사람들은 쉽게 믿을 수 있을 것이다. 확실히 기업가 이윤은 단순한 잔여가 아니며, 그것은 마치 임금이 노동자가 창출한 것의 가치표현인 것과 아주 같은 이유로 기업가가 창출한 것의 가치표현이다. 임금이 착취이윤이 아닌 것과 마찬가지로 기업가 이윤도 착취이윤이 아니다. 그러나 임금은 노동의 한계생산성에 따라 결정되며, 기업가 이윤은 이 법칙에서 두드러진 예외이다. 즉, 기업가 이윤의 문제는 비용법칙과 한계생산성법칙이 이를 예

19) 이에 비하여 다른 사람들, 예를 들어 렉시스(Lexis)는 이자율의 균등성에 대해 반박한다. 마르크스(Marx)에게 그렇게 많은 어려움을 야기한 이 문제는 사람들이 우리의 결과를 받아들이면 사라진다.

외로 하는 것 같다는 데에 바로 존재한다. 그리고 '한계기업가'가 얻는 것은 모든 다른 기업가들의 성공에 대하여 전적으로 무관하다. 모든 임금상승은 모든 임금을 넘어 확산되고, 기업가로 성공을 거둔 사람은 우선 임금을 혼자서 독차지한다. 임금은 가격요인이고, 같은 의미에서 기업가 이윤은 가격요인이 아니다. 즉, 임금지불은 생산의 제동장치 중의 하나이며, 기업가 이윤은 그렇지 아니하다. 사람들은 기업가 이윤에 대하여, 고전학파 경제학자들이 지대에 관해 주장하였던 것, 이른바 기업가 이윤은 생산물의 가격으로 나타나지 않는다는 점을 매우 당연하게 얘기할 수 있을 것이다. 임금은 정태적 소득부문이며, 만약 사람들이 수익의 주기적 반복을 소득의 질적 특성에 포함시킨다면, 기업가 이윤은 전혀 소득부문이 아니다. 기업가 이윤은 기업가 기능이 이루어지자마자 기업가에게 귀속된다. 기업가 이윤은 혁신의 창출, 개발가치의 실현, 그리고 미래의 가치체계의 실현에 연계되어 있다. 이는 발전의 아이인 동시에 희생물이다.[20] 여기에서, 비록 이들 존재의 경제적 기초의 구분을 위하여 결정적인 것은 아님에도 불구하고, 노동자와 기업가의 대조가 고려할 만하다는 점이 추가할 수 있다.

이미 나는 "발전 없이는 기업가 이윤이 없고, 기업가 이윤 없이는 발전이 없다."라고 말했다. 자본주의경제에 대해서 기업가 이윤이 없으면 자산형성도 없을 것이라는 점을 더 추가할 수 있다. 자산형성이 없으면 우리가 목격하는 큰 사회적 현상도 없다. 적어도 **그것은** 확실히 발전의 결과이며 결국 기업가 이윤의 결과이다. 만약 사람들이 지대의 '자본화'를 — 역시 발전이 가져오는 과정과 그 본질에 대해서 우리가 다음 장(章)에서

20) 그것이 현실과 아주 잘 부합하고 그것이 공정한 시각을 의미 있게 묘사하는 것처럼, 사람들은 스미스(A. Smith)의 언급으로부터 — 모든 실무자가 해올 수 있었고 일상적인 생활에서 실제로 행하는 것임 — 새로운 생산부문은 과거의 생산부문보다 훨씬 더 많은 이익을 창출한다는 것을 확인한다.

분석할 예정임 —, 그리고 진정한 의미에서 절약행위를 — 여기에 대해서 우리는 아주 큰 역할을 부여하지는 않음 —, 궁극적으로는 발전이 이의 반작용 속에 많은 경제주체들에게 제공하는 그리고 근본적으로 일시적이지만 비(非)소비 가운데 자산형성으로 이어질 수 있는 선물을 제외한다 해도, 자산형성의 아주 최소한의 원천은 남아 있고 그로부터 대부분의 자산이 발생한다. 기업가 이윤의 비(非)소비는 우리의 의미에서는 저축이 아니며 익숙한 만족상태의 제외가 아니다. 그리하여 우리는 대부분의 자산을 창출하는 것은 기업가 행위라고 말할 수 있다. 현실은 기업가 이윤으로부터 자산형성의 이 파생을 설득력 있게 검증해 주는 것 같다.

비록 나는 이 장(章)에서 임금과 지대와 더불어 생산비용으로서 자본이자를 독자에게 위임하였음에도 불구하고, 나는 임금과 지대 이상의 모든 잉여가 기업가에게 남아있는 것처럼 분석을 수행하였다. 사실 기업가는 당연히 자본이자를 지불하여야 하며, 그 크기만큼 잉여가 줄어들어야 한다. 이 관점이 이제 충분히 설명되었다고 강조하여 언급한다면, 이로써 내가 일정 금액을 우선 기업가 이윤과 그다음 이자로 묘사한다는 것에 대하여 나를 비난하지 않을 것이다.

제 5 장

자본이자

제5장

자본이자

(Der Kapitalzins)

한 현상의 일상성, 즉 우리가 익숙한 생활에서 이에 의해 정확하게 신뢰를 받는 상황이 이의 과학적 설명을 쉽게 하지 못하거나 가속화시키지 못한다는 것은 주의할 만하지만 이론의 여지가 없는 사실이다. 모든 학문분야는 이 주장에 대한 사례를 제공한다. 즉, 인간의 부침(浮沈) 경향보다 더 일상적인 것은 무엇인가? 그리고 인간성을 충분하게 설명하는 데 수백 년이 걸리지 않았는가? 그러나 경제학보다 이에 대한 더 많은 사례를 제공한 학문분야는 없으며, 그중에서 이자(Zins)의 사례보다 더 분명한 것은 없다. 뵘-바베르크(v. Böhm-Bawerk)에 이르기까지 사람들은 이자의 사실을 단순히 어쩔 수 없이 받아들였고, 사람들은 설명의 시도도 전혀 하지 않았거나 혹은 아주 마찬가지로 설명의 제외가 사람들이 결정적 문제를 단순히 확인하지 않았다는 점을 보여주는 것이라는 설명시도도 하지 않았다. 뵘-바베르크(v. Böhm-Bawerk)는 이를 발견하였고 기존의 것의 불완전함을 설득력 있게 증명하였다. 내가 말하여야 하는 모든 것은 그의 비판적 작업에 기초하고 있으며, 부분적으로도 — 첫눈에 보이는 것보다는 더 많은 부분일 것임 — 그의 문제제기와 그의 실증적 이론에 기초하고 있다. 그가 모든 이자론에 대하여 제기한 가치론적 요구는 여기에서 충분히 받아들여지며, 우리의 출발점은 이들 요구를 충족하지 않고 출발점으로부터 설정된 이의제기들 중의 하나에 내맡겨진 이자론은 오늘날에는 더 이상 진행될 수 없다는 견해를 구성한다. 우리의 설명시도와 본질적으로 다른 궤도로 나아가는 순간이 발생하지 않는 것은 아니다. 그러나 우리의 시도는 뵘-바베르크(v. Böhm-Bawerk)의 가치론적 요구를 끝까지 이행하며, 그동안 언급되어온 뵘-바베르크(v. Böhm-Bawerk)의 이의제기들 중 어느 것도 끝까지 예외로 하지 않는다.[1)]

자본이자(Kapitalzins)는 경험이 우리에게 가르쳐주는 것처럼 특정한 범주의 경제주체들에게 흘러들어가는 지속적인 순소득이다. 어디에서 흘러들어오고 그리고 왜 그러한가? 여기에 첫째로 이 재화흐름의 **원천**에 대한 의문이 존재한다. 즉, 이로써 자본이자는 흐를 수 있는데, 무엇보다도 그것이 가능할 수 있는 자유롭게 처분할 수 있는 가치의 양이 대체로 존재하여야만 한다.[2)] 여기에서 두 번째로 무슨 이유로 무엇을 위하여 이 가치의 양이 바로 이 경제주체들의 전리품이 되었는가의 질문이 존재한다. 즉, 이것은 재화세계의 이 흐름의 **원인**에 관한 질문이다. 여기에 마지막으로 사람들이 자본이자의 핵심문제로 묘사할 수 있는 가장 어려운 질문이 존재한다. 즉, 이 재화흐름이 **지속적으로** 흐른다는 것과 이자는 사람들이 자신의 경제적 상황을 악화시키지 않고 처분할 수 있는 순소득이라는 점이 어디에서 왔는가의 질문이다. 이 질문들은 그

---

1) 그것은 매우 강조되어야 한다. 왜냐하면, 좁은 학문범위 밖에서는 뵘-바베르크(v. Böhm-Bawerk)의 비판적 성과도 경제학에 뼈와 살로 바뀌지 않기 때문이다. 그러나 이제 나는 그의 비판적 성과를 전제로 한다. 아래에는 어디에서나 이와 관련이 있고, 이자의 자명성에 대해 줄곧 확신하고 이 결정적 문제를 줄곧 보지 못하는 사람은 아래의 것에 불필요하게 여겨 있고, 이들 중 많은 것은 이해도 불가능하고, 확실히 잘못되어 있다고 생각할 것이다. 그러나 뵘-바베르크(v. Böhm-Bawerk)의 작품 속에서 독자는 모든 필요한 것과 거의 모든 문헌을 발견한다. 또한, 이에 관한 일반적 지식이 필요하다. 마지막으로 나도 나 스스로 이미 말한 것에 대하여(참조: 「본질(*Wesen*)」 제3편) 반복하지 않으려 한다.

2) 예를 들어, 세이(Say)에 관한 뵘-바베르크(v. Böhm-Bawerk)의 제1권, 142쪽을 참조하라. 그러나 여기에서 뵘-바베르크(v. Böhm-Bawerk)의 표현방식은 그가 일정한 이자론을 마음속에 그리고 있다는 점에 이미 영향을 받고 있다.

중요성이 바로 자명해질 것이다. 나는 이 사안에 대하여 다음의 방식으로 깊이 파고들 것이다.

이자의 사실은 경제의 정상적 순환 속에서 전체 생산물 가치가 본원적 생산요소, 즉 노동력과 토지력에 귀속되어야만 하는 그리하여 전체 생산수익이 노동자와 토지소유자에게 배분되고 임금과 지대 외에는 다른 지속적 순소득이 존재하지 않는다는 인식을 통하여 문제로 진행된다. 한편으로는 경쟁이 다른 한편으로는 귀속이 지출을 넘어서는 수익의 모든 잉여, 즉 생산물에 포함된 노동력과 토지력의 가치를 넘어서는 생산물 가치의 모든 잉여를 전멸시킨다. 본원적 생산수단의 가치는 생산물의 가치에 대해 그림자의 충실성으로 부착되어 있어야만 할 것이며 양자 간에는 가장 작은 지속적 균열도 발생하지 않을 것이다.[3] 그러나 이자는 사실이다. 이제 이자는 무엇인가?

이 딜레마는 나쁘며, 기업가 이윤에 있어서 그것을 비교적 쉽게 극복하였다는 유추보다 더 나쁘다. 왜냐하면, 거기에는 단지 잠정적·비지속적 재화흐름이 중요하였으며 그리하여 우리는 경쟁과 귀속의 근본적이고도 의심할 여지가 없는 사실과 갈등에 빠지지 않았으며, 오히려 우리는 노동력과 토지력이 유일한 소득원천이며 이들의 순수익은 그 사실을 통하여 영(零)으로 하락되지 않는다는 결과를 편하게 도출할 수 있었다. 사람들은 이 딜레마에 대하여 두 개의 서로 다른 유형으로 행동할 수 있다.

먼저, 그것을 받아들이는 것이다. 그러면 사람들은 이자를 임금 혹은 지대의 한 유형으로 설명하여야만 하고 그럴 것으로 보이며 후자는 그런데도 관계가 없을 수도 있기 때문에 바로 임금으로 설명하여야만 한다. 즉, 임금의 강탈 — 착취이론 — 로서, 자본가에 의해 수행된 노동의 임금

3) 뵘-바베르크(v. Böhm-Bawerk)의 제1권, 230쪽을 참조하라.

으로서 — 문자 그대로의 노동이론 — 혹은 생산도구와 원재료에 숨겨진 노동의 임금으로서 — 예를 들어, 제임스 밀(James Mill)과 위스키를 좋아하는 맥컬록(McCulloch)의 해석 — 설명하여야 한다. 세 개의 모든 시도가 이루어졌다. 나는 처음의 두 표현에 대하여 우리의 기업가 분석이, 특히 생산수단으로부터 기업가의 격리가 이들의 기초 한 부분을 빼앗아버린다는 뵘-바베르크(v. Böhm-Bawerk)의 비판을 단지 추가하여야만 한다.

다른 하나는 딜레마로 이르게 하는 이론의 결과를 부정하는 것이다. 거기에서 사람들은 이제 다시금 첫 번째로 비용항목을 연장할 수 있다. 즉, 임금과 지대에 의해 모든 필요한 생산수단이 아직 지불되지 않을 것이라고 주장할 수 있다. 혹은 두 번째로 귀속과 경쟁의 메커니즘 속에서 생산물 가치의 크기를 증가시키는 노동력과 토지력의 가치를 지속적으로 방해하는 보이지 않는 방해기제를 찾아내어 지속적인 가치잉여를 남게 할 수 있다.[4] 나는 두 개의 가능성을 대략적으로 논의하기로 한다.

비용항목을 연장한다는 것은 이자도 한 기업의 결산에서의 정기적 지출을 나타낸다는 점을 단순히 확인하는 것은 아니다. 단지 그것은 설명력 없이도 자명할 것이다. 여기에서는 제1장에서 상세히 설명하였던 보다 좁은 그리고 실질적 의미에서의 비용요소로서 이자에 대한 해석이 **더욱** 중요하다는 점이다. 그것은 노동력이 임금에 대한 것과 같이 이자가 내포하고 있는 제3의 본원적 생산요소의 구성과 동일한 의미를 가진다. 그것이 만족할 만한 방식으로 이루어진다면 이로써 우리의 세 개의 질문들, 즉 이자의 원천, 기초, 비절멸을 한번에 대답할 수 있을 것이며 이자의 딜레마가 사라질 것이다. 이와 같은 제3의 생산요소는 절제(節制)일 것이다. 만약 그 속에 특별한 양식의 독립적 성과가 있다면, 우리의 모든 희망은 변명할 여지없이 이루어질 것이며, 지속적 순소득의 재

4) 뵘-바베르크(v. Böhm-Bawerk)의 제1권, 600쪽 이하의 결론적 고찰을 참조하라.

고와 원천은 물론 특정한 경제주체들에 대한 할당도 의심 없이 설명될 것이다. 단지 정말로 이자가 바로 이 요인에 기초하는지는 더 증명하여야 할 것이다. 그러나 아쉽게도 이 요인은 거절되는데, 혹은 — 보다 잘 말하자면 — 이미 뵘-바베르크(v. Böhm-Bawerk)와 연계하여 보여준 바와 같이 이와 같은 독립적 요인은 존재하지 않으며, 여기에서는 더 이상 논의하지 않을 것이다.

생산된 생산수단 역시 제3의 생산요소를 구성하였다. 이와의 관계는 도치되어 있다. 이의 생산적 효과는 의심이 있을 수 없다. 이 제3의 생산요소는 너무나 명백하여 연구적 시각은 아주 바로 이것을 향하고 생산물과 노동력 및 토지력의 가치평형의 근본명제는 오늘날에도 특히 논란을 불러일으킨다. 이것은 너무나 명백하여 오늘날에도, 경험이 가르쳐주는 바와 같이, 전문가들 자체를 이 그릇된 길로 가지 않게 하는 것은 대단히 어렵다. 그러나 이를 위하여 이 제3의 생산요소는 다시금 지속적 순소득을 설명하지 못한다. 확실히 생산된 생산수단은 재화의 생산에 투입될 수 있는 능력이 있다. 심지어 사람들은 이것을 가지고 이것이 없는 것보다 많은 재화를 생산할 수 있다. 그리고 이 재화는 사람들이 생산된 생산수단 없이 생산할 수 있는 것보다 더 높은 **가치**를 가진다.[5] 그러나 이 보다 높은 가치는 또한 생산도구의 보다 높은 가치가 되어야만 하며, 다시금 이 보다 높은 가치는 사용된 노동력과 토지력의 보다 높은 가치가 되는 결과를 가져야 한다. 생산의 이들 중간단계에는 가치요소가 지속적으로 유지될 수 없다. 왜냐하면, 이들에게 귀속할 생산물의 가치와 이 생산물 자체가치 간에는 — 한편으로는 — 편차가 지속적으로 존재할 수 없기 때문이다. 한 기계가 그만큼의 생산물을 생산하는 것에 도

5) 생산된 생산수단의 물리적 생산성과 가치생산성의 개념에 관한 뵘-바베르크(v. Böhm-Bawerk)의 제1권, 132쪽을 참조하라.

울 수 있다면, 항상 경쟁은 이들 생산물의 가치와 가격을 가치평형이 창출될 때까지 오랫동안 압박한다. 이 기계는 — 다른 한편으로 — 수작업이 할 수 있는 것보다 훨씬 **많은** 성과를 창출할 수 있을 것이다. 이것이 한번 도입되면 이는 항상 혁신에 의해 노동을 절약하지는 않으며, 그 결과 이는 항상 혁신에 의해 이윤을 생기게 하는 것은 아니다. 즉, 눈에 확 들어오는 이 기계에서 비롯한 수익증대는 이에 대하여 '사용자'가 지불할 준비가 되어 있는 총금액이며, 이는 노동자와 지주에게 건네주어야만 한다. 사람들이 보통 순진하게[6] 가정하는 바와 같이, 대체로 이 기계는 그가 생산물에 부가할 수 있는 가치를 생산하지 못하며, 앞의 장(章)에서 자세히 설명한 바와 같이, 이 기계는 단지 가치의 잠정적 담당자이다. 즉, 은행권(銀行券)이 들어있는 양복상의가 그것이 들어있는 한 이의 소유자에게 상응하는 보다 높은 가치를 가지고 있으나 이보다 높은 가치는 단지 외부로부터 이전받고 생산되지 않은 것처럼, 그 기계는 이의 생산물에 상응하는 가치를 가졌으나 이 가치를 그 가치가 완전히 귀속된 이들 생산물의 생산 이전부터 이미 존재한 노동력과 토지력으로부터 이어받은 것이다.[7] 재화흐름은 보통 기계 쪽으로 흐르지만, 이는 기계를 통해서도 흐른다. 재화흐름은 기계에 막혀서 소비자금이 되지 않는다. 기계 소유자가 지불하여야 하는 것 이상으로 가치산정에서는 물론 가격산정에서도 기계 소유자에게 지속적으로 **더 많이** 배당되지는

---

6) 예를 들어, 세이(Say)와 뢰슬러(Roesler)에 관한 뵘-바베르크(v. Böhm-Bawerk)의 언급을 참조하라.

7) 기계의 생산물의 가치는 기계에 귀속되고, 기계의 가치는 그 기계의 제작을 위하여 필요한 노동력과 토지력에 귀속된다. 결과적으로 이미 이들 역량(力量)은 이미 최종 생산물의 가치에 대하여 가지며, 그리고 그들이 기계가 된다면 기계는 단순히 그들의 자리를 대신한다. 이 점에서 우리는 이 기계는 생산능력의 가치를 넘겨받았다고 말한다. 희망컨대 사람들이 마치 내가 이들의 가치를 이들의 비용재에서 유추한 것처럼 오해하지 않기를 바란다.

않는다. 기계는 그 자체로 하나의 생산물이며 그리하여 그 가치를 바로 소비재와 같이 더 이상의 이자가 흐를 수 없는 저장소에 전달한다.

제1장과 제4장의 논의를 바탕으로 그리고 뵘-바베르크(v. Böhm-Bawerk)의 지적을 바탕으로 우리는 딜레마로부터의 빠져나갈 길이 없으며 여기에서 이자에 대한 가치원천이 전혀 존재하지 않는다는 것을 확인할 수 있다. 어려움은 기껏해야 말하자면 '스스로' 증가하는 재화에게 나타난다. 즉, 곡물의 씨앗 혹은 종자동물을 들 수 있다. 이들은 소유자에게 미래에 보다 많은 곡물과 보다 많은 동물을 확실히 보장해 주고, 보다 많은 곡물과 보다 많은 동물은 씨앗과 종자동물보다 더 많은 가치가 있어야 하지 않은가? 이 생각에 대해 신뢰를 하는 모든 사람은 그 속에 가치이윤의 존재에 대한 증명이 있다는 확신을 대부분의 사람에게 얼마나 확고하게 제시할 것인가를 안다. 그러나 씨앗과 종자동물은 '스스로' 증가되는 것은 아니며, 오히려 이들의 '수익'에서 오히려 알려진 지출항목을 차감하여야 한다. 그러나 결정적인 것은 이 차감 이후에 남아있는 나머지 역시 가치이윤이라고 묘사하지 않는다는 것이다. 왜냐하면, 수확량과 가축수는 확실히 씨앗과 종자동물에 달려 있기 때문이다. 그리고 후자들은 첫 번째 것들의 가치에 따라 평가되어야 한다. 씨앗과 종자동물이 판매된다면 — 비대체성을 전제로 한다면 — 수확량과 가축수의 가치는 더 지출하여야 할 비용을 제외하고 위험을 고려하여 이 씨앗과 종자동물에 완전한 표현이 이루어질 것이다. 이들의 가격은 이들에게 귀속되는 생산물의 가격이다. 그리하여 끝없이 진행되는가? 그렇지 않은데, 왜냐하면 그동안 수확량과 가축수는 이들의 사용으로부터 더 이상 수익을 확보할 수 없고 이들의 가격이 단지 사용될 노동비용과 지대비용을 충당할 수 있을 때까지만 재생산에 사용될 수 있을 것이기 때문이다. 그리하여 반대로 '이들' 생산물의 한계효용, 즉 이들에 귀속할 생산물 몫의 한계효용은 영(零)의 크기로 향할 것이다.

바로 여기에서 나는 한 가지를 언급하고자 한다. 만약 사람들이 우리 사고과정의 이 단계에서 사정이 묘사하는 것과 같이 그 사정을 "우리는 생산물 가치와 생산수단 가치 간의 틈새를 그리 설명할 수 없다. 그러나 사실상 이는 존재한다. 그리고 우리는 이를 다르게 설명하려고 노력해야만 한다."라는 말들로 특징짓는다면, 그것은 올바르지도 혹은 목적에 맞지도 않으며, 그것은 이미 하나의 특정한 방향으로 이미 관련되어 있다는 것을 의미하는 것이다. 아주 정반대로 나는 이와 같은 원론적으로 지속적인 틈새의 존재를 부정한다. 이의 존재는 단지 분석되지 않은 사실이다. 그로부터 — 내가 의미하는 바로는 실무에서 한번 돌아보면 알 수 있는 바와 같이 — 이 틈새는 존재하지만 자본이자를 독립적 설명요인으로 가지는 주요 사실과는 아주 다르게 설명하여야 할 자본이자의 결과라는 점으로 훨씬 빨리 추정할 수 있다. 경제주체들은 — 아마도 — 생산수단을 생산물보다 적게 평가한다. 그 이유는 이들 경제주체들은 생산수단에서부터 생산물에 이르기까지 이자를 지불하여야 하기 때문이다. 그러나 이들은 당연하게 이자를 지불하는 것은 아닌데, 그 이유는 이들은 **다른** 이유로써 생산물보다 생산수단을 적게 평가하기 때문이다. 그것은 매우 중요하며 앞으로도 더욱 자주 강조될 것이다. 여기에서 나는 단지 나의 전체적 묘사가 극복하여야 하는 어려움이 이자에 있어서 특히 강력하게 대두된다는 점을 환기시키고 싶다. 이른바 그 어려움은 확고한 기초 밖에서는 일련의 분석되지 않은 사실을 단순히 받아들이고 복잡하게 연계된 많은 것을 요소로서 고찰하려고 사안의 내면을 보다 깊게 들여다보지 않는 데 우리가 익숙해져 있다는 점이다. 사람들이 이 습관을 한번 가지게 되면 그들은 추가적 분석을 마지못해 수행하며 항상 이와 같은 사실을 생생한 이견과 마찬가지로 언급하는 경향을 가진다. 절제는 이와 같은 것이다. 자본가치가 **단순히** 자본화된 수익가치라는 주장도 마찬가지이다. 그리고 사람들은 여기에서 항상 경험의 토대 위에 서 있기에 이 경험은 떠들썩하게는 아니지만, 상당히 충분하게 모순된다. 그러나 무엇보다도 우리는 '틈새'에 대한 이 해석을 그대로 유지하여야만 한다.

이제 가산과정(Einrechnungsvorgang)을 묘사하기 위한 언급이 더 필요하다. 우리는 지금까지 항상 귀속과정에 대해서만 얘기하였고 이 과정이 정박지(碇泊地)로부터 생산물 가치 속으로 되돌아가 노동력과 토지력까지 도달하였다. 이제 사람들은 귀속은 한 걸음을 더 뗄 수 있을 것이며 이는 가치흐름을 확대된 분야, 이른바 노동력과 소유토지 자체로 되돌아갈 수 있다는 것을 생각할 수 있다. 왜냐하면, 유통경제 속에는 노동력의 가치 그 자체를 의식하여야 할 이유가 없기 때문이며, 또한 만약 그렇지 않다면 토지에 대한 것과 마찬가지로 동일한 가치가 적용될 것이기 때문이며, 그리하여 우리는 토지에 대해서만 제한하려 한다. 노동력과 관련해서는, 만약 우리가 이를 노동자와 자기 가족의 생계수단의 생산물로 이해하였다면, 이는 특별한 문제를 제기할 것이라는 점을 다시금 강조한다. 그러나 우리는 그렇게 이해하지 않는다는 점도 강조한다. 즉, 이로써 우리는 중요성이 있는 해결되지 않은 진정한 어려움을 뒤에 남겨두지 않는다. 그리하여 사람들은 토지력을 무엇보다도 토지의 생산물로, 토지 자체를 귀속이 이의 생산물을 떠넘겨야만 하는 진정한 본원적 생산수단으로 파악할 수 있다. 그러나 그것은 아주 논리적으로 잘못된 것일 수도 있다.[8] 왜냐하면, 토지는 토지력 뒤에 있는 독립적 재화가 아니라 오로지 토지력의 묶음이기 때문이다. 그리하여 사람들은 여기에서 귀속에 대해서 전혀 언급하지 않는 것이 더 좋다. 왜냐하면,

8) 뵘-바베르크(v. Böhm-Bawerk)의 「국민경제적 재화이론 관점의 정당성과 상황(*Rechte und Verhältnisse vom Standpunkte der volkswirtschaftlichen Güterlehre*)」을 참조하라. 그리고 우리의 사례에도 적용할 수 있는 이자효용이론에 관한 그의 언급도 참조하라. 이와 동시에 나는 이자효용이론의 기본사고를 나의 분석에서 제외한다는 점을 말한다. 왜냐하면, 나는 뵘-바베르크(v. Böhm-Bawerk)의 상세한 서술에 대해 아무것도 추가해서는 안 되기 때문이다.

여기에서는 항상 보다 높은 등급의 재화로의 가치이전이 중요하기 때문이다. 이 가치이전은 그 과정에서 어디에도 한 줌의 가치도 남아있지 않게 하는 효과를 불러일으킨다. 그러나 토지의 가치형성에 있어서는 다른 것이, 즉 주어진 그리고 귀속으로부터 특정된 요소들의 가치로부터 자신의 가치를 이끌어 오는 것이 중요하다. 토지의 가치는 이들 요소로 경제적으로 '구성되어' 있다. 거기에 사람들은 가산(加算)을 얘기하는 것이 보다 잘하는 것일 것이다.

이제 어떤 재화에 대해서든, 그것이 소비재이든 생산재이든, 두 개의 진행과정을 구분하여야 한다. 항상 재화의 역량은, 직접적으로는 욕구척도를 통해서 혹은 간접적으로 귀속을 통해, 특정하게 주어진 가치를 가지며 전체로서 재화의 가치는 그 역량으로부터 비롯하게 된다. 그러나 후자의 과정은 생산된 재화에 있어서 대단히 단순하며 조만간 발생하는 이의 재생산의 필요성을 통하여 확고하고 알려진 규칙 속에 강제되는 데 비하여, 토지에 있어서 그 과정은 그 속에 자체적으로 그리고 원론적으로는 비용 없이 재생산되는 무한한 수의 역량이 숨어있다는 사실에 의해 복잡하다.[9] 거기에 우리가 이 논의에 진입하는 데 제기되는 의문이 발생한다. 즉, 토지가치는 끝없이 커서는 안 되며 그리하여 순수익으로서 지대는 가산을 통해 사라지지 않는가? 나는 이 의문에 대하여 뵘-바베르크(v. Böhm-Bawerk)와는 다른 방식으로 대답할 것이다.[10]

첫 번째로, 토지가치가 끝없이 크다 하더라도, 나는 항상 지대를 순소

---

9) 소떼의 증가 사례는 토지력의 자체 재생산 사례와 다음과 같은 점에서 다르다. 즉, 전자의 경우에는 스스로 증가할 수 있고, 소의 가치는 궁극적으로 소의 노동비용과 토지비용까지 하락할 수 있기 때문이다. 토지력은 모든 경제활동기간에 단지 항상 동일한 수량으로 스스로 재생산된다. 이는 증가 불가능한 것이 아니지만 이의 증가는 비용을 야기한다.

10) 「자본과 자본이자(*Kapital und Kapitalzins*)」 제2권을 참조하라.

득으로 묘사할 것이다. 왜냐하면, 그러면 수익의 원천이 이의 소비에 의해 고갈될 수는 없으며 그리하여 토지소유자에 대한 끝없는 재화흐름이 존재할 수 있으며 그러면 설명이 가능할 것이다. 순수익의 단순한 총합은 순수익으로서의 이의 특징을 파기하지는 않는다. 오로지 귀속만이 순수익을 전멸시키지 가산은 그렇지 않다. 그러나 둘째로, 당연히 한 조각 토지의 가격은 한 번도 끝없이 컸던 적은 없다. 그러나 사람들은 나의 전체적 해석에 대해 이것이 이 끝없는 가치, 즉 터무니없는 결과로 이어질 수 있다는 것에 대해 질책할 수는 없을 것이다. 나의 해석이 틀린 것이 아니라 소득 담당자의 가치가 — 단지 바로 할인하여야 하는 — 수익의 총합에 의해 구성될 수 있다는 주류 자본화이론의 기본사고가 잘못된 것이다. 오히려 이 가치형성은 이 장(章)에서 해결되어야 할 특별하고 매우 복잡한 문제이다. 사람들이 모든 가치평가에 있어서와 마찬가지로 이 가치평가에 있어서 경제주체가 고려하는 구체적 목표에 눈을 돌리는 것이 결정적으로 중요하다. 거기에는 경직된 증가규칙은 존재하지 않는다. 왜냐하면, 가치크기는 대부분 손쉽게 부가되지 않기 때문이다. 그러나 아마추어는 기꺼이 그것이 가능하다고 믿는다. 정태적 경제에서는 이의 정상적 순환 속에서 토지가치 자체를 이미 시사한 바와 같이 인식하는 것은 대체로 근거가 없다. 그것은 기계에 있어서는 다르다. 즉, 각각의 생산물은 일정한 전체가치를 가져야만 한다. 왜냐하면, 사람들은 그 생산물의 생산에 관한 결정을 위하여 이와 같은 가치가 필요하기 때문이다. 그리고 사람들이 쉽게 알 수 있는 바와 같이 거기에는 증가규칙이 잘 맞는다. 경쟁은 이 규칙을 관철시킨다. 기계를 이것이 초래하는 것보다는 적은 비용으로 살 수 있다면, 기계에 대한 수요와 이의 가격을 증가시키는 이윤이 있을 것이다. 기계가 이의 사용이 가져오는 것보다 많은 비용을 초래한다면, 수요와 가격을 억제하여야만 하는 손실이 있을 것이다. 이에 반하여 토지는 **경제과정의 정상적인 순환 속에**

서 양도되는 것이 아니라 단지 이의 역량만이 양도된다. 그리하여 토지가치 자체가 아니라 단지 이의 역량의 가치가 경제계획의 요소가 된다. 그리고 정상적 순환의 진행은 토지의 가치형성에 관해 우리에게 아무것도 가르쳐주지 못한다. 오로지 발전만이 토지가치를 창출하고, 발전만이 지대를 '자본화'하고 토지를 '동원'한다. 발전이 없는 국민경제에서는 일반적 국민경제적 현상으로서의 토지가치는 전혀 존재하지 않는다. 현실을 한번 살펴보면 그것을 검증할 수 있다. 왜냐하면, 토지가치를 자각할 수 있는 의미를 가지는 유일한 기회는 토지의 매각이 제공한다. 그리고 이것은 현실의 경제과정이 최대한 정태이론의 도식에 접근하는 경제단계에서는 사실상 전혀 발생하지 않는다. 소유토지의 시장거래는 발전현상이며 이는 오로지 우리가 이 문제에 대해 해답을 찾을 수 있는 발전의 진행과정으로부터 이해할 수 있다. 우선 우리는 이에 대해 아무것도 알지 못한다. 그리하여 이로써 우리는 우리의 이해가 가치에 대해 끝없이 도달하는 것이 아니라 대체로 가치에 이르지 못하며, 그리하여 토지력의 가치를 다른 가치와 연계할 수 없으며 그리하여 이를 순수익이라고 말할 수 있다.

사람들이 그럼에도 불구하고 매각의 동기가 발생하여야만 한다는 것에 대해 항변하려 한다면, 그 동기는 반드시 개별화되어야 하며, 여기에서 역경, 낭비추구, 대외경제적 목표, 그리고 더 많은 유사한 것들과 같은 개인적 상황이 결정적이어야 한다는 점을 말해야 한다. 다른 것들은 이 순간에는 확언할 수 없다. 확실히 증가규칙은 거부되는데, 그 이유는 여기에는 이를 생산물에 대해 관철하는 것은 없기 때문이다. 그러나 그것은 전혀 놀랄 일이 아니다. 이 사례는 노기사 드메레(de Méré)가 골머리를 앓았던 판돈의 사례와 하등의 다른 어려움이 없다. 그리고 그 사례는 유사하게 다루어질 수 있다.

증가규칙이 끝없는 가치를 창출하는 곳곳에서, 우리는 노동임금에서와 같은 순소득에 관해 단도직입적으로 말한다. 왜냐하면, 여기에서 관심사는 한 경제주체에 대한 지속적인 재화흐름과 재화흐름의 내용이 경제주체에게 머물지만 그 내용으로부터 더 이상 제공되어야만 하지는 않는다는 사실만이 중요하기 때문이다. 그리고 결과를 끝없이 제공하고 이와 같은 재화흐름의 가능성을 제외하는 것과 거리가 먼 가산은 바로 재화흐름 존재의 증표이다. 그것은 앞으로도 우리에게 중요하며, 사실 이제 전달하여야 하는 이자론의 이해에 핵심적 요소이다. 이로써 우리는 우리의 길에 대한 장애물을 제거하였다. 이 어려움의 실증적 해결은 나중에 이루어질 것이다.

이미 말한 바와 같이 이자의 딜레마에서 탈출할 수 있는 두 번째 방법이 있다. 어떻게 노동력과 토지력의 가치 이상의 지속가능한 잉여가 가능할 것인가의 질문에 대하여 사람들은 이들 최종적 가치에 대한 제동장치에 대한 언급으로 대답할 수 있다. 이와 같은 제동장치가 있다면, 이로써 지속적 가치차이의 가능성은 의심의 여지없이 입증될 수 있을 것이며, 사람들은 — 적어도 '민간경제적인' — 가치 생산성을 최대한의 의미로 이 제동장치가 초래하는 상황의 탓으로 돌려야만 할 것이다. 그 상황은 — 혹은 그 상황이 체화된 재화는 — 순소득을 내포하게 될 것이다. 모든 경제과정 속에서 특별하고도 독립적인 **가치이윤**(Wertgewinn)이 존재할 수 있을 것이다. 그러면 이자는 진정한 의미에서의 비용요소는 아니며, 이는 그 존재를 비용가치와 생산물 가치 혹은 생산물 가격과의 차이 덕분이며, 이것이야말로 비용에 대한 진정한 잉여이다.

생산된 재화에 대한 독점이 — 여기에서 본원적 생산요소에 대한 독점은 이에 있어서 사람들이 이자현상을 이들에 기초시킬 수 없다는 것이 처음부터 명백하기 때문에 우리는 관심이 없음 — 존재한다면, 유통경제에 있어서 이와 같은 사례는 발생한다. 독점관계는 사실 제동장치와 같은 영향을 미치며 독점자에게 지속적 순소득을 생기게 한다. 순소득으로서 우리는 독점적 권한을 가진 독점이윤과 동일한 이유로 지대와 같이 생각하게 한다. 여기에서도 증가규칙은 그 결과를 끝없이 창출할 것이다. 그리고 여기에서도 그 결과는 이윤에 대하여 순소득의 성격을 부여하지 않을 것이다. 그러나 왜 독점의 가치가 — 어쩌면 매우 긴 특허권과 같은 — 끝없는 것이 아닌가는 여기에서는 우리에게 흥미를 주지 않으며 나중에 충분히 다루어질 것이다. 여기에서도 궁극적으로 독점의 가치형성은 특별한 문제이며, 이 문제의 해결에 앞서서 우리는 정상적 순환 속에서는 이와 같은 가치형성에 대한 동기가 존재하지 않으며, 그리하여 이윤은 하등의 다른 크기와 연관시킬 수 없다는 점을 고수한다. 어쨌든 — 항상 그렇듯이 모든 것이 그와 같아 보이지만 — 독점자는 "나는 대단히 큰 가치를 독점 탓으로 돌리기 때문에, 나는 이윤을 창출하지 않는다."라고 전혀 얘기할 수 없다. 왜냐하면, 항상 그랬듯이 그는 자신의 독점을 이 가치를 직접 가져오는 수익과 **대비하여** 평가하기 때문에, **그는 이를** 순이윤으로서 수익의 성격이 사라진다는 식으로 **평가할 수 없다**. 그것은 충분히 확실하다.

로더데일(Lauderdale)의 이자론에 관한 논의에서 뵘-바베르크(v. Böhm-Bawerk)는 노동절약적이고 그리하여 이윤을 가져오는 기계가 독점되는 사례도 논평하고 있다. 당연히 그는 이 기계는 너무 비싸서 이의 **사용**으로 하등의 이윤이 연계되지 않거나 혹은 이것의 구입을 자극할 정도만의 적은 이윤만이 연계될 수 있다는 점을 강조한다. 그것은 확고하다. 그러나 만약 특허를 가지고 있다면 이의 **창출**에 의해 의심할 여지없이 지속적 이윤이 연계된다. 그렇다면 사람들은 독점관계는 독점자에게 어느 정도의 생산요소에 대하여 꼭 같은 비유를 할 수 있다고 말할 수 있을 것이다. 이 준(準)생산요소의 '역량'에 대해서 다른 생산요소의 역량과 마찬가지로 귀속이 이루어진다. 그 기계 자체로서 또한 이의 생산수단이 부가가치의 원천이 아니라, 오히려 독점이 기계와 관련하여 또는 이의 생산수단과 관련하여 부가가치를 획득할 수 있게 한다. 우리가 생산자와 사용자를 한 사람으로 합칠 수 있다면, 당연히 아무것도 변하지 않는다.

그리하여 우리는 거기에서 순소득을 고유하게 가진다. 그것이 이자를 표현하는 것과 같다면 모든 것이 괜찮을 것이다. 우리의 세 개의 질문은 충분하게 대답될 것이다. 사람들은 이자의 근본적 존재가 독점이론을 설명하는 원천을 가지고 있을 수 있고, 또한 그로부터 독점자들에게 할당할 수 있는 원인을 가지고 있을 수 있으며, 궁극적으로 귀속은 물론 경쟁이 수익을 절멸(絕滅)하지 않은 것에 대한 설명도 가질 수 있다. 그러나 이와 같은 독점상황은 규칙적이고 수없이 충분하게 존재하지 않으며 무엇보다도 이것이 없이도 이자는 존재한다.[11]

생산물의 가치 속에 노동력과 토지력 가치의 지속적이고 규칙적인 남김을 말할 수 있는 나른 사례가 만약 미래재화가 체계적이고 원칙적으로 현재재화보다 낮게 평가될 때에는 존재할 수 있다. 독자는 이미 그것이 여기에서 받아들여지지 않는다는 점을 알고 있으나, 이 사례를 다시금 언급하는 것이 필요하다. 지금까지 다루어진 모든 사례는 지속적인 소득원천이 단순히 지속적인 — 적어도 '민간경제적으로는' — 생산능력으로부터 창출되었는 데 비하여, 여기에서는 다른 것, 이른바 소위 가치의 움직임이 중요할 것이다. 지금까지의 설명은 어떠한 생산능력의 가치형성 및 가격형성으로부터 고유하게 유래하였지만, 여기에서는 한편으로는 노동력과 토지력 다른 한편으로는 소비재의 가치형성 및 가격형성으

11) 그러나 확실히 대단한 철저함의 비용으로 이와 같은 방향으로의 시도가 이루어졌다. 즉, 이에 대해서는 1910년 발간된 오토 콘라드(Otto Konrad)의 「임금과 지대(*Lohn und Rente*)」를 참조하라. 이런 종류의 이자 설명에 대한 모든 다른 유사성은 확립된 이론의 범주에 있지 않다.

로부터 설명이 유래하게 될 것이다. 여기에서 더욱 좁고 보다 진정한 의미에서 생산수단 가치 이상의 생산물 가치의 잉여가 독점사례 그 자체로 주어질 것이다. 그리고 여기에서 '비용잉여'는 그 사실 때문에 순수익이며 생산된 생산수단의 '자본가치'를 넘어서는 잉여를 의미한다. 이미 그 사실 때문에 잉여의 비(非)절멸과 비(非)가산이 증명될 것이다. 왜냐하면, 미래생산물의 완전한 가치는, 만약 그 가치가 생산수단의 귀속과 가치형성을 이루어지게 하는 요인 속에서 확실히 이의 전체적 크기로서가 아니고 오히려 보다 적게 발생한다면, **그렇다면** 귀속과 가산이 이루어지지 못할 것이기 때문이다. 지속적 재화흐름의 가능성은 이로써 의심할 여지없이 증명될 것이며, 이 재화흐름은 이제 현실의 이자소득이 될 수도 있고 안 될 수도 있다. 우리의 첫 번째 질문은 대답되었을 것이다. 즉, 이자가 모이는 가치원천은 존재할 것이다. 두 번째 질문인 왜 이른바 재화흐름이 바로 우리가 이 흐름의 소비를 발견하는 경제주체들에게 흘러가는가는 명백히 어렵지 않게 답을 찾을 수 있을 것이다. 그리고 수익의 빠져나가지 못함, 즉 비절멸에 관한 우리의 세 번째 질문은, 즉 단연 이자문제의 가장 곤란한 위치에 있는 질문은 단순히 사라질 수 있을 것이다. 잉여가치는 이미 설명한 비(非)귀속을 통해 발생할 수 있기 때문에, 그럼에도 불구하고 왜 이것이 가산되지 않는가를 묻는 것은 더 이상 의미가 없을 것이다.

그리하여 순수한 시간흐름이 가치평가에 중요한 영향을 미친다면 그리고 현실이 우리에게 그의 영향으로서 보여주는 것이 본질적으로 이자의 다른 방식으로 설명할 수 있는 사실에 근거한 분석되지 않은 사실이 분명히 아니라면, 비록 나의 견해에 따르면 시간흐름이 경제과정의 사실적 흐름과 많은 갈등을 가져온다 하더라도 — 이 갈등은 순수한 논리로 볼 때 반론의 여지가 없음 — 이 사고과정은 그 자체로서 아주 만족스러울 것이다. 그러나 이제 시간흐름은 이와 같은 독립적으로 중요한 영향을 가지지는 않는다. 그리고 많은 재화의 가치증대 사실도 시간의 흐름에 따라 아무것도 증명하지 않는다. 이 사실은 특별히 명백하고 문헌 속에서 확실한 역할을 담당하기 때문에 이에 대해 약간 언급할 필요성이 있을 것이다.

이와 같은 가치증대의 두 개의 유형이 있다. 첫 번째로, 한 재화의 역량은 — 사실상의 역량이든 가능한 역량이든 — 시간의 흐름에 따라 자체적으로 변화하며 보다 가치가 많은 재화로의 변환이 발생한다. 어린 숲과 와인창고가 자주 언급되는 사례들이다. 그곳에는 무엇이 있는가? 이제 숲과 와인은 시간이 소요되고 자연적 과정을 통하여 보다 가치가 높은 재화가 된다. 그러나 이들은 물리적으로만 보다 높은 가치로 성장하고, 경제적으로는 이보다 높은 가치는 이미 어린 숲의 작은 나무들과 저장된 와인에 이미 존재하고 있다. 왜냐하면, 이 높은 가치는 이들에게 달려 있기 때문이다. 이 작은 나무들과 이 와인은 — 우리가 지금까지 알게 된 사실의 관점에서 벌체할 수 있는 삼림과 숙성된 와인이 언젠가 가치를 가지고 있는 만큼 정확히 평가되어야 한다. 사람들이 나무들과 와인을 이들이 최대한의 숙성에 도달하기 이전에 이미 소비를 위하여 판매할 수 있는 한, 이들의 소유자는 보다 장기적인 숙성을 할 것인가 판매 및 새로운 생산을 할 것인가의 두 개의 가능성 중에 무엇이 경제기간당 더 많은 수익을 제공할 것인가 고민하게 될 것이다. 이들 소유자는 그것을 할 수 있는 가능성을 실천하며, 이 가능성을 고려하여 소유자는 처음부터 작은 나무들과 와인을 바로 평가할 것이며 필요한 노동력과 토지력도 마찬가지로 평가할 것이다. 현실에 있어서는 그것은 그렇지 않다. 거기에서 숲과 와인은 같은 보조로 그의 결정에 대응하여 숙성되는 것처럼 이들은 지속적으로 가치가 증대된다. 그러나 그것은 본질적으로는 물질적 · 인적 — 이른바 체험의 — 위험에서 비롯하는 것이며, 아울러 우리가 곧 볼 것처럼 일정한 제한 속에서 시간이 비용요소를 만드는 이미 존재하는 이자의 사실에서 비롯하는 것이다. 이들 요소가 없다면 이와 같은 가치증대도 없을 것이다. 사람들이 본원적으로 원하는 바대로 숲과 와인을 보다 오래 숙성시키려고 결정을 한다면, 그리하여 사람들은 그것이 보다 이익이 된다는 점을 발견하였다는 점에 도달할 수 있다. 그러면 그 결정의 순간에 명백히 가치제고의 결과를 가져오는 숲과 와인의 새로운 사용유형이 존재한다. **그러나 시간에 따라 실질적으로 증가하는 가치증대는** 주요하고 독립적인 현상으로서는 **전혀 존재하지 않는다**.

둘째로, 재화의 유효역량은 자연적으로 아주 동일하게 유지되지만, 그럼에도 불구하고 시간의 흐름에 따라 가치가 증대하는 것이 종종 발생한다. 그것은 오로지 새롭게 나타나는 수요에 기초할 수 있으며 그것은 발전의 현상이다. 사람들이 이 사례를 어떻게 파악하는가는 쉽게 볼 수 있다. 수요의 증가가 예측되지 않는다면, 우리가 바로 다시금 언급하게 될 것처럼, 이윤은 존재하지만 이는 지속적 가치증대를 형성하지는 않는다. 이에 반하여 수요의 증가가 예측된다면, 이는 처음부터 관련 재화에 귀속될 것이며, 그 결과 **가치증대**가 다시금 존재하지 않는다. 그럼에도 불구하고 그것이 현실에서 증대하는 것처럼 보인다면, 우리는 그것을 자연적 특성의 증가에서와 같은 방식으로 설명하게 될 것이다.

이로써 우리는 이자의 딜레마로부터 나타날 수 있는 가장 중요한 가능성들을 다 논의하였고, 이른바 부정적인 결과로 결론지었다. 이제 우리는 그동안 반복하여 이야기하였고 우리가 충분한 확신을 가지고 순부가가치로 간주할 수 있는 가치프리미엄(Wertagio)에 대해 다시금 다룬다. 아주 일반적으로 가치프리미엄은 생산물 가치의 그 속에 숨겨져 있는 비용재의 양의 가치를 넘어서는 잉여이다. 이것의 존재는 생산물 가치를 상승시키는 어떤 특별한 상황에서 비롯한다. 동시에 가치프리미엄은 자신의 위치가 경제의 정태적 순환 속에서 특징지어지는 한 재화의 정상적인 정태적 가치를 넘어서는 잉여이다. 순수익으로서 그리고 재화흐름의 원천으로서 이와 같은 가치프리미엄의 성격은 미래재화의 체계적인 저평가에서와 마찬가지의 사실 때문에 이미 주어진 것이다.

생산물의 가치를 이의 생산수단들 이상으로 올리고 그 결과 후자의 도움으로 이윤을 창출할 수 있는 상황은 정태적 경제에서도 발생한다. 정태적 경제에서도 가치프리미엄과 가치역프리미엄이 존재할 것이다. 오류, 행운, 경제계획으로부터의 경제결과의 의도하지 않고 기대하지 않은 일탈, 역경, 우연한 과잉과 많은 다른 상황이 이들을 가져올 수 있다. 이들은 정상적 가치에 대한 실제적 가치의 차이이며 동시에 사용된 생산수단의 이 동일한 가치에 대한 실제적 가치의 차이이다. 그러나 발전에서 비롯하는 가치프리미엄은 훨씬 더 자주 일어나며 훨씬 더 중요하다. 이제 우리는 이 가치프리미엄을 지향하여 정태적 진행과정의 범위를 벗어날 것이다. 우리는 이미 이 가치프리미엄을 두 개의 주요 집단으로 나눌 것이다. 첫 번째 집단은 발전이 개념의 필요성을 불러일으키며 그 속에서 발전의 창출이 상당한 의미로 **존재하는** 가치프리미엄을 포괄한다. 여기에서 더 이상 상세히 논술할 필요도 없는 바와 같이, 이는 그 설명을 지금까지 보다 적게 이득이 되는 다른 사용에 따라 가치가 결정되었던 재화의 새롭고 보다 이득이 되는 사용의 선택에서 발견된다. 두 번째 유형의 집단은 발전의 반작용에 기초한, 즉 지금까지 고찰되었고 더욱 기대되었던 수요에 따라 결정된 재화의 개발에 의해 야기된 증가 혹은 감소에 기초하는 가치프리미엄과 가치역프리미엄을 포괄한다.

다시금, 이들 모든 가치프리미엄은 — 뵘-바베르크(v. Böhm-Bawerk)도 인지하였을 것처럼 — 모든 생각할 수 있는 의미에서의 진정하고도 실질적인 잉여이며, 가산의 어려움도 비용항목의 어려움도 두려워할 필요가 없다. 임금, 지대, 독점이윤과 같은 다른 이름으로서 경제주체들에게 흘러들어가는 모든 재화의 흐름은 직접적으로나 간접적으로 이들 가치프리미엄으로부터 발생한다. 그러나 우리는 비용가치 이상의 **지속적인** 가치잉여는 한편으로는 경쟁에 의하여 다른 한편으로는 가치진행의 일반적 법칙에 의하여 불가능하게 된다는 이미 제기된 명제를 상기하자. 사실, 만약 우리가 어떠한 조건하에서 이와 같은 가치잉여가 발생할 수 있는가를 질문한다면, 무엇보다도 우리는 이들 가치잉여가 일반적 재화는 물론 이들 재화의 특정한 범주 혹은 특정한 특성 혹은 생산과정의 특정한 기능에 부착된 것이 아니며, 오히려 개별적인 특정한 재화의 수량에 부착되어 있다는 점을 알 수 있다. 예를 들어, 기업이 갑자기 그리고 기대한 바 없이 특정한 유형의 기계를 필요로 한다면, 이들 기계에 대한 가치는 증가할 것이며, 이와 같은 기계를 가지고 있는 사람은 이들의 가치프리미엄을 모두 혹은 부분적으로 확보할 수 있을 것이다. 그러나 이 새로운 수요가 예측된다면, 이와 같은 기계는 이미 더 많이 생산되었을 것이며 경쟁 생산자에 의해 제공될 것이라는 점을 가정할 수 있다. 그렇다면 대체로 하등의 이윤을 실현할 수 없을 뿐만 아니라, 혹은 생산이 이에 상응하여 확장될 수 없다면 이윤은 자연적 그리고 본원적 생산요소에 귀속될 — 그리고 이들의 소유자를 알려진 규칙에 따라 보호하게 될 — 것이다. 수요가 예측되지 않았을지라도, 그러나 상황은 지속되어 국민경제가 수요를 맞이할 준비가 될 수 있을 것이다. 만약 수요가 예측되지 않으나 궁극적으로 관련된 생산과정을 수행할 수 있는 충분한 시간이 있다면, 그 기계에 하등의 가치프리미엄이 포함되지 않거나 또는 하등의 가치프리미엄이 발생하지 않는다. 이로부터 자유경쟁의 지배하에서 생산되고 지속적 가치프리미엄을 부착할 수 없는 생산물이 존재한다. 만약 언급한 조건들이 이루어진다면, 개별적인 생산물 수량에 대하여 가치프리미엄이 발생할 수 있다. 그러나 그 가치프리미엄은 소비된 이후에는 소비된 생산물 수량 대신 대두된 생산물 수량에 대해서는 더 이상 존속할 수 없다. 왜냐하면, 가치제고를 가져왔던 원인은 — 그것은 예를 들어 새로운 수요를 전적으로 만족시킴 — 사라지거나 혹은 증가된 생산이 이들 원인을 제거할 것이기 때문이다.[12] 오로지 '비생산물'에 대하여, 오로지 가장 넓은 의미에서의 노동과 토지에 대하여 가치제고가 존재하여 머물고 임금과 지대의 지속적인 제고로 이어질 수 있다. 당연히, 관련된 산업부문에서 사용된 임금과 지대만이 증가되었던 것은 아니고, 오히려 국민경제의 동일한 유형과 적합성을 가진 모든 노동자와 토지의 임금과 지대가 다소 제고되었던 것이다. 그리하여 가치귀속과 평활화의 과정이 더 이상 이루어지지 않는 곳에서만, 본원적 생산요소에 있어서 그리고 이 경제과정에 곧바로 적응할 수 없는 경제과정 변화의 경우에 재화에 대한 가치프리미엄이 존재한다. 그리고 오로지 전자의 경우에만 가치프리미엄이 지속할 수 있으며 — 그러나 여기에서 가치프리미엄은 임금과 지대에 귀속됨 —, 이에 반하여 후자의 경우에는 가치프리미엄은 필수적으로 잠정적이어야 하며 일반적으로 최대한 이것이 부착되어 있는 개별적 재화의 양과 함께 소멸된다. 이로써 가치프리미엄은 당연히 관련된 경제주체들로부터 떨어지며, 그 결과 아무도 가치프리미엄을 나타내는 생산된 재화를 점유함으로써 지속적 소득을 확보할 수 없다. 오히려 가치프리미엄은 곧 이 경제주체 그리고 곧 저 경제주체에 귀속되지만, 아무것도 지속적이지 않다. 오래된 사례[13]를 인용하려 한다. 즉, 야생에 있는 이주민에게 하모니카를 판매한 사람은 아마도 이로써 이윤을 창출할 것이다. 그러나 그것은 판매자가 상인이 아닌 한 한 번의 우연한 이윤이다. 그가 상인이고 이와 같은 상인들 사이에 경쟁이 존재한다면, 이윤은 대체로 상인의 임금 크기로 귀착되고, 그 결과 이윤은 영(零)이 될 것이다. 경쟁이 없다면, 바로 독점이윤이 발생한다.

---

12) 제4장의 상세한 서술을 참조하라.

13) 드 퀸시(de Quincey)의 「정치경제학의 논리(*Logic of Political Economy*)」를 참조하라.

이제 우리는 이자가 가치현상이고 가격요인이라는 최초의 기본적 인식을 — 우리는 각각의 학문에 기초한 이자론에서 이 인식을 공통으로 가짐 — 거의 그 자체적으로 연결하는 우리의 이자론의 네 개의 기본명제(Leitsätze)에 관해 얘기할 수 있으며, 또한 여섯 번째의 기본명제를 통하여 더욱 보완할 수 있을 것이다. 비록 이들 명제가 나중에 충분한 확실성을 확보할 수 있을 것이라도, 우리는 이미 이들을 이미 얘기한 것에 기초하여 결과로서 명확하게 설명할 준비가 되어 있다.

첫째, 이자는 본질적으로 방금 다루었던 가치프리미엄으로부터 발생한다. 이자는 다른 것들로부터 발생할 수 없는데, 그 이유는 다른 가치잉여는 경제생활의 정상적 진행 속에서는 존재하지 않기 때문이다. 당연히 그것은 엄격한 의미에서 '소비적 생산이자'[14]가 속하지 않는 생산이자에만 유효하다. 대체로 이자는 말하자면 노동소득과 지대소득의 몸에 있는 단순한 기생동물과 같기 때문에, 이는 가치프리미엄과 직접적으로는 명백한 관련성이 없다. 그러나 자본가 계급이 삶을 의존하고 매 경제기간 동안 생산과정의 창조하는 작업장으로부터 자본가 계급에 흐르는 거대하고 규칙적인 재화흐름, **그것은** 오직 우리의 가치프리미엄으로부터 발생한다. 그런데 이 점은 나중에 보다 자세히 설명될 것이다. 또한, 이와 같은 프리미엄이 없는 가치잉여, 이른바 독점이윤도 존재한다. 그리하여 우리의 명제는 이자가 독점이윤 속에 전형적인 원천을 가지고 있지 않다는 점을 전제로 한다. 그러나 그것은 이미 말한 바와 같이 충분하게 지켜질 수 있다. **그리하여 언급된 제한 속에서는 발전이 없으면 이자도 없을 것이다. 이자는 발전이 쌓아올린 경제적 가치의 바다 속의 대단히 큰 파도의 한 부분이다.** 이 명제는 낯설어 보이지만 이제는 완전하게 확립된다. 이는 무엇보다도 정태적 국민경제 속에서 가치형성이

---

14) 「본질(*Wesen*)」 제3편의 제3장, 그리고 이 책의 제3장의 제1절을 참조하라,

이자현상을 제외한다는 부정적인 증거에 기반한다. 이 증거는 다시금 첫째로는 이 가치형성과정의 인식에 직접 기반을 두고, 둘째로는 정태적 경제의 생산물과 생산수단 간의 결정적인 가치차이를 밝혀내려고 하는 다양한 시도를 유지할 수 없다는 인식에 기반한다. 이제 발전에 있어서 이와 같은 가치의 긴장이 발생한다는 실증적 증거를 추가한다. 그 밖에도 앞으로의 논의과정에서 우리의 명제가 생소함의 많은 부분을 잃어버릴 것이다. 그러나 바로 여기에서 우리의 명제는 보이는 것과는 달리 현실의 편견 없는 고찰에 대하여 오랫동안 멀지 않게 위치하고 있다는 점을 강조할 수 있을 것이다. 그래서 확실히 산업발전은 적어도 가치소득의 주요원천이다.[15)]

둘째, 발전의 가치프리미엄은 우리가 본 것처럼 두 개의 집단, 즉 기업가 이윤과 '발전의 반작용'으로 묘사할 수 있는 집단으로 나누어진다. 이제 우리는 여기에서 이자는 후자에 연결될 수 없다는 점을 이미 알 수 있다. 이 범주의 가치프리미엄의 실현은 아주 투명하기 때문에 우리는 그것을 쉽게 확인할 수 있으며, 그 결과 우리는 거기에 무엇이 있고 무엇이 없는지를 금방 알 수 있다. 우리는 그것을 자신의 마을에 공장을 설립한 결과 당분간 평균 이상의 소득을 획득하는 소상인의 사례에서 관찰한다. 즉, 그는 특정한 이윤을 창출한다. 이 이윤은 지속적이지 않고 발생할 경쟁에 의해 곧바로 파괴될 것이라는 점에서 자체로서 이자가 될 수는 없다. 그러나 — 그 소상인이 단순히 자신의 상점에 위치해 있고 자신의 고객에게 보다 높은 가격으로 판매하는 것 이외에 다른 무엇을 하지 않았다는 **전제조건 하에** — 이윤으로부터 하등의 이자가 발생하지 않는다. 왜냐하면, 이윤에 의해 절대 아무것도 더 이상 발생하지 않기 때문이다. 즉, 소상인은 이윤을 독차지하며 임의로 사용한다. 전체 과정은 이자현

15) 이자의 정기성만이 이자가 정태적으로 설명되어야만 한다는 선입관을 지지한다.

상에 대한 여지를 제공하지 않는다. **이에 따라 이자는 그렇게 기업가 이윤에서 발생하여야만 한다.** 그것은 평소에 그 명제를 지지하는 사실 뒤에 내가 자연스럽게 단지 부차적 의미를 부여하는 간접적인 결론이며, 경험을 통하여 특히 더욱 이어지는 논의를 통해 검증될 결론이다. 그리하여 발전은 ― 어떻게든 ― 자본가에게 기업가 이윤의 일부분을 몰아준다. 이자는 기업가 이윤에 대한 세금과 같은 작용을 한다.

셋째, 우리는 그러나 이자는 바로 단지 일시적이기 때문에 모든 기업가 이윤은 물론 이의 일부분도 직접적으로 그리고 즉각적으로 이자로 존재할 수 없음을 바로 알고 있다. 모든 다른 경우를 제외하면, 이 주장은, 인정된다면, 그 가능성을 딱 잘라 제외한다. 그리고 그 주장은 더욱 진행되고, 그것은 이른바 **"이자는 구체적인 재화에는 부착되지 않는다."**는 명제로 이어진다. 구체적인 재화에 대한 모든 가치잉여는 이들의 본성에 따라 일시적이어야만 하며, 발전이 가득한 국민경제 속에서 이와 같은 잉여가 끊임없이 떠오르기는 하지만 ― 너무나 그러하기에 이들 잉여의 개별적인 것의 단명을 인식하기 위하여 보다 심층적 분석이 필요하며 ― 이들 잉여는 지속적 소득을 즉각적으로 구성할 수는 없다. 왜냐하면, 이자는 그런 것이라서, 이는 구체적 재화에 대한 가치프리미엄으로서 단순히 이해될 수 없다. 이자는 가치프리미엄의 일정한 단계로부터 **흘러나오지만,** 가치프리미엄은 단순히 그리고 간단히 '이자'는 아니다.

이자가 발전의 결과물이고,[16] 이는 기업가 이윤으로부터 발생하며, 이는 구체적 재화에 부착되지 않는다는 이들 세 가지 명제는 우리 이자론(Zinstheorie)의 기초이다. 이 이론을 표현하게 하는 인식은 이자에 상응하는 지속적 가치요소를 구체적 재화에게서 발견하려 하는[17] 항상 반복

---

16) 「본질(*Wesen*)」 제3편, 제3장을 참조하라.

17) 그로부터 두 개의 실무적인 결과가 즉시 창출된다. 첫째, 이른바 원초적 거래이자는 '이자'가 아니다. 이자가 독점이윤 혹은 임금이 아닌 한, 이는 기업가 이윤 ― 이로써

되는 시도 모두를 끝나게 하며, 이로써 이자문제에 대한 논의를 아주 작은 분야에 밀어 넣는다.

이제 결정적인 문제를 보다 확실하게 파악하여야 할 때이다. 이자문제를 단연히 가장 중요한 관점 속에서 해결하려고 하는 핵심질문은 이제 다음과 같다. 즉, **"항상 존재하지만 개별적으로는 항상 일시적인 기업가 이윤, 지속적으로 나타나지만 개별적으로는 지속적으로 감소하는 기업가 이윤, 피상적이고 항상 변화하는 기업가 이윤으로부터 어떻게 항상 동일한 자본의 끝없이 지속하는 이자소득이 나타나는 것일까?"** 이 문제제기는 지금까지 이루어낸 결과에 체화되며, 우리의 먼 길의 방향과는 독립적이다. 이 문제에 부응하는 것이 성공한다면, 이자문제는 뵘-바베르크(v. Böhm-Bawerk)의 분석이 포기할 수 없는 것으로 증명한 모든 요구조건을 충족시키고 또한 — 무엇이 항상 그 밖에 이 분석의 부족함을 존재할 수 있게 할지라도 — 지금까지의 이론들이 지면했던 이의제기에 노출되지 않는 방식으로 해결된다.

우리는 우리의 보다 먼 길을 네 번째 명제를 가지고 들어가기로 한다. 그것은 착취이론을 제외하고는 보통의 이론들과는 현저하게 대비되고 이자를 반대하는 최고의 자격을 갖춘 대가의 무게를 가지고 있는 명제이다. 가장 강력한 주관적 확신이 나를 이로부터 떼어낼 수 없다는 점은, 만약 내가 이에 근거하려고 하는 것이 잘못되어야만 한다면, 그동안의 주안점이 이자문제의 해결을 위한 기초를 제시할 수 있을 것이라는 점

순전히 일시적임 — 이어야만 한다. 둘째, 임대이자도 이자가 아니다. 임대료는 부분적 구매이며 경제의 정태적 순환 속에서는 이자의 요소를 포함할 수 없다. 집으로부터의 순소득은 대체로 단지 지대 — 그리고 '관리'를 위한 임금 — 일 수 있다. 어떻게 **발전 속에서** 이자의 요소가 임대가격에 스며들 수 있는가는 우리의 상세한 논의로부터 스스로 나타난다. 무엇보다도 거기에서 이미 존재하는 자본이자가 시간을 비용요소로 만드는 상황이 고려된다.

을 환기시켜준다. 경제이론의 주류 이해방식에 익숙한 사람에게는 이 네 번째 명제를 받아들이는 것은 대단히 어려워야만 한다. 나도 다를 수 없다. 이 명제를 간단히 말하면 다음과 같다. 즉, **공산주의적으로 조직되었거나 혹은 전혀 유통이 없는 사회에서는 독립적 가치현상으로서의 이자는 존재하지 않을 것이다**. 당연히 하등의 이자도 지불되지 않을 것이다. 당연히 그로부터 이자가 유통경제로도 **흘러들어**갈 가치현상은 존재하지 않을 것이다. 게다가 특별한 가치현상으로서, 경제적 수량으로서, 심지어 개념으로서의 이자는 그곳에는 없을 것이며, 이자는 유통경제적 조직에 달려 있다. 보다 자세히 설명하면, 임금과 지대는 순수한 공산주의적 조직에서도 역시 **지불**되지 않을 것이다. 그러나 노동력과 토지력은 그곳에도 존재할 것이며, 평가될 것이며, 이들의 가치는 경제계획의 중요한 요소일 것이다. 이들 중 아무것도 이자에 대해서는 적용되지 않는다. 이자가 지불되는 동인은 공산주의경제에서는 확실히 빠져 있다. 그리하여 그것은 가치평가의 대상도 될 수 없을 것이다. 그리하여 이자소득에 상응할 수 있는 지속적 순수익이 존재할 수 없을 것이다. 그리하여 이자는 경제적 범주이지만 — 경제 이외의 힘에 의해 직접 창출되지 않음 —, 이와 같은 범주는 단순히 유통경제에서만 발생하는 경제적 범주이다.

그것이 우리 명제의 본질이다. 이에 대한 증명은 아주 간단하다. 유통이 없는 경제에서도, 만약 다른 것이 이의 발전에 있어서 존재한다면, 유통경제에서 기업가 이윤을 창출할 그 가치잉여는 존재할 것이다. 그러나 그것은 거기에 남는다. 이 전체 잉여는 모든 관점에서 보아도 부분으로 특별하게 나눌 수 없을 동질적인 다량일 것이다. 이에 대해서 하등의 동기가 존재하지 않을 것이다. 그리고 이들 모든 잉여는 단지 일시적일 것이며, 이는 노동력과 토지력의 가치가 이들 잉여에게 적합하지 않은 한 잉여일 것이다. 사실적 소비 이상의 모든 지속적 잉여는 노동력과 토지력의 가치요소에 의해 특징지어질 것이며 노동력과 토지력에 귀속되어야만 할 것이다. 유통이 없는 국민경제의 전체 메커니즘 속에서는 다른 유형의 지속적 가치잉여가 부착될 수 있는 여유는 거의 없다. 이 자리에서 그것은 더 이상의 논의가 필요하지 않다.

유통경제에도 혹시 이자가 없는 이유는 이제 무엇인가? 이 질문은 우리를 더욱 더 이끌고 있다. 이 질문은 우리에게 기업가 이윤으로부터 지속적 재화흐름을 연결하는 언급할 가치가 있는 흡수기구의 성격에 관한 처음의 그리고 잠정적인 조망을 가능하게 해 준다. 즉, 자본가는 확실히 무엇인가를 생산과 관련시켜야만 한다. 그러나 **기술적으로** 생산은 역시 확실히 항상 어떠한 조직 아래 이루어질 수 있는 항상 동일한 과정이다. 기술적으로 생산은 항상 재화를 필요로 하며 재화 이외에는 아무것도 필요로 하지 않는다. 거기에는 하등의 본질적인 차이가 없다. 그러나 다른 곳에서는 다음과 같은 것이 존재한다. 유통경제에서 자신의 생산재에 대한 기업가의 입장은, 이전에 자세히 설명한 바와 같이, 유통이 존재하지 않는 공동체의 중앙기구의 입장과는 본질적으로 다른 것이다. 후자는 이미 생산재를 가지고 있고, 전자는 이를 먼저 확보하여야 한다.

여기에서 사실상 대두되는 논점이 위치하는 것을 사람들은 **유통경제에서도, 만약 기업가가 필요로 하는 재화를 가지고 있다면, 생산은 이자 없이 이루어질 것이라는 점을** 알 수 있다. 이 명제는 쉽게 증명될 수 있다. 경제과정의 정상적 그리고 정태적 순환 속에서는 경제주체는 임금, 지대, 독점이윤 이외에는 다른 순수익을 실현할 수 없다. 거기에서 자신의 생산수단을 계속해서 확보하고 있는지 혹은 이를 우선 확보하여야만 하는지는 아주 아무래도 좋다. 왜냐하면, 후자의 경우에도 생산수단은 말하자면 자체적으로 그리고 항상 첫 번째 경우와 같이 아주 동일하게 좋은 가격으로 경제주체에게 제공된다. 그것은 제1장에서 상세히 설명되었다. 그러나 새로운 기업의 경우에는 다르다. 만약 기업가가 이미 필요로 하는 생산수단을 모두 가지고 있다면 그는 간단히 자신의 이윤을 창출하고 더 이상 아무것도 일어나지 않는다. 동일한 이윤이 그에게 대체로 유지될 뿐만 아니라 그 이윤은 독립적으로 나누어지지 않는 동질적 규모로서 그에게 유지된다. 기업가의 재화는 기반이 되며, 즉 단지 일시적 잉여의 '담당자'가 되며, 특별히 지속적인 소득은 형성되지 않는다. 지속적인 생산수단의 역량에 대하여 우리가 본 바와 같이 임금 혹은 지대의 범주에 포함되는 가치증대가 단순히 계속적으로 발생할 것이다. 나는 여기에서 이전 장(章)에서의 논의를 참조하는데, 그로부터 그것이 손쉽게 밝혀진다. 만약 기업가가 필요한 생산수단을 '이미 스스로 가지고 있다면', 그가 확실히 이자를 고려할 것이라는 당연하다고 여겨지는 생각은 나중에 스스로 해결될 것이며 이른바 여기에서는 이미 존재하는 이자의 후속현상이 중요하다는 인식을 통하여 해결될 것이다. 여기에서 우리는 — 말하자면 심리 중인 — 앞에서의 고찰에서 창출된 결과를 받아들이려 한다. 그것은 이른바 기업가가 항상 필요한 재화를 가지고 있는 유통경제에서는 그가 필요로 하는 모든 노동력과 토지력에 의해 준비된 마술적인 힘으로부터 **하등의 이자가 나타날 수 없을 것이라는 것이다.**

오로지 그것이 경우가 아닌 곳에서만 이자는 나타난다. 모든 가치프리미엄이 기업가 이윤이 아닌 것과 마찬가지로, 모든 기업가 이윤으로부터 이자소득이 떨어지는 것은 아니다. **이자소득은 기업가의 계획을 실행하는 데 필요한 생산수단이 그의 계획에 대해 하등의 몫을 가지고 있지 않은 다른 경제주체의 소유권에 속하는 곳에서만 발생한다.** 후자의 것은 그렇지 않다면 사정이 기업가가 재화를 스스로 가지고 있는 것과 동일하기 때문이다. 즉, 결국은 전체 기업가 공동체의 유형이 존재할 것이기 때문이다. 그것은 우리에게 중요한 지침을 준다. 그 요인은 어떠한 차이를 만드는가? 차이는 단지 공산주의경제의 중앙기구와 필요한 재화를 '이미 가지고 있는' 기업가는 바로 간단히 생산에 들어갈 수 있고, 이에 비하여 이 행복한 상황에 있지 않은 기업가는 이들 재화를 자신의 통제하에 놓기 위하여 특별한 수단을 필요로 한다는 차이뿐이다. 만약 사람들이 이 수단이 지나간 생산기간의 생산물의 소유 속에 존재하지만 기업가는 새로운 생산에서 원칙적으로 이와 같은 생산물을 전혀 가지고 있지 않다고 가정한다면, 사람들은 정태적 생산과정 속에서 본질적인 것을 덮는 것은 아니다. 기업가에게 생산수단에 대한 사적 소유는 장애물이 될 것이다. 자본가는 명백하게 기업가의 장애물 극복에 도움을 준다. 그러면 우리는 이자는 그 기능이 사유재산제도로부터 발전에 대해 자라나는 장애물을 제거하는 원동력에 붙어 있다는 점을 말할 수 있다. 아울러 우리는 이자는 결국 사유경제조직의 본질 속에 존재하는 특징의 결과이며, 말하자면 이자는 기업가의 계획이 기존의 소유권 상황의 거친 표면을 통과할 때 장애물을 제거하는 마찰에서 나타난다고 말할 수 있다. 그리하여 우리는 다른 길을 통하여 이미 앞에서 표출된 결론에 도달한다. 우리의 해석에 따르면 순수 유통경제뿐만 아니라 심지어 자본주의 유통경제에서도 나타나는 이자가 사실상 자본주의 유통경제 밖에서도 나타난다는 이의제기는 나중에 더욱 다루어질 것이다.

우리는 결정적인 문제제기로부터 단지 한 걸음 정도 떨어져 있다. 그 걸음을 떼기 이전에 나는 우리의 해석에 따르면 이자문제에 있어서 일상적 해석을 따르는 것과는 다른 무엇인가가 중요하다는 점에 독자의 주의를 돌리고자 한다. 사람들은 우리가 이자문제에 관하여 이야기한다면 우리는 대부분의 이론가와는 다른 현상에 대해 생각한다는 점을 아주 명확히 하여야 한다. 그것이 사실상 명백하다 하여도, 이 점을 더욱 날카롭게 설명하는 것은 과도한 것이 아닐 것이다.

이 목적을 위하여 나는 대부이자와 본원적 자본이자 간의 일반적이고 통상적인 차이에 연결한다. 그 차이는 이자소득의 성격에 관한 심층적 분석의 시작까지 거슬러 올라가며, 그 차이는 원칙적 강조에 의해 확립된 이래로 이자론의 초석 중의 하나가 되었으며 여전히 초석 중의 하나로 남아 있다. 그리고 그것은 다음과 같은 방식을 따른다. 이자문제에 대한 고찰작업은 아주 자연스럽게 소비적 대부이자에 있어서 발생하였다. 이 고찰작업이 대부이자에서 발생한 것은 아주 자연스러운데, 그 이유는 이 대부이자는 무엇보다도 독립적이고 많은 두드러진 특징을 가진 뛰어난 소득부문으로 묘사되기 때문이다. 외면적으로 독립된 소득부문을 추상적으로 파악하는 것은 사람들이 소득요소들의 혼합으로부터 끄집어낸 하나의 소득부문을 파악하는 것보다 항상 쉽다. 그리하여 확실히 지대도 이것이 순수경제적으로 존재하였을 뿐만 아니라 보통 독립되어 **지불되었던** 영국에서 우선적으로 명확히 알려졌다. 그러나 **소비적** 대부이자에 있어서 사람들은 이것이 고대와 중세에도 가장 중요하고 가장 잘 알려진 형태였다는 점에서 시작하였다. 생산적 대부이자도 사실 없었던 것이 아니다. 그러나 그것은 고대에 철학적으로 고찰하지 않았던 세계에서 작동을 하였고, 이에 비하여 철학적으로 고찰하였던 세계에서는 경제적 사안을 단지 피상적으로 고찰하였고 단지 **그** 이자에 대하여 이를 고찰할 수 있었던 경제적 사안의 범주 속에서 주의를 기울일 뿐이었다. 그리고 이후에도 자본주의경제의 요소들은 자체적으로 하나의 세계였고 깊이 생각하지 않았고 서술하지도 않았던 하나의 범주에 대해서만 익숙하게 존재하였다. 신학자, 교회율법학자 혹은 교회에 전속된 철학자와 아리스토텔레스 류의 철학자 이들은 모두 오로지 소비적 대부이자에 대해 그 자체로의 이해를 하였다. 이 대부이자는 — 그것도 아주 불유쾌한 방법으로 — 이들의 역사적 범주 내에서 주목을 끌었다. 곤궁한 사람에 대한 고리로의 착취와 경솔한 사람 혹은 불행한 사람의 착취에 대한 이들의 경멸의 느낌으로부터, 그리고 고리대금업자가 행사하는 압력에 대한 이들의 대응으로부터 이자징수에 대한 이들의 적대감이 위로 치솟아올랐다. 그로부터 한편으로는 이들의 다소간의 강제된 주장과 다른 한편으로는 다양한 이자금지가 설명되는 것이다.

사업활동에 대한 관찰로부터 자본주의경제의 강화와 함께 정반대의 해석이 자라났다. 생산적 대부의 이자는 바로 후세대 학자들, 즉 친이자론자들의 발견이었다고 말하는 것은 과장된 표현일 수 있을 것이다. 그러나 효과에 있어서 이를 강조하는 사람은 이 발견에 너무나 가까이 접근한 것이었다. 이 발견을 통하여 분명해진 것은 과거의 해석은 하나의 부분 자세히 말하면 지금에 와서 단연 현상의 가장 중요한 부분을 단순히 무시하였다는 점과 동시에 채무자는 항상 대부를 통하여 결코 더욱 더 가난해지지 않는다는 점이다. 그것은 이자적대감의 가장 심층부의 예봉을 꺾은 것이며 학문적으로 한걸음 더 전진한 것이다. 아담 스미스(Adam Smith) 시대까지의 영국의 모든 이자에 관한 문헌은 대부는 사업이윤을 가능하게 한다는 사고로 가득 차 있다. 이자 이론가의 정신 속에서는 약한 채무자의 자리에 강력한 채무자가 대두되었고, 곤궁한 사람과 경솔한 토지소유자의 가엾은 무리의 자리에는 다른 종류의 인물, 즉 기업가가 대두되었다. 물론 이것은 아주 분명하지도 않고 명확하게 정의할 수 있는 것은 아니나 충분히 의미가 있다. 그리고 그것은 여기에서 이미 다룬 이론을 적용하고 계속 추구하게 하는 논점이 된다.

그러나 생산적 이자(Produktivzins)도 이 집단의 이론가에게는 변함없이 대부이자이다. 이의 원천으로 기업가 이윤이 다분히 잘 알려져 있다. 그러나 그로부터 기업가 이윤이 단순히 이자라고 결론짓지 않는 것은 임금의 원천이 전체생산수익이라는 사실이 전체생산수익은 임금이라는 결론을 도출하지 않는 것과 같다. 만약 사람들이 이자에 관한 저자들의 논의의 짧음과 피상성에 있어서 대체로 그에 관한 어떠한 특정한 것을 말하는 것이 허락된다면, 이들 저자는 이자와 이윤을 전혀 혼동하거나 이들을 동질적으로 간주하지 않았다는 것이다. 만약 이들이 기업가 이윤에서 자기자본의 이자 외에 다른 것을 전혀 보지 못하였다면, 이들은 오히려, 예를 들어 사람들이 흄(Hume)으로부터 보는 바와 같이, 상당한 정도로 이 양자의 관계를 그동안 그랬던 것보다 더 큰 정도로 문제로 느낀 것이다. 로크(Locke)와 스튜어트(Steuart)는 유사한 방향의 접근을 제시한다. 그들은 둘 다 기업가 이윤을 다음의 방식으로 설명한다. 즉, 기업가 이윤이 대부이자 그 자체에 대해서는 전혀 적용이 안 되지만 대부이자의 원천인 다른 유형의 이윤에 대해서는 적용이 가능하다는 것이다.[18] 이들 모든 저자는 적절한 방법으로 이자를 원천으로 사업이윤이라는 점을 제시하였으나, 아마도 이 사업이윤 그 자체가 다시금 단지 하나의 사례이고 그것도 이자의 기초사례라는 점을 말하고 싶지는 않은 듯하다. 그리하여 이들의 이윤(profit)은, 만약 이것이 '자본의 이윤(profit of capital)'이라는 표현법이 가능하다 해도, 자본이자(Kapitalzins) 혹은 자본이윤(Kapitalgewinn) 그 자체로 번역될 수 없다. 이들은 이자문제를 해결하지 못하였다. 그러나 그것은 이들이 오직 이자의 하나의 파생된 형태, 즉 대부이자를 이를 설명함이 없이 본원적 그리고 사실상의 형태로 환원하였기 때문이 아니라, 이들이 채권자가 자신의 자본을 가지고 기업가 이윤의 몫을 강제로 손에 넣는 상황이었는가, 왜 그런 상황이었는가, 그리고 왜 자본시장이 항상 채권자에게 유리하게 결정하는가를 전혀 증명하지 않았기 때문이다. 더 나아가 확실히 사업이윤 속에는 그 해결이 이자현상에 대한 통찰이 달려 있는 중심적인 문제가 존재한다. 그러나 그것은 사업이윤 그 자체가 이미 사실상의 진정한 이자이기 때문이 아니라, 오히려 그의 존재가 생산적 이자 지불의 전제조건이기 때문이다. 궁극적으로 기업가는 확실히 모든 사안에 있어서 가장 중요한 사람이다. 그러나 이것은 그가 진정한, 본원적, 전형적 이자 수취인이라서가 아니

18) 이로써, 뵘-바베르크(v. Böhm-Bawerk)가 강조한 바와 같이, 사실상 로크(Locke)의 이론의 첫 번째 관찰에서 나타나는 부조화가 강제성 없이 설명된다. 여기에 관해서는 「자본과 자본이자(*Kapital und Kapitalzins*)」 제2판, 제1권, 52쪽을 참조하라.

라, 오히려 그가 전형적인 이자 지급인이기 때문이다.

추측을 통한 예리한 느낌은 아담 스미스(A. Smith)에게서도 이윤과 이자가 그렇게 쉽게 일치하지 않는다는 해석의 흔적을 인지할 수 있다. 리카도(Ricardo)와 그의 계승자들에 와서야 양자는 명백하고 의심할 여지 없는 동의어가 된다. 그때에서야 이론은 사업이윤에 있어서 대체로 유일한 문제 자세히 말해 이자문제를 보는 것에 도달하였으며, 그때에서야 "어떻게 기업가가 사업이윤을 획득하는 상황이 발생하는가?"의 질문이 이자문제로 되었다. 만약 사람들이 영국 저자들의 이윤을 '자본이윤' 혹은 '본원적 이자'로 번역한다면, 이때에서야 사람들은 궁극적으로 영국 저자들의 의미를 올바르게 재현하게 된다. 그 속에서 자기자본에 대하여 이자를 통한 외부자본에 대한 약정된 자본이자의 무해한 대체가 존재할 뿐 아니라, 새로운 주장, 이른바 기업가의 사업이윤은 본질적으로 자본이자**일 것이라는** 주장도 존재한다. 우리의 관점에서는 올바른 길로부터 설명이 필요한 이탈로 보여야만 하는 이 새로운 문제제기에 대하여 다음의 요인들이 기여할 수 있을 것이다.

무엇보다도 이 문제제기는 확실히 대단히 당연하다고 생각된다. 약정된 임대차세는 확실히 **단지** '본원적' 수익의, 즉 소유토지 수익의 결과현상일 뿐이다. 이것은 이 수익 그 자체 외에는 아무것도 아니며, 지주의 관점에서는 농업의 순수익과 다른 것이 아니다. 약정된 임금은 **단지** 노동수익의 결과현상일 뿐이며, 이는 바로 노동자의 관점에서는 생산의 순수익**이다**. 왜 다른 것이 이자에 존재하여야 하는가? 사람들은 그것을 특별한 근거 없이는 받아들이지 않을 것이다. 본원적 이자가 약정된 이자에 해당하며 그리고, 지대가 지주의 전형적 소득인 것과 마찬가지로, 이 본원적 이자는 바로 기업가의 전형적 소득이라는 결론은 대단히 자연스럽고 거의 자명한 일이다. 기업가는 실무에서 확실히 자기 자본의 이자를 스스로 계산한다. 만약 이와 같은 허락이 대체로 더 필요하다면,

그것은 무효를 주장할 수 없는 허락으로 보인다.

그렇다면 자신의 비용재를 넘어서는 생산물의 가치잉여는 사실상 이자도 **역시** 의존하는 근본현상이다. 그리고 그 잉여는 기업가의 손에서 발생한다. 놀라운 것은, 사람들이 단지 이 핵심현상을 보았고 이의 해결로 모든 것을 처리하기를 희망했던 것이다. 더 나아가 사람들이 이 가치잉여에서 바로 이자를 보았던 것이 놀라운 것이 아닌가? 사람들은 바로 중상주의적 피상성을 배척하기 시작하였고 화폐의 장막 뒤에 위치한 구체적 재화를 관찰하는 데 익숙해졌다. 사람들은 자본이 구체적 재화로 구성된다는 것을 강조하였고 이 자본을 특정한 생산요소로서 구성하려는 경향에 빠졌다. 처음 그 정도로 사람들은 곧바로 이자 속에서 이 재화재고의 가격요소를 보아야만 했고 따라서 재화재고를 도구로 기업가에 의해 더 많은 수익이 창출된다는 점을 간단히 보아야만 했다. 이자는 확실히 기업가 이윤으로부터 창출되었고 그리하여 기업가 이윤의 한 부분으로 묘사되었기 때문에, 기업가 이윤 혹은 이의 대부분은 부지중에, 즉 잠깐 사이에 아주 그 자체로서 이자가 되었다. 왜냐하면, 사람들은 이자를 기업가가 자신의 생산에 사용하는 구체적 재화와 직접 연계하였기 때문이다. 임금으로부터 어쩌면 이자가 지불되기 때문에 임금이 이자가 되지 않는 것도 사람들이 생각할 수 있는 것보다 관련이 없다.

기업가 기능에 관한 충분하지 않은 분석은 새로운 문제제기를 강력히 요구한다. 기업가와 자본가가 단순히 한데 섞여 있다는 것은 아마도 아주 정확하게 말하는 것은 아니다. 그러나 아무튼 사람들은 기업가는 자신의 이윤을 재화재고라는 의미에서의 자본의 도움만으로 창출할 수 있다는 고찰에 주안점을 두었는데, 이는 그럴만한 자격이 없는 이 고찰에 주안점을 둔 것이다. 사람들은 자본의 사용에서 기업가의 특징을 보았고 — 그것도 아주 자연스럽게 — **이를 통하여** 기업가를 노동자와 본질적으로 구별하였다. 사람들은, 자본가에게서 어떠한 재화의 공급자를 보는 것처럼, 기업가에게서 근본적으로 자본사용자, 즉 생산재의 사용자를 보았다. 그렇다면 그 문제제기는 이미 저절로 주어졌고, 그렇다면 이 문제제기는 바로 대부이자에 관한 질문의 정확하고도 심오한 파악으로 간단히 나타나야만 한다.

이자문제에 대하여 그것은 명백히 중요한 결과를 가져야만 했다. 본원적 이자가 존재하였기 때문에 대부이자가 존재하였고, 이것은 기업가의 손에서 발생하였다. 이로써 문제해결의 전체 도구를 기업가에게 맞추었다. 무엇보다도 그것은 이제 많은 오류를 개방하였다. 많은 노동이론과 착취이론이 그랬던 것처럼, 많은 설명의 시도가 — **이자에 대한 설명으로서** — 이제야 가능해졌다. 왜냐하면, 사람들이 이자소득을 기업가와 연계하는 그런 경우에만 사람들은 그것을 직접적으로 기업가의 노동력으로부터 혹은 생산재의 생산에 대한 노동으로부터 혹은 기업가와 노동자 간의 가격전쟁으로부터 설명하는 것을 직접적으로 생각할 수 있다. 예를 들어, 모든 생산성 이론과 같은 다른 시도들이 이 문제제기를 통해 이루어졌다. 그것은 이제야 가능한 것은 전혀 아니지만, 오히려 본질적으로 보다 많은 것을 시사한다. 기업가와 자본가에 관한 건전하고 사실에 충실한 이론은 이를 통하여 불가능하게 되었으며, 특정한 기업가 이윤의 인식은 어렵게 되었고, 기업가 이윤의 설명은 처음부터 망쳐졌다. 그러나 이 해석의 정말 가장 어려운 결과는 경제적 무궁동(無窮動)의 한 유형이 되었던 문제의 창출이었다.

경험이 가르쳐주는 바와 같이, 이자는 지속적 소득이다. 이는 기업가의 손에서 창출된다. 따라서 지속적 소득은 고유하게 기업가 손에서 발생한다. 그리고 이는 지속적 소득이 어디에서 왔는가에 관한 문제를 제기한다. 백여 년 이상을 통하여 이론의 무리가 이 풀 수 없는 문제, 즉 이 표면적인 문제에 매달렸으며, 이 무리는 단지 절망적인 기분을 품을 수 있는 사안에 관여하였다.

우리는 이 해석을 옳지 않은 것으로, 즉 선입견이라는 것을 입증하였다. 거기에서 우리의 길은 다른 이론가들과 달라진다. 우리의 해석에 따르면, 사람들이 처음에는 여우를 올바르게 그의 굴까지 쫓았으나 사람들은 그 굴을 넘어 공터로 내달렸다. 설명되어야만 하는 것은 잉여는 확실히 비용 이상의 생산물 가격이며 현실이 보여주는 가치증가라는 점이다. 그러나 그 속에서 우리는 우선 기업가 이윤을 찾아낸 것이다. 우리의 이자문제는 나중 단계가 되어서야 발생하며, 그리하여 이의 대상에 따르면 다른 일상적인 것들과 다른 것이다. 그것은 특히 다음 두 가지의 매우 중요한 결과를 가진다. 첫 번째로, 우리는 무궁동을 극복한다. 그리고 둘째로 — 그리고 이것은 여기에서 특별히 강조되어야 함 — 이자의 원인을 사업이윤으로 돌리는 것은 우리에게 지배적 이론과는 다른 무엇, 훨씬 **더 많은** 무엇을 의미한다. 후자에 대하여 이같이 사업이윤으로 돌리는 것은 그 설명을 문제의 문턱에, 즉 그 설명이 이자론을 통해서만 이루어질 수 있고 **무엇보다도** 이루어져야 하는 가치현상에 도달하게 한다. 그러나 이는 이미 설명된 가치현상에 도달하였고 결국 문제의 문턱에도 도달하기는 하였으나, 이 문제는 단지 보다 적은 의미를 가진다. 지배적 이론이 이자의 원인을 사업이윤으로 돌린다면, 이 이론은 단지 이자의 한 형태를 다른 형태로 돌리는 것이다. 우리가 그것을 한다면, 우리는 이자를 우리에게 이미 다분히 신뢰를 주었던 위치에 안착시킨 것이다. "사업이윤이 존재하기에 대부이자가 존재한다."는 명제는 지배적 이론에서는 단지 정확한 문제제기의 가치만을 가지지만 우리에게는 이미 설명할 가치를 가진다. 지배적 이론에 대하여 이의 주요작업의 수행에 대한 요구를 포함하고 있는 "그러나 사업이윤이 어디에서 왔는가?"의 질문은 해결되었다. 우리에게는 아직 "어떻게 기업가 이윤으로부터 이자소득이 창출되는가?"의 질문이 더욱 제기된다.

우리의 이자문제에 있어서 이 다른 협소한 문제제기에 대하여 독자들의 주의를 환기시키는 것이 필요하다. 그 이유는 가장 오랫동안 진행되었던 이자의 원인을 사업이윤으로 돌리는 것 이상을 여기에서 추진되지 않는다는 이의제기는 특별히 화나는 것일 수 있기 때문이다. 이에 따라, 독자가 스스로 쉽게 말할 수 있게 하는 사안의 반복적 강조가 아마도 정당하다. 이제 우리는 이자론의 마지막 기본명제로 넘어가기로 한다.

이자의 기초를 구성하는 잉여는, 그 자체인 가치잉여로서 오직 가치표현 속 외에는 대두될 수 없다. 그러므로 잉여는 유통경제에서 두 개의 화폐금액의 비교 속에서만 표현될 수 있다. 그것은 자명하고 무엇보다도 완전히 논쟁의 여지가 없다. 특히 재화의 수량 그 자체의 비교는 가치잉여의 존재에 관해 아무것도 말할 수 없다. 이와 같은 관계 속에서 재화의 수량에 관한 이야기가 항상 있는 곳은 이와 같은 이야기가 단지 가치의 상징으로 나타난다. 즉, 누군가가 대패를 '대부'해 준 대가로 매년 널빤지를 얻는다고 말한다면 그로부터 사람들은 아무것도 경험할 수 없다. 가치표현으로 이루어져야만 이 말은 대체로 가치잉여가 존재하는지 그리고 이것이 얼마나 큰지를 가르쳐줄 수 있다. 사실상 실무는 화폐표현을 이용하고 이자는 화폐형태로만 우리에게 실증적으로 묘사된다. 이 사실은 이제 모든 경우에 받아들여져야 하지만, 우리는 이를 아주 다르게 해석할 수 있다. 우리는 화폐형태로의 이자의 이 출현이 오로지 이자의 본질과는 아무런 관련이 없는 오직 가치척도의 필요성에 의해 야기되었다는 결론에 어쨌든 도달할 수 있다. 이것이 지배적인 견해이다. 이의 결과로 화폐는 표현형태를 말하지 그 밖의 것을 말하는 것은 아니며, 이에 반하여 이자는 어떤 유형의 재화에 대하여 재화 자체의 초과가치로서 발생한다. 그리하여 우리는 기업가 이윤에서의 사안도 파악한다. 기업가 이윤을 표현하기 위해서도 사람들은 가치척도가 필요하며, 그리하여 사람들은 목적지향적 방식으로 화폐 이미지를 사용한다. 그러나 그럼에도 불구하고 기업가 이윤은 자신의 본질에 따라 화폐와 아무런, 전혀 아무런 관련이 없다.

이자에 있어서 화폐의 요인에서 가능한 한 빨리 벗어나고 이자소득의 설명을 단지 가치와 수익이 성장할 수 있는 영역, 이른바 재화생산의 영역에서 추구하는 것을 시도하는 것은 의심할 여지없이 매우 당연하다고 생각된다. 그러나 우리는 방향을 바꿀 수 없다. 확실히 모든 경우에 있어서 화폐이자에 대해, 즉 **구매력의 프리미엄에 대해** 어떤 재화의 프리미엄이 대응한다. 확실히 사람들은 기술적 의미에서 생산을 위해 재화가 필요하지 '화폐'가 필요한 것은 아니다. 그러나 만약 이로부터 우리가 화폐는 오직 기술적 의미의 중간고리일 뿐이라고 결론짓고, 화폐에 대하여 이를 위해 조달되고 그리하여 이를 위해 이자의 마지막 선에서 지불되는 재화를 대체하려고 한다면, 우리는 바로 존립기반을 잃어버린다. 혹은 보다 정확하게 말한다면, 우리는 아마도 화폐기반으로부터 한 걸음 혹은 스스로 몇 걸음을 떼어 재화 프리미엄의 세계로 들어설 수 있다. 그러나 바로 한 걸음 혹은 몇 걸음이며, 이 프리미엄이 지속적이지 않기 때문에 길이 중단되며, 그러면 우리는 바로 이 길이 잘못되었음을 알게 된다. 왜냐하면, 이자의 본질적 특징은 이것이 지속적이라는 점이기 때문이다. 그리하여 사람들은 구체적 재화에 대한 프리미엄에 도달하기 위하여 화폐의 베일을 관통할 수 없다. 이를 관통한다면, 이는 헛수고일 것이다.[19]

그리하여 우리는 이자의 화폐기반으로부터 멀어질 수 없다. 그 속에는 이에 대한 간접적인 증거가 존재하는데, 즉 이자가 우리에게 맞서는 화폐형태의 중요성에 대한 두 번째의 해석이 선호를 받는다. 이 해석은

---

19) 방책으로는 '소비재 비축'과 '축적된 노동력과 토지력의 비축'이 있다. 나는 여기에 더 이상 들어가지 않는다.

이른바 이 화폐형태가 껍질이 아니라 핵심이라는 것이다. 당연히 이와 같은 증거만으로는 더 이상의 결론에 대하여 우리를 정당화하지 못한다. 그러나 그 증거는 신용과 자본의 주제에 관한 이전의 우리의 상세한 서술과 합류하며, 이에 의하여 우리는 역할이 무엇이고 구매력이 어떤 역할을 하는지를 파악하게 된다. 그리하여 하나의 결과로서 우리는 이제 **"이자는 생산재에 대한 지배수단으로서의 구매력(Kaufkraft)의 가격요인이다."**라는 다섯 번째 기본명제에 관해 얘기할 수 있다. 사람들이 이자에 관해 구매력이 아닌 다른 것으로 항상 얘기하는 곳에서는, 만약 하등의 잘못된 기초해석이 없다면, 무엇보다도 — 이 점에 대해서 우리는 다시 돌아올 것임 — 비유적인 상투어만이 존재한다.

만약 사람들이 이 기본명제가 확실히 구매력에 대하여 진정한 의미에서의 생산적 역할을 전혀 제공하지 못하고 단지 기존의 설명된 가치원천으로부터의 일부분의 분할과정과 관련된 것일 뿐이라고 생각한다면, 이 기본명제는 자신의 참신성의 많은 부분을 잃어버릴 것이라는 점을 바로 말할 수 있다. 내가 말하는 바는 그것은 가장 어려운 의구심의 위험을 피해가는 것이다. 그럼에도 불구하고 우리가 이 명제를 우리의 확실한 소유물에 세어 넣을 수 있기 전에 한 조각의 좋은 업무를 수행할 수 있다. 여기에서 무엇보다도 우리의 명제에 대한 위협적 거부에 대해서만 즉석에서 저항할 수 있으며, 이 명제는 오랜 세월을 통하여 — 아리스토텔레스(Aristoteles) 시대부터 아담 스미스(A. Smith)의 시대에 이르기까지 — 즉석에서 하나의 가정을 계산에 넣었어야 했을 것이라는 점을 나타내 줄 수 있다. 그러나 현재에도 사안은 남아있어서 우리는 모든 이론가와 마찬가지로 폐쇄된 밀집방진을 마주치게 된다. 그리고 긴 줄의 여행자들이 이 길을 가지 못한다고 설명을 하는 것보다 길을 더 못 가게 하는 것은 아무것도 확실히 없다. 이 입장표명은 이자가 금융시장에서 '화폐'의 공급과 수요에 의해 요동치는 사실이 모두에게 알려져 있고 게다가 우리의 해석에 대해 의심의 여지가 없다는 사실보다 더 언급할 가치가 있다.[20] 또 다른 사안이 바로 부가될 수 있다. 비가 올 때 사람들이 젖는다는 것은 사업가에게는 이자가 내려간다는 것보다 자명한 것은 아니다. 만약 신용지불수단이 자연발생적이라면, 즉 재화의 움직임 없이 나타난다면, 이자는 증가하고 반대이다. 사실 정부가 지폐를 발행하고 그것을 기업가에게 빌려준다면, 이자는 내려가지 않을 것인가? 그리고 국가는 이에 대하여 이자를 받지 않을 수 있는가? 외국환 시세 및 금의 움직임과 이자의 연계는 충분히 분명하게 언급되지 않는가? 그것은 이로써 내가 지적했던 대단히 깊고 넓은 수의 일상의 관찰이다.

그럼에도 불구하고 단지 보다 적은 비중을 차지하는 이론가들이 이 사안을 이자현상의 논의에 끌어들였다. 시지윅(Sidgwick)[21]은 내가 그 속에서 뵘-바베르크(v. Böhm-Bawerk)를 가지고 본질적으로 절제이론을 찾아낸 해석을 주장한다. 그러나 그는 취급 자료의 기초, 즉 이자에 관한 장(章) 이전에 화폐가치에 관한 장(章)에서 이미 이자에 관해 논하였고, 그곳에서 이자를 화폐와 연결지었으며, 구매력 창출이 이자에 미치는 영향도 다음의 문장(251쪽)에서 인정하였다. "… 우리는 은행가가 상당한 정도로 그가 빌려주는 화폐를 만들어 낸다는 점을 … 그리고 그는 쉽게 이 상품의 사용을 자본에 대한 이자율보다 현저하게 낮은 가격으로 일반적으로 판매할 여유가 있다는 점을 생각하여야 한다." 이 문장은

---

20) 마샬(Marshall)의 1886년 무역불황위원회(Commission on the Depression of Trade)에서의 진술을 참조하라. 금의 양과 재화가격의 관계에 관한 토론에서 그는 금의 양의 증가에 대해 다음과 같이 분명히 말하였다. "나는 그것이 롬바르드 거리(Lombard Street)에서 곧 작동할 것이며, 사람들에게 더욱 빌려주게 할 것이라는 점을 말하여야만 한다. 그것은 저축과 장부신용을 부풀어 오르게 하고, 그리하여 사람들의 투기를 증가시킬 것이다. … 그것을 말하는 사람은 — 그리고 누가 그것을 부정할 수 있는가? — 우리의 해석을 쉽게 부정할 수 없을 것이다."

21) 「정치경제원론(*Principles of Political Economy*)」.

우리가 기쁘지 않을 수 있는 몇 가지의 논점을 가지고 있다. 또한, 논리의 진행에 있어서 보다 심오한 기초도 결여되어 있다. 궁극적으로는 더 이상의 이자론적 결과를 포함하고 있지도 못하다. 그러나 그는 명백하게 맥레오드(McLeod)와 연계하여 우리의 방향으로 한걸음 전진한다. 데븐포트(Davenport)는 훨씬 더 이 사안에 관여한다. 그러나 그 역시 아무것도 이루지 못한다. 그는 아주 아름답게 질주를 하고 장애물에 기꺼이 도전하지만 역시 막혀버리고 시도만으로 만족한다. 지배적 이론들은 화폐요인을 아주 무시하고 그것을 재정 분야의 저자들에 대한 원론적 관심 없이 기술적 문제로 넘겨버린다. 이 입장표명은 너무나 일반적이라서 이는 진실의 요소에 기인해야 하고 어찌 되었든 설명을 필요로 한다. 아래의 고려에서 이를 시도할 것이다.

최소한 이 시도에 대하여 이자율과 화폐량과의 관계의 통계적 사실은 부정적인 입장이라는 점을 말할 수 있다. 레비(R. Georges Lévy)[22]는 이자율을 금 생산과 비교하였고, 예측한 바와 같이, 어떠한 대단한 상관관계는 존재하지 않는다는 점을 발견하였다. 적용된 통계방법이 문제가 있었다는 점을 제외하더라도, 그것은 화폐의 양과 이자의 기초가 서로 아무런 관계가 없다는 결론을 정당화하지 않는다. 무엇보다도 정확한 시간적 상응성을 기대할 수 없다. 그렇다면 은행의 금의 비축 그 자체는 신용공여의 범주에 대해 단순히 비례적이지 않으며, 그런데 신용공여만이 이자율에 대해 의미를 가진다. 궁극적으로 확실히 전체 금 생산은 기업가에게 흘러들어가는 것은 아니다.

그러나 전적으로 허용할 수 없는 것은 자신의 위치와 비슷한 이론가들에 대한 어빙 피셔(Irving Fisher)(「이자율(*Rate of Interest*)」, 319쪽 이하)의 귀납적 논박이다. 오로지 통속적인 통계학자만이 인과관계를 부정하

22) 「경제학자의 저널(*Journal des Economistes*)」, 1899년.

는 것이 허락될 수 있을 것이다. 왜냐하면, 이 인과관계는 첫눈에 나타나지 않기 때문이다. 그렇다면 연평균을 나타내는 그의 표는 사람들이 매일 화폐흐름의 상세함 속에 이루어질 수 있는 관찰에 비교하여 전혀 아무것도 나타내 주지 않는다. 그리고 마지막으로 그는 심지어 1인당 화폐순환을 이자율과 비교하였고 이를 통하여 비교 결과에 대해 적합성을 대략 부여하였다.

그러나 그것은 우리의 이론을 오해로부터 보호하여야 할 동기를 제공한다. 구매력의 절대량은, 또한 금융시장에 제공되는 구매력은 당연히 그 자체적으로는 이자에 관해 전혀 아무것도 말해주지 않는다. 현재 존재하는 재화가격, 기업의지, 국민경제의 대체로 거의 모든 물적·인적 여건은 보다 깊은 설명력을 제공한다. 국민경제의 다른 것들과 마찬가지로, 이자 역시 이들의 상태와 이들의 변화에 의존한다. 그것은 우리의 해석과 전혀 모순되지 않는다. 사람들이 올바른 인식에 대해 과장을 하는 교각살우는 허락되지 않는다.

그것으로부터 화폐적대적 이자론에 있어서 진실의 요소가 있다는 것을 인정할 수 있다. 화폐수량은 일반인이 받아들이는 경향보다 훨씬 덜 중요한 요소이며, 이 인식은 무엇보다 관철되어야 한다. 신용화폐의 발행을 통해서는 물론 금의 발견을 통해서도 대중은 부유해지고 번영할 수 없다. 마지막에는 화폐의 변동을 통하여 본질적인 것은 아무것도 설명할 수 없다. 그리고 이 점에서 이미 바본(Barbon) 및 그를 뒤이은 흄(Hume)과 스미스(Smith)는 이자도 역시 신비스러운 것에 대해서 지불될 수 없으며 궁극적으로는 오로지 재화에 대해서만 지불될 수 있다는 점을 강조하였다. 이 의미에서 그것은 올바른 것이며 당연히 여기에서 전적으로 받아들여진다. 이 인식은 아주 가치가 있었으며, 이 인식을 관철하는 것은 어렵고 칭찬할 만한 일이었다. 이 행위는 두 형태의 반대자를 극복하여야 했다. 첫째는 이 관계에서 화가 나는 모든 불확실성과 편견을 가지고 일상적 접근을 하는 실천자들이다. 이들은 오늘날에도 확실히 불확실성과 편견으로부터 쉽게 벗어날 수 없다. 본질적 인과관계의 명확한 파악은 재화세계의 진행을 감추고 본질적으로는 화폐와 신용의 개념을 둘러싸고 있는 모든 정확하지 않고 잘못된 해석의 해소를 통해서만 가능하였다. 어떤 의미에서는 이 집단에는 더 나갈 것 없이 이자를 단순히 화폐가격으로 설명했던 이론가들도 속했다. 이들에 대하여 그것은 설명이 아니며 **아무것도** 아니라는 점을 말해야만 했다. 둘째로는 '화폐적대적' 이론가들이 중상주의자들과 관련이 있다는 점이다. 항상 사람들이 학문에 대한 중요성을 생각할 수 있는 것처럼, 중상주의자들의 해석은 여기에서 단순히 대중적 오류에 기반하였고 화폐유입의 중요성에 대한 과대평가를 가지고 통상정책적 문제의 논의를 절망적으로 망쳐버렸다. 이들에 대해서는 화폐는 단지 계산도구이며 이의 증가는 가치가 없다는 반대이론을 제기하여야만 했다.

물론 이 관점은 우리가 아는 바와 같이 이미 과장이 포함되어 있다. 이로부터 이자는 궁극적으로는 재화에 대하여 지불된다는 점이 화폐가 이자와 아무런 관련이 없다는 것으로 이어지는 것이 아니며, 마찬가지로 화폐금액은 단지 계산도구라는 인식에서와 같이 중요한 경제적 진행과정을 그에 대해 연계할 수 없다는 것으로 이어지는 것은 아니다. 그러나 만약 사람들이 이 관점을 한번 가지고 있다면 이자의 설명을 금융시장의 진행과정에 연계하려는 모든 시도와 이자의 크기와 화폐의 양 간의 관계가 존재한다는 단순한 주장 자체도 바로 어리석은 것으로 보여야 한다는 점도 명백하다. 이 관계를 주장하였던 로우(Law), 로크(Locke), 그리고 이들의 추종자인 몽테스큐(Montesquieu) 등도 스미스(Smith)에 의해 역시 지당한 반박을 경험하였다(「국부론」 제2편, 제4장). 그리고 사람들이 이 반박의 기초를 형성했던 인식 속에서 생각한다면, 어리석음에 대한 이 느낌에 대한 이해가 바로 생긴다. 화폐라는 이 가여운 유통수단이 '가치를 창출'하거나 심지어 '재화를 생산'해야 하는가? 그것은 확실히 너무나 어리석어서, 나는 이 유통수단은 상황에 따라서는 그러한 '창출'과 아무런 관련이 없는 가치와 재화를 그렇지 않으면 받아들일 수 있는 궤도에서 벗어나고 다른 경제주체들에게 공급할 수 있다고 가정하는 것이 아주 훨씬 적게 낯설다는 점을 반복하는 것을 서두른다. 특히 만약 사람들이 유통수단에 기능을 부여한다면, 그 기능의 힘으로 유통수단은 그것을 한다.

그러나 앞의 의견표명에 대한 가장 심층적 근거가 그렇게 옳았다고 해도, 금융시장에서 이자율과 화폐의 양 간의 인과관계에 대한 부정을 그렇게 옹호할 수는 없다. 여기에서 우리의 이론은 모든 실천가의 관찰과 일치한다. 이제 사람들이 이 부정에 대해 제공하였던 근거에 관한 질문이 대두된다. 왜냐하면, 확실히 그 속에 우리의 해석에 대한 반대주장이 존재할 수 있기 때문이다. 그것은 아주 단순한 내용이다.[23] 즉, 만약 화폐의 양이 증가한다면 모든 가격도 오르며, 결과적으로 자본재의 가격과 이들의 비용재 가격도 오른다. 그리하여 변화는 단지 명목적 변화이며 사안의 본질이 아니라 단지 계산단위와 관련이 있다. 그리하여 화폐는 이자율에 하등의 영향을 **줄 수** 없으며, 이자의 새로운 화폐표현은 이자의 오래된 화폐표현이 자본의 오래된 화폐표현과 관련을 맺는 것과 같은 관계를 자본의 새로운 화폐표현과 관련을 맺어야만 한다. 사람들은 이 사고과정이 새로운 것을 가져오지 않으며 단지 일반적이고 원칙적인 입장의 결과라는 점을 알게 된다. 이 관점에서 이 사고과정은 아주 정확하다. 여기에서 사람들은 이자율의 모든 **역사적** 하락에 대하여 — 우리에게 특별히 관심을 주는 매일의 변동과는 대조적으로 — 하락하는 수익

---

23) 아담 스미스(A. Smith), 「국부론(*The Wealth of Nations*)」 제2편, 제4장의 짧고 의미심장한 이해를 참조하라.

률의 고전적 명제 속에서 확실히 항상 설명이 주어졌기 때문에 오히려 만족하고 있다.

그런데 이에 덧붙여서 사람들은 어떻게 이 사고과정이 아주 특징적 방식으로 오로지 유통되고 있는 화폐에만, 즉 정상적 경제과정의 재화교환을 현실적으로 해결하는 화폐에, 즉 우리가 거의 정태적 화폐라고 말할 수 있는 화폐에 초점을 맞추었는지를 주목할 것이다. 그래서 우리는 사실 이자가 행사하는 영향력을 이 화폐의 탓으로 전혀 돌리지 않는다. 사실 그 반대가 사례인데 — 그리고 여기에서 우리는 곧 우리의 전체 이론에 대해 매우 중요한 논점에 닿는다. 만약 유통되는 화폐의 양이 증가한다면 모든 가격은 올라간다. 그러나 그러면 기업가는 우리의 의미에서 더 많은 자본을 필요로 하며, 그리하여 금융시장에서 그렇지 않은 경우보다 더 많은 수요를 펼친다. 그리고 결과로서 이자조차도 그만큼 올라간다! 멀리 떨어져 이자율에 영향을 미치는 한번 유통되는 혹은 이미 시작부터 유통에 유입된 화폐는 이자율을 더욱 올린다. 이 구매력의 양은 이의 영향 속에서 자본가의 손에서 기업가의 수요를 기다리는 구매력 양의 이자에 대하여 반대로 영향을 미친다. 이제 광산으로부터 직접 조달된 금은 비교적 큰 몫으로 직접 상품시장으로 흘러들어오며, 대부분의 스페인 광산들이 모든 금 채굴로부터 그것을 확실히 수행하였다. 그러나 자본가로부터 단지 빌려지고 특히 은행 준비금의 역할에 있어서 새로운 금은 이자를 압박하는 영향을 미친다. 그리하여 고전학파 경제학자들이 금의 발견에 따른 이자하락의 원인을 금의 발견이 화폐의 다른 역할로 전혀 보지 않았기에 금의 증가가 아닌 다른 곳에서 찾았던 것은 납득이 갈 뿐만 아니라 이것은 사실상 아주 올바른 것이다. 그러나 아주 일반적으로 양자의 힘의 상호작용은 — 다른 상황을 제외하면 — 사람들이 경제사의 큰 줄기 속에 있어서 화폐증가의 이자를 압박하는 영향을 더 이상 알지 못했음을 설명한다. 그럼에도 불구하고 이론적으로 그 영향은 의심의 여지가 없다. 짧게 더 언급하면, 이자는 상황에 따라서 퍼센트로 표현함에도 불구하고 — 이것이 다르게 표현된다면 그것 역시 당연함 — 명목적으로 변화할 수 있으며, 그러면 그것은 또한 이른바 화폐가치변동[24)]의 기대 속에서 사안의 핵심을 덮는 데 더욱 공헌한다.

우리는 '화폐적대론자'의 관점에서 진실의 다른 요소들을 발견할 수 있다.[25)] 재정저술가들과 같은 실무자는 종종 할인정책과 화폐제도의 중요성을 올바르지 않은 방식으로 강조한다. 그렇다면 거기에서는 예를 들어 국가은행이 이자율에 영향을 줄 수 있는 상황이 이자가 구매력에 부착되어 있다는 입증주제에 대해 행하지 못하는 것과 마찬가지로 국가가 가격요금을 결정할 수 있다는 상황이 가격은 일반적으로 국가의 결정에 의해 설명된다는 점을 증명하지 못한다는 점을 부가할 수 있다. 국가통화에 대한 고려로부터 — 견지할 수 있는 근거를 가지고서 혹은 가지지 않고 — 개별적 사례에 있어서 이자율에 대하여 영향력이 행사될 수 있으나 이 사실의 이론적 의미는 그 자체로 그렇게 폭넓지는 않다. 거기에는 가격의 영향이 자료 밖에 놓여 있는 동기로부터 바로 존재하기 때문이다. 화폐규칙과 어떤 할인정책으로 한 국가의 이자를 다른 나라들보다 지속적으로 낮게 유지할 수 있고 그것이 국민경제의 발전에 매우 유리하다는 의견은 전혀 전문가답지 않으며 실무적으로 아주 식상하다. 금융시장의 조직은 노동시장의 조직과 마찬가지로 개선능력이 있으나 진행과정의 본질은 그것을 통해 아무것도 변하지 않는다.

---

24) 피셔(Fisher)의 「이자율(*Rate of Interest*)」 7쪽 이하를 참조하라.

25) 이와 같은 것은 예를 들어 다음 형태의 이자와 화폐의 양 간의 인과관계에 대한 이들의 정당한 경시이다. 즉, 만약 더 많은 금이 존재하면 화폐가치는 하락하며, 그리고 사람들은 이 낮게 평가된 화폐에 대해 더 적은 이자를 지불한다. 이에 대해서 당연히 하등의 장점이 없다. 나는 이 해석을 본문에서 전혀 다루지 않았다. 그러나 나는 이 해석이 경제학자들이 화폐와 이자 간의 모든 관계에서 이를 딱 잘라 손을 떼게 하는 데 많은 공헌을 할 것이라는 점을 말하고자 한다.

그리하여 우리는 마침내 이자의 핵심을 발견할 것이라고 믿는 위치로 돌진한다. 이제는 현재 구매력의 미래 구매력에 대한 프리미엄이 증명되는지와 왜 증명되는지의 문제가 중요하다. 이 문제를 아주 대중적으로 말하면, "내가 구매력 단위의 약간의 수량의 제공을 통해서 미래의 어느 시점에 이와 같은 단위의 더 큰 수량을 반환받는 것이 확실한가? 그리고 확실하다면 왜, 어떤 조건에서 가능한가?"의 문제가 중요하다.

이로써 우리는 현재 구매력의 제공과 미래 구매력의 반환이 이루어지는 조건에 관한 시장의 진행과정에 관해 질문한다. 우리는 산업에 대해 자본주의적 혈액을 투여하고 산업과 자본의 상호관계를 가장 의미 있게 볼 수 있는 금융시장에서 사안의 핵심을 추구한다. 그것은 결국 우리가 분석하려고 한 가격형성의 과정이다. 모든 개별적 대부사업은 '합법적이고 올바른' 교환이다. 무엇보다도 사람들이 재화를 말하자면 스스로 교환한다는 것이 아마 이상하게 보일 것이다. 그러나 이 점에 관한 뵘-바베르크(v. Böhm-Bawerk)[26]의 서술에 따르면, 이에 대한 보다 상세한 분석은 필요하지 않다. 즉, 현재의 재화를 미래의 재화와 교환하는 것은 동일한 것을 동일한 것으로 교환하는 것과 바로 같지는 않으며, 이에 따라 **한 곳**에 위치한 무엇을 **다른 곳**에 위치한 무엇과 교환하는 것과 같이 바로 의미가 없는 것은 아니다. 사람들이 **한 곳**에 있는 구매력을 **다른 곳**에 있는 구매력에 대해 교환할 수 있는 것과 같이, 현재의 구매력을 미래의 구매력에 대해 교환할 수 있다. 대부사업과 어음교환사업 간의 유사성은 당연하다 생각되며 독자에게 사상적 버팀목으로 추천될 수 있다.

만약 어떤 상황에서 — 우리가 그 대신 바로 '발전에 있어서'라고 말하기로 함 — 금융시장에서 현재의 구매력이 정기적으로 미래의 구매력에 대하여 프리미엄을 가져야만 한다는 것을 보여주는 데 성공한다면, 구매력

---

26) 「자본론(*Kapital*)」 제2권을 참조하라

의 소유자에게로의 지속적인 재화흐름의 가능성은 이론적으로 설명된다. 그러면, 비록 소득의 원천이 개별적으로 지속적이지 않고 비록 이들 원천이 발전의 결과라 하여도, 자본가는 모든 부분이 하나의 정태적 부분처럼 행동하는 지속적 소득을 얻을 수 있다. 그리고 귀속과 가산은 재화흐름의 순수익의 특징에 대하여 아무것도 변화시킬 수 없다. 우선 내가 현재의 100크로네(Krone)에 대하여 미래의 105크로네를 받을 수 있다는 점을 가져오는 가격형성과정 그 자체는 그에 관해 아무것도 걱정할 게 없다. 그 과정은 **가격형성과정 그 자체가 실현한** 수익의 가산을 통하여 결코 불가능해지는 것은 아니다. 대부사업에 대하여 나는 나의 100크로네를 미리 105크로네를 가지고 결코 평가할 수는 없는데, 왜냐하면 대부사업 그 자체가 우선 내게 확실히 5크로네를 더 손에 넣게 해주기 때문이다. 대부사업의 분석에 관한 나의 결정에 있어서 나는 이 100크로네를 명백하게 이의 다른 사용의 가치, 즉 이의 정태적 가치, 즉 100크로네로 평가할 수 있으며, 결과적으로 나에게 그 5크로네는 진정으로 순이윤으로 발생하여야만 한다.

그러나 그 밖에도 가산은 이자의 순수익 성격에 아무런 영향을 줄 수 없다. 내가 이미 나의 100크로네를 빌려줄 결정을 하였다고 가정해 보자. 그러면 이의 소유에 확실히 미래의 105크로네가 달려 있다. 그로부터 나는 자산원금을 줄이지 않고 그로부터 아무것도 지출하지 않을 수 있으며 또한 나는 처음부터 그 100크로네를 잠재적인 미래의 105크로네로 평가하였기 때문에 나는 하등의 순소득을 확보하지 못한다는 결론에 본질적으로 도달할 수 있다. 그러나 그에 대하여 사람들은, 만약 이 해석을 받아들인다면, 자산원금은 스스로 항상 증가하는 특징을 가지고 있다는 점에 대해 항변할 수 있으며, 그리하여 그 자산원금은 종종 그 증가의 소비를 통해 그리고 결국 가치에 따라 줄어들게 된다. 항상 사람들이 자신의 표현방식을 정렬하는 것과 같이, 사람들은 항상 새로운 기업가 이윤의 항상 흐르는 가치원천으로부터 항상 새로운 가치프리미엄을 현재의 구매력에 연계하는 사실을 한 번도 넘어서지 않으며, 그를 통해 이 경우를 모든 구체적 재화의 경우와 구분한다. 그리고 사람들이 이제 이들 모든 끝없는 증가는 원래의 100크로네에 귀속시켜야 한다고 말한다면, 이의 가치에 대하여 그 크기는 끝이 없을 것이며, 그것은 우리가 아는 바와 같이 순소득의 존재를 제외하지 않는 것이다. 새로운 기업을 위해 사용할 수 있는 구매력의 소유자에 대한 지속적 재화흐름은 이제 설명되었을 것이다. 그리고 그 설명은 확실히 실제적인 문제이다. 나는 이 점이 명확해졌고 우리를 지나치게 붙잡고 많은 반복이 포함될 수 있는 추가적 논란을 제외할 수 있다고 가정한다. 그러나 이 사안은 중요한 것만큼 어려우며, 그로 인해 어떠한 의심을 가진 독자는 구매력의 프리미엄의 경우를 어쩌면 소떼의 물리적 성장의 경우와 비교할 것을 요구받는다. 이와 같은 논의는 대단히 유용한 연습일 것이다. 나 역시 단연 대부분의 독자에게 단지 불필요할 수 있는 논의에 길게 머물고 싶지 않다.

그러나 이제 우리는 끝없는 이자수익의 총가치가 얼마나 높게 제시되어야만 하는지에 대해 아주 직접 진술할 수 있다. 이 총가치는 이자를 낳는 금액의 가치보다 낮아서는 안 된다. 왜냐하면, 만약 그럴 경우에는 사람들은 바로 이 금액을 총가치를 위해 조달할 것이며 대부공여를 위한 것과는 다르게 사용할 것이다. 이를 통하여 이 대부공여 금액의 가치는 균형이 이루어질 때까지 하락하여야만 할 것이다. 그리고 이 가치는 이를 초래한 금액의 가치보다는 높을 수가 없는데, 그 이유는 그렇지 않으면 이와 같은 금액은 대부허가를 위해 사용되며 이의 가치는 다른 사용 속에서 그만큼 오랫동안 증가하게 될 것이다. 그것이 우리가 증가규칙의 위치에 대해 설정하고 나중에 더 일반적인 규칙에 대해 적용하게 될 '자본화'의 진정한 규칙이다. 지속적 수익의 자본화 과정의 중요한 것은 이자의 사실이다. 이 사실에 기반하여 지속적 수익은 화폐의 표현으로 평가되며, 이 화폐표현의 크기는, 만약 이것을 빌렸다면, 이와 같은 수익을 생기게 하는 구매력 금액과 같다. 그로부터 다시금 지속적이라고 입증된 순수익의 가치형성은 순수익 자체로부터 순수익의 성격을 빼앗지 못한다는 결론에 도달한다.

그리하여, 만약 우리가 현재 구매력 프리미엄의 가격론적 문제를 해결할 수 있다면, 우리는 이자문제를 나누는 세 개의 질문 모두에 대해 대답하게 된다. 자본가에 대한 객관적 재화흐름의 증명, 하등의 차감을 할 수 없고 다른 경제주체들에게 더 줄 수 없는 지속적이고 객관적 수익의 단순한 증명은 사안을 완전하게 해결하며, 그 사실 때문에 그 수익은 가치이윤을 의미하며 그것은 순수익이라는 점을 설명한다. 이제 우리는 이 증명을 제시하려 하며, 점진적으로 정말 아주 다양한 형태의 이자현상에 대한 우리의 설명을 펼치고자 한다.

이제 아주 방법론적으로 나아가기 위하여, 우리는 어떤 경우에 누가 그가 받은 것보다 더 많은 양의 화폐단위를 반환하여야 하는 조건 속에서도 대부를 희망할 동기를 가지는가의 일반적 질문을 제기하고자 한다. 이 유형의 특별히 가까운 사례는 대부를 얻으려 하는 사람의 비정상적 의지박약이다. 이 사람의 시야가 그가 살고 있는 국민경제의 주변 환경과 그가 서 있는 국민경제의 위치에 상응하는 것보다 넓지 않다면, 미래가 어느 정도의 관점을 넘어서 전적으로 그를 돌보지 않거나 혹은 일순간 욕구의 결합과 같이 미래가 현실의 명확성과 감각을 가지고 그에게 대두되지 않을 수 있다. 이런 경우에는 이와 같은 경제주체에게는 약 100의 현재 화폐단위가 미래에는 가령 200의 화폐단위와 동일할 것이며, 그리하여 100의 화폐단위를 동일한 미래시점에 평가하지 않거나 돈을 빌린 사람보다 아주 적게 평가하지 않는 사람과 교환의 성사조건이 주어질 것이다. 그리하여 이 전제조건에 따라, 후자는 어쩌면 현재의 특정한 금액의 대부를 위하여 그 시점에 두 배의 화폐단위를 반환하는 의무를 받아들일 준비가 되어 있을 수 있다. 그가 의지하는 경제주체는 일상적인 정태적 경제주체로 간주된다. 그러면 정리된 경제과정을 연년세세 실행하게 될 것이며, 그리고 만약 주어진 시점에 원했던 100의 화폐단위를 사용할 수 있다면, 동일한 화폐단위에게 이미 관련된 시점에 연년세세 공급될 특정한 지출사용을 제공하는 것이 생각된다. 채권자는 이와 같은 전제조건하에서 — 여기에서 우리는 이미 존재하는 화폐보유고는 확실히 전제에 의거하여 무시함 — 100의 화폐단위를 미래의 동일한 수량의 화폐단위에 대해 내놓을 준비가 손쉽게 되어 있지 않을 것이다. 왜냐하면, 미래의 상응하는 증가가 선혀 보상을 형성하지 못하는 자신의 경제가 이에 의해 확실히 방해를 받을 것이기 때문이다. 한계효용체감의 법칙에 따라 오히려 미래의 증가는 현재의 인도(引渡)보다 더 낮은 가치를 가져야만 할 것이다. 왜냐하면, 제공된 금액은 중요한 욕구를 충족시킬 수 없으며, 부가된 금액은 훨씬 더 적게 중요한 욕구만을 충족시키기 때문이다. 그리하여 이러한 이유뿐만 아니라, 사업은 채권자에게 불리함을 첨부하기 때문에, 채권자로 하여금 대부사업을 할 마음을 불러일으키기 위하여 채무자는 보다 많은 화폐단위의 충당금에 대해 이해하고 있어야만 한다. 다른 모든 가치현상과 마찬가지로, 이 불리함은 항상 정확하게 측정될 수 있다. 만약 채권자가 100의 화폐단위 대신 120의 화폐단위를 돌려받는다면, 우리는 채권자에 대하여 자신의 경제방해에 대한 불유쾌함을 미래의 화폐증가를 통해 보상받는 것이라고 가정해 보자. 이 경우 대부사업은 채권자에게 아무래도 좋은 것이며, 우리는 이 경우에 그에게 이익도 손해도 가져다주지 않는다고 가정한다. 그리하여 그러면 대부사업은 — 여기에서 가격이 중요하다는 것은 명백하기 때문에 — 120에서 200 사이의 미래 화폐단위에 놓여 있는 일정한 가격으로 실현될 수 있다. 이 가격 이하로는 채권자가, 이 가격 이상으로는 채무자가 협력하려 하지 않을 것이다. 만약 두 당사자가 오로지 대립하고 있다면, 가격의 결정은 일반적 가격론에 상응하여 이 한계 내에서의 운명, 탁월성, 상황인식 등에 달려 있을 것이다. 사람들은 보다 상세히, 교환되는 가격은 결정되지 않았으며 최종결과는 항상 양자에게 현재화폐와 미래화폐의 한계효용의 비율은 교환비율에 대하여 역(逆)으로 같아야만 한다는 점을 더 말할 수 있다. 바로 여기에서 우리가 고찰한 대출흐름의 유형에 있어서 이와 같은 사례들은 명백한 이유로부터 바로 발생할 수 있음에도 불구하고, 당연히 이와 같은 고립된 교환은 국민경제의 진행과정을 설명하기 위한 도식일 뿐이다. 채무자는 다른 교환과정에서와 마찬가지로 시장에 단순히 나타날 수 있는 것이 아니라, 아주 자주 단지 일정한 채권자에게 도움을 청하는 것은 자명하다. 그러나 이와 같은 채무자들의 전체 다수와 이와 같은 화폐제공자들의 전체 다수가 서로 대립한다면, 모든 다른 상품에서와 같은 방식으로 통일된 가격이 형성될 것이다. 그 속에서 우리는 일반적 교환도식을 이 특정한 사례에 적용하며, 우리는 화폐의 성격, 기능 등에 관한 어떤 특정한 가정을 하지 않고 사실이 가리키는 방향을 단순히 따르게 된다.

사람들은 이와 같은 경우는 자주 있어야만 하며, 특히 정태적 국민경제에서 발생할 수 있다는 점을 손쉽게 안다. 이와 같은 경우의 다른 범주는 우리에게 대체로 새로운 욕구와 이미 지난 욕구의 갑작스러운 대두와 개별경제의 규칙적 작동을 방해하는 불행의 발생 등을 제시해 준다. 이와 같은 모든 경우에 있어서 개별경제주체는 일정한 화폐금액을 다른 경우들보다 높게 평가할 것이며, 미래에 보다 많은 금액을 되돌려 받을 수 있다는 조건을 받아들임으로써 이 동일한 금액을 손에 넣을 준비가 이미 되어 있을 것이다. 다른 한편으로는 미래 화폐증가의 가격을 둘러싸고 규칙적 경제운영으로부터 해당 화폐금액의 차출에 있어서 우리의 전제조건 아래 반드시 놓여 있어야만 하는 불유쾌함에 굴복할 준비가 되어 있는 사람들도 있다. 모든 주어진 시점에 있어서 국민경제 속에서 이들 모든 요인으로부터 설명되는 대부에 대한 수요는 존재할 것이며, 마찬가지로 일정한 공급도 규칙적으로 존재할 것이다. 다른 재화에 대해서와 마찬가지 방법으로 이 대부금액에 대하여 시장가격이 존재할 것이며, 그런 점에 있어서 정태적 상태에서도 이와 같은 경우의 화폐단위는 작은 프리미엄을 가질 수 있으며, 반대의 경우에 있어서는 아마도 역(逆)프리미엄을 가질 것이다.

이 인식은 정태이론에서 화폐의 가치는 액면가격으로 존재한다는 우리의 명제와 상충한다. 그것은 대단히 많은 이유로 인하여 한 재화의 가격은 때로는 자신의 비용가치 이상으로 혹은 이하로 존재할 수 있다는 인식과 마찬가지로 비용법칙에 상충하는 것은 아니다. 그 명제는 하나의 원칙을 표현하는 것이고, 그 인식은 원칙적으로는 적게 흥미 있고 실무적으로도 적게 중요한 편차를 표현한다. 상속을 기대하거나 혹은 그렇지 않고도 자신의 위치 변화를 희망할 수 있는 사람은 이성적으로 현재의 화폐를 미래의 화폐보다 훨씬 더 크게 평가하는 것은 당연한 일이다. 그리고 예를 들어 나이가 들면서 자신의 노동소득 감소를 생각하는 사람은 반대로 행하는 것 역시 당연한 일이다. 첫 번째 유형의 동기가 이자의 발생을 만들어 내는 것처럼, 후자 유형의 동기들은 화폐에 있어서 역프리미엄의 발생을 가져온다. 화폐의 시장가격이 사실상 구축될 수 있는 것과 마찬가지로, 사람들은 일반적으로 말할 수 없다. 단지 확실한 것은 이자는 최대한으로 적은 의미를 가질 것이라는 점이다. 일부의 고리대금업자들만이 이에 의지하여 살 수 있을 것이다. 이자지불은 비정상으로 느끼게 될 것이다. 그리하여 우리는 정당성을 가지고 이자를 정태적 경제로부터 제외하였다는 점을 말할 수 있다. 그렇다면 이자는 경제과정의 핵심적인 요소는 확실히 아니다. 그리하여 우리는 이 사례를 그만두고 앞으로 나가기로 한다.

사람들은 항상 채무자는 이른바 받은 금액의 효용이 그가 되갚아야 하는 금액의 효용보다 그에게 더 커야 한다는 의미에서 그가 되갚아야 하는 것보다 더 많이 받아야 한다고 말할 수 있다. 적어도 그에게는 첫 번째의 가치크기가 두 번째의 가치크기보다 크게 묘사되어야만 한다. 그렇지 않으면 그는 일반적으로 거래에 참여하지 않을 것이다. 그것은 더 이상 자명하지 않으며, 그것은 채무자의 불리함이 어떠한 의미에서 불가능할 것이라는 것은 당연히 아니다. 사람들은 다른 사업에서도 '바가지를 쓸 수' 있는데, 그럼에도 불구하고 이들 사업을 불리한 위치에 있는 사람 편에서의 효용이윤의 — 사실상의 혹은 추정상의 — 실현을 통해 설명할 수 있다는 점에 대해서는 아무도 의심하지 않을 것이다. 오로지 사람들이 우리의 경우에 있어서 경솔한 채무자를 마음에 그리기 때문에, 여기에서 우리의 주장은 낯선 것처럼 보인다. 그러나 당연히 대부분의 경우에는 채무는 사람들이 더 나은 상황이 오기를 희망할 때에 그리고 희망하기 때문에 만들어지며, 그렇다면 채무자의 효용이윤은 아주 분명하다.

그러나 대부를 받는 것은 채무자가 또 다른 의미에서 그가 갚아야 하는 것보다 더 많이 얻을 때에만 생업활동의 한 요소로 되는 것이 가능하다. 채무자가 대부의 도움으로 갚아야 하는 것보다 더 많은 양의 화폐단위를 획득할 때에만 이자소득은 사업활동에서 진정하게 역할을 할 수 있다. 왜냐하면, 시장을 위해 생산을 하는 경제 내에서 화폐는 직접적 교환가치를 가지지 않고, 그리하여 경제주체의 필수생활의 틀 속에서 화폐의 프리미엄이 근거할 수 있을 가능성은 사라진다. 또한, 이 경우에만 채무자의 상황 악화 없이 이자지불이 흘러나올 수 있는 원천이 존재한다.

이제 정태적이고 균형상태에 있는 시장 내에서는 사람들이 일정한 화폐금액을 가지고 보다 많은 화폐금액을 확보한다는 것은 불가능하다. 일반적으로 알려지고 익숙한 가능성들 내에서 내가 항상 100의 화폐단위를 사용하는 것과 같이, 나는 이를 가지고 바로 100의 화폐단위보다 더 많은 수익을 얻지 못한다. 내가 항상 나의 100의 화폐단위를 이미 존재하는 생산가능성들의 어디에 공급하고 싶다면, 나는 항상 생산물에 대하여 100의 화폐단위보다 많지 않게 — 그러나 아마도 보다 적게 — 손에 쥘 것이다. 왜냐하면, 그것이 바로 — 가장 넓은 의미 속에 주어진 상황하에서 — 생산능력의 최적결합을 나타내는 정태적 균형상태의 특징이기 때문이다. 화폐단위의 가치는 이 점에서 액면으로 필요하다. 왜냐하면, 가설에 의하여 모든 중재이윤은 이미 만들어졌고 그리하여 제외되기 때문이다. 내가 100의 화폐단위를 가지고 노동력과 토지력을 구매하고 이들을 가지고 가장 이익이 되는 생산을 실행한다면, 나는 바로 그 생산물을 100의 화폐단위로 판매할 수 있음을 발견한다. 바로 그 가장 이익이 되는 사용가능성을 고려하여 생산수단의 가치와 가격은 확실히 결정되었으며, 바로 가장 이익이 되는 사용가능성이 **우리 의미에서의** 구매력의 가치도 결정한다.

오로지 발전의 과정에서는 사안이 다르다. 오로지 그곳에서만 나는 나의 생산물에 대하여 보다 높은 수익을 확보할 수 있다. 만약 내가 이른바 100의 화폐단위로 구입한 생산능력의 **새로운** 결합을 관철하고 새로운 보다 높은 가치의 생산물을 시장에 출하한다면, 나는 사실상 더 많이 손에 넣을 수 있다. 왜냐하면, 생산수단의 가격은 확실히 **이의** 사용을 고려하여 결정되지 않고, 오직 그동안의 사용을 고려하여 결정되었기 때문이다. 그리하여 여기에서 화폐금액의 소유는 보다 많은 화폐금액을 손에 넣을 수 있는 수단이다. 그리하여 그리고 그 점에서 사람들은 사업활동에 있어서 현재의 금액을 규칙적으로 그리고 체계적으로 미래의 금액보다 더 많게 평가할 것이다. 그리하여 현재의 화폐금액은 — 말하자면 잠재적으로 보다 많은 금액으로서 — 가치프리미엄과 이로써 가격프리미엄도 가지게 된다. 정태적 국민경제 속에서 오로지 100마르크의 소유는 항상 100마르크의 소유에 달려 있는 데 비하여, 동태적 국민경제 속에서는 100마르크의 소유에 상황에 따라서는 200마르크의 소유가 달려 있다. **그리고 그 속에 이자의 설명이 존재한다.** 발전에 있어서 신용제공과 신용획득은 경제활동과정의 중요한 부분이다. 거기에 사람들이 '상대적 자본부족', '자본에 대한 공급의 수요 뒤의 위치' 등으로 표현했던 현상이 발생한다. 단지 국민경제적 재화흐름이 보다 넓고 보다 풍부하다면 그리고 그렇기 때문에 이자가 더욱 강렬하게 나타난다. 그 결과 우리는 궁극적으로 이자의 영향 아래 전적으로 놓이게 되고, 인간이 경제활동을 하는 곳에 항상은 아니지만 그리고 곳곳에서 이자가 나타나는 것을 이해하기 위해 우리는 오랜 분석적 작업을 필요로 한다.

이제 우리는 이자의 형성과정에 관해 자세히 살펴본다. 이미 언급한 바에 따르면, 그것은 우리가 **구매력의 가격형성 유형**을 — 이에 대해 하등의 의심이나 하등의 불명확성이 부착되지 않는다는 표현임 — 보다 자세히 들여다보는 것을 의미한다. 여기에서 우리는 무엇보다도 우리가 이제 다시금 근본적 과정으로 인식하였고 이전 장(章)의 사고과정이 매진한 이른바 기업가와 자본가 간의 교환사례에 엄격하게 제한한다. 그리고 나중에 우리는 이자현상의 가장 중요한 출발에 대해 추적하고자 한다.

앞에서 서술된 방식으로 현재 구매력에 대하여 이의 정태적 타당성에 상응하는 것보다 더 많은 의미를 가지는 사람들은 우리의 해석에 따르면 기업가들뿐이다. 그러나 이른바 그들은, 그것을 우리가 표현하였던 것과 같이, 어느 금액의 도움으로 보다 많은 금액을 얻을 수 있다. 이에 비하여 정태적 경제주체들은 그것을 할 수 없다. 여기에서 우리는 사안의 본질을 뿌리까지 파악하려 하며, 자주 충분하게 반복될 수는 없었던 바와 같이, 우리가 기업가라고 명명하는 경제주체를 제외하고는 완전히 정태적이고 발전과정에 의도적으로 영향을 주지 않는 국민경제를 가정하려 한다. 그러면 오직 기업가들만이 구매력에 대하여 자신들의 생업활동의 필요로부터 나타나는 보다 높은 평가를 한다는 우리의 주장은 자명하다. 오로지 이들은 현재 화폐를 위한 시장움직임의 담당자들이며, 우리가 정의한 바와 같이, 액면가격의 상태를 넘어서는 화폐가격을 상승시키는 수요의 담당자들이다.

수요를 가지고 있는 기업가에게 대응하여 공급자로서 자본가가 위치한다. 그러나 우리는 우선, 우리가 소비적 신용의 경우에서 행한 것처럼, 새로운 결합의 관철을 위하여 정태적 순환으로부터 필요한 지불수단이 차출되어야 한다는 가정을 유지하자. 그러면 신용지불수단의 창출이 없다. 거기에서 우리는 더 나아가 순수 정태적 경제를 고찰하기 때문에, 여분 구매력의 큰 저장소는 전혀 없다. 왜냐하면, 이는 앞에서 보인 바와 같이 오직 발전을 통해서만 창출되기 때문이다. 그러므로 '자본가'는 주어진 상황하에서 기업가에게 자신의 경제로부터 끌어낸, 다시 말해 자신의 생산지출 혹은 소비지출을 제한한, 일정한 금액을 넘겨줄 의향이 있는 사람일 것이다. 당연히 우리는 국민경제의 화폐의 양은 예를 들어 금의 발견 등의 경우 이외에는 증가될 수 없다는 점도 가정한다. 이들 방법으로 우리는 이제 이자문제를 우선적으로 다루려고 한다.

그리하여 모든 다른 것들과 아주 유사하게 진행되는 기업가와 화폐소유자 간의 교환관계가 이루어진다. 여기에서 우리는 동태적 요인에 기반을 두는 진행과정이 정태적 규칙을 통하여 충분하게 서술되는 사례 중의 하나를 가지고 있다. 우리는 수천의 모든 경제주체들에 대하여 확실한 수요곡선과 공급곡선을 가지고 있다. 기업가의 수요는 그의 눈앞에 아른거리는 가능성을 기초로 일정한 화폐금액의 도움으로 만들어 낼 수 있는 기업가 이윤에 의하여 결정된다. 우리는, 비록 그것이 사안의 원칙에만 해당되고 사안의 모든 세부사항에는 해당되지 않음에도 불구하고, 이 수요곡선을 우리가 다른 재화에 대해 그래 왔던 것과 동일한 방식으로 연속적인 것으로 가정한다. 약간의 화폐단위의 아주 작은 대출은 기업가에게 별로 소용이 없다. 어느 정도의 지점, 이른바 중요한 혁신(Neuerungen)이 가능해지는 지점에서는 수요곡선은 불연속적으로 된다. 어느 정도의 지점을 넘어서서, 즉 기업가가 대체로 생각한 모든 계획의 추진을 위해 필요한 금액을 넘어서면, 그의 수요는 강하게 아마도 절대적으로 영(零)으로 떨어질 것이다. 그러나 전체 국민경제적 진행과정의 고찰에 있어서, 즉 대단히 많은 기업가의 고찰에 있어서 이 상황은 모든 이론가가 아는 바와 같이 중요성을 아주 많이 잃어버린다. 그리하여 우리는 기업가가, 모든 경제주체가 특정한 가치강도를 어떤 재화의 개별적 부분수량에 결부시키는 것과 같은 방법으로, 종속된 기업가이윤의 특정한 수량을 영(零)에서부터 가장 실무적으로 고찰할 수 있는 한계까지의 개별적 화폐단위에 결부시킬 수 있는 준비가 되어 있다는 점을 상상할 수 있고 상상하려 한다. 이에 대해 낯선 것은 연출된 보조수단 외에는 아무것도 없다. 여기에서 나는, 만약 내가 최대한의 생략과 단순성을 위해 노력을 하고자 한다면, 더 많은 것을 더 얘기하여야 하고 많은 다른 것을 얘기하여야 할 것이라는 점을 강조하고자 한다. 나는 독자들에게 반론의 제기에 있어서 그것을 고려할 것을 요청한다.

경제기간 당 자신의 화폐재고에 대한 각각의 정태적 경제주체의 가치평가는, 제1장에서 논의된 바와 같이, 각각의 화폐단위의 주관적 · 정태적 교환가치로부터 발생한다. 동일한 규칙이 이 익숙한 재고를 넘어서는 화폐의 증가에 대해서도 유효하다. 그로부터 모든 경제주체에 대한 특정한 가치곡선이 창출되며, 그로부터 잘 알려진 원칙에 따라 금융시장에서 공급성향의 특정한 곡선도 창출된다.[27] 그리고 이제 우리는 기업가와 잠재적 화폐제공자 간에 일어나는 '가격전쟁'에 관해 서술하여야 한다.

출발점으로서 우리는 증권거래소와 같이 생각할 수 있는 우리의 금융 시장에서 구매력의 일정한 가격을 시험적으로 큰 소리로 호가(呼價)할 수 있다고 가정한다. 이 가격은 우리의 일시적 전제조건 아래에서 아주 높아야만 할 것이다. 왜냐하면, 채권자는 확실히 자신의 전체 경제를 상처받을 정도로 방해를 받아야 하기 때문이다. 그리하여 현재 구매력의 이 가격을 — 미래의 구매력으로 표현하면 — 1년에 140이라고 말해 보자. 40%의 프리미엄을 가지고 단지 기업가들은, 모든 다른 것들을 제외한다면, 적어도 40% 혹은 좀 더 정당하게 40% 이상의 기업가 이윤을 창출하는 것을 희망하는 효과적인 수요를 펼칠 수 있을 것이다. 우리는 기업가들은 어느 정도의 수가 존재할 것으로 가정한다. "이익이 전혀 없는 것보다는 약간의 이익으로 교환한다."는 원칙에 따라,[28] 이들 기업가들은 진정으로 일정한 구매력의 양에 대하여 그 이자율을 수용할 준비가 되어 있을 것이다. 시장의 다른 편에서는, 즉 화폐제공자들에 있어서는, 이 법칙에 따라 교환을 하지 않으려는 사람들도 또한 존재할 것이다. 아주 작은 소득만 가지는 모든 사람은 대부의 보증에 의해 그 자체적으로 매우 의미 있는 증가가 훗날 하등의 보상을 받지 못할 것으로 묘사될 수 있는 이와 같은 궁핍을 동일한 기간에 대하여 참아내야만 할 것이다. 다시금 일정한 수의 사람들이 이 보상을 충분하다고 간주하는 것으로 가정한다면, 이 사람들은 이들이 제공하고자 하는 대출이 얼마나 커야 할 것인가의 문제를 제기할 것이다. 단지 일정한 금액에 대해서만 그 40%는 충분한 보상이 되며, 각각의 사람에 대해서는 현재 경제기간의 희생의 크기가 나중 경제기간의 효용증가를 초과하여야만 하는 한계가

27) 자세한 것은 「본질(*Wesen*)」 제2편을 참조하라. 여기에서는 가격론적으로 갈고 다듬은 표현이 문제가 되는 것은 아니다.

28) 뵘-바베르크(v. Böhm-Bawerk), 「자본론(*Kapital*)」, 제2권을 참조하라.

있다. 그러나 경제적 방식으로 대부는 사실상 증가가 손실에 대한 잉여를 가져와야만 할 정도로 커야만 할 것이다. 왜냐하면, 대부가 그것보다 작은 한에는, 이 이자율에 따른 더 이상의 화폐단위 대부는 일반적인 원칙에 따라 어떤 경제주체도 간과할 수 없는 이익초과를 허락하여야 할 것이다.

그리하여 수요와 공급은 모든 이와 같이 '큰소리로 호가(呼價)된' 가격에 있어서 일목요연하게 결정된다. 이들이 우연한 방식으로 같은 크기이면, 가격은 그 가격에, 즉 우리의 경우에 있어서 40%의 이자에 머물 것이다. 그러나 기업가들이 이 이자율에 대하여 공급된 것보다 더 많은 화폐를 사용할 수 있다면, 그들은 더 많은 값을 부를 것이며, 이를 통하여 이들 중 일부는 떠나갈 것이며, 새로운 화폐제공자들이 균형이 실현될 때까지 대두될 것이다. 기업가들이 이 이자율에 대하여 제공받은 것만큼 사용할 수 없다면 화폐제공자들은 더 적은 값을 부를 것이며, 이를 통하여 이들 중 일부는 떠나갈 것이며, 균형이 이루어질 때까지 새로운 기업가들이 대두될 것이다. 그리하여 모든 다른 시장들과 마찬가지로, 금융시장에서의 교환전쟁에 있어서 구매력의 일정한 가격이 결정될 것이다. 그리고 거기에서 일반적으로 양 당사자는 미래의 화폐보다 현재의 화폐를 보다 높게 평가하기 때문에 — 기업가는 현재의 화폐가 그에게 미래의 화폐보다 더 많은 의미가 있기 때문에, 화폐제공자는 우리의 전제조건하에서는 미래의 화폐는 자신의 경제소득에 대해 오로지 부가되는 데 비하여 현재의 화폐는 자신의 경제의 조절된 흐름을 가능하게 하기 때문에 —, 가격은 항상 그렇듯이 액면가격 이상에 머무를 것이다. 그것은 비록 기업가의 수요가 확실히 작아서 그들의 화폐의 일시적 제공을 기뻐하는 화폐제공자들의 공급을 통해 충족될 수 있다는 점을 확실히 생각할 수 있음에도 불구하고 그렇다.

자세한 것이 중요한 것이 아니라 원칙이 중요하기 때문에, 우리는 논의의 짧고 원초적인 형태를 선택하였다. 더 나아가 현실에서는 정태적 사용으로부터의 화폐의 차출(差出)은 하등의 중요한 역할을 하지 않고 이의 처리는 우리에게 단지 준비된 걸음의 의미만을 가지기 때문에, 우리는 국민경제에서 이와 같은 차출을 야기하여야만 하는 모든 장애물을 — 그리고 이의 후속현상을 — 분석하는 것을 포기한다. 우리는 다른 사안들도 깊게 다루지는 않을 것인데, 그 이유는 그것은 우리에게 흥미로운 것을 가르쳐주지 못하며 단지 시간을 낭비하게 할 것이기 때문이다. 그러므로 사람들은 위험요인의 영향을 항상 염두에 두어야 하며, 그러나 여기에서는 개별적 사례에서 시장의 이자율은 관련된 기업의 위험에 상응하여 달라져야만 한다는 점을 특별히 지적하려는 목적을 가지지 않을 것이다. 그것은 자명하다. 그리하여 대부시장은 모든 다른 시장과 마찬가지로 이상적 완전성을 가지고 작동하지 않을 뿐만 아니라 이는 화폐 제공자가 그에게 알려져 있고 그가 사업계획을 어느 정도 이해하고 승인하는 이와 같은 기업가에게만 대부를 일반적으로 — 즉, 보증금과 신분증 없이 — 승인할 수 있는 상황에 특별히 시달린다는 것도 아주 분명하다. 그것은 당연히 자유경쟁의 완전히 단호한 조처의 어려움을 증대시킨다. 이들 모두와 다른 사안은 이들의 논의를 통해서보다는 이들의 생략을 통해서 더 많은 것을 얻을 수 있는 것에 속하는 것처럼 보인다.

지금까지의 우리 논의의 결과는 각각의 가격형성과정의 결과와 아주 같은 '한계연계이론(Grenzpaartheorie)'의 언어로 표현될 수 있다. 만약 일정한 가격에 대해 제공된 구매력이 제거되고 동일한 구매력이 하락되어서는 안 된다면, 한편으로 이자는 '최종기업가'의 기업가 이윤, 즉 더욱더 교환에 이르러야 하는 기업가의 기업가 이윤과 같아질 것이다. 그리고 그것은 바로 자신의 계획을 추진하는 경우 기업가 이윤을 희망하는 사람이며, 바로 이자지불을 가능하게 하는 사람이다. 만약 우리가 이른바 기업가들을 — 위험의 다양성 요인을 고려하여 — 이들이 창출하고자 희망하고 확실히 대단히 서로 다른 이윤의 크기에 따라 일렬로 배치하고, 그 결과 첫 번째의 위치에 가장 이익이 되는 계획이 그리고 각각의 더 이상의 위치에 다음으로 이익이 되는 계획이 위치한다면, 당연히 우리가 이 열을 더욱 나아갈수록 기업가의 교환능력은 감소한다는 점을 당연히 발견한다. 즉, 큰 이윤을 창출할 수 있는 사람은 자신의 계획으로 단지 보다 적은 이윤을 가능하게 하는 모든 사람보다 높은 이자율에 대해서도 동의할 수 있고 동의할 것이다. 우리가 앞에서 얘기한 열을 연속적으로 생각한다면 적어도 그의 이윤이 바로 이자와 동일하게 되는 기업가가 항상 존재하여야 하며, 기업가는 보다 높은 이윤을 창출하는 사람들과 그들의 이윤이 모든 경우에 있어서 지불하여야 하는 이자보다 적을 것이기 때문에 금융시장에서 교환으로부터 제외되는 사람들 사이에 위치한다. 보다 엄격한 이론에서는 그렇다. 실무에서는 아마도 '최종기업가' 혹은 '한계기업가'도 적은 잉여만을 유지하여야만 할 것이지만, 이 잉여가 너무나 적은 기업가들이 언제나 존재하여 이들 기업가들은 오로지 현재 유효한 이자에 있어서 구매력에 대한 수요를 펼칠 수 있으나 단지 이보다 조금 보다 높은 이자에 있어서는 펼칠 수 없다. 그러면 이들은 이론적인 한계기업가의 입장에 적합한 것이다. 그리하여 우리는 모든 경우에서 이자는 실제적으로도 실현될 최소한의 기업가 이윤과 같아야 한다고 말할 수 있다. 이 명제로 우리는, 사람들이 쉽게 들여다보는 것과 같이, 본질을 터득함이 없으나 그 밖의 나머지 해석에 대해서도 접근한다.

다른 한편으로 이자는 '최종자본가' 혹은 '한계자본가'의 자신의 화폐에 대한 가치평가와 같아야만 한다. 사람들은 이와 같은 한계자본가의 개념을 변화될 것의 변화에 따라 한계기업가의 개념과 아주 동일한 방식으로 얻는다. 그리하여 그 속에서 사람들은 이들 화폐제공자를 한 줄에 세우며, 이 중에서 첫 번째 자리에는 자신의 소득 크기의 결과 혹은 보다 적은 욕구의 결과 혹은 — 그것은 법칙이 되는데 — 양자의 이유로 인하여 화폐단위를 가장 적게 평가하는 그리하여 교환능력이 가장 큰 등등의 화폐제공자가 위치한다. 이 사고과정의 보다 자세한 설명은 아마도 독자들에게 맡겨도 될 것이다. 사람들은 이 관점으로부터 이자는 언제나 최종 화폐제공자의 가치평가의 화폐척도와 같아야만 하며, 더 나아가 이 가치평가의 척도는 최종기업가의 가치평가의 척도와 같아야만 한다는 것을 쉽게 알게 된다. 더 나아가 사람들은 역시 어떤 방식으로 이 결과가 더 발전할 것인가를 — 그것은 문헌에서 이미 종종 나타나는 것임 — 쉽게 알게 된다. 오직 한 관점만을 더욱 강조할 필요가 있다. 최종 화폐제공자의 가치평가는 그 화폐제공자가 자신의 경제의 익숙한 진행에 대해 가지는 이해관계에 기초하며, 사람들은 그것을 쉽게 표현하여 대부가 희생물을 동반하고, 결국 한계자본가에 대해서는 각각의 이자를 통해 화폐증가의 가치평가에 상응하는 '한계희생물'을 동반한다고 말한다. 그리하여 그렇다면 이자는 일정한 이자율에 대해 존재하는 화폐수요를 충족시키기 위하여 가져와야 하는 최대의 희생물 혹은 한계희생물과도 같게 된다. 그리고 이로써 우리는 절제이론의 표현방식에 가까워진다. 다만 그것은 '기다림' 자체 속에서 희생물을 보지 않고 또한 어떻게든 실질적으로 이 이자론의 범주 속에 우리를 데려가지 않고서 이루어진다.

그리하여 만약 산업발전이 사실상 '정태적 화폐'를 통해 조달된다면 이자는 형성되어야만 할 것이다. 그러나 우리는 이자가 다른 구매력, 이른바 신용지불수단에 대하여도 지불되는 것을 본다. 내가 천 크로네를 가지고 있다면, 내가 경험에 의하여 천 크로네 이상이 나로부터 사실상 요구되지 않는다는 것을 알고 있음에도 불구하고, 나는 천 크로네 이상을 빌려줄 수 있다. 만약 나의 채무증서가 유통능력을 가진다면, 나는 정태적 화폐 대신 이를 기업가에게 양도할 수 있으며, 그러면 나는 이를 통하여 이들 기업가 중 일부가 실패하거나 혹은 그렇지 않으면 많은 사람이 '현금'을 내게 의지하는 것에 의해 발생하는 틈새 속으로 들어가기 위하여 **더 이상** 정태적 화폐를 재고로 가지고 있거나 혹은 경험에 따라 필요한 것 이상으로 사실상 가지고 있을 필요가 전혀 없다. 그러나 나는 빌려준 전체금액에 대해 이자를 받을 것이다. 그것은 우리가 이 책의 제2장과 제3장에서 도출한 결론으로 되돌아가게 하고, 이제 그것을 여기에서 논의할 시점이다. 그곳에서 우리는 성숙한 자본주의 국민경제에서는 산업발전은 원론적으로 신용지불수단의 도움으로 추진될 것이라는 점을 보았다. 이제 우리는 이 해석을 터득하였고, 여기에서 다시금 정태적 목적을 위해 여유가 있는 화폐의 큰 저장소가 발전의 결과에 의해 비로소 형성되며 그리하여 여기에서도 우선적으로 고려에서 제외하여야만 한다는 점을 상기시켜야만 한다.

이 요소의 도입을 통하여 현실에 대한 그동안 우리의 묘사는 바뀌지만, 그 개요에 있어서는 필요성이 없어진 것은 아니다. 그것은 우리가 금융시장 진행과정의 '수요 측면'에 관해 말하였던 것이었고, 그것은 잠정적으로 있는 그대로 유지된다. 수요는 이전과 마찬가지로 기업가로부터 그리고 결국 방금 다루었던 사례와 같은 방식으로 진행된다. 오로지 공급측면에서만 많은 것이 달라진다. 공급은 이제 다른 진행과정에 근거를 하며, 그것은 정태적 경제의 순환에서는 생기지 않는 구매력의 새롭고 다른 형태를 창출한다. 아울러 공급은 이제 우리가 앞에서 말한 것과 일치하여 '은행가'라고 명명한 다른 사람들, 즉 다르게 정의된 '자본가'에게서 비롯한다. 이 경우 이자의 발생이 근거하고 여기에서 제시한 해석에 따라 실제로도 핵심을 구성하며 현대의 국민경제에서 모든 다른 화폐와 연계된 교환행위가 말하자면 이루어지는 교환관계가 기업가와 은행가 간에 발생한다. 이제 그것은 이전에 첫째로 화폐에 대하여 경제발전의 본질적이고 독립적인 역할을 부여하였다는 인식, 그리고 둘째로 이 역할은 신용지불수단을 통해 충족**될 수 있다**는 인식에서부터 밝혀진 결과 이상을 나타낸다. 이 역할은 원론적으로는 **혼자서** 그리고 사실은 **중요하게** 수행**되며**, 은행이론의 특별한 문헌에서 확실히 일반적으로 인정되는 바와 같이, 예를 들어 여기에서 고찰된 관계 속에서 은행자산을 '화폐'로 간주할 수 있다.

그리하여 만약 우리가 신용지불수단에 대한 공급조건을 말할 수 있다면, 우리는 이자현상의 기본사례를 파악하게 될 것이다. 이 공급이 어떤 요인에 의하여 규제될 것인가는 우리에게 이미 잘 알려져 있다. 즉, 첫째는 기업가의 가능한 실패의 고려를 통해서이고, 둘째는 신용지불수단의 가능한 나른 방법으로의 제시에 대한 고려를 통해서이다. 우리는 첫 번째 요인을 우리의 고려에서 제외할 수 있다. 이 목적을 위하여 우리는 이제 경험에 의한 위험에 대하여 '대출의 액면가격'에 포함된 것으로 단 한번에 고찰할 수 있는 할증금이 필요하다. 다시 말해, 만약 경험에 의해 대부의 1퍼센트가 수익이 되지 않는다면, 만약 은행가가 사실상 모든 부도가 나지 않은 청구권 속에서 사실상 1퍼센트를 받는다면, 우리는 그가 자신이 빌려준 **동일한** 금액을 되돌려 받았다고 말할 것이다. 그렇다면 공급의 크기는 단지 두 번째 요인, 즉 새롭게 창출된 구매력과 정태적 구매력 간 가치차이의 필요한 회피를 고려하여 결정된다. 우리는 가치형성절차와 가격형성절차가 새롭게 창출된 구매력에 대하여 프리미엄, 즉 이자를 창출한다는 점을 보여야만 한다.

설사 자체적으로 그리고 사안의 본질에 따라 구매력 자체의 가격프리미엄이 존재한다 할지라도, 은행가에게 항상 소득을 제공하여야만 하는 원천이 우선 고려되어야만 한다. 은행가의 활동인 대부를 찾는 기업가와 대부의 유형과 정도의 결정 간의 선택은 주지하는 어려움을 가지는 직무이다. 이에 대하여 하등의 경제적 보수지급이 이루어지지 않는다면,

이 활동은 이루어지지 않을 것이다. 그렇다면 하등의 '구매력 창출'이 존재하지 않을 것이며, 기업가는 필요한 화폐를 ― 그것이 대체로 진정한 자본주의 발전을 가져온다면 ― 묘사한 방식으로 개별적 경제주체로부터 찾아 모아야만 할 것이다. 그리고 그리하여 기업가에게 그것을 하지 않게 하는 은행가는 의심할 여지없이 임금과 같은 형태의 소득을 ― 대략 '수수료' 형태의 무엇을 ― 받게 될 것이다. 그러나 현실에서는 이 요인이 독립적 역할을 수행하지 못하는데, 그 이유는 다른 이유로부터도 설명되는 이자가 바로 존재하기 때문이다. 그러나 은행가에게는 자신의 행위에 대한 등가물이 제공되는 것이다.

앞에서 다룬 사례에서 부(負)의 이자가 발생하는 것이 완전히 불가능한 것은 아니다. 만약 새로운 기업에 대하여 화폐수요가 자신들 화폐의 일시적 제공을 통해 '호의를 베푸는' 사람들의 공급보다 적을 경우에는, 그것은 가능성 있게 대두될 수 있을 것이다. 그러나 그것은 여기에서 제외된다. 자신이 제공한 것보다 적게 받은 은행가는 손해를 감수할 것이며, 그는 그 손실을 정태적 화폐를 통해 메워야 할 것이다. 왜냐하면, 그는 그에게 되돌아오는 청구권에 대해, 우리가 표현했던 것과 같이, 완전하게 '무효화하지' 못하기 때문이다. 그리하여 여기에서 이자는 영(零) 이하로 떨어질 수 없다.

그러나 일반적으로 이자는 영(零) 이상이 될 것이다. 더구나 기업가의 구매력에 대한 수요가 재화에 대한 일상적 수요와 중요한 관련성을 가지기 때문에, 우리는 정태적 수요와 구분된다고 말한다. 정태적 수요는 항상 재화에 대한 현재의 공급에 의해 유지되어야만 하며, 그렇지 않으면 이는 '효과적이지' 않다. 그러나 구매력에 대한 기업가의 수요는 그가 필요로 하는 구체적 재화에 대한 그의 수요와는 달리 이 조건이 연계되어 있지 않다.

오히려 기업가의 수요는 기업가가 대부의 가격을 지불할 준비가 나중

에 되어 있을 것이라는 겨우 아주 적게 제한된 조건에 대해서만 이의 한계를 발견한다.[29] 왜냐하면, 이 가격이 '액면가격'이고 하등의 이자할 증금을 받지 않는다면 기업가는 단지 그가 대부의 도움으로 이윤을 창출할 수 있을 경우에만 수요를 전개할 것이기 때문에 — 왜냐하면 그렇지 않으면 그에게 아무런 유인이 없으며 그의 기업은 경제적 성공을 지향하는 것으로 전혀 간주되지 않기 때문에 —, 우리는 기업가의 수요는 그가 대부에 의하여 이윤을 창출할 수 있다는 조건과 연계되어 있거나 혹은 이 조건하에서만 유효하다고 말할 수 있을 것이다. 그러나 이로써 공급과 수요의 관계에 대한 시사점이 도출된다. 제2장에서 설명하였듯이, 이른바 국민경제의 각각의 항상 여느 때와 같은 성질의 상황 속에서는 가능한 혁신(Neuerungen)의 숫자는 실제로 무한하다. 그리고 가장 부유한 국민경제도 절대적으로 완벽한 것은 아니며 그것은 존재할 수 없다. 항상 사람들은 개선할 수 있으며 항상 개선에 대한 노력은 주어진 상황에 대한, 그러나 이미 존재하는 것의 완전성에 대한 것이 아닌, 장애물을 발견한다. 모든 앞으로의 걸음은 항상 새롭고 훌륭한 전망을 연다. 각각의 완전하게 하기는 절대적 완전성의 겉모습으로부터 더욱더 빗나간다. 그리하여 이윤가능성과 그것에 의해 '수요가능성'은 무엇보다도 무제한적으로 크고, 결과적으로 영(零)의 이자에 있어서 수요는 그렇게 크기는 하지만 항상 제한이 있을 것이다.

그러나 이 이윤가능성은 만약 이것이 기업가의 개성(Persönlichkeit)에 의해 지지되지 않는다면 무기력하고 본질도 없다. 이 점에서 우리는 오로지 경제생활에서 이윤을 가져오는 혁신은 '가능하다'는 점을 알지만, 이들 혁신이 항상 영(零)의 이자에 대한 구매력에 대한 수요가 항상 공

29) 정태적 경제 속에서 이 조건은 — 유산상속 예정자가 한 사례가 되며 적은 의미를 가질 뿐만 아니라 반대의 사례에 의해 무력화되는 경우를 제외하고 — 즉시적 지불의 조건보다 더 **넓지는** 않을 것이다.

급보다 큰 정도에서 구체적 경제주체들에 의해 채택될 것인가에 대해서는 알지 못한다. 우리는 확실히 더 갈 수 있다. 발전이 없는 국민경제의 실상은 능력이 있고 이와 같은 혁신을 실행할 수 있고 이를 하려고 하는 개인이 완전히 존재하지 않는다는 것을 우리에게 가르쳐준다. 그로부터 사람들은 이와 같은 개인들이 아마도 너무나 적은 수만 존재할 수 있고, 공급이 고갈되지 않고 모두를 충족하기에 부족한 것 못지않게 훨씬 작을 것이라고 결론지을 수 없을 것인가? 이제 구매력 창출은 절대 존재하지 않을 것이며, 만약 구매력에 대한 하등의 수요가 존재하지 않거나 혹은 단지 의미 없는 수요만 존재한다면, 신용지불수단에 대한 전체적 공급은 사라지게 될 것이다.[30)] 그러나 화폐에 대한 기업가들의 수요가, 만약 대체로 그 수요가 국민경제적으로 명백한 방식으로 존재한다면, 영(零)의 이자에 대하여 공급보다는 작을 것이라는 **점은** 일반적으로 그리고 단기적으로 곧 회복되는 급격한 악화를 제외하면 발생하지 않는다. 그 이유는 다음과 같다. 즉, 우리는 제6장에서 **한** 기업가의 대두는 다른 기업가들의 대두를 쉽게 한다는 점을 상세하게 서술할 기회가 있을 것이다. 거기에서 혁신이 부딪치는 저항은 한 사회적 공동체가 이미 이와 같은 혁신의 대두에 익숙하면 할수록 더욱 적어질 것이라는 점을 보여줄 것이다. 또한, 낯선 시장과의 한번 맺어진 관계 그리고 한번 창출된 신용형태 등은 첫 선도자의 **모든** 추종자에게 도움이 되기 때문에, 특히 새로운 기업 창업의 기술적 어려움은 더욱 줄어들 것이라는 점을 보여줄 것이다. 보다 많은 사람이 새로운 기업을 이미 성공적으로 창업하면 할수록, 기업가가 되어 '그곳에 소속되려는' 사람들은 점점 더 적어진다.

---

30) 오해를 피하기 위해 다음 사항을 지적한다. 즉, 정태적 경제의 교환은 신용지불수단의 도움으로 실행될 것이라는 점이 가능할 것이다. 이들 신용지불수단은 무이자와 액면가격으로 유통될 것이다. 그러나 그에 의해 **보다 많은** 신용지불수단이 창출이 되는 계기가 존재하려면 확실히 이자가 필요하다.

그렇다면 그것은 이 영역에서의 성공은 모든 다른 항상 더 넓은 범주와 말하자면 관계를 맺으며 그리하여 항상 더 많은 사람이 새로운 결합의 관철에 참여하려 할 수 있다는 것이 경험적 사실이다. 그러나 경제적 지도자를 결정짓는 특징의 보다 적은 양도 대중에게 존재하지 않고 또한 기업가 역할이 증대되는 특정하고 적은 수의 사람들만이 존재하고 이들 외에는 절대적으로 더 이상은 존재하지 않는 일은 발생하지 않을 수 있을까? 한 대중 속에 일정한 시점에 **첫 번째로** 대두되는 사람이 대체로 그 상황 속에 존재한다고 우리가 대답한다면, 일반적으로 점점 더 쉬워지는 새로운 결합의 관철 과업을 시작할 수 있는 사람들의 수는 점점 더 증가한다. 왜냐하면, 인종적으로 동질적인 국민을 단순히 거인과 소인으로 나누지 않고 오히려 거인과 소인을 대부분의 개인의 크기인 중간 크기로 나누는 것처럼, 그리고 계속 보다 커져가는 혹은 보다 줄어드는 신체길이를 가지고 있는 개인의 숫자로부터의 가장 빈번한 치수로부터 떼어내는 것처럼, 이와 같은 국민을 단순히 높은 재능을 가진 사람들과 낮은 재능을 가진 사람으로 나눌 수 없다. 또한, 높은 재능을 가진 사람은 더 이상 차별화되지 않은 '평균적인 사람'의 다수에 대립하지 않으며, 오히려 높은 재능을 가진 사람에 대하여, 중간치에 접근될 때까지, 보다 적지만 항상 평균 이상의 재능을 가진 사람의 항상 증가하는 수치가 포함된다. 이제 해결해야 할 과제는 점점 더 쉬워지기 때문에,[31] 그로부터 **일부의** 성공적 출현은 다른 사람들의 출현을 가져오고 **이들의** 출현은 또 다른 사람들의 출현을 가져오는, 결국 점점 더 많은 수를 가져오

31) 겉보기에 그것은 반대로 기업가가 되는 것은 점점 더 어려워질 것이라는 대중적인 해석과 배치된다. 그러나 사람들은 이 해석이 우리가 여기에서 의미하는 것과 다른 사실에 기반하고 있다는 것을 쉽게 인지할 것이다. 확실히 '독립적'으로 된다는 것은 항상 더 어려워질 것이며, 특히 오래된 운영방식을 새로운 것으로 시작한다는 것은 점점 더 어려워질 것이다. 그러나 그것은 당연히 문단의 주장에 대응하여 아무것도 증명하지 않는다.

는 결과를 초래한다. 자본에 대한 수요는 항상 새로운 수요를 자발적으로 증명한다. 그리하여 증명되어야 했던 특정한 한계가 없는 유효수요에 대응하여 크기는 하지만 제한적인 유효공급이 금융시장에 일어난다.

그것은 이자를 영(零)의 크기 이상으로 올려야만 한다. 그러나 이자가 존재하자마자 대단히 많은 기업가가 없어지며, 이자가 올라가자마자 대부분의 예비 기업가들은 탈락한다. 왜냐하면, 이윤의 가능성은 실무적으로는 제한이 없기는 하지만 그 크기는 다양하며, 이들 중 대부분의 이윤 가능성은 당연히 단지 작을 뿐이기 때문이다. 이자의 발생은 확실히 절대적으로 고정되어 있지 않은 공급을 다시금 확대하지만, 이자는 그럼에도 불구하고 유지되어야만 하고 유지될 것이다. 그것은 우리가 다시금 서술하지는 않을 시장에서의 가격전쟁을 촉발하며, 모든 시점에서 국민경제의 모든 요소의 영향 아래 이자를 유지하여야만 하는 구매력에 대한 특정한 가격이 결정된다.

만약 자본주의 발전이 순수한 정태적 상태로부터 발생한다면, 그 사안이 구성되어야만 한다. 당연히 나는 이자가 역사적으로 그렇게 발전되었다고 주장하는 것은 아니다. 나는 방금 다룬 사례 속에서 이자가 얼마나 정말로 자본주의 발전의 자식인가와 자본주의 이외의 경제에서는 독립적인 것은 어느 것도 이자에 상응하지 못한다는 점을 우리가 가장 명확하게 보는 이자의 가장 순수한 유형을 찾아낸다. 현상의 본질적 움직임이 처음 이후 계속적으로 더욱더 날카롭게 발전한다는 가정 속에는 불합리한 것은 아무것도 존재하지 않는다는 점이 다시금 강조된다. 아울러 이 본질적 움직임을 이전의 모든 발전단계에는 빠져 있는 상태에 직접 대립하여 놓는 것이 논리적으로 불가능한 것은 전혀 아니다. 그로부터 사람들은 원론적인 주변부를 제거함으로써 단순히 이 대립에 다다를 수 있음을 본다. 그것은 한편으로는 현실의 사고체계를 구성하는 것이며 다른 한편으로는 현실을 역사적으로 서술하는 것이다. 역사적으로 단지 나는 이자는 자신의 특징적 중요성 속에 사실상 항상 과거의 문화단계와도 연결된 자본주의경제의 모든 요소 속에서만 나타났다고 주장한다. 확실히 이자는 거래이윤으로부터 창출되지 않는데, 그 이유는 **이자**는 본래 단지 임금 혹은 기업가 이윤이기 때문이다.[32] 이론적으로 기업가 이윤에 대한 우리의 해석은 다른 이자론이 그 속에서 무리를 짓고 있는 모든 허구와 비교하는 이의 낯설음의 많은 부분을 잃어버린다.

우리는 이제 지금까지 배제해왔던 경험의 사실을 이자현상의 우리의 기본원칙을 둘러싸고 분류하여야 한다. 거기에는 두 개의 과제가 대두된다. 첫째, 우리는 기존 구매력의 모든 원천을 실제로 금융시장의 거대한 저장소에 공급하는 새롭게 창출된 구매력과 비교하여 세어나가야만 한다. 둘째, 우리는 어떻게 이자의 계산형식(Rechenform)이 이의 아주 부족한 기초로부터 전체 유통경제에 확산되는가, 말하자면 전체 국민경제에 침투하는가를 보여주어야만 한다. 그 결과 이자현상은 사람들이 우리의 이론에 따라 기대해야만 했던 것보다 훨씬 더 큰 영역을 차지하는 것으로 보일 것이다. 우리의 관점에 따른 이자현상의 전체영역은 이들 두 방향에 따라 논의하고 난 뒤에야 우리는 문제가 해결되었다고 간주할 수 있을 것이다.

첫 번째 과제는 하등의 어려움을 제공하지 않는다. 무엇보다도, 이미 말한 바와 같이, 각각의 구체적 발전단계는 이전 단계들의 유산을 가지고 시작한다. 구매력의 저장소는 이미 자본주의 이전 유통경제가 창출한 요소들에 의해 형성될 수 있으며, 그리하여 항상 국민경제에는 지속적이거나 혹은 일정한 기간 새로운 기업들에게 이용될 수 있는 보다 많

32) 우리의 이론적 주장은 이윤의 최초의 거대한 원천은 상업이었다는 역사적 주장과 당연히 모순되지 않는다. 우리는 단지 원시적 상업이자가 이자였다는 점에 대해 이의를 제기하는 것이다.

거나 혹은 보다 적은 양의 구매력이 존재할 것이다. 만약 자본주의발전이 완전히 궤도에 진입하면, 이용 가능한 구매력의 항상 점점 더 커지는 흐름이 금융시장으로 흘러들어간다. 우리는 이 금융시장에서 세 종류의 지류들을 구분할 것이다. 첫 번째는 기업가 이윤이 최대한 이 방법으로 사용되는 것, 즉 이윤이 '투자되는' 것이다. 여기에서 기업가가 자신의 이윤을 자신의 기업에 투자하든 혹은 해당 금액의 모두 혹은 부분이 시장으로 오든 원론적으로는 아주 아무래도 좋다. 두 번째는 기업가들의 은퇴, 혹은 적극적인 사회생활로부터의 이들의 유산 등에 있어서, 만약 그것이 기업의 청산으로 이어진다면, 모든 시점에 항상 그리고 필수적으로 다른 금액에 관계되어 있지 않은 보다 많은 혹은 보다 적은 자유로운 금액이 존재할 것이다. 세 번째, 궁극적으로 발전이 기업가가 아닌 다른 사람들에게 말하자면 흘려보낸 그리고 '발전의 반작용'에 기초한 이윤이 보다 큰 혹은 보다 작은 부분으로 금융시장에 직접적으로 혹은 간접적으로 오게 될 것이다. 여기에서 우리는 이 금액의 창출이 발전에서 비롯한다는 의미보다는 더욱 직접적 의미에서 이 과정이 부수적일 것이란 점에 주목하기로 하자. 즉, 모든 화폐금액에 대하여 이자를 받을 가능성을 가진다는 것이 이자의 사실이다. 이 가능성은 이용 가능한 구매력의 이 움직임을 금융시장에 대하여 불러일으킨다. 이자의 획득은 여기에서 구매력의 소유자들을 유도할 수 있는 유일한 이유이다. 만약 하등의 이자가 없다면, 이들 소유자는 구매력을 축적하거나 혹은 소비를 하거나 정태적 생산에 사용하기 위하여 어떤 다른 형태의 재화를 조달할 것이다.

그것은 다른 요소에서도 마찬가지이다. 우리는 정태적 국민경제[33]에서 저축의 중요성이 상대적으로 매우 적을 것이라고 보아 왔으며, 또한

33) 제2장을 참조하라.

우리는 만약 사람들이 현대 대중들의 연간 저축금액의 크기를 말하는 것이라면, 사람들이 익숙하게 의미하는 그것은 소득의 요소가 한 번도 된 적이 없는 발전이윤의 합계와 다르지 않다는 점을 보았다. 이제 사실 진정한 의미에서의 저축의 의미가 산업적 욕구에 대해 결정적인 역할을 하기 위하여 동태적 국민경제에서도 충분히 크지 않아도 될 것이다. 그러나 새로운 정태적 국민경제에는 존재하지 않는 저축의 유형 — 결국 '진정한' 절약이 — 대두된다. 사람들이 화폐금액을 통해 지속적 화폐수익을 확보할 수 있다는 사실은 여기에서 새로운 동기로 작용한다. 물론 전혀 새로운 것은 아니다. 바로 저축액은 스스로 증가하고 따라서 이의 한계효용은 자동적으로 줄어들기 때문에 사람들은 때로는 하등의 이자를 얻을 수 없을 때보다 적게 저축할 것이라는 점을 생각할 수 있다. 그러나 말하자면 절약된 화폐의 새로운 사용유형을 가능하게 하는 이자의 사실은 당연히 저축활동의 증가 그리고 그것도 대단한 증가로 이어진다. 그것은 당연히 이자의 모든 증가가 저축의 비례적 증가 혹은 대체로 저축의 증가를 가져와야만 하는 것을 의미하는 것은 아니다. 그리고 그로부터 동태적 국민경제에서 관찰할 수 있는 저축활동은 부분적으로 기존 이자의 결과라는 점이 도출된다. 또한, 여기에 금융시장을 향한 '구매력의 부수적인 흐름'도 존재한다.

금융시장에 공급하는 세 번째 원천은 언제나 보다 길거나 혹은 보다 짧은 기간에 대하여 쓰이지 않고, 사람들이 이에 대하여 이자를 받을 수 있다면, 바로 내놓을 수도 있는 화폐수량이다. 이는 정태적 저축자금, 일시적으로 이용 가능한 경영자본 등으로 구성되어 있다. 은행은 이들 금액을 모으며, 높게 개발된 기법은 모든 화폐단위가, 만약 이들 금액이 이미 존재하는 업무를 위해서도 준비된다면, 구매력에 대한 공급 증가에 공헌하는 것을 가능하게 한다. 더 이상의 사실이 여기에 속한다. 즉, 우리는 신용지불수단의 본질과 이의 존재에 대한 설명은 '금속화폐저축'에 대한 노력 속에서는 손쉽게 추구될 수 없다는 것을 보았다. 확실히 신용지불수단은, 만약 동일한 거래가 이제 갑자기 오로지 금속화폐로 이루어진다면, 사용되어야만 하는 양보다 적은 금속화폐가 사용되는 점을 야기한다. 그러나 이들 거래는 확실히 신용지불수단의 도움으로만 실현되며, 만약 하등의 신용지불수단이 존재하지 않는다면, 동일한 시간에 발생한 화폐필요에 대응하여 그만큼 화폐저축이 발생하지 않을 것이다. 그럼에도 불구하고 이제 우리는 은행기법이 신용지불수단을 사용한다는 점을 또한 인정하여야만 한다. 동태적 경제과정이 가져오는 신용지불수단을 제외하면, 우리는 은행으로부터 이자를 내포한 구매력의 양을 증대하려는 희망의 압력하에 지금까지 금속화폐의 도움으로 이루어졌던 더 이상의 거래들이 신용의 방법으로 처리되고, 그리하여 화폐기법의 측면에서도 마찬가지로 신용지불수단이 창출되고 따라서 이 측면으로부터 이용 가능한 화폐수량의 더 이상의 증가가 발생한다는 점을 인정하여야만 한다.

이들 모든 요인은 금융시장에 공급을 증가시키며, 이자를 이들 요인이 없다면 유지할 수 있는 수준 이하로 내려가게 한다. 만약 발전이 항상 다시금 새로운 사용가능성을 창출하지 못한다면, 이들 요인은 곧 이자를 영(零)으로 떨어뜨릴 것이다. 매번 만약 발전이 정체되면 은행가는 사실상 이용 가능한 자금으로 무엇을 시작하여야 할지를 전혀 모르며, 종종 화폐가격이 자본, 더 많은 위험 프리미엄, 노동보상보다 더 많이 받아도 되는지 종종 의심할 수 있다. 그렇다면 특별히 그리고 특별히 '연금생활자국가'의 금융시장에서 구매력 창출의 변수는 완전히 뒤로 물러나고 그렇다면 은행가는 대출희망자와 대출제공자 간의 중개인에 지나지 않는다는 인상을 쉽게 만들 수 있고 이 인상에 경제이론은 물론 은행기법의 이론이 근거하게 된다. 만약 사람들이 대출제공자의 화폐자리에 기업가가 필요로 하는 구체적인 재화 혹은 기업가에게 필요한 생산수단을 제공하는 사람들이 필요로 하는 구체적인 재화를 전적으로 위치시킨다면, 그것은 이 해석으로부터 단지 한 걸음의 차이에 불과하다.

앞에서 말한 것은 또한 사업활동의 다른 잘 알려진 사실을 설명한다. 그리하여 각각의 주어진 시점 속에서 기업가들이 대부분을 자신들의 자본으로, 즉 이미 별도로 떼어놓은 재화에 상응하는 구매력의 금액으로 사업을 추진하는 것이 어떻게 발생하는가를 설명해준다. 이와 같은 기업가들은 당연히 자산이 없는 기업가들보다 신용을 훨씬 쉽게 받을 수 있고 또한 자본주의 시기의 역사적 초기에는 이미 자산을 가지고 있는 이와 같은 사람들보다는 다른 사람들이 쉽게 기업가가 될 수 없을 것이라는 추가적 사실과 연계된 이들 사실은, 실무와 마찬가지로 이론에 대하여도 기업가들과 자본가들을 구분하는 것이 어렵다는 점을 가져왔다. 또한, 이들 사실은 이자소득의 본질을 생산성과 그 자체 속에서 찾게 만들었다. 우리는 그 구분을 쉽게 할 것이며 이자를 임금과 지대와 마찬가지로 특별한 요소로 인식할 것이다. 유사하게 우리는 바로 한 기업가가 다른 기업가에게 신용의 형태로 제공하는 그리고 그가 자신의 지불을 기다리고 예를 들어 그가 할인하여 받을 수 있는 어음을 발행하지 않는 사례를 다루게 될 것이다. 단순히 자신의 자산으로 일하는 사적 은행가도 여기에 속한다.

이 특징의 사적 은행가는 이자의 사실에 의해 창출되고 발전의 진행에 따라 발생하는 자본가 계급의 전형이다. 사업적 활동에 대하여 이자의 사실은 잘 알려져 있다. 이와 같은 자본가는 전형적인 은행가와는 물론 기업가와도 구분된다. 그는 은퇴생활자이며, 자신의 이자로 사는 사람이다. 그는 현재 구매력의 프리미엄 존속으로 인하여 지속적 소득을 확보하게 하는 과거의 기업가 행위에 기초한다.

뵘-바베르크(v. Böhm-Bawerk)가 이미 강조한 바와 같이 그것이 가능하고 더 정확히 말하면 필요하기 때문에 이자는 요구되고 지불되는 사례가 있음을 더 언급할 수 있다. 은행예금의 이자와 당좌계정 차변잔액의 이자는 하나의 사례이다. 아무도 자본을 이 방법으로 지출하려는 목적으로 자신의 구매력을 은행에게 양도하지는 않는다. 오히려 사람들은 사회적 혹은 개인적 이유로부터 구매력의 비축을 미리 하려고 하는 한 그것을 할 뿐이다. 또한, 사람들은 만약 구매력의 비축을 위해 지불하여야만 할 때 그것을 할 것이다. 그러나 사실상 사람들은 은행가의 수중에 있는 해당 금액이 얻을 수 있는 이자에 대한 몫의 한 유형을 확보한다. 그리고 그것이 한번 관례화되면, 사람들은 특별한 이유 없이는 은행에 그것을 행하지 않는 예금을 양도하지는 않을 것이다. 여기에서 이자는 그 자체로서 이 목적에 대하여 어떤 무엇인가가 발생하지 않고 예금자에게 배당된다. 이제 이 현상은 아주 멀리 나아가 정태적 경제주체의 생활에까지 깊이 침투한다. 구매력의 모든 단편이 이자를 확보하는 상황은 구매력이 항상 어떤 목적에 실제로 봉사할 수 있다 하더라도 각각의 사람에게 프리미엄을 제공한다. 그리하여 정태적 경제주체도 동병상련을 하며 이자와 씨름하여야만 한다. 각각의 구매력 단위는 말하자면 금융시장으로 끌어당겨지는 흐름에 대한 싸움을 극복하여야 한다. 더 나아가 정태적 경제가 신용을 필요로 하는 모든 경우에 있어서 대부사업은 구매력 시장가격의 커다란 사실의 영향하에 놓여 있다는 점과 신용의 모든 다른 유형들은 — 국채 등 — 이 근본현상에 연계될 것이라는 점은 자명한 일이다.

그리하여 이자현상은 점차 전체 국민경제 전반에 확산되며, 그리하여 이는 관찰자에게 이의 가장 깊은 본질에 관해 추측할 수 있었던 것보다 훨씬 넓은 전선을 제공한다. 그렇다면 이미 반복하여 시사하였듯이 시간의 흐름 그 자체는 어떤 의미에서는 비용요소가 될 것이다. 지배적 학설이 근본사실로 받아들이는 이 결과현상은 이 학설과 우리의 해석 간의 편차를 설명하고 동시에 정당화한다. 그러나 우리는 더 이상의 과제, 즉 충분한 발전 속에서 이자는 궁극적으로 임금을 제외하고는 모든 수익의 계산형식이 된다는 사실을 설명하여야 하는 과제로 더욱 나아가야만 한다.

실무에서 사람들은 토지소유에 대한 이자부과에 관해 말한다. 특허나 혹은 다른 독점소득을 가지는 재화의 이자부과에 관해 얘기하는 것도 마찬가지의 논리이다. 사람들은 심지어 지속적이지 않은 수익에 대한 이자부과를 얘기한다. 예를 들어, 사람들은 투기에 사용된 화폐금액, 즉 투기에 사용된 재화에 대하여 이자를 징수하였다고 얘기한다. 그것은 우리의 해석과 상충되지 않는가? 그것은 재화소유로부터의 소득에 대한 이자는 우리의 해석에 따른 이자와는 전혀 다른 범주로 존재하여야만 하는 것을 보여주지는 않는가?

이론에 있어서 최근 실무의 이 표현방식은 특정한 산출물을 창출하였다. 자세히 말하면 그것은 미국의 전문가집단에서 이루어졌다. 이에 대한 계기는 클라크(Clark) 교수가 제시하였다. 그는 구체적인 생산적 재화의 수익을 지대(Rente)라고 명명하였고, 생산력에 대한 지속적인 국민경제적 기금의 정기적 결과로 파악되는 유사한 수익을 — 그는 이를 '자본'이라고 명명함 — 이자(Zins)로 파악하였다. 그리하여 여기에서 이자는 오로지 사실적 수익의 특별한 측면으로서만 발생하며 더 이상 국민경제적 소득흐름의 독립적인 부분으로서 발생하지 않는다. 페터(Fetter) 교수[34)]는 훨씬 더 단정적이고 약간 다른 방식으로 동일한 생각을 전개하였다. 그러나 여기에서 우리에게 가장 많은 관심을 끌게 하는 것은 피셔(Fisher) 교수의 자신의 논문 "이자율(The Rate of Interest)"에 서술된 이론

34) 이에 관해서는 1910년 발간된 「슈몰러 연감(*Schmollers Jahrbuch*)」의 미국의 새로운 경제이론에 관한 나의 논의를 참조하라. 여기에는 페터(Fetter)의 이와 관련된 작업이 언급되어 있다.

이다. 피셔(Fisher) 교수는 이자의 사실을 단순히 미래 욕구충족의 낮은 평가를 통하여 설명한다. 최근에[35] 그는 자신의 이론을 "이자는 시장이율에 녹여진 조급성이다(Interest is impatience crystallised into a market rate.)"라는 문장에 요약하였다. 그에 따라 그는 이자를 끝없는 소비로부터 시간적으로 떨어져 있는 모든 재화에서 찾아냈다. 그리고 그곳에서 이들 재화의 모든 수익이 '자본화'되고, 따라서 이자의 형태를 형성할 수 있다. 그리하여 이자는 소득흐름의 한 부분이 아니라 이의 총체이다. 즉, 임금은 인적 수익의 이자이며, 지대는 토지수익의 이자이며, 모든 다른 수익은 생산된 물적 자본의 이자이다. 모든 소득은 생산물 가치이며 — 더 잘 표현하여 '충족가치' — 미래소비의 낮은 평가율에 상응하여 할인될 뿐이다. 우리가 이 이론을 이미 이의 근본요인의 존재를 인정하지 않기 때문에 받아들일 수 없다는 것은 이미 분명하다. 또한 피셔(Fisher)에게는 이 요인이 거의 모든 경제현상에 있어서 설명을 위해 끌어와야만 하는 인간경제의 핵심적 사실이 된다는 것은 마찬가지로 명확하며, 아울러 우리가 피셔(Fisher)가 이 요인의 도움으로 얻어냈던 모든 결과와 씨름하여야 한다는 것도 명확하다. 그러나 여기에서 우리에게는 사안의 이해를 위한 근본원칙만이 중요하며, 세부사항으로 들어가는 것은 나중의 기회를 위하여 유보하여야만 한다.

여기에서 고려되고 우리에게 이자의 계산형식(Rechenform)의 일반성을 이해하게 하는 근본원칙은 다음과 같다. 즉, 우리는 자본의 본질을 구체적 재화에서 보지 않는다. 구체적 재화는 우리의 이해에 따르면 자본인 적이 없다. 그러나 아마도 구체적 재화를 가지고 있는 모든 사람은 활동적 발전 속에 있는 것으로 파악되는 국민경제 속에서 재화의 판매를 통하여 자본을 얻을 수 있다. 이 점에서 사람들은 이 구체적 재화를

35) 「*Scientia(Rivista di Scienza)*」, 1911년.

'잠재적 자본'이라고 명할 수 있는데, 적어도 이를 자본과 바로 교환할 수 있는 이들 재화의 소유자 입장에서는 그렇다. 여기에는 우선 토지와 독점적 지위가[36] 고려되는데 이른바 다음 두 개의 이유에서 그렇다. 첫 번째로, 우리가 노예소유의 사례를 제외하면, 사람들이 자신의 노동력 그 자체를 판매할 수 없다는 것은 분명하다. 그러나 소비재와 생산된 생산수단에 대한 재고는 지배적 학설이 이를 주장하는 의미에서 존재하지 않는다. 그리하여 원론적으로는 우리는 바로 다시금 여기로 되돌아온다. 그리고 두 번째로, 오로지 토지와 독점적 지위만이 소득담당자이다. 왜냐하면, 자본도 이와 같기 때문에, 그리하여 어떤 소유자도 이를 하등의 소득을 초래하지 않는 재화에 대하여 교환하지 않을 것이다. 혹은 만약 그에게 이와 같은 가격하락이 허락되어 그가 이에 의해 현재의 경제기간에 대하여 이윤을 실현할 수 있고 그리하여 자신의 자본을 손상함이 없이 다시금 투자할 수 있을 때에만 그럴 것이다. 그러나 이 경우 판매자는, 바로 보게 될 것처럼, 오로지 비정상적인 상황, 특히 곤경 속에서만 결정하게 될 손해를 감수할 것이다.

그리하여 '자연의 선물'의 소유자와 독점가는 발전에서 아마도 자신의 소득을 자연의 선물과 독점의 판매를 통해 얻을 수 있는 자본의 수익과 비교할 동기를 가진다. 왜냐하면, 이들에게는 이와 같은 판매가 어쩌면 이익을 제공해줄 수 있기 때문이다. 그리고 마찬가지로 자본가는 자신의 이자소득을 자신의 자본으로 얻을 수 있는 지대 혹은 지속적 독점이윤과 비교할 동기를 가진다. 그러면 이와 같은 소득담당자의 가격을 얼마나 높게 책정할 것인가? 독자는 제1장과 이 장(章)에서 정태적 국민경제에서는 특별한 생활상황을 제외하고는 소유토지의 매각 의도도 매

36) 만약 내가 여기에서 이 표현방식을 이용한다면, 사람들이 쉽게 알듯이, 나는 이로써 독점적 지위는 '재화'가 아니라는 근본적 인식을 의심하려는 것은 아닐 것이다.

각가능성도 없다고 말한 것을 기억할 것이다. 왜냐하면, 사람들은 화폐를 가지고 원칙적으로 하등의 소득을 얻지 못하기 때문이다. 그리고 엄밀하게 말하면 구매자의 손에는 자유로운 화폐가 없을 것이기 때문에 가능성도 존재하지 않는다. 만약 예를 들어 교환하려는 부지가 두 교환당사자에게 보다 유리하다면, 최대한 사람들은 정태적 국민경제 속에서 부지를 동일한 수익의 다른 부지에 대해 교환할 수는 있을 것이다. 그러나 발전은 매각을 위한 동기와 가능성을 창출한다. 그것은 오늘날 소유토지가 '동원되었고' — '잠재적' — 자본이 되었다는 표현을 말하는 것과 다름없다. 그리하여 동태적 국민경제에서 토지매각의 각각 달성 가능한 결과에 대한 고려는 질서에 맞는 경제행위에 속한다. 그리하여 동태적 경제에서는 소유토지와 독점 그 자체의 가치문제가 — 즉 이들의 자본가치의 문제가 — 대두된다.

이 해결은 우리에게 아주 당연하다고 생각된다. 사람들은 자연의 선물과 독점을 소득담당자로 평가한다. 어떤 자본가도, 자신에 대한 생업의 고려를 감안하는 한, 한 조각의 땅을 지대와 동일한 양의 이자를 가지는 화폐금액보다 높게 평가할 수 없다. 어떤 자본가도 동일한 제한조건하에서 한 조각의 땅을 보다 낮게 평가할 수 없다. 그 조각 땅이 더 많은 비용을 필요로 한다면, 그것은 — 손에 놓인 부수요인을 제외하면 — 판매 불가능하여야만 할 것이다. 즉, 어떤 자본가도 그것을 판매하지 못할 것이다. 이 조각 땅이 더 적은 비용이 든다면, 거기에 신호를 보내는 더 많은 수익에 대응할 자본가들 속에 그 크기까지 가격을 올려야만 하는 경쟁이 대두된다. 곤경에 처하지 않은 토지소유자는 자신의 부지를 자신의 부지가 순지대(純地代)에 대한 것만큼의 이자를 제공하는 금액보다 적은 금액으로 넘겨주려는 경향을 가지지는 않을 것이다. 그러나 그는 이에 대하여 보다 큰 금액도 받을 수는 없을 것이다. 왜냐하면, 그 금액을 줄 준비가 되어있을 자본가에게는 바로 많은 양의 부지들이 제공될 것이기 때문이다. 이로써 지속적 소득담당자의 '자본가치'는 일목요연하게 결정된다. 대체로 소득담당자에 대해 보다 많이 그리고 일정한 상황하에서는 보다 적게도 지불되게 만드는 잘 알려진 사정은 원칙에 대하여 아무것도 변화시키지 않는다.

자본화 문제의 이 해결에서 구매력의 이자보유는 핵심적이고 근본적 사실이다. 다른 모든 지속적 소득원천을 구매력의 이자와 비교하고 그 이후 — 이자 존재의 결과로서 — 이들 원천의 가격이 경쟁 메커니즘에 의해 결정되며, 그 결과 사실상의 이자로서 '잠재적' 자본의 수익에 대한 해석에 의해 실무적 오류는 전혀 발생하지 않는다. 그리하여 사실상 모든 지속적 수익은 이자와 관련이 있다. 그러나 이는 단지 표면적으로는, 즉 단지 수익이 관련을 가지고 있는 크기로서의 정도까지는, 이자의 크기에 의하여 결정된다. 수익은 이자가 아니며, 실무에서의 반대적 표현 방식은 단지 축약법에 지나지 않는다. 그리고 사람들이 이자의 본질을 '시간할인'의 표현으로 올바르게 특징화할 수 있는 사례와 같이 지속적 수익은 이자에 직접 의존하지는 않는다.

사람들은 지속적이지 않은 순수익, 예를 들어 일시적 성격의 준지대에 대하여도 우리의 결과를 확장할 수 있다. 자유경쟁에서 일시적 순수익 그 자체를 사업계약 체결의 순간 이자를 부과할 수 있고 순수익의 중단시점까지 사람들이 이를 매번 빌릴 때마다 얻을 수 있는 모든 순수익과 동일한 금액까지 증가될 화폐금액에 사고팔 수 있는 것을 보는 것은 어렵지 않다. 여기에서도 비록 구매자가 우선적으로 자기 자본을 더 이상 가지지 못하고 그가 이자권리자에서 연금생활자로 바뀌었다 하더라도, 실무는 — 그리고 지속적 수익에서와 같은 동일한 정당성을 가지고 — 구매자 자본에 대한 이자부과에 관해 얘기할 것이다.

우리는 정태적 경제에서는 그렇게 큰 재화재고가 전혀 존재하지 않는다고 말했다. 우리가 원론에서 하는 것처럼, 특히 사람들이 생산수단의 생애를 한 경제기간으로 제한하면 그것은 정확히 유효하다. 그러나 이 연출적 보조수단은 — 그것은 그렇지 않으면 사안의 본질에 대해 아무것도 변경하지 않는 데 비하여 — 현실의 우리의 순간적 목적에 대하여 정당하지 않을 것이다. 용광로 시설의 소유자는, 만약 그가 이를 판매하려고 한다면, 일반적으로 확실하게 이로써 큰 금액을 손에 쥘 수 있다. 그러나 그것은 어떠한 금액인가? 만약 그 용광로 시설이 지속적 순수익 — 독점의 경우 — 혹은 일시적 순수익의 담당자라면, 우리는 이 사례에 관해 더 이상 얘기할 것이 없다. 여기에서 우리에게 더 관심을 끄는 것은 정태적 그리하여 — 우리가 여기에서 무시하려고 하는 지대를 제외하고 — 이윤 없는 기업이 중요하다는 전제하에서의 판매사업의 결과이다. 이제 이와 같은 사업에 자신의 자본을 '투자'할 자본가는 전혀 없다. 대체로 사업이 실현되어야만 한다면, 그 사업은 자신의 자본을 시설의 용도에 따른 대체뿐만 아니라 시설의 수명 동안에도 그가 다른 곳에서 획득할 수 있을 이자소득에 상응하는 순수익을 그에게 제공해 주어야만 한다. 결과적으로, 구매자가 단순히 자신의 정태적 수익을 모으는 것 외에 다른 목적으로 용광로를 보유하지 않는다면, 만약 그리하여 어쩌면 용광로가 새로운 결합 속에서 어떤 역할을 하는 것이 요구되지 않는다면, 용광로는 자신의 비용가격에 상응하는 것보다 적은 가격으로 제공될 것이다. 즉, 판매자는 손실을 결심하여야만 할 것이다. 왜냐하면, 그렇게 하여야만 구매자에게 바로 그가 구매자금으로 다른 곳에서 얻을 수 있는 이자일 것인 이윤이 발생할 것이다. 이와 같은 사례들은 명백히 발생할 수 있으며, 그렇다면 구매자는 항상 '자신의 자본에 대한 이자부과'에 관해 얘기하게 될 것이다.

이들 모든 사례에서 실제의 해석은 올바르지 않다. 그러나 이들 모든 사례에서 이 해석의 부당함은 하등의 실무적 결과를 가지지는 않으며, 그 결과 우리는, 만약 우리가 이 부당함을 우리의 관점에서 설명한다면,

실무가 교훈을 주는 것보다 더욱 우리의 해석을 방어할 것이다. 더 나아가 이들 모든 사례에서 왜 사업가가 흠이 있는 해석을 이용하는지 아주 분명하다. 동태적 국민경제에서 이자의 크기는 그렇게 지배적인 사실이며, 이자는 경제 전체상황의 정말로 좋은 지표라서 이자에 대한 고려는 모든 경제적 조치에서와 마찬가지로 필요하며 이자는 모든 경제적 고려에 개입한다. 따라서 이자의 계산형식도 그리고 **수익의 계산형식으로서 이자**는 실무의 해석과 표현방식에 관해서, 우리가 본 것처럼, '잠재적' 이자 형태의 수익 표현이 완전히 특정한 기능을 가지는 것보다 더 큰 힘을 가진다. 즉, 이자는 사람들이 그 수익을 포기하여야 할 것인가 아닐까에 관한 고려에 있어서 결정적 요소이다. 이자는 수익차이를 조정하기 위한 목적의 수단이며, 이는 이론에서 예전부터 내내 고찰한 현상인 국민경제의 모든 수익은 **어떤 측면에서 살펴본다면** 균형에 도달하려 한다는 점에 다다른다.

항상 발생하는 실무의 간략한 표현방법은, 만약 사람들이 구체적 재화에 대한 이자에 관해 얘기한다면, 확실히 이론을 잘못된 곳으로 인도하거나 이의 구성에 대해 그것 없이는 구성이 한 번도 뿌리를 내릴 수 없었던 기댈 곳을 제공한다. 그러나 간략한 표현방법이 실무에서도 스스로 잘못된 길로 인도할 수 있다는 점, 혹은 다르게 말하면, 항상 이자 개념의 사실적 기초 너머로의 이 확장에 있어서 나타나는 이론적 오류는 실무적 오류 그 자체도 이끌어낼 수 있다는 점을 우리는 여기에서 서술하려고 한다. 이자현상에 대한 우리의 축소가 우리의 이자론에 대한 이의제기를 형성했던 것과는 아주 멀리 떨어져서, 오히려 이론과 실무를 통해 정당하다고 인정되지 않는 확장이 현실에서 부정될 것이라는 점을 보여줄 것이다.

수익의 '이자 측면'은 지속적 수익, 즉 지대와 지속적 독점이윤에서는 해롭지 않지만, 그 밖의 경우에는 그렇지 않다. 그것을 보이기 위하여 우리는 우선 우리의 용광로 사례를 살펴보기로 한다. 우리의 전제조건 하에서 용광로의 구매자는 자신의 구매금액과 — 우리가 가정하기에는 그가 소득으로서 지출한 금액 — 또한 이자를 수금하기 위하여 용광로의 수명 동안 충분히 이윤을 얻는다. 만약 모든 국민경제적 상황이 변화되지 않고 그대로 머무른다면, 이제 그는 새로운 용광로를 오래된 용광로와 아주 동일한 방법으로 그리고 오래된 용광로에 들었던 동일한 비용으로 설치할 수 있다.[37] 그러나 이 비용은 구매금액보다 클 것이며, 우리의 사람은 그것을 충당하기 위하여 무엇인가를 추가해야만 한다. 이에 따라, 용광로는 장차 그에게 더 이상의 순수익을 제공하지 못할 것이다. 만약 용광로의 구매자가 이제 이 상황을 명확하게 들여다보았다면, 그는 새로운 설치를 할 동기가 없을 것이며 오히려 여기에서 철회한 금액을 다른 곳에 지출할 것이다. 그러나 그가 그 상황을 들여다보지 못하였다면, 그는 이자 측면에 대해 착각을 하였고, 그리하여 비록 자신의 판매자도 손실을 보았고 구매자는 그때에는 좋은 사업을 하였다고 생각하였음에도 불구하고 그에게 손실이 발생할 것이다. 첫눈에 이 사례는 바로 깜짝 놀라게 하며, 바로 불가능한 것처럼 보인다. 나는 이에 관해 설명을 더 추가하지 않는데, 왜냐하면 이 사안은 독자에게 상응하는 만큼의 면밀함으로 명확하여야만 하기 때문이다. 그러나 반대 사례의 경우에는 좋은 연습을 제공하여야만 한다. 나는 이와 같은 사례들이 실무에서 적지 않고 지속적 순수익을 이와 같은 순수익을 반드시 초래하지 않는 재화에 연계하기 위한 습관의 본질적 결과라는 점을 지적하는 것으로 충분하다. 당연히 다른 오류가 이와 같은 실망으로 이어진다. 당연히 이와 같은 실망은 특별히 유리한 상황의 결과 때때로 일어나지 않을 수도 있

37) 만약 우리가 용광로를 항상 더 운영하려고 하는 구매자가 이를 파괴하고 새롭게 건립하지 않고 오히려 그 용광로를 수리를 통하여 지속적으로 유지한다고 가정한다면, 독자는 이 주장은 변하지 않는다는 점을 쉽게 알 것이다.

다. 그러나 나는 누구나 자신의 경험에서 여기에서 말한 것에 대한 충분한 증거를 찾아야만 할 것으로 생각한다.

만약 실제적인 순수익이지만 지속적이지 않은 순수익이 발생한다면, 즉, 예를 들어 한 기업에게 미회수 기업가 이윤의 일정한 비율 혹은 일시적 독점이윤 혹은 일시적 준지대가 붙어 있다면, 사안은 아주 유사하게 발생한다. 사람들이 적어도 이와 같은 것들의 이자보유에 관해 이야기할 수 있다면, 사람들이 이들 수익의 일시적 성격을 알고 있는 한 그것은 아무런 손해를 미치지 않는다. 그러나 사람들이 이들 수익을 '이자'라고 설명하는 순간, 이들을 지속적이라고 간주하려는 시도는 당연하다고 생각된다. 확실히 때로는 이 표현 속에 이미 이 오류의 증상이 존재한다. 그리고 그렇다면 사람들은 당연히 가장 불유쾌한 놀라움을 경험한다. 이 이자는 집요하게 내려가려는 치명적 특징을 가지고 있으며 심지어 종종 갑자기 중단되려는 특징을 가지고 있다. 그 사업가는 이 경우 확실히 잘못된 시간을 비난하며 보호관세, 국가의 지원 등을 요구하거나 혹은 스스로를 특별한 불행의 제물로 혹은 — 더 많은 정당성을 가지고 — 발생한 경쟁의 제물로 간주한다. 이와 같은 사건들은 자주 발생하며 우리의 해석을 강력하게 검증한다. 이들 사건은 실무에서 잘못된 조치와 쓴 실망, 이론에서 잘못되고 현실과 동떨어진 이자설명으로 이어지는 기본오류에 대해 의미있게 반박한다.

사람들은 어떤 사람의 사업이 예를 들어 30퍼센트의 '결실을 맺었다'라는 주장을 자주 들을 수 있다. 그것은 당연히 단순히 이자가 아니다. 그것을 주장하는 사람은 대부분 그가 지도자로서의 행위를 특별한 경비로 계산하지 않고 그리하여 임금지급을 비용 속에 계산하지 않는다는 점을 통해 이 결과에 도달한다. 그러나 그 이외에 이 큰 수익은 그 자체적으로 지속적일 수 없으며, 이는 오히려 보다 길거나 혹은 보다 짧게 지속적인 일시적 요소들로 구성되어야만 한다. 사업활동의 실제는 우리

해석의 이 결과를 전적으로 증명한다. 그렇다면 어떠한 사업이 **오랫동안** 그렇게 높게 '이자부과'를 할 수 있는가? 물론 실무자는 수익의 이 일시적 특징에 대해 종종 명확하게 알지 못하며 이의 항상 발생하는 소멸에 대하여 가장 다양한 가정을 세우고 있다. 심지어 구매자는 이와 같은 수익이 획득될 것이라는, 즉 최대한 말해 그가 지금까지 소유자의 경험 등이 수익의 크기와 어떤 관련이 있을 것이라는 점을 인정하는 희망 속에 아주 종종 사로잡힌다. 그러면 그는 올바른 산정방식 대신 아주 자연스럽게 이자형태를 적용한다. 그가 이를 일관성 있게 수행하면, 그는 수익을 현행 이자율에 대하여 '자본화'하는 것이며, 그렇다면 실패가 생기지 않을 수 없다. 왜냐하면, 지대요소와 지속적 독점이윤을 제외하고, 사람들은 기업의 전체 수익을 '영원하다고' 전혀 그리고 한 번도 가정할 수 없기 때문이다. 모든 기업의 수익은 일정한 기간이 지나면 줄어들며, 수익이 변화하지 않고 유지된다면 기업은 바로 의미없는 기업으로 쇠퇴한다. 사업을 운영하는 모든 사람은 그것을 안다. 즉, 그리하여 우리는 여기에서 이자 측면의 잘못된 적용과 그 결과에 대한 사례와 더불어 사업적 경험의 흥미로운 요소를 만난다. 그 요소는 사업적 경험으로부터의 설명 속에서 우리의 해석을 증명해 준다.

개별적 제조기업은 임금과 지대 이외의 다른 소득의 지속적 원천은 아니다. 일상적 실무에서 그것을 간과하고 대략 시사한 불유쾌한 경험을 하기에 가장 적합한 경제주체는 평범하고 전형적인 주주(株主)이다. 사람들은 주주는 확실히 자신의 시설을 정기적으로 교환함 없이 지속적 순소득을 얻는다는 '사실'로부터 우리의 이자론에 대한 이의제기를 하는 것을 생각할 수 있을 것이다. 우리의 해석에 따르면, 자본가는 자신의 자본을 우선 한 기업가에게 그리고 어느 정도의 시간 후에 다른 기업가들에게 빌려주어야만 하는데, 그 이유는 전자가 이자를 지불할 수 있는 상황에 지속적으로 머물러 있을 수 없기 때문이다. 우리는 주주들을 화폐제공자로 특징짓고 그러나 이들은 하나의 동일한 기업으로부터 지속적 소득을 획득하기 때문에, 그 이의제기는 진짜 사실적일 것이다. 그러나 주주의 사례는 바로 — 그리고 기업에 있어서 지속적으로 책임을 지는 채권자의 사례도 — 우리의 해석이 얼마나 진실되고 사실인가를 보여준다. 왜냐하면, 그 '사실'을 둘러싸고 상황이 나쁘기 때문이다. 그러면 주식회사들은 영원히 존속하고 수십 년 동안 정기적으로 배당금을 지불할 것인가? 확실히 그런 기업들도 있겠지만, 이들은 단지 다음 두 가지 집단으로 나누어진다. 첫 번째는, 예를 들어 철도와 같은 산업이 있는데, 여기에는 영구적 독점은 아니지만 어느 정도의 한계 속에서 확실한 독점을 오랫동안 유지하는 기업합동조직이 여기에 속한다. 여기에서 바로 독점이윤은 주주들에게 흘러간다. 그리고 성격과 유형에 따라 언제나 변화하고 사실상 항상 새로운 기업을 위한 형태에 다름 아닌 기업의 유형들이 — 예를 들어, 투기은행 — 존재한다. 여기에서 목표는 지속적으로 변화하고, 지도적 인물도 바뀌며, 여기에서 지도적인 자리를 대신할 더 많은 능력을 가진 사람들은 항상 있다는 점이 사안의 본성에 존재한다. 다른 주식회사들도 자신들 속에서 항상 추가적인 잉여의 창출에 노력한다는 우리의 의미에서 항상 새롭게 설립되는 특질을 가진다. 여기에는 항상 새로운 기업가 이윤이 존재하며, 설사 주주가 자신의 수익을 잃어버린다 할지라도 그것은 사실상 반드시 필수적인 것은 아니며 오히려 개별적 사례로부터 설명할 수 있는 불행일 뿐이다. 그러나 이 두 범주를 제외하고, 그리하여 한 주식회사가 특정한 영업을 독점적 지위 없이 특정한 방법으로 생산하게 한다면 항상 지속적 소득으로서 기껏해야 지대가 있으며 다른 것은 존재하지 않는다. 비록 실무에서 경쟁은 그렇게 즉시 대두되지 않음에도 불구하고 이제 경험은 그것을 천 배로 검증한다. 그리하여 새로운 기업은 보다 오랜 기간을 통하여 독점형태의 잉여를 소유할 수 있다. 앞서 나타낸 유형의 어떤 산업적 주식회사도 자신의 주주들을 끝없는 황금 소나기로 기쁘게 할 수 없으며, 그 주식회사는 오히려 원천이 고갈에 의해 가장 슬픈 유사성을 가지는 어느 단계로 바로 추락하게 된다. 그리하여 만약 기계 등의 마모가 감가상각을 통하여 양심적으로 고려된다면, 배당금에는 아주 종종 자본환급이 포함되어 있다. 그리하여 아주 정당성을 가지고 종종 더 많은 감가상각이 이루어지며 아주 정당성을 가지고 많은 주식회사는 가능한 한 빨리 목표에 따라 전체자본을 감가상각하려고 노력한다. 왜냐하면, 모든 주식회사에게 운영 그 자체가 진정으로 가치가 없는, 즉 이의 수익이 단지 비용을 조금 넘게 충당할 정도의 순간이 다가오기 때문이다. 그리하여, 그것을 믿지 않고 그에 상응하여 거래하는 모두가 자신의 손실에 대해 경험할 수 있는 것처럼, 하나의 동일한 기업으로부터의 지속적인 이자소득은 존재하지 않는다. 그리하여 주주의 배당금 수입은 우리의 해석에 반하지 않으며, 오히려 반대이다!

거의 모든 이윤을 어떤 금액의 퍼센트로 일정한 기간과의 관계로 표현하려고 하는 사업가의 습관은 오류를 수반한다. 그리고 그것은 해(害)가 없는 오류가 아니라 실제로 대단히 심각하게 느낄 수 있는 오류이다. 그러나 우리는 또한 이 해석방식이 사업활동의 전체영역을 넘어 어떻게 확산될 수 있을 것인가, 그리하여 이자를 그 실체와는 아주 다르게 만들 수 있을 것인가를 이해한다. 우리는 또한 현실에서는 진정한 실상을 감추고 '지속가능한 재화에 대한 이자'에 관해 얘기하는 이론에 확실한 기초를 제공하는 상황도 본다. 지속적인 증명을 통하여 이제 일단 정해진 이자율을 파악하는 시각에서 벗어나는 것은 확실히 쉽지 않다. 비록 한 현상의 본질적 진행은 이의 첫 번째 발생이 아니라 나중에나 강력하고 명확하게 나타난다는 해석에는 아무런 불유쾌함이 없고, 비록 생산적 이자가 자본주의경제보다는 오래되지 않았다는 사실을 확실히 부정할 수 없음에도 불구하고, 역사적 성격의 이의제기는 빠질 수 없다. 그러나 이에 대해 우리는 더 이상 들어갈 수 없다.

발전된 해석은 금융업과 은행업의 전체적인 문제자료와 사실자료에 대한 논의와 보충이 필요로 할 것이라는 점은 분명하다. 이 해석은 이 업무의 틀 속에서는 권리를 찾을 수 없다. 여기에서 우리는 단지 사안의 원칙을 명백히 하여야 하며, 우리에게 열려진 넓은 영역으로 들어갈 수는 없다. 이자와 금준비금과의 관계의 상세한 내용은 물론, 외국환 시세와 이자와의 관계에 관한 상세한 내용도, 또한 화폐규칙의 이자에 미치는 영향과 모든 제한된 것에 의한 개별국가의 이자율의 차이도 여기에서 우리의 사고과정의 윤곽을 지우지 않고는 논의될 수 없을 것이다. 만약 우리의 해석이 올바르다면, 이들 모든 것들은 순수이론의 훨씬 더 큰 근처에서 움직이며 지금과 같이 실증적 특별부문에 더 이상 맡길 수 없을 것이다. 그러나 우리가 조망에 있어서 우리가 보는 모든 땅을 돌아다녀 보지 않아도 우리의 길은 멀고 충분히 돌투성이이다. 그런데 이미 말한 것은 개별적으로 응용에 필요한 모든 것을 다 제공해 준다.

당연히 우리의 사고과정으로부터 이자의 운동법칙과 이의 낮고 높은 상태의 경제적 판단을 위한 규칙도 창출된다. 우리의 사고과정 대부분의 실제적 결과를 포함하는 이 주제도 단지 개요만을 알려줄 수 있을 뿐이다. **그 밖의 동일한 상황 속에서** 이자는 기업가 이윤에 의해 올라가고 내려간다. 기업가 이윤은 확실히 이자의 원천이고, 이 원천의 변화는 구매력에 대한 수요의 상승과 하락의 수단을 통하여 이자의 동일하게 조정된 변화를 가져온다. 당연히 다른 곳에서의 신용욕구는 이와 동일한 효과를 가진다. 그리고 이들 명제는 사안의 핵심을 바꾼다. 다음으로 이자와 재화가격 간의 관계가 고려된다. 여기에서 요체는, 일반적으로 기업가 행위의 증가는 이자율의 증가와 함께 모든 재화가격의 상승, 우선 필요한 생산자원 가격의 상승, 다음으로는 생산자원 소유자에 의해 특별하게 요구되는 재화가격의 상승, 마지막으로는 대체로 모든 가격의 상승을 초래한다는 것이다. 그러나 반대로 재화가격의 상승은 이자에 영향을 주는데, 단지 사람들이 일반적으로 이 영향이 개별적 사례에서는 어떤 방향으로 행사되는지를 말할 수 없을 뿐이다. 가격의 증가는 기업가에게 더 많은 자본을 필요로 하게 만든다. 그것은 확실하다. 그리하여 만약 계획된 사업이 가격상승에도 불구하고 추진된다면 이는 확실히 이자상승적인 영향을 미친다. 그러나 대단히 자주 모든 계획된 사업이 반드시 추진되는 것은 아니다. 가격상승은 많은 혹은 자체적으로 대부분의 사업을 불가능하게 그리고 이익이 나지 않게 만든다. 그러면 가격상승 이후에는 기업가에 의해 가격상승이 없었으면 원래 요구되었을 것보다 적은 자본이 기업가에게 요구**될 수 있을** 것이며, 이 경우에는 가격상승이 이자에 대해 압박을 가하게 될 것이다.

그에 의하여 우리는 일반적으로 이자의 높은 상태는 국민경제적 호황의 징후라고 말할 것이다. 절대적으로 소비적 이자가 존재하는 원시적 혹은 쇠락하는 국민경제를 제외하면, 이자의 상승은 어느 경우에도 국민경제적 도약의 직접적 결과이다. 이와 같은 도약이 자산형성과 증가된 구매력 공급으로 이어지는 상황은 아무것도 변화시키지 않는다. 이 도약은 무엇보다도 현재의 상황에 대해 아무것도 변화시키지 않는데 그 이유는 이는 단지 천천히 효력을 발생하기 때문이다. 그러나 이 도약이 한번 효력을 가지면, 우리의 명제에 대해 과도하지는 않은 변화를 가져온다. 왜냐하면, 우리는 구매력의 경우에 그렇게 큰 공급은 곧바로 수요에 의해 추월당하여야만 한다는 점을 보았기 때문이다. 대단히 발전된 국민경제에서 이자는 대부분 덜 발전된 국민경제에서보다 많이 낮은데, 그것은 전자의 경제에서의 훨씬 낮은 위험과 정교한 기법에 의해 발생한다. 우리는 한 구체적 국민경제와 비교하여 상대적으로 낮은 자본이자 속에서 사실 일반적으로 부(富)의 징후를 보게 될 것이며, 그러나 동시에 정체상태의 징후가 아닐 경우에는 약한 추가발전의 징후를 보게 될 것이다. 그러나 보다 높은 이자상태는 활력 있는 발전의 징후인 것처럼 동시에 발전에 대한 제동장치이다. 그리고 이 양면적 특징으로부터 이자가 실무적 토론과 학문적 토론에서 발견되는 다양한 판단이 설명된다.

이들 언급이 독자에게 우리 이론의 도움으로 우리가 사업적 활동의 움직임 속으로 깊이 밀고 들어갈 수 있다는 점을 보여주기에 충분할 것이다. 우리의 논의도 완전하지 않고 이에 따라 더 많은 정밀성과 수정을 허락하여야 할 것이다. 나는 독자가 그 속에서 지금까지의 명확한 학문적 파악에 대부분의 어려움이 가져온 경제현상의 그 부분의 이해를 위한 모든 요소를 발견한다고 믿는다. 나는 단지 하나를 더 추가해야만 한다. 즉, 나는 이자현상을 설명하려 하였으며, 그러나 나는 이자소득을 정당화하려 하지 않았다. 이자는 기업가 이윤과 같이, 만약 그것이 단지 발전에서만 창출된다면, 이의 획득물에 대한 프리미엄의 의미에서 발전의 독립적 과실은 아니다. 그것은 오히려 발전의 제동장치 — 확실히 유통경제에 필요한 제동장치 —, 즉 '기업가 이윤에 대한 세금'의 한 형태이다. 만약 사람들이 이 사안의 유죄판결 혹은 정당성을 우리 학문의 업무로 파악한다면, 확실히 그것은 이자에 대해 유죄판결을 내리기에는 충분하지는 않다. '국민경제의 행정감독관' 기능의 중요성은 유죄로 판결된 평결에 대하여 대립될 수 있으며, 더 나아가 이자는 다른 경제주체들이 아닌 단지 기업가에 대하여 — 소비적 신용, 또한 '생산적 소비신용'의 경우를 제외하고는 — 그렇지 않으면 그들에게 돌아갈 무엇인가를 빼앗는다는 우리의 결과에 대하여 대립될 수 있을 것이다. 그러나 그 상황은 이자현상이 모든 경제형태에 대해 고유한 것은 아니라는 사실과 함께 항상 사회적 상황의 비평가가 이자에 대하여 무엇인가 다른 것 이상으로의 트집을 발견하는 것을 야기한다. 나는 그 자체를 강조하고 싶다.

왜냐하면, 경제적 진실 이외의 다른 목표에 대해 걱정을 적게 하면 할수록, 나는 이 무관심을 행동을 통하여 증명하려고 더욱 많은 노력을 기울여야 하기 때문이다. 그러므로 나는 이자는 단지 새로운 결합의 관철의 특별한 방법의 결과라는 점과 이 방법은 경쟁경제의 다른 근본적 제도보다 훨씬 쉽게 변화될 수 있다는 점을 말한다.

제 6 장

경제위기의 본질

제6장

경제위기의 본질[1)]

(Das Wesen der Wirtschaftskrisen)

이제 이 모든 발전이 파괴되지 않은 연속성 속에 앞으로 진행한다면, 이는 뿌리와 꽃에 있어서 나무의 점진적 · 유기적 성장과 닮을 것인가? 경험은 이 질문에 대해 '아니요'라고 답한다. 국민경제의 이 주요 작용이 지속적이고 방해받지 않고 진행되지는 않는다는 것은 사실이다. 반작용, 급격한 악화, 다양한 유형의 사건이 발생한다. 이들은 이 발전의 진행을 방해하고 이와 같은 성장에 지장을 주는 국민경제적 가치체계의 붕괴를 가져온다. 우리는 그 형체가 이론으로부터 창출되는 발전의 일정한 노선에 관해 얘기할 수 있다. 그러나 실제적 발전은 경험이 가르쳐 주듯이 때로는 이 노선에서 이탈한다. 그것은 어디에서 오는 것인가? 여기에서 우리는 새로운 문제에 다다르며, 우리는 그것을 다음

1) 우리 사고과정의 모든 부분에서 이 부분은 여기에 제공된 짧은 논의로 최대의 어려움을 겪어야만 한다. 논의된 문제의 많은 사실적 자료는 여기에서 평소보다 더 많은 것을 단지 짧고 일반적인 문장들 속에서 가볍게 다룰 수 있을 것이다. 그리고 나는 여기에서 평소보다 적은 것에 관하여 논쟁에 부칠 수 있을 것이다. 두 가지가 다른 자리에서 다시금 잘 다루어졌다. 그리하여 이 장(章)은 1910년에 발간된 「국민경제, 사회정책, 행정 논집(*Zeitschrift für Volkswirtschaft, Sozialpolitik und Verwaltung*)」에서의 상세한 논의의 도입 부분으로서 발간되었다. 또한 독자는 참고문헌으로서 베르그만(Bergmann)의 「경제위기의 역사(*Geschichte der Wirtschaftskrisen*)」, 특히 주글러(Cl. Juglar)의 저작, 에자르(Essar), 슈피토프(Spiethoff) 그리고 테일러(Taylor)의 저작 — 1905년에 발간된 「위기의 동력학 이론(*Kinetic Theory of Crises*)」 — 을 참조할 수 있을 것이다.

의 방식으로 정리하려고 한다.

우리가 이제 설명할 수 있을 발전의 노선에서 국민경제의 이 이탈이 단지 간헐적이라면, 그 속에는 국민경제학의 주의를 특별하게 필요로 하는 문제는 거의 존재하지 않을 것이다. 또한, 정태적 경제에서도 이론에 대하여 이와 같은 현상을 더욱 추구할 근거가 존재함 없이 국민경제학에 아주 심각할 수 있는 개별적 불행이 부닥칠 수 있다. 마찬가지로 어쩌면 전체 국민의 경제발전(wirtschaftliche Entwicklung)을 파괴하는 사건들은, 만약 이들이 간헐적이라면 그리고 만약 사람들이 이들을 산발적 불행으로 파악할 수 있다면, 하등의 **일반적** 분석을 필요로 하지 않을 것이다. 그러나 우리가 여기서 말하는 '반작용'과 '급격한 악화'는 빈번하고, 너무 빈번하여 이들은 이미 그 때문만으로도 벗어날 수 없고 회피할 수 없는 것으로 간주할 수 있다. 이들은 너무 빈번하여 첫 번째 관찰은 바로 붕괴의 필요한 주기성과 같은 무엇인가에 대해 끈질기게 달라붙는다. 만약 원칙적이지도 않고 실무적으로도 불가능하다면, 그것은 현상의 이 부류를 도외시하게 만든다.

더 나아가 이 사안이 이와 같은 급격한 악화를 극복한 이후에 이전의 발전이 급격한 악화가 시작되기 전에 있는 지점에 다시금 투입되는 사안이라면, 급격한 악화의 원론적 중요성은 그렇게 크지는 않을 것이다. 만약 사람들이 방해하는 사건들 그 자체를 설명할 수 없거나 단순히 이들을 제외한다면, 사람들은 발전의 모든 본질적 사실을 파악하였다고 말할 수 있을 것이다. 그러나 그것은 그렇지 않다. '반작용'은 발전을 방해할 뿐만 아니라 **이** 발전을 종료시킨다. 많은 양의 가치가 절멸되고, 국민경제를 이끄는 사람들의 계획의 기본조건과 전제조건이 변경될 것이다. 국민경제는 앞으로 진행될 수 있기 전에 재결집을 필요로 하며, 국민경제의 가치체계는 재조직화를 필요로 한다. 그리고 다시 시작하는 발전은 새로운 발전이며, 이는 단순히 과거 발전의 계속이 아니다. 즉,

경험은 아마도 새로운 발전이 과거의 발전과 같이 크고 비슷한 방향으로 움직일 것이라고 가르치겠지만, **계획**의 연속성은 파괴된다. 새로운 발전은 다른 전제조건과 부분적으로 다른 사람에 의해 창출되며, 많은 오래된 희망과 가치는 영원히 매장되며, 아주 새로운 것들이 발생한다. 그러면 실증적으로 '급격한 악화들' 사이에 놓여 있는 이들 모든 부분발전(Teilentwicklungen)의 큰 노선은 발전의 거대한 전체윤곽에 의해 모두 허물어진다. 그러나 이론적으로 우리는 전체윤곽만을 간단히 주목할 수만은 없다. 기업가들이 급격한 악화의 단계를 뛰어넘고 그들의 계획을 다음의 부분발전 속에서 구조하지 못하는 것과 마찬가지로, 이론도 마찬가지로 사실과의 접촉을 완전하게 잃어버리지 않고서는 그것을 할 수 없다. 이들 두 상황은 사람들이 경제발전이 제시한 방식으로 영향을 줄 수 있는 공통성을 가지고 있는 모든 현상, 모든 반작용, 급격한 악화, 붕괴를 하나의 부류로 요약함을 설명해준다. 또한, 이들 현상이 경제 혹은 경제의 특별한 형태에 내재하여 있는 원인에 의해 발생하는가에 관한 질문을 제기하는 것을 설명해준다. 사람들은 이 부류의 현상을 위기(Krisen)라고 부르며, 그 질문은 위기문제이다.

우리는 이제 발전의 다른 현상과 첨예하게 대조를 이루고 이들 현상에 대한 확실한 반대명제를 제기할 것으로 보이는 현상의 이 부류를 분석하여야만 한다. 우선 이들 현상의 본질을 파악하는 것이 의미가 있고, 그러고 난 뒤에 우리는 위기의 많은 혹은 모든 경우에 적합한 유형을 규명하는 것을 가능하게 하는 공통의 특징을 이들 현상이 가졌는지를 질문하여야만 할 것이다. 마지막으로 우리는 그렇게 확인된 유형의 원인은 무엇인지 그리고 특히 이와 같은 위기가 **경제발전**(wirtschaftliche Entwicklung)의 본질로부터 발생하는 것인지 아닌지에 관한 결정을 시도할 것이다.

처음부터 다음과 같은 가능성들이 존재한다. 첫 번째로, 위기는 통일적 현상일 수도 있고 혹은 아닐 수도 있다. 우리가 경험으로 인지하고 위기로 묘사하는 발전의 특유한 붕괴는 이미 소박한 관찰에 대하여 항상 동일한 현상의 형태로 나타난다. 그러나 위기현상의 이 통일성은 무엇보다도 멀리 가지 않는다. 그것은 오히려 국민경제와 세부주체들에 대한 영향의 유사성 속에만 존재하며, 그렇다면 이는 어떠한 사건이 대부분의 위기들 속에서 발생하곤 하는 사실 속에 존재한다. 그러나 이와 같은 영향과 이와 같은 사건은 가장 다양한 위기들에서 표현될 것이며, 경제생활의 내부적 방해를 가져오며, 위기들에 있어서 항상 동일한 현상이 존재한다는 것을 아직 증명하지는 못할 것이다. 사실 위기의 다양한 유형과 원인도 확실히 구분된다. 그리고 아무것도 우리에게 위기들이 우리가 그동안 근거했던 요인보다 더욱더 서로를 공유한다는 점, 즉 이들은 지금까지의 경제발전을 방해한 모든 사건들이라는 점을 우선적으로 가정할 자격을 주지 않는다.

둘째로, 통일적 현상이건 혹은 다양한 현상이건 간에 위기가 순수하게 경제적으로 설명이 가능한가의 여부이다. 위기현상은 본질적으로 경제의 영역에 속한다는 점은 당연히 하등 의심의 여지가 없다. 그러나 위기현상이 경제의 **본질**에 속하거나 혹은 이것이 자체적으로 위임된 경제요소의 영향으로부터의 필요성에 의해 발생할 수 있을 것이라는 의미에서 단지 어떤 하나의 경제형태에 속할 것인가는 절대로 확실하지 않다. 오히려 위기의 진정한 원인은 순수경제적 영역 밖에 있을 것이라는 점, 그리하여 위기는 외부로부터 들어와 경제생활에 영향을 주는 경제생활의 방해 결과라는 점이 아주 가능할 것이다. 위기의 빈도 그리고 자주 주장되는 정기성은 그 자체로서 결정적인 주장은 아닐 것이다. 왜냐하면, 이와 같은 방해는 실제 생활에서 자주 발생하여야만 한다는 점이 확실히 손쉽게 이해될 수 있기 때문이다. 그렇다면 위기는 단순히 경제생활이 이를 통하여 새로운 조건에 적응하는 과정일 것이다.

첫 번째 관점과 관련하여 우리는 무엇보다도 한 가지를 얘기할 수 있다. 즉, 사람들이 경제발전의 그렇지 않으면 기대되는 진행에 대한 충분히 큰 방해(Störungen)가 발생하는 곳곳에서 위기에 관해 말을 한다면, **이 방해의 사실을 넘어서게 될 위기의 일반적 특징은 존재하지 않는다**. 현재로서는 위기의 개념을 사례가 없는 것은 절대 아니라고 폭넓게 파악하는 것을 권장한다. 이에 따라 경제적 진행과정은 세 개의 서로 다른 부류들로 나누어진다. 즉, 정태적 경제의 진행과정, 발전과정의 진행과정, 그리고 방해되지 않은 진행을 저지하는 진행과정이다. 이 구성은 현실과 동떨어져 있는 것이 전혀 아니다. 우리는 세 개의 모든 부류를 실제의 생활에서 의미 있게 식별할 수 있다. 그러면 더욱 상세한 분석은 세 부류 중 하나가 다른 두 개의 다른 것 중 하나에 속할 것인가 여부를 명백하게 해준다.

우리의 주장은 위기현상의 역사를 통하여 증명될 것이다. 경제진행의 이와 같은 방해는 이미 경제인(經濟人)의 모든 생각 가능한 **위치**에서 발생한다. 그 밖에도 모든 개별적인 위치에 대하여 아주 다양한 방식으로 발생한다. 때로는 방해는 공급의 측면에, 때로는 수요의 측면에 대두된다. 전자의 경우 때로는 기술적 생산에 있어서, 때로는 시장 혹은 신용관계의 체계에 있어서 발생한다. 후자의 경우에는 때로는 수요의 방향 변환(예를 들어, 유행의 변화), 때로는 기존 수요자들의 구매력 변화를 통해 발생한다. 대부분 다양한 산업적 집단은 같은 방법으로 어려움을 겪지 않으나 종종 **한** 산업은 더욱 어려움을 겪고, 종종 **다른** 산업이 더욱 어려움을 겪는다. 때로는 위기는 특별히 자본가를 노리는 신용체제의 붕괴에 의해 특징지어지며, 때로는 특별히 노동자 혹은 토지소유자를 어렵게 한다. 기업가들 역시, 비록 그들이 가장 빠르게 원칙적으로 통일적인 방식으로 — 비록 산업부문에 따라 다양하기는 하지만 — 교감을 함에도 불구하고, 아주 다양한 방법으로 참여할 수 있다.

첫눈에는 위기의 공통성을 찾으려는 노력이 이의 **발생형태**에서 찾는 것이 성공할 확률이 높은 것처럼 보인다. 사실 이 요인은 무엇보다도 사람들이 위기에 있어서 항상 하나의 동일한 현상 자체를 가진다는 대중적이고도 과학적인 설득력으로 이어졌다. 그러나 사람들은 우선 손대기를 원하는 이들 외부적 특징이, 이들이 발전의 방해요인을 넘어서는 범위에서, 모든 위기 전체는 물론 이와 동일한 위기에 대해서도 본질적이지 않다는 점에 쉽게 설득된다. 그리하여 예를 들어 '공황(Panik)'의 요인이 당연히 발생한다. 위기가 이와 같은 공황으로 이어졌던 것은 특히 이전에 있었던 위기의 눈에 띄는 진행이었다. 그러나 그 밖에도 항상 위기로 진행됨이 없이 시장에는 공황이 존재한다. 그리고 그렇다면 진정한 공황 없이 위기는 존재한다. 공황의 강도는 위기의 중요성과 관련하여 한 번도 필요하지 않다. 여기에서 궁극적으로 위기현상의 분석에 있어서 대체로 가장 중요한 요인을 참조하여야 한다. 우리가 종종 관찰하는 공황은 위기발생의 **원인**이라기보다는 훨씬 더 위기발생의 **결과**이다. 후자는 '투기열기', '과잉생산'[2)] 등과 같은 표어에 해당된다. 위기가 발생하면 경제의 전체상황이 변화하며, **그러면** 비록 양자가 위기발생 이전의 상황에 아주 적합할 것임에도 불구하고 많은 투기는 의미가 없고 생산된 거의 모든 재화수량은 너무 크게 보일 수 있다. 발전의 모든 방해는 경제적 조치를 거부하여야만 하며, 그리하여 같은 방해가 엄격하게 일반화될 수 있는 이들 시점에서는 그 자체적으로 위기의 더 이상의 특징이 없을 것이다. 개별경제의 붕괴에 관해, 생산의 개별적 부문 간의 올바른 관계의 부재에 관해, 생산과 소비 그리고 다른 요인 간의 부조화

2) 우리는 여기에서 이에 대하여 완성된 초과생산이론을 의미하는 것이 아니라 단지 이 요인의 대중적 시사점을 의미하는 것이다.

에 관해 동일하게 말할 수 있다. 이 의미에서 위기의 만족스러운 기준이 존재하지 않는다는 점은 이 주제의 서술적 문헌 속에 아마도 항상 상당한 수의 위기가 반복된다는 점을 확실히 보여준다. 그러나 그것을 넘어 위기에 관한 세부적 논의들은 서로 일치되지 않는다는 사실을 확실히 보여준다.

이제 우리는 다른 문제, 즉 위기가 최소한 모두가 순수한 경제현상인지 여부, 다시 말해 위기가 경제의 연구를 통해 주어진 설명요인의 원인과 결과 모두에 의해 파악될 수 있는지의 문제를 다룬다. 사람들은 그것이 항상 있는 사례가 아니며 꼭 필요한 사례가 아니라는 점을 쉽게 본다. 사람들은 예를 들어 전쟁의 발발이 위기라고 부를 수 있을 정도의 충분히 큰 방해를 불러일으킬 수 있다는 점을 손쉽게 인정한다. 확실히 그것은 규칙은 아니다. 예를 들어, 19세기의 큰 전쟁은 대부분 직접적이지는 않았지만, 위기로 이어졌다. 그러나 그 사례는 생각할 수 있을 것이다. 다른 나라들과 활발한 유통을 하고 경제가 우리의 이미에서 강력한 발전 속에 있는 것으로 이해되는 섬 주민들이 외부세계의 적대적 함대에 의해 단절된 경우를 가정해 보자. 수출과 수입은 막히고, 가격체계와 가치체계는 충격을 받고, 채무는 지켜질 수 없으며, 신용의 앵커체인은 부서진다. 즉, 그것 모두는 상상할 수 있고, 사실상 발생하며, 확실히 위기를 나타낸다. 그리고 이 위기는 순수경제적으로는 설명되지 않는데, 왜냐하면 이의 원인이 전쟁이라는 경제에 생소한 요인이기 때문이다. 이 생소한 물체의 경제영역 속으로의 유입을 통하여 위기는 발생하며 동시에 설명된다. 이와 같은 외부 요인은 위기현상을 아주 빈번하게 설명한다. 하나의 중요한 사례는 흉작인데, 이는 명백히 위기를 불러올 수 있으며 주지하는 바와 같이 심지어 일반적 위기이론의 기초가 되기도 하였다.

그러나 전쟁 혹은 기상학적인 상황과 같은 외부적 힘으로서 경제생활에 대해 아주 크게 대립되지 않는 상황 자체는 순수이론의 관점에서는 외부로부터의 영향으로 그리하여 원칙적으로는 우연적인 것으로 간주하여야만 한다. 한 예를 들면, 보호관세의 갑작스러운 폐지는 위기를 일으킬 수 있다. 확실히 이와 같은 무역정책적 조치는 경제적 사건이다. 그러나 우리는 이의 발생에 대해 정확한 것을 말할 수 없다. 우리는 이의 영향만을 분석할 수 있을 것이지만, 덧붙여서 그것은 바로 스스로 위임된 경제법칙의 관점에서 보면, 모두 알고 있는 권력의 개입과 같이, 바로 개별경제주체들 위에 위치하는 외부로부터의 작용이다. 그리하여 우리의 의미에서 하등의 순수경제적 현상이 아닌 위기도 존재한다. 그리고 이들 위기가 순수경제적 현상이 아니므로 우리는 순수경제적 관점에서 위기의 원인에 대하여 아무런 일반적 사항을 말할 수 없다. 위기는 이론가인 우리에게 불행한 우연으로서 효력을 가지며, 또한 이는 우리에게 상관이 없어야만 한다.

이제 "우리의 의미에서 대체로 순수경제적 위기, 즉 우리가 방금 예를 들었던 이와 같은 생소한 계기가 없이 대두되는 위기가 존재하는가?"의 질문이 제기된다. 사실 위기가 항상 기업가가 염두에 두었던 조건이 오랫동안 유지되지 못하게 하는 외부의 상황에 의해 발생한다는 견해는 아주 좋게 생각할 수 있다. 많은 국민경제학자들은 사실 이 견해를 가진다. 그리고 이 견해는 의심의 여지없이 매우 그럴듯하다. 이것이 올바르다면, 사실상 하등의 경제위기론이 존재하지 않을 것이며, 그렇다면 우리는 이 사실을 입증하거나 혹은 최대한 위기의 외부 동인을 말하려고 시도하는 것 — 예를 들어 제본스(Jevons)가 그것을 시도한 것처럼 — 외에는 아무것도 할 수 없을 것이다.

우리의 질문에 대답하기 이전에 우리는 위기의 특별한 유형을 분리하여야 한다. 작고 가난한 나라의 산업적 발전이 자본이 풍부한 다른 나라에 의해 재정지원을 받는다고 가정해 보자. 더 나아가 우리는 후자에게 그동안 전자에게서 발견된 발전과 같이 자본에 대하여 더욱 유리한 고용을 제공해 주는 강력한 발전이 발생한다고 가정해 보자. 그렇다면 자본은 그동안의 자본투자에서 이탈하는 경향이 존재할 것이다. 만약 그것이 빠르고 막무가내로 발생한다면, 사람들이 쉽게 보는 것처럼, 그것은 한 나라에 붕괴, 즉 위기를 가져올 수 있다. 이 사례는 하나의 경제영역에서의 순수경제적 원인은 다른 영역에서의 위기를 초래할 수 있다는 점을 보여준다. 그 현상은 자주 일어나며 일반적으로 알려져 있다. 당연히 그 사례는 다양한 국가들 간에는 물론 한 나라의 다양한 부문들 간, 그리고 궁극적으로 상황에 따라서는 한 경제영역 내의 산업의 다양한 부문들 간에 전파된다. 더 나아가 한번 어디에서 발생한 위기는 대부분 다른 곳으로 꼬리를 물고 확산된다는 것은 모두가 알고 있다. 이제 "우리는 이와 같은 현상 속에서, 우리가 추구한 것처럼, 순수경제적 위기를 가지는가?"의 질문이 대두된다. 대답은 부정적이다. 다른 영역들의 경제상황은 모든 국민경제에 대하여 발전의 여건이며 이들 국민경제 내의 현상에 대한 설명기초로서 외부경제적 요인과 같은 역할만을 수행할 수 있다. 이는 모든 국민경제에 대하여 우연이며, 이와 같은 위기의 일반적 법칙을 찾으려고 노력하는 것은 쓸데없는 일일 것이다. 만약 위기의 다른 유형이 존재하지 않는다면, 사람들은 경제생활은 원칙적으로 위기가 없을 것이며 그런데도 발생하는 위기는 불행이라고 간단히 설명하여야만 할 것이다. 발전 그 자체는 죽음의 씨앗을 가지고 있지 않으며, '비자연적' 혹은 강제적, 외부로부터 비롯한 죽음의 상황에서 발전이 죽는 상황이 발생할 수 있을 것이다.

그리고 우리가 사안의 핵심을 파헤칠 수 있기 이전에 우리는 이 길 위로 한 걸음 더 나가야 한다. 만약 우리가 지금까지 논의한 모든 위기의 분리 이후 또 다른 위기, 즉 우리의 의미에서 의심할 여지없이 순수경제적인 위기가 존재할 것인가를 이제 다시금 질문한다면, 위기의 역사는 긍정적으로 답한다. 많은 위기, 가장 많은 그리고 가장 큰 위기에는 충분한 의미가 있는 낯선 요인이 빠져 있다. 그러나 이에 대해서는 다툼의 여지가 있고 어떤 외부적 요인은 확실히 항상 준비되어 있기 때문에, 우리는 다시금 하나의 사례를 구성하려 한다. 사람들이 특별한 특징을 부여하는 새로운 영양소를 발견하였다고 가정하자. 많은 기업가가 이의 생산에 종사하고, 충분히 큰 부분의 자본이 이에 대해 사용될 것이다. 그러나 확실히 기대되는 수요는 일어나지 않을 수 있다. 그러면 그것은 위기로 이어질 수 있다. 이와 같은 그리고 유사한 일이 발생한다는 것은 이해가 잘 된다. 우리의 오래된 표현을 사용하기 위하여 모든 '새로운 결합의 관철(Durchsetzung neuer Kombinationen)'은 실무에서 난파를 겪을 수 있는 위험에 내맡겨져 있다. 그리하여 사실상 많은 부분적 위기와 때로는 일반적 위기도 설명된다. 우선 그 위험은 개별적 기업가에게 위협을 가하며 종종 그는 이에 굴복한다. 전체 생산부문이 잘못되는 것은 자연적으로 아주 간헐적으로 발생한다. 그러나 그것은 **발생하며**, 만약 해당 기업이 국민경제에 매우 커다란 중요성을 가진다면, 그로부터 일반적 방해가 발생한다. 이와 같은 위기는 우리의 의미에서 순수경제적 현상이다. 더 나아가 이는 쉽게 이해할 수 있어서 사람들은 이로부터 거의 문제를 발견하지 못한다. 여기에서 특별히 중요한 것은 이들 위기는 경제형태에 특별히 내재되어 있지 않으며 오히려 모든 위기에서 같은 방식으로 발생할 수 있다는 인식이다. 사람들은 이 인식에 대해 노력할 힘을 보일 수는 없다. 간략하게 말하면, 그것 역시 단순히 원칙적 흥미를 부여받지 않는 불행이며, 이의 실무적 의미는 매우 클 수도 있다.

그동안의 사고과정을 요약하면 다음과 같다. 즉, 산업발전이 노출된 모든 방해를 특징지을 수 있는 공통의 특징이 무엇보다도 우리에게 제시되지 않았다. 적어도 우리는 이들 방해를 두 가지 집단으로 나눌 수 있다. 하나는 그 원인이 경제활동 영역 밖에 있는 방해이고, 다른 하나는 그 원인이 이 영역 자체에 있는 것이다. 오직 후자만을 순수경제적으로 설명할 수 있다는 것은 이제 분명하다. 우리는 오직 이에 대해서만 주시를 할 것이며, 다른 것에 대해서는 도외시할 것이다. 그리하여 우리는 우리의 분석영역에 외부적 영향은 없다고 가정하고자 한다. 그러나 추가하여 그 영역 속에서는 경제적 본성에 존재함이 없이, 예를 들어 이와 같은 정치적 혹은 사회적 본성에 존재하여, 경제를 다른 궤도로 재촉하는 깊은 영향을 미치는 변화는 발생하지 않는다고 가정한다. 궁극적으로 우리는 단순히 불행으로 묘사하고 방금 우리가 원칙적 관심사를 부정했던 이들 모든 방해를 제외한다.

그러면 우리는 다음과 같은 질문을 한다. 즉, 앞에서 언급된 것들 이외의 다른 급격한 악화, 즉 순수경제적 본질의 현상, 자세히 말해 경제의 본질 혹은 경제형태의 필요성으로 나타나는 현상은 존재하는가? 사람들이 이들 모든 유형을 격리한다면 위기현상에서 남는 것은 무엇일까? 혹은 궁극적으로 "만약 후자가 존재하지 않는다면, 발전은 나무의 성장과 같을 것인가? 그렇다면 이는 어떠한 '급격한 악화' 없이 항상 전진할 것인가?"

무엇보다도 더 이상의 차이가 있다. 즉, 우리는 이미 위기현상의 중요한 의미는 위기가 경제의 그동안의 발전과정을 중단시키고 발전의 열차를 자신의 위에 정렬된 궤도에서 벗어나게 하는 데 있다는 점을 이미 지적하였다. 현실에서 발생하는 방해, 급격한 악화 등 모두가 그것을 하는 것은 아니다. 우리가 비순수경제적인 방해를 제외한다 하더라도, 우리는 발전의 과정을 특징 있는 방식으로 중단하지 않고 오히려 단지 이를 지연시키는 방해를 발견한다. 시장에서의 모든 공황을 사례로 받아들일 수 있다. 이것이 극복되면, 선택된 길은 계속될 것이며, 만약 이의 영향을 개별적으로 파악하거나 혹은 스스로 파괴한다면, 사람들은 곧 그 영향에 대하여 더는 아무것도 보지 않는다. 이 유형의 방해는 이미 언급한 요인들로부터 쉽게 설명된다. 이의 대두와 이의 영향은 더는 문제를 제기하지 않는다. 이것이 빈번하게 발생하여야 한다는 점은 쉽게 이해된다.

그러나 다른 진행과정은 산업발전을 궤도에서 이탈시킨다는 특별함을 가진다. 그리고 이 상황은 이들 과정에 대하여 보다 많은 흥미를 제공한다. 이 상황은 이들 진행과정이 단순한 우발사건으로 나타나는 것이 아니라 이전 발전과정의 결과로서 그리고 경제생활의 이들 이후의 상태의 조건으로서 동시에 이해되어야만 하는 발전의 단계로서 발생한다는 점을 가져온다. 여기에 새로운 문제가 발생한다. 무엇보다도, 어디에서 이 위기가 왔는가? 이 위기는 단순히 이것 이후의 쇠퇴 혹은 정체의 원인으로 간주할 수 있는가? 그리고 어떻게 이 위기가 이를 가져오는가?

이로써 우리는 궁극적으로 사안에 도달한다. 위기는 경제발전의 변곡점이다. 그리고 위기가 그런 한 우리는 이에 대하여 몰두할 의지가 있다. 이들 경우에 대하여 우리는 '위기'라는 표현을 제한하려 하며, 모든 다른 것들은 우리에게 원칙적으로 관심이 없는 불행이 되어야만 한다.

경제생활의 이들 거대한 전환점은 여기에 관계되는 사실의 홍수로부터 본질적인 것으로서 수면 위에 떠오른다. 이들은 설명되어야 한다. 이로써 확실히 그 문제는 뒤로 밀린다. 만약 변곡점으로 묘사되지 않는 방해들이 있다면, 그것은 확실히 많은 의미가 없다. 이들이 순수경제적 원인에 기초하지 않는 한 우리는 쉽게 이들을 추상화할 수 있고, 이들의 원인이 경제적 원인인데도 이들은 경제의 본질로부터 발생하지 않는다. 그러나 진정한 위기에 의해 특징지어지지 않는 변곡점도 있다. 그것은 우리를 당황하게 하지 않는가? 그동안 우리가 얘기했던 경제발전의 방해들에 대하여 통일적 특징을 부여하지 않았다는 우리의 결과를 상기해 보자. 이들의 발생형태에 대해서는 생각하지 말자. 왜냐하면, 우리는 상상의 그림인 '위기'를 묶을 모든 요인이 **일반적** 기준이 아니라는 점을 알기 때문이다. 이들의 원인에 대해서도 생각하지 말자. 즉, 이는 아주 다양한 유형으로 존재할 수 있다. 궁극적으로 이들의 영향에 대해서도 생각하지 말자. 왜냐하면, 이들 방해는 **때로는** 그동안의 발전궤도를 **항상** 변경시키는 것은 아니기 때문이다. 그러나 그 모든 특징은 **일반적이지** 않을 뿐만 아니라, 이들은 이미 강조한 바와 같이 이들이 없었다면 사안은 아주 다르게 구성될 수 있었을 것이라는 의미에서 한 번도 **본질적이지** 않다. 변함없이 경제발전의 거대한 급격한 변화들이 남아있게 된다.

그리하여 그 사정은 그렇지 않으면 그것이 간헐적이지 않게 발생한다한들 — 우리가 분석되지 않은 사실 덩어리와 대중적 개념에 근거한 것이다. 양자는 우리에게 특별한 이론적 관심사에 관해 아무것도 제공해 주지 않는다. 전자는 모든 규칙을 문제삼지 않은 것 같았고 통일된 진행과정을 인지하게 하지 않았다. 후자는 종이병기로서 부정확한 것으로 증명되었다. 그러나 우리가 좀 더 자세히 들어가고 우연한 발생형태의 표면층을 멀리하면, 우리는 사실상 바로 눈에 들어오는 규칙성의 큰 현상을 — 즉, 경제발전의 강력한 파도 — 발견하며, 우리의 관심사는 그에 곧바로 집중된다. 확실히 이 현상은 표면에는 완전히 적합하지는 않다. 우리는 이 현상이 한편으로 표면 아래의 전체공간을 채우지 못하지만 다른 한편으로는 표면보다 더 멀리 닿는다는 점을 보았다. 그러나 그 표면적 사실에 대해 원칙적 관심사를 가지는 것 모두에 대해 기초가 되는 것은 바로 거대한 현상이다. 모든 다른 것들은 우연적이고 주변적인 것들이다. 우리는 이 특유한 파동운동(Wellenbewegung)의 본질에 대해 질문하기 위하여 이들 다른 것들은 젖혀 놓았다. 우리가 그 본질을 분석하였다면 그 현상의 나머지는 쉽게 이해할 수 있다.

우리는 일상적 용어를 사용하려고 한다. 즉, 우리는 중요한 의미로 인지되는 다른 문제, 즉 **호황**(Prosperität)**과 불황**(Depression)**의 문제**를 다루기 위하여 **위기문제**로부터 출발하였다. 왜 발전의 기차는 꾸준하게 자신의 길을 가는 것이 아니라 급격하게 진행되어, 그 결과 상승운동에 대하여 하강운동이 뒤따르고, 그를 빠져나와 또 다른 호황의 길로 이어지는가?

무엇보다도 우리가 앞에서 개략적으로 살펴본 것처럼, 발전은 결코 한 조각으로부터 만들어지는 것이 아니라 오히려 기껏해야 서로 연계된 부분발전들(Teilentwicklungen)로 구성될 수 있다는 점을 쉽게 파악할 수 있고, 이들 부분발전은 하나의 통일된 기차로 결합하거나 혹은 못할 수 있다. 그것이 어떤 의미인지는 바로 나타날 것이다.

우선, 우리는 그것을 개별적 기업가에 대해 묘사하려 한다. 우리는 국민경제의 정태적 상태에서 출발한다. 우리의 기업가는 '새로운 결합을 관철할' 가능성을 파악한다. 이 목적을 위하여 그는 주어진 상황에 기초를 두고 특정한 성과를 목표로 하는 자신의 행동을 위한 계획을 수립한다. 우리는 기업가가 일에 착수하여 자신의 계산이 옳은 것으로 입증하고 성공을 거둔다고 가정한다. 기업가의 전망과 계획은 제한되지 않은 미래까지 계속되지는 않을 것이라는 점은 분명하다. 기업가는 마치 많은 유능한 체스 선수들이 다양하고 넓게 생각하는 것처럼 다양하고 넓게 영향을 미치는 계획을 기획할 것이지만, 한 번도 그의 계산과 의도가 일정한 미래를 넘어서는 행위를 결정할 수는 없다. 아마도 기업가가 더 멀리 그리고 항상 더 멀리 전진하려고 결정한다 해도 그는 자신의 구체적 조치를 보다 가까운 미래에 대해서만 확정할 수 있다. 만약 사람들이 확실히 모든 전제조건이 동태적 국민경제 속에서 급격하게 변화한다는 것을 생각한다면, 그것을 넘어선 아이디어들은 당분간 사람들이 더욱 쉽게 들여다볼 수 있는 실제적 중요성을 갖지 않을 것이다. 여기에 또 다른 것이 대두된다. 기업가가 행동했던 것은 가설에 의하여 어떤 혁신(etwas Neues)이며, 전형적인 사례는 새로운 기업의 창업이다. 그것이 이루어지면, 그 기업은 존속하고 이익을 내며, 그 계획은 실천된 것이다. 이제 그 기업가가 변함없이 새로운 정태적 상태에 편입된 기업을 단순히 경영하는 데 한정한다면, 그는 이제부터는 정태적 경제주체이다. 물론 그는 불특정한 시점에 자신의 기업을 선택한 궤도 속에서 연년세세 운영하겠다는 **그** 결심을 할 수 있다. 그러나 만약 그가 우리의 의미에서의 '기업가(Unternehmer)'로 머물고 항상 더 새로운 결합의 관철에 노력한다면 그렇지 않을 것이다. 즉, **여기에서** 그는 동태적 영역 속에서 목표로 하는 성과의 대두를 동해 시간상으로 제한되는 계획만을 가질 수 있다. 그 새로운 행동이 이루어지면, 다시금 새로운 다른 계획이 개시될 수 있다. 즉, 전제조건은 바뀌었으며, 이 조건은 예전에는 생각하지 못하였던 새로운 조치를 기업가에게 제시할 수 있고 그가 이전에 의도하였던 다른 것을 불가능하게 만들었다. 그러나 모든 경우에 있어서 이 계속되는 기업의 생일은 첫 번째 기업의 출발점에 이미 존재하는 것이 아니고, 오히려 첫 번째 기업이 종료되고 이제 구체적 행동 속에 새로운 기업이 나타나는 순간에 존재한다. 우리의 해석에 따라 사람들은 그 과정을 **다음과 같이** 생각할 수 있다. 즉, 본원적인 정태적 상태의 변화는 기업가로부터, 예를 들어 새로운 기업의 창업을 통해 기인한다. 그러나 이 과정은 기업이 준비되고 성공적인 길을 간다면 종료된다. 그 밖에도 창업의 모든 조건은 이 기업에 반응하고 스스로 변화한다. 창업을 통해서 그리고 이를 통해 유발된 변화를 통하여 새로운 정태적 상태가 창출된다. 기업의 수익은 자본화되었고, 기업가 이윤은 사라졌고, 임금과 지대는 이에 따라 조정되었으며 — 원론적으로, **한** 기업의 창업은 자연히 대부분 하등의 눈에 띄는 영향력을 행사하지 못할 것임 — 그리고 이 상태는 이제 다시 유지될 수 있을 것이다. 발전은 개념적으로 그리고 우리의 전제조건 속에서는 사실상 종료된다. 그러나 이제 기업가가 더욱 진행한다면, 그는 예를 들어 자신의 기업을 확장하고 그리하여 그것은 이전의 발걸음에 상응했을 곡선의 궤도에 위치할 필요가 없는 새로운 발전이다. 그것이 발전과정에 대한 우리의 도식이다. 즉, 새로운 궤도로의 모든 발걸음에 대하여 추가적 발걸음을 가져올 수 있는 새로운 정태적 상태가 뒤를 잇는다. 그것은 단지 **도식**이지만 현실의 중요한 움직임에 상응하는 도식이다. 왜냐하면, 사람들은 항상 구체적 목표를 추구하여야만 하며, 그리고, 만약 그것이 이루어지면, 혁신(das Neue)이 증명되고 모든 상황이 구성되는 것처럼 바로 추가적 결정을 위하여 기다려야 하기 때문이다. 그리고 일반적으로 사람들은 일련의 조치를 동시에 취하여만 하며 기업을 어느 정도의 지점까지 이끌어가야만 하며 그리고 **그런 다음** 중단을 할 수 있다. 그러나 사람들은 예를 들어 공장의 건립을 시작하고 여기에서 모든 발걸음을 새로운 결정에 대해 종속시킬 수 있다. 즉, 만약 사람들이 특정한 성과를 될 수 있으면 **하나의** 계획에 따라 처음으로 실현하고, 그다음 이에 대하여 새로운 정태적 상태를 정렬시켜야만 하고, 그러고 난 다음 본원적인 정태적 상태로부터 조정된 처음의 행동에서처럼 다시금 어떤 혁신(etwas Neues)인 추가적 의사결정을 할 수 있다면, 우리의 도식은 정확한 것이다. 아울러 만약 우리가 진행과정을 두 개로 나누고 기업가의 행위와 이를 통해 수반하는 경제상태의 변화로 구분한다면 그것은 더욱더 정확한 것이다. 그리고 만약 우리가, 다시금 원론적으로 어떤 혁신(etwas Neues)인 더 이상의 발전이 존재할 수 있기 전에, 두 개의 요인들이 결합되어 새로운 정태적 상태로 구성되어야만 한다고 말한다면, 궁극적으로 우리의 도식은 옳다. 그리하여 한 기업의 경제적 총체발전은 정태적 상태에 의해 서로 분리되는 원칙적으로 독립적 부분발전들로 나누어진다. 그런데도 총체발전이 개별적일 때 무언가 통일적인 것처럼 보인다면 — 이는 **하나의** 곡선을 통하여 지각할 수 있음 — 그것은 이론의 관점에서 대두되거나 혹은 대두될 수 없는 실증적 결과일 뿐이다.

그러나 동일한 사안은 이제 전체로서 국민경제의 산업발전에 대해서도 유효하다. 본질적으로 사람들은 확실히 우리의 의미에서 기업들의 개별적 발전들로 구성된 국민경제의 발전은 유기적으로 항상 진보한다고 가정할 수 있다. 왜냐하면, 만약 이들 개별적 발전들이 시간에 따라 균등하게 분포된다면, 전체 모습도 역시 지속적 성장이어야만 하기 때문이다. 즉, 모든 시점에서 많은 기업가는 바로 자신의 계획을 실현하며 시작할 것이며, 다른 사람들도 이에 종사할 것이며, 이를 이미 실행에 옮긴 또 다른 사람들도 있을 것이다. 이로부터 다시금 많은 사람은 자신들이 기대했던 것보다 훨씬 큰 성공을 거두고, 다른 사람들은 성공을 거두지 못할 것이다. 그리하여 모든 기업에 대하여 아마도 부뷰발전들이 존재할 것이며, 모두에 대하여 한걸음 한걸음마다 상대적으로 정지된 상태가 존재할 것이다. 그러나 전체로서 국민경제에 대해서는 그렇지 아니할 것이다. 이에 대해서는 끊임없는 발전만 존재할 것이다.

그러나 이 사고과정이 근거하는 전제는 현실에는 적합하지 않다. 우리는 사안을 좀 더 자세히 살펴보기로 한다. 모든 정태적 국민경제에 근거를 둔 향락주의적 마력을 깨버린 첫 번째 기업가는 대단히 큰 어려움을 극복하여야만 한다. 그의 행동은 불신과 맞닥뜨리고 적극적 혹은 소극적 저항에 부딪힌다. 그가 필요로 하는 법적 형태와 기술적 조건은 처음으로 창출되어야 한다. 특히 자신의 기업에 대한 자금조달은 아주 새롭고 미지의 작업이다. 강력한 인물만 이를 관철시킬 수 있다. 이 인물은 대단한 용기에 속하는 대담한 계획을 실천한다. 불행과 망하는 것은 아마도 성공보다 더 확률이 높다. 산업적 활기가 적은 나라들에서의 경험이 어떻게 그것이 모든 것에도 해당되는가를 가르쳐준다. 그러나 한 기업가가 어떻든 성공을 하면, 바로 다른 사람들이 알아채게 된다. 왜냐하면, 궤도는 파괴되었고 사람들은 단지 누군가가 지나간 길에만 발을 들여놓아야 할 필요가 있다. 우선 무엇인가가 다른 곳에서 이루어졌다면, 이를 결정하는 것은 대체로 더욱 쉽다. 사람들은 그것을 생각의 모든 영역에서와 마찬가지로 인생의 모든 영역 그리고 사업의 모든 영역에서 볼 수 있다. 한 사람이 먼저 나가 성공을 하면, 그는 항상 다른 사람들을 끌어당긴다. 그러면 후발자들은 첫 번째 사람이 마주쳤던 저항에 더는 부닥치지 않는다. 사람들은 그들을 더는 건방진 새로운 사람으로 보지 않으며, 사람들은 진행과정에 대해 익숙해지며, 곧 그 속에서 낯선 점을 더는 발견하지 않는다. 수백, 수천 개의 심리적 · 사회적 · 경제적 · 법적 · 정치적 장애물이 사라진다. 처음에는 대단히 큰 행동이었던 것을 수행하는 데 이제 훨씬 적은 능력과 지성이 필요할 뿐이다. 최초의 기업가는 흐름을 거슬러 올라 수영을 하여야만 했지만, 후발자들은 거의 그 자체적으로 흐름 속으로 끌려 들어가게 된다. 궁극적으로 새로운 결합의 관철은 최초 기업가의 행동을 통하여 기술적으로도 쉬워진다. 사람들은 어떻게 그것을 구체적으로 만들어야만 하는지를 알게 된다. 모든 유형의 실마리는 주어졌다. 첫 번째 기업가가 만들어야만 했던 많은 것들은 자체로서 후발자들에게 유용할 수 있으며, 곧 경제기법의 공고한 재고에 속하는 하나의 제도로 완성된다. 유통의 새로운 법적 형태가 어렵게 구성된다. 새로운 법률행위는 마무리하기가 어렵다. 그러나 이를 위해 한 형식이 발견되면 그것은 같은 법적 형식을 필요로 하는 후발자의 업무를 점점 더 쉽게 한다. 새로운 수입의 원천 혹은 새로운 판매영역은 우선 접근하기 어려우며, 이들에 대한 개척은 알려진 난관에 부닥친다. 그러나 유통망이 한번 구축되고 경제주체들이 모든 장소에서 새로운 사업, 새로운 구매자 혹은 판매자에게 익숙해지면, 이제 다른 사람들에게는 기업가와 같은 방향으로 출현하는 것은 더욱 쉬워질 것이다. 그리고 이들은 그것을 실제로 한다. 그것은 한번 창출되면 일반적으로 이용 가능한 신용관계에도 자연스럽게 적용이 된다.

모든 것은 분명하고 알려져 있다. 우리는 이들 변수가 일반적이라는 점을, 즉 가능한 기업가 행위의 모든 영역에 적용된다고 강조한다. 한 산업부문에서의 성공적인 기업가 행위의 존재는 다른 산업부문에서도 기업가의 출현을 쉽게 한다. 신용기관, 유통경로, 창출된 일반 사회적 조건도 다른 새로운 창업에 도움이 된다. 그러나 이 변수는 하나의 동일한 산업부문에 특별히 강력한 영향을 주는데, 그 이유는 여기에서 사람들은 최초의 기업가를 현장에서 아주 손쉽게 모방하는 것만을 필요로 하고, 그에 의해 만들어진 길들이 후발자들에게 직접 접근이 가능하기 때문이다. 같은 산업부문 내에서는 비교적 적은 사안들만이 후발자에게 숨겨질 수 있으며, 그는 이루어진 우위의 비교적 적은 것들로부터만 제외될 수 있을 뿐이다. 그리하여 하나의 성공적인 시작에 대하여 국민경제에서 일반적 기업가 행위가 뒤따르고 개별적인 '새로운 결합의 관철'은 시간이 흐름에 따라 균등하게 배분되지 않고 오히려 개별적으로 그리고 갑자기 쌓여 이루어져서 많은 기업가의 상승운동이 동시에 발생하며 이들의 행동이 말하자면 병렬적으로 그리고 집합적으로 추진된다는 것은 무엇보다도 분명한 일이다. 그러나 이와 같은 상승운동은 최초 기업가의 자극에 대하여 모든 산업부문에서 일정하게 따르지 못하고 오히려 최초의 성공이 이루어졌고 가장 강력한 사람이 이끌거나 혹은 최대의 이윤이 손짓하는 곳에 유별나게 뒤따른다는 사실도 분명한 일이다. 학문과 실무에서 종종 발견되는 이와 같은 불균형은 — 바로 위기현상과 잘 알려진 연계 속에서 — 발전의 이미 제시된 요인들로부터 설명된다. 이에 비하여 이 불균형은 정태적 고찰에서는 이해할 수 없을 것이며, 정확히 말하면 정태이론에서는 발생할 수 없다.[3)]

우리는 궁극적으로 앞에서 말한 것이 순수 정태적 상태의 발전의 시작에 대해서는 물론 안정기 이후의 경제발전의 회생에 대해서도 적용된다는 점을 주목한다. 무엇보다도 우리는 확실히 원칙적으로 존재하지 않고 개념적으로만 구성될 수 있는 정태적 상태에 근거한다. 이 상태에 대해서는 우리가 말한 모든 것이 **정확하게** 해당한다. 그러나 사람들은 우리가 이 관찰로, 현실에서는 독립적으로 발생할 수 있는 것처럼, 순수 정태적 상태가 아니라 상대적으로 정지된 상태에서, 즉 상대적으로 안정된 상태에서만 발생할 수 있는 발전의 본질을 파악한다는 점은 어렵지 않게 본다. 만약 다른 발전기간이 제외된다면, 결국 선택된 새로운 발전궤도에 대하여도 파악한다.

그리하여 우리는 우리의 의미에서의 국민경제적 발전은 기업들의 독립적 개별발전들로 단순하게 구성되어 있지 않다는 인식에 다다른다. 그것은 개별적 발전들이 시간에 따라 균등하게 배분될 수 있다는 **가능성 있는 가정**에 다다를 수 있고, 모든 '창업'이 상대적으로 작다고 가정한다면, 국민경제의 총체발전이 **지속적** 성장을 제공해 준다는 확률이론에 근거한 추가적 가정에 다다를 수 있다. 오히려 우리는 개별적 발전들은 하나의 발전이 많은 다른 발전들을 불러일으키는 방식으로 공감을 가지고 사이좋게 추진되는 것을 본다. 그리고 그것은 우리를 한 걸음 더

---

3) 그러나 정태적 경제에서 이와 같은 발생의 불가능성은 이론에 의해 인정되지 않았다. 이는 그런데도 명백하다. 각각의 경제적 조치를 단지 '적응적으로' 추진하면, 그리하여 모든 공급은 단지 현존하는 수요에 대해서만 추진되면, 어떻게 모든 공급이 실질적으로 큰 방해가 될 것인가에 대해서는 들여다볼 수 없다. 그것은 대체로 대부분의 위기이론에 대한 거대한 반대주장이다. 즉, 대부분의 위기이론은 왜 모든 공급이 **거대한** 방해로 — '외부개입'의 결과로서의 방해를 제외하고는 — 이어질 수 있는지를 알려주지 않는다. 앞에서 얘기한 이유는 아마도 개별적 경제주체의 절멸을 설명하지만, 이들은 왜 이와 같은 현상이 일정한 시점에 축적되는지는 설명하지 못한다.

인도한다. 창업이 한 기간에 축적되고 한 획기적 시기의 산업적 발전을 결정짓는 모든 기업은 대단히 본질적으로 유사하고도 연관된 조건 아래 바로 동일한 성공을 목표로 하거나 혹은 중요한 관계들 속에서 비슷한 성공을 목표로 한다. 이들에게 기초가 되는 계획은 중요한 특징을 공통으로 가지고 있으며 모든 기업가의 행동은 마지막에는 하나의 동일한 자극에 기초한다. 이들 모든 개별발전은 이 의미에서 본질적으로 통일된 국민경제적 총체발전의 부분들로 이해될 수 있다. 이들 모두는 사람들이 총체적 자극의 기초 위의 총체적 성공으로 묘사할 수 있는 특정한 — 물론 다소간 유리한 — 성공으로 이어진다. 이로써 이제 전체적 과정에 대하여 자신의 통일된 특징을 표현하는 이 자극은 하여야 할 일을 수행하였고 이로써 자신의 역량이 소진된다. 새로운 결합은 이제 **그곳에** 있으며, 지금까지 통일적으로 이해될 수 있었던 더 이상의 계획이 존재하지 않는다. 동시에 발전의 영향 아래서 사람들이 근거할 수 있는 모든 조건은 변하였다. 국민경제의 균형은 방해를 받으며 사람들은 기대하지 않았고 간과할 수 없는 반응을 각오하여야만 한다. 확실한 계산기초는 존재하지 않는다. 발전의 모든 결과의 다른 모든 상황과의 분할이 무엇보다 필요하다. 그리고 이것은 발생한다. 이의 결과는 혁신(das Neue)이 정태적인 조직체에 통합되는 것이다. 이로써 통일된 발전단계는 종료된다. 그리고 바로 새로운 발전단계가 시작된다면, 이는 다른 조건 아래서 다른 수단을 가지고 다른 계획을 아마도 대부분 다른 지도자들에게서 시작된다. 이 새로운 발전단계는 사람들에 대해서는 물론 상황에 대해서도 아마도 이전 것과는 다른 통일적 특징을 가진다. 그것은 전체로서 국민경제의 발전 역시 부분발전들로 구성되어 있으나, **증명해야만 하는** '하나의 조각'으로는 구성되어 있지 않다는 것과 다름이 없음을 의미한다. 개별발전에 대해 그러한 것처럼 우리는 이 총체발전에 대해서도, 만약 충분히 떨어져 보아 이것이 통일된 무엇으로 묘사된다면, 그것은 사안으로부터 반드시 필수적으로 발생하는 것은 아닌 경험적 결과일 뿐일 것이라는 점을 말하게 될 것이다.

우리의 논의들의 이 부분을 요약하면, 우리의 의미에서의 경제발전은 단순히 유기적 성장과 비슷한 것이 아니다. 그것은 **하나의** 법칙에 따라 추진되는 것이 아니라 독자적으로 자신의 통일된 법칙을 가지는 부분들로 나누어진다. 경제발전은 말하자면 변덕스럽게 추진되며 이들 다양한 도약기간 속에 다양한 특징을 가진다. 말하자면 이와 같은 모든 도약(Aufschwung)은 새로운 위치를 만들기 위하여 사라져간다.

그것은 첫 번째 결과이다. 우리가 이제 떼어야 하는 두 번째 발걸음은 **최초의** 도약기간이 끝을 내고 두 번째 기간이 출발하는 국민경제 상태의 분석에 존재한다. 우리가 여기에서 제기하여야만 하는 질문은 다음과 같이 정확하게 제시된다. 즉, 이 상태가 정말로 그리고 필수적으로 정태적 상태라면, 원칙적으로 독립적이고 항상 동질적인 부분발전들이 정태적 상태에 의해 필연적으로 서로 분리되는가? 우리는 이 질문을 두 가지 이유에 의해 제기하여야만 한다. 첫째, 이에 대한 대답은 우리의 사고과정이 스스로 종료되고 모든 본질적인 것을 포괄하는지를 살펴보는 데 필요하다. 왜냐하면, 우리의 이론은 정태적 상태에 기초하기 때문이다. 우리는 그것을 바로 이와 같은 상태를 **가정하는** 발전의 최초 파동(Welle)의 설명에서 용납할 수 있다. 그러나 만약 뒤에 오는 모든 파동이 정태적 상태에 기초로 할 때만, 우리의 이론은 발전의 **모든** 파동에 적합하다. 그러나 여기에서 이를 단순하게 가정하는 것이 더 이상 자유롭지 않다. 우리는 여기에서 그것을 우리가 최초의 파동과 이어서 대두되는 경제의 모든 동태적 상승운동이 정말로 정태적 상태를 따라야 한다는 점을 증명할 수 있을 때만 할 수 있다. 사실상 정반대가 사실일 경우에는, 그리하여 최초의 부분발전이 정태적 상태에 끝나지 않는다면, 우리의 관찰방식은 더 이상의 것에 쉽게 적용할 수 없으며, 그리고 우리는 **그것을** 도외시할 수 없다. 왜냐하면, 사실의 이론적 모습과 괴리는 바로 이 모습에 대하여 본질적인 요인에 의해 야기되었을 것이기 때문이다. 그리하여 우리가 산업적 도약에 따라오는 상태에 보다 정확하게 몰두하는 것이 필요하다. 그러나 다른 — 두 번째의 — 이유로부터도 발생한다. 우리는 아마도 이와 같은 도약의 본질과 유형을 이해한다고 믿는다. 그러나 이의 수축(Abschwellen)은 우리에게 새로운 현상이다. 우리가 거의 보지 못한 힘과 현상이 여기에 나타나며, 지금껏 우리의 그림에 없었던 새로운 사실을 여기에서 설명하여야 한다. 그리고 이 이유로부터 우리는 부분발전의 이 종착점을 보다 가까이 주시할 것이며 이를 가져오는 요인의 본질과 유형을 분석하려 한다.

여기에서 고찰되는 사실은 세 가지 집단으로 나눌 수 있다. 첫 번째 집단은 새롭게 창출된 결합이다. 우리는 이미 이에 관해서는 얘기를 하였다. 기업가의 계획은 이제 자세히 실행되었다. 필요한 활동적인 자극은 이루어졌다. 입증되지 못하는 결합은 사라지고, 다른 결합이 경제체제의 구성요소가 된다. **이는 지속해서 반복하는 활동의 기초가 된다**. 만약 한 기업의 지도자가 새로운 동태적 변화를 바로 인지한다면 그리고 이같이 항상 반복하는 활동을 내버려 두지 않는다면, 이 해석 자체가 좋은 의미가 있다는 점에 주목해 보자. 왜냐하면, 이 후속적인 계획들의 기초는 실현된 성공이거나 혹은 이전 계획들의 확실하게 인식된 성공이어야만 하며, 그 결과 원론적으로 항상, 비록 개별적 사례에서는 때때로 가능한데도, 동태적 변화의 두 개의 기간 사이에 변화되지 않은 활동의 기간을 놓아야만 한다. 그렇다 하더라도 우리가 논의할 두 개의 다른 사실집단은 단지 마지막 집단의 잠재적 존재 가능성을 더욱 제한한다. 그리하여 새로운 결합은 한번 창출되면 스스로 변함없는 활동, 즉 **정태적** 활동의 기초가 될 것이다. 그러나 이들 새로운 결합은 동시에 소득의 원천이 될 것이다. 즉, **무엇보다도 기업가 이윤으로 발생한 것은** 그 활동이 이제 지나간 궤도 속에서 시작하는 **요인에 의해 개별적 생산재에 귀속된다.** 그러나 바로 이 두 요인은 새로운 기업을 정태적 생산단위로 만드는데 충분하다. 그리고 그리하여 우리는 모든 동태적 도약은 정태적 상태로 이어진다고 말할 수 있다. 혹은 다르게 표현하면, 창업의 모든 기간에 대해 — 만약 표현이 허락된다면 — 이의 '**정태화**(Statisierung)**의 과정**'이 뒤따른다. 이 과정은 우선 기업가 이윤의 남아있는 요소의 정태적 수익에 대한 통합과 정태적 궤도에서 움직이는 이들 기업의 규칙적인 활동의 수용 속에서 이루어진다. 그것이 첫 번째 집단이다.

여기서 고찰하는 사실의 두 번째 집단은 활동은 없고 새로운 결합의 관철에 직접 참여하는 경제주체와 관련되어 있다. 이 집단에 대한 발전의 영향은 여기에서 충분하게 서술될 수는 없다. 단지 한 가지 관점을 여기에서 주목하여야만 하는데, 이른바 국민경제의 지금까지의 정태적 가격체제 및 가치체제에 대한 발전의 영향이다. 발전의 결과로, 즉 새로운 목적을 위한 생산수단에 대한 수요의 대두 결과로 정태적 생산자의 생산비용이 증가된다. 그리고 그곳에서 그는 가정에 의해 이윤 없이 생산하며, 그리하여 그는 이제 손해를 보며 생산을 한다. 더 나아가 발전의 결과로 새로운 재화의 수량과 유형이 발생한다. 그리고 궁극적으로 신용지불수단의 창출 결과로 화폐의 구매력이 변화한다. 이 두 개의 영향의 효과는 첫 번째 것의 영향과 마찬가지로 그리 분명하지는 않다. 지금까지 그가 충족시켰던 수요로부터 새로운 재화의 양을 정태적 경제주체에게 조금 떼어주면, 이는 그의 생산에 도움이 될 수 있을 것이다. 또한 이들 새로운 재화의 양도 그에게 아무것도 떼어줄 필요가 없는데, 그 이유는 일반적 구매력이 확실히 증가하기 때문이다. 즉, 그리하여 그의 고객들은 그에게 유지될 수 있으며 혹은 이전에 자신의 구매력이 충분하지 않았던 다른 사람들이 그들을 대신할 수 있다. 신용지불수단 대두의 결과로 화폐의 양이 커지게 되면, 그리하여 어디에서나 화폐가치가 이에 상응하여 하락할 필요는 없는데, 그 이유는 현재보다 많은 재화가 확실히 존재하기 때문이다. 결국, 정태적 생산자는 발전의 반작용을 직접 가져가는 사람들에 속한다. 예를 들어, 그의 집의 임대가치가 상승할 수 있다.

그러나 우리는 그것을 더 이상 추적할 필요가 없다. 우리에게는 그것은 거의 제외되었거나 혹은 경제주체들에 대해 모든 요인이 조정되어 그의 상황이 변하지 않을 간헐적인 예외사례에서만 발생할 수 있는 한 가지로 충분하다. 여기에서 우리는 사람들이 그 질문에 대하여 일반적인 것을 말할 것인지 여부 그리고 정태적 경제주체들의 대다수가 우리의 의미에서의 발전을 통하여 보다 좋거나 혹은 보다 나쁜 상황에 처하는지 여부에 대하여 결정하지는 않으려 한다. 모든 것과 마찬가지로 **다른** 상황에 처하게 되는 것이 손해를 보거나 혹은 수익을 얻는 것은 확실하다. 이제 그것 하나가 혹은 다른 하나가 경우라면, 이들은 자신들의 경제적 상황의 이 변화에 대하여 필연적으로 대응하여야 한다. 한 생산자에게 자신의 비용이 올라가거나 혹은 자신의 수익 혹은 이의 구매력이 줄어든다면, 그는 더 이상 옛날 그대로의 방식으로 더 이상 경제행위를 할 수 없다. 새로운 상황이 그에게 이윤을 가져다준다면, 그는 그 이윤으로 무엇인가 시작하여야만 한다. 그리하여 그는 항상 경제의 논리에 의하여 행동할 것을 강요받으며, 종종 위협적인 침몰에 의하여, 종종 특정한 상황에서 특정한 조치를 필요로 하는 이익과 손해의 보다 유연한 수단에 의해서도 행동할 것을 강요받는다. 발전이 촉발한 이들 반응은 이제 두 개의 서로 다른 유형일 수 있다. 정태적 안정으로부터 깨어난 경제주체들은 자신의 운명을 손에 쥐고 열정적인 행동을, 즉 새로운 궤도를 용기 있게 추진하는 것이 발생할 수 있다. 이들이 단지 충분한 규모이어야만 이익은 물론 손해도 야기한다. 큰 이익은 강력한 행동의 동기가 되며 다른 한편으로 그것은 특히 완전한 절멸의 두려움이 된다. 그리하여 우리는 여기에서 발전의 두 번째 파동의 가능성을 본다. 그러나 그동안 이 가능성은 한 번도 아주 강력한 적이 없는데, 그 이유는 이와 같은 '용기를 낼' 수 있는 힘과 능력을 가진 사람들의 수는 비교적 매우 적기 때문이다. 그렇다면 이 2차적 발전에는 변화하는 것의 변화에 따라서 1차적 발전과 동일한 것이 유효하고, 그 결과 양자를 통합하고 여기에서 전자로부터 눈을 돌리는 것이 이론적으로 허락된다.

그렇지 않으면 새로운 상태에 대한 반응의 단지 하나의 가능한 유형이 존재한다. 그것은 정태적 성향의 경제주체의 본질에 적합한 유형이며, 이른바 새로운 상황에 대한 수동적 적응이다. 생산비용이 증가하거나 혹은 수익이 감소하면, 사람들은 생산과 소비를 줄이며, 그리하여 화폐가치는 하락하며, 그리하여 사람들은 동일한 일을 행한다. 그리고 반대의 경우에는 거꾸로이다. 사람들은 손실을 가급적 줄이며, 자신의 소비를 알려진 법칙에 따라 변경한다. 다른 경우에 사람들은 마찬가지로 어쩌면 증가된 이윤을 소비하며, 자신의 생산을 주어진 틀 속에서 확대한다. 그것은 정태적 경제주체들 절대다수의 행동방식이 될 것이다. 이들은 경제적 상황의 외부로부터 발생한 다른 변화에 대한 것과 아주 동일하게 대응한다. 이와 같은 외부로부터 발생한 변화로는 넉넉한 수확 혹은 흉작, 수요의 방향에서의 변화 등을 들 수 있다.

그리하여 우리는 국민경제의 정태적 구성원에 대한 산업발전의 아주 다양한 형태의 영향 모두는 그에 대해 잘 알려진 표현인 '**정태적 균형의 방해로서**' 존재하는 하나의 관점 아래 요약될 수 있음을 알 수 있다. 즉, 그것은 이 인식으로서 이들 영향의 본질에 대한 통찰이 열리게 된다.

그리고 우리의 의미에서의 발전이 국민경제의 나머지 단체에 불러일으키고 바로 지금까지 우리의 현실에 대한 지적 묘사에는 없던 모든 복잡한 움직임은 요약될 수 있고, 또한 이들 움직임은 **방해받은 균형의 재구축 내**

지 새로운 균형상태에 대한 노력의 관점 아래서 통일적으로 파악된다.

그리하여 발전이 존재하는 것과 마찬가지로, 국민경제의 폭넓은 대중 속에는 발전이 수반하는 운동과 새로운 균형을 향한 움직임이 발생하며, 더구나 이들은 항상 존재하며 필요하다. 양자는 발전이 하여야 할 일을 이루어낸 지점에서 만나며 정태화(Statisierung)의 과정이 시작된다. 가치체계와 가격체계는 재구성되어 그 결과 새로운 결합은 정태적으로 포괄되고 새로운 상태의 다른 모든 상황은 적응된다. 그것이 이루어지면, 전체적으로 비용과 수익은 서로 다시금 균형에 이르며, 모두는 지출한 것만큼 받으며, 그리하여 이전과 같은 상황이 계속 진행된다. 이 재조직화 과정은 필요하며, 발전의 시작부터 이에 대한 경향이 존재한다. 그러나 이 과정은 새로운 결합이 추진되고 그리하여 상태가 명확해지고 조정을 위한 단단한 기초가 주어지기 전까지는 발생할 수 없다. 그때까지는 이른바 모든 균형의 진행과정에 존재하는 동태적 변화가 바로 다시금 방해를 한다. 그러나 변화는 끝이 나고, 그 결과 균형을 향한 이 흐름은 우위를 점하며 항상 이와 같은 것을 초래한다.

우리의 묘사를 완전하게 하기 위하여 우리는 사실의 세 번째 집단을 가진다. 그리고 거기에서는 발전이 가져온 정태적 경제에서 방금 언급한 움직임의 이 발전 그 자체에 대한 영향이 관건이다. 본원적으로 정태적 경제의 상황은 기업가에게는 여건이 된다. 기업가는 자신의 계산을 이에 기초한다. 여건의 존재 그리고 이의 올바른 평가는 그의 성공에 본질적 조건이다. 그러나 이제 이들 상황이 변화하고, 이로써 새로운 결합의 기초도 변화한다. 자세히 말하면 첫 번째로 이들 상황은 반드시 변화하고 두 번째로 바로 새로운 결합의 대두 때문에 변화한다. 우리는 다른 변화, 즉 우리의 관점에서 우연한 것으로 간주되는 변화는 제외하려 한다. 그것은 새로운 기업과 이의 성공에 대한 영향 없이는 존재할 수 없다.

그러나 우리는 기업가들이 정태적 경제의 이 반응에 의해 반드시 놀란다고 가정할 수는 없다. 오히려 그들은 이 반응을 부분적으로 예상하고 그들의 계산 속에 고려하여야만 한다. 그것은 물론 발생한다. 한 기업가가 예를 들어 하나의 새로운 재화를 생산한다면, 당연히 그는 그것을 판매한다고 가정한다. 그는 지금까지 존재하지 않았던 수요가 발생하거나 혹은 궁극적으로 정태적 경제의 세계 속에서도 변화가 스스로 진행될 것이라고 가정한다. 이 사례는 기업가가 아주 잘 예측을 하고 자신의 성공조건이 되는 정태적 상황의 변화의 부류를 나타낸다. 그것은 **기업가 스스로가 불러일으키고자 하는** 그 변화이다.

그러나 기업가가 야기**하려** 하지 않고 자신 행위의 기대하지 않았던 결과로서 묘사되는 변화도 일반적으로 그에게 숨겨져 있지는 않다. 이와 같은 활동은 자신의 계획 관철에 필요로 하는 재화의 가격상승을 예로 들 수 있다. 기업가의 재능이 강력하면 할수록, 그는 이들 변수를 보다 명확하게 보며, 이들 변수를 보다 정확하게 평가한다. 그러나 기업가의 재능은 한 번도 완전하고 정확할 수 없으며 그렇기 때문에 깨달음을 이에 상응하는 조치로 항상 실천할 수는 없다. 이제 이에 관해 설명하여야만 한다.

경제이론은 알려진 이유에 의하여 경제주체가 자신의 이해관계는 물론 경제적 상황을 정확하게 인지하고 올바르게 판단한다는 가정을 일반적으로 한다. 만약 사안의 거대한 진행이 원칙적으로 완전히 이해관계가 없는 경제적 오류에 의해 지워지지 않는다면, 이 가정은 필요하다. 그러나 이들 일탈은 진정으로 '원칙적으로 이해관계가 없어야'만 하며, 그로써 우리의 이론이 원했던 의미를 가질 수 있다. 정태이론 속에서는 그것은 확실히 그 경우이다. 그곳에서도 모든 경제주체는 의식적으로나 혹은 무의식적으로 자신의 경제계획을 가지고 있다. 그리고 그곳에서는 정태적 경제과정은 정기적으로 반복되며, 모든 여건은 **경험에 의거하여** 주어지며, 특히 모든 생산은 이미 알려져 있고 확실한 수요가 상응하기 때문에 계획과 성과가 일반적으로 일치하며, 사람들은 그것이 이루어지지 않는 의미 없는 예외에 관하여 이야기할 수 있다. 그러나 우리 의미에서의 발전의 진행과정은 그것과 본질적으로 차이가 있는데, 그 이유는 여기에서는 경제계획의 많은 관점이 경험에 의해 주어지지 않으며 오히려 평가되어야 하기 때문이다. 우리는 그것을 간과해서는 안 된다. 즉, 우리는 아마도 목적 지향적으로 간주할 수 있는 가정을 할 수는 있다. 그러나 하나의 가정이 우리 영역의 다양한 사실집단에 있어서 현실과 아주 다른 다양한 역할을 한다면, 그것은 반드시 고려되어야 한다. 동태적 이론은 마치 다른 관점에서와 같이 이 관점에서도 정태적 이론과 **본질적으로 그리고 필수적으로** 구별된다. 즉, 우리는 이제 이 차이를 지우는 것이 허락되지 않으며, 그 속에서 우리는 이들 양사의 사례에 공식적으로 동일한 가정을 도입한다. 그러나 이 가정은 양자의 사례에 있어서 아주 다른 의미를 가지며 아주 다양하게 중요한 현상을 관찰하지 못하게 한다. 그리하여 우리는 우리의 가정을 아직 포기하지 않는다. 그러나 우리는 사실과의 일치 속에서 분석영역의 다양한 구성요소에 대하여 차이를 입증하여야만 할 것이다. 우리의 사고과정에 있어서 이 입증의 실무적 중요성은 크다. 자신의 계획에 있어서 발전의 결과에 의해 그리고 발전과 수반하여 발생한 변화 중에 무엇을 고려하고 무엇을 고려하지 않을 것인가는 우리가 기업가의 선견지명, 인지 등에 부여하는 범위에 달려 있다. 전자는 기업가의 경제계획의 부분과 자신의 행위조건이며, 후자는 이 계획의 밖에, 즉 기업가와 대립되는 외부적인 힘으로서 존재하며 그의 기업에 대해 독립적인 영향력을 행사한다. 이제 기업가의 계획 속에 놓여 있는 모든 요인에 관하여 우리는 무엇보다도 이들이 핵심에 있어서 기업가가 이들을 예측했던 바와 같이 실현된다는 추가적 가정을 한다. 그리하여 우리는 대체로 정태이론에서와 동일한 가정을 여기에서 하는 것이다. 확실히 그로부터 발생하는 실수는 후자의 경우

보다 훨씬 클 것이다. 만약 우리가 새로운 기업이 새로운 생산물을 진정으로 바람직하게 보이게 하는 등을 기술적으로 달성한다고 가정하면, 그것은 많은 경우에 있어서 적합하지 않을 것이다. 그럼에도 불구하고 우리는 사실에 대한 이 연관성 속에서 우리가 등한시한 것이 진정 원칙적으로 관심이 없고 그로써 나타나는 현실의 사고구성 이탈이 전혀 문제가 되는 것이 아니라 오히려 손쉽게 이해할 수 있다고 주장할 수 있다. 그 결과 여기에서 이론은 사실에 관한 설명되지 않은 잔류물을 남기지 않는다. 그러나 그것은 다음의 질문을 제기한다. 즉, 기업가의 계획을 얼마나 많이 포괄할 수 있으며, 사안에 대한 그의 선견지명이 사실상 얼마나 멀리 도달하는가? 혹은 우리는 기업가의 계획과 그 계획 밖에 존재하는 사실 간의 분리에 착수하여 우리의 묘사가 사안의 큰 윤곽을 재현하도록 그에게 얼마나 많은 선견지명을 인정하여야만 할 것인가?

이들 질문에 대하여 모든 일반적 대답을 제시하기는 불가능할 것으로 보이는데, 그 이유는 기업가의 선견지명은 경우에 따라 개별적으로 다르기 때문이다. 그러나 우리는 우리가 필요로 하는 것을 아마도 얻을 수 있다는 것을 보게 될 것이다. 본원적으로 정태적 상태와 관련된 모든 상황은 기업가에게 잘 알려져 있다고 가정한다. 마찬가지로 이미 말한 바와 같이 그 스스로가 불러일으키려고 시도한 변화도 다 알려진 것으로 가정한다. 상황의 이 양자의 집단은 확실히 그의 계획의 기초를 형성한다. 그러나 이제 우리는 발전의 정태적 여건이 바로 발전을 통하여 항상 그리고 필수적으로 변화한다는 사실을 강조한다. 여기에는 그 경우가 아닐 때에는 시도하였던 변화는 이것이 행할 수 있던 것과 같이 발생하지 않을 것이라는 점도 존재한다. 기업가가 이 사실을 자신의 계획 속에서 고찰할 수 있는가? 때때로 그는 그것을 할 수 있고 실제 행한다. 예를 들어, 한 산업부문의 공장들을 통일적으로 조직하고 특정한 가격정책에 대응하기 위해 한 나라에 통합하려고 하는 사람은 기대되는 반작용에 대해 확실하게 이해하여야만 한다. 그리고 그것은 종종 성공적으로 이루어진다. 그러나 선견지명은 여기에서도 완전하게 존재할 수 없다. 조만간 새로운 상태를 만들어내는 가장 깊숙이 숨겨져 있고 가장 멀리 있는 원천으로부터의 반작용이 모습을 나타낸다. 그러나 사안이 달라지면, 각각의 기업가는 **자신의** 계획 그 자체가 국민경제적 결과, 즉 전체 국민경제에서 인지할 만한 변화를 불러일으킬 수 없으며, 그러면 그의 선견지명은 발생한 변화가 모든 기업가의 행위에 의해서만 발생하게 된다는 바로 그 장애물에 맞닥뜨린다고 말하여야만 한다. 물론 모방자들로서 어떤 영역에 발을 들여놓은 사람들은 이미 창출된 상태를 자신들의 계획에 고려할 수 있다. 그러나 먼저 간 사람들은 얼마나 많은 사람이 자신들을 뒤따르는지를 알 수 없을 것이다. 또한, 그 모방자들도 그들이 얼마나 많은 동료를 가지고 있는지 그리고 누가 그들을 따라 동일한 궤도에 나아가는지를 알지 못한다. 이들 모두는 자신들에게 주어진 상황에 의해서만 계산을 하고 이에 따라 자신들의 계획을 정렬시킨다. 그리고 이 상황은 바로 변한다. 최초의 사람은 종종 독점적 지위를 고려할 수 있으며 그는 비용을 지출할 수도 있다. 그 지출은 단지 이 전망의 결과로만 가능하고 비용은 후발자들에게는 보다 적게 든다. 왜냐하면, 후발자들은 이미 열려진 길을 발견하기 때문이다. 모방자들의 대두를 통하여 그것은 필요한 정확성으로 예측되지 않고 다르게 될 수 있다.

또한, 이 사안 및 유사한 사안의 예견 그 자체가 기업가로 하여금 자신의 계획에서 그 예견을 고려하지 않게 하는 것이 발생할 수 있다. 비록 관세로부터의 자신의 생산물에 대한 이익이 생산자에게 항상 머무르지 않고 특히 관세가 확실히 혼자서 도입되는 것은 아니며 오히려 항상 개별적인 항목을 부분적으로 마비시키는 관세체제로 도입됨에도 불구하고, 생산자 집단들이 대부분 보호관세에 노력하는 것과 마찬가지이다. 비록 그로부터 이윤이 사라지고 궁극적으로 이들 집단 자체에 대하여도 손실에 의해 교대됨에도 불구하고 생산자 집단들이 종종 보다 낮은 가치의 대가를 맞아들이는 것과 아주 유사하다. 여기에서도 우리는 이미 얘기한 반작용의 모든 예상이 그에게 없지 않을 때에는 기업가가 이윤의 가능성을 좇는다는 점을 보게 된다. 우리는 그것을 간과할 수 없다. 우리가 경제계획에서 완전한 선견지명과 모든 실제로 대두된 반작용의 완전한 고려를 가정하려 한다면, 중요한 사안들이 우리에게서 벗어나게 될 것이다. 만약 이 가정이 사실에 적합하다면, 대부분 기업가는 행동에 전혀 나서지 않을 것이다. 그들은 실제로는 바로 존재하는 상황의 여건에 따라서 행동하여야만 하며 — 개별적인 사례에 있어서 다소간 교정을 하면서 —, 그리고 만약 이 고찰이 실제와 본질적 차이가 없다면 이 진행과정에 대하여도 우리는 고찰의 기초를 만들어야 한다.

그리하여 첫 번째로 기업가의 행동을 불러일으키는 모든 반작용을 정확하게 평가하는 것은 불가능하기 때문에, 둘째로 이들 반작용은 모두의 행동에 의해 발생하고 각각의 개인들로 간주되어서는 발생하지 않기 때문에, 그리고 마지막 세 번째로는 반작용은 개별적 사례 속의 성공 가능성을 제외하지 않기 때문에, 우리는 발전이 국민경제의 정태적 영역에서 불러일으키는 변화의 자세하게 결정되지는 않지만 항상 의미가 있는 부분이 기업가의 계획 밖에 위치하고 이 계획의 성공에 독립적 변수로서 영향을 미쳐야 하는 점을 설명할 자격이 있을 뿐만 아니라 심지어 설명할 의무가 있다. 그리고 그리하여 우리는 이 움직임의 발전에 대한 반작용이 우리가 앞에서 보았던 두 개의 다른 사실집단, 이른바 동태적 자극의 중단과 정태적 경제의 균형에 대한 방해에 이어 세 번째 독립적 사실집단으로 제시할 수 있다. 우리의 분석으로부터 마지막으로 네 번째 집단이 발생하는데, 새로운 기업가의 출현이 맨 먼저 설립된 기업에 대해 미치는 영향이 바로 그것이다. 이들 네 집단의 하나에 분류할 수 있는 것과 다른 유형의 현상은 우리의 이론에 따르면 존재하지 않으며,

적어도 원론적 이해관계가 있는 이와 같은 현상은 존재하지 않는다.

또한, 현상의 이들 양자의 집단은 이들이 정태적 균형의 방해였을 때와 아주 마찬가지의 영향을 미친다. 이들은 기업가가 목표로 노력한 그리고 그의 계산이 그 균형의 달성에 맞추어져 있는 어쩌면 그 이상 계획의 기초가 되는 기업가에게 아른거리는 새로운 균형상태의 방해이다. 이들 방해는 새로운 기업들에게 발전에 의해 창출된 정태적 경제에 대한 방해와 아주 비슷한 영향을 미치며, 기업가에게 비슷한 방어시도와 적응시도를 불러일으킨다. 이제 이들 시도도 본원적으로 의도하였던 균형상태와 다른 상태를 향해 노력하며, 그 속에서 이들은 '이윤과 손해' 지렛대의 압력 아래 현재 주어진 상황 속에서 가능하면 가장 유리한 위치를 찾으려고 시도할 수 있도록 가능한 한 가장 좋게 정렬을 한다. 만약 이들이 그것을 정태적이지 않은 방식으로, 즉 다시금 새로운 결합을 통해 행한다면, 그동안 균형을 가져왔던 정태적 경제에 있어서와 마찬가지의 것이 그에 해당된다. 이들이 지금 노력하는 이 균형상태는 그러나 정태적 경제주체들도 창출하고자 하는 상태와 같은 것이다. 왜냐하면, 우리는 이제 분석의 영역에서 본질적이고 동일한 시점에 단지 경제적 균형을 추구하는 개인들만을 가지고 있기 때문이다. 그들이 정태적-쾌락적이든 혹은 활동적이든 이 순간에는 아무런 차이가 없다. 그리하여 거기에서 균형이론은 이 균형이 그로부터 우리의 주장을 창출할 수 있는 **하나의 균형**, 그것도 명료하게 특정적인 균형일 수 있다는 수학적으로 증명할 수 있는 명제를 가르쳐준다.

이로써 설명의 범위는 폐쇄된다. 우리는 이 사고과정의 초기에 모든 부분발전은 이를 바탕으로 새로운 결합이 정태적 유기체에게 편입되며 자연적으로 종료되는 것을 보았다. 이제 우리는 더 나아가 발전이 가져오는 국민경제에서 모든 움직임은 이들이 새로운 균형상태를 향해 노력하고 있다는 공통점을 가진다는 점을 본다. 발전의 결과로서 필수적으로 그리고 항상 모든 부분발전에 대해 반드시 승리하는 '정태화 과정'이 발생한다. 그리하여 우리는 확실히 다음 결과에 도달한다. 즉, **두 개의 부분발전 사이에 전체 국민경제의 정태적 상태가 존재한다. 그 속에서 각각의 부분발전이 흘러나오며 그로부터** 첫 번째의 부분발전과 마찬가지로 우리에게 당연한 **새로운 부분발전이 즉시 발생한다**.

그것이 우리의 본질적인 이론적 결과이다. 이로부터 이제 흥미로운 몇 가지 결론이 쉽게 도출된다. 그러나 우선 우리는 부분발전들 사이에 있는 이들 추가적 쉼표는 우리의 본원적인 정태적 상태의 특징을 쉽게 가질 수는 없다는 점을 알아채야만 한다. 이 정태적 상태는 확실히 우리가 현실에서 쉽게 찾는 것이 허락되지 않는 방법론적 이유로 인해 창출된 사고체계일 뿐이다. 그러나 이를 제외하고는 발전을 위한 그리고 발전으로부터 창출된 제도와 경제주체의 유형은 쉽게 사라지지 않는다. 이들은 단지 물러서 있다가 바로 발전의 다음 파동을 기다린다. 또한, 우리는 사실에 대한 첫 번째 시선에 대하여 혹시 정태적 경제의 이론적 묘사와 유사한 안정상태가 나타나는 것을 기대하지 않으며, 특히 이 상태가 활력 있는 발전을 매끄럽게 가져올 것으로 기대하지는 않는다. 오히려 경제활동의 파도는 대단히 많은 반대방향에서 밀려오고 고르지 않은 흐름들로부터 생겨야만 하는 부서지는 파도의 시기에서보다는 한 번도 높게 치지는 않을 것이다. 그리하여 현실에 있어서 우리의 눈에 우선 들어와야 하는 것은 대략 어느 정도의 정태적 상태가 아니라 바로 정태적 상태의 초래과정, 균형과정, '정태화'의 과정이다. 아마도 그 진행과정은 궁극적으로 정태적 상태를 초래하여야 하지만, 현실에서는 새로운 발전의 정태화와 징후가 합쳐지고, 진행의 이론적 중심을 구성하는 쉼표에는 전혀 도달하지 않는다. 우리 정리(定理)의 중요성은 오로지 그것이 우리에게 진행과정의 원칙과 방향을 보여주고 우리에게 진행을 이해할 수 있게 하는 데에 있다.

그렇다면 우리는 이 '정태화 과정'을 좀 더 자세히 살펴보기로 하자. 이제 우리는 그 과정의 본질과 기능을 이해한다. 이는 필요에 의해 창출되었고 발전에 대해 필수적으로 일시적 종료를 가져오게 한다. 그리고 그렇다면 이는 다음 네 개의 서로 다른 흐름의 균형을 가져온다. 즉, 경제의 새로운 정태적 체제 속에서 새로운 결합 이행의 흐름, 정태적 경제의 방해된 균형의 복구, 새로운 기업에 대한 마지막 움직임의 반작용, 그리고 연이어 추진되는 새로운 결합들 상호간의 작용이다. 이 과정은 특정한 상황 속에 모든 가치, 가격, 재화의 양을 서로 밀접하게 관계를 갖게 하며 이에 상응하여 이들을 변화시킨다. 비록 개별적인 경우에 있어서 이 과정의 영향은 때로는 이곳에시, 때로는 저곳에서 보다 강력하게 느끼게 되지만, 이 과정은 사람들이 소비재시장, 생산수단시장, 금융시장, 도처에서 원칙적으로 이와 동일한 방식으로 구분하곤 하는 모든 부분시장에서 발생한다. 이 과정은 발전이 편차(偏差)로 이어지게 한 도처에서 평등성과 상응성을 창출한다. 이는 미래의 가치체계와 같이 현재의 가치체계를 재조직한다. 모든 가치와 가격에 관한 판단을 받아보고 '목표'와 '성과'를 비교해 보자. 이 과정은 우선 소비재의 모든 가치와 가격을 재조정하고, 이를 바탕으로 생산재의 가치와 가격을 재조정하며, 그리고 마지막으로는 여기에서 나온 결과에 따라 모든 희망에 입각하고 계산에 입각한 자산가치를 수정한다. 우리는 이 개요로 만족하려 하며, 본질적으로 새로운 것을 제공하지 않는 혹시 있을 개별적 논의는 독자에게 남겨두려 한다. 결정적인 사항은 발생할 편차와 균형방해의 필요성을 증명하고 이들의 균형을 유발하는 힘을 제시하는 것이다.

이 재조직화 과정과 재조정 과정은 실제로는 종종 매우 오랜 시간을 필요로 한다. 때로는 이는 도약기간만큼 걸리거나 혹은 이보다 오래 걸린다. 그것은 역시 이해할 수 있다. 발전에 대한 국민경제의 반응들은 곧바로 나타나지 않고 또한 아주 즉각적이지 않다. 이들은 또한 모두 동시에 나타나지 않는다. 많은 반작용은 이들이 작동하기 전에 나아가야 할 긴 길을 가지고 있다. 만약 해당 경제주체들이 **더 많은 것이** 발생하여야만 한다고 본다면 혹은 만약 같은 입장에 있는 점차 **더 많은** 경제주체들이 무엇이 발생하여야만 한다고 깨닫는다면, 다른 반작용들은 나중에서야 부풀어 오르기 위하여 처음에는 약하고 불충분하게 발생한다. 대체로 많은 경제주체는 그동안의 경제방식을 고수할 것이며 기존의 가치체계를 가지고 계속 경제활동을 하려 할 것이다. 이들은 사안의 흐름에 대응하려 할 것이며, 아마 무엇보다도 외부의 어떤 원인의 결과로의 일시적 방해만을 믿으려 할 것이다. 그러면 이들은 스스로 상응하는 행동을 하기 이전에 우선 경험을 얻어야만 하며, 다른 것들을 양보하여야 하고, 방향전환을 생각하여야 한다. 그러나 그것은 종종 즉시 진행되지 않고 단지 서서히 진행된다. 더 나아가 우리가 본 것처럼 모든 급격한 악화는 그 자체로서 상황을 복잡하고 뒤엉키게 하는 데 더욱 더 공헌하는 반대흐름을 불러일으킨다. 그것은 개별적 사례로서는 거의 설명이 필요 없는 경제바다에서의 소용돌이를 창출한다. 그리하여 우리는 이와 같은 경우 사안을 분명하게 하고 재조정의 과정이 자유로운 흐름 속에서만 이루어지기 이전에 많은 시간이 필요하다는 것을 이해하게 될 것이며, 그 과정이 자신의 업무를 수행하고 거대한 청산이 이루어지기 이전에 훨씬 더 긴 시간이 필요하다는 것을 이해하게 될 것이다.

이 청산(Liquidation)은 손실 없이 발생하지 않으며, 많은 가치와 희망을 포기하고 경제적 존재들의 절멸 없이는 이루어지지 않는다. 이는 항상 다소간 고통스러운 과정이다. 개념적으로 모든 손실은 이윤을 통해 상쇄될 수 있지만, 그럼에도 불구하고 이와 같은 손실의 사실과 결국 계산 여건의 예상치 못한 변화에 의해 발생된 손실의 바로 이 유형은 발전의 기간에 대한 어떤 새로움이다. 이 손실의 본질은 이것이 경제주체들로 하여금 그들의 가치체계의 변경을 강요하거나 혹은 이미 이 손해는 이미 이와 같은 변화의 결과 그 자체라는 점에 있다. 즉, 동태적 경제주체들의 발전에 기반을 둔 가치평가는 증명되지 않으며, 획득한 수익은 기대한 수익과 차이가 있다. 마찬가지로 정태적 경제주체들의 가치평가도 더 이상 증명되지 않는데, 즉 이들의 수익도 이제 다른 사람들의 수익이 될 것이다. 그것은 모든 자산가치의 재조정을 필요로 한다. 그리고 이 재조정은 자신의 편에서 그동안의 가치에 대한 삭제와 추가 속에 다시금 나타난다. 그리하여 무엇보다도 경제의 회계정리에서는 생산물에 대한 손실 혹은 이윤이 나타난다. 그렇다면 그들 편에서 — 자산가치에 대한 — 손실 혹은 이윤을 실현하는 이 새로운 결과에 대한 적응이 발생한다. 만약 이윤이 손실을 수치적으로 보상하게 된다면, 이미 말한 것처럼, 손실의 이 유형은 그 자체적으로 무력화되지 않을 것이다. 왜냐하면, 이윤과 손실은 한 번도 혹은 단지 우연하게도 동일한 경제에서 조우하지는 않을 것이기 때문이다. 전체 청산과정은 손실의 이 유형의 압력 아래 위치하며, 이 손실은 그 과정에 영향력을 행사한다.

이 청산과정에 걸리는 시간은 멀리 서 있는 사람에게도 잘 알려진 순수하게 피상적이기도 한 아주 독특한 특징을 가지고 있다. 첫 번째 특징은 우리 의미에서 발전의 중단에 존재한다. 도약의 기간에 사람들은 도약의 갑작스럽거나 혹은 점진적인 동결을 비정상으로 느끼는 데 아주 익숙하며, 단지 이 단계에 대해 특별한 특징을 부여하는 것만으로도 충분하다. 그러나 이에 대하여 부정적인 특징 이외에 긍정적 특징도 있다. 아는 바와 같이, 우리는 이와 같은 획기적인 시기에서 정태적 상태의 현상에서와 같이 도약시기의 현상에서도 마찬가지로 명확하게 두드러지는 국민경제 내의 현상을 본다. 국민경제의 본질에 따라 그것은 균형(Gleichgewicht)을 향하는 움직임이다. 그러나 이 움직임은 표면적으로는 예측불가능하고, 지배불가능하며, 겉보기에는 무질서한 진행과정들로 특징지어진다. 이들 과정은 각각의 사람을 위협하고, 이에 대항하여 아무도 무언가를 할 수 없고, 모든 계산과 모든 계획에 입각한 행동을 조롱한다. 실제적 경제주체는 큰 윤곽을 그릴 수 없고, 작용과 반작용 간의 뒤엉킴 속에서 손에 잡을 수 있는 경향을 인지할 수 없으며, 그가 의지할 수 있는 것은 아무것도 없다. 산업의 유능한 지도자(Führer)가 도약의 시기 동안 그렇게 강력하게 손에 잡고 있던 주도권은 지도적 인물들(führende Persönlichkeiten)의 손에 들어가버렸다. 이들 지도적 인물들에게는 사안이 어떻게 구성되는지 기다려보고 파도에 가능하면 잘 견뎌보는 것 외에는 아무것도 남아 있지 않다. 특히 모든 확고한 기반이 없는 이 시기에는 새로운 결합을 생각하는 것은 거의 불가능하다. 여기에는 확고한 계획에 상응하는 도약기의 거대한 진행이 존재하지 않는다. 여기에는 정태이론의 안정이 아니라 오히려 겉보기에 핸들이 없고 목표도 없는 움직임의 고유한 충만이 지배한다.

우리는 전체로서의 이 상태가 경제주체들에게 깊은 불쾌함으로 느껴질 것이라는 점은 쉽게 이해할 것이다. 무엇보다도 언급된 손실은 청산과정을 아주 뼈아프게 만든다. 그러나 발전의 중단은 그 자체로 일반적 불쾌감을 불러일으킨다. 이 불쾌감은 기업가와 수반하여 소위 지속적 발전에 의해 살고 있는 사람들 모두가, 즉 많은 은행가, 어느 정도의 주식투자자, 많은 유형의 노동자 등이, 말하자면 이제 불필요하게 되며 이들의 소득의 원천이 강탈당하는 상황을 통해 더욱 증가된다. 그것은 여기에서 더 이상 설명이 필요 없다. 여기에 덧붙여 불안전성의 느낌도 발생하는데, 그 이유는 사람들은 무엇이 발생할지, 얼마나 더 청산과정이 진행될지, 그리고 언제 다음의 상승운동이 시작될지를 알지 못하기 때문이다. 이 확실히 일반적으로 알려진 그림을 상세하게 묘사하려는 의지 없이, 우리는 이들 요인 속에 이 단계의 추가적인 외부적 특징이 존재하고 있음을, 자세히 말하여 첫눈에 관찰을 끈질기게 강요하는 한 가지 특징이 있음을 확인할 수 있다.

그러나 우리는 어떠한 붕괴가 일어나거나 혹은 전체 국민경제의 진정한 **하강**운동이 발생하는 것이 전혀 필요하지 않다는 점에 주목한다. 그리고 만약 모든 새로운 결합과 모든 정태적 경제가 유지된다면, 비록 모든 손실이 이윤에 의해 보상이 된다 해도 전체 국민경제 파국의 경우에서와 같은 동일한 본질의 이 단계는 존재할 것이며, 정태화의 이 기능은 완수될 것이고, 이 본질적 특징을 가질 수 있을 것이다. 비록 생산량이 가장 쉽게 발생할 수 있는 요인 중의 하나임에도 불구하고 생산량의 감소는 한 번도 본질적이지 않다. 이미 얘기된 단계의 소요기간에 대하여 일반적인 사항을 말할 수 없다. 만약 청산절차가 보다 짧아진다면, 청산절차는 단지 강력한 경련 아래 발생할 것이다. 그리고 조정이 갑작스럽게 시작되지 않고 오로지 점진적으로 발생한다면 더욱 많은 것들이 마비상태와 비슷할 것이다.

그리하여 가치체계 및 가격체계의 실질적 붕괴와 수많은 경제적 존재들의 절멸은 반드시 필수적으로 발생하지 않는다. 그러나 많은 혹은 여러 경제주체는 필요한 적응을 할 수 없으며 파괴되어야만 한다는 사실이 어느 정도 발생**할 수 있다**. 정태적 경제주체에게는 자신의 수익 혹은 이의 구매력이 줄어들거나 자신의 비용이 크게 증가하여 그는 더 이상 버틸 수 없다. 동태적 경제주체들과 관련하여, 우리는 발전은 이들의 자체적 조건을 **필연적으로** 변화시키고 이들 변화는 기업가에 의해 지배받지 않으며, 처음부터 고려될 수 있거나 자체적으로 단지 예측될 수 있을 것이라는 점을 알고 있다. 이들 변화는 기업가에게 낯선 힘으로 대응하며, 그는 이에 대해 적응하여야 한다. 그리고 기업가가 그것을 할 수 없다는 점이 어느 정도 발생할 수 있다. 우리의 이론은 이 문제를 미해결로 놓아두고 경험은 우리에게 양자에 대한 사례를 제공한다. 만약 기업가가 그것을 못한다면, 파산, 신용의 앵커사슬의 찢어짐, 그리고 또한 일반적 파국으로 쉽게 개괄할 수 있는 결과로 이어진다. 실무에서는 이 가능성을 더욱 강하게 하는 또 다른 요인이 합류한다. 우리가 여기에서 특히 가장 쉽게 알려지는 의심스러운 회계를 제외한다면, 우리는 그동안 강력하게 제외하였던 요인을 — 이른바 기업가의 기대할 수 있는 실책과 오류 — 다시금 강조하여야만 한다. 왜냐하면, 그의 계획의 핵심사항은 — 이미 설명한 정태적 경제계획과 반대로 — 평가에 의존하기 때문에, 여기에서 오류의 원천은 대단히 크다. 실제로 실책은 피할 수 없으며, 특히 실패한 기업으로부터의 원인의 존재는 동태적 경제에게 고유한 것이다. 당연히 이 요인은 상황의 위험을 강화한다. 이 오류의 교정은 앞에서 제시한 네 개의 요인에 대하여 다섯 번째의 요인으로서 정렬시켜야만 할 것이다. 그러나 이 교정은 여러 차례의 관련된 기업들의 침몰을 통해서만 이루어질 수 있으며, 그것은 당연히 일반적 붕괴의 가능성을 증가시킨다. 그러면 이와 같은 요인들은 공황 등과 같이 명백하게 다른 부수적인 현상을 초래할 수 있다.

그리하여 이와 같은 붕괴는 청산과정의 진행에 있어서 쉽게 대두될 수 있는 사건이다. 그러나 우리는 언제 그 위험이 가장 큰가에 대하여 좀 더 정확하게 제시할 수 있다. 그 과정이 더욱더 넓게 이른바 이미 진행되면 될수록 그리고 그것이 더 많은 활동을 수행하면 할수록, 더욱더 적은 편차가 남겨지고 국민경제 속에서 더욱더 진정된다. 더욱 발생하여야 하는 것이 더욱더 쉽고 더욱더 고통 없이 발생할 수 있다. 그리고 실질적 붕괴에 대한 더욱더 적은 동기가 존재한다. 결정적인 순간은 발전 다음에 직접 뒤따라오는 그리고 그 속에서 청산과정이 시작되는 순간이다. 그것은 부분발전의 종료가 사실이 되고 모든 급격한 악화와 반작용의 발생이 임박한 순간이다. 이 순간은 사람들이 사실을 계산과 비교하도록 우선 강요받는 시점이고, 혹은 보다 잘 표현하면 더 이상의 발전이 양자 간의 혹시 있을 수 있는 편차를 조정할 것이라고 기대함이 없이 성가시고 손에 잡을 수 있는 사실에 대하여 계산과 희망을 처음으로 대응하는 순간이다. 이 순간에는 마치 그 순간이 모든 발전과 함께 지나간 것처럼 그리고 모든 창출된 것이 잘못되고 지탱하기 어려운 것처럼 쉽게 보일 수 있다. 특히 최소한 개인이 청산과정에서 경제적으로 더는 살아남지 못할 것이라는 점은 그 개인에게 종종 의미 없고 계획 없는 조치에 대한 동기가 되는 신념처럼 보일 수 있을 것이다. 그리하여 이 순간, 즉 도약과 청산 사이의 전환점은 가장 괴롭고 위험하다. 만약 청산과정이 급격한 붕괴 없이 지나갔다면, 사람들은 청산과정의 정상적 진행에 관해 얘기할 수 있을 것이다. 이와 같은 붕괴는 사실 더 이상 제외되지도 않는다. 그리나 점점 더 청산과정이 신행되면 될수록, 이 붕괴는 점점 더 가능성이 작아지며 점점 더 중요성이 작아진다. 그러나 이 전환점 속에서 국민경제의 가치체계와 가격체계의 붕괴가 발생하면 결국 청산과정으로 이어진다. 왜냐하면, 붕괴의 경련을 일으키는 급격한 움직임은 쉽게 균형으로 이르지 못하며 오히려 단지 한걸음 한걸음씩 — 시행착오를 통하여 — 균형상태로 이행될 수 있는 새로운 지탱하기 어려운 상황을 만들어낸다. 그러나 이 청산과정은 이제 다르게 진행되며, 다른 결과로 이어지며, 정상적인 경우와 마찬가지로 다른 궁극적 균형에 도달한다. 그것은 다음 두 가지 이유에서이다. 첫 번째, 붕괴의 진행과정은 이의 격렬함과 다양한 불합리성으로 인하여 그편에서 '청산'되거나 '정태화'되어야만 하는 반작용을 불러일으킨다. 그런데 이 현상은 정상적인 청산과정에는 존재하지 않는다. 그러나 사람들이 만약 상태를 더욱더 헝클어뜨리는 대신 명확성을 기대할 수 있다면, 공황 속에서 그리고 공황을 통하여 쉽고 명백한 방식으로 그렇지 않았더라면 더 이상 연명할 수 있었을 그리고 사람들이 유지할 수 있었을 많은 것들이 절멸하고 파멸된다. 공황 속에서 절멸된 가치와 존재는 일반적으로 복구될 수 없으며, 그리하여 이 경우 청산과정은 정상적인 여건에서와는 아주 다른 여건을 가지고 시작한다. 우리는 이를 '비정상'이라고 명명한다. 그러나 독자는 비정상적 청산과정이 정상적 청산과정과 결국은 구체적으로 아주 의미 있는 차이가 있으며, 그 외에 학문적 설명에 대하여 하등의 새로운 질문을 제기하지 않는다는 점을 쉽게 본다. 붕괴 그 자체도 균형을 향한 하나의 움직임으로 이해할 수 있으며, 단지 계획이 없고 경련을 일으키고 동시에 충분하지 않고 너무 많이 나가는 움직임으로 이해할 수 있다. 비록 **그렇지 않으면** 달성될 수 있었을 균형의 달성이 붕괴의 중간발생에 의해 이제 더 이상 불가능해질 수도 있음에도 불구하고, 이에 이어지는 청산과정은 이 차이를 고쳐야만 하며 균형을 진정으로 수반하여야 한다.

이 사고과정의 결과를 요약하기 위하여 이제 약간의 언급이 더 필요하다. 우리가 그 필요성을 인식하였고 그의 본질과 원인을 규명하려고 노력하였던 정태화 과정(Statisierungsprozeß)은 사람들이 경제적 불황하에서는 통상적인 방식으로 이해하는 것이다. 그리고 우리의 의미에서의 발전의 교대와 이의 정태화는 아주 자주 학문과 실무에서 논의되고 파동운동(Wellenbewegung)과 비교하는 경제활동의 상승과 하락에 기초를 두고 있다. 이른바 불황기와 청산기이다. '불황'이라는 표현은 아마도 아주 적합한 것은 아니다. 이것은 하락하는 방향으로 움직임의 이미지를 제공하는데 이것은 사실에 아주 상응하지는 않는다. 많은 확실히 대부분의 구체적인 경우에서 생산의 감소, 실업률, 파산 등이 발생함에도 불구하고 경제활동 전체의 하강운동은 **필수적인** 것은 아니다. 우리는 이와 같은 진행과정의 위험과 가능성이 실제로 항상 크지만 이의 발생은 현상의 본질에 속하지는 않는다는 점을 보았다. 우리가 본 바와 같이 이를 제외하고는 청산의 시간을 넘어서 '불황'이라는 단어에 반영될 수 있는 도덕적 분위기가 존재한다. 그러나 이와 같은 시기의 경제활동의 보다 자세한 분석이 사업세계의 일반적인 불유쾌함에 상응할 수 있는 상황을 항상 밝혀내지 않는 것처럼, 종종 어떠한 유감스러운 진행과정에 상응하기는 하지만 이 단어는 **필요한 것은** 아니다. 즉, 수출입에 있어서의 하락 및 실제적 비상사태 등이 아니라 기껏해야 경제상황의 이들 그리고 유사한 지표들의 불변이 존재한다. 같은 이유로 파동운동의 묘사는 일반적으로는 적합하지 않다. 상승하는 경제활동에 — 우리 의미의 발전에 — 단순히 조정되는 경제활동의 하강하는 곁가지에 관해 이야기하는 것은 아주 잘못된 것일 것이다. 이미 얘기한 바와 같이, 그 묘사는 경제와 함께 주기적으로 하강한다는 사안의 본질에 한 번도 속하지 않는다. 왜냐하면, 그 묘사는 부분적으로 만약 사람들이 청산기간을 도약과 비교할 때만 그렇게 보이며, 부분적으로 하강운동은 단지 빈번하고 우연적 요인들의 결과로 발생한다. 그렇다면 이 '하강하는 가지'는 원칙적으로 '상승하는 가지'와 동질적인 것이 아니라, 오히려 이는 아주 다른 원인과 기능을 가진다. 또한, 도약기간과 불황기간 사이에 필수적인 관련성은 전혀 존재하지 않는다. 만약 양자를 전환점을 중심으로 균형적으로 분류하는 것은 모든 관계에 있어서 단지 우연일 뿐이다.

전환점에서 쉽게 대두되는 붕괴에 대하여 사람들은 진정한 경제위기로 순수하게 말할 수 있다. 사람들이 이미 '위기'로 묘사하는 모든 현상에 대하여 붕괴는 가장 일찍 이 이름에 대한 우선권을 가진다. 위기와 관련하여 우리는 다음 두 가지 중요한 결과를 가지고 있다. 첫 번째로 우리는 위기는 경제기초로부터의 필요성에 의해 대두된다는 의미에서 이들 위기는 본질적인 것은 아니라는 점을 보았다. 이들은 출현하곤 하는 각각의 기간의, 이른바 도약과 청산 간의 전환점의 확실히 필수적인 동반현상은 아니다. 그리하여 우리에게는 '위기의 원칙'이 존재하지 않는다. 둘째로 — **만약** 실제로 위기가 발생한다면 — 이들의 구체적 영향은 매우 클 것이지만 경우마다 매우 다를 것이다. 그리고 **얼마나** 이의 영향이 클 것인가는 우리의 관점에서는 우연으로 간주하여야 하는 상황에 달려 있다. 이 위기는 어떠한 원칙적으로 흥미로운 기능을 가지지 못하는데, 특히 이들 위기는 대부분 이들을 바로 뒤따르는 불황기의 **원인이** 아니다. 이 불황기는 위기가 없어도 발생할 것이다. 그리고 설사 이 불황기가 발생할지라도, 이는 실행될 청산의 크기에 대해 특정한 관련성을 가지지 않는다. 위기는 불황기의 한 단계의 단지 하나의 — 자세히 말해 단지 가능한, 필수적이지 않은 — 동반현상일 뿐이며, 혹은 아마도 더 좋게 해석하면 불황기 한 단계의 하나의 특별한 형태이다. 오직 하나의 관련성 속에서 사람들은 위기에 대하여 인과관계적 역할을 부여할 수 있을 것이다. 즉, 이들 위기는 아마도 청산과정의 비정상적 진행의 원인일 것이다. 그러나 우리가 이미 아는 바와 같이 이 청산과정은 우리에게 새로운 원론적 문제를 제공하지는 않는다. 그러나 필수적인 것, 본질적인 것, 원칙적으로 흥미로운 것은 위기가 아니며, 오히려 때때로 발생하는 청산과정, 즉 국민경제의 가치체계의 거대한 재조직화가 위기이다.

결론적으로 이미 말한 내용들의 몇 가지 직접적인 응용이 존재한다. 첫 번째로, 이미 말한 현상은 본질적으로 발전에 소속되며, 발전은 이의 본질에 따르면 동태적 특징을 가지고 있지 정태적 특징을 갖고 있지 않다는 점은 분명하다. 그것은 무엇보다도 경제활동의 '파동운동'에 적용된다. 이 파동운동이 정태적 경제에서는 없어야 한다는 점은 쉽게 이해된다. 거기에는 정기적 청산과정은 알려져 있지 않을 것인데, 그 이유는 거기에는 바로 청산할 것이 없고 정태화할 새로운 결합이 존재하지 않을 것이기 때문이다. 그리고 유사한 것이 마지막으로 적용된 단어적 의미로의 '위기'에 대해 유효하다. 확실히 외부적 요인으로부터의 붕괴는 전쟁, 흉년 등의 결과로 발생한다. 그러나 우리가 보다 좁은 의미에서의 경제적 범주로 묘사하였고 이와 관련된 이들의 본질적인 특정적 차이가 경제활동 그 자체의 진행으로부터의 외부적 영향 없이 창출되는 이들 현상은 정태화 과정의 결과로 발생하고, 이 과정에 의존하며, 따라서 이 과정 없이는 정태적 경제에서는 발생하지 않는다.

둘째로, 우리는 위기가 단지 동태적 **유통**경제에서만 존재할 수 있을 것인가 혹은 동태적 **공산주의**경제에서도 존재할 수 있을 것인가의 질문을 제기한다. 여기에서도 발전은 동일한 방식으로 자체적으로 진행되어야 할 것이며, 새로운 결합은 필요한 생산수단의 구입을 통해서가 아니라 중앙지도부 명령의 힘을 통해 실행될 것이라는 점은 이미 말한 바가 있다. 이 경우 아마도 일정한 자산분배의 영향하에 위치해 있는 유통경제에서와는 아마도 다른 결합이 가장 바람직한 결합으로 발생한다는 것은 여기에서 중요하지 않다. 이제 이와 같은 중앙지도부도 — 그리고 자세히 말하면 개별적 기업가와 동일한 이유로 — 모든 세부사항과 모든 미래에 대해 이의 새로운 창업들의 영향을 조망할 수 없다. 또한, 중앙지도부는 오히려 사안이 새로운 결합의 추진에 따라 어떻게 구성되는지 그리고 새로운 결합이 어떻게 증명되는지를 기다려야만 할 것이다. 또한, 중앙지도부는 모든 미래에 대한 운영계획을 수립하는 것도 그리고 계획과 계산 간의 편차의 발생과 의도하지 않은 반작용 대두의 방지도 할 수 없을 것이다. 기껏해야 유통경제에 대응한 점진적 차이가 존재할 수 있는데, 그 이유는 중앙지도부의 조망은 개별적 기업가의 조망보다 더 클 수 있으며, 사람들이 쉽게 설득되는 바와 같이, 많은 특히 **우연에 의한** 오류의 원천이 더 적을 것이기 때문이다. 그러나 원론적으로 여기에서도 발전은 부분발전들로 나누어져야만 하며, 부분발전들 사이에는 정태적 상태들이 그리고 이들에 이전에는 정태화 활동들이 존재하여야만 할 것이다. 그리고 이 단계는 일반적 불쾌함, 창출된 것에 대한 불신, 경제활동에 있어서 가치손실과 정체로 특징지어지며, 즉 불황기의 특징들을 가지게 된다. 하나의 통일되게 운영되는 유통이 없는 경제에서도 청산과정의 비정상적 진행, 즉 위기가 가능할 것인가 여부는 의문스러울 수 있다. 이 질문은 대개 부정적인 대답일 것이다. 사람들은 위기를 바로 유통경제적 조직의 유산으로 간주한다. 그러나 왜 그럴까? 사람들이 유통경제적 생산의 '무질서'를 지적한다면, 우리는 이 무질서가 전혀 존재하지 않으며, 오히려 이 단어는 아마추어의 상상에 해당되며, 이의 제거는 이론적 연구의 가장 진지한 결과들 중의 하나일 것이라고 항변할 수 있을 것이다. 그러나 사람들이 그 질문에 대한 대답에 있어서 증권거래소 공황, 파산, 신용축소 등 흔히 언급되는 위기의 특징들을 간단히 생각하면, 우리는 확실히 그 유산은 단지 유통경제에서만 발견할 수 있다는 점을 인정하여야만 한다. 그러나 그것은 아주 피상적 요인이고, 그것은 단지 보다 심층적이고 보다 본질적인 진행과정을 위한 형식일 뿐이다. 이 마지막 것이 진짜로 유통경제를 제한하는지 여부를 살펴보는 것은 가치가 있다. 한 위기에 대한 본질적인 것은 청산과정을 때때로 비정상적 과정으로 만드는 것으로서, 이는 우리의 해석에 따르면 경제를 청산과정으로 향하게 하는 순간에 지나치게 서두르고 사안에 상응하지 않은 것으로 판명하고 청산에 필요하지 않았을 조치들이 취해진 데 있다. 그것은 완전한 절망의 영향과 공황의 영향 속에서 발생한다. 개인들이 경제적 실패를 자신의 존재로 책임지지 않는 공산주의경제에서는 이제 이와 같은 공황에 대해 몸을 내밀 이유가 거의 없을 것이다. 그러나 만약 넓은 범주들이 창출된 것에 대하여 모든 믿음을 잃어버렸고 진행된 궤도를 잘못된 것으로 간주한다면, 지도부에게 이와 같은 성급하고 잘못된 조치들을 강요할 수 있고 그리하여 청산과정을 비정상적인 과정으로 만드는 일반적 동요가 공산주의 국민경제를 분명히 엄습할 수 있다. 그렇다면 사람들은 발생의 유형에 있어서 많은 다양성에도 불구하고 본질적으로 유통경제에서와 같은 위기에 관하여 말할 수 있다. 위기의 외부 모습 그 자체는 양자의 경우에 아주 유사할 것이다. 그것이 그 하나의 모습이다. 그러나 유통경제에서 파산이 사안의 불공정한 판단에서 비롯하지 않고 오히려 단순히 잘못된 기업들의 붕괴로 묘사되는 한, 국민경제의 개별적 참가자들에게 미치는 영향은 공산주의경제에서와는 다르게 배분될 것이다. 그러나 사안 자체는 여기저기에서 발생하며 국민경제 그 자체는 양자의 경우에 있어서 손실을 기록하여야만 할 것이다. 그리하여 우리는 **청산과정의 필요성은 물론 이의 비정상적 진행과 모든 경제형태의 위기의 가능성도** 가지고 있으며, 차이는 단지 발생형태와 개별적 참가자들에게 미치는 결과의 배분에 있다는 결론에 도달한다. 사람들은 기껏해야 통일적 중앙지도부는 좀 더 신속히 대응하고 그리하여 유통경제에서 피할 수 없었던 많은 것들을 방지할 수 있다는 점을 강조할 수 있을 것이다. 그러나 그렇다면 중앙지도부는 그의 힘을 실패가 발생하지 않도록 증명되지 않은 기업들을 더 작동시키는 데 사용할 수도 있다. 중앙지도부가 **하나의** 고려에 있어서 유통경제보다 좀 더 빠르게 행동하지만, 이는 **다른** 고려에서는 필요한 재조직 과정과 선별 과정을 유통경제보다 훨씬 덜 빠르게 실행에 옮긴다.

셋째로, 우리는 우리들의 상세한 논의를 바탕으로 많이 제기된 질문인 위기가 방지될 수 있을지에 관한 대답에 참여할 수 있다. 정상적인 청산과정은 필요하고 회피할 수 없다. 모든 발전이 국민경제의 그동안의 균형을 방해하며 반작용이 조정되지 않는 한 모든 계속적 진행을 불가능하게 하는 반작용의 혼란을 야기한다는 점을 반드시 방지할 수는 없다. 또한, 기술적으로 혹은 상업적으로 잘못된 혹은 엉터리인 기업들의 붕괴들도 막을 수 없다. 그러나 당연히 그것은 우리가 위기의 이름에 한정하였던 붕괴들, 즉 오직 아직 명확하지 않은 상황의 잘못된 판단의 결과이며 실제로는 어렵고 추상적이지만 다른 붕괴들과 쉽게 구분될 수 있는 붕괴들과는 다르게 위치한다. 이들 붕괴는 발전의 근본사실로부터의 필요성에 의해 수반되지 않으며, 이들이 어느 정도까지 이루어지는

지는 항상 사실상의 문제 — 바로 우연 — 이다. 사람들은 모든 위기에 있어서 이 유형의 많은 붕괴는 방지되고 실제로 발생하였던 다른 위기들에 있어서도 방지되었을 수 **있을 것이라고** 말할 수 있다. 그것은 대부분 경제주체들 자체에 달려 있고, 결국 개별적 경제주체가 아니라 아마도 전체 경제주체들에게 달려 있다. 경제주체들이 스스로를 반드시 구원하려는 시도를 극복하려 하고 잘 훈련된 군인들과 같이 그들의 노선에 조용히 위치한다면, 하등의 공황이 발생하지 않는다. 이에 대하여 어떠한 보다 깊게 놓여 있는 완전한 붕괴의 필요성은 존재하지 않는다. 시장의 좋은 조직, 기업가의 지적인 그리고 도덕적인 고양은 위기를 방지하거나 이를 좁은 한계선 내에 가두게 된다. 경험이 확실히 가르쳐준 것과 같이, 증가하는 경제적 문화와 발전의 사실에 대한 증가하는 경험과 인식으로 위기는 점점 더 격렬함을 잃어버린다. 즉, 실제의 위기현상은 점점 더 줄어드는 것처럼 보인다. 발전 그 자체는 계속적으로 위기 속에서 행동의 일정한 기술을 단련시키고, 한편으로는 수용된 입장에서의 무분별한 탈출과 다른 한편으로는 국가의 입장에서의 개입의 조야한 유형 및 사안을 단지 더욱 나쁘게만 만드는 공공연한 의견 등의 조야한 유형은 점점 더 뒤로 물러난다. 청산과정의 무질서한 흐름이 확실한 계산과 새로운 발전을 우선 불가능하게 만들기 때문에, 지도적 인물들은 바로 모든 추종자를 잃어버리지 않는다. 청산과정에 대하여 우리는 이미 얘기하였던 것처럼 이 시기에는 주도권이 지도자들에게서 떨어져 나간다는 점을 의미하였다. 그러나 그리하여 이들은 지도자 역할을 쉽게 단념할 필요는 없으며, 은행업계와 협조하여 청산과정의 비정상성을 회피할 수 있는 의식적 조치를 잘 조직된 시장으로 유도할 수 있다. 그리하여 이와 관련되어 창출되었던 가장 중요한 문제, 즉 잘못된 기업들의 필요한 붕괴가 치명적 위험이 되는 것을 방지하는 것이 해결될 수 있다. 이들 조치는 단점을 가지고 있는데, 이들은 자연스럽게 필요하고 유익

한 재조직화 과정을 저지한다. 그러나 사람들은 이들을 임시방편적 수단이라고 말할 수는 없다. 이들은 하여야 할 일을 진짜 수행할 수 있으며, 이들은 이른바 목적이 없고 의미 없는 공황을 방지할 수 있다. 즉, 이들은 필연적이지도 않고 어떠한 기능도 수행하지 않는 현상, 사전적으로 가장 좁은 의미에서 위기를 방지할 수 있다. 이 의미에서의 위기현상은 그로 인해 발전이 자신의 본질적 진행들 중의 하나도 잃어버림이 없이 확실히 분명하게 점차 사라질 것이다.

제 7 장

국민경제의 전체 모습

제**7**장

국민경제의 전체 모습

(Das Gesamtbild der Volkswirtschaft)

그동안 제시하였던 사고과정은 방법론적으로나 내용적으로나 하나의 일체를 구성한다. 그 사고과정은 일련의 서로 긴밀히 연계된 경제적 현상들의 폐쇄된 해석방식 속의 하나의 일체를 나타내야만 한다. 우리에게는 **하나의** 사고과정, **하나의** 고찰방식, **하나의** 사실집단이 중요하다. 그러나 사안의 본성 속에는 우리의 길로 되돌리는 모든 걸음에 있어서 그때마다 **하나의** 구체적인 문제가 전면에 위치하였고, 우리의 관심사는 거기에서 획득할 수 있는 구체적 결과, 즉 각각의 현상의 이해창출에 있었다는 사실이 존재한다. 그것은 자본주의경제, 기업가 이윤, 이자, 위기의 본질은 무엇인가이다. 그 본질은 우리에게 중요하였고 그 이유로 제시된 해석방식이 우선 도출된 가장 중요한 개별적 문제였다. 이 해석방식은 이를 증명해야만 하며 이의 해결에 제2장에서 제시한 설명원칙이 우선 이용되어야만 할 것이다. 그리고 이 해결시도가 우리에게는 가장 중요하다. 그러나 그 사안은 — 정태적 해석방식과 마찬가지로 — 적어도 다른 측면을 가지고 있으므로 우리의 사고과정의 윤곽은 또 다른 의미를 가지며, 더구나 경제발전(wirtschaftliche Entwicklung) 그 자체의 방향에 대해서는 더욱 그렇다. 우리는 이제 우리의 경로를 약간 변경하고 유보를 하며 생략을 하기는 하지만, 이 방향으로 한 걸음 더 나아가려 한다. 이 목적을 위하여 다음의 상세한 논의는 우선 앞에서의 논의의 일부 관점을 요약하여 정밀하게 제시하고 난 후, 이에 대해 일부 추가적 사안을 부가하여야만 할 것이다. 그러나 다음의 논의는 동일한 틀과 이의 본질적 요소에 국한되어 머물러 있을 것이다. 다음의 논의는 이전의 논의에서 제시된 것이고, 어디에서나 이와 관련이 있으며, 그것은 우리의 목적 이상의 아무것도 요구하지 않는다.

경제생활 전체 과정의 분석에 대한 첫 번째 걸음은 정태적 이론을 통해 이루어진다. 이 이론은 경제적 장치의 한 부분을 우리에게 설명한다. 그 속에서 이 이론은 이 부분을 모든 경제주체가 계속되는 교환행위를 통해 — 이 개념이 폭넓은 의미를 부여하여 생산을 역시 포함함 — 주어진 조건의 변화 없이 증가될 수 없는 욕구충족의 합계를 실현하는 상태에 대한 노력으로 묘사한다. 정태이론의 문제는 항상 다음의 도식 속에 발생한다. 이 도식에 주어진 것은, 특정한 투자와 수요의 일정한 양은 주어진 지리적 환경과 주어진 방식으로 사회적으로 그리고 경제적으로 조직되고, 특정한 생산방식과 재화재고이다. 이 도식이 추구하는 것은, 이들 상황하에서 생산되고 교환되는 모든 재화의 수량과 가격이다. 이 문제는 해결되며, 해결의 명백성 또한 정확히 증명될 수 있다. 국민경제의 균형상태에서의 변화는 단지 여건에 의해 창출되며 단지 외부로부터 오는 '방해원인'에게 원인을 돌리게 된다. 이의 영향은 다시금 분석되며, 그 속에서 어떻게 새로운 균형상태가 창출되고 어떻게 새로운 균형상태가 이전의 균형상태와 차이가 나는지 관찰된다. 여건변화의 이론 그 자체는 주어지지 않는다.[1] 항상 제기되는 문제는 "**만약** 이 혹은 그 방해가 발생하면, 이에 대한 경제의 반응으로부터 어떤 결과가 창출되는가?"[2] 이다. 정태적 체계의 전체 기초는 이와 같은 질문에 초점을 맞춘다. 이

1) 일상적인 학문체계에서 발견되는 이에 대한 적게 만족스럽고 대부분 단지 경구적인 공격은 순환이론의 체계 밖에 위치한다.

2) 「본질(*Wesen*)」 제4편을 참조하라.

의 모토는 "각자가 주어진 상황 속에 놓여 있다면, 그는 잘 할 수 있다."는 것이다. 그리고 여건의 무거운 중량과의 이 가장 가능성 있는 타협의 규칙이 정태이론의 내용을 결정한다. 여건의 일정성이 궁극적으로 정태이론의 본질을 결정하는 것이 아니라 이것이 묘사하는 경제과정의 유형이 이를 결정하는 것이다.

우리는 국민경제의 전체 모습에 대한 두 번째 걸음을 떼는데, 그 속에서 우리는 발전의 현상을 분석한다. 우리의 해석에 따르면 발전은 우리에게 경제학의 두 번째 큰 문제이다. 이는 경제순환의 근본사실에 대한 정태적 특징의 인식에 의해 특별한 문제가 된다. 경제의 모습은 시간의 흐름에 따라 변화한다. 우리가 국민경제를 하나의 임의의 시점에서 고찰한다면, 우리는 사업적인 생활과 움직임을 본다. 정태이론은 규칙적 실현 혹은 균형상태의 재창출에 대한 노력의 관점에서 그것을 이해하려고 노력한다. 그리고 의심할 여지없이 그것은 아주 잘못된 것은 아니다. 우리가 동일한 국민경제를 다른 시점에서 고찰한다면, 우리는 동일한 것을 보며, 그리고 다시금 정태이론은 우리에게 설명을 제공한다. 그러나 고찰된 국민경제가 **현재** 이끌리는 균형상태는 첫 번째 시점의 상태와 다른 것이다. 경제의 파동은 바다의 파도처럼 항상 같은 수준으로 회귀하는 것은 아니며, 이는 항상 한 수준에 대해 진동하지만 항상 같은 수준에 대해 진동하는 것은 아니다. 비단 구체적 사실만 변화하는 것이 아니라 이의 이상적 모습도 변화한다. 그리하여 경제학의 첫 번째 문제는 "한 국민의 경제의 일정한 수준이 그 국민의 전체 생활상황으로부터 어떻게 발생할 것인가?"이다. 그리하여 두 번째 문제는 "한 국민경제가 한 수준 — 목표점과 휴식점으로서 효력을 가졌던 — 에서 다른 수준으로의 이행을 어떻게 실행할 것인가?"이다. 그것은 경제발전의 본질에 관한 질문이다.

무엇보다도 우리는 한 가지 점에 대해서는 명확히 하여야만 한다. 여기에서 우리는 경제발전(wirtschaftliche Entwicklung)에 관해 얘기한다. 그러나 사람들이 이 표현 뒤에서 우리의 결정에 상응하는 것 이상의 것을 추구하는 것은 허락되지 않는다. 경제사가 보고하는 국가의 경제적 상황에서 변화의 총체는 대단히 복잡한 현상들로 구성되어 있다. 우리는 이들의 본질과 상호작용에 대해 아주 작은 통찰력만 가질 뿐이다. 우리는 명확하게 제한된 집단의 요인들만을 꺼냈으며, 이에 대하여 통일된 관찰방식이 적용 가능할 것이라고 보았고, 이들을 설명하려고 노력하였다. 당연히 이 관찰방식은 현실의 사실적 자료를 소진하지 않는다. 이것이 어느 정도의 독립성을 가지는 한, 이것은 한 번도 사안의 경제적 측면을 소진하지 않는다. 그러나 경제의 상호작용과 국민생활 속의 비경제적인 것의 상호작용에서 비롯하는 모든 현상은 훨씬 적게 소진된다. 우리는 앞에서 '발전(Entwicklung)'이라는 단어에 종종 '우리의 의미에서'라는 단어를 이유 없이 부가한 것은 아니며, 같은 이유에서 이 자리에서 경고를 제기할 수 있다. 여기에서는 그렇게 현대적 표현인 '발전'의 어떠한 다른 내용에 대한 하등의 의존을 의도하고 있지 않으며 어떠한 진화론적 유추 혹은 정리가 여기에서 추구되었거나 혹은 스스로 창출되지도 않았다는 점을 힘주어 강조하는 것이 아마도 권고된다. 그리하여, 내가 충분히 볼 수 있는 것처럼, 특히 우리 의미에서의 발전은 어떠한 유기체의 생물학적 발전과 공식적이거나 물질적인 관계를 맺고 있지 않다. 그리고 우리는 '발전' 대신 일반적인 '진보(Fortschritt)'에 대해 얘기하는 것을 경계한다. 즉, 우리는 사실을 서술하는 것이지 평가하지는 않는다.

더 나아가 두 개의 과제가 구별되어야만 한다. 첫 번째로, 경제발전은 경제사 및 경제서술의 문제이다. 왜냐하면, 산업조직, 생산방식, 생산량, 기술 및 복지에 있어서의 변화가 이루어지고 산업이 새롭게 창출되고 사라지는 특정한 시간의 특정한 장소에서의 구체적 발전과정이 중요하기 때문이다. 그러나 두 번째로, 사람들은 또 다른 질문을 제기할 수 있는데, 이른바 "어떤 구체적 변화가 발생하는가에 상관없이, 어떻게 변화가 실현되고 사람들은 이 모든 혁신이 발생하는 방식에서 일반적으로 정립할 수 있는 규칙성을 인지할 수 있는가?"이다. 이 두 질문은 동일한 사실과 관련이 있다. 그러나 전자는 국민경제발전의 구체적이고도 개별적인 내용과 관련을 맺고 있고, 후자는 사람들이 그렇게 말할 수 있다면 경제발전의 형태와 관련을 맺고 있다. 전자에는 발생한 무엇인가가 중요하고, 후자에게는 진행과정의 유형과 방법이 중요하다. 전자는 기술적 문제이고 후자는 이론적 문제이다.[3] 이들은 여기에서 보통 국민경제학의 영역에서도 이와 같은 병행이 존재하는 것과 마찬가지로[4] 보완적으로 나란히 위치한다. 짧게 말하면, 첫 번째 문제는 구체적 발전의 서술문제이고, 후자의 문제는 대체로 발전과정의 서술문제이다. 전자에는 특정한 발전이 야기한 구체적 상황의 진술과 발전의 구체적 내용이 중요하고, 후자에는 진행과정의 유형과 방법, 메커니즘이 중요하다.

전자의 안에서, 역사적 과제에 대하여 두 가지 사안을 더 구분할 수 있다. 첫 번째는 경제사가의 작업은 우리에게 특정한 시점에서 특정한 장소의 개별적 진행과정의 모습을 직접 제공하는 것이다. 그 작업은 예를 들어 16세기 초반 남부독일의 반지제작 혹은 마이센(Meißen)의 도자기 산업의 탄생 혹은 영국의 1880년대의 수공업 방직공장에서 기계식

3) 위의 주장은 두 방법의 원론적 차이의 존재가 강조되는 것으로 이해해서는 안 된다. 양자는 사실을 서술하며, 이들은 다양한 방식으로 그것을 행하며, 다양한 사안에 대해 주안점을 둔다. 여기에 관해서는 「이론적 국민경제학의 본질과 주요내용(*Das Wesen und der Hauptinhalt der theoretischen Nationalökonomie*)」의 제1부를 참조하라.

4) 가격론과 가격역사가 한 예를 보여준다. 양자의 과제에 관한 내용에 대해서는 앞에서 언급한 「본질(*Wesen*)」 제4편을 참조하라.

방직공장으로의 전이 등을 나타낸다. 그러나 대단히 많은 이와 같은 작업의 연구로부터 더욱 큰 진행의 모습이 창출될 수 있다. 사람들은 어떠한 결론에 도달할 수 있는데 — 당연히 나는 이와 같은 결과가 실제로 창출된다고 말하는 것은 아님 —, 그것은 사람들이 항상 관찰했던 발전은 항상 동일한 원인을 가지며 혹은 이의 구체적인 내용은 항상 동일하며, 경제발전은 항상 개인의 추가적 만족 혹은 반대로 말하면 경제과정의 항상 보다 큰 사회화 혹은 이들 양자 간의 교대를 지향하는 경향이 있다는 것이다. 이의 가장 과감한 형태가 역사철학적 구성인 이와 같은 통합적 분석은 이론적 작업에 접근하지만, 이 분석은 우리가 여기에서 진행하는 바와 같은 성격의 단순한 이론이 아니다. 이는 이론과 실질적 경제사 간의 중간에 위치한다. 이는 종종 이론에 속하는 많은 요소를 가진다. 이의 결과는 때로는 이론의 요소와 대립할 수도 있다. 그러나 본질에 따라 이는 경제의 근본사실에 근거하고 직접적인 것이 아니라 단지 사안에 있어서 고립과 분할의 길을 파고들려고 노력하는 이론적 분석과 겹치지 않는다.[5)]

나는 여기에서 발전의 이론적 분석, 이의 메커니즘, 발전의 사실에 일반적으로 접목될 도식(Schema)을 설명하려고 한다. 우선 우리는 경제적 순환의 기초와 수준이 변하는 일반적 원인에 대하여 살펴보기로 한다. 우리는 그 속에서 우리가 표현한 새로운 결합(neue Kombinationen)이 관철되는 원인을 본다. 우리는 새로운 결합의 이 관철은 우리가 '기업가(Unternehmer)'라고 명명한 특정한 유형의 경제주체의 행동에서 비롯하였고, 그는 정태적 이론이 인간의 경제행위에 대해 구상한 도식에 다시

---

5) 그리하여 예를 들어 마르크스(Marx)는 언젠가 그의 여분의 구조 밖에 위치한 역사철학적 구성을 제시하였다. 그리고 그 구조 안에서 경제의 발전이론을, 이른바 축적, 빈곤, 그리고 붕괴경향의 요소들의 도움으로 제시하였다. 내가 알기로는 마르크스의 추종자들 아무도 이 구분을 인정하지 않을 것이다.

금 적합한 다른 나머지 경제주체들과 본질적으로 다르게 행동하는 것을 보았다. 궁극적으로 우리는 우리의 의미에서의 기업가가 국민경제의 다양한 조직형태 속에서 새로운 결합을 관철하고 이를 가지고 그가 그때그때 국민경제를 새로운 궤도로 유도하는 다양한 수단들을 알게 되었다. 이들 수단은 이들의 도움으로 정태적 경제주체가 새로운 목적을 추구하도록 강요한다는 공통점을 가진다. 이들의 유형은 경제형태에 대해 각인을 제공하며, 특히 이들 수단에 의하여 다양한 조직형태가 구분되며, 그것도 일상적으로 제공되는 요인들에 의한 것보다 훨씬 높은 정도로 구분된다. 그리고 새로운 결합이 관철되는 것과 같은 유형과 방식을 둘러싸고 우리가 해결하려고 시도했던 일련의 문제들은 덩굴을 뻗어 자란다.

우리의 가장 중요한 결론은 이 같은 경제발전(wirtschaftliche Entwicklung)은 진정으로 존재한다는 것이다. 즉, 모든 국민경제의 모습은, 비경제적인 세계 속에서 아무것도 변하지 않았을 때에도, 변화할 것이며 — 결국 특정하고 이제 알려진 방식으로 — 변화할 것이다. 이 해석은 한번 창출된 경제적 균형은 외부에서 방해를 받지 않는 한 유지될 것이라고 표현될 수 있는 다른 해석과 대립된다. 그로부터 국민경제 상태의 모든 변화는 사람들이 기술적으로 순수경제적인 요인으로 묘사하는 것과는 다른 요인들에 기초한다는 결론이 도출된다. 그리하여 발전은 정태적 관점으로부터(vom statischen Standpunkt) 설명되어야만 했을 것이다. 그에 따르면 경제는 항상 명백히 특정한 방식으로 모든 경우 주어진 사회적 · 지리적 · 민족학적 · 일반문화적인 환경에 적응하며, 이들 환경이 스스로 변화되어야만 변화하며 그리고 이들 환경이 변화하는 정도까지만 변화한다. 경제발전의 원인과 추동력도 경제발전의 환경, 경제의 이들 조건과 전제 속에 존재하며, 혹은 다르게 표현하면 진정한 **경제**발전, 즉 경제 스스로 창출되는 발전은 존재하지 않으며, 오히려 진정한 혹은 진정하지 않은, 그러나 어찌 되었든 외부경제적 사회발전만 존재한다. 이 발전은 경제의 세계를 변화시키고 국가생활의 모든 영역에 대해 나타나며, 각각의 영역에도 특정하고 개별적인 고유한 형태에 영향을 미친다. 이 발전의 모든 영역에 대한 영향은 영역의 특별한 구분을 통하여 표현될 수 있다. 혹은 궁극적으로 이 발전의 파도치기는 그 원인을 경제 자체로부터 설명할 수 없음에도 경제에서 도처에서 느낄 수 있다. 이 해석에 따라 발전에 있어서 순수경제적 요인은 수동적 역할만을 수행한다. 순수경제법칙은 경제주체의 특정한 행동을 설명하며, 이 법칙의 목적은 정태적 균형의 초래와 모든 방해에 따른 이와 같은 상태의 재창출이다. 이것은 역학의 법칙이 우리에게 얘기하는 것과 같고 무거운 신체가 어떠한 '힘'의 영향 아래서 움직이는 것과 같지만, 이 후자의 성격에 깊이 들어갈 필요가 없다. 그리고 이것은 역학이, 만약 외부로부터의 이와 같은 힘이 역학에 대해 영향을 주지 않는다면, 신체가 바로 **아무것도** 할 것이 없고 기계적 특성의 아무런 새로운 현상을 창출하지 않는다는 점에 근거하는 것과 같다. 그리하여 순수경제학은 우리에게 외부에서 주어진 조건의 영향하에서의 경제의 구축과 이 조건의 외부로부터 유발된 변화에 대한 경제의 대응에 관한 공식적 법칙을 제공한다. 그리고 순수경제학은 이 해석에 따라 '내부로부터의 경제발전'을 바로 개념적으로 제외한다.

이 해석은 단지 간헐적으로만 명확히 이루어진다. 그러나 이는 아주 종종 발전현상에 관한 이론가들의 침묵에 기초하며 이론 영역의 최고들 중의 많은 사람의 관점과 일치한다. 우리는 이의 정당성을 완전히 부정하지는 않는다. 이 고찰방식은 오히려 정태경제학의 기본원칙이다. 정태경제학은 오로지 정태적 법칙의 정확한 설정을 가능하게 하며, 이로써 오로지 비(非)순수경제적 요인들의 경제활동에 미치는 영향을 파악할 수 있게 하는 수단이다. 정태적 법칙은 경제의 학문적 이해의 기초가 된다.

그리고 그 영향을 명확하게 하는 것은 이론경제학의 핵심적 과제이다. 이에 따라 추상으로서 이 해석은 자격이 있고 확실히 필수적이다. 대단히 많은 경제적 진행과정은 사실상 적응현상이다. 단지 경제의 실질적 발전의 설명으로서는 이 해석이 충분하지 않다. 국민경제가 항상 다른 균형상태로 이끌리는 경향이 있다는 사실을 이의 여건이 다른 여건이 되었다는 것을 통하여 설명하는 것은 확실히 매우 유혹적이다. 정태적 진행 외에는 다른 것을 보지 않는 이론가에게 이 해석은 대체로 자명하다. 이들 진행과정은 본질적으로 항상 동일한 진행이며 거기에는 여건에 대하여 결과의 다양성이 존재하여야만 하지 않는가? 이에 대한 증명도 오류가 전혀 없을 수 없다. 즉, 눈에 띄는 우둔함 없이 지적할 수 있는 구체적 여건의 변화로 사람들은 전혀 곤란을 겪을 필요가 없다. 이 해석은 심오하고 포괄적으로 대단히 유리하게 제시되고, 너무 유리하여 사람들은 이의 거부보다는 오히려 이의 완성에 진정한 과업을 찾아낼 수 있다. 그리고 이 해석은 그것이 맞는 한 공허하고 아무 내용도 없으며, 그것이 무엇인가를 말하는 한 오류이다. 영원한 상(相)에 있어서 본다면, 낯선 힘들은 국민의 생활을 결정하고, 경제도 다양한 형태의 자연의 힘들도 그렇다. 그러나 이 명제는 겨우 그려질 모습에 대한 하나의 틀이다. 여기에서는 단지 보다 좁고, 보다 긴밀한 관계가 관련이 있다. 그리고 거기에서는 모든 자연적 · 사회적 요소들이 경제를 구성하고 경제는 국민의 삶의 일부라는 것이 맞다. 그러나 그것은 자명하다. 이 관계의 좀 더 자세한 '어떻게'가 흥미로운 것이며, 여기에서 이 해석은 실패한다. 왜냐하면, 이 해석은 한편으로는 경제는 이들 모든 요소에 달려 있다는 점을 강조하기 때문이다. 그러나 경제의 영역에서 발생하는 것은 다시금 생생하게 그리고 구성적으로 이들 요소에 영향을 미친다는 것도 맞다. 그러면 우리는 있었던 위치에 머무는데, 그 이유는 우리가 그것을 알기 때문이다. 그러면 상호작용이 발생하는데, 인과관계는 존재하지 않는다. 다른 한편으로 이 해석은 경제는 **결과**로서는 아무것도 아니며, 이의 역할은 **오로지** 수동적이며, 경제는 **단지** 밀어 움직여질 뿐 무엇인가를 움직이지 않으며, 단지 나머지 요인들만이 활동적이고 **모든** 경제적 진행과정은 오로지 경제의 모조품으로 이해하여야 한다고 주장한다. 그것은 정태이론의 사회철학적 측면일 것이며, 그것은 경제철학을 위한 정태이론을 만들어낼 것이다. 그러나 그것은 오류이며 아무도 이를 지지하지 않을 것이다. 이에 반하여 우리는 이 해석에 있어서 중요한 경제현상을 전적으로 설명하지 않고 내버려 둔다는 점으로부터 완전히 눈을 돌린다.

당연히 그것은 내가 환경변화의 요인 혹은 이 요인의 경제에 대한 영향을 부정한다는 것은 아니다. 우리가 이 요인을 우리의 묘사에 할당하여야만 하는 입장은 아주 분명하다. 그것은 두 개의 경우로 구분된다. 즉, 하나는 국민경제가 항상 대두되는 환경변화에 대하여 사실상 순수하게 수동적으로 적응하는 것이다. 그러면 우리가 정태이론의 수단에 의하여 충분히 이해할 수 있는 정태적 현상이 발생한다. 우리는 단지 이를 순수하게 경제발전인 것과 구분한다. 이것은 무언가 다른 것으로, 다른 원칙에 근거하고 있고, 만약 현실에서 항상 두 개의 요인이 동시에 발생하고 조화를 이룬다면 쉽게 건전한 의미를 인식할 수 있듯이 이에 대해 명확히 할 수 있다. 양자의 차이는 모든 구체적 사례에 대해서도 큰 분석적 가치를 가지며, 거기에서 우리는 정태적 요인을 인지하며, 단지 우리의 의미에서의 발전을 창출하려 한다. 그리하여 만약 현실의 완전한 모습도 이들 두 개의 요인을 포함하여야만 한다면, 우리는 환경을 아주 바로 안정적인 것으로 간주할 수 있다. 그러나 환경변화는 정태적으로 영향을 미칠 뿐만 아니라, 새로운 사안의 동기가 될 것이다. 그러면 이들 새로운 사안은, 설사 경제적인 길이라 하더라도, 단지 우리의 발전 메커니즘의 형태 속에 침투해 들어가며 그러면 우리의 모습은 이들 새로운 사안에 적합하다. 그러면 환경변화는 한 번도 발전의 그 원인이 되지 않으며, 오히려 단지 하나의 촉진하는 요인에 불과하다.[6] 특히 이는 관련된 진행과정을 한 번도 충분하게 설명하지 않는다. 이 양자의 가능성은 동시에 유사한 대상에 대하여 더욱 논의될 것이다.

이론의 지배적 학문체계를 대표하는 사람 각각은 발전의 또 다른 설명을 제시할 수 있다. 그 다른 설명은 고전학파 경제학자들의 설명인데, 이는 이 설명이 의도적·체계적 표현을 심지어 처음으로 받아들인 우리의 시대까지도 지배적으로 머물러 있다.[7] 이는 방금 얘기한 것보다 명백하고 당연하며, 이로써 덧붙여서 하등의 날카로운 대립이 되지 않는다. 지금이 이에 관해 설명할 최고의 시긴인데, 그 이유는 우리 논의의 진행에 따라 독자가 확실히 반복하여 이에 대해 생각해 왔기 때문이다. 하나의 의미에서는 이는, 짧게 말하여, 경제적 환경요인의 이론을 통한 그리고 정태적 행동 그 자체가 경제의 여건을 변경한다는 해석을 통한 발전의 설명이다. 거기에서 관찰이 될 환경요인들은 인구증가, — 어떻게든 정의된 — 자본의 증대, 생산방법의 진보, 산업사회의 경제적 조직의 진보, 욕구의 발전 등 다섯 개 요인들이다. 이에 따라, 경제발전은 이들 요인의 자극하에서 말하자면 자동적으로 그리고 정태이론의 규칙에 따라

---

6) 한 번도 사람들은 국민의 경제발전을 이와 같은 환경변화로부터, 만약 이 변화가 단순히 항거할 수 없는 힘이 아니었다면, 남김없이 설명할 수 없었다. 불행은 극복되고, 행운의 선물은 개인적 생활에서와 같이 국민의 생활에서도 천천히 사라지고, 발생한 것에 대한 설명의 열쇠는 환경변화 안에 있지 않다.

7) 클라크(Clark)의 「경제이론의 요체(*Essentials of Economic Theory*)」와 1909년에 발간된 판탈레오니(Pantaleoni)의 「*Di alcuni Fenomeni di Dinamica Economica, Giornale degli Economisti, Sett*」를 참조하라. 그리하여 고전학파 경제학자들도 이미 발전을 다루었다. 다른 것과 마찬가지로 우리는 기초는 스미스(Smith)에게서, 보다 심층적 분석은 리카도(Ricardo)에게서 발견하며, 보다 자세한 분석은 존 스튜어트 밀(J. St. Mill)에게서 발견된다.

진행된다. 정태적 이론은 — 즉, 이는 대체로 주류 경제학의 본질에 속해 있음 — 순전히 경제의 지속적 순환의 이론이 전혀 아니다. 이는 두 번째 그러나 원칙적으로 동일한 유형의 부분을 가질 것인데, 그것은 이들 요인과 이들의 순환에 대한 영향의 분석이다. 모든 순간에 있어서 확실히 견고한 균형상태가 존재할 것이다. 그러나 이와 같은 모든 균형상태의 국민경제의 절대적 다수는 이들 다섯 개의 요인을 배척하고 새로운 수준을 더욱 추구할 것이다.

다른 하나의 의미에서 우리는 이 해석을 국민경제의 유기적 성장의 이론으로 간주할 수 있다. 그러면 정태적 균형상태가 전혀 존재하지 않을 것이며, 오히려 균형에 있어서 지속적 움직임만이 존재할 것이다. 그때그때의 '중력중심'은 허구보다 아주 조금 많을 것이다. 마샬(Marshall)의 위대한 업적을 읽으면, 사람들은 첫눈에 정태적 경제의 경직된 일정성에 관한 우리의 해석이 정말 잘못되었다는 인상을 가져야만 한다. 마샬(Marshall)은 경제적 균형에 있어서 기계적 균형에 준(準)하는 현상이 중요한 것이 아니라 오히려 생물학적 균형이 더 중요하다고 말하였다. 그것은 단지 경제의 기본현상은 잘 잡힌 균형의 지속적인 펼침 속에 놓여 있지 균형 속에 강력히 주어진 힘에 놓여 있는 것이 아니라는 점을 얘기할 수 있다. 바로 이 뉘앙스가 많은 이유로 인하여 질문을 죽이는 표어에 항거할 수 없는 모든 국민경제학자를 어떻게 유인해야만 하는가는 명확하다. 사람들이 그 펼침의 원인에 대하여 질문을 한다면, 그 다섯 개의 요인의 열거로만 대답할 수 있으며, 그 결과 경제발전의 이 전체 해석의 두 개의 작동유형이 실무적으로 차이가 없게 된다.

이 해석이 설명해야 할 것을 설명하였다면, 사람들은 과학적 사고의 모든 원칙의 이름으로 우리의 해석을 그 옆에 위치시키는 것을 허용할 수 없을 것이다. 왜냐하면, 사람들은 설명을 축적해서는 안 되기 때문이다. 그러나 이 해석은 소박한 기능 속에서, 우리가 보게 될 것과 같이,

우리의 해석과 어느 정도까지는 양립한다. 이제 우선 나는 이 해석이 발전의 설명으로서 충분하지 않다는 점을 보이고자 한다. 이는 우리에게 깊은 원인을 보여주지 않으며, 오히려 부분적으로 피상적인 현상, 부분적으로는 동반형상, 부분적으로 결과현상을 보여준다.

인구증가를 경제적 진보의 지렛대로 보지 않는 경제학자는 거의 존재하지 않는다. 만약 사람들이 경제발전의 원인을 찾으려 한다면, 그것은 항상 눈에 들어오는 첫 번째 요인이다. 일상적 문제에 관한 인기 있는 토론에서와 마찬가지로, 사람들은 그것을 학문적 문헌에서 바로 관찰할 수 있다. 이로써 이제 그것은 어떤 상태에 있는가? 무엇보다도 사람들은 그 요인의 작용방식을 명확히 하여야 한다. 인구증가는 소비재에 대한 수요의 증가와 노동력의 증가를 의미한다. 즉, 이것의 경제영역에 대한 영향은 다른 곳에는 존재할 수 없다. 노동력의 증가는 본원적 생산요소를 증가시키며, 이것은 사업가에게 생산요소를 보다 싸게 만들며, 전체 국민경제에는 보다 풍부한 재화생산을 가능하게 한다. 노동력의 증가 결과 임금이 아주 많이 내려간다면, 전체로서 임금총액은 보통 증가하며, 따라서 의심할 여지없이 수요에 대한 증가가 존재한다. 그러나 노동자의 상태는 그로 인해 나빠질 수 있으며, 그리하여 인구증가에 의해 달성되는 경제적 진보는 아주 의심스럽게 보일 수 있다. 그러나 그것은 사람들이 경제발전, 경제모습의 변화에 관해 얘기할 수 있다는 것을 방해하지는 않을 것이다. 우리는 확실히 그 진보를 판단하고 평가하는 데 노력하지 않는다.[8] 그러나 이제 노동에 대한 증가가 어떤 방식으로 사용되는가에 관하여 명확하게 하는 것이 중요하다. 인구가 증가하고 노동에

8) 주지하는 바와 같이 '비관적' 해석이 도처에서 지배적인데, 여기에는 맬더스(Malthus)의 영향이 미친 것이다. 그러나 맬더스(Malthus)의 관점 자체로부터 인구의 움직임이 발전의 추진력일 것이라는 점을 인정하여야만 할 것이며, 이 인구의 움직임은 상황에 따라서는 빈곤과 비참함으로 이어질 수도 있다.

대한 공급이 보다 큰 것 이외에 **다른 것들이 발생하지 않는다면**, 국민경제적 가치체계의 근본노선에 대해서 많은 변화는 발생하지 않을 것이며, 사람들은 증가된 노동을 그동안 존재했던 일들, 또는 이들의 가치에 따라 지금까지 이미 단련된 일에 직접 연계된 다른 알려진 사용에 제공할 것이다. 그리하여 그 정태적 가치체계는 규모와 전체로서 그대로 유지되며, 낮아진 노동가격으로부터 우위를 확보하는 모든 경제주체를 위한 욕구충족의 정도만이 증가될 것이다. 이 진행과정은 고전학파 경제학자들에 의해 이미 세심하고 본질적으로 올바르게 묘사되었다. 노동을 주로 포함하고 있는 생산물의 가격은 떨어지며, 반대로 지대는 증가할 것이다. 그 이유는 새로운 노동자들은 토지생산물에 대한 수요를 나타낼 것이며 또한 다른 사람들도, 예를 들면 기업을 확장하려는 모든 산업계 사람들도, 토지에 대한 증가된 수요를 관철하여야만 하기 때문이다. 고전학파 경제학자들은 이 효과에 대하여 생각하였으며, 이들 모두가 — 그리고 무엇보다도 당연히 맬더스(Malthus)는 — 인구증가를 어떤 시점을 넘어서는 부정적으로 **평가하였다는** 상황은 이들이 이 효과**만을** 생각하였다는 것을 증명한다. 그리고 아주 정당성을 가지고 증명하는데, 그 이유는 만약 설명된 것 이상의 다른 영향이 사실 하나도 발생하지 않는다면, 곧바로 현존하는 생산조직에 대한 다수의 노동자의 숨이 막힐 듯한 압력이 대두되어야만 하기 때문이다. 노동자들의 상황은 임금의 하락과 생필품 가격의 증가로 두 배로 나빠질 것이며, 이 유형을 통하여 의심할 여지없이 맬더스(Malthus)가 묘사하였던 결과로 이어져야만 할 것이다. 그리고 오로지 토지소유자들만이 그들의 상황에 있어서 본질적 개선을 경험하게 될 것이라는 점 역시 의심의 여지가 없다.

그러나 확실히 어떤 다른 것도 발생할 수 있다. 인구증가는 경제의 새로운 구성에 대한 계기가 될 수도 있으며, 여기에서 증가된 다수의 인구는 이전의 적었을 때보다 동일한 영역에서 훨씬 더 잘 위치하는 상황을 가져올 수 있다. 그것은 확실히 우리가 현실에서 관찰하는 것이기도 하며, 그리하여 다른 일련의 효과가 여기에 더욱 존재하여야 한다. 무엇보다도 우리는 고전학파 경제학자들이 첫 번째 순서의 효과의 영향에 제한하는 이 상황이 이들이 정태적 분석에 제한하고 정태적 경제 외에는 다른 경제에는 전혀 눈에 넣지 않았던 모든 것보다 더 잘 입증한다는 것을 확인한다. 그러나 만약 경제가 인구증가에 대하여 순전히 수동적으로 적응하지 않는다면, 그리하여 만약 경제가 순전히 정태적으로 행동하지 않고 적극적으로 대응한다면, 그것이 우리의 의미에서 발전으로 이어짐에도 불구하고, 그것은 다른 효과를 가져올 것이라는 점은 명백하다. 우리의 해석이 고전학파 경제학자들의 해석에 궁극적으로는 더욱 건설적으로 연결된다는 점을 어떤 것도 디 질 보어주지 않는다. 이로써 다른 일련의 효과가 발생하며, 경제에 있어서 새로운 구성이 발생하여야만 한다. 이 효과는 스스로 발생하지 않으며, 이는 우리가 묘사하였던 메커니즘을 통해서만 대두되어야 한다. 기업가(Unternehmer)는 이제 와서 어떤 일들은 임금의 하락을 통하여 보다 쉬워졌음을 발견할 수 있으며, 이에 따라 그는 새로운 구성을 우선할 수도 있을 것이다. 그가 이를 하지 않으면, 이와 같은 창조적 행위(schöpferische Tätigkeit)는 존재하지 않으며, 그렇다면 사실상 전체 국민경제에 숨막힐 듯한 압력 외에 다른 것은 발생하지 않는다. 그리하여 경제적 진행과정 속의 정태이론과 동태이론 간의 분리의 유용성이 여기에서도 나타난다.

그리하여 우리는 다음의 대안 앞에 서 있다. 즉, 만약 인구증가가 단지 정태적으로만 영향을 미친다면 진정한 경제발전을 이룰 수 없고, 그러나 이와 같은 상황이 오면, 경제발전의 진행과정은 단지 우리의 이론을 통해서만 설명될 수 있고 정태이론에 의해서는 설명될 수 없다. 이로써 경제성장의 인구증가는 독립적이지 않고 원인으로서 직접 대립한다는 결론에 도달한다. 그러나 다른 것도 여기에 부가된다. 우리는 제2장의 저축의 중요성에 관한 상세한 논의에서 이 현상은 그 중요성이 오로지 이미 진행되고 있는 발전에서 비롯되고 만약 이 발전이 이미 존재하지 않는다면 훨씬 적게 저축이 될 것이라는 점을 얘기하였다. 우리는 인구유동과 관련하여 유사한 점을 말하여야만 한다. 만약 경제발전을 통하여 새로운 사람들에게 그때그때 이미 사전에 경제적 공간이 창출되어 있지 않다면 인구증가는 실제보다 훨씬 적을 것이다. 발전은 항상 새로운 형태를, 항상 새로운 고용기회를, 항상 더 많은 재화재고를 창출하며, 인구는 이들 가능성에 상응하여 국민경제의 새로운 형태에 대해 자라서 뻗어나간다. 여기에서 우리는 새로운 것을 말하는 것이 아니다. 이미 마르크스(Marx)는 다음의 아주 간결한 문장을 각인을 하였다: “자본주의는 무(無)에서 인구를 만들었다(Der Kapitalismus hat Bevölkerungen aus dem Boden gestampft.).” 그것은 사실이며 인과관계도 아주 명확하게 살펴볼 수 있다. 발전은 그리고 부분적으로 이의 반작용은 대체로 가족의 창출을 규모와 전체에 있어서 쉽게 만들며, 이들은 개별적 개인들이 추구할 수 있는 가능성을 창출한다. 그것은 어느 정도까지는 확실하고, 그런 한 적어도 원칙적으로는 인구증가는 발전의 결과이지 원인은 아니다. 그렇다면 이는 **더 이상의** 발전에 대한 자극을 줄 것이지만, 그것은 다시금 평상시에도 새로운 발전을 스스로 나타내는 이미 존재하는 발전의 추가적 결과일 뿐이다. 그러나 그것이 그렇지 않은 한, 인구가 경제적 공간을 제외하고 증가하는 한, 앞에서 얘기한 것이 바로 유효하다. 그리하여 어쨌든 우리의 분석은 인구증가에서 경제발전의 진정한 그리고 원칙적으로 흥미로운 원인이 관계되는 것은 아니라는 점을 명백히 밝힌다.

우리는 이미 저축의 결과로 인한 자본증가의 중요성에 관해 얘기하였고, 여기에선 이미 말한 그것을 참조한다. 동일한 방법으로 우리는 이미 발명[9)]이 경제에 유용한 의미가 있는 한 경제발전을 불러일으키는 것이 아니라 오히려 경제발전의 결과라는 점을 보았다. 발명은 기업가가 이를 필요로 하면 출현하며, 기업가의 특성은 모든 새로운 발명을 사용하기 위하여 자신의 자리에 이미 위치해 있지 않으며, 그리하여 발명은 한 번도 유용하지 않을 것이다. 발명이 자본주의를 창출한 것이 아니라, 오히려 자본주의가 필요한 발명을 창출하였다. 이 반대적인 모습은 오로지 우리는 단지 발전이 충만한 국민경제만 알고 있다는 점에서 비롯되고, 여기에서는 사안이 너무 빠르고 즉시적으로 발생하여 우리는 원인과 결과를 항상 구분할 수 없게 된다. 새로운 발명의 가치평가를 위한 모든 기술적·상업적 전제조건은 이미 구비되어 있고, 개별적인 경우에 구체적인 산업적 진행과정을 하나의 발명 탓으로 돌리는 것은 어렵지 않을 것이다. 그러나 그것은 우리에게 사안의 본질에 관해 기만하는 것을 허락하지 않으며, 원시적 문화단계와 정태적 국민경제 내에서도 허락하지 않을 것이다. 그러나 여기에서 우리는 단지 부분적으로는 새로운 결합의 풍부함과 새로운 기술적 발명의 풍부함은 발전의 결과라는 점을 인정하게 될 것이다. 다른 한 부분으로는 당연히 기술적 지식의 재고는 독립적이고 자주적으로 증가하며, 이 재고는 사안의 본질을 정태적 경제에 포함시킬 것이다. 그러나 새로운 발명이 그곳에서 대체적으로 유용할 수 있다면, 이 존재의 사실은 새로운 기업들에게 **기회**를 제공하는 발전에 대한 **자극**이 될 것이다. 그리고 발전과정 그 자체와 이의 추진동력은 이 경우 다른 곳에 있을 것이며, 자세히 말하면 기업가의 개성(Persönlichkeit)에서 찾아야 할 것이다. 지도자 역할에 적합한 사람이 없이는 이와 같은 발명은 존재하지 않을 것이다. 그것은 원시적 문화단계에서 발명가 수난의 역사를 통하여 천 배는 증명된다. 여기에는 궁극적으로는 경제의 기술적 조직과 상업적 조직에서의 진보도 포함된다.

---

9) 생산방법에 있어서 실제적 진보, 즉 기업가에 의해 직접 — 새로운 과학적 인식 없이 — 실현되는 진보는 새로운 결합의 다양한 유형 중의 하나에 다름 아니다. 이들은 발전의 '원인'이 아니라, 발전의 외면적 형태이다.

그 속에 독립적 요인이 존재하는 한, 경제는 이에 대해 정태적 방법으로 적응한다. 경제가 그렇지 않다면, 그 독립적 요인은 진보 그 자체에 있는 것이 아니라 오히려 기업가 자체 또는 이미 진행상태에 있는 발전에 존재한다.

그리하여 우리는 이제 얘기하였든 하지 않았든 의심할 여지없이 만연한 해석의 불충분성을 증명할 준비가 되어 있다. 그것은 이 기술적 진보와 조직적 진보 속에 자신의 발전법칙을 스스로 가지고 있고 본질적으로 우리의 지식 진보에 기초하고 있는 독립적 변수가 존재한다는 해석이다. 우리의 지식상태에 따라 그때그때 최고인 결합은 그에 따라 말하자면 중력중심을 구성하며 이를 중심으로 그때그때의 결합을 다소 대략적으로 집단화한다. 그것이 달성된 후에는 어느 경우에든 하나의 경향이 존재하는데, 이것은 우리의 해석에 따르면 정태적 경제의 균형상태에 도달 이후와 같은 자동적인 경향이다. 그것은 옳지 않다. 자동적 진보는 없으며 혹은 있다면 오로지 아주 의미 없을 정도로만 존재한다. 만약 정태적 경제주체의 눈앞에 명확한 우위가 위치한다면, 확실히 이 경제주체는 우위를 확보하려고 노력할 것이며 자신의 경제방식을 이에 따라 변경할 것이다. 노력이 이루어질 것이며 또한 저항도 극복될 것이다. 그러나 첫째로 이와 같은 우위는 단지 우리의 경제 내에 대단히 많고 아주 명백하기 때문에 개별적 경제주체들의 눈에 들어온다. 왜냐하면, 발전은 모두에게 잘 알려진 현상이고, 경제주체들은 이 현상에 대해 들으며, 보며, 이의 결과를 눈앞에서 목격하기 때문이다. 안정적인 국민경제 속에서는 이와 같은 가능성은 아주 간헐적으로 존재하며, 마치 우리가 오늘날 이것을 수공업자, 농부, 그리고 작고 오래된 공장에서 확실히 보는 것처럼, 사람들은 이 가능성을 활발하게 붙잡지는 않을 것이다. 둘째, 우리는 국민경제의 보다 나은 생산방법에 대한 이와 같은 움직임 또한 정태적 상태에 존재할 것이며 이 움직임은 지리적 변화와 아주 비슷하다는 점을 부정하는 것은 확실히 아니다. 정태적 경제주체들의 다수는 단지 끝없이 더욱 천천히 중력중심으로 말하자면 소멸한다. 그리고 이 움직임은 작은 범주의 인물들에서 비롯하고 지속적 적응을 전혀 나타내지 않는 활기찬 움직임과 비교하여 완전히 무시된다. 나머지에 대해서는 제2장에서의 논의를 참조하길 바란다.

그러나 욕구의 증가하는 확장의 요인은 모든 다른 요인보다 더 바로 그 자체로만 경제진보를 설명하는 지렛대를 제공하는 것처럼 보인다. 만약 이 지렛대가 사람들이 첫눈에 기대하는 것을 당연하게 수행한다면, 발전이론은 이미 정태이론의 구조가 위치한 동일한 기초 위에 정립될 수 있다. 이 이론의 출발점은 정태이론의 출발점과 아주 동일할 것이며, 발전이론은 오로지 현존하는 욕구의 증가하는 구분과 확장의 효과를 분석하는 결과를 가져올 것이다. 정태이론에서 사용가치의 요인에 근거하는 모든 이론가는 아주 자연히 이 요인을 붙잡을 것이다. 그러나 고전학파 경제학자들에게는 확실히 이 시도는 우리가 이들이 이에 대해 하등의 특별한 강조를 하지 않았음을 발견하는 것처럼 그렇게 쉽게 머리에 떠오를 수 없었다. 이 길로 나아가고자 했던 이론가는 버팀목이 필요하지 않을 것이다. 심리학이 그에게 목적이상생식의 법칙(Gesetz der Heterogonie der Zwecke)을 제공한다.[10] 그것은 심리적 영역에서 에너지 보존의 법칙과는 유사성이 없을 것이라는 점이 종종 강조되었다. 특히 사회심리학적 · 사회학적 분석에서 이 요인은 아주 세심하게 다루어졌

10) 이에 대해서는 분트(Wundt)의 「윤리(*Ethik*)」, 그의 「철학의 체계(*System der Philosophie*)」와 끝으로 그의 「논리 II(*Logik II*)」를 참조하라. 경제적 관점에서 패튼(S. N. Patten)은 — 「부의 소비(*Consumption of Wealth*)」에서 — 내가 생각하기에는 거기에서 많은 것을 도출하지 못하고 특히 욕구구분의 요인을 분석하였다. 또한 클라크(Clark)의 「경제이론의 요체(*Essentials of Economic Theory*)」 206쪽을 참조하라. 항상 욕구확장의 분석되지 않은 사실은 보다 깊은 분석 없이 단순하게 받아들여진다. 분트(Wundt)는 경솔하게 광범위한 결론을 이에 바탕을 두고 있다.

으며, 그것은 단지 경제이론에만 도입될 필요가 있다. 그러면 우리는 우리의 사례에서처럼 발전의 독립적 설명요인을 가지게 될 것이며, 정태적 경제의 진행이 욕구 자체의 단순한 사실로부터 설명되는 것처럼 경제발전은 이 심리적 사실로부터 설명될 것이다.

또한, 이 요인이 경제에 대하여 실증할 수 있을 사실에는 부족함이 없다. 현실에서 각 욕구의 충족은 또 다른 새로운 욕구를 수면 위로 끌어올리고, 만약 한 욕구가 충족되면, 사람들이 이전에 전혀 인지하지 못한 다른 욕구가 항상 창출된다는 점을 보는 것은 명백히 어렵지 않다. 사람들은 욕구의 충족이 말하자면 경제적 시야를 넓히고 그 자체로서 새로운 욕구를 창출한다는 점과 욕구충족은 그 속에서 사람들이 새로운 가능성을 보고 이에 따라 새로운 욕구를 맞아들이는 상황을 창출한다는 점이 확실하다고 간주할 수 있을 것이다. 우리가 확실히 일상의 경험 속에서 우리를 둘러싼 도처에서 인지하는 경제적 상황의 개선에 대한 노력은 같은 방향을 알려주며 같은 방식으로 설명될 수 있다. 지금까지 생소하였던 경제적 위치에 들어오는 사람은 우선 있는 그대로의 자리에 적응하는 것을 시도한다. 그러나 그러고 난 후 그는 당연히 그 이상 그리고 항상 그 이상 자신의 상황에 대해 더 나아지게 노력할 수 있는 그것 혹은 저것을 찾게 될 것이다. 말하자면 그는 그에게 다른 욕구가 가르치는 새로운 도덕적 환경에 들어가며, 그리고 만약 사람들이 욕구와 이의 충족에 대한 다른 경제주체들의 주시가 주변의 경제주체들에 대한 전염적 영향을 가진다는 것을 고려한다면, 마침내 사람들은 이 요인이 경제발전의 설명에 완전히 충분하다는 점을 정말로 믿게 될 것이다. 이제 우리가 이 요인을 논의한다면, 우리는 이와 같은 분석에 있어서 현재로는 완전히 엄격하고 모든 이의제기를 배제할 수 있는 증명이 가능하지 않다는 점을 유념하여야 한다. 마지막 결정은 항상 있는 그대로의 느낌이든 아니든 현실의 일정한 묘사가 만드는 전체적 인상에 놓여 있다.

이와 같은 실상은 사회주의경제의 영역에서는 간헐적인 것은 전혀 아니다. 사람들은 종종 누군가에게 자신의 해석에 대한 반대이유를 강요하지 않고도 지적할 수 있고 그의 해석을 포기하게 할 수 있다. 왜냐하면, 어떤 주장은 어쨌든 모두에게 아직 매우 지탱하기 어려운 견해를 제공하기 때문이다.

우선 우리는 이 해석으로부터 심리학과 특히 사회학으로부터 얻을 수 있는 버팀목을 빼앗을 수 있다. 이른바 목적이상생식의 법칙은 어쩌면 욕구충족의 법칙과 같이 그렇게 확실하게 제시된 결과가 아니다. 그것은 그렇게 엄격하게 증명할 수 있는 것이 아니라, 오히려 특히 직접적인 사회적 관찰, 즉 단순히 발전의 진행에 따른 인간적 욕구가 확장되어온 사실에 기초한다. 그것은 마지막 원인으로 회귀하는 분석에 기초하는 법칙이 아니라, 오로지 일정한 사회적 사실집단의 표현일 뿐이다. 그러나 그러면 그 법칙은 그 사실집단이 이 법칙에 제공할 수 있는 것보다 큰 권위를 가지지 못하며, 분석적 그리고 다른 이의제기에 내맡겨지게 된다. 이로써 우리는 경제적 진행과정의 우리의 설명을 그것 자체가 경제적 그리고 다른 사회적 진행과정의 표현일 뿐이라는 이유로 지지할 수 없다. 말하자면, 경제적 목적이 자체적이고 독창적인 발전능력을 가진다는 것은 목적이상생식의 법칙이 유효하기 때문에 일종의 '선결문제요구의 오류'(역자주: 논증되어야 하는 것을 전제에 이미 포함시켜 자신의 논증을 합리화하는 데서 생기는 오류)이다. 사람들은 이 가능한 버팀목을 경제적 영역에 전혀 사용하지 못하였고, 우리는 이와 같은 이의제기에 대비할 때에 이에 대해 아주 강하게 반박하지는 않을 것이다.

그리하여 이 해석이 지지를 받을 수 있는 사실만 유지되고, 이 사실은 바로 우선적으로 분석이 필요하다. 먼저 욕구충족이 새로운 욕구를 '창출'한다고 말하는 것은 전혀 올바르게 말한 것이 아니다. 당연히 그것은 익숙한 욕구에 유효하다. 사람들이 차기 경제기간의 욕구를 **'새로운'** 욕구라고 말한다면, 당연히 욕구충족은 새로운 욕구를 창출한다. 그러나 여기에서 새로운 욕구는 바로 다른 유형의 욕구이거나 증가된 욕구, 그리하여 특히 차별화된 욕구로 불리며, 욕구충족 그 자체가 이를 창출하는 것은 아니다. 우리는 그것을 다음의 방식으로 분명히 할 수 있다. 즉, 어떤 상황의 결과로 한 경제주체의 소득이 증가되었다면, 그것은 더 많은 욕구를 충족할 수 있다. 만약 그 경제주체가 이 욕구충족 증가에 익숙하다면, 그의 욕구는 지속적으로 증가한다. 그러나 사안의 본질은 확실히, 지금까지 충족되지 않았던 이미 존재하는 보다 낮은 강도의 욕구는 증가된 수단의 결과 실제로 의미가 있을 것이라는 점에 있다. 이는 새롭게 창출되지 않고 이는 단지 이제야 표면적으로 나타난 것이다. 왜냐하면, 이는 이전에 있던 수단의 증가 결과로 가능하기 때문이다. 이제 사람들은 이 진행과정을 발전 속에서 지속적으로 인지하며, 이 진행과정은 명백히 목적이상생식의 법칙의 기초가 된다. 발전은 재화흐름을 보다 깊고 더욱 넓게 만들며, 항상 더 많은 욕구가 실제적으로 되어 충족될 수 있을 것이다. 그러나 그것은 이들 욕구가 이전에 존재하지 않았고, 오래된 욕구의 충족을 통해서야 창출되어 발전의 독립적 원인이 되었다는 것을 말하는 것은 아니다. 그럴 수 있다는 것은 우리가 욕구충족을 독립적 원인으로 설명할 수 있기 전에 먼저 증명되어야만 할 것이다. 거기에 또 다른 요인이 발생한다. 즉, 만약 경제주체들이 활동적 발전을 대강 돌아본다면, 그리고 그 결과로 많은 경제주체들의 욕구충족이 증가되었다면, 이 인상은 확실히 자극이 될 수 있다. 그러나 그 자극은 발전을 최종적으로 설명하는 것이 아니라, 오히려 기껏해야 이차적 발전 현상으로 이어질 수 있다.

그리하여 사람들은 우리가 의도하는 곳을 알 수 있다. 즉, 우리가 현실에서 인지하는 욕구확장은 이미 존재하는 경제발전의 피조물이지 이의 원동력은 아니다. 인간경제의 수백 년간의 일정성의 사실은 결정적인 무게로 우리의 입장을 대변한다. 다만 발전이 한 번 이루어지면, 구체적 사례에서 확실히 욕구확장은 먼저 진행될 수 있으며 특별한 경제적 진행과정의 자극이 될 수 있다. 그러나 원론적으로 욕구는 경제발전에 의해 견인되며 그로부터 처음 발생한다. 욕구확장은 발전의 결과현상이고 동반현상이다. 새로운 욕구가 그 자체로 홀로 존재하는 한, 이는 경제에 하등의 실제적 영향을 미치지 못하며, 우리가 이미 설명한 것처럼, 완전히 힘이 없다. 그러나 만약 욕구확장에 독창적 원인이 존재한다면, 자체적으로 그렇다면, 본질적으로 혁신(Neues)을 창출하기 위해 구성과 열정적인 행동을 필요로 할 것이며, 그 결과 사회적 목적의 이상생식법칙의 수용 그 자체는 경제적 영역에 많은 것을 제공하지 못할 것이다. 개별적 사례에서 구체적 수요가 전체 산업을 불러일으킬 수 있다는 것은 의심의 여지가 없다. 그리하여 대형 국가들의 철강산업의 생산물에 대한 수요는 확실히 그 산업을 견인한다. 이 경우 수요의 우선순위는 확실히 존재하며, 그것은 현재 우리의 눈에 보이는 대기업들을 창출하기 위하여 강력한 지도자적 인물을 필요로 한다. 그리고 대기업들의 구체적 형태와 모든 투자는 단순히 수요의 상황으로부터만 설명될 수 없다.

그리하여, 비록 수요에 대하여 표면상의 증명이 없을 수 없음에도 불구하고, 아무것도 발전의 이 설명과 관련이 없다. 사람들이 믿는 것보다 훨씬 더 많은 부분에 대해 수요는 우리의 의미에서의 경제발전의 영향과 결과라는 사실을 지지한다. 환경이론과 마찬가지로 수요가 순수경제적 성격의 중요한 현상을 설명하지 않는 것을 허락한다는 것은 혹은, 더 나쁜 것으로서, 아주 실패로 끝난 설명에 대해 함께 책임을 감당하게 하는 것은 한편으로는 하찮은 일이다. 그러나 앞에서 말한 다섯 개의 요인들은 **역시** 어느 정도의 자체 움직임을 가진다. 그러나 그것은 우리의 해석을 방해하지 않는다. 그러면 우리가 보았던 것처럼, 경제외적 여건변화에 대한 것과 마찬가지의 동일한 것을 수요에 대하여 말할 수 있다.

이들 모든 여건변화는 국민경제에서 정태적 적응 움직임을 창출하거나 혹은 구체적인 새로운 결합을 촉진하는 동기가 될 것이다. 첫 번째의 경우 이의 영향은 '방해원인'으로 구분되고 이해될 수 있다. 그것은 특히 여건변화가 단지 작거나 혹은 점진적으로 발생할 경우이다.[11] 두 번째의 경우에, 이는 스스로 영향을 미치는 것이 아니라 단지 기업가의 손에서 영향을 미친다.

한 번도 경제발전(wirtschaftliche Entwicklung)은 여건변화에 의해 설명되지 않았다. 오히려 경제발전도 일정한 여건에 존재하였을 것이다. 그러나 우리의 이론이 근거하고 있는 사실 없이는 현실이 우리에게 보여주는 발전은 존재하지 않을 것이다. 사람들은 도처에서 우리가 '기업가(Unternehmer)'라고 명명한 유형의 행동과 계획을 마주치며, 또한 우리 메커니즘의 톱니바퀴를 마주친다. 모든 산업의 역사는 사람들과 열정적인 의지와 행동에서 비롯하며, 이 가장 강력하고 가장 빛나는 경제생활의 현실도 마찬가지이다. **경제는 스스로 성장하여 보다 높은 형태로 발전하는 것이 아니다.** 구성하기 쉬운 음조와 같지 않게 이는 여건에 의해 반죽된다. 여건 혼자는 물론 여건에 기초를 둔 단편적 논리 역시 국민의 경제적 운명을 결정하는 것이 아니다. 순수한 여건변화는 의미가 거의 없다. 이로부터 창출된 가능성은 보이지 않게 왁자지껄하며 아무튼 정태적 경제주체의 곁을 통과하여 이용되지 않는다. 이것은 금의 발견은 그 자체로 발견자에게 거의 도움이 되지 않았던 것과 같다. 그리하여 국민경제정책의 경로변경은 아주 간헐적으로만 산업을 창출하고 절멸한다.[12]

---

11) 「본질(*Wesen*)」 제4편을 참조하라.

12) 확실히 이와 같은 사건을 그 자체로 '원인'으로 간주하는 것보다 익숙한 것은 없다. 그리하여 영국의 자유무역의 도입 — 사람들이 당연하다고 생각되는 증명을 주목하였다면 — 혹은 미국의 보호관세체제의 도입이 종종 실질적 발전의 원인으로 찬양받고

그리고 이제 첫 번째로 이들 모든 요인이 없다 하여도 경제발전은 존재하기 때문에, 그리고 두 번째로 우리의 해석은 현실의 발전을 본질적으로 설명하기 때문에, 마지막 세 번째로 우리의 묘사 밖에 있는 발전의 원인도, 순수 적응현상이 관계되지 않는 한, 단지 한 가지 유형 속에서만 인정될 수 있기 때문에, 만약 사안의 본질이 중요하다면, 우리는 그 요인들을 — 이들을 일정하다고 가정하면서 — 제외시킬 수 있다. 그리고 그렇다면 우리는 우리에 의해 묘사된 진행과정을 발전으로 얘기하는 것이 허락되며, 우리는 우리의 도식을 가지고 사안의 핵심, 사안에 대한 본질적인 것과 원칙적인 것을 파악한다고 말하는 것이 허락된다.

그리하여 그리고 이 의미에서 특별한 현상으로서 그리고 특별히 순수 경제적 문제로서 경제발전(wirtschaftliche Entwicklung)이 존재한다. 경제를 환경의 결과로 파악하는 거대한 사고도 또한 경제에 내재된 — '유기적'이라고 말할 수 있음 — 발전의 가정도 설명하려고 하는 사실을 올바르게 판단하는 것은 아니다. 이에 반하여 후자는 다른 이론적 원칙에 통해 통일된 방식으로 서술될 수 있다. 그리고 사람들은 정태이론의 구조 옆에 동일한 본질에 관한 것인 발전이론(Theorie der Entwicklung)을 위치시킬 수 있다. 그러나 — 정태이론과 마찬가지로 — 발전이론은 발전의 모든

있다. 그것은 정치적 논쟁에서는 아주 명확한 동기에 근거하고 있다. 그러나 사안에 대한 학문적 관찰자에게는 이와 같은 사건이 쉽게 과대평가된다는 점이 지적되어야 한다. 전설이 가장 다양했던 사건들을 하나의 그림으로 집단화하는 것을 선호하듯이, 공공적 의견과 학문적 의견 역시 비슷한 방식으로 한 시대의 현상을 어느 정도 현저히 외면적인 사건들을 중심으로 집단화한다. 그러나 그것을 제외하고는 이와 같은 사건에 대한 언급을 통하여 아무것도 설명되지 않는다. 사건의 효과의 '어떻게'와 사건의 영향의 방법이 결정적인 의미를 가진다. 사실 국민경제정책적 조치가 다양한 국민에게 아주 다양하게 영향을 미친다는 것 역시 상투적인 말이 되어버렸다. 그리하여 이론의 결과에 대한 일반적 무시도 존재한다. 사람들은 **이론**을 무시하는 대신 오히려 기존 **이론**을 수정하여야만 할 것이다.

사실을 설명하는 것은 전혀 아니다. 첫째로, 개별적인 사실을 모두 설명하지 못하는데, 그 이유는 우리의 발전이론은 일반적이고 관념적 도식이기 때문이다. 둘째로, 이 이론은 조준하는 사실의 모든 측면을 설명하지 못하고, 오히려 특정한 관점으로부터 명백한 것들만을 설명할 뿐이다. 셋째로, 사실의 모든 유형조차 그리고 오류 및 순수한 윤리적 성격 등의 사실을 설명하지 못한다. 이 이론은 정태이론과 아주 유사하게 현실에 대립하고 있다. 우리는 이 발전이론을 위하여 정태이론을 위해 수백 년의 투쟁을 관철하였던 모든 것을 반복하여야만 할 것이다. 그러나 우리가 결정하여야만 하는 모든 필요한 추상과 제한에 대하여, 실재하는 통일된 현상을 명확하게 하고 특히 경제발전이 그 원천을 무엇보다도 경제 그 자체 속에 가지고 있지 다른 어떤 곳에서 가지고 있지 않다는 점을 보여주는 노력만이 근간을 이룬다.

우리의 사고과정의 전체적 기초로부터 동태적 균형이 존재하지 않는다는 점이 도출된다. 발전은 이의 가장 깊은 본질에 따르면 이 균형상태 혹은 대체로 어떠한 다른 균형상태에 대해 다시금 매진하는 경향 없는 기존의 정태적 균형의 방해이다. 이는 정태적 경제의 여건을 변경하는데, 이는 자세히 말하면 유기적 재편성이 아니라 바로 새로운 창출과 말하자면 비(非)유기적 재편성을 통하여 변경한다. 발전은 균형에서 빠져나오려고 노력한다. 그것은 바로 사람들이 유기적 발전이라고 말할 수도 있는 것인데, 이는 약간 다르며 다른 궤도를 따라 다른 곳에 다다른다. 그리하여 다시금 균형상태가 창출되면, 그것은 발전의 원동력을 통해서가 아니라 바로 발전에 대한 반응, 발전을 바로 끝낼 준비가 되어 있는 다른 힘들에 의해 이루어지는 것이다. 바로 이를 통하여 균형창출을 위한 첫 번째 전제조건이 창출된다. 그런데 첫 번째 사항은, 발생한 것이 발전에 다시 투입된다면 국민경제 균형의 새로이 행해진 방해가 된다는 점이다. 그리하여 우리의 의미에서의 발전(Entwicklung)과 균형

(Gleichgewicht) 이 양자는 서로 배척하는 대립이다. 정태적 균형을 통해 특징지어지는 정태적 경제 그리고 동태적 균형을 통해 특징지어지는 동태적 경제가 아니라, 대체로 전자의 경우에만 균형이 존재한다. 경제의 균형은 정태적 경제에서는 필수적이다. 그것은 다음과 같은 이유로 낯설음이 적은 우리의 논의 결과이다. 즉, 그 논의 속에서 정태이론, 동태이론, 균형 등의 표현이 발생하였고, 그 논의로부터 우리가 이들 단어를 빌렸던 다른 영역들에서는 사안이 다르게 위치해 있기 때문이며 혹은, 더욱 잘 말한다면, 그곳에서는 이들 개념은 완전히 다른 의미를 가지며 완전히 다르게 사용되기 때문이다.

경제발전의 현상에 유효한 세 번째 일반명제는 — 첫 번째 명제는 우리의 의미에서의 순수 경제발전은 실제로 존재한다는 것이었고, 두 번째 명제는 이 발전은 본질적으로 균형의 방해라는 것이었음 — 다음과 같은 내용이다. 즉, 경제발전은 전체적으로 유기적 단위가 아니라, 오히려 이것은 서로 연결되어 있으나 상대적으로 독립적인 부분발전들로 구성되어 있다. 이로써 우리는 위기에 관한 장(章)에서 말한 것에 연결한다. 그에 따르면 경제의 발전은 말하자면 파동형태이고, 여기에서 이들 파동 각각은 자신의 자체적 생명을 가진다. 말하자면 국민경제의 수준은 충격적으로 변화되며, 비록 발전 메커니즘의 전체 성격은 이들 형태를 서로 유사하게 만드는 것을 가져옴에도 불구하고, 한 국민의 경제발전의 전체 모습은 꾸준히 상승하고 통일된 법칙에 따르는 곡선이 아니라 각각의 특별한 형태를 가진 서로 연결된 곡선조각들을 통해 지각할 수 있을 것이다. 현실에서는 정치적 그리고 다른 외부경제적 사건들이 항상 경제발전의 완전한 지속성을 중단시킨다. 그러나 외부로부터 이와 같은 개입이 없다면, 발전은 한 조각으로, 즉 동일한 형태로 창출되지 않을 것이다. 그것은 확실히 만약 사람들이 일정한 긴 기간을 관찰한다면 그 기간이 만들어내는 우리의 의미에서의 발전의 통일된 방향을 발견할 수 있다는 점을 배제하지는 않는다. 우리의 모습에 머물기 위하여, 만약 사람들이 실제 움직임의 최고점과 최저점을 서로 연결한다면, 그 연결선이 통일되고 하나의 법칙으로 서술할 수 있는 형태를 보이는 것이 아주 가능하다. 그러나 우리에게는 계획의 통일성이 단지 각각의 부분발전을 위해 존재하는 것이 중요하고 경제적 인간의 의식 속에 단지 이 통일성이 현실성을 가지는 것이 중요하다. 이에 비하여 다른 보다 큰 단위는 계획의 통일성으로부터 그리고 인간들의 통일적으로 생각된 행동으로부터 비롯하는 것이 아니라, **아마도** 특별한 현상으로서 그러나 **필수적**이진 않게 나중에 관찰자에게 제시될 수 있을 것이다. 그리하여 만약 우리가 실질적 진행과정과 경제주체들의 실질적 의도에 상응한다는 관점을 유지하려고 한다면, 예를 들어 우리가 국민경제에 관하여 하나의 경제단위로서 말할 수 없는 것과 마찬가지로, 우리는 전체 발전에 관하여 하나의 유기적 단위로서 말할 수 없을 것이다. 마지막 경우에서 한 국민의 경제가 마치, 만약 한 경제주체에 의해 의도적으로 진행될 수 있을 때처럼, 동일한 최종결과에 도달한다는 것이 발생한다면, 여기에는 이론적 기초의 관점에서 아주 똑같이 좋게 발생할 수 있고 발생하지 않을 수 있는 실증적 결과에도 바로 놓이게 될 것이다. 현실의 사실은 국민경제 내의 통일된 상승운동이 존재하여야만 한다는 것이며, 우리는 이것을 완전하게 설명할 수 있다. 그러나 그렇다면 우리는 이 운동은 중단되며, 어느 정도의 시간이 지나면 다른 계획의 실행에 유효하고 다른 요소들에 근거를 둘 수 있고 가능하면 이전 것과 아주 다르게 보이는 근본적으로 새로운 상승운동이 시작된다는 것을 알게 된다. 우리는 제6장에서도 경제활동을 하는 사람에게 일반적으로 개별적 부분발전을 넘어서는 계획을 입안하는 것이 절대로 불가능하고 오히려 모든 효과적인 기업은 그들이 속해 있는 발전단계에 최선을 다한다는 점을 보았다. 그리하여 만약 우리가 실제 발생하는 것만을 서술하려 한다면, 파동운동의 묘사만

이 적합하며, 획일적인 커브의 묘사는 적합하지 않다. 일반적으로 서로 이어지는 파동의 꼭대기와 파동의 밑바닥은 이미 지나간 파동들보다 더 클 것이다. 왜냐하면, 모든 더 이상의 경제발전은 확실히 이의 여건 속에서 이전 경제발전의 성과를 발견하기 때문이다. 개별적 발전단계들이 서로 부딪히는 상황은 확실히 이들 발전단계를 서로 비슷하게 만드는데 공헌할 것이지만, 사안의 본질은 강력한 국민경제 속의 상승운동은 **하나의** 거대한 도약이 아니라 단지 서로 다른 독립적인 자극들에 따라 발생한다는 것이다.

국민생활에서의 보다 거대한 '백 년에 한 번 있을' 것 이상의 상승운동과 하강운동은 경제적으로 파악하는 것이 허락되지 않을 현상이다.[13] 이들은 우리가 여기에서 다루고 있고 현재로는 단지 몇 년 정도 기간인 경제발전단계들의 교대를 넘어선다. 확실히 이들은 도처에 아주 결정적인 영향을 미치는 것처럼 경제영역에도 아주 결정적인 영향을 미친다. 이들은 한편으로는 경제영역에 대한 새로운 활동의 강력한 자극을 만들어내며 다른 한편으로는 많은 국민에게 있어서 이들 자극의 완만한 사멸을 설명한다. 그리하여 발전, 모든 참여자에 대한 이의 영향, 그리고 이의 구체적 표현은 정태적 순환의 진행과정보다 훨씬 높은 정도로 국가적으로 착색된다. 그러나 역사학자가 우선 생각하는 **이들** 상승운동과 하강운동은, 만약 이야기가 경제에 관한 것이라면, 우리의 발전단계에는 일치하지 않는다. 우리는 단지 경제생활의 개별단위들에 달려 있는 경제적 진행과정만을 설명하는 것이다.

그것은 산업적 생활을 정기적으로 혁신하고 새롭게 구축하는 진행과정의 공식적 성격이다. 그 진행과정은 모든 영역에 영향을 미치며 도처

---

13) 이에 관해서는 슈몰러(v. Schmoller)의 「개요(*Grundriß*)」 제2권을 참조하라.

에 새로운 생활양식을 만들어낸다. 이의 가장 깊은 곳의 의미는 새로운 재화유형 및 재화수량의 창출과 보다 큰 기술적 · 상업적 목적 적합성의 방향으로의 국민경제의 재조직화에 있다. 이에 관해 나는 더 이상 얘기할 것이 없다. 단지 사람들은 이 명제를 얼마나 공식적으로 이해하여야 할 것인가에 관해 명확히 하여야 할 것이다. 우리가 묘사하는 형태 속에서 무엇인가가 구체적으로 일어나는 것인 발전의 구체적 내용이 발전이 사회적 안녕함으로 혹은 사회적 비참함으로 그리고 국민생활의 성장 혹은 쇠퇴로 이어지는지를 결정한다. 그러나 무엇보다도 우리의 명제는 아직 가치판단을 포함하고 있지 않다. 발전과 진보가 동의어라는 의미가 있을지라도, 여기에서는 오로지 '발전(Entwicklung)'에 관해서만 말하게 된다. 외부의 관찰자도 항상 더욱 지속되는 발전단계의 결과 속에서 항상 더 완전한 현상만 보고 싶다면, **우리는** 단지 혁신(das Neue)이 오래된 것보다 **우리의** 마음에 더 든다고 정확하게 말할 수 있다. 나는 무엇보다도 아득히 낯선 관찰자에게 아마도 그에게만 눈에 띌 수 있는 이 일반적 측면으로부터 눈을 돌려, 발전의 영향에 직접 내맡긴 경제주체들에 대한 발전 영향의 두 개의 본질적 측면을 묘사하는 보다 소박한 목표로 향한다.

발전은 반드시 가치이윤(Wertgewinn)을 창출한다. 그리고 거의 항상 가치손실(Wertverlust)도 초래한다. 그리고 이 양자는 폐쇄된 — 가정한다면 공산주의적으로 조직된 — 국민경제에서도 발생한다. 항상 새로운 재화형태가 창출된다. 오래된 생산공정은 새로운 공정을 위하여 제거된다. 보다 좋은 수입원천은 보다 덜 효과적인 수입원천을 배제한다. 그것은 일반적으로 이미 존재하는 재화의 평가절하, 종종 이의 완전소멸 이전의 폐기에 이른다. 이 과정은 손실을 포함한다. 동일한 과정이 당연히 제조기업 내부에서도 발생한다. 즉, 보다 완전한 기계를 설치하기 위하여 아직 사용할 수 있는 기계를 고철로 판매하는 기업가는 우선 손해를 입는다. 그러나 이 경우에 이와 같은 가치손실은 보통 계산에 적당한 크기에 머무르는데, 왜냐하면 이 경우는 당연히 기대이윤에 의해 흑자를 보는 것보다 많아야 할 것이기 때문이다. 그리하여 공산주의 국민경제에서는 발전의 결과 오로지 이윤만 발생한다. 손실의 크기는 반드시 존재하고 경제계정에서 역할을 가지고 있지만, 아무도 그것을 유감으로 생각할 이유가 없다. 그것은 사람들이 달걀 케이크를 만들기 위하여 달걀을 깨야 하는 것을 유감으로 생각하는 것보다도 작은 의미만을 가질 것이다. 설사 그렇다 하더라도 사람들은 여기에서도 진보를 얘기할 수 있을 것이다.

유통경제에 있어서, 특히 자본주의경제(kapitalistische Wirtschaft)에서 사안은 달라진다. 이미 '목적 적합성의 방향으로 재조직화'의 개념은 벌써 여기에서 다른 내용을 가진다. 여기에서 목적 적합성은 기업가의 관점에 의해 주어진다. 그것은 대중적 선입견을 가정하는 결과를 가지지는 않는다. 기업가는 보통 그가 소비자 이익을 통해 대표되는 국민경제에 봉사하고, 보다 높은 가치를 생산하거나 비용의 절감을 통해서만 자신의 이윤을 얻는다. 그러나 예외가 있다. 기업가의 행동은 그가 한 산업부문을 독점적으로 조직하는 데에도 존재한다. 무엇이 항상 균형을 맞추려는 요인을 위하여 그것을 가져올지라도, 직접적으로 그것은 소비자 이익의 침해를 의미한다. 뒤에서는 이것을 제외할 것인데, 왜냐하면 이 점은 충분히 알려졌고 논의되었다. 그러나 다른 관점에서도 유통경제에서의 목적 적합성은 공산주의에서와는 다르게 작용한다는 것을 더 강조한다. 이는 소비자의 욕구를 지향할 뿐만 아니라 수요를 펼칠 소비자의 수단도 지향한다. 이에 비하여 공산주의경제에서는 명백하게 모든 구성원의 욕구를 동일하게 고려하게 될 것이다. 그러나 이를 제외하고는 수익률은 항상 국민경제적 생산성의 지표이다.

그러나 그렇다면 여기에서 이윤과 손실은 동일한 경제에 항상 그리고 확실히 대부분 귀속되지 않으며, 궁극적으로 많은 경제주체의 운명은 오래된 생산물에, 특히 그럼에도 불구하고 극복된 기업형태와 생산방법에 연계되어 있다. 그리하여 이윤과 손실은 제각기 발생하며 경제주체들의 상황에 있어서 두 가지의 독자적 운동, 상승운동과 하강운동의 기초가 된다. 상승운동(Aufwärtsbewegung)은 기업가 이윤과 자본이자를 발생시키는 가치파동에 의해 밀려온다. 이는 무엇보다도 새로운 경제주체들을 산업사회의 정상으로 인도하는 것이다. 이는 모든 현대 국민경제에서의 직접적 관찰이 보여주는 진행과정의 경제적 추동력이다. 또한, 이것은 시대의 경제생활 중심에서 아주 급격하고 현저하게 대두되는 모든 알려진 외부적 결과현상을 가지고 자본주의적 부를 구축하는 경제적 추동력이다.

기업가 이윤과 이자는 발전과정의 직접적 과실이다. 이 과정으로부터 흘러나오고 결국 이 모든 '과실'에도 흡수되는 모든 다른 이윤은 전체로서 사람들이 가치증가, 즉 자연적 가치증가라고 부르는 것을 형성한다. 그러나 사람들이 이 표현을 단지 지대와 준지대에 대해서만 사용하고 우리가 바로 이야기할 노동임금의 증가에 대해서는 사용하지 않는다. 그러나 경제적 본질에 따르면, 이들 모든 사례에는 동일한 현상, 인적 '소득'이 없는 동일한 수입증가가 존재한다. 그리하여 가치증가의 현상은 두 개의 요인에 기초하는데, 방금 말한 요인과 확실히 단지 자연의 제공으로부터의 수익에 유리하고 노동에 유리하지 않게 작용하는 국민경제의 정태적 성장의 요인이다. 자연적 가치증가와 관련된 대중적 의견은 올바르다. 즉, 그것은 성과에 대한 프리미엄이 아니며, 그것은 단지 자연증가의 획득을 전제조건으로 하지 않는 진행과정의 결과현상일 뿐이다. 그것은 단지 부수적인 것이다. 우리는 우리의 사고과정 안에 더 들어가기로 한다.

사실 이들 가치파동은 지속적이지 않고 기업가는 적어도 이들의 무제한의 수에 참여하려고 하지 않는다. 그러나 그의 이윤은, 만약 그 원천이 이미 고갈되어 있다면, 확실히 아직 존속하는 자산이 될 것이다. 사실 모든 기업가와 모든 자본가는 다른 기업가들과 자본가들의 대두에 의해 손해를 입을 수 있다. 부분적으로 그것은 심지어 회피할 수 없다. 그러나 그럼에도 불구하고 기업가와 자본가는 그들이 가진 모든 것이 발전에서 비롯한 것이며, 우리는 발전은 이들에게 오로지 이익만을 가져온다고 말할 수 있다. 손쉽게 이들에게 발전의 반작용인 이윤들을 던져줄 수 있는 사람을 연결할 수 있다.

기업가가 자신의 이윤을 획득하기 전에, 우리의 이론에 따르면 노동자는 보다 높은 임금을, 지주는 보다 높은 지대를 얻어야만 한다. 그리고 그것은 노동자와 지주가 원하는 재화의 가격이 올라가는 결과를 가졌어야만 한다. 사실 우리의 이론은 모든 도약기에는 증가하는 가격수준과 — 그리고 높은 이자 — 손잡고 가야 한다는 결론에 도달한다. 그리고 누구나 이 결과가 사실에 의하여 강력한 설득력을 가지고 검증된다는 것을 안다. 이는 일찍이 사실이 추상적 사고모습을 검증할 때만큼 설득력 있고, 현실 충실성으로부터 우리의 모습을 확신하기 위해서 필요한 것 이상으로 설득력이 있다. 사람들이 지대에서 발견할 수 있는 편차는 무리 없이 설명되며, 이는 너무나 단순하여 나는 이에 대해 더 논의하지 않는다.

이제 이 진행과정은 부분적으로 서로 반대작용을 하는 영향의 혼란을 가지고 있는데, 그 결과 궁극적인 가격변화는 종종 단지 명목상의 의미만을 가지게 된다. 우선, 보다 큰 화폐소득에 대하여 확실히 보다 많은 재화의 수량이 대응되지 않으며, 고립된 국민경제의 경우에는 특히 대응되지 않는다. 그리고 사실상 도약기 위에 놓여 있는 화려한 분위기는 실질적 복지증가보다도 오히려 흥분시키는 행동과 보다 아름다운 비전의 대량효과를 통하여 그리고 보다 높은 가격수준을 통한 속임수를 통하여 설명할 수 있다고 말할 수 있다. 다른 한편으로 임금과 지대의 상승은 순수하게 명목적이지 않다. 양자의 소득부문이 서로 밀어낼 수 있다는 점을 제외하고는, 모든 구체적 국민경제에서는 확실한 소득, 즉 이의 진정한 의미가 가격상승에 의해 압축될 수 있는 다소간 지속적 수익이 존재한다. 현실에서는 우리가 묘사한 메커니즘이 작동하지만, 이는 확실히 즉각적으로 작동하지는 않는다. 왜냐하면, 이전 발전의 가치팽창의 잔해, 이전 기업가 이윤의 나머지와 이삭, 생산된 재화에 대한 준지대, 현실의 경쟁이 곧바로 쓸어버리지 못한 모든 유형의 잉여가 존재하기 때문이다. 그러면 발전의 자극에 단지 천천히 이어지는 소득, 예를 들어 국가공무원의 소득 그리고 많은 다른 소득이 존재한다. 국가채권자와 저당권자는 이미 확정된 금액과 관련하여 이자상승에 대해 참여하지 않을 수 있다. 이들 모든 요소의 비용을 바탕으로 노동자와 '지주'의 몫은 실제로 그리고 대단하게 상승될 수 있다.

여기에 더 추가할 사항은, 상응하는 가격상승은 사실 즉시적이고 단호하게 그러나 소득증가보다는 더 많이 공급의 영향에 내맡겨지는 데 비하여, 현실에 있어서 발전은 적어도 우선 지역적으로 아주 제한된 지역에서만 시작되고 임금상승, 특히 지대상승은 단지 소수의 노동자와 지주에게만 이롭게 한다. 그리하여 이와 같은 영역은 곧 일반적 도약의 증상을 보인다.

이 사실은 현재 — 그리고 이전부터도 — 정확히 알려져 있다. 아담 스미스(A. Smith)는 「국부론」 제1편의 제8장에서 이를 다음의 말로 강조한다: "아마도, 사회가 전체의 부를 획득했을 때보다 더 많은 획득으로 진행한다면 그 사회는 진보적 상황에 있으며, 노동을 하는 가난한 사람들의 상황은 …… 가장 행복하고 가장 안락하다고 지적할 필요가 있다. 그것은 정체상황에서는 어렵고, 쇠퇴상황에서는 비참하며, 진보하는 상황은 현실에서 사회의 모든 다른 계급들에게 유쾌하고 건강한 상태이다.

정체상황은 활기가 없고 쇠퇴상황은 우울하다[카난(Cannan)판, 89쪽].” 사실에 대한 얼마나 아름답고 강력한 이해인가! 그러나 스미스(Smith) 작품에 어떤 특징이 있는가에 관해 깊게 파헤친 한 사상가가 이미 1834년에 — 너무나 강력히 그러나 권한은 없이 — 다음과 같이 말했다: “그의 접근방법은 바람의 본질을 탐구하려 하고 그것이 여기에서 이미 알려져 있다고 가정하는 자연과학자의 접근방법과 유사하며, 단지 그 속에서 그의 과제는 단지 일상적 경험이 신뢰를 부여한 다양하게 이에 연계된 현상을 결부시키고 정리하는 것으로 이해된다.”[14] 첫 번째로, 스미스(Smith)는 우리가 본 것처럼 진정한 기초가 아주 부족한 관찰을 과대평가하고 있다. 둘째, 그는 사실의 본질을 완전히 잘못 판단하고 있으며, 이에 따라 그는 그 속에서 사실을 잃어버리게 하는 아주 다른 것들과 연계하고 있다. 그는 우쭐하여 — 같은 책 71쪽 이하에서 — 다음과 같이 말하였다: “그것은 국부의 실질적 거대함이 아니라 이의 지속적 증가이며, 이는 높은 임금을 가져온다. …… 한 나라의 부는 매우 클 수 있음에도 불구하고, 만약 그것이 오랫동안 정체상태라면 우리는 그 나라에서 노동의 임금을 아주 높게 발견할 것을 기대하지 말아야 한다.” 우선 그것은 스미스(Smith)도 생각한 우리의 사실과 아무런 관련이 없다. 왜냐하면, 여기에서는 도약기를 생각하지 않았고 — 이는 홀로 상승운동으로 이르게 됨 —, 오히려 ‘장구한 세월에 걸쳐 진행되는’ 상승운동만 생각하였다. 그렇다면 미국과 중국의 사례에 대한 증명시도는 아무것도 증명하지 못하거나 혹은 이는 도리어 관통하는 분석이 아니라 오히려 직접적인 게다가 피상적인 관찰이 일반적 명제를 야기하였다는 점만을 다시금 증명한다. 왜냐하면, 미국의 높은 임금상태는 명백히 수요와 비교하

---

14) 존 래(John Rae)의 글. 1905년 「자본의 사회학적 이론(*The Sociological Theory of Capital*)」에 있는 서문과 “과학 대 시스템 구축에 관하여(Of Science versus System Building)”를 참조하라. 그리고 편집자 믹스터(Mixter)는 래(Rae)의 작품을 언급하였다.

여 노동의 희소성으로부터 오거나 왔고 수요의 **증가**로부터 온 것은 아니며, 중국에 대해서는 반대의 논의를 할 수 있다. 더 나아가 기업가 행위의 정도보다 한 국민경제의 '부(富)' — 재화비축 — 에 그렇게 결정적인 것은 없다. 궁극적으로 그 명제는 보다 높은 임금에 있어서 이에 상응하여 노동자들이 증가한다는 가정하에서만 대체적으로 맞는다. 그것은 맞을 수도 있고 맞지 않을 수도 있으며, 그것은 확실히 우리의 사실을 본질에 있어서 파괴한다. 그렇게 스미스(Smith)는 그것을 자주 만든다. 사람들은 끊임없이 그에게서 사업적 활동의 사실을 능숙한 솜씨로 파악하고 학문의 표본으로 가져온다. 그리고 그의 추종자들은 그의 풍부함이 충분히 활용되지 않는 것으로 이해하였고, 그 결과 스미스(Smith) 나무의 많은 바싹 마른 가지들에 새로운 생명을 불어넣는 것이 미래의 과제가 되어버렸다. 이론은 아마도 다른 길을 택할 수도 있었을 것이며, 만약 그 이론이 일부 적은 사실집단을 배타적으로 다루는 대신 부의 아주 폭넓은 기초를 지킬 수 있었다면, 어찌 되었든 그 이론은 실무적으로 훨씬 더 생산적이었을 것이다. 그러나 스미스(Smith) 스스로는 이 부수적 일들에 대하여 사업적 일상경험보다 조금 많게 다루었고 종종 잘못된 관점으로 병렬시켰다. 그는 많은 것들을 전혀 설명하지 않았고, 다른 방식으로 표면에 생채기를 내었을 뿐이고, 대단히 많은 것들을 틀리지는 않았지만 아주 불충분하게 설명하였다.

나는 이 의견을 신선한 본원적 관찰이 수많은 작은 진행들 속에서 우리의 이론의 검증을 위하여 아담 스미스(A. Smith)로부터 이끌어낼 수 있었던 많은 사례 중 한 가지 다른 것과도 연결할 수 있어야 했다. 그러나 확실히 이로써 너무 많은 구체적 진행과정을 설명할 수 있는 우리 묘사의 공식적 특징이 이를 방해한다. 그리하여 나도 당연히 구체적이고 우리의 묘사 속에 포함되지 않은 요인들에 달려 있는 임금수준의 이론 따위를 제공하는 것을 생각하지 않는다. 나는 지금까지 말한 것과 관련하여 단지 주어진 한계 내에서 우리의 눈에 대체로 파악된 사실은 상승으로 이어져야만 한다는 점을 강조한다. 당연히 이 상승의 영향은 다른 사실의 영향에 의하여 가려질 수 있을 것이다. 우리는 우리의 사고과정으로 다시 돌아가기로 한다.

그리하여 대부분 아주 많지는 않지만, 대체로 노동자와 지주는 발전을 통하여 이윤을 얻는다. 그들로부터 지금까지 노동과 토지성과를 구매한 경제주체들은 한편으로는 임금상승과 지대상승을 통하여 손해를 보고 다른 한편으로는 그들의 생산물에 — 쉽게 짐작할 수 있는 예외를 가지고 — 포함되어 있는 일반적 가격상승으로 이익을 본다. 이들 이윤과 손실은 개별적 경제주체에게는 단지 예외적으로만 균형에 이르며, 오히려 이들은 일반적으로 산산이 부서진다. 이들로부터 다시금 임금과 지대에 대한 상응하는 반응이 비롯되고 계속된다. 그러나 우리는 여기에서 세부단위들로 들어가지 않으려 하며, 오히려 새로운 기업의 생산물이 시장에 출현하기 이전에 국민경제에 다양한 형태의 손실이 이미 존재한다는 것을 확인하는 것으로 충분하다.

이 새로운 생산물의 출현은 **모든** 기존의 재화에게, 이것이 동일한 유형의 것이거나 동일한 욕구를 충족시키는 데 적절하다면 직접적 경쟁을 하게 하고, 혹은 수요가 새로운 생산물을 향하고 따라서 그 수요가 오래된 생산물을 제한하여야만 한다면 간접적 경쟁을 하게 만든다. 당연히 이 새로운 경쟁은 예로부터 내려오는 재화에게 매우 다양한 방법으로 영향을 미친다. 비록 가격론이 이를 분석할 수 있는 수단을 제공하지만, 우리는 그것을 더 자세히 분석하지 않으려 한다. 단지 새로운 재화는 오래된 재화와 보완적이며 그리하여 전자의 출현은 후자에 대한 수요를 심지어 증가시킨다는 예외만 언급할 것이다. 그러나 이 경우에 있지 않은 다른 오래된 재화에 대한 영향은 더욱 강력하여야만 해서, 그것은 사안의 거대한 진행에 대하여 더욱 적은 변화를 가져온다.

그 결과는 가격수준의 하락이 되어야만 한다. 우리가 그 결과를 가격통계에서 다시금 발견하게 되는 것을 기대할 권리는 없다. 왜냐하면, 첫째로 가격수준은 전적으로 '외부로부터' 경제에 영향을 주는 수많은 다른 요인들에 달려 있기 때문이다.[15] 둘째로, 그러나 전체 과정은 확실히 그렇게 엄격하게 구분된 속도로 발생되지 않으며, 특히 새로운 생산물은 이미 도약기에 시장에 출하되며, 또한 이들 새로운 생산물은 현실에서 많은 저장소에 의해 방해 없이 받아들여진다. 그러나 사실 현실은 우리와 반대로 말하지 **않는다**. 이제 더 이상의 발전이 일어나지 않고 오히려 새로운 기업이 국민경제의 정태적 단체에 손쉽게 적응한다면, 그 하락은 지속적일 것이다. 가격수준은 발전파동 이전보다 낮을 것이다. 왜냐하면, 그것은 이제 동일한 화폐수량에 대하여 더 많은 재화가 대응될 수 있기 때문이다. 즉 그 이유는, 가정된 바와 같이, 기업가는 자신의 어음 등을 상환할 것이며 이는 수금되어 갱신되지 않을 것이기 때문이다.

이 가격하락은 발전이 약속하였던 것을 이행하였다는 증상이다. 가격하락은 발전의 획득물을 실현시키고 — 유보적 입장에서 그것은 동일한 결과를 가져올 것이라고 말할 수 있음 — 발전이 노동자와 지주에게 이로움을 가져다주는 무엇인가를 만들어 주는 중요한 요인이다. 이는 도약기에 있어 이들의 화폐소득의 상승보다 훨씬 더 중요하다. 양자는 발전을 통해 무엇보다도 소비자로서 이익을 획득한다. 이를 고려하여 이들의 상황변화는 발전이 결과로 가져오는 상승운동의 집단에 속하게 된다. 우리가 잠시 주지하는 고전적 해석방식을 사용한다면, 우리는 생산방법의

15) 그리하여 나는 가격수준의 이론을 제공할 것을 전혀 요구하지 않는다. 적어도 사람들은 우리의 해석에 따르면 발전의 진행에 따라 본원적 생산수단의 가격상승과 생산물의 가격하락을 기대할 수 있을 것이며 사실은 이에 완전히 모순되지 않다고 말할 수 있다. 또한, 사람들은 생필품 가격의 상승은 의심할 여지없이 인구증가와 관련이 있다고 생각한다. 이 요인은 우리의 고찰에서 명확하게 제외하였다. 나머지는 후속논의를 참조하라.

개선 결과 재화의 생산에 더 적은 노동이 필요하기 때문에 이제 모든 재화의 가치는 하락하며 예전보다 더 많은 재화가 동일한 노동의 양의 구입에 필요하다고 말할 수 있다. 사안의 더 이상의 진행에서 새로운 재화도 비용법칙을 따르며, 그 결과 기업가 이윤의 가치크기 역시 소비자에게 유리하게 된다. 사실 그것은 본질적으로 다르게 이해하여야 하는 기업범주의 부의 구축과 반대로 국민경제의 하층부의 복지증대의 본질적인 내용이다. 그것은 — 그것이 대체로 적합한 한 —, 옛날의 인기 있는 슬로건이 말하는 바와 같이, 발전의 보다 높은 단계에서는 부유한 자보다 가난한 자가 더 잘 산다는 점을 야기하는 요인이다.

그것은 바로 상승운동이다. 이에 대립하여 많은 경제주체들의 상황에서의 하강운동(Abwärtsbewegung)이 위치한다. 하강운동은 발전의 결과 이들에게 생산수단이 이전보다 싸게 공급되는 경우를 제외하면 가격하락에 시달려야만 하는 정태적 생산에 닻을 내린다. 우리는 그것을 위기의 장에서 이미 얘기하였고, 여기에서 이 하강운동의 영향은 지속적임에도 불구하고 이의 가장 강력한 형태는 특별한 시기 속에 지역화된다는 점을 살펴보았다.[16] 오래된 기업형태와 생산공정, 보다 긴 수명을 가진 모든 재화는 이제 이 이유로 인해 — 그리고 도약기의 비용상승을 통해서만은 아니라 — 평가절하된다. 그것은 모든 정태적 기업에게 보다 많이 혹은 보다 적게 적용되며 단지 예외적으로 반작용에 의해 균형을 맞추게 된다. 그리하여 정태적 경제주체들은 생산자들로서 고통을 받으며 점점 더 퇴진하게 된다. 또한, 종종 이 경우에 어제의 지도자들은 종종 바로 그들의 자리에서 의미 없는 위치로 추락한다. 이 과정은 가장 신속

16) 원론적으로 그것은 청산기간이 될 것이다. 그러나 많은 이런 영향은 단지 천천히 관철되며, 그리하여 그 기간은 청산기간의 결과로 나타난다고 말하는 것이 보다 현실에 충실할 것이다. 이 기간은 시간의 길이, 보다 큰 범위, 그러나 현상의 보다 작은 맹렬함을 통하여 청산기간과 차이가 난다.

한 반응으로 확산될 것이지만, 이 과정은 대부분의 정태적 경제주체들이 이에 대해 단연코 빠르지 않게 그리고 완전하지 않게 반응을 한다는 사실에 의해 더욱 나쁘게 진행된다. 대부분은 지적 능력과 수단이 결핍되어 있다. 즉, 수공업자는 모든 기술공정을 흉내낼 수 없으며, 운송업자는 하나의 철도 옆에 자신의 사업을 파괴하는 두 번째 철도를 건설하지 않는다. 종종 부정적인 경우도 있다. 즉, 독립적인 장인은 쉽게 공장노동자가 되지 않으며, 공장소유자는 비록 그것이 가장 큰 부를 창출할 수 있는 일일 수 있을 때라도 새로운 대기업의 직원이 되지 않는다. 그리하여 경제주체들의 풍요와 슬픔은 각양각색으로 일정한 기업형태 혹은 생산방법과 떨어질 수 없게 연계되어 있고, 이들의 배제에 의해 경제주체의 몰락도 결정된다. 그것은 보다 적합한 것에 의한 목적 불명확성의 대체에 대해 유통경제에서의 특별한 특징을 제공한다. 그를 통하여 다른 가능성의 발전에 의한 기존의 것의 피할 수 없는 평가절하가 나타난다.

그러므로 쇠퇴의 과정과 폭넓은 위기의 신분하락과정(Deklassierung)은 상승운동과 손잡고 진행된다. 국민경제가 적응을 하였던, 그리고 많은 존재의 기초가 되었던 경쟁 메커니즘의 단순한 결핍 결과였던 일정량의 마찰이윤은 사라진다. 폭넓은 위기에 대하여 이들 마찰이윤이 위치한 기초는 발전에 의해 사라진다. 그러나 그것은 갑자기 일어나는 것이 아니라 천천히 발생한다. 관련자들은 세대를 통하여 완전히 점점 더 분명한 절망의 항상 더 비참해지는 존재들로 근근이 살아간다. 이들을 둘러싼 경제적 분위기가 음울해질수록, 이들은 천천히 도덕적 · 지적 수준을 잃어간다. 이들의 기업은 점점 더 가난해지며, 점점 더 나쁜 상황으로 움직이며, 사회적 불편함의 무리가 되며, 항상 더 깊이 빠져 있는 유형의 수중으로 넘어간다. 이들은 말라비틀어지고 초라해진다. 지극히 낯선 관찰자는 발전의 크기에 대한 이 현상을 거의 주목하지 않을 것이다. 손실은 바로 이의 반대측면일 뿐이다. 그리하여 그 손실은 이들 경제주체가 경제적 활동을 얻었던 서비스가 이제부터 더 잘 창출되기 때문에 발생한다. 확실히 이들이 창출하는 괴로움 자체는 이의 기능을 행동에 대한 추진력 속에서 진부화된 것의 보다 빠른 제거에서 작동한다. 그러나 그 드라마에 스스로 출연하는 사람들과 이들에게 가까이 있는 관찰자들은 이에 대해 다르게 생각한다. 대부분 그 경우가 아닐 것이지만, 만약 이들이 진행과정의 성격에 관하여 아주 확신을 한다면, 다르게 생각하여야만 할 것이다. 이들은 혁신(das Neue)의 바퀴가 밟고 가는 파괴의 비명소리에 대해 귀를 닫지 않을 수 있을 것이다.

임금과 지대에 관한 불리한 영향은 당연히 많은 활동의 이 신분하락으로부터 기인한다. 확실히 이들 활동의 주체는 노동자이거나 지주이며, 그 결과 평가절하는 전적으로 노동과 토지에 해당되는 것으로 보인다. 만약 그럼에도 불구하고 우리가 그것을 말하지 않는다면, 그것은 **이들** 노동자와 지주가 그들의 몰락을 나머지 사람들에게 쉽게 나누지 않고 오히려 이와 관련하여 특별한 집단을 만들기 때문에 발생한다. 이 집단은 이어받은 활동방식에 대하여 다른 집단들보다 훨씬 강력하게 연결되어 있다. 그 밖에 그것은 이들 경제주체가 **본질적으로** 노동자 혹은 '지주' 혹은 양자이긴 하지만 배타적이지는 않기 때문에 발생한다. 왜냐하면, 이들에게는 확실히 독점형태의 이윤, 준지대 그리고 기타의 마찰이윤이 걸맞기 때문이다. 이 점에서 나는 지금까지 설명한 것에 따라 노동자와 지주는 발전을 통해 대단한 이윤을 확보한다고 말한다. 반대의 움직임은 아주 작은 의미만 있고, 다른 사용으로의 이전이 이들에게 어려움을 주는 한 — 이에 관해 마르크스(Marx)는 대단히 많은 주안점을 둠 — 그 속에는 경제적 마찰의 현상이 존재한다. 이 마찰은 개별적인 사례에서는 가장 큰 관심사를 가질 수 있으나, 현실의 원칙적 이해가 중요한 곳에는 하등의 의미가 없다. 사람들이 발전이 임금과 지대에 미치는 영향을 이해하여야 하는 근본사실은 대체로 항상 발전을 통하여 노동과 토지가 더 많은 재화를 생산하고 그리하여 결국 명목상 금액의 임금과 지대는 더 많은 재화를 포괄하여야 하고 또한 궁극적으로 그들에게 발전의 모든 지속적인 획득물을 제공한다는 것이다. 독자가 아는 바와 같이, 이자의 사실은 이 결과에 대하여 아무것도 변경하지 않는데, 왜냐하면 이자도 항상 발전의 각 원천의 첫 번째 가치파동으로부터만 흘러나오기 때문이다.

그러나 신분하락 현상의 특별한 경우가 확실히 본원적 생산요소에 대하여 나타날 수 있다. 신분하락의 이 유형은 목적 지향성의 방향으로 국민경제의 재조직, 발전의 '비용절감적' 기능에 직접 연결된다. 거기에서 새로운 기업들은 이들이 비용, 즉 노동력과 토지력을 절약하도록,[17] 예를 들어, 이들의 목적 지향적인 조직화의 결과로 직접 계획될 수 있거나, 혹은 이들은 절약적 영향을 미치는 새로운 생산수단을 생산할 수도 있다. 양자의 경우에 우선 노동력과 토지력에 대한 수요가 발생한다. 그 이유는 생산은 정태적 활동 속에서 그동안의 방식으로 진행되어야 하는데 비하여 새로운 재화는 생산되어야 하기 때문이다. 그러나 전자의 경우 궁극적으로 어쩌면 보다 목적 지향적인 조직이 도입되고, 후자의 경우 생산수단이 활동에 투입되고 노동력 및 토지력과 '경쟁을 한다'. 이를 통하여 이들에 대한 수요는 억제되고 이를 통하여 명백하게 발전의 비용절감적 기능은 노동자와 지주의 생산자 이해를 오래된 지속가능한 재화 소유자 이해의 침해와 아주 유사해 보이는 방법으로 침해한다.

오랫동안 알려진 이 관계는 경제학에서 '기계사용의 효과'라는 제목으로 기계에 관해서 정기적으로 그러나 이론의 나머지 집단들과는 대단

---

17) 당연히 우리는 여기에서 '절약하다'라는 단어를 이와 관련된 일상적 의미를 고려하여 사용하는 것이지 우리의 기술적 의미로 사용하는 것은 아니다.

히 분리되어 분석되었다. 개별단위는 여기에서 우리에게 흥미를 줄 수 없으며, 나는 단지 우리에게 중요한 일부 관점과 특히 우리의 논의로부터 발생하는 최종결과만 강조하려 한다.[18] 우선 우리는 기계의 효과에 관해서만 논의하지 않는다. 그것은 오히려 거대한 신분하락과정의 특별한 경우 중의 단지 하나의 경우일 뿐이다. 그런 다음 노동자에 대한 영향은 물론 토지소유자에 대한 영향도 살펴본다. 여기에서 나는 당연히 이들의 분석에 있어서 내가 노동력과 토지력을 연계하여 분석한 모든 효과가 사실상 구체적 상황의 결과 양자에 대해 아주 불균등적으로 영향을 미치고 우리의 경우에는 기술진보가 사실상 노동자에게 더욱 강하게 영향을 미친다는 점에 관해 불명확하게 있지 않을 것이다. 그러나 여기에서 원칙은 군주의 독살과 쥐의 독살에 있어서 비록 두 사건은 매우 다른 의미를 갖지만 화학적 · 심리적 원칙은 동일할 수 있는 것과 아주 동일하다. 그렇다 하더라도 토지소유자에게는 노동자에게보다 더욱 강하게 작용을 하는 새로운 기업의 형태, 이른바 새로운 나라로부터의 수입이 존재한다. 궁극적으로 이미 리카도(Ricardo)는 농업경제적 경영기

18) 이 주제에 관해서는 특히 다음의 논의들을 참조하라: 리카도(Ricardo)의 「기본자본(*Das grundlegende Kapital*)」, 그 이전의 논의들에 대하여 독자는 에어강(Ergang)이 1911년에 발표한 「기계문제에 관한 분석(*Untersuchungen zum Maschinenproblem*)」, 그리고 맥컬록 시니어(McCulloch Senior), 밀(Mill), 마르크스(Marx)의 그에 기초한 논의들. 이 사안에 대한 특별히 순진한 해석의 사례로는 오웬(R. Owen)이 제공하고 있으며, 이에 관해서 그리고 문제의 다른 대중적인 논의는 스티븐 레슬리(Stephen Leslie)의 「영국의 공리주의자(*English Utilitarians*)」 제2편을 참조하라. 요약으로는 니콜슨(Nicholson)의 「기계론(*On Machinery*)」과 그의 원론을 참조하라. 더 나아가 다음을 언급할 수 있다: 1906년 발간된 「분기경제저널(*Quarterly Journal of Economics*)」의 존슨(Johnson), 1909년 발간된 「분기경제저널(*Quarterly Journal of Economics*)」의 카버(Carver), 맨스태트(Mannstaedt)의 "기계의 자본주의적 사용(*Kapitalistische Anwendung der Maschinerie*)", 1904년 발간된 「사회적 월간지(*Soz. Monatshefte*)」의 "산업적 예비군의 이론(Theorie der industriellen Reservearmee)", 「신년(*Neue Zeit*)」 1911년호, 제1편에 있는 베른슈타인(Bernstein).

술의 개선은 지대를 압박할 수 있다고 올바르게 파악하였다.

우리는 이제 그 문제를 보다 날카롭게 파악한다. 관련된 현상은 기술적 비용절감의 사실이 전혀 아니고 그에 연계된 노동과 토지에 대한 수요의 감소이다. 왜냐하면, 사람들은 다음 두 가지 사안을 구별하여야만 하기 때문이다. 첫째, 개선의 도입에 따라 사용된 노동력과 토지력의 양은, 만약 이들이 개선 없이, 즉 옛날 방식으로 생산되어야만 하였을 때 동일한 생산물 양의 생산에 필요**했던** 양보다 적어진다는 것은 자명한 일이다. 둘째, 그것은 그러나 자명한 일은 아닌데, 개선의 도입 이후에 사용된 노동과 토지의 사용된 양은 이전에 보다 적은 양의 생산을 위해 그러나 옛날 방식으로 사용되었던 양보다 적을 **수 있다**. 이 후자의 현상만이 흥미로운 것이다.[19] 첫 번째 것을 통해서는 누구의 이해관계도 침해되지 않는데, 그 이유는 보다 많은 생산물의 양은 개선 없이는 전혀 생산될 수 없었을 것이기 때문이다. 그리하여 어떻게 진행되어 가는가?

거기에는 기술적 개선의 요인이 이의 자연적 관계 속에 남겨있는 것이 아주 결정적이다. 단지 발전의 이론에 의해서만 충분히 설명되고 단지 발전 폭풍의 빗방울로서만 이의 효과를 추적할 수 있는 발전의 현상이 중요하다. 만약 기업가가 자신의 노동자들의 일부를 불필요하게 하고 노동자의 해고를 가능하게 만들 수 있는 기계의 제작에 사용한다면, 이 기업가가 독점의 위치를 가질 때에만 — 그리고 단지 어느 정도의 한계 내에서 — 건전한 의미를 가진다. 그렇지 않으면, 그것은 사람들이 사안이 그렇지 않다는 점을 단지 현실왜곡의 대가로 도외시할 수 있는 현상의 **본질**에 속한다. 우선 일반적으로 기업가는 바로 더 많이 생산하여 노동자들의 불필요화가 발생할 필요가 없게 할 것이다. 그러나 그것을 제

---

19) 이 구분은 이미 그리고 자체적으로 기계가 노동을 절약한다는 주장은 기계가 노동을 불필요하게 만든다는 의미에서 대체로 정확하지 않다는 점을 보여준다.

외하고는 경쟁자들이 그것을 할 것이다. 어느 정도 그것이 발생하는가는 해당 재화에 대한 수요곡선과 공급곡선의 탄력성에 달려 있다. 새로운 생산방법에 익숙해진 후에 그만큼의, 더 적은 혹은 더 많은 노동자가 해당 산업부문에서 활동할 것인가의 여부는 일반적으로 말할 수 없다. 그리하여 노동자의 — 그리고 토지소유자의 — 생산자 이해에 대한 침해는 그 정도에서 가능하다. 그러나 반드시 필수적인 것은 아니다. 전체 발전이 본원적 생산수단을 절약하는 새로운 생산방법의 도입 이외에 존재하지 않는다면, 그리고 항상 새로운 기계와 항상 새롭게 '절약하는' 기계가 생산된다면, 손해를 미치는 일의 발생은 필요하지 않을 것이다. 새로운 기계는 궁극적으로 한 번도 존재하지 않았던 노동력과 토지력을 불필요하게 만들 수도 있다. 그것은 그 기계의 생산 혹은 보다 목적 지향적 조직화의 실행이 노동자와 토지를 필요로 한다는 주장에 대해 올바른 힘을 실어준다. 그것은 단지 순간적일 것이고 궁극적으로 해악이 더욱 심화되어야만 할 것이라는 데 대하여 사람들은 간단하게 항변할 수 없을 것이다.

그러나 발전은 이를 통하여 주어진 본원적 생산수단의 해방 가능성과 그를 통해 야기되는 임금과 지대에 대한 압력을 자체적으로 제한할 뿐만 아니라 그럼에도 발생된 압력에 대한 평형추를 제공한다. 이자에서 우리는 이자의 하락이 새로운 기업가들이 계획을 실현하는 데 필요하고 새로운 결합을 가능하게 하고 실현하는 데 필요할 것이라는 점을 보았다. 유사하게 동일한 이유에서 본원적 생산수단의 가격하락도 영향을 미쳐야만 한다. 그리고 그것은 이 하락에 대한 효과적 제동장치이다. 확실히 이 요인은 가격하락을 한 번도 완전하게 보충할 수 없다. 그것은 자명한 일이다. 그러나 가격하락을 최소한으로 떨어뜨릴 수 있다. 만약 사람들이 이 반작용이 발생하기 이전에 고찰을 중지한다면, 물론 그 사안은 다르게 보일 것이다. 그렇다면 사람들은 사안이 속해 있는 본질인 그 현상을 불분명하게 만들 것이다. 만약 더 나아가 이와 같은 절약을 하는 방법에 의해 작동하는 산업이 외부로부터 완전히 정태적 경제 안에 들어와 자리를 잡는다면, 우리의 반작용은 창출될 수 없을 것이며 가격하락이 확실히 창출한 정태적 생산 확대의 보다 적게 중요한 요인만이 유지될 것이다. 그러나 그 일들은 현실에는 존재하지 않는다. 생산진보는 이것이 발생하는 발전이 가득한 국민경제의 전체로부터 떼어놓을 수 없을 것이다.

그리하여 본원적 생산수단에 대한 수요감소는 발전의 결과 발생할 **필요가** 없고 일정기간 최소한 이상으로 발생하지 **않을 수 있기** 때문에, 일반적으로 우리는 신분하락과정의 이 특별한 사례에 대하여 큰 의미를 부여하지는 않을 것이다. 때때로, 그리고 특히 지역적으로 이 과정은 확실히 대단히 격렬하게 발생하며, 특히 그러면 사람들이 그 현상을 시간적으로 구분하는 두 개의 기간 중 첫 번째 기간만을 고찰한다면 그 과정은 나쁘게 보일 것이다. 그럼에도 불구하고 우리는 본원적 생산수단의 소유자를 생산자 이해관계에 따라 절대적으로 가정하여 자본주의발전의 결과 이익을 획득하는 사람으로 세어 넣을 것이다. 나는 고전적 분석은 불만족스러운 점을 따지자면 본질적으로 동태적 현상을 정태이론의 도구로 다루려고 노력한 데에서 근본적인 결함이 있다는 점을 지적하고자 한다. 오래된 이론인 「기계론(*On Machinery*)」의 내용은 여기에서 제시한 전체적 해석으로부터 아주 더 쉽고 더 완전하게 흘러나온다.

그로부터 실업(Arbeitslosigkeit)[20]의 현상이 순수이론의 수단에 의해, 즉 경제 메커니즘의 본질로부터 남김없이 설명되지 않는다는 점이 바로

20) 실업의 사실에 관하여 사람들은 관련된 공식 간행물로부터 최대한 정보를 받는다. 사람들은 가장 필요한 것을 모든 교과서에서 찾는다. 대상이 되는 많은 문헌으로부터 내가 하나의 개별적 작품을 선택하여야 한다면, 그것은 비버리지(Beveridge)의 「실업(*Unemployment*)」일 것이다.

이어진다. 생산방법의 진보 결과로 노동자가 반드시 실업자가 된다면, 그 현상의 설명을 위한 기초를 확실히 확보한 것일 것이다. 그렇다면 사람들은 실업에 관하여 그것이 사실상 행하는 것보다 한층 더 다루어지지는 않는다는 점에 관해 적게 놀라야만 할 것이다. 확실히 기계의 도입 결과로 노동기회를 잃어버리는 노동자가 지속적으로 직업 없이 머물러 있을 수는 없을 것이다. 그 이유는 시장에서는 한 재화 공급의 나머지는 원래의 가격으로 판매되는 데 비하여 그 재화 공급의 일부가 그에 상응하여 수요를 찾지 못하는 일이 발생할 수는 없기 때문이다. 실직되어 자유로워진 노동자는 임금에 대한 압력을 받을 것이며, 그런데도 보다 적은 임금으로 일자리를 찾아야만 할 것이다. 그러나 만약 점점 더 새로운 기계의 도입 결과 점점 새로운 노동자가 해고된다면, 약간의 수의 항상 일자리 없는 노동자들이 국민경제에 항상 존재하게 될 것이며, 결국 발전에 의해 점점 증가하는 수가 존재하게 될 것이다. 그러나 이제 발전은 노동력을 불필요하게 만드는 경향을 가지지 않으며, 이는 반대로 노동력에 대한 항상 더 많은 수요를 창출하는 경향을 가진다. 적은 범위에서 그리고 기껏해야 지역적 의미에서 일시적 실업만이 아마도 발생할 수 있을 것이다.

그러나 우리는 확실히 실업의 두 번째 원인에 대하여 알게 되었다. 위기에서는 항상 그리고 정상적 청산과정 및 재조직화 과정에서는 거의 항상 노동자들이 실직하게 된다. 그러나 이 유형의 실업의 일시적 성격에 대해서는 아무도 의심하지 않는다. 이는 종종 매우 심각하다. 실제로 실업은 앞에서 언급한 것보다 훨씬 더 중요하다. 그러나 이는 사회의 모든 계층에게 원칙적으로 동일한 방식으로 포괄하는 불황의 영향의 특별한 경우일 뿐이며, 이는 불황과 함께 저절로 사라진다.

그리하여 사안은 다음과 같다. 즉, 지속적인 — 그리고 점점 더 나빠지는 — 실업의 원인은 그 자체로서 간단하게 존재하는 것이 아니고 단지 일시적 실업의 기초를 만든다. 실상에서 대단히 현저한 실업을 창출하는 원인은 본질적으로 그리고 애초부터 일시적이다. 그리하여 우리는 지나간 실업에 대해서만 설명할 수 있고 — 게다가 마찰현상으로 — 다른 것은 설명할 수 없다. 이 결과는 충분하지는 않지만 가치가 없는 것은 아니다. 그것은 실업현상의 아주 많은 범위를, 내 생각으로는 과반수를, 의심할 여지없이 설명한다. 그러나 이의 부정적 의미도 고찰할 필요가 있다. 즉, 실업이 이론으로부터 완전하게 설명되지 않는다는 점으로부터, 사람들은 궁극적으로, 이론이 설명하지 않는 한에 있어서는, 실업은 경제과정의 본질에 위치한 것과 다른 원인에 기초한다고 결론지을 수 있다. 실업문제를 분석하려면, 이제 우리는 다른 이유에 따라 주어진 실질자료 속을 직접 살펴야 할 것이다. 우리는 거대하고 모든 것을 설명하는 원칙을 발견하기를 기대하는 것이 아니라, 오히려 많은 양의 지리적으로 그리고 시간적으로 다양한 설명을 찾기를 기대할 것이다. 우리는 지금부터 실업에 있어서 통일적 현상이 전혀 아니라 오히려 아주 다양한 현상들의 혼합을 추정할 것이다. 그리고 이로써 우리는 이 분석대상에 관한 특별연구가 이미 오랫동안 주장해 왔던 해석에 도달할 것이다.

이제 우리는 정태적 이론과 동태적 이론을 서로 관련지으려 한다. 발전이론이 정태적 경제의 모습을 수정한 것이라면, 후자는 현실의 새로운 사고적 모방에 자리를 마련하는 노력을 추진하여야만 하는가? 정태이론은 첫 번째 접근의 성격, 즉 동태이론에 의해 보충을 경험한 추상(抽象)의 성격에 의한 현실의 왕성한 활력에 대한 도전인가? 아니면 궁극적으로 양자는 분리된 사실을 나타내는가? 우리는 이미 안다. 즉, 만약 사람들이 오늘날의 체계적 이론이 가장 깊은 내면에는 정태적 기둥에 의지해 있다는 것을 인식하였다면 그리고 어떻게 이 이론이 이 관점에서 이 위치로부터 무엇보다도 경험에 의해 주어진 생산수단의 가치

이상의 생산물 가치잉여의 현상과 같은 길에 도달하지 않는 사안으로부터 설명하려 노력하는가를 본다면, 사람들은 역시 동태이론이 많은 것을 허물어야 하고 많은 것을 교정하여야 한다는 점을 본다. 그렇지만 그것은 단지 보루들이고, 증축들일 뿐이다. 정태적 이론의 핵심이 발전에 의해 지배를 받는 해석으로 대체되어서는 안 된다. 그러나 정태이론은 단지 경제적 사건의 총체적 분석으로서는 전혀 그리고 사회철학으로서도 사용가치가 없다.

특정한 의미에서 두 번째 질문에 대하여도 그렇다고 답할 수 있다. 정태이론(Statik)은 대체로 추상적 형성물일 뿐만 아니라, 이는 발전의 본질적 사실에 의해 추상화되기도 한다. 그것은 발전의 결과에 대하여 아름다운 일반적 타당성을 제공하고, 그것은 특히 발전에 대하여 경제적 진행과정을 구체적 조직형태를 고려하지 않고 설명할 수 있는 능력을 제공한다. 정태이론은 특히 그를 통하여 문제들, 이른바 가장 넓은 의미에서 가격현상으로 집단화할 수 있는 문제들의 일정한 부류의 해결을 위한 기구가 된다. 만약 사람들이 정태이론의 명제를 아주 강력하게 수립하면, 사람들은, 그 속에서 인간적 동기를 완전히 배제하고, 이들 명제가 시장에서의 기업가 행동에도 적합하다는 점에 도달한다. 그렇다면 이 점에서 발전이론(Entwicklungstheorie)은 새로운 사실의 도입을 통한 현실에 대한 보충과 경제학의 하나의 접근방법을 나타낸다. 그러나 우리가 아는 바와 같이 세 번째 질문도 긍정의 대답을 한다. 정태적 이론은 경제적 사실의 총체성으로부터 모든 지점에 대하여 동일한 거리로 떨어져 있지 않다. 정태적 이론은 많은 관점에 대하여 원칙적으로 정확하게 적용되는데, 즉 이는 우리에게 이해의 열쇠를 제공하는데, 다른 관점에 대해서는 그렇지 못하다. 말하자면 이는 이중성격을 가지고 있고, 이는 한 해석에서는 교환이론(Katallaktik)(역자 주: Katallaktik은 20세기 초반 대두된 시장에서의 교환관계의 상호작용 및 이의 영향을 분석하기 위해 대두된 경제학

의 한 이론임)이고, 다른 해석에서는 경제적 진행과정의 특별한 유형에 관한 폭넓은 묘사이다.[21]

이 마지막 관련 속에서 우리는 여기에서 정태이론에 관심을 가진다. 우리는 이 유형이 발생하는 사례들을 다시금 요약하여 열거하고자 한다. 먼저, 이 유형은 거대하고도 불투명한 수많은 일상의 작은 그리고 가장 작은 경제적 진행과정을 포괄하고, 대체로 이론적 국민경제학의 기초와 거대한 증명을 구성하는 거대하고도 불투명한 수많은 경제적 순환을 포괄한다.[22] 이들 모두는 쾌락적 충동에 의해 운영되며 균형조건을 통해 특징지어진다. 이들 모두는 주어진 상황 속에서 이 상황이 허락하는 것만큼 잘 조정하는 이상(理想)의 실현을 위해 노력한다. 이 영역에서 원칙적으로 관련 있는 개별적 차이점을 찾으려 하는 것은 쓸데없는 일일 것이다. 그러나 그렇다면 **모든** 진행과정이 균형상태에 대한 노력으로 특징지어지는 국민의 경제생활 속에는 시간이 존재한다. 우리가 위기현상의 분석으로부터 이미 알듯이, 그것은 국민경제의 가치체계와 가격체계의 재조직화의 시간, 이른바 불황기이다. 이들 관련된 쉼표 속에서 정태이론은 설명하고자 하는 모든 것을 실제로 설명한다. 거기에서는 정태적 경제의 묘사에 전혀 접목하려 하지 않는 현상은 사라지고 거기에서는 이 묘사가 국민경제의 전체묘사가 된다. 그리고 거기에는 또한 경제주체들의 행동에 있어서 본질적 차이는 존재하지 않는다. 그러나 궁극적으로 정태이론은 경제주체들의 일정한 유형의 충실한 초상이다. 우리가 보았던 것처럼 그들의 행동이 쾌락적 충동에 의해 결정적으로 특징지어

21) 사람들은 다음과 같이 짧게 말할 수 있다. 즉, 정태이론이 경제활동의 논리로서 아무것도 아닌 한, 이는 일반적으로 효력이 있다. 정태이론이 경제활동의 심리상태를 제공하는 한, 이는 매우 본질적인 경우에는 기능을 발휘하지 못한다. 이는 일반적으로 적용되는 것은 아니다.

22) 「본질(*Wesen*)」 제5편을 참조하라.

지는 경제주체들이 있는데, 이들은 사람들이 '정태적'으로 순수하게 묘사하는 경제주체들이다. 이와 같은 주체들은 항상 그리고 도처에 존재한다. 이들은 심지어 단연 과반수를 구성한다. 발전의 흐름에 전혀 접촉하지 않는 많은 경제주체들도 존재할 수 있다. 그러나 그런 경우가 아닌 곳에서도 이들의 존재 윤곽은 충분히 강력하게 대두되며, 국민경제에서 이들의 행동 결과는 충분한 의미를 가지고 나타난다. 또한 거기에서 쾌락적 그리고 정태적 해석방식은 직접 주목하여야 하고 더 이상의 설명 원칙이 필요 없는 현실을 묘사한다.

그러나 발전의 사실은 그 자체로서 쉽게 정태이론의 구조 속으로 보충적으로 들어가지 않고, 오히려 구조 밖에서 부분적으로 특별한 그리고 통일적인 이론적 총체로서 구성되며, 그리하여 국민경제학에서는 단지 대략 두 개의 해석방법만이 중요한 것이 아니고 본질적으로 두 개의 중요한 사실집단이 중요하다. 그리하여 우리는 국민의 경제생활은 이론에서는 물론 현실에서도 구분할 수 있고 바로 실재하는 진행과정의 두 가지 서로 다른 유형으로 구성된다는 것을 인지한다. 이들은 서로 교차되며 의심할 여지없이 서로 영향을 미친다. 그러나 이들은 개념적으로는 물론 무엇보다도 구체적으로도 희미해지는 적이 없다. 그것은 우리에게 매우 중요하다. 만약 그것이 사실이 아니라면, 사람들은 우리에게 개념을 가지고 하는 한가한 놀이를 쉽게 제공할 수 있을 것이다. 이해를 실제로 돕지만 사안의 경제적 이해에만 관련이 있는 이론적으로 정당한 구분 자체는 다툴 만한 가치가 있을 것이다. 우리는 유리한 상황에 있다. 모든 사실에 있어서, 경제적 진행과정에 관한 각각의 신문보도에 대하여 사람들은, 그 정보가 충분히 정확하다면, 정태적 진행과정 혹은 동태적 진행과정이 중요한지, 첫 번째 경우에는 다시금 정태적 경제의 정상적 순환의 단편이 중요한지 혹은 발전의 충격에 대한 반응이 중요한지, 후자의 경우에는 진정한 발전과정이 존재하는지 혹은 발전의 반작용이 존재하는지를 말할 수 있다. 그리고 항상 이에 관한 선명성은 이론적 만족뿐만 아니라 본질적으로 올바른 이해에 관한 것이다.

이로써 우리는 사실상 현실에 더욱 가까이 다가선다. 특히 우리는 경제생활이 우리에게 보여주는 제약(Bedingtheit)과 자유(Freiheit)의 고유한 혼합물에 대한 명확한 통찰을 얻을 수 있다. 정태적 순환과 정태적 적응현상은 자유의지의 문제에 대하여 전혀 관련이 없는 사안의 논리에 의해 지배를 받지만 실제로는 — 확고하게 주어진 사회적 관계에서 — 개인적 자의성과 같은 것을 허용하지 않는다. 그것은 증명될 수 있고 항상 걸림돌이었는데, 그 이유는 사람들은 일에 있어서 개인적인 자유로운 창출을 아주 의미 있게 보았기 때문이다. 이제 우리는 마지막의 관찰이 옳고 정태이론의 명제에 모순되지 않는다는 점을 알고, 우리는 이 창출의 정확한 위치와 기능을 말할 수 있다. 당연히 발전에 있어서도 사안의 논리는 빠져 있지 않고, 사람들이 정태적 해석으로 무언가 철학적 결정주의에 대하여 증명할 수 없는 것처럼 사람들은 동태적인 것을 가지고 이에 대해 무언가 나쁘게 말할 수 있다. 그러나 그럼에도 불구하고 우리는 **객관적** 조건을 통하여 경제의 설명 불가능한 요소를 증명하였고 이 객관적 조건으로 정확한 관련성을 가져왔다.[23)]

이들 두 개의 나눔, 혹은 보다 정확하게 말하면, 경제과정의 두 개의 전문성의 이 인지는 우리의 이론으로부터 발생하는 경제과정의 이론적 도식(theoretisches Schema)의 새로운 구성을 위한 초석을 형성한다. 다시

---

23) 나는 필로포비치(v. Philoppovich)가 그의 「개요(*Grundriß*)」의 두 번째 권의 도입부에서 마찬가지로 제약(Bedingtheit)의 문제와 발전(Entwicklung)의 문제를 구분하였다는 점을 지적할 수 있다. 짧은 진술의 이 해석에서 의심할 여지없이 앞에서 제시한 이론의 원문 속에서의 관찰과 자신의 관찰과의 아주 폭넓은 일치성의 징후가 존재한다. 확실히 그는 발전의 특징을 경제생활에 대한 공공정책적 개입에 국한시켰고, 이로써 그는 다른 길로 접어들었다. 나는 또한 셰플(v. Schäffle)과 슈몰러(v. Schmoller)를 지적할 수 있다.

금 강조해야만 하는 것처럼, 이 초석은 좀 더 정확하게 다음의 요소들로 이루어진다. 사안의 중심을 구성하는 — 첫 번째 요소인 — 정태적 순환은 — 두 번째 요소인 — 발전의 현상에 의해 말하자면 포위된다. 우리가 발전의 개념하에 요약하는 유형의 진행과정은, 정태적 순환이 경제적으로 이루어지고 경제외적 요인을 통해서 이루어진 것이 아닌 한 그리고 그것이 '반응적으로' 이루어진 것이 아닌 한, 대체로 정태적 순환을 창출하지 못한다.[24] 그러나 그 외에도 정태적 순환 스스로가 기초를 두고 있는 발전의 구체적 기초로부터, 하나의 발전단계는 모든 이의 — 세 번째 요인으로 — 작용과 반작용과 함께 비롯한다. 넷째로, 그러면 발전에 대한 반응과 이의 작용으로서 나타나는 다양한 이차적 정태적 흐름이 존재한다. 그리고 묘사를 완진하게 만들기 위하여, 우리는 다음 요소를 너 추가할 수 있다. 즉, 다섯 번째로, 발전이 불러일으키는 작용과 함께하는 인구의, 기술의, 욕구의, 자본의 '자체적 움직임', 그리고 최종적으로 — 여섯 번째로 — 전쟁, 행운, 재해, 정치적 개입 등과 같은 외부에서 발생하는 사건들을 들 수 있다.

새로운 구성의 또 다른 관점을 헤아릴 것을 권고한다. 우리는 기업가(Unternehmer)를 자본가, 위험부담자, 단순한 기술적 혹은 상업적 기업경영자 그리고 자체적 고려를 위하여 일하는 정태적 경제주체와 급격하게 구분한다. 우리는 자본가(Kapitalisten)를 물적 재화의 소유자, 특히 생산수단의 공급자와 구분하고, 그를 기업가와 생산수단 사이에 위치하는 것으로 본다. 우리는 양자의 역할에 대하여 발전에, 그 외에 자본가의 역할을 자본주의발전에 제한한다. 그러나 이 범주 내에서 우리는 학문적 고찰을 위하여 기업가의 관점을 유지하는 것이 — 그리고 개별적 자본

24) 그리하여 그런 점에서는 동태이론은 정태이론의 경제적 환경요소의 이론을 제공한다.

가의 자본개념을 유지하는 것이 — 결정적인 것으로 생각하는데, 그 이유는 현실적인 것이 오로지 그 관점에만 상응하고 이 관점만이 현실적 진행 과정에 적합하기 때문이다. 통합적인 국민경제적 관점은 오로지 개별적 행동으로부터만 직접 이해할 수 있고 오로지 개별적 관점만이 해결책을 제시할 수 있는 관계의 설명이 중요한 곳에는 아무런 의미가 없다. 기업가와 자본가 이외에는 모든 경제주체가 노동자와 '지주'로서 — 자연적 생산수단의 소유자임 — 자격이 있다. 후자들은, 이들이 자신들의 역할을 노동자와 지주로서의 역할에 한정하는 한, 근본적으로 정태적-쾌락적이고 경제적으로 수동적인 요소이다. 그들은 경제적으로 움직임을 제공하지 못하고 오히려 움직임을 당한다. 정치적으로 이들은 확실히 보호관세, 노동자 보호와 같은 여건변화를 관철하거나 혹은 하등의 기업가 성격을 가지지 않는 지도자에 의해 독점적 유형의 결합으로 조직화될 것이다. 동일한 것은 자본가들에게도 적용된다. 오로지 이들이 자신들의 소득을 발전이 제공하는 기능으로부터 획득하는 한, 이들은 중간적 위치에 자리한다. 그러나 비록 이들이 확실히 특정한 방식으로 기업가에게 영향을 줌에도 불구하고, 오히려 이들은 경제행위의 유형에 따라 이들은 오히려 이 범주에 속한다. 그들은 준정태적 경제주체들이다.

우리가 노동력과 토지력에 대해 부여한 입장 속에서 우리는 뵘-바베르크(v. Böhm-Bawerk)의 분석을 연결한다. 그 속에서도 우리는 생산된 생산수단(produzierte Produktionsmittel)을 독립적 생산요소로 구성하지 않는다. 우리는 이 속에서 노동절약적 재화로는 물론 노동지원적 재화로도, 노동몰두적 재화로도, 비율 이상의 결과를 생산하는 재화로도, 착취를 가능하게 하는 재화로도 보지 않는다. 다른 시각에서 우리는 원칙적으로 특별한 기능 담당자도 보지 않으며, 오히려 오로지 더는 관심이 없는 생산의 통과단계만 본다. 소비재 재고도 하등의 생산적 기능을 가지고 있지 않으며, 노동유지적 기능도 시간을 극복하는 기능도 가지지 않는다.

양자의 재화범주는 기껏해야 이들의 소유자의 일시적인 중간이윤의 담당자일 수 있다. 여기에서 중간이윤은 기업가 이윤이거나 혹은 기업가의 수요에 의해 창출된 가격수당이다. 이들은 국민경제의 어느 곳에서도 지속적 매출을 확보하기 위해서나 혹은 구석에서의 투기를 가능하게 하는 것 이외의 다른 목적으로는 축적되지 않는다. 특히 자본주의경제에서는 기업가나 자본가에 의한 이의 축적은 사람들이 일정한 생산에 들어가게 하는 것의 전제조건이 아니다. 이는 존재하는 한 국민경제의 흐름에 의해 저절로 나타난다.

그러면 이 경제주체들의 기질과 재화는 현존하는 진행과정에 적합하다. 재화축적의 기능은 자본주의경제에서 쉽게 사라진다. 이 경제 밖에서는 이는 대단히 중요하지만, 마찬가지로 결정적 요인을 구성하지는 않으며, 혹은 대체로 특별한 관찰이 필요할 수 있는 요인을 구성한다. 그로써 사람들이 이 재화재고에 부여했던 인과관계 역시 낮아진다. 현실의 우리 묘사 속에는 재화축적의 자리에 재화차출(Güterentzug)이 이의 결과로서 재화의 특징적인 가격상승과 함께 발생한다.[25] 이로써 자본창출과 자산구축의 다른 이론에게 자리를 제공하기 위하여 저축의 변수도 배경으로 등장한다. 절제의 요인과 미래소비의 과소평가 요인은 발전의 영역에 한정되며, 그곳에서조차 나의 고찰로는 사실의 힘에 의해 인정된 것 이상의 아주 부차적 역할로 한정된다. 정태적 기업의 노동력과 토지력은 이전 경제기간의 수익으로부터 지불된다. 그리고 여기에서만 노동자는 소비자에 의해 지불된다는 명제가 완전한 효력을 가지고 자명함을 넘어서는 의미를 가진다. 그러나 동시에 새로운 기업에 사용된 노동력과 토지력은 자본으로부터 지불되며, 그러나 어떤 방법으로 창출된 소비재 재고로부터가 아니라 우리에게 묘사된 구매력 기금으로부터 지

---

25) 도약기의 '물가상승(Teuerung)' 현상을 참조하라.

불된다. 노동자와 지주 혹은 다른 사람들에 대한 재화의 선불(先拂)은 어느 곳에서도 발생하지 않는다. 일정한 금액이 소득과 자본에 동시에 존재하는 것과 같은 모순은, 만약 사람들이 자본은 자본주의 기업가 경제의 현상이고 그 개념은 그 경제 밖에서는 전혀 의미가 없다는 점을 기억한다면, 완전히 사라진다. 단지 한계를 가지고 우리는 궁극적으로 국민경제에서 수요의 최고 권력을 인정한다.

경제과정의 외부적 진행의 이 짧고 불완전한 스케치는 두 개의 사항을 강조하려는 목적을 가지고 있다. 첫째, 우리의 새로운 구성이 근거하는 개별적 요인은 절대로 멀리서 불러온 것이 아니라, 오히려 거의 모두 이어받은 이론에 이미 존재한다. 둘째, 우리의 해석은 다른 것들보다 아주 더 현실에 충실하고 더 단순하며, 가공물과 보조구성의 전체 골자를 필요 없게 만들고, 많은 경시되었던 현상을 설명한다. 순수경제학에서 대체로 다루는 구체적인 개별적 문제는 이 해석의 도움으로, 그것이 가장 좁은 의미에서의 가격론에 속하는 점과 우리의 이론이 이에 대하여 부가할 아무것도 가지고 있지 않다는 점을 예외로 하여, 더욱 완전한 방식으로 — 그리고 많은 새로운 것을 추가하여 — 해결된다. 그러나 여기에서 단지 기본원칙이 중요하다. 오로지 이에 적합한 것만이 이 작업의 틀 속에서 자리를 찾을 수 있다.

이 해석, 예를 들어 오래된 임금기금설(Lohnfondstheorie)은 어떤 위치를 차지하는가? 정태적 경제에서 지불하여야 하는 임금의 합계는 모든 다른 재화유형의 가격합계와 같은 방식으로 일목요연하게 결정된다.[26] 그리하여 그런 점에 있어서 사람들은 임금기금설에 대해 이것이 임금크기의 설명에 있어서 하등의 강조할 가치가 없는 요인을 특별하게 강조하고 있다는 반론을 제기하여야만 할 것이다. 그러나 의심할 여지없이

26) 「본질(*Wesen*)」 제3편의 임금기금설에 관한 언급을 참조하라.

허점이 많은 이론적 구성 아래 고전학파 경제학자들에게는 이의 강조가 대단히 큰 실제적 의미가 있었다는 중요한 사실이 자리잡고 있었다. 정태적 경제에서 노동자 수의 증가는 임금합계에 단순히 비례하여 증가하는 것이 전혀 아니라, 오히려 이 증가는 상응하여 임금에 대해 압력을 행사하며, 임금수준을 자의적으로 인상하려고 노력하는 모든 처방은 원하던 결과에 대해 반대의 작용을 하는 반작용을 잘 알려진 방식으로 창출한다. 이제 고전학파 경제학자들은 임금기금은 노동자들이 항상 그것을 모든 상황하에서 나누어야만 하는 단호하게 정해진 크기일 것이라고 말하는 방식으로 표현한다. 그것은 이 형태로서 당연히 올바른 것이 아니지만, 여기에서 모두 소진된 표현을 발견하는 거대한 진실은 주어진 상황 속에서 지불하여야 할 임금의 전체 합계는 객관적 필요성에 의한 결정의 지배를 받는다는 점이다. 이 사실은 많은 예외를 가지지만, 그럼에도 불구하고 이는 강조할 가치를 가지는 근본사실을 구성한다. 그러나 고전학파 경제학자들은 이 사실의 평가에 있어서 다음 두 가지와 관련하여 실수를 하였다. 첫째, 이들은 임금이론을 인구이론과 너무나도 편협하게 관련시켰다. 또한, 이와 관련하여 확실히 어떤 진실이 존재하지만, 이 진실의 낟알을 향한 사냥에서 임금이론은 의심할 여지없이 산길로 잘못 들었다. 그렇지만 우리는 그것을 더 자세히 설명하지 않으려 한다. 둘째, 그러나 고전학파 경제학자들은 더 나아가 임금지불의 자금은 자본에서 찾아야 한다고 말하였다. 거기에서 자본이 단지 과도적 항목(durchlaufende Post)을 구성하고 소비자들의 소득과 이들 수요의 방향은 궁극적으로 결정적인 그리고 설명적인 요인을 구성한다는 것을 증명하는 것은 어렵지 않았다. 그렇다 해도 사람들은 여기에서도 고전학파 경제학자들과 그들의 추종자들을 부당하게 대하는 것을 조심하여야만 한다. 이들이 자본을 생산된 생산수단들의 합계로 정의하였고 이 정의에 집착하는 한, 한번 존재한 재화는 수량과 유형에 따라 전적으로 결정되는 노동의 추가를 요구하고 노동에 대한 수요 크기의 직접적 원인은 의심할 여지없이 기술적 필요성에 의하여 주어진다는 점은 확실히 사실이고 또한 틀림없이 자명하다. 그것은 기초에 다가가는 분석은 아니지만 틀린 것은 아니며 때로는 아주 가치가 충만할 수 있다. 그러나 비록 고전학파 경제학자들이 의식 없이 사실상 화폐자본에 대해 생각하였던 점에 따르면, 만약 그들이 화폐에 관해 얘기하였다면, 거기에는 단지 과도적 항목만이 중요할 것이라는 이의제기가 확실히 발생하며, 그러나 그것은 오로지 정태이론에 대하여만 발생한다. 발전(Entwicklung)에 있어서 사안은 본질적으로 다르다. 새로운 기업을 위한 기업가(Unternehmer)의 수요를 통해 설명되는 노동자 임금에 대한 더 많은 요구 혹은 노동의 더 많은 비용은 확실히 이를 위한 자금을 기업가의 자본 속에 가지고 있다. 궁극적으로 새로운 재화를 소비할 소비자가 자신의 소득으로부터 어떤 무언가를 자신의 계획에 기여하기 이전에 그리고 어떤 방식으로든 그 새로운 재화가 소비자에게 배분되기 이전에, 기업가는 자신의 빌려온 구매력(Kaufkraft)으로 생산수단시장에 등장한다. 그리하여 기업가의 수요로부터 노동자에게 발생하는 임금증가는 우선 확실하게 기업가의 자본으로부터 흘러나온다. 우리의 의미에서는 이 자본만이 임금기금일 뿐만 아니라 임금 · 지대기금이다. 그러나 어떻게 기업가가 그 자금을 노동자와 지주 간에 배분할 것인가의 질문에 대답하기 위해, 우리는 확실히 이론적 해답을 손쉽게 준비하고 있다. 이제 이 경우에는, 여기에서도 소비자의 소득이 궁극적으로 임금과 지대에 대한 증가의 원천으로 묘사하는 것은 하등의 실무적 가치를 가지고 있다고 말할 수 없을 것이다. 왜냐하면, 이로써 이 증가가 실현되는 것은 특정한 유형과 강도의 기업가 행위(Unternehmertätigkeit)를 필요로 하기 때문이다. 기업가들이 대두되는 것에, 이들이 필요한 구매력을 창출할 수 있는 것에, 궁극적으로 이들이 어떤 구체적인 생산계획을 결정하는가에 사실상 그 증가의 존재와 크기가 달려 있으며, 우리 해석의 의미에서 우리는 여기에 특정한 독자적 원인이 자체작용과 함께 존재한다고 말하여야만 할 것이다. 왜냐하면, 기업가(Unternehmer)는 기업의 정태적 지도자와 같이 수동적으로 행동하지 않으며 오히려 그는 개인적인 것, 경제의 독립적인 것을 여기에 부가하기 때문이다. 그리하여 정태이론에서는 임금지불은, 사람들이 어떤 의미에서 이것이 자본으로부터 비롯한다고 가정한다면, 진행과정의 본질을 변경하지 않고 이에 아무것도 부가하지 않는 과도적 항목만을 구성하는 데 비하여, 사람들은 그것을 발전에 대해서 주장할 수 없다. 발전에 있어서는 자본은 정말로 그리고 진정으로 지대 · 임금기금이다. 확실히 여기에서도 노동자와 지주에 대한 선불금에 관해서는 말도 안 되며, 그것은 이들에게 화폐를 '선불'하는 것이 아니라 이들에게서 이들의 생산적 능력을 사들인 것이다. 그리고 소비재가 이들에게 선불된 것이 아니라 이들은 소비재를 이들이 그동안 이미 존재했던 수요를 그만큼 압축해 놓은 소비재 시장에서의 구입을 통해 마련한 것이다.

이제 나는 사람들이 임금기금설[27]에 관한 전체의 논쟁을 두 가지 부분으로 나눌 수 있다고 믿는다. 한편, 그동안 사람들은 고전적 사고과정의 어떤 문제점을 수정하려고 노력하였고, 그 속에서 사람들은 예를 들어 임금지불을 위해 사용될 수 있는 금액은 절대적으로 비탄력적이지 않다는 점 등을 지적하였다. 그렇다면 이 논쟁의 거대한 부분이 그 자체로 해결되며 우리의 의미에서 경제의 정태이론과 동태이론의 구분을 통하여 완결된다. 그러나 반대의견, 예를 들어 임금자금은 잘해야 단지 과도적 항목에 존재한다는 의견은 정태이론에 대해서는 맞지만, 이에 반하여 동태이론에 대해서는 여기에는 독립적 원인이 존재한다는 고전학

27) 이의 교조적 역사에 관해서는 잘쯔(A. Salz)를 참조하라. 이 문제에 대한 현대의 가장 중요한 권위자는 타우시그(F. W. Taussig)의 「임금과 자본(*Wages and Capital*)」이다.

파 경제학자들의 해석이 맞는다. 어쨌든 선불이론은 틀렸다. 그러나 고전학파 경제학자들의 의미를 받아들인다면, 현실의 관찰은 이에 기초하고 있는데, 즉 발전에서 임금과 지대의 지불은 자본으로부터 비롯한다.

그리하여 일반적으로 우리는 국민경제에서 임금지불의 합계는 언제나 두 가지 상황에 달려 있다고 말할 것이다. 첫째로 정태적 임금의 합계, 둘째로 기업가들이 자신들의 계획 관철을 위하여 조달하는 자본에 달려 있다. 그리고 사실상 만약 기업가가 사용할 수 있는 구매력이 증가할 때에만, 경제적 이유로 인하여 임금도 증가한다. 우리는 거기에서 이미 언급하였던 임금의 상승은 본질적으로 한 국민경제에 지배적 발전의 활력에 달려 있다는 스미스(Smith)의 오래된 명제에 다가간다. 아울러 임금기금설도 경제의 필요성에 대한 깊은 통찰력에 기초한다. 이 이론은 아주 좋은 서비스를 제공해 왔으며 경제생활의 일정한 객관적 조건을 엄격하게 구성한다.

우리는 여기에서 지주의 경제적 상황도 원칙적으로 노동자의 상황과 같을 것이며, 이들은 자신들의 소득을 원칙적으로 이들 노동자와 동일한 유형과 동일한 원천으로 확보한다는 점을 다시금 강조한다. 그리하여 우리는 일반적으로 지대와 임금은 동시에 인상되고 동시에 하락한다는 점을 발견한다.[28] 당연히 그것은 이들이 항상 동시에 절대적으로 받아들여져 높게 혹은 낮게 위치하여야만 한다는 것은 아니다. 새로운 토지에서는 지대는 아마도 영(零)이 되고 임금은 높을 것이다. 우리는 단지 임금의 상승에 작용하는 동일한 힘이 지대의 상승을 가져오는 경향이 있고 그 반대의 경향도 있다는 점을 의미한다. 이 정리로서 임금과 지대가 이들의 상대적 크기에 따라 상대방을 밀어 움직일 수도 있다는 점이

---

28) 그리고 그것이 이루어지지 않는 곳에 대해서 우리는 특별한 원인을 찾을 것이다. 자유무역의 도입은 예를 들어 이와 같은 상황일 것이다.

모순되지는 않는다. 사람들은 심지어 유사한 의미로서, 고전학파 경제학자들이, 특히 특별한 강조를 하면서 리카도(Ricardo)가 이익(Profit) — 자본이자 — 은 임금의 비용으로, 그리고 임금은 단지 이익의 비용으로 증가할 수 있다고 주장하였던 것과 같이, 지대는 단지 임금의 비용으로, 그리고 임금은 단지 지대의 비용으로 상승할 수 있다고 말할 수 있을 것이다. 만약 하나의 물받이로부터 두 개의 관이 통한다면, 물받이 속에 주어진 물의 양에 있어서 하나의 관으로 흘러나가는 물의 양은 확실히 만약 상승이 없었으면 다른 관을 통하여 흘러갔을 물의 양의 비용으로만 상승한다. 그러나 물받이 속의 물의 양이 대체로 증가한다면, 반드시 동일한 양으로는 아니기는 하지만, 관들을 통해 흐르는 물의 양 역시 증가한다. 만약 물받이 속의 물의 양이 감소한다면 관들을 통해 흐르는 물의 양도 감소한다. 그리하여 이 의미에서 이들 물의 양은 동시에 증가하고 감소한다.

그것은 임금과 지대에서도 마찬가지이다. 한 정태적 경제에서 양자의 생산요소 중 하나가 어떤 이유로 인하여 희소해진다면, 예를 들어 이민의 결과로 노동이 희소해진다면, 그를 통하여 사회적 생산물은 더욱 작아질 것이다. 그러나 이 더욱 작아진 사회적 생산물로부터 노동자는 이전의 큰 사회적 생산물에서보다 더 많은 부분을 획득하게 될 것이다. 임금은 공급의 감소 결과로 상승할 것이며, 따라서 생산비용도 상승할 것이며, 이것은 한계기업을 수익이 없게 만들고 파산시키는 결과를 가져오며, 그리하여 생산물의 양도 감소하게 하는 결과를 가져와야 한다. 그 사실 때문에 거기에서 토지력에 대한 수요와 결과적으로 이의 가격은 감소하며, 그리하여 감소된 생산물에 대한 이의 상대적 몫도 줄어든다. 즉, 임금은 지대의 '비용으로' 상승하였다. 그러나 이와 같은 진행과정은 그것을 제외하고는 원칙적으로 사회적 생산물의 증가는 양자에게 이롭고 이의 감소는 양자에게 해롭다는 점, 또한 그 **본질**은 단지 임금에 혹은 단지 지대에 이롭거나 혹은 해로운 상황이 존재할 수도 있을 사회적 생산물의 증가 혹은 감소는 존재하지 않는다는 점, 그리고 그리하여 이들은 발전의 진행과정에서 공동으로 증가하거나 혹은 감소하여야만 한다는 점에 대하여 아무것도 변화시키지 않는다.

기업가 이윤(Unternehmergewinn)과 이자(Zins) 사이에는 우선 비슷한 관계가 존재한다. 이들도 공동으로 하락하거나 상승하며, 양자 중 각각은 주어진 전체금액에서 다른 것이 하락하거나 상승함 때문에 상승하거나 하락한다. 그러나 수익의 두 집단도 같은 방향으로 움직일 수 있다. 즉, 기업가 이윤과 이자에 의해 임금과 지대도 상승하고, 기업가 이윤과 이자에 의해 이들이 하락한다. 그것은 우선 우리의 사고과정의 결과이지만 경험으로 직접 증명된다. 만약 특별한 상황이 이들 중 하나를 자극하지 않는다면, 수익의 네 개의 모든 범주는 항상 같이 상승하고 하락한다. 예를 들어, 이자가 특별한 이유에 의해, 예를 들어 관련된 국민경제가 어떤 이유로 인해 외국에 대한 투자를 중단하기 때문에, 내려간다면, 그것은 기업가 행위의 증가, 따라서 더욱 높은 기업가 이윤, 임금, 지대를 **가능하게 한다**. 그러나 바로 이 낮은 이자상태의 결과는 반드시 이자의 종료를 초래하여야만 한다. 즉, 기타 수익유형의 상승은 이자의 상승을 그 자체로 연계하여야만 한다. 정확하지 않은 분석은 거기에서 쉽게 네 개의 수익유형의 가정에 반대되는 움직임의 경향에 다다를 수 있다. 그리고 사실상 그런 종류의 대중적 의견이 존재한다. 그로부터 우리의 주장에 대한 반대의견이 증가하지 않는다는 것은 아마도 충분히 분명하다. 네 개의 수익유형의 각각은 자신의 증가에 의해 다른 유형에 대해 제동을 걸지만, 그러나 바로 그에 의해서도 스스로도 제동이 걸린다. 수익유형의 각각은 자신의 하락을 통해 다른 유형을 상승시키지만, 이를 통해 자신의 하락을 끝낸다. 그리고 수익유형 중 어느 것도 **자신의 본질에 따라** 다른 유형들과 반대되는 방향으로 움직이는 경향을 갖고 있지 않다. 고전학파 경제학자들은 그것을 지대에 관해 주장하였다. 그러나 그들은 바로 자신들 지대론의 결과로만 주장하였다. 그들은 사실상 완전하게 틀린 것은 아니지만, 사안의 경제적 본질에 속하지 않는 특별한 상황의 결과로서만 그렇다.

오로지 참을성 있는 서술적인 세밀한 묘사만이 우리에게 사회의 구조와 생활에 관한 신뢰성을 가르쳐 준다. 그러나 분배과정의 확고한 이해를 위하여 정신적 기초가 없어서는 안 되는 것처럼, 우리는 사회구조(soziale Struktur)의 상세함의 이해를 위한 이론적 구조를 필요로 한다. 그리고 그것을 위해, 묘사된 경제적 진행과정을 사회의 집단에 각인하여야만 하는 틀은 중요하지 않다는 것은 아니다. 그리하여 우리는 이 틀의 거대한 진행을 생생하게 그려내고자 하며, 자세히 말하면 우리의 생산도식에 연결하여 그려내고자 한다.

경제적으로뿐만 아니라 사회적으로도 기업가는 사회적 피라미드의 정상에 위치한다. 그것은 이미 자본주의 이외의 경제에서 기업가의 지위는 광범위한 지휘권을 전제로 하고 있기 때문이며, 그것을 가지고 있지 않은 사람은 아무도 우리 의미의 기업가(Unternehmer)가 될 수 없다. 예를 들어, 원시적인 문화단계에서 그는 부족장 혹은 공산주의적 공동체에서는 중앙기관이 되어야만 한다. 그가 상위에 위치하는 것은 사안의 본질에 의하여 그리고 군대 지도자가 상위에 위치하는 것과 같이 조직의 필요성에 의하여 주어진다. 자본주의경제에서 기업가는 처음에는 확실히 가지고 있지 않은 유사한 위치로 높이 올라간다. 그의 윤곽은 대중으로부터 강력하게 두드러진다. 그의 행동은 경제에 대하여 공적인 주목에 있어서 보다 큰 공간을 제공하고 이로써 그의 개성에 대해서도 그렇다. 많은 것들이 그에게 달려 있고 많은 것들이 그에게 의존한다. 사람들은 끊임없이 그에게 몰두하고 그와 논의하려는 동기를 가진다.

그의 성공은 감동하게 하고 매혹한다. 성공은 그를 조직적 필요성에 의해 주어진 위치 이상으로 사회적으로 상승시킨다. 원시적 지도자 그 자체가 이미 사회에서 다소간 총괄적인 위치에 있었다면, 자본주의경제의 지도자는 점점 비슷한 위치를 확보한다. 경제적 성공은, 대체로 바로 성공으로서, 그에게 다른 영역에 대한 영향력을 확실하게 제공한다. 사람들은 그의 음성을 정치적 업무에서 듣는다. 사람들은 들은 것을 실행하여야 하며, 그의 개성의 무게에 굴복하여야 한다. 사람들은 그를 점점 더 자체적으로 자신의 이해관계를 그리고 그가 직접 지도하는 사람들의 이해관계를 지향하는 진행과정의 감독으로부터 오랜 기간 제외할 수 없다. 그리하여 그는 정치적 · 사회적 권력이 된다. 예술과 문학 — 대체로 전체의 사회생활 — 은 마치 중세에 이들이 기사(Ritter)에게 반응하였던 것처럼 그에게 반응한다. 이들이 그를 칭송하든 반대하든, 이들은 어찌되었든 그의 유형과 그리고 그에 의해 창출된 상황과 일을 같이한다. 사회생활은 그의 욕구와 방향에 초점이 맞추어진다. 그의 생활상황의 특징은 보편성의 형태를 확보한다. 특히 경제활동의 다른 사회적 가치평가가 대체로 대두된다. 아주 일반적으로 화폐획득은 사회적 탁월성에 대한 희망으로부터 잡을 수 있고 자신의 낭만성을 가지는 직업이 된다. 화폐소유는 사회적 위치의 지표가 되며, 기업가 기능의 조건에 의해 형성된 생활태도와 취향은 어느 정도까지는 이상이 된다. 지도자가 평가하는 것은 항상 대중의 가치가 된다.

그로부터 화폐의 직접적 힘과 기업가의 고객, 노동자 등에 대한 직접적 힘을 구분하여야 한다. 당연히 화폐의 힘은 기업가에게 두드러지게 하는 것을 아주 쉽게 한다. 그러나 사람들은 자본주의경제의 지도자(Führer)의 위치를 마치 국가권력의 지도자가 국가의 추종자들에 대하여 무력의 힘으로 설명하는 것과 마찬가지로 기업가의 화폐가 가지고 있는 직접적 힘으로 설명하지 않을 수 있다. 전제군주가 모든 신하 뒤에 근위병을 세울 수 없는 것과 마찬가지로, 기업가도 그가 사회적·정치적 생활에서 협력을 필요로 하는 모든 사람에게 보상하지는 않는다. 또한, 성공이 사회의 정신에 미치는 영향으로부터 다른 요인을 구분하여야 한다. 나는 문화적 사회는 국가경제를 지배하는 인물들의 영향을 순전히 이들의 사회적 무게를 통하여 느껴야만 한다고 말했다. 한 기업가가 집을 짓고 자신의 취향에 따라 치장을 한 적이 한 번도 없음에도 불구하고, 기업가들의 행동과 사고의 일반적 인상은 그들 시기의 건축가들에게 영향을 미칠 것이다. 그러나 이외에도 기업가들은 그것을 한다. 이들은 공급이 곧 뒤따를 특정한 범주와 유형의 소비재에 대한 수요를 펼친다. 그리고 이로써 그들은 국가의 문화적 사회에 직접 개입한다.

그 모든 것은 경향들이다. 우리는 사회적 피라미드의 정상에 기업가만을 발견하는 것을 기대하지 않는다. 왜냐하면, 그 이외에도 국가적 생활의 다른 지도자들이 존재하기 때문이다. 우리는 이에 대해 더 설명할 것이다. 그러나 그렇지 않다면 기업가들은 이 자리를 사실상 점령하고 있어야만 한다. 그것은 자본주의 이전의 과거를 가지고 있지 않거나 혹은 본질적 과거가 없는 국민경제의 경우에도 그렇다. 다른 모든 경제에서의 사회적 역학관계는 이전의 시대들에 따라 영향을 미치며, 그 결과 사회적 피라미드는 거기에서 말하자면 한 조각으로 구성되는 것이 아니라 역사적으로 주어진 기본 근간과 그것을 지속해서 관통하는 새로운 형성물로 구성된다. 그동안 자본주의발전은 우선 국민경제의 작은 부분에서만 움직인다. 이의 폭넓은 대중 속에서 자본주의발전은 과거에 그랬던 것처럼 오랫동안 머물며 이로써 이의 높이와 깊이의 사회적 위치도 오랫동안 머물게 된다. 그렇다면 때때로 개별적인 정태적 경제주체도 거대지주가 자주 그런 것처럼 자본주의경제에서도 자신의 위치를 유지한다. 이들은 단지 상대적으로 종종 물러난다. 그러나 궁극적으로 사회적 조직을 둘러싸고 있는 대중의 정서는 단지 아주 천천히 변화할 뿐이다. 사상과 구성보다 어렵게 변하는 것은 없다. 만약 아주 폐지된 봉건귀족계급은, 종종 발생하는 것과 같이, 자신의 지도자 역할을 다른 영역에서 지키지 못한다 해도, 오랫동안 자신의 사회적 명망을 지킬 수 있을 것이다. 그것을 제외하고는, 모든 영역에 대한 이 계급에게 확고하게 부착된 가치체계도 단지 대단히 천천히 극복될 수 있는 힘을 가진다. 이는 오랫동안 벼락출세한 사람들의 사고방식에 투영된다.

그러나 만약 사람들이 이들 상황을 고려한다면, 사람들은 사회적 구조에서 기업가 유형(Unternehmertypus)의 강력한 흔적을 충분히 의미 있게 볼 것이다. 단지 경제적 재조직화 과정뿐만 아니라 사회적 재조직화 과정도 그로부터 비롯한다. 그러나 일반적으로 생산과정의 우리 도식의 모든 부분에 대하여 단순히 사회적 범주가 상응한다. 사회적 피라미드는 경제적 주춧돌들로 구성되지 않는다. 성공적인 의사는 경제적으로 노동자로 구분할 수 있다. 그러나 사회적으로 그는 단순히 노동자 계급에 속하지 않는다. 경제적으로 노동자와 토지소유자는 생산수단의 공급자로서 그리고 많은 관점에서 정태적 경제주체로서 나란히 위치한다. 심지어 공동의 이해관계도 전혀 없는 것은 아니다. 그러나 그것이 이들을 하나의 사회적 계급으로 만들지는 않는다. 그러나 우리의 경제유형과 사회적 계급 간 어느 정도의 병행성을 찾아내고 노동자 계급, 토지소유자 계급, 특히 자본가 계급을 얘기하는 것이 불가능하지는 않다. 그러나 기업가는 그렇게 멀리 가지는 않고, 좀 더 가까이 바라보면 그의 본질을 잃어버린다. 그리고 동일한 경제적 수준의 요인은 지나치게 많은 것을 제공하지 않는다. 거기에 대하여 확실한 것은 한 집단의 경제적 주체들은 사회적으로 그리고 특히 정치적으로 계급으로 출현하며, 유사한 생활습관을 통해 아주 편하게 만들어진 상호적 스스로의 이해와 동지적 느낌이 필요하다. 이들 유사한 생활습관은 다시금 경제적 수준에 있어서 어느 정도의 유사성을 전제로 하며, 또한 그를 통해 부분적으로 발생하기도 한다. 그러나 그러면 바로 공통의 정서는 결정적 설명요인이며, 오히려 많은 고려되는 상황 중의 하나인 경제적 상황은 직접적인 설명요인이 아니다. 사회적 계급은 복잡한 현상이며, 확실히 순수경제적 현상 그리고 아마도 전혀 통일적 현상은 아니다. 그리하여 만약 우리가 자본주의경제의 하나의 사회적 구조에 관해 얘기한다면, 우리는 이로써 경제적 조직이 사회적 조직을 손쉽게 그 근거까지 설명한다고 의미하는 것이 아니라, 오히려 우리는 그의 존재가 아무에게도 부정되지 않고 그의 일반적 진행과정이 독자에게 더 이상의 설명 없이 충분하게 알려질 수 있는 피상적 현상을 의미할 뿐이다.

자본주의 경제형태의 사회적 구조를 이해하기 위해서 우리의 의미에서의 자본주의발전이 기업가에게 할당하는 모든 사회적 지위는 개인적 능력에 기초하고 있다는 점에 관하여 명확히 하는 것이 중요하다. 이 능력은 반드시 가장 좁고 기술적 의미에서의 노동에 기초하고 있지 않다. 그러나 이는 역시 그렇지 않았다면 존재하는 생산수단이 점유되었을 것이라는 점에 기초하고 있지도 않다. 기업가는 자신의 개성(Persönlichkeit)을 투입하고 자신의 개성 이외에는 아무것도 투입하지 않는다. 기업가로서 자신의 지위는 자신의 능력과 연결되어 있고 그 지위는 자신의 활동력보다 오래가지 않는다. 그의 지위는 본질적으로 단지 일시적이고 특히 물려줄 수 없다. 즉, 사회적 지위는 떨어져 나가 전리품으로 사자의 발톱도 상속받지 못한 후계자에게로 넘어간다. 기업과 이에 존재하는 재화는 단지 추동력의 죽은 껍질일 뿐이다. 만약 독점이 아니라면 소유토지를 제외하고는, 이의 이전은, 예를 들어 국유화에 있어서의 이전은 지속적 수익원천을 이전하지 않는다. 왜냐하면, 사람들은 기업 창업자의 뇌를 국유화할 수 없기 때문이다. 그것은 기업가 지위의 사회 전체적 성격을 변화시킨다. 우리는 그 속에서 항상 새로운 사람들을 발견하고, 지속적인 사회적 상승과 지속적 사회적 하강을 발견한다. 사람들은 하나의 기업가 계급에 대하여 동일한 의미로 말할 수 없으며, 그 계급에 관하여 마치 동일한 사람들과 추종자들이 오랜 기간 머무는 집단에 관해 얘기하는 것과 같은 아주 동일한 사회적 현상을 진술할 수 없다. 확실히 한 시점에 기업가들인 모든 사람은 병행적 행동, 스스로 인지하는 공동행동이 당연하다고 생각되는 충분한 공통성을 가지고 있는 상황에 있다. 그러나 그것은 다른 '계급'에 있어서보다는 아주 적은 정도의 사례이며, 훨씬 더 작게 공통의 구성 및 공통의 도덕적 · 일반적 문화환경의 형성으로 이어진다. 산업이 지속적 수익원천으로 묘사되지 않는 이유로 인하여, 산업의 사회화도 어쩌면 이미 개념적으로 소유토지의 사회화 같은 것과는 아주 다른 사안이다.

모든 생산된 생산수단이, 즉 모든 재화가 일정한 시간에 대한 가장 필요한 생활비를 제외하고 통틀어 낭비된다 해도, 그리고 단지 자연적 가능성과 국민경제의 조직이 유지되어 머무른다 해도, 그 불행은 사람들이 믿을 수 있을 정도보다 훨씬 크지는 않을 것이다. 만약 지도자가 자신의 권위를 유지하고, 원하는 영역 모두에, 그리고 모든 것들을 가장 충분한 질서로 다시금 생산적 노동에 들어간다면, 대재앙의 흔적은 곧 다시금 지워질 것이다. 왜냐하면, 생산된 재화의 재고는 그렇게 큰 의미는 없기 때문이다. 훨씬 더 중요한 것은 위계, 한 국민경제 구성원들의 상위위치와 하위위치, 행동에 있어서 이들의 구성, 이들의 에너지와 목표이다. 우리의 주장에는 엄청난 모순이 존재하지 않는다. 우리의 주장은 전쟁과 다른 대재앙이 도처에 있다는 사실을 통해 증명된다. 그곳에는 이들이 경제적 조직이 붕괴하는 결과를 초래하지 않고, 지속적인 흔적을 남기지 않아서 그곳에는 오히려 이와 같은 황폐화의 모든 결과가 정말 놀라울 정도로 빠르게 사라진다. 유사한 것을 밀(J. S. Mill)이 자신의 첫 번째 책의 제5장의 일곱 번째 문단에서 "왜 국가는 황폐화의 상태에서 빠르게 회복하는가?"라는 제목으로 말하였다. 그는 단지 그 고찰의

근거를 내심 불만족스럽게 제시하였을 뿐이다.[29)]

현존하는 재화, 기업에 있는 건물과 기계는 단지 산업의 그릇이다. 그로부터 그 속에서 산업사회의 상층부 존재의 경제적 기초를 파악하는 해석이 얼마나 잘못되었는지가 직접 결론지어진다. 우리는 이 해석 속에 뿌리를 뻗은 선입견의 전체 덩어리를 이 순간에는 지나치기로 한다. 내가 외면적인 성공을 추구하였고 내가 그를 위하여 학문의 제약을 경멸하려 하였다면, 광범위한 절대적 명제를 얘기하고 시간의 거대한 질문에 관한 나의 말을 반짝이게 하고 왁자지껄하게 하는 것은 여기에서 어렵지 않을 것이다. 그러나 나는 그것을 하지 않을 것이며 나의 언급을 의도적으로 짧고 그것이 사실인 것처럼 인식하고 바로 결정하지 않는 상태로 유지하려 한다.

상속될 수 있고 다소간 지속가능한 사회적 지위는, 이와 같은 지위가 발전으로부터 오는 한, 오로지 준지대, 발전의 반작용의 결과인 수익증가, 실현되고 지출된 기업가 이윤과 저축으로부터의 이자소득에 기초할 수 있다. 사실 이들 수익은 본래의 사회적 계층, 즉 본래의 자본주의적 계급을 지탱하는 각목(角木)이다. 이 계급 속에서 특별한 자본주의적 이해관계, 생활양식, 이상(理想)의 방향이 전통의 특징에 의해 형성된다. 그러나 이 계급의 개별적 요소는 부분적으로는 경제적 이유에 의해서 부분적으로는 여기서 설명할 수 없는 다른 이유에 의해 **매우** 지속적인 것은 아니다. 적어도 이들 수익은 보다 적게 고찰되는 독점이윤 및 훨씬 더 중요한 발전에 있어서도 자연적 생산수단의 대부분 증가하는 수익과 함께 사회의 부분에 대한 경제적 기초를 구성한다. 여기에서 사회의 부분은 경제적 의미에서 쓸데없는 것으로 묘사되곤 하며, 이에 대하여 상

---

29) 그러나 적어도 그가 명백하게 자극을 받은 찰머(Chalmer)의 주장보다는 올바르다. 찰머(Chalmer)의 주장은 — 다시금 맬더스(Malthus)에 이어서 — 그 사안을 비생산적 소비의 효력이라는 명제를 통하여 근거를 제시하였다.

층부의 무위도식에 대한 대중적 믿음이 무엇보다 연결되어 있다. 그러나 여기에서 이들 생활구성 전문가의 완전한 이론을 개발하는 것은 너무 멀리 가는 것일 것이다.

이미 우리는 지금까지 얘기한 것에 이어서 경제에 관한 우리의 묘사는 이미 사회생활에 관한 묘사이고 경제적 이해관계대립과 이익공동체에 있어서 사회적 제약이 해결될 것이라고 기대하지 않을 것이다. 그러나 경제적 관계의 조직은 너무나 촘촘하여 이익공동체 **역시** 각각의 모든 사회적 관계에 대하여 그리고 이해관계대립 **역시** 각각의 사회적 대립에 대하여 마찬가지가 해당할 것이다. 그러나 우리는 아마도 어떤 이익공동체가 계급을 만드는 영향을 미치고, 어떤 이해관계대립이 사회적 대립으로 이르러야만 하는지 사전에 진술할 수 없다. 오로지 경제적 관점에서 사람들은 사회적 투쟁 속에서 정파의 입장을 결정할 수 없다. 종종 하나의 관계는 다른 관계와 마찬가지로 결정적일 수 있으며, 적대적 관계와 마찬가지로 우호적 관계가 될 수 있다. 확실히 더 나아가 사회적 대립은 대부분 경제적 문제를 둘러싸고 끝까지 싸우게 된다. 그러나 승리와 패배의 결정이 달려 있는 구체적 문제는 두 개의 대군이 싸우는 구체적 구릉맥만큼 사회적 투쟁의 본질과 가장 깊은 원인에 대하여 대단히 적게 결정적이다. 이들이 일정한 전장을 둘러싸고 싸우는 것처럼 사회적 정파는 실제적 문제를 둘러싸고 싸워야만 한다. 그러나 싸움터의 점유는 물론 선택된 문제의 결정도 다툼의 목적과 원인이 아니다.

경제적 본성의 정확하고 거대한 계급대립을 진술하고 또한 경제적 계급대립으로서 무엇을 확실히 특정한 의미에서의 보편적인 개인 간 이해대립과 구별하여 묘사할 것인가를 단순하게 정의하는 것은 역시 대체로 어려울 것이다. 원래 경제적 대립은 전혀 계급의 성격을 가지지 않는다. 확실히 노동자의 상태는 만약 그에게 지대가 이전된다면 그리고 토지소유자의 상태는 만약 그에게 임금액의 일부가 이전된다면 이익을 획득할 것이다. 그러나 마찬가지로 토지소유자의 각 부분은 만약 그에게 나머지의 지대가 주어진다면 그리고 노동자 단체의 각 부분은 만약 그에게 나머지의 임금이 주어진다면 이익을 획득할 것이다. 그리하여 대체로 이들 계급의 모든 부분과 궁극적으로 이들 계급의 개별적 구성원 모두는 자기 계급의 동료에게 다른 계급의 구성원에 대한 것과 다른 대립적 관계에 위치하지 않는다. 그리고 만약 지주와 노동자가 다른 계급의 구성원과 보다 더 긴밀하게 **사회적으로** 서로 연결되어 있지 않다면, 만약 각각이 다른 계급의 수탈이 자신의 자체적 집단의 수탈을 생각나지 않게 할 수 있다는 점에 대해 진정할 수 있다면, 이들은 바로 노동자의 압박 또는 지주의 수탈보다는 다른 지주의 또는 다른 노동자의 수탈에 대해서 아주 쉽게 생각할 것이다. 그럼에도 불구하고 분석의 유용한 수단으로서 판명될 수 있는 경제적 대립 개념의 이해로 이어지는 것이 불가능한 것은 당연히 아니다. 이와 같은 이해는 경제적 사건의 이론적 묘사로부터 손쉽게 발생한다. 우리는 여기에서 이의 확인으로 충분하다. 우리의 길 끝에서 우리를 더 멀리 벗어나게 할 수도 있는 이 방향으로의 분석으로 우리의 서술에 부담을 주려는 동기는 존재하지 않는다.

단지 하나 더 논의할 것은, 사회적 당파의 입장을 경제적 요인을 통하여 남김없이 설명할 수 있는 것이 얼마나 희박할 것인가는 기업가와 노동자 간의 관계보다 더 분명하게 보여주는 것은 없다는 점이다. 사회적 세계에서 더욱 격렬한 투쟁이 일어나는 곳은 아무 데도 없다. 그리고 우리는 양자 간의 경제적 이해관계대립은 그렇게 날카로운 것은 전혀 아니라는 점을 보았다. 그것은 존재한다. 그러나 그것은 단지 두 당사자 간의 이해관계대립의 본성에 관한 것이다. 그리고 그와 더불어 현실적인 이익도 간과될 수 없다. 양자는 현존하는 재화에 대한 주어진 점유관계의 전형적인 적(敵)이다. 양자는 대단히 많은 경우에 있어서 공동으로 이익을 얻고 손해를 본다. 기업가는 노동자의 최고의 고객이다. 이들 기업가에 의해 노동자 상황의 지속적 개선이 이루어진다. 상황의 이 측면은 전혀 그렇지 않고 다른 측면이 그렇게 배타적으로 두드러진다는 점은 여기에서도 역시 경제적 요인 외의 다른 것이 작용하여야 한다는 점을 분명하게 보여준다. 이해관계대립이 존재하는 한에는, 그것은 기업가와 자본가 간의 이해관계대립보다 크지 않다. 즉, 기업가는 낮은 임금보다 적지 않게 낮은 이자에 관심을 가진다. 그의 행동이 세부적으로 매우 자주 노동자의 일시적 이해관계를 손상한다면, 동일한 것이 자본가의 이해관계와 관련해서도 마찬가지이다. 그런데도 여기에서는 사회적 투쟁이 발생하지는 않는다. 그러나 우리는 기업가와 노동자 간 대립의 격렬함이 어디에서 왔는가를 직접 볼 수 있다. 이는 상위위치와 하위위치의 관계에서 그리고 이것이 가져오는 일상적 마찰로부터 온다. 노동자의 움직임은, 개별적 노동자에게 임의로 나쁜 꼴을 당하게 할 수 있고 그의 개인적 자유의 일부를 박탈하는 기업의 절대적 독재군주에 대하여 적대적인 것보다는 훨씬 적게 기업가의 경제적 기능에 대해 적대적인 입장을 취한다.

유사한 원천으로부터 자본주의경제의 도덕적 분위기도 흘러나온다. 여기에서도 우리는 사안의 이해를 위하여 어떤 부정적인 것을 활용하여야 한다. 즉, 이 분위기는 실제적인 경제적 진행과정으로부터 이른바 쉽게 설명되지 않는다. 왜냐하면, 이는 대단히 큰 정도로 우리가 설명하였던 신분하락과정의 영향 아래 위치해 있기 때문이다. 만약 이 분위기가 경제현실의 각인일 뿐이라면, 그 과정은 그다지 그럴 수는 없을 것이다. 거기에서 그 분위기는 대단히 더 밝아야만 할 것이다. 그러나 신분하락과정은 경제적 현상일 뿐만 아니라 사회심리적 현상이며, 그 자체로서 이는 훨씬 멀리 다다른다. 현실에서 허물어지거나 혹은 손해를 입은 누군가는 자본주의발전에 대해 악의적으로 대응할 뿐만 아니라, 또한 자신의 경제적 의미가 자신의 상황이 절대적으로 나빠짐이 없이 상대적으로 감소한 모든 사람은 그리고 더 나아가 자신의 사회적 지위가 새로운 요소의 출현을 통하여 시달리는 모든 사람도 같은 대응을 한다. 정태적 순환 속에 놓여 있는 공장의 소유자는 그리고 옛날 유형의 자본가도 새로운 사람들과 이들의 활동에 대해 비판적으로 바라보며, 거기에서 모든 발전단계가 경제적 유년기를 가지고 있다는 점을 모두 잊어버린다. 봉건적 지주는 자신의 부를 — 특히 자신의 소유토지가 도시에 있다면 — 발전의 탓으로 돌릴 것이며, 그러나 그는 기업가에 대해 반감과 비난의 마음을 가지고 바라볼 것이다. 노동자는 마치 자신을 다른 사람으로 만드는 문화단계로 상승하기를 바라며, 따라서 그는 기업가의 이윤을 특히 자신의 것에 대한 약탈로 간주할 것이다. 대부분 사람에게와 같이 특히 그에게는 기업가 이윤의 본질과 대두가 쉽게 이해되지 않을 것이다. 그리하여 발전의 진행과정에 대하여 거의 모든 사회적 계층에서 우둔한 원망이 수반한다. 이에 더하여 오래된 연합의 눈부신 광채가 그 새로운 사람을 감싸주지 않고 또한 시간의 숭배를 받는 습관의 보호막이 그의 행동을 감싸주지 않는다는 점이 대두된다. 예로부터 봉건영주는 자신의 주변 위로 높이 솟아오른다. 기업가 역시 자신의 보다 겸손한 위치를 주장할 수 없게 된다.

우리 모두는 항상 전해 내려온 확정된 기준을 가지고 혁신(das Neue)에 접근한다. 여기에서 이들 기준은 과거의 상황이 창출한 것이다. 이것은 특히 사회적 현상에게 있어서는 더욱 그렇다. 우리 스스로는 인식하지 못하지만, 과거는 재판에서 항상 현재보다 유리한 위치를 점한다. 그리고 과거는 가장 편파적이고 가장 주관적인 재판관이다. 그리하여 혁신(das Neue)은 쉽게 없어지지 않을 수 있으며, 행동하는 사람과 투쟁하는 사람에게 있어서는 — 그것은 자명한 일임 — 쉽게 없어지지 않을 수 있으며, 아울러 냉정하고 공정하다고 간주되는 관찰자에게서도 쉽게 없어지지 않을 수 있다. 그것은 모든 개별적 발전파동의 특별한 현상에 해당하지만, 현재에는 자본주의경제의 범주와 일반적 진행과정에 대해서도 해당된다.

이미 제2장에서 강조하였던 바와 같이, 묘사된 발전과정에는 사회생활의 다른 영역에 대하여 주목할 만한 유사성이 존재한다. 그 유사성은 무엇보다도 우리의 해석을 더욱 조명하고 우리의 병행적 관찰방식들의 하나를 가지고 이들 다른 영역에 대하여 존재와 발생을 파악할 수 있음을 보여주는 데 공헌할 수 있을 것이다. 이들 '다른 영역'이란 무엇인가? 이제 예를 들어, 정치, 문화, 과학, 사교생활, 도덕적 관조들 등의 영역을 들 수 있다. 여기에서는 완전한 열거 혹은 보다 근접적 분석이 중요한 것이 아니다. 그러나 어떠한 권한을 가지고 우리는 여기에서 이들을 서로 구분할 것인가? 거기에서 사회생활의 이와 같은 다양한 영역의 구분에 있어서 추상(抽象)만이 존재하는 것은 아니라는 점을 언급하여야만 한다. 확실히 모든 사람은 경제주체이기도 하고 확실히 거의 아무도 경제주체가 아니다. 모든 언급된 이해관계들이 모든 사람에게 다소간 영향을 주고, 거의 결코 누군가가 동일한 이해관계들 중 하나를 완전하게 충족시키지 않는다. 그럼에도 불구하고 이들에 대한 우리의 구분은 단순히 사실상 통일된 현상의 해부만을 의미하는 것은 아닌데, 자세히 말하면 이는 다음 두 이유에서이다. 즉, 그동안 우리는 이 모든 영역에서 그들의 주요 활동이 그 영역에 놓여 있는 사람들을 발견한다. 경제의 영역에서 우리는 바로 진정한 의미에서의 경제적 직업의 구성원들, 즉 그들의 직업이 경제활동인 사람들을 발견한다. 즉, 노동자, 산업종사자, 점원, 농부 등이다. 경제사를 쓰는 사람은 우선 이들을 먼저 만나며, 그것은 확실히 분명하다. 국민경제의 개별적 상태의 묘사는 이들의 상황과 이들의 행동의 묘사로 특별하게 구성된다. 예술의 영역에서 사람들은 마찬가지로 개발과 예술의 구체적 대상이 그들의 행동으로 구성되는 구체적 개인들과 마주친다. 크기와 그리고 전체로 보아 사람들은 모든 경우에 있어서 예술가의 개념 아래 이해할 수 있는 것이 무엇인가를 안다. 또한, 정치의 영역에서도 동일한 것이 유효하다. 그리고 여기에서 우리는 우리가 그들의 직업적 이해관계라고 부를 수 있는 그들의 주요 이해관계가 거기에 근거하고 이들을 통해 특징지어지는 사람들을 발견한다. 예를 들어, 경제정책적 방향의 대표자를 자신들의 활동 영역을 위하여 선택한 사람들 그 자체는 그에 관해 관심을 가지는 경제주체들의 범주에 소속할 필요가 없으며, 정치에서처럼 예를 들어 관련 산업 내부에서 이 의미를 가지는 것을 더욱 적게 필요로 한다. 그것은 쉽게 좀 더 자세히 설명될 수 있을 것이다. 그렇지만 충분하다. 우리가 말하고자 하는 것은, 이미 시사한 바와 같이, **여러 가지의 영역에 대하여 실제적이고 일반적으로 서로 다른 인적 집단이** 상응한다는 점이다. 그리고 예를 들어 산업계 사람이 정치적 **동기**에 의해 혹은 예술가가 경제적 **동기**에 의해 유도될 수 있다 할지라도, 전자의 구체적 행동방법은 절대 정치적으로 그리고 후자의 구체적 행동방법은 절대 경제적으로 설명되지 않는다. 기계는 정치적 원칙에 의해 설치되지 않으며, 그림은 한계효용의 법칙에 의해 그려지지 않는다. 다양한 인적 집단들과 다양하게 파악할 수 있는 진행과정이 우리로부터 분리된 영역을 특징짓는다.

그렇다면 이 구분은 한 동일한 개인이 다양한 영역들에서 활동하는 경우에서도 단순히 추상만은 아니다. 만약 **다른** 영역에서 활동 중인데, 그의 행동의 흔적이 **한** 영역에도 알려지고 말았다면, 우리의 구분을 정당화할 것처럼 보일 수 있도록 양자의 활동은 사실상 충분한 독립성을 가진다. 개성의 통일은 다양한 영역에서 한 개인의 행동과 동일한 개인의 행동 간의 모순성을 타파하는 데 충분하게 강한 적이 한 번도 없었다. 모든 경우에 있어서 한 상인의 자신의 해외지점에서의 활동과 동일한 상인의 초보 예술가로서의 행동은 어려움 없이 개념적으로 구별할 수 있다는 점은 분명하다. 이제 이들 요인, 부분적으로는 개별적 방향에서 활동하는 사람들의 다양성, 그리고 이들 방향 자체의 다양성은 우리의 목적을 위해 시사했던 '다른 영역'을 경제의 목적 옆에 위치하게 하는 것을 가능하게 한다.

우리가 다루려고 하는 유사성은 다음 속에 존재한다. 즉, 사회생활의 이들 영역 각각은 국민경제가 각각의 시점에서 정태이론의 고찰방식에 따라 결정하는 것과 유사한 여건이 형성하는 영향 아래 놓여 있다. 이 인식은 인간적 사안에 관한 학문적 해석에 대한 서광을 의미할 것이다. 이는 현재 공유재산 그리고 상투어가 되었다. 해결하여야 할 문제는 단지 모든 개별적 사례에서 이 관계를 다시금 보여주고 그런 다음 이 관계의 유형을 일반적으로 정확하게 묘사하는 것이다. 첫 번째 것은 역사적인 문제이고, 두 번째 것은 이론적 문제이다. 단지 경제의 영역에 대하여 그것은 현재 충분하게 해결되었으며, 덧붙여서 우리는 그 인식을 아직 너무 적게 넘어서 있다. 그러나 그것은 우리의 목적을 위하여 충분하다. 한 사례를 들면, 한 시대의 예술은 그 시대의 자식이다. 지리적 환경, 사람들이 국민성 혹은 비슷한 것으로 묘사하는 상황, 사회구조, 크고 바람직한 것 작거나 혹은 비난하여야 할 것에 관한 지배적 의견 등, 이들 요인은 모든 시점의 예술을 형성한다. 현대의 역사가는 그것을 개별적으로 증명하기 위하여 노력한다. 그리고 예술가적 생활의 수준은 그에게 과업, 수단, 조건을 제공하는 요인들에 의해서 설명될 수 있다. 이것은 아주 정확하지는 않지만, 모두는 여기에 큰 진실이 존재한다는 점을 느낀다. 사람들이 이로써 만족한다면 그리고 사람들이 사안을 충분한 거리를 가지고 영원의 관점에서 살펴본다면, 우리는 예술적 창작의 영역에 대해서도 정태이론이 존재한다는 점을 말할 수 있다. 아울러 국민경제학이 경제생활에 대해 그리하였듯이 동일한 사안에 대하여 유사하게 설명하는 해석방식이 존재한다는 점을 말할 수 있다.

그것은 하나의 유사성이며, 모든 주어진 시점에서 사람들은 사회생활의 어떠한 측면을 주어진 여건의 결과로서 과학적으로 간주할 수 있다. 그리고 그것은 사실상 현실에 대한 한 걸음이며 많은 것을 인도한다. 그러나 그 유사성은 더욱더 가야 할 것으로 보인다. 예술의 발전이론은, 조금도 전혀 오류가 없는 것은 아니지만, 이와 같은 기초 위에 아주 불충분할 정도로 위치해 있을 듯한 선택된 사례에서는 경제생활의 고찰에 있어서보다 더욱 명확하다. 사람들은 사회적 사건의 모든 영역의 전체적 해석도 확보할 수 없다. 왜냐하면, 첫 번째 관점과 관련이 있는 것으로, 예술적 행위의 영역에는 자체적으로 특별한 힘이 움직이고, 그 행위의 발전에 있어서 외부 영향의 견인 밧줄에 수동적으로 놓여 있지만은 않고 환경의 변화와 동조되지만은 않는다는 점이 눈에 들어오기 때문이다. 이 영역은 경제발전에도 다다르는 이들 변화의 상대적 독립성에 의한 이 영역에 고유한 발전도 가지고 있다. 그리고 이것에서와 아주 유사하게 우리는 더 나아가 외부 변화의 부정할 수 없는 영향 자체가 직접 예술적 활동의 구축을 이미 직접 결정하는 것이 아니라, 이 동일한 영향은 오로지 그것이 이 영역에 존재하는 동일한 고유요소에 대하여 이의 행동에 대한 동기와 조건을 제공하는 방식으로만 영향을 미친다는 점을 말할 것이다. 여기에서 이 영향의 궁극적 결과가 무엇이 될 것인가는 이들 행동의 유형과 방식에 달려 있다. 각각은 그것을 안다. 각각은 자신의 방식에 따라 이와 같은 사회적 사건 관찰의 문제 속의 두 개의 큰 의존성의 사실과 상대적 독립성을 결합한다. 역사가도 그것을 한다. 역사가는 사회적 상태의 묘사에 있어서 정태이론의 도식에 부합하는 사고과정을, 만약 이것이 당연히 이론적으로 완전하지 않다면, 과도하게 원위치에 되돌려 놓는다. 그리고 발전의 묘사에 있어서 그는 모든 영역에 대한 발전의 요소에 고유한 것에 대하여 자신의 모든 권한과 종종 심지어 그것보다 더한 것을 제공한다. 이 점으로부터 역사가에게 대체로 독특한 비결정론은 이해될 수 있을 것이다. 즉, 이 경향 혹은 이 성향에 대하여 의식적으로나 무의식적으로 외부여건을 통하여 모두를 설명할 수 없다는 인식이 존재하고, 오히려 모든 영역의 많은 매우 중요한 현상은 고유한 독립성을 보인다. 이들의 원인을 정확하게 진술할 수 없는 한, 그 비결정론은 방법론적으로 그것이 이들 사안에 대하여도 일반적으로 진술할 수 있는 규칙이 존재한다는 원칙 속에 설득된 사람에게도 제공된다. 그리고 그것은 경제영역의 밖에서는 정태적 설명도 아직 초보단계에 머물러 있다는 점을 완전히 제외하고서 제공된다. 그리하여 우리가 이 인식에 대하여 부가할 것은 단지 자세한 묘사, 즉 외부의 원인을 도구로 하여 이른바 발전현상에 있어서 설명을 거절하는 위치를 진술하는 것일 뿐이다. 그리고 그것은 필요한데, 왜냐하면 개별적 사례에서 대단히 올바른 과정에도 불구하고 사람들은 사정을 불충분하게 조망하고 만약 사람들이 원론적으로 이에 대해 말하게 되면 대체로 옳지 않게 표현하기 때문이다. 곧 사람들은 결정론의 프로그램에 책임을 지우고, 곧 비결정론의 프로그램에 책임을 지우며, 그리고 항상 사람들은 이 차이의 원인을 형이상학적 관찰로 돌리고 반(半)철학적 주장들로 방어하는 경향이 있다. 이에 대응하여 우리의 고려는, 여기에 있어서 대체로 사안의 본질이 존재하지 않는다는 점이 불필요하고 오히려 다양한 사실집단에 대하여 방법론적 조치로서 두 해석을 파악하고 그리하여 본질적으로 보다 분명하게 보는 것이 가능하다는 점을 보여주는 것처럼 보인다.

경제생활의 이론을 위해서뿐만 아니라 한 국가의 활동에 있어서 차별화될 수 있는 모든 다른 영역의 분석을 위하여 두 개의 서로 다른 문제가 존재하는데, 그것은 발전상태의 설명 문제와 발전의 문제이다. 보다 정확하게 말하자면, **한** 문제는 주어진 상황 속에서 이 영역의 각각의 사안이 어떻게 구성되는가, 즉 어떠한 방식으로 일정한 환경이 그 영역의 일정한 형성을 강요하는가를 진술하는 것이다. **다른** 문제는 우리가 간단히 말할 수 있는 바와 같이 발전의 메커니즘의 문제이다. 이들 양자는 다양한 사실집단에 적합하며, 이의 해결은 현실 사건의 관념적 재구축의 과제를 소진시킨다.

이제 두 번째 관점에 관한 것 — 사회적 행동과 사회적 고통의 전체적 파악 —, 즉 우리가 과학적 사고의 첫 번째 성공으로서 묘사하였던 진행과정은 마찬가지로 불충분한 것으로 판명된다. 그것은 쉽게 이해될 수 있다. 그 진행과정의 본질은 사람들이 모든 영역의 상태를 변화하지 않는 것으로 가정되는 여건의 결과로 간주하는 데에서 존재한다. 이들 여건에는 사회생활의 모든 다른 영역의 상태도 속해 있다. 우선 그렇게 도출된 인과관계는 이미 말한 바와 같이 유용한 것으로 판명된다. 그러나 이의 일반적 인식가치는 사람들이 이를 바로 이들 **모든** 영역에 적용하고 특히 역으로 적용할 수도 있다는 사실에 의하여 매우 저하된다. 예를 들어, 사람들이 한 시대의 경제를 그 속에 사회의 사회적 구조가 존재하는 여건으로부터 설명하였다면, 사람들은 역시 이 후자를 이 경우 그로서는 변화하지 않는 것으로 가정된 국민경제의 수준이 그 속에 존재하는 여건으로부터 유사하게 설명할 수 있다. 만약 우리가 이 사실이 우리가 말하는 인과관계를 하나의 기능적 관계로 격하시킨다고 말한다면, 사람들은 그것을 이해할 것이다. 사실상 인식의 바로 다음 단계는 '인과관계 고찰'을 '일반적 상호의존성'의 변수로 대체하는 단계이다.[30] 정태적 사실의 이론에 대하여 그것은 섞이지 않은 장점이며 결정적인 진보이다. 다른 영역의 결과로 각각의 영역을 파악하는 자리에 대해 고찰에 선행된 시점의 전체상태의 결과로서 사회생활의 전체상태에 대한 파악이 이

30) 사람들은 이 발전과정을 가격론의 역사에서 상세하게 본다. 여기에 관해서는「본질(*Wesen*)」제2편을 참조하라.

루어진다. 그리고 그것은 우리의 이론적 시야의 확장을 의미한다. 그러나 여기에서 발전의 이론은 기반을 잃어버린다. 이른바 한 상태에서 다른 상태로의 이전은 단순히 정태적 규칙을 따를 수 있고 이는 단지 적응 현상의 특징을 가지는 사실과 연결되어 있으므로, 단지 외부로부터의 개입과 자연적 여건의 변화는 국민의 사회생활의 설명근거로 머무른다. 왜냐하면, 우리는 인과관계 고찰에 있어서 바로 분석되지 않은 영역의 상태는 **어떤 방법으로**, 즉 비정태적 방법으로 실현된다는 점을 가정할 수 있는 데 비하여, 만약 우리가 이들 모두를 함께 정태적으로 조망하려고 하고 그것이 최대의 현상을 조망할 수 있는 발전이론을 창출한다 해도, 그것은 더 이상 진행되지 않는다.

따라서 이 고찰방식은 이와 관련해서도 불충분하다. 그리고 이제 우리는 우리의 길의 마지막 걸음에 당도한다. 우리가 우선 경제영역에 대하여 설명하였던 진행과정과 사회생활의 다른 영역에서의 진행과정 간에는 더 이상의 유사성이 존재한다. 이 유사성은 발전의 메커니즘, 즉 사회생활이 각각의 영역에 고유한 상대적으로 독립적 발전의 메커니즘과 관계가 있다. 우리는 이미 이 영역의 각각은, 이들 개인이 그와 더불어 다른 영역에도 영향을 줄 수도 있다면, 예를 들어, 경제적 직업의 구성원이 정치가 혹은 예술심미주의자가 되거나 혹은 정치가와 예술가가 경제주체가 될 수 있다면, 그들의 활동이 적용되는 개인들의 실질적 집단에 의하여 특징지어진다고 말했다. 더 나아가 우리는 이미 이들 집단은 마치 이들이 다른 집단에 속해 있지 않은 것처럼 그 특성상 모든 개별적 집단의 구성원들로 간주되는 것을 방해함 없이 주요 관심사가 다른 곳에 있는 사람들도 포함할 수 있다는 점도 말했다. 예술적 대중은 우리에게는 항상 이 이름 아래 요약되어진 개인들로 평소에도 존재할 것 같은 예술적 대중이다. 그리하여 우리는 구체적이고 실제적인 사람들 다수의 각각의 영역에 마주치며, 여기에서 다른 영역의 다수가 전체적으로 혹은 부분적으로 동일한 개인들로 구성된다는 것은 대수롭지 않은 일이다.

이제 각 영역의 이들 집단은 경제적 인간과 똑같이 두 개의 구분할 의미가 있는 부문으로 나뉜다. 그것은 이미 대략 나타내어졌다.[31] 모든 영역에서 정태적 성향의 개인과 지도자(Führer)가 존재한다. 전자의 사람들은 근본적으로 자신들이 배운 것을 행하고 이어받은 틀 속에서 움직이며, 그들의 관찰, 그들의 구성, 그들의 행위에 있어서 그들 영역의 주어진 여건의 특정한 영향 아래 놓여 있다는 특징을 가지고 있다. 후자의 사람들은 혁신(Neues)을 보고 그들의 행위의 이어받은 틀과 그들 영역의 주어진 여건을 변경하는 특징을 가지고 있다. 우리는 도처에서 이 두 가지 유형의 분류에 있어서, 이들 어려움이 이들 간 너무나 사실적 차이의 근본을 흔들리게 하지 않고서도, 경제생활의 분석에서와 같은 동일한 어려움에 부닥친다는 점을 간단히 언급할 수 있다. 우리는 예술, 과학, 정치에서 이 차이를 관찰하며, 이 차이는 도처에서 동일한 명확성을 가지고 나타난다. 도처에서 이들 유형은 새로운 예술사조, 새로운 '학파', 새로운 정파를 창출하는 인물을 예술사조, '학파', 정파에 의해 창조되는 인물과 대조를 이루는 강력한 노선 모두에 의해 분리된다. 우리는 항상 이 유사성을 **한편으로는** 이들 영역과 그 진행과정이 사람들이 물질적·이상적 본성의 주어진 상태를 이어받고 인지하고 이에 적응하는 것 속에 존재하는 경제의 진행과정에서의 다수의 행동과 **다른 한편으로는** 그 특징이 사람들이 이 주어진 상태 그 자체를 변화하는 것 속에 존재하는 경제의 진행과정과 같은 이들 영역에서의 소수의 행동과의 사이에서 발견한다.

혁신(das Neue)이 어떻게 관철되는가와 같은 유형 속에서도 우리의 유

31) 이 책의 제2장을 참조하라.

사성은 발생한다. 순전히 새로운 사고만으로는 충분하지 않으며, '저절로', 즉 이 사고는 참가자에 의해 간단히 진지하게 검토되고 자유로운 결정에 의해 수용되는 방식으로는 결코 관철되지 않는다. 과학의 역사는 그것을 강렬한 방식으로 보여준다. 보통 그 진행과정은 오히려 새로운 사상이 한 강력한 인물에 의해 받아들여지고 그의 영향력을 통하여 관철되는 방식으로 진행된다. 기업가가 예를 들어 그가 도입하는 새로운 생산방법을 스스로 발명할 필요가 없는 것과 아주 유사하게, 이 인물은 그 사상의 창조자일 필요는 없다. 지도자(Führer)를 특징짓는 것은 여기에서도 마찬가지로 어디에서나 행동의 에너지(Energie der Tat)이지 사상의 에너지가 아니다. 그리고 이 기능은 모든 영역에서의 발전에 대하여 본질적이다. 말하자면, 보호할 수 없는 새로운 사고는 거의 고려되지 않을 것이다. 그것은 알려지지 않거나 이해되지 않고 있을 것이며 — 왜냐하면 어떤 혁신의 채택을 위해서는 정태적 궤도 속으로 모두 미끄러져 들어가는 모든 것에 대한 숙고의 과정이 필요함 — 그것은 거절 혹은 진정한 생산성으로 이어지지 않을 단지 힘없고 애매한 유형의 동의만 받을 것이다.[32] 새로운 사고는 지도자의 행동 없이는 사람들이 이를 고려하고, 인지하고, 적응하여야만 하는 **하나의 현실로 느껴진** 적은 거의 없는 것이나 마찬가지일 것이다. 그 새로운 사고는 정태적 일상에는 사라질 것이며, 한 번도 생생한 영향력에 도달한 적이 없을 것이며, 만약 다루어져야만 한다면 그것은 한 번도 생생하게 그리고 강제적으로 의식에 호소한 적이 없었을 것이다. 그것은 기껏해야 한가한 시간을 위하여 장난감의 역할을 가져올 것이며, 아름다운 이야기의 역할을 가져올 것이다. 왜냐하면, 사람들이 종종 영향을 미치는 것을 본 것만, 즉 일반적으로 정

32) 일찍이 과학적 논쟁을 추구하였던 모든 사람이 아는 바와 같이, 한 명제의 정당성에 대한 논리적 증명은 아무런 의미가 없다.

태적 진행과정과 생각의 복잡성만을 사실적으로 느끼게 되기 때문이다. 수백 년 동안 새로운 가능성이, 비록 그것이 상당히 넓은 영역에서 잘 알려져 있음에도 불구하고, 외부에 대한 영향을 미치지 못하고 생산력이 없는 그림자 같은 존재로 이어질 수 있다.

지도자적 인물은 이 그림자 같은 존재에 대하여 새로운 가능성을 낚아챈다. 그리고 그것은 모든 영역에서 마치 혁신(Neues)이 경제에서 관철되는 것과 매우 유사한 하나의 방법으로 이루어진다. 그것은 한 번도 기존의 혹은 언급된 욕구에 대한 반응으로 발생하지 않는다. 항상 바로 직전에 조롱되었거나 거절되었거나 혹은 주목을 받지 않았던 혁신의 끈질긴 강요가 중요하다. 사실상 혁신으로부터 아무것도 알려고 하지 않고, 종종 근본적으로 무엇에 관한 것이 중요한지 전혀 알지 못하는 마음이 내키지 않는 다수에 대한 강요가 항상 이루어진다. 의심할 여지없이 사회생활의 모든 영역은 혁신(das Neue)의 이 관철의 자체적 수단과 지렛대를 가지고 있다. 그 유사성은 과장이 허락되지 않는다. 그러나 본질적 특징은 동일하다. 한편으로는 순수한 개인적 영향력이 혹은 다른 한편으로는 외부의 힘이 서로 다른 영역에서 서로 다른 역할을 하더라도, 이들 요인은 한 번도 결핍되지 않는다. 지도자는 때로는 오로지 자신의 개인적인 역량을 통하여 때로는 다른 수단을 이용하여 추종자들을 자신 주변에 모으고, 그는 어떤 방법으로든 학파, 정파조직을 만들며, 그러면 이들의 힘이 자신의 목표를 실현시킨다. 그것은 자신을 관철시키는 개성(Persönlichkeit)이며, 그 이후 제2선에서 개성이 지지하는 혁신이 관철된다. 학파 혹은 정파의 갑옷 속에서나 새로운 경향 자체는 힘을 얻게 되며, 이는 주목, 토론, 그리고 궁극적으로 승리를 얻어낼 수 있으며, 사람들이 받아들이고 사람들이 나머지 경험적 사실을 정리하여야만 하는 현실이 된다.[33]

그것은 우리의 목적을 위하여 충분하다. 각각의 사람은 자신의 영역에서 말한 것을 증명하고 쉽게 설명할 수 있는 사례를 충분하게 발견한다. 그리하여 우리는 사회생활의 각 영역은 자신의 독특한 발전을 가지며 이 발전들의 메커니즘은 어느 정도의 개요에 있어서는 어디에나 동일하다고 말한다. 그것은 또 하나의 질문을 남긴다. 그것은 모든 개별영역의 이 상대적 자주성에도 불구하고 거대한 진실, 즉 우리가 강력하게 증명할 수 있는 것보다도 더욱 느낄 수 있는 진실이 확실하다는 점, 각 영역의 각 요소가 각각의 시점에서 각각의 다른 영역의 각 요소와 관련을 맺고 있다는 점, 모든 영역의 모든 상태가 상호 결정하고 서로에게 귀속된다는 점이 어떻게 이루어지는가의 질문이다. 우리가 이 영역의 총체성을 한 국민의 **사회적 문화**(soziale Kultur)로, 그리고 이들 모두의 발전 전체의 개념을 **사회적 문화발전**(soziale Kulturentwicklung)이라고 명명한다면, 우리는 우리의 관찰방식에 따라 각 시점에서의 한 국민의 사회적 문화가 통일체이며 각 국민의 사회적 문화발전은 항상 통일적인 경향을 갖는다는 점을 어떻게 설명할 것인가 질문할 수 있다.

그리하여 우리의 분석에 더 추가하여야 할 한 시대의 문화의 조직적 통일성에 대한 이 설명은 간단히 이루어진다. 우리가 경제생활의 분석에서 본질적 효용이 있는 해석방식을 적용하고 정의된 의미에서 한 국민의 사회적 문화의 정태적 상태로부터 시작한다면, 이 상태로부터 출발하는 모든 발전은 우선 이들 모두가 하나의 동일한 수준에서 출발하고 이들의 통일성을 정태적으로 바로 이해할 수 있는 접촉점을 가진다. 왜냐하면, 우리는 한 정태적 상태 속에서 사회생활의 각 영역에서의 진행과정 및 상황이 각각의 다른 영역의 진행과정 및 상황과 공동으로 결정된다는 점을 보았기 때문이다. 한편 모든 영역에게 공통적인 여건이

---

33) 여기에서 우리는 이 과정이 경제적 위기와 유사성을 가지며 이와 같은 발전은 지속적이지 않고 오히려 충격적으로 발생하며 느슨함의 기간에 의해 뒤따른다는 점을 추정할 수 있을 것이다. 사실은 그것을 증명한다.

존재하며 — 지리적 환경 등 —, 덧붙여서 각 영역의 상태는 모든 다른 영역들 간 존재하는 일반적 상호작용의 힘에 의한 이들 모든 다른 영역 상태의 결과이다. 이 해석에서 정태적 문화수준 문제의 해결이 허용될 것이다. 그것은 우리가 바로 얘기했던 인식의 이론적 구축이다. 그 인식은 이른바 한 시대의 문화수준의 모든 요소는 서로의 원인이 되며 서로에게 귀속된다는 인식이다.

그러나 사회생활의 개별적 영역에서 발전은 우선 통일체가 아니며, 오히려 우리의 해석에 따르면 각 범주의 지도적 집단이 **다양한** 사람들로 구성되어 있고 이들의 행위는 상당한 정도까지 반드시 동일하게 정렬되는 것이 아니라 오히려 확실히 이들의 성질에 따라 다양해질 수 있다는 점에 근거한 상대적 자주성을 가진다. 그것은 우리가 믿는 바와 같이 완전히 경험과 일치한다. 우리의 의식 속에는 문화수준의 정태적 일체성의 인지와 더불어, 설명되지 않은 무언가가 존재하며 그 존재가 그 인식이 사회적 사건의 전체를 고갈시키지 않게 하는 추가적 인식이 존재한다. 그러나 이들 모든 개별적 발전은, 말한 바와 같이, 각각의 구체적 사례에서는 이들 모두를 위한 조건을 포함하는 **하나의** 통일적 수준에 근거한다. 그리고 그렇다면 개별적 영역에서 발생하는 모든 것은 다른 모든 영역을 넘어서서 영향을 미치며 새로운 통일적 문화수준의 구축에 다소 공헌한다. 우리는 이미 경제발전(wirtschaftliche Entwicklung)은 비경제적 유형의 사회적 변화도 가져온다는 점을 살펴보았다. 그러나 그것은 이제 일반적 현상의 한 사례일 뿐이다. 각 영역에서의 성공은 더 크게 혹은 더 작게 다른 영역을 넘어서 영향을 미친다. 각 영역에서의 성공은 우선 사회적 조직에 대한 영향력을 가지며, 그 속에서 그 성공은 성공적인 '지도자(Führer)'의 위치를 상승시키고 그를 보다 크게 혹은 보다 작은 정도로 사회적 권좌에 오르는 데 도움을 준다. 일반적으로 각 영역에서의 성공은 주목되는 것이 거대하게 혹은 바람직하게 간주될 수 있는 사회적 가치에 영향을 미친다. 그리고 사회적 행위의 각 영역에서의 성과는 궁극적으로 사회생활의 모든 영역을 넘어서 강력한 영향력을 행사하며 모든 영역에서 인간행동의 전제조건과 조건을 변화시킨다. 한 시대의 예술은, 정치가 예술적 영향력을 가지듯이, 정치적 영향력을 가지며, 그리하여 충분히 먼 거리에서 통일적인 문화발전으로 간주되는 것으로 보이는 것이 상대적으로 독립적 발전의 협력을 통하여 발생한다. 이로써 우리는 경직된 인과관계로부터의 사안들을 해결하며 이들에게 생명을 다시 부여한다. 그리고 문화발전의 이 전체적 해석 속에 경제 역시 특정한 위치를 차지한다.

우리는 문화현상에 대한 더 이상의 분석을 시도하지 않으려 한다. 특히 우리는 문화발전의 원동력과 이의 최종 근거에 대해서 아무것도 말할 수 없다. 단지 많은 것이 분명하여 우리는, 그것이 반복적으로 발생하는 것처럼, 문화발전을 이의 부분영역들의 하나에 위치를 확정하는 것을 허락할 수 없다. 또한, 이전의 문화수준으로부터 한 문화수준의 정확한 유도는 가능하지 않으며 적어도 완전하지 않다. 왜냐하면, 그것은 우리가 이전의 것에서 어떠한 잠재적 에너지를 받을 수 있다는 점을 전제로 하고 있을 것이기 때문이다. 이 에너지는, 만약 우리가 그것에 관해 무언가를 알고 있다면, 특히 측정이 가능하다면, 의미를 가질 수 있을 것이다. 그렇지 않기 때문에, 우리는 비결정적 해석으로 의심할 여지없이 만족해야만 한다. 그러나 우리는 적어도 어떤 점에서 결정성(決定性)이 존재하고 어떤 점들에서 비(非)결정성이 존재하는지 말할 수 있으며, 그렇다면 어떤 유형과 방법으로 발전과정 그 자체가 진행되는가를 말할 수 있다. 많은 것이 확실하고, 여기에서는 단순한 인과관계들에 의해 진행되지 않는다. 어느 정도 이들이 생산적이고 어디에서 왜 이들이 기능을 발휘하지 못하는지는 이미 우리가 보여주었다. 더 나아가 우리의 고찰방식의 장점은 구체적 사실에 근거하고, 한편으로는 '생각의 힘'

유형의 요인 그리고 다른 한편으로는 그 작용방식이 개별적으로 증명되지 않는 요인에 근거하고 있지 않다는 점이다. 그러나 무엇보다도 내가 마지막 페이지들의 서술에서 대체로 표현하였던 동기는 이들 서술이 모든 걸음에 있어서 사실에 기초하고 있는 사고과정의 마지막 부분을 구성하는 데 있다. 또한, 그 동기는 한편으로는 기초적이며 일반적으로 알려지고 인정된 경험 속의 그리고 다른 한편으로는 학문적으로 이미 오랫동안 가공된 명제들 속의 이 사고과정의 첫 부분들이 이제 시도된 사실의 연계에 그렇지 않으면 역사철학적 역량이 대부분 결여될 기초를 제공하는 상황을 고정하는 데 있다. 우리의 해석은 표어(標語)가 아니며, 또한 임시적으로 적용된 고찰의 결과도 아니며, 오히려 이미 증명된 방법의 결과이다.

역자 후기

지난 1970년대 중반 이후 전 세계적으로 혁신과 기업가 정신을 강조한 요셉 슘페터(Joseph Schumpeter) — 영문으로는 조지프 슘페터 — 에 관한 열풍이 몰아치고 있다. 그 이유는 그가 현대의 지식기반경제에 필요한 혁신과 기업가 정신을 강조한 최초의 학자이기 때문이다. 그는 지난 세기 초반 한 국가의 경제가 노동과 자본에 의해 발전한다는 주류경제학자들의 주장과 달리 경제발전은 기업가(entrepreneur)에 의해 추진되는 혁신(innovation)에 의해 이루어진다는 매우 혁신적인 주장을 펼쳤다. 그의 주장은 지난 세기 중반까지는 주류경제학에 밀려 널리 알려지지 않았으나 1970년대 후반 이후 지식기반경제와 혁신기반경제의 도래와 함께 전 세계적으로 폭넓게 받아들여져 오고 있다.

슘페터는 1883년 오스트리아에서 태어났다. 그는 평생 다양한 저작과 논문을 통하여 현대사회에 대단한 영향을 미친 학자이다. 그의 많은 저작 중에서 현대에 가장 큰 영향을 미친 책은 1911년 독일어로 출간된 「경제발전의 이론(*Theorie der wirtschaftlichen Entwicklung*)」이다. 그는 이 책에서 모든 경제학자가 규명하고 싶어하는 경제발전의 원인에 대해서 체계적으로 논의하고 현대에 가장 조명을 받는 혁신(innovation)과 기업가(entrepreneur)의 개념을 도입하였다. 그는 주류경제학자들이 한 국가의 경제를 모든 조건이 사전적으로 주어지고 연년세세 아무런 변화가 없이 진행된다는 가정하에 분석하는 정태이론(Statik)은 현실의 경제를 제대로 설명해주지 못한다고 설파하고 새로운 경제이론인 동태이론(Dynamik), 즉 새로운 경제발전의 이론을 제시하였다.

그는 이 「경제발전의 이론」 독일어 제1판에서 역사상 최초로 경제발전은 기업가에 의한 생산자원의 새로운 결합(neue Kombinationen: new combinations)에 의해 이루어진다는 점을 웅변하였다. 그는 이와 같은 생산자원의 새로운 결합의 구체적 형태로서 혁신을 제시하였다. 그는 혁신(innovation)은 새로운 것으로서 위험성이 매우 높으며 성공보다는 실패가 많고 이의 인지 및 창출은 일부 극소수의 사람, 그의 표현에 의하면 '우리의 유형' 혹은 '새로운 유형'의 사람만이 할 수 있다고 강조하고 이를 기업가(Unternehmer: entrepreneur)라고 명명하였다. 즉, 현대의 경제는 이 같은 기업가의 생산자원의 새로운 결합, 즉 혁신에 의해 발전해 나간다는 것이 그의 이론의 핵심이다.

그가 혁신과 기업가 그리고 이를 바탕으로 경제발전이 이루어진다고 주장한 「경제발전의 이론」 독일어 초판(제1판)이 발간된 것은 그의 나이 28세인 1911년이며 지금으로부터 109년 전이다. 이 초판의 중요성을 충분히 인식한 현대 경영학의 아버지라고 일컬어지는 피터 드러커(Peter Drucker)는 슘페터를 케인스(Keynes)와 비교하면서, 현대의 나아갈 방향을 제시해주는 학자는 그 유명한 케인스가 아니라 슘페터임을 강조하며 그를 '현대의 예언자(Modern Prophet)'라고 명명하였다. 아울러 퓰리처상을 수상한 맥크로우(Thomas K. McCraw)는 2007년 슘페터의 전기를 출간하였는데, 이 전기의 제목은 「혁신의 예언자(*Prophet of Innovation*)」이다. 아울러 저명한 기술경영학자들인 Joe Tidd, Keith Pavitt, John Bessant는 기술혁신경영학 분야의 대표적인 교과서에서 슘페터를 '혁신의 대부(Godfather of Innovation)'로 소개하고 있다. 그만큼 많은 후학이 슘페터의 「경제발전의 이론」 독일어 제1판과 여기서 제시하고 논의한 혁신과 기업가의 중요성에 대해 찬사를 보내고 있는 것이다. 특히 현대에도 주류경제학은 아무것도 변하지 않는 정태이론에 바탕을 두고 경제발전은 노동과 자본에 의해 이루어진다고 파악하고 있다는 점에서, 100여 년

전에 새로운 경제발전이론을 제시한 슘페터의 이론은 대단히 혁신적이라 하지 않을 수 없다.

그럼에도 불구하고 슘페터의 이론은 케인스(Keynes)의 이론과 비교하여 지난 세기 초중반까지 그다지 주목을 받지 못하였다. 그러나 1970년대 들어서면서 현대경제가 '혁신기반경제'로 접어들면서 경제 및 사회 발전이 혁신과 기업가 정신에 의해 이루어진다는 주장이 폭넓게 받아들여지면서 그의 이론에 대한 새로운 조명이 이루어졌고 그의 이론을 추종하는 학자들도 많이 생겨났는데, 이들이 이른바 신슘페터주의자(Neo-schumpeterian)들이다. 이들은 슘페터가 주장한 것처럼 경제와 사회의 발전은 기술혁신에 의해 이루어진다는 주장을 펼쳤는데, 그 결과 1970년대부터 1980년대에 걸쳐 기술과 경제에 관한 많은 이론적 연구와 슘페터 경제학에 대한 새로운 해석이 이루어졌다. 대표적인 학자들로는 Christopher Freeman, Nathan Rosenberg, Richard Nelson, Sidney Winter, Giovanni Dosi 등을 들 수 있는데, 이들 신슘페터주의자 중 일부는 1980년대에 들어 경제와 사회 발전에 이처럼 중요한 기술혁신에 대한 시스템적 접근을 강조하는 '국가혁신체제론'을 주장하기에 이르렀다. 그러나 2000년대 이후에는 선진외국에서도 기술경영 및 기술정책 분야에서의 기술혁신에 관한 이론연구는 거의 이루어지지 않고 있다.

이와 같은 학문적 · 실무적 조류에 영향을 받아 우리나라에서도 기술경영, 기술경제, 기술정책이라는 새로운 학문 분야가 대두되었고 혁신과 기업가 정신 등에 관한 연구가 활발하게 진행되어 오고 있다. 그러나 우리나라에서는 대체로 기술혁신의 실무에 관한 실증적 연구가 주류를 이루었고 이론적 연구는 거의 이루어지지 않았다. 특히 슘페터의 혁신이론 및 그의 경제발전이론의 기술혁신 관점에서의 해석은 거의 존재하지 않는 것으로 판단된다.

그리하여 국내외의 상당히 많은 학자와 연구자는 혁신과 기업가 정신을 주장한 슘페터의 주장이 1934년에 시작되었다고 잘못 이해하고 있는 경향이 있는 것도 사실이다. 그 이유는 1911년에 발표된「경제발전의 이론」제1판이 독일어로 되어있기에 이에 대한 접근이 쉽지 않았고 이 책에 대한 영문으로의 번역이 1934년에 이루어졌기 때문으로 풀이된다. 그런데 이 영문 번역본은「경제발전의 이론」독일어 제3판을 번역한 것이고 이 제3판은 제1판과는 다른 구성을 하고 내용도 상당히 다르다. 또한, 많은 나라들에서는 이 제3판을 번역한 영문판을 자국의 언어로 번역을 하였다.

이와 같은 배경 속에서 본 역자는 슘페터의「경제발전의 이론」독일어 초판본(제1판)을 번역하게 된 것이다. 본 번역본은 1911년 28살의 젊은 슘페터가 경제발전의 원인과 효과에 관해 어떠한 통찰력을 제시하였고 그것이 현대에 어떤 시사점을 주는가를 우리나라 독자들에게 제시해 줄 것으로 기대된다. 그는 제1판에서 주류경제학에서 가정하는 정태이론의 문제점을 비판하였고(제1장), 이를 바탕으로 경제발전의 근본 현상을 제시하고 있으며(제2장), 경제발전에 필요한 자본과 이자를 논의하였고(제3장), 경제발전의 결과이자 동력인 기업가 이윤을 논의하였으며(제4장), 기업가 이윤이 자본이자로 변환되어가는 과정을 묘사하고 있다(제5장). 또한, 그는 자본주의경제는 동태적 경제로서 경제위기가 나타나고 경제순환이 이루어진다는 점을 논의하며(제6장), 마지막으로 자신의 이론을 바탕으로 국민경제의 전체 모습을 제시하고 있다(제7장). 이와 같은 슘페터의「경제발전의 이론」제1판은 독일어 원전 548페이지 속에 경제발전과 기술혁신에 관한 방대한 양의 내용을 담고 있다.

슘페터의「경제발전의 이론」독일어 제1판과 관련하여 현대의 기술혁신이론에서 가장 많이 논의되고 있는 것은 현대경제 발전의 근본 모습, 혁신의 개념 및 유형, 혁신의 주체로서 기업가의 특성과 기업가 행위의 동인, 기업가의 자금조달, 경기순환과 경제파동 등을 들 수 있을 것이다. 그리하여 독자들은 본 번역본을 통하여 이와 같은 현대 혁신기반경제의 핵심적인 주제에 관하여 100여 년 전 젊은 슘페터가 어떠한 주장을 무슨 근거로 펼쳤는가를 이해할 수 있을 것이다. 그리하여 본 번역본은 우리나라의 기술혁신과 경제발전 분야의 학문적 발전은 물론 실무에도 상당한 시사점을 제공해 줄 수 있을 것으로 기대된다. 이와 같은 슘페터의 「경제발전의 이론」 독일어 제1판과 그가 이를 통하여 현대에 제시하는 시사점은 다음과 같다.

먼저, 제1판은 혁신의 중요성이 인식되기 훨씬 전인 지난 세기 초반 혁신이론과 이를 바탕으로 한 경제발전의 중요성을 강조하고 이에 대한 체계적 이론을 제시하였다. 제1판은 아직 그의 혁신이론의 전체적인 틀을 충분히 완성하지 못하고 있음에도 불구하고 혁신과 경제발전, 기업가, 자금조달, 신용, 기업가 이윤, 경제순환 등과의 관계에 이르는 포괄적인 이론적 틀을 제시하였다. 이 틀은 현재의 혁신이론에 대단히 많은 시사점을 제공해 주고 있다. 그리하여 현대 경영학의 아버지라고 일컬어지는 드러커(Drucker)는 슘페터를 '현대의 예언자(Modern Prophet)'라고 부르는 것이다.

둘째, 슘페터의 「경제발전의 이론」 제1판은 국민경제의 진행의 '동태성'을 강조하여 주류경제학이 역사적으로 다루어 온 정태이론의 문제점을 지적하고 새로운 동태이론을 제시하였다. 제1판(초판)은 제1장에서 정태이론의 특징과 문제점을 제시하고 이의 중요성을 충분히 인정하면서도 현실의 국민경제 진행에 더욱 적합한 이론, 즉 새로운 경제발전이론을 제시할 필요성을 강조하였고, 이 초판은 전반에 걸쳐 이를 실제로 제시하였다. 즉, 슘페터는 한 국가경제는 연년세세 그대로 머물러 있고 주어진 조건하에서 진행되는 것이 아니라 내부적 힘에 의해 새롭게 발전해 나간다는 점을 강조하며, 이를 위한 새로운 이론을 제시하였다.

셋째, 제1판에서 슘페터는 경제발전의 새로운 이론적 틀 속에서 현대에 더욱 필요로 하는 새로운 개념들을 제시하였다. 가장 대표적인 개념들로는 기업가, 새로운 결합, 혁신, 창조적 구성, 기업가 이윤 등을 들 수 있는데, 한 국가경제의 발전은 '기업가'의 생산자원의 '새로운 결합의 관철', 즉 '혁신의 관철'에 의해 이루어진다는 점이 그의 이론의 핵심이다. 아울러 그는 이 같은 새로운 결합의 유형으로서 새로운 재화, 새로운 생산방법, 새로운 원재료, 새로운 조직, 새로운 시장 등 5가지의 혁신을 제시하였고, 이와 같은 혁신의 또 다른 표현으로 '창조적 구성'의 개념을 제시하고 있다.

넷째, 제1판은 책 전반에 걸쳐 '기업가'의 중요성을 강조하였다. 슘페터에 따르면 기업가는 다른 일반 경제주체들이 인지하지 못하는 혁신의 아른거리는 가능성을 먼저 인지하고, 이에 대한 자원을 조달・투자하고, 실제로 혁신을 관철하는 영웅적인 사람으로 묘사된다. 제1판의 전반적 내용은 기업가는 혁신 및 새로운 결합을 관철하는 인물이며 그에 의해 국가경제가 발전해 나간다는 것이다. 또한 제1판은 기업가는 자본주의의 '지도자'이며, 이 같은 지도자적인 인물이 경제분야는 물론 사회 전반에도 대두될 수 있음을 강조하고 있다. 이 점에서 기업가가 우대받는 국가가 발전하는 국가라는 주장도 유추하여 주장할 수 있을 것이다.

마지막으로, 학문적인 측면에서 슘페터는 현대의 사회과학을 공부・연구하는 사람들의 모범이 된다. 그는 평생을 경제발전과 혁신에 관한 연구를 해오면서 자신의 이론을 점점 더 정교하게 발전시켰다. 그리하여 그는 현실경제에 보다 적합한 이론을 제시하였고, 현대 그리고 미래에 있어서 대단히 소중한 새로운 개념들을 제시하고 논의하였다. 그 결과 그의 「경제발전의 이론」도 1911년 제1판에 이어 지속적인 개정 및 보완을 걸쳐 제6판까지 발간되었고, 그는 자신의 이론을 지속적으로 발전・확대하여 「경기순환론」, 「자본주의, 사회주의, 민주주의」 등 기념비적인 저작들은 물론 수많은 논문들을 발간하였다. 이와 같은 평생에 걸쳐 끝없이 정진하며 진리를 탐구하는 학자로서의 그의 태도는 현대의 후학들에게 진정한 본보기가 아닐 수 없다.

본 역자는 본래 천학비재한 데다 슘페터의 「경제발전의 이론」 제1판은 경제이론 및 혁신이론에 관한 방대한 독일어책이라 번역에 있어서 많은 어려움이 있었다. 그리하여 본 번역본은 오류도 있고 우리말로의 서술의 매끄러움도 부족하여, 독자들이 이를 읽는 데 어려움이 있을 것으로 생각된다. 이는 모두 역자의 책임이며, 이에 향후 본 번역본에 대한 지속적인 보완 및 개선을 약속드리는 바이다. 아무튼, 본 번역본이 우리나라의 과학기술 발전은 물론 사회경제 발전에 조금이라도 도움이 되길 바라는 바이다.

2020년 6월

곤지암의 푸른 전원에서

역자 정선양 씀

역자 소개

정선양 교수는 평생 기술혁신, 기술경영, 기술정책을 연구하고 교육해 온 우리나라의 대표적인 학자이다. 그는 서울대학교에서 공학사(경영학 부전공)와 경영학석사를, 독일 Stuttgart대학교에서 기술경영・정책을 전공하여 박사학위를 받았다.

정교수는 오랜 기간 「과학기술정책연구원(STEPI)」의 연구위원으로 일하였고, 독일 「프라운호퍼 시스템 및 혁신 연구소(ISI: Fraunhofer-Institut für System- und Innovations-forschung)」의 연구원을 역임하였다. 또한, 독일 「막스플랑크 사회연구소(MPIfG: Max-Planck-Institut für Gesellschaftsforschung)」의 초빙연구원을, 미국 「캘리포니아-버클리 주립대학교(University of California-Berkeley) 하스경영대학원(Haas School of Business)」와 「스탠포드대학교(Stanford University) 경영대학원(Graduate School of Business)」의 석학초빙교수를 지낸 바 있다.

정교수는 2004년 국내 최고 석학들의 모임인 「한국과학기술한림원(한림원)」의 최연소 종신 정회원이 되어 활발한 활동을 해오고 있으며, 2008년부터 2016년까지 한림원의 씽크탱크인 '정책연구센터'의 소장을, 2016년부터 2019년까지는 한림원 정책학부장을 역임하였다. 또한, 그는 2009년 3월 건국대학교 경영대학 내에 국내 최초의 학부 기술경영학과, 대학원 기술경영학과, 기술경영전문대학원(MOT-MBA)으로 구성된 「밀러MOT스쿨」을 설립하고 초대원장을 역임하였다.

주요 저서(교과서)로는 「기술과 경영」(시대가치), 「R&D관리론」(경문사), 「전략적 기술경영」(박영사), 「환경정책론」(박영사), *Technologiepolitik für neue Produktions-technologien in Deutschland und Korea*(독일 Physica출판사) 등이 있으며, 번역서로는 「과학비즈니스」(경문사), 「생명공학기술경영」(경문사), 「경쟁우위의 종말」(경문사) 등이 있다.

정선양 교수는 현재 건국대학교 경영대학 기술경영학과 교수로 재직하고 있으며, 기술혁신, 기술경영, 기술정책 분야에서 꾸준한 교육, 연구, 집필, 번역을 해오고 있고, 국내외의 다양한 기업, 연구기관, 정부 부처에 활발한 자문을 해오고 있다.

경제발전의 이론

초판인쇄| 2020년 6월 17일
초판발행| 2020년 6월 23일

지 은 이| Joseph Schumpeter
번 역| 정선양
펴 낸 이| 김광범
펴 낸 곳| 도서출판 시대가치
출판등록| 2017년 3월 23일 제2018-000088호
주 소| 서울특별시 마포구 토정로 222, 422-1호(한국출판콘텐츠센터)
전 화| 02)3152-2620 / 팩스 02)6442-2621

ISBN 979-11-89607-28-9 93320

* 이 도서의 국립중앙도서관 출판예정도서목록(CIP)은 서지정보유통지원시스템 홈페이지(http://seoji.nl.go.kr)와 국가자료종합목록 구축시스템(http://kolis-net.nl.go.kr)에서 이용하실 수 있습니다. (CIP제어번호 : CIP2020022047)

가격 30,000원